Uni-Taschenbücher 1104

UTB

Eine Arbeitsgemeinschaft der Verlage

Birkhäuser Verlag Basel und Stuttgart
Wilhelm Fink Verlag München
Gustav Fischer Verlag Stuttgart
Francke Verlag München
Harper & Row New York
Paul Haupt Verlag Bern und Stuttgart
Dr. Alfred Hüthig Verlag Heidelberg
Leske Verlag + Budrich GmbH Opladen
J. C. B. Mohr (Paul Siebeck) Tübingen
C. F. Müller Juristischer Verlag – R. v. Decker's Verlag Heidelberg
Quelle & Meyer Heidelberg
Ernst Reinhardt Verlag München und Basel
K. G. Saur München · New York · London · Paris
F. K. Schattauer Verlag Stuttgart · New York
Ferdinand Schöningh Verlag Paderborn · München · Wien · Zürich
Eugen Ulmer Verlag Stuttgart
Vandenhoeck & Ruprecht in Göttingen und Zürich

Philosophische Arbeitsbücher

herausgegeben von
Willi Oelmüller und Ruth Dölle-Oelmüller

Erschienen sind:

Band 1, Diskurs: Politik (UTB 723)
Band 2, Diskurs: Sittliche Lebensformen (UTB 778)
Band 3, Diskurs: Religion (UTB 895)
Band 4, Diskurs: Geschichte (UTB 1007)

In Vorbereitung sind:

Diskurs: Mensch
Diskurs: Metaphysik
(Arbeitstitel)
Diskurs: Sprache
Diskurs: Wissenschaft und Technik
Diskurs: Natur

Band 5

Willi Oelmüller / Ruth Dölle-Oelmüller / Norbert Rath

Diskurs: Kunst und Schönes

Ferdinand Schöningh
Paderborn · München · Wien · Zürich

Professor Dr. WILLI OELMÜLLER ist Ordinarius für Philosophie an der Ruhr-Universität Bochum.

RUTH DÖLLE-OELMÜLLER ist die Studiendirektorin und Fachleiterin für Philosophie in Münster und Lehrbeauftragte an der Ruhr-Universität Bochum.

Dr. NORBERT RATH ist Hochschulassistent für Philosophie an der Ruhr-Universität Bochum

CIP-Kurztitelaufnahme der Deutschen Bibliothek

Philosophische Arbeitsbücher / hrsg. von Willi Oelmüller u. Ruth Dölle-Oelmüller. — Paderborn; München; Wien; Zürich: Schöningh
Teilw. mit Erscheinungsort: Paderborn
NE: Oelmüller, Willi [Hrsg.]

Bd. 5. Diskurs: Kunst und Schönes / Willi Oelmüller ... — 1982.
(Uni-Taschenbücher; 1104)
ISBN 3-506-99349-6
NE: GT

Gesamtherstellung: Ferdinand Schöningh, Paderborn

Einbandgestaltung: Alfred Krugmann, Stuttgart

Vorwort

Auseinandersetzungen mit dem, was man zum Bereich der Kunst und des Schönen, seit dem 18. Jahrhundert auch zum Bereich des Ästhetischen zählt, waren und sind ein Mittel zur Selbstverständigung und Selbstbehauptung für einzelne, soziale Gruppen und soziale Institutionen. Beim Streit zwischen Dichtung, Mythos, Religion, Philosophie und Wissenschaft, beim Bilderverbot und Bildersturm, bei der Verbannung der Dichter und Künstler aus dem Staat geht es um Unterscheidungen und Ausgrenzungen, die für die Identität religiöser, sozialer, politischer und sittlicher Gruppen und Institutionen von Bedeutung sind. In dem schon für Platon alten Streit ist z. B. der Streitpunkt, ob für Bürger einer politischen Ordnung, die auf Vernunft und Arbeitsteilung gegründet werden soll, noch wie bisher für die Griechen Homer und Hesiod oder die Philosophen kompetent sind, die Wahrheit zu sagen über die Götter und über das, was gut und gerecht ist. Der alte Streit zwischen Dichtung und Philosophie beschäftigt sich also nicht mit später so genannten ästhetischen Fragen, er ist ein Beitrag in der bis heute fortdauernden Auseinandersetzung, was Kunst und Schönes für einzelne und soziale Gruppen bedeuten können.
Wo die Lebenswelt differenzierter wird, sind selbstverständlich auch auf den verschiedenen Ebenen, die sich nun herausbilden, die Auseinandersetzungen mit der Kunst und dem Schönen differenzierter. Seit den historischen Avantgardebewegungen und der Ausbildung der abstrakten Kunst, der neuen Musik und der modernen Literatur — oder wo auch immer man den Kontinuitätsbruch seit der Mitte des 19. Jahrhunderts ansetzt —, verlieren viele gemeinsame Grundannahmen und Selbstverständlichkeiten ihre Überzeugungskraft. Man plädiert jetzt für eine Destruktion oder Entgrenzung bisheriger Kunstwerkbegriffe, oder man feiert emphatisch das Kunstwerk als Ort bzw. Platzhalter verlorener Wahrheit. Man sieht einen Fortschritt darin, daß die ‚autonome' Kunst von ihren unmittelbaren religiösen, sozialen, politischen und sittlichen Funktionen freigesetzt ist, und man fordert gleichzeitig den Abbau der Entfremdung zwischen dem ästhetischen Verhalten des Menschen zu sich selbst, zur Natur, zur Kunst, zur Religion, zur Politik einerseits und anderen nicht ästhetischen Formen der Lebenspraxis andererseits. Auch in der Philosophie und in den Wissenschaften,

die sich mit Fragen der Kunst und des Schönen beschäftigen, sind die Kontroversen bzw. Differenzen überdeutlich. Man arbeitet z. B. historisch, um zu ermitteln, wie es einst war; man argumentiert im Denkrahmen der erst in der Neuzeit entwickelten Ästhetik und mit ästhetischen Begriffen; man verwendet die schnell wechselnden philosophischen und wissenschaftlichen Methoden und Moden und erprobt, was man auch mit diesen über Fragen der Kunst und des Schönen zeigen und schreiben kann. In der Öffentlichkeit verkündet man das Ende der Kunst und den Tod der Literatur, obwohl hiervon natürlich im Ernst keine Rede sein kann, weder bei uns noch anderswo.

Durch Aufklärungsprozesse wurden zumindest in der westlichen Welt die Freiheit und Freisetzung der Künste von unmittelbaren religiösen, sozialen, politischen und sittlichen Funktionen nicht nur gefordert, sondern auch weithin durchgesetzt. Für die Verteidigung dieser Aufklärungserrungenschaften kann man gute Gründe angeben. Die Künste sowie die Auseinandersetzung mit ihnen sollten heute nicht mehr einfach als Mittel zur Selbstbehauptung religiöser, sozialer, politischer und sittlicher Institutionen gebraucht werden. Nichts spricht dagegen, daß trotz vieler Symptome der sogenannten Kulturindustrie, ja der Kulturbarbarei Künste sowie die Auseinandersetzung mit dem, was man zum Bereich der Kunst und des Schönen zählt, nach wie vor ein Mittel zur Selbstverständigung für einzelne und soziale Gruppen sein können.

In dieser Situation gibt der vorliegende Band innerhalb des Rahmenkonzeptes der ‚Philosophischen Arbeitsbücher' verschiedene Hilfen für einen Diskurs über Fragen der Kunst und des Schönen. Die Einleitung I nennt einige Gründe für eine argumentative Auseinandersetzung mit der Kunst und dem Schönen, macht auf Schwierigkeiten aufmerksam, die man mit der erst in der Neuzeit entwickelten Ästhetik hat, und erläutert, was unter einem Diskurs der Kunst und des Schönen verstanden wird. Sie macht ferner im Blick auf die in diesem Band ausgewählten Texte Voraussetzungen für Diskurse deutlich, die in der europäischen Geschichte und in der Gegenwart in verschiedenen Erfahrungshorizonten geführt wurden. Die Einleitung II zeigt, wie man bei Berücksichtigung der institutionellen und pädagogischen Vorgaben bestimmte Themen mit diesem Band in Seminaren, im Unterricht der Sekundarstufe II und beim Selbststudium erarbeiten kann.

Die Auswahl der Texte war auch diesmal nicht einfach. Manche für einen Diskurs wichtigen Texte konnten wegen ihres Umfangs nicht aufgenommen werden, für Texte von Heidegger bekamen wir keine Abdruckerlaubnis. Die Anmerkungen unter den Texten erklären schwierige Begriffe und Zusammenhänge; der Anhang charakterisiert in der Regel deutschsprachige Arbeiten zu den Themen Kunst und Schönes. Biographische Hinweise zu den Autoren der ausgewählten Texte und die Charakterisierung einiger, möglichst kontroverser Interpretationen bieten weitere Hilfen. Personen- und Sachregister geben Hinweise auf systematische und historische Themen, die mit diesem Band erarbeitet werden können. Die verschiedenen Anregungen für Diskurse über Kunst und Schönes sind wie bei den bisher veröffentlichten Bänden für die Lehrenden, die meisten durchaus auch für die Lernenden gedacht. Selbstverständlich wird der Lehrende von den bereitgestellten Hilfsmitteln je nach seinen Kenntnissen und Interessen sowie nach denen der Lernenden auswählen und je nach seinen Erfahrungen im Umgang mit den Künsten sprachliche Kunstwerke, Werke der bildenden Kunst und Malerei oder solche der Musik heranziehen.

Auch diesmal haben wir bei der Arbeit an dem Band von Lehrenden und Lernenden verschiedene Anregungen und Hinweise erhalten. Viele Anregungen erhielten wir von einem Arbeitskreis von Philosophen, Literatur- und Kunstwissenschaftlern, der sich in seinen beiden ersten Kolloquien mit den Fragen ‚Kunst und Philosophie' mit den Themen ‚Ästhetische Erfahrung' und ‚Ästhetischer Schein' beschäftigt hat (Nr. 73 u. 74)[1] und der 1982 das Thema ‚Kunstwerk' erörtern wird. Für Mithilfe bei der Fertigstellung des Druckmanuskripts und beim Korrekturlesen danken wir Bodo Dreves und Rudolf Reuber.

Willi Oelmüller

---

[1] Die mit Nr. bezeichnete Zahl benennt das Buch mit gleicher Nummer aus dem Anhang. Einfache Zahlenangaben beziehen sich auf Seiten dieses Buches.

Inhaltsverzeichnis

Einleitung I

Willi Oelmüller

Zu einem Diskurs über Kunst und Schönes im Spannungsfeld Kunst/Schönes und Geschichte

Diese Einleitung nennt zuerst zwei Gründe für die Unvermeidbarkeit und Schwierigkeiten einer mit Argumenten geführten Auseinandersetzung mit der Kunst und dem Schönen. Sie macht dann auf Schwierigkeiten aufmerksam, die man mit der Kunst und dem Schönen hat, wenn man von den Grundannahmen der in der Neuzeit entwickelten Ästhetik ausgeht. Was ein philosophischer Diskurs über Kunst und Schönes ist und sein kann, wird hiernach durch einige allgemeinere Überlegungen und zum Schluß an Beispielen innerhalb geschichtlich entwickelter Erfahrungshorizonte gezeigt.
Die Überlegungen und Argumentationen bewegen sich auf einer relativ abstrakten Ebene. Es geht nicht um eine Interpretation der in diesem Band ausgewählten Texte, auch nicht um eine Darstellung und Deutung der Kunst und des Schönen von den Autoren dieser Texte aus. Die Kurzbiographien und Literaturhinweise im Anhang geben hierzu Hinweise. Die Einleitung liefert ferner keine geistesgeschichtlichen, sozialgeschichtlichen oder strukturgeschichtlichen Detailrekonstruktionen in bestimmten räumlich und zeitlich benennbaren Zusammenhängen. Selbstverständlich kann in der Einleitung das Ensemble der sachlichen und geschichtlichen Voraussetzungen für Diskurse nicht im einzelnen dargestellt werden.

1. *Allgemeinere Überlegungen*

1.1 *Über die Unvermeidbarkeit und Schwierigkeiten einer argumentativen Auseinandersetzung mit der Kunst und dem Schönen*

Wer durch argumentative Auseinandersetzungen einen Zugang zu Phänomenen der Kunst und des Schönen sucht oder auf diese Weise seine Erfahrungsmöglichkeiten im Umgang mit diesen Phänomenen entwickeln oder differenzieren will, geht einen Weg, der in der europäischen Geschichte von Anfang an beschritten wird, der aber auch von Anfang an umstritten ist. Die ausgewählten Texte und die im Anhang erläuterten allgemeinen Darstellungen und Aufsatzsammlungen liefern für beides Beispiele. Über Geschmack soll man nicht streiten, und doch ist die Geschichte der Künste und ihrer Deutungen ein Beweis für den nicht beendbaren Streit über Geschmack. Was einem gefällt oder mißfällt, braucht nicht jedem zu gefallen oder zu mißfallen, und doch wird, wer Erfahrungen im Umgang mit der Kunst und dem Schönen sucht oder schon hat, es nicht bei der Bekundung seines Gefallens oder Mißfallens bewenden lassen. Zwei Gründe für die Unvermeidbarkeit und die Schwierigkeiten argumentativer Auseinandersetzungen mit dem, was man zum Bereich der Kunst und des Schönen zählt, kann man so formulieren:

— Was bei Phänomenen der Kunst und des Schönen durch Farben, Töne, Formen, Bilder, Metaphern, Bewegungen und nichtdiskursive Rede sinnlich wahrnehmbar ist, ist nicht allein durch unmittelbare sinnliche Wahrnehmung zugänglich. Weil dies so ist, reden wir über Kunst und Schönes und lassen es nicht allein beim stummen Sehen und Hören bewenden. Wissenschaftler können zwar auf einer abstrakten Ebene innerhalb eines selbstgesetzten Denkrahmens z. B. biologische und psychologische Rahmenbedingungen und Strukturen unseres Wahrnehmungsvermögens im Unterschied zu dem Wahrnehmungsvermögen anderer (niederer) Lebewesen ‚fest-stellen'. Was Menschen jedoch mit ihren Sinnen bei Phänomenen der Kunst und des Schönen an Sinnhaftem und Bedeutungsvollem wahrnehmen, ist in einer Steinzeitgesellschaft etwas anderes als in einer differenzierteren Gesellschaft. Die Bildung der fünf Sinne ist nach einer emphatischen Formulierung von Marx eine Arbeit der ganzen bisherigen Weltgeschichte. Die Surrealisten und Dadaisten, die abstrakte Kunst und Malerei sowie die moderne Musik wollten eine Korrektur derjenigen Seh- und Wahrnehmungsweisen herbeiführen, die in den bisherigen Künsten, in der bürgerlichen Alltagswelt sowie in der wissenschaftlich-technischen Welt üblich waren. Sie wollten irritieren und schockieren und neue Wahrnehmungsmöglichkeiten eröffnen — und sie haben dies auch durchweg erreicht. Der Wandel der Künste, der in Europa erkennbar ist — von den nichtästhetischen Künsten der Antike und des Mittelalters über die schönen und die nicht mehr schönen Künste der Neuzeit bis zu den Künsten der Avantgardebewegungen und zu den Gegenwartskünsten —, erst recht Unterschiede zwischen den europäischen Künsten und den nichteuropäischen machen deutlich, wie verschieden menschliche Seh- und Wahrnehmungsmöglichkeiten sind und sein können. Das gleiche ließe sich am Wandel der sinnlichen Wahrnehmung des Schönen an Formen und Institutionen der menschlichen Lebenswelt sowie an der von Menschen nicht gestalteten Natur zeigen. Ein Grieche, der sittliche Lebensformen, Gesetze und Wissenschaften schön nennt, sieht anders und sieht etwas anderes als der Bewohner einer modernen Großstadt. Ein Bauer sieht seinen Acker, der für ihn Lebensunterhalt, Arbeitsplatz und Heimat zugleich ist, anders als ein Tourist, der in den Ferien heraustritt aus seiner alltäglichen Lebens- und Arbeitswelt und diesen Acker als schöne Landschaft betrachtet. Was daher auch immer Künstler selbst und diejenigen, die Kunst und Schönes wahrnehmen, als unmittelbare und natürliche sinnliche Wahrnehmung proklamieren, ist weder unmittelbar noch natürlich.

Wir können das, was uns Phänomene der Kunst und des Schönen bedeuten, nicht jenseits der sinnlichen Wahrnehmung auf den Begriff bringen oder durch die Wissenschaft besser sagen. Wir können sinnlich Wahrnehmbares und Bedeutendes jedoch auch nicht unmittelbar wahrnehmen mit der Begründung, jedermann sehe und höre dasselbe, weil er ja Augen und Ohren habe. Auch das, was durch Phänomene der Kunst und des Schönen sinnlich vermittelt wird, z. B. Betroffenheit, Staunen, Erschütterung, Weinen, Lachen, ist natürlich etwas, was man nicht einfach, sondern durch Reflexionen und reflektierte Erfahrungen vermittelt, wahrnimmt. Was einzelne und soziale Gruppen bei Phänomenen der Kunst und des Schönen mitnotieren, ‚konnotieren', ist nichts Unmittelbares, sondern etwas gesellschaftlich und geschichtlich Vermitteltes und Voraussetzungsreiches.

Platon verurteilt im ‚Staat' die aisthesis als das für die Erfahrung der Kunst konstitutive Element: was die Sinne anspreche und errege, zerstöre die Vernunft und Ordnung, und die aisthesis sei nicht in der Lage, die wahren und immerseienden Ideen zu erkennen. Man kann die Geschichte der Philosophie seit Epikur auch als Rettungsversuche der aisthesis lesen. Baumgarten versucht z. B. im 18. Jahrhundert eine Rehabilitierung der gnoseologia inferior, der niederen Erkenntnis. Er definiert die von ihm neu geschaffene philosophische Disziplin der Ästhetik als scientia cognitionis sensitivae. Seit Nietzsche geht es radikaler um eine Rehabilitation dessen, was durch Vernunft, Wissenschaft, Institutionen ausgeschlossen wurde: die Sinnlichkeit, das Unvernünftige, den Wahnsinn, das Häßliche, das Unmoralische, das Anomale. Was bei Phänomenen der Kunst und des Schönen sinnlich dargestellt und vermittelt wird, kann daher nicht unmittelbar sinnlich wahrgenommen werden.

— Eine argumentative Auseinandersetzung mit Phänomenen der Kunst und des Schönen wird nicht nur ‚von außen', von der öffentlichen Reflexion und Diskussion, von Philosophen, Wissenschaftlern und Intellektuellen in die Kunst hineingetragen. In einer wenig differenzierten Lebenswelt sind Phänomene und Erfahrungsmöglichkeiten der Kunst und des Schönen untrennbar verbunden mit mythischen, religiösen, sozialen, politischen und sittlichen „Weltanschauungsweisen" dieser Lebenswelt (der Hegelsche Begriff wird hier im wörtlichen, nicht im ideologischen Sinn gebraucht). Es gibt hier keine von diesen „Weltanschauungsweisen", und das heißt von diesen Wirklichkeitsannahmen ablösbare ästhetische Erfahrung, keine ästhetische Wahrnehmung und Reflexion eines isolierten ästhetischen Subjekts, keine nur ästhetisch erfahrbare und benennbare Weltanschauung. Der Dichter ist eingebunden in eine bereits ausgelegte Welt, und er ist insofern ein poeta doctus. Das gilt auch für Maler, z. B. für Giotto. Wer sich mit Kunstwerken adäquat beschäftigen will, muß ebenfalls doctus sein. Phänomene der Kunst und des Schönen in dieser Lebenswelt konnten — und können auch heute nicht erfaßt werden, wenn man von diesen „Weltanschauungsweisen" und Wirklichkeitsannahmen absieht (Nr. 26).

Das ändert sich grundsätzlich auch nicht in einer Lebenswelt, die, aus welchen Gründen auch immer, differenzierter und entwickelter geworden ist. Das Selbstbewußtsein des einzelnen, der seit dem Ende des 18. Jahrhunderts so genannten Subjektivität, ist in der modernen bürgerlichen Gesellschaft vielschichtiger und abgründiger. Die Spannungen, Entfremdungen, Entzweiungen zwischen dem einzelnen und seiner Lebenswelt sind größer. Aber auch dann, wenn der Künstler durch evolutionäre oder revolutionäre Veränderungen der Lebenswelt und der in ihr anerkannten Stil- und Kunstformen „sozusagen zu einer tabula rasa gemacht" wurde, bleibt dies für ihn und seine Arbeit, wie z. B. Hegel im einzelnen gezeigt hat, kein äußerer Vorgang.

„Selbst der ausübende Künstler ist nicht etwa nur durch die um ihn her laut werdende Reflexion, durch die allgemeine Gewohnheit des Meinens und Urteilens über die Kunst verleitet und angesteckt, in seine Arbeiten selbst mehr Gedanken hineinzubringen, sondern die ganze geistige Bildung ist von der Art, daß er selber innerhalb solcher reflektierenden Welt und ihrer

Verhältnisse steht und nicht etwa durch Willen und Entschluß davon abstrahieren oder durch besondere Erziehung oder Entfernung von den Lebensverhältnissen sich eine besondere, das Verlorene wieder ersetzende Einsamkeit erkünsteln und zuwege bringen könnte.“ (226)
Am Künstler und seinen Arbeiten selbst, nicht nur an der „um ihn her laut werdenden Reflexion“, ist abzulesen, daß zu der von unmittelbaren mythischen, religiösen, sozialen, politischen und ethischen Funktionen freigesetzten Kunst nicht ein Weniger, sondern ein Mehr an Reflexion gehört. Ob der Dichter auf etwas verweist, das im Verhältnis zur Gegenwart ein Verlorenes oder ein Zukünftiges ist, ob er poetologische Schriften zur Selbstverständigung oder für die öffentliche Diskussion schreibt, er muß „in seine Arbeiten selbst mehr Gedanken hineinbringen“. Wo der Künstler, Musiker und Schriftsteller auf den verschiedenen Ebenen seiner Lebenswelt keine gemeinsame „Weltanschauungsweise“ vorfindet, keine in der klassischen deutschen Philosophie so genannte Totalität, muß er sich aus verschiedenen Elementen, aus altem oder neuem Material eine eigene Künstlerästhetik ohne Totalitätsanspruch schaffen bzw. die von ihm veranstalteten Happenings erläutern. Es genügt da nicht, die Philosophie, die Wissenschaften und den europäischen Rationalisierungsprozeß programmatisch zu verabschieden, wie dies Nietzsche und seine verschiedenen Anhänger verkünden. An den Künsten selbst, den ‚Kunst-Werken‘ und den ästhetischen und politischen Aktionen sind die Unvermeidbarkeit und die Schwierigkeiten einer argumentativen Auseinandersetzung mit Phänomenen und Erfahrungen der Kunst und des Schönen evident. Die Unterscheidung zwischen Wissenschaftler und Schriftsteller wird immer weniger eindeutig. Der Versuch, beides zugleich zu sein, ist an Werken abzulesen, an Rousseaus ‚Die Träumereien eines einsamen Spaziergängers‘, an Flauberts ‚Bouvard et Pécuchet‘, an Werken von Benn, Valéry und Sartre.

1.2 Schwierigkeiten mit der Ästhetik

Mit dem Begriff Ästhetik bezeichnet man eine besondere philosophische Disziplin und eine besondere Lebensform. Von Anfang an werden der Begriff Ästhetik und die ästhetischen Begriffe, die in Deutschland im 18. Jahrhundert zuerst entwickelt wurden, in beiden Bedeutungen gebraucht. Baumgarten hat als erster die Ästhetik als eine neu auszubildende philosophische Disziplin gefordert;

seine ‚Aesthetica' wurde 1750/58 veröffentlicht. Die Romantiker haben in immer neuen Entwürfen zu sagen versucht, was Ästhetik sein sollte. Sie haben in theoretischen Schriften und gleichzeitig in praktizierten Lebensformen gezeigt, wie man in neuen Formen der Geselligkeit und Freundschaft ästhetisch-poetisch leben kann. Von Anfang an waren die ästhetischen Begriffe in den Wissenschaften und auf den vorwissenschaftlichen Ebenen vieldeutig und umstritten. Die einen sahen in der Ästhetik im Blick auf die Entfremdungsprobleme der sich entwickelnden bürgerlichen Gesellschaft das Rettende für den einzelnen, den Staat, die Kirche, für die Religion oder die Wissenschaft, für Europa oder die Menschheit. Andere sahen in den ästhetischen Programmen und Bewegungen Symptome der Bedrohung und des Verfalls, Ästhetizismus, ‚Nur-Ästhetisches', ruinöse Preisgabe dessen, was für das Leben und das Überleben notwendig ist. Die Ambivalenz der Ästhetik und des Ästhetischen ist im 19., erst recht im 20. Jahrhundert größer geworden.

Baumgarten hatte zuerst 1735 die Ästhetik als eine neu auszubildende Wissenschaft gefordert und sie als neue philosophische Disziplin in der 1750/58 veröffentlichten ‚Aesthetica' so definiert:

„Aesthetica (theoria liberalium artium, gnoseologia inferior, ars pulcre cogitandi, ars analogi rationis) est scientia cognitionis sensitivae." „Die Ästhetik (als Theorie der freien Künste, als Logik des unteren Erkenntnisvermögens, als Kunst des schönen Denkens und als Kunst des intuitiven, dem rationalen Denken analogen Erkennens) ist die Wissenschaft der sinnlichen Erkenntnis." (§ 1)

Bei der neuen philosophischen Disziplin der Ästhetik geht es Baumgarten um die Rehabilitierung der sinnlichen Erkenntnis, die in den sensualistischen Theorien von den Sophisten und Epikureern bis zu den Theorien des 18. Jahrhunderts sowie in den rationalistischen Theorien der Pythagoreer, der Platoniker und der Aristoteliker bis zum 18. Jahrhundert unzureichend bestimmt sei. Jene hatten die sinnliche Erkenntnis auf das reduziert, was durch unsere Sinne empirisch feststellbar ist. Diese waren davon ausgegangen, daß das Vermögen niederer und verworrener sinnlicher Erkenntnis dem oberen Erkenntnisvermögen der Vernunft in der Metaphysik und Logik bei der Wahrheitserkenntnis hinderlich sei. Baumgarten dagegen geht davon aus, daß die Philosophie bei der Analyse der menschlichen Erkenntnis nicht nur die streng empirischen und rationalistischen Erkenntnisse, sondern auch den ganzen Bereich der sinnlichen Erkenntnis zu untersuchen habe. Hierzu gehört für ihn das ganze Reich der am Ende des 18. Jahrhunderts so genannten Subjektivität (Geschmack, Urteilskraft, Einbildungskraft, Empfindungen der freien und schönen Künste und des Schönen überhaupt, Einbildungen und Erdichtungen), all das, was bei der logischen Wahrheit des Verstandes und in den modernen Wissenschaften ungesagt bleibt. Die Ästhetik hat nach Baumgarten darüber hinaus die niederen Erkenntnisvermögen und die Beurteilung des schön Gesagten und Geschriebenen zu verfeinern und diese Erkenntnisvermögen, ohne sie gewaltsam zu unterdrücken, aus der Verworrenheit zur Klarheit und aus der Unvollkommenheit zur Vollkommenheit zu führen. In der Ästhetik gehe es um die ästhetische Wahrheit, d. h. um die Wahrheit und Vollkommenheit der Künste und des Schönen, insofern sie sinnlich erfaßbar sind, nicht um die metaphysische und logische Wahrheit. Es gehe um die freien bzw. die seit der frühen Neuzeit so genannten schönen Künste (Nr. 60.2), nicht um die mechanisch-technischen Künste, nicht um das, was man in der griechisch-römischen Antike die auf Einsicht und Anwendung von Regeln beruhende Kunst (techne, ars) genannt hatte. Gegenstand der Ästhetik ist die Kunst des schönen Redens und Schreibens, nicht die des logisch-rationalen Denkens.

Der Begriff und die neue philosophische Disziplin Ästhetik erlebten in Deutschland in wenigen Jahren eine große Konjunktur. Der Gegenstandsbereich wurde dabei verändert und erweitert, der Begriff sehr vieldeutig und die Kritik der Ästhetik weitete sich aus. Kant sprach in bezug auf Baumgarten von „einer verfehlten Hoffnung". Die Bedingungen der menschlichen Erkenntnis bei der theoretischen und praktischen Vernunft, bei der sinnlichen Anschauung und beim ästhetischen Urteil seien andere, als Baumgarten angegeben habe. Schiller, Schlegel, Schelling u. a. wollten ihre philosophischen Untersuchungen über Probleme der Kunst und des Schönen nicht mit dem Begriff Ästhetik bezeichnen. Ihnen ging es in der Tat auch nicht um eine Rehabilitierung der sinnlichen Erkenntnis als einer gnoseologia inferior, sondern um eine historische und systematische Deutung der in der bürgerlichen Gesellschaft entwickelten neuen Erfahrungsmöglichkeiten der Künste und des Schönen. Zum Abschluß der Querelle des Anciens et des Modernes, der Frage, ob auch post Christum natum in der Kunst die Alten oder die Modernen maßgebend seien, beendeten sie diesen Streit durch Historisierung. Was in der griechisch-römischen Welt für die Kunst und das Schöne verbindlich gewesen sei, könne nicht in der Gegenwart verbindlich sein. Gefragt wird jetzt auch, was die Künste und das Schöne bei der ästhetischen Erziehung des einzelnen und der Menschen im Prozeß der Geschichte, vor allem unter den Bedingungen sozialer und politischer Entfremdung bzw. Entzweiung, leisten bzw. nicht leisten können. Zwischen Kant und dem späten Hegel bzw. dem späten Schelling gibt es eine Reihe von Entwürfen und Versuchen, die die Ästhetik zur Fundamentaldisziplin machen und die das Leben, die Wissenschaft und die Religion poetisieren sowie für einzelne und soziale Gruppen neue ästhetische Formen der Geselligkeit suchen (Nr. 165).

Hegel hält im Blick auf die hier angedeutete Entwicklung den Namen Ästhetik, der einer vergangenen Zeit angehöre, für unpassend und oberflächlich, läßt es aber bei dem Namen bewenden, da er „einstweilen in die gemeine Sprache übergegangen ist". Radikaler als seine Vorgänger begreift er die Künste und die in der europäischen Kultur entwickelten Deutungen der Künste und des Schönen aus der Geschichte. Radikaler ist die Frage, was die Kunst noch leistet und leisten kann nach dem Ende der griechischen Kunst und nach dem Ende der sogenannten schönen Künste. Hegels Kritik der Romantik ist nicht nur eine Kritik ihres Kunstbegriffs, ihrer Kunstinhalte und -darstellungsformen, sondern auch eine Kritik der in der bürgerlichen Gesellschaft propagierten ästhetischen Lebens- und Existenzform. Kant und vor allem der späte Hegel kritisieren die Grundannahmen der ihnen vorgegebenen Ästhetik und die Voraussetzungen und Konsequenzen der ästhetischen Lebensform. Für Kant ist eine Ästhetik, die sich nicht zuvor über die Grenzen der theoretischen und der praktischen Vernunft verständigt hat, unfähig, die Möglichkeiten und Grenzen ästhetischer Urteile zu analysieren. Hegel kritisiert die progressiven und die regressiven Formen eines ästhetischen Absolutismus, der den Anspruch erhebt, die Unterscheidungen der Kunst von der Wissenschaft, der Moral und der Religion aufheben zu können (Nr. 66).

Kant, Schiller und der späte Hegel hatten begründet, worin innerhalb der Grenzen der Vernunft, innerhalb der das Recht verwaltenden bürgerlichen Gesellschaft und innerhalb des modernen Staates die Bedeutung der Kunst und des Schönen für den Menschen bestehen konnte. Im 19. Jahrhundert wurde deutlich, daß die Entfremdungsprobleme der entwickelteren bürgerlichen Gesellschaft nicht mehr innerhalb der von der klassischen deutschen Philosophie gezogenen Grenzen der Vernunft und innerhalb der sozialen und politischen Institutionen der alteuropäischen Gesellschaft zu lösen waren. Damit mußte der doppelte Anspruch der im 18. Jahrhundert ausgebildeten Ästhetik preisgegeben werden. Die Ästhetik konnte nicht mehr als eine philosophische Disziplin betrieben werden, mit der man innerphilosophische Probleme lösen konnte. Die philosophische Ästhetik war nicht mehr Organon der Wahrheit, und sie konnte auch keine Begründungsansprüche für die Religion, die Ethik und die Politik befriedigen. Eklatant wurde auch die Unfähigkeit der philosophischen Ästhetik, verständlich zu machen, was man beim Umgang mit der Kunst, vor allem mit den Künsten der Avantgardebewegungen, erfahren kann. Mißlungen war aber auch der zum ersten Mal von der Romantik und dann immer wieder in der Theorie und Praxis unternommene Versuch, durch ästhetische Bewegungen alternative Lebensformen zu den Institutionen und Verhaltensformen der bürgerlichen Gesellschaft zu entwickeln. Phantasie ist in der entwickelteren bürgerlichen Gesellschaft nicht an die Macht zu bringen, Spontaneität ist nicht zu institutionalisieren und führt, absolut gesetzt, ohne Institutionen zu einer Frustrationen erzeugenden Daueraktion und nicht zu wirklich alternativen Lebensformen. Wenn sich das Subjekt an der institutionell ausdifferenzierten Wirklichkeit „die Hörner abgelaufen" hat (Hegel), läßt es sich in der Regel „mit Haut und Haaren ... von den geltenden Institutionen konsumieren" (Gehlen).

Der Begriff Ästhetik wird mit anderen ästhetischen Begriffen nach wie vor, allerdings in einer nichtpräzisen Bedeutung, in der Philosophie, in den Wissenschaften sowie in der Öffentlichkeit verwendet. Die Schwierigkeiten mit der Ästhetik entstehen vor allem durch eine dreifache Verwendung des Begriffs, wenn dieser entgrenzt, eliminiert oder neu interpretiert wird. Thesenhaft läßt sich der dreifache Sprachgebrauch so kennzeichnen:

— Entgrenzt wird der Begriff Ästhetik, wenn er nicht nur zur Bezeichnung einer bestimmten Deutung der Kunst und des Schönen sowie einer ästhetischen Lebensform im Erfahrungshorizont der bürgerlichen Gesellschaft verwendet wird, sondern durch Rückübertragung oder Ausweitung bei jeder wie auch immer gearteten Beschäftigung mit Fragen der Kunst und des Schönen. So spricht man z. B. von „antiker Ästhetik" (Perpeet), von „mittelalterlicher Ästhetik" (Assunto), von der Ästhetik der „Sklavenhaltergesellschaft des alten Ostens ...: in Ägypten, Babylon, im alten Indien und im alten China"[1], von der Ästhetik der primitiven Gesellschaften (Leach). (s. Zimmerli in Nr. 73 und 74)

— Für die Eliminierung des Begriffs Ästhetik in ihrer doppelten Bedeutung als einer besonderen philosophischen Disziplin und einer besonderen ästhetischen Lebensform plädiert man von verschiedenen Voraussetzungen aus. Wo man die Philosophie und die Wissenschaften durch einen reduzierten Vernunft- und Wirklichkeitsbegriff definiert, ist natürlich kein Platz für eine Rehabilitierung der an Phänomenen der Kunst und des Schö-

[1] Grundlagen der marxistisch-leninistischen Ästhetik, (Moskau 1961) Berlin 1962, S. 34.

nen orientierten sinnlichen Erkenntnis bzw. für eine Rehabilitierung der ästhetischen Erfahrung. Die Rede von einer ästhetischen Wahrheit ist hier unhaltbar (Nr. 47). Es gibt auch gewichtige Gründe gegen die Verwendung ästhetischer Begriffe, wo Hunger und Unterdrückung das Überleben bedrohen, wo ungerechte Gewalt und Herrschaft die elementarsten Bedingungen des menschlichen Zusammenlebens in Frage stellen.

— Begrenzt wird die Verwendung ästhetischer Begriffe, wenn z. B. Untersuchungen zu antiken und mittelalterlichen Erfahrungen und Deutungen der Kunst und des Schönen ausdrücklich zeigen, daß diese verschieden sind von den in der bürgerlichen Gesellschaft entwickelten Grundannahmen der Ästhetik und des Ästhetischen (z. B. Nr. 17, 74). Auch wo man Kunst und Schönes nicht im Erfahrungshorizont der bürgerlichen Gesellschaft zu denken versucht, distanziert man sich explizit oder implizit von der Ästhetik. Heidegger z. B. denkt das Wesen der Kunst und des Kunstwerks im Zusammenhang des Seinsgeschicks der abendländischen Metaphysik, nicht im Rahmen des in der Neuzeit liegenden Vorgangs, „daß die Kunst in den Gesichtskreis der Ästhetik rückt. Das bedeutet: Das Kunstwerk wird zum Gegenstand des Erlebens, und demzufolge gilt die Kunst als Ausdruck des Lebens des Menschen“ (Nr. 50, S. 75). Auch für Blumenberg ist die von Künstlern und Dichtern geleistete Arbeit an dem aus der griechischen Welt fortlebenden Mythenbestand kein mit ästhetischen Begriffen adäquat faßbarer Vorgang. Arbeit am Mythos ist ein Versuch der Selbstverständigung und Selbsterhaltung, ein Versuch „der Erhaltung des Subjekts durch seine Imagination“ (Nr. 23, S. 16). „Der homo pictor ist nicht nur der Erzeuger von Höhlenbildern für magische Jagdpraktiken, sondern das mit der Projektion von Bildern den Verläßlichkeitsmangel seiner Welt überspielende Wesen“ (Nr. 23, S. 14). Argumente für ein nicht bzw. nicht nur ästhetisches Verhältnis zur Kunst und zum Schönen liefern auch neuere Erfahrungen beim Umgang mit der Kunst und Literatur. Böll, Grass, Solschenizyn, I. Bergman, Picasso und Beuys z. B. dürften, was sie schaffen und tun, ebensowenig wie diejenigen, die sich mit ihren ‚Werken‘ bzw. Aktionen auseinandersetzen, mit Begriffen der Ästhetik bzw. mit ästhetischen Begriffen beschreiben.

1.3 Zu einem philosophischen Diskurs über Kunst und Schönes

Erfahrungen im Umgang mit Phänomenen der Kunst und des Schönen lassen sich nicht reduzieren auf das, was unmittelbar mit den Sinnen erkannt werden kann. Was man an solchen Phänomenen sinnlich wahrnehmen und erkennen kann, gibt zu denken. Die Reflexionen und die argumentativen Auseinandersetzungen mit Phänomenen der Kunst und des Schönen haben nicht eine wissenschaftliche Theorie zum Ziel, sondern ein genaueres Sehen und eine Sensibilisierung unserer durch diese Phänomene vermittelten Erfahrungsmöglichkeiten. Das war das Ergebnis des ersten Abschnitts dieser Einleitung. Das Ergebnis des zweiten Abschnitts lautete: Man hat Schwierigkeiten mit der neuzeitlichen Ästhetik und mit ästhetischen Begriffen, wenn man sich mit ihnen verständlich machen will, was Erfahrungen im Umgang mit der Kunst und dem Schönen zu denken geben. Erfahrungen mit der Kunst und dem Schönen waren bisher und sind auch heute vielschichtiger und elementarer als das, was man in der Wissenschafts- und Umgangssprache z. Z. etwas vage ästhetische Erfahrungen nennt. Wir sagen daher bei der Verwendung dieses Begriffs auch oft, daß es sich um ‚nicht nur ästhetische Erfahrungen' handele. Diese Einleitung stellt einen Ansatz zur Diskussion, der zeigt, wie man sich in argumentativer Weise dem unerledigten Problem Kunst und Schönes zuwenden kann.

Kann ein philosophischer Diskurs über Kunst und Schönes uns deutlicher machen, was wir beim Umgang mit diesen Phänomenen sehen und erfahren? Der Begriff Diskurs wird seit einiger Zeit in den Wissenschaften sehr verschieden verwendet. Um Mißverständnisse zu vermeiden, formuliere ich sechs Bemerkungen zu einem philosophischen Diskurs im allgemeinen und zu einem über Kunst und Schönes im besonderen. Ein Diskurs über Diskurstheorien kann in diesem Zusammenhang natürlich nicht geführt werden.

— Ein philosophischer Diskurs ist ein Selbstverständigungsversuch von Menschen über die letzten problematisch gewordenen Voraussetzungen ihrer Wirklichkeitsannahmen, ihrer Handlungsorientierungen und ihrer Möglichkeiten der Kontingenzbewältigung, allgemein über das, was der Mensch ist und sein kann in einer Lebenswelt, in der Aufklärungsprozesse stattfinden. Ein philosophischer Diskurs ist damit sehr voraussetzungsreich. Wo nur Unmittelbares und Evidentes beschworen wird und das, was gelten soll, nicht mit Gründen diskursiv verteidigt wird, da ist der Relativismus, aber auch der Fanatismus die Konsequenz. Denn „ein trockenes Versichern gilt aber gerade soviel als ein anderes"[2]. Ein philosophischer Diskurs ist nicht möglich in

[2] Hegel, Werke in zwanzig Bänden, hrsg. von E. Moldenhauer und K. M. Michel, Frankfurt 1970, Bd. 3, S. 71.

einer statischen, nicht differenzierten Gesellschaft, z. B. in einer mythisch organisierten und integrierten Stammesgesellschaft, in der die Möglichkeiten des Menschen zur Selbstverständigung durch die in den Mythen erzählten Paradigmata vermittelt werden. Auch in einer total verwalteten Welt, die uns Antiutopien (z. B. ‚Schöne neue Welt', ‚1984', ‚Wir') bzw. naive Fortschrittsutopien (z. B. Skinners ‚Futurum II') aus Gegenwartstrends als unsere künftige Welt ausmalen, wären philosophische Diskurse unmöglich. Sie sind da schwierig, wenn nicht unmöglich, wo das Verhalten des Menschen mit Gewalt von außen gesteuert wird. Philosophische Diskurse sind Selbstverständigungsversuche mit Gründen und Argumenten, nicht mit Formen der Gewalt. Natürlich können Sprache und Sprechen auch Mittel der Täuschung, der Unterdrückung und Gewalt sein, aber sie sind dies nicht notwendig. Die gegenwärtige Konjunktur von Kommunikationstheorien sowie die allseits erhobenen Forderungen nach mehr Menschlichkeit und nach mehr intersubjektiven Kontakten in der verwalteten Welt können nicht darüber hinwegtäuschen, daß die Menschen, wie ja auch die gegenwärtige Kunst und Literatur darstellen, auf die Beschädigungen, ja Verstrickungen ihres Lebens oft eher mit Verzweiflung, Ratlosigkeit und Revolte als mit Bereitschaft zum Gespräch reagieren.

Das bedeutet für einen Diskurs über Kunst und Schönes: Wo religiöse, soziale und politische Gruppen und Institutionen ihre Identität und Herrschaft sichern durch Bilderverbot, Ausweisung und Verfolgung von Dichtern und Schriftstellern sowie durch Bücherverbrennung und wo Minderheiten und Unterdrückte durch Bildersturm und Zerstörung der Kunstwerke gegen die Herrschenden revoltieren, da sind diskursive Auseinandersetzungen mit der Kunst und dem Schönen schwierig, wenn nicht unmöglich. Das jüdische und islamische Bilderverbot, Platons Vertreibung der Dichter aus der Polis, Bilderstürme und Bilderfeindlichkeit in der Antike, in Byzanz, in der Renaissance, in bürgerlichen Gesellschaften und gegenwärtig in total verwalteten Staaten (Nr. 131, 132, 135), das sind Beispiele für gewaltsame Auseinandersetzung mit der Kunst und dem Schönen. Auch der in demokratisch organisierten Staaten geführte Streit um die Sicherung der Freiheit der Kunst durch Rechte und Rechtsprechung (Nr. 79, 9, S. 131—246) zeigt, wie außerordentlich voraussetzungsreich Diskurse über Kunst und Schönes sind. Im Vergleich mit anderen Formen der Auseinandersetzung sind Diskurse heute nicht die Regel, sondern die

Ausnahme, wie ein Blick auf die gegenwärtigen Gesellschaften unserer Erde zeigen kann.

— Wer einen philosophischen Diskurs führt, sollte sich über die Grenzen der Diskursfähigkeit im klaren sein, die sich aus der biologischen Mängelkondition des Menschen ergeben. Er sollte daher nicht davon ausgehen, der Mensch besitze im Sinne metaphysischer oder transzendentalphilosophischer Dualismen eine leib- und geschichtsfreie Geistseele oder Vernunft. Der Mensch hat eine biologische Mängelkondition, wenn man seine Anlagen und Entwicklungsmöglichkeiten mit der natürlichen Ausstattung nichtmenschlicher Lebewesen vergleicht. Seit 100 000 Jahren steht die biologische Evolution des Menschen still. Die Hoffnung, die Natur bzw. die biologische Evolution selbst werde die biologische Mängelkondition des jetzigen Menschen bei einem höheren und besseren Exemplar Mensch verbessern (so z. B. Herder, Nietzsche, Julian Huxley) sowie die Annahme, durch Genveränderungen ließen sich wesentliche Verbesserungen der biologischen Mängelkondition des Menschen erreichen, sind unbegründet. Seit 100 000 Jahren müssen sich die Menschen selbst ihre biologische Mängelkondition durch Kultur erträglich machen. Sie kompensieren ihre ‚ungesellige Geselligkeit' durch soziale und politische Organisation, ihre verminderte Sehfähigkeit durch eine Brille. Soziale Institutionen und ‚Weltanschauungen' sind die von Völkern und Kulturen auf Dauer gestellten Problemlösungen, von denen man annimmt, daß diese die Mängel, Instabilitäten und Ängste des Daseins erträglich machen.

Für die Grenze der Diskursfähigkeit, die sich aus dieser biologischen Mängelkondition ergibt, sprechen viele Erfahrungen, die nicht erläutert zu werden brauchen: Mit Kindern, Unmündigen und des Sprechens Unfähigen kann man keinen philosophischen Diskurs führen. Ein Kranker weiß, wie abhängig seine Diskursfähigkeit vom Zustand seines beschädigten Lebens ist. Schon die Mußetheorien der alteuropäischen Gesellschaften wußten, daß knechtische Arbeit sowie Sorgen und Mühen um das Überleben nicht die Distanz und Freiheit von den Zwängen der Lebenserhaltung ermöglichen, die man für eine philosophische Betrachtung und einen Diskurs braucht. Diskursunfähig machen auch Widerfahrnisse und Betroffenheiten in Lebenssituationen, auf die man nur mit Weinen oder Lachen oder auch nur mit Verstummen reagieren kann. Zur biologischen Mängelkondition des Menschen gehört, kurz gesagt, ohne existentialistischen ‚Jargon der Eigentlichkeit', sein Sein zum Tode. Vita brevis, ars longa. Aus dieser trivialen Faktizität folgt über die Grenze sowie über die Wahrheitsfähigkeit bzw. Wahrheitsunfähigkeit von Diskursen mehr als aus allen formalen Regeln, die bisher von Diskurstheoretikern formuliert wurden.

— Aus der biologischen Mängelkondition des Menschen ergeben sich seine prinzipiell nicht aufhebbare Verstrickung in Freiheits- und Leidensgeschichten sowie sein Anknüpfenmüssen an geschichtliche Vorgaben, soziale Institutionen, aber auch letzte Voraussetzungen von Wirklichkeitsannahmen, Handlungsorientierungen und Möglichkeiten zur Kontingenzbewältigung. Der Mensch ist keine tabula rasa; er ist dies weder in seiner Alltagswelt noch bei seinen diese Alltagswelt übersteigenden oder sie sprengenden Handlungen, z. B. in der Kunst, in der Wissenschaft und in der Religion. Selbst seine Einsamkeit, sein Wahnsinn, sein vermeintlicher Rückfall in Natur sind nicht natürlich. Einzelne und soziale Gruppen leben, handeln und müssen Widerfahrnisse erleiden unter nicht unbegrenzt verallgemeinerungsfähigen geschichtlichen Bedingungen. Diese sind selbstverständlich in Stammesgesellschaften, in der griechischen Polis, in der mittelalterlichen Stadt, in der bürgerlichen Gesellschaft und in der Gegenwart sehr verschieden. Faktische philosophische Diskurse, die problematisch gewordene inhaltliche Voraussetzungen kritisch überprüfen, diese verwerfen oder ihnen zustimmen, müssen an geschichtliche Vorgaben und Möglichkeiten anknüpfen.

— Wenn das stimmt, zwingt dies zu einer Korrektur von Diskurstheorien, die von kontrafaktischen Unterstellungen ausgehen bzw. die Diskurse und Diskursregeln hinter dem Rücken handelnder und leidender Menschen rekonstruieren. Die Grenzen dieser beiden Diskursmodelle kann man vereinfacht so formulieren: Transzendentalpragmatiker (Apel), Universalpragmatiker (Habermas) und Logische Konstruktivisten unterstellen, man könne durch Selbstreflexion kontrafaktisch aus der Struktur von Sprache und Sprechakten für alle Menschen immer schon verbindliche Diskursbedingungen und Beratungsregeln ermitteln, die, falls sie beachtet werden, zu wahren, d. h. für alle Menschen verbindlichen Ergebnissen führen. Der ungelöste Problemüberhang solcher Diskursmodelle besteht darin, daß diese bisher nicht in der Lage waren, für die Teilnehmer faktischer Diskurse solche Regeln zu entwickeln, die für die bestimmte Kritik und Prüfung folgenreich waren. Sobald man aus angeblich kontrafaktischen Unterstellungen der Vernunft inhaltlich folgenreiche Bestimmungen entwickelt, kann man zeigen, daß diese nicht aus *der* Vernunft *des* Menschen, sondern aus einer geschichtlich entwickelten Vernunft gewonnen sind. Es ist nicht einsichtig, was ein aus kontrafaktischen Unterstellungen entwickelter hochstilisierter Wahrheitsbegriff für die Beurteilung von Ergebnissen faktischer Diskurse leisten kann. Was bedeutet eine Wahrheit, die eine Setzung einer Diskursgemeinschaft ist, die universal, d. h. prinzipiell für alle Menschen gelten soll, die aber doch nur gültig ist bis auf weiteres, d. h. bis ein neuer sog. wahrheitsfähiger Konsens gestiftet wird? Wer universalistisch hochstilisierte Wahrheitsansprüche für wenig folgenreich hält, erklärt damit natürlich nicht alles für relativ und beliebig, er fordert nur angesichts der gegenwärtigen Vielfalt, ja Widersprüchlichkeit von Wahrheitsdefinitionen und Wahrheitstheorien eine Differenzierung des Wahrheitsbegriffs. Der „Abschied vom Prinzipiellen" (Marquard) verlangt auch den Abschied von dem, was vom Prinzipiellen ausgeschlossen wurde, das sog. Nichtprinzipielle, das bloß Relative. Wer etwa diesseits von Totalkritik und Totalapologie in einem Diskurs Klarheit darüber gewinnen will, ob und wie man bestimmte religiöse Antworten auf das Problem des Leidens und des Bösen in der Welt als gut begründet festhalten kann oder wie man das Verbot der Folter begründen kann, der stellt ja nicht alles zur Disposition.

Die Unterschiede zwischen Diskursen, z. B. solchen über Religion, Ethik, Politik, Metaphysik oder Geschichte, kann man auch nicht befriedigend, wie Habermas dies versucht, von formalen Sprechakten bzw. von anthropologisch tiefsitzenden Erkenntnisinteressen aus erklären, sondern nur von den inhaltlichen Vorgaben, die in einem faktisch geführten Diskurs überprüft werden. Bei faktisch geführten Diskursen wird auch deutlich, daß der Anspruch an Rationalität, Begründung und Verallgemeinerungsfähigkeit natürlich nicht bei jedem Diskurs gleich ist. Von einer Begründung moralischer Urteile verlangt man weniger Exaktheit als von der Begründung einer mathematischen Aussage, was schon Aristoteles betonte. Von einer Begründung für ein Urteil über die Qualität eines Kunstwerks erwartet man weniger Strenge und Verallgemeinerungsfähigkeit als von der Begründung eines sittlichen Urteils. Gute Gründe bei einem Diskurs über Mozarts ‚Don Giovanni' oder Becketts Stücke unterscheiden sich der Natur der Sache nach von guten Gründen für ein Verbot der Folter bzw. von solchen über die Wirklichkeitsannahmen der Quantenphysik.

Auch die nichtkonsistenten Aussagen über Diskurse von Foucault und Strukturalisten bzw. Poststrukturalisten bieten nicht sehr viel Hilfen für einen Diskurs. Foucault zeigt zwar, daß auch im Namen von Vernunft und Rationalität in der Theorie und Praxis unmenschliche Exklusionen geschaffen und gerechtfertigt werden. Was diese Theoretiker jedoch diesseits der Bewußtseinsphilosophie und der sog. Subjekt-Objekt-Spaltung, was sie hinter dem Rücken der Menschen sowie unterhalb der Regeln sozialer Institutionen an Diskursen rekonstruiert haben, bleibt weithin assoziativ. Ob es sich bei diesen ‚Austreibungen des Geistes aus den Geisteswissenschaften' und bei der Proklamation des ‚Todes des Menschen' um Ernst oder Spiel, um Erkenntnisse oder nachvollziehbare Erfahrungen oder um spontane Einfälle handelt, ist im letzten mit Gründen und Argumenten nicht zu entscheiden.

Die genannten Modelle gehen nicht von Diskursen aus, die faktisch in Schulen, Seminaren, Kolloquien oder anderswo geführt werden, und sie gelangen von ihren Ansatzpunkten bzw. von ihren formalen Regeln aus auch nicht zu den inhaltlichen Problemen, die in Diskursen erörtert werden. Darin sehe ich einstweilen den ungelösten Problemüberhang der beiden Diskursmodelle.

— Über Begriffe soll man nicht ohne Not streiten. Das gilt auch für den Diskursbegriff. Gemeinsamkeiten und Unterschiede mit ähnlichen philosophischen Begründungs- und Rechtfertigungsverfahren, z. B. mit Dialog, Dialektik, Auseinandersetzung oder einfach Gespräch, können hier nicht erörtert werden. Zwei Unterschiede zwischen einem Diskurs und einem Gespräch können die Verwendung des Diskursbegriffs verständlich machen. Bei Gesprächen an der Bushaltestelle oder im Aufzug geht es normalerweise um alltägliche Dinge oder einfach um Nettigkeiten. Bei Gesprächen zwischen Freunden und Liebenden können dagegen letzte Dinge, Freuden und Widerfahrnisse, ausgesprochen und besprochen werden. In beiden Fällen geht es jedoch nicht wie in einem philosophischen Diskurs um eine mit Gründen und Argumenten versuchte Rechtfertigung problematisch gewordener letzter Voraussetzungen. Philosophische Diskurse verlangen daher mehr als Gesprächsoffenheit und die Fähigkeit, Persönliches mitzuteilen. Sie setzen z. B. Kenntnisse letzter Voraussetzungen, Erfahrungen und Einsichten in Kontinuitätsbrüche sowie die Fähigkeit zu einer argumentativen Rechtfertigung und Kritik voraus. Ein gehaltvoller Diskurs beginnt daher in der Regel auch nicht voraussetzungslos. Er knüpft etwa an an Ergebnisse und offene Fragen bereits geführter Diskurse.

Gelungene Diskurse enden in der Regel nach einer mit Gründen geführten kritischen Prüfung problematisch gewordener letzter Voraussetzungen der personalen und/oder sozialen Identität mit einer besser begründeten Ablehnung oder Zustimmung. Am Ende eines gelungenen Diskurses können die Teilnehmer begründeter sagen, warum sie diese oder jene Annahme nicht mehr machen, warum sie weiterhin diese oder jene Grundannahme für verteidigungsfähig halten, warum sie dieses oder jenes weiter bedenken müssen. Am Ende eines Diskurses über Kunst und Schönes kann man z. B. Gründe dafür angeben, warum bestimmte Kunstwerke, die Freude oder Betroffenheit hervorrufen, zu denken geben und warum man bestimmte Werke nicht zum Kitsch oder zu Produkten der Kulturindustrie zählt.

— Ein Diskurs Kunst und Schönes findet statt in einem in der Geschichte entwickelten Erfahrungshorizont, der den Diskursteilnehmern in ihrer Lebenswelt vorgegeben ist. Was dies bedeutet, wird im zweiten Teil der Einleitung beispielhaft an Diskursen im Erfahrungshorizont der Polis, des Kosmos, des jüdisch-christlichen Schöpfer- und Erlösergottes, der bürgerlichen Gesellschaft und der Gegenwart gezeigt.

Vor diesen Konkretisierungen kann man über einen Erfahrungshorizont der Kunst und des Schönen schon dies sagen:

— Einen Erfahrungshorizont der Kunst und des Schönen kann man nicht geschichtsfrei aus Kompetenzen, Bedürfnissen und Interessen *des* Menschen entwickeln. Man kann ihn von den in einem bestimmten Raum-Zeit-Kontext vorgegebenen sozialen Institutionen und ‚Weltanschauungen' sowie von den dort vorgegebenen Kunstwerken und Erfahrungsmöglichkeiten von Kunst und Schönem aus rekonstruieren.

— Ein Erfahrungshorizont für Kunst und Schönes ist weiter als das, was im Denk- und Erfahrungsrahmen der neuzeitlichen Ästhetik und der neuzeitlichen ästhetischen Begriffe denk- und erfahrbar ist. Wer einen Diskurs über Kunst und Schönes führt, denkt und argumentiert auch diesseits der Alternativen von philosophischer Ästhetik und empirisch verfahrenden Kunst- und Literaturwissenschaften. Er vermeidet auch die Alternativen: hier Kunst — dort Geschichte, hier kunst- und werkimmanente Betrachtung — dort Kunst als Dokument der Kultur- bzw. Sozialgeschichte.

— Die in Europa von der Antike bis zur Gegenwart möglichen Erfahrungen mit der Kunst und dem Schönen können wir uns aus verschiedenen Erfahrungshorizonten verständlich machen. Für die Wandlungen und Differenzierungen dieser Erfahrungshorizonte können wir Gründe angeben, wir können sie jedoch weder geschichtsphilosophisch noch entwicklungslogisch zureichend erklären. Die zunehmende Differenzierung der in Europa vorgegebenen Erfahrungshorizonte scheint irreversibel zu sein. Wir können uns trotz aller wirklichen und möglichen Regressionen im Ernst nicht vorstellen und wünschen, daß man Kunst jemals wieder im Erfahrungshorizont der Polis erfahren kann. Das bedeutet jedoch nicht, daß z. B. die Auseinandersetzungen von Platon und Aristoteles mit der Kunst und dem Schönen, wie wir sehen werden, für uns in jeder Hinsicht erledigte Vergangenheit sind. Was hier gemeinsam ist und was nicht, müssen wir von der jeweiligen Lebenswelt aus in einem Diskurs kritisch prüfen. Der Streit zwischen Antiqui und Moderni (Nr. 1, Sp. 407—414), die Begriffsgeschichten der zentralen Begriffe der Ästhetik und der Kunst- und Literaturwissenschaften (Nr. 1) sowie die philosophischen Deutungen der Kunst und des Schönen, die durch Texte in diesem Band vorgestellt werden, zeigen Selbstverständigungsversuche über Kunst und Schönes durch kritisches Anknüpfen an antike Diskurse über Kunst und Schönes.

Was in diesem Abschnitt thesenhaft über Diskurse im allgemeinen sowie über Diskurse über Kunst und Schönes in geschichtlich vorgegebenen Erfahrungshorizonten gesagt wurde[2a], soll nun durch Beispiele erläutert werden.

2. *Konkretisierungen*

2.1 *Erfahrungshorizont der Polis*

Schon für Platon war der Streit zwischen Philosophie und Dichtung ein „alter Streit“ (Staat 607 c). Solon, Pindar, Heraklit und Xenophanes hatten bereits erklärt: Die Dichter, vor allem Homer und Hesiod, lügen, weil sie Anstößiges über die Götter, Unwahres über die Welt und Verderbliches für die Sitten und die Politik sagen. Xenophanes hatte die Göttervorstellungen von Homer und Hesiod als Projektionen unsittlicher menschlicher Verhaltensweisen und unglaubwürdige Anthropomorphismen kritisiert. Die Vernunft werde allmählich bessere Gottesvorstellungen entwickeln:

[2a] Zu Leistungsfähigkeit und Grenzen von Diskurstheorien s. W. Oelmüller (Hrsg.), Materialien zur Normendiskussion 1—3, Paderborn 1978 bis 1979.

„Wahrlich nicht von Anfang an haben die Götter den Sterblichen alles enthüllt, sondern allmählich finden sie suchend das Bessere." (95) Auch Platon kritisiert die unsittlichen Göttervorstellungen von Homer und Hesiod. Ausgangspunkt für seine Auseinandersetzung mit der Dichtung und der Kunst ist jedoch nicht die Annahme einer Entwicklung der Vernunft, sondern die auf Vernunft und Gesetze gegründete Polis. Die Polis ist für die Griechen der klassischen Zeit und auch für Platon und Aristoteles „der einzige wichtige Zusammenhang oberhalb des Hauses. Alle andern waren weitgehend auf sie zugeordnet (wie die Kultgemeinschaften) oder sie hatten über den privaten Bereich hinaus nicht viel zu besagen (wie etwa wirtschaftliche Beziehungen)"[3].

Die in Griechenland ausgebildete politische Ordnung der Polis unterscheidet sich wesentlich von der frühgriechischen Herrschaft der Adelsgeschlechter. Die wirtschaftliche und politische Macht beruhte in der Polis nicht mehr auf der Herrschaft der Adelsgeschlechter, sondern auf der Herrschaft der in der Stadt lebenden freien Bürger, im Unterschied vor allem zu den Sklaven. Bedeutend ist auch der Unterschied der griechischen Polis von dem in der Neuzeit ausgebildeten modernen Staat. In der Polis gibt es keine Trennung der Rechte und Pflichten des Staates von denen des einzelnen und denen der gesellschaftlichen Gruppen. Das Gute und das Glück für die Polis und den einzelnen Bürger sind dasselbe. Legalität und Moralität sind nicht, wie im modernen Staat, unterschieden. In der Polis sind auch nicht Macht und Herrschaft beim Souverän konzentriert. Die Sphäre des Politischen ist in der Polis auch noch nicht unterschieden von zwischen- und überstaatlichen Organisationen, z. B. von den Kirchen und der Wirtschaft.

Für Platons Entscheidung im Streit zwischen Philosophie und Dichtung sowie für seine Deutung der Kunst und des Schönen ist der sich abzeichnende Zusammenbruch der Polis und der sie tragenden politischen, sittlichen, rechtlichen und religiösen Voraussetzungen entscheidend. Er will die Polis retten. Diese und nicht später so genannte ästhetische Fragen stehen im Hintergrund bei seiner Auseinandersetzung mit der Kunst und dem Schönen. Platons Dichterkritik kann man sich hiernach nicht im Denkrahmen der zuerst im 18. Jahrhundert entwickelten philosophischen Ästhetik und in ihren Begriffen zureichend verständlich machen. Platon verbannt die Dichtung nicht deshalb aus der Polis, weil er amusisch oder unfähig ist, Kunst und Schönes wahrzunehmen. Er betont

[3] Ch. Meier, Die Entstehung des Politischen bei den Griechen, Frankfurt 1980, S. 27.

ausdrücklich, Homer sei der größte Dichter und gesteht: „Wir sind uns ja bewußt, wie sehr auch wir selbst uns von ihr (der Dichtung) bezaubern lassen." (Staat 607 c) Gerade weil Platon den Zauber und Rausch des göttlichen Enthusiasmus und des „göttlichen Wahnsinns" sowie ihre Folgen kennt, verbannt er beides aus der Polis, um den einzelnen und die politische Ordnung unter Gesetze der Vernunft zu zwingen. Seine eigenen Dialoge zeigen auch, wie kunstvoll er Reden und Gespräche komponieren kann. Platon kritisiert Homer und Hesiod und die Dichter auch nicht deshalb, weil sie Mythen geschaffen und bearbeitet haben. Er selbst tut das, wenn es darum geht, an der Grenze der Vernunft glaubwürdige, nur mythisch vermittelte und zu vermittelnde Auskünfte über die letzten Dinge mitzuteilen. Ausgangspunkt der platonischen Dichter- und Kunstkritik ist also allein die Frage, ob nach der Ausbildung der Polis die Dichter oder die Philosophen für die Bürger die Wahrheit sagen und ob die Dichtung oder die Philosophie die in der Polis lebenden und handelnden Bürger besser und glücklicher macht. Platon nennt die Gesetzgeber der wahren Polis die wahren Dichter. Die Gesetzgeber und ihre Helfer wehren die Dichter und Schauspieler, die in die Polis aufgenommen werden wollen, mit folgendem Argument ab:

> „Wir selbst sind, so gut wir es vermögen, Dichter der schönsten und zugleich besten Tragödie; unsere ganze Verfassung da besteht ja in der Nachahmung des schönsten und besten Lebens, und dies, behaupten wir, ist dann auch in der Tat die lebenswahrste Tragödie." (Gesetze 817 b)

Platons Auseinandersetzung mit der Dichtung und Kunst läßt sich in drei Punkten zusammenfassen:

— Platons Auseinandersetzung mit der Kunst und dem Schönen ist nur verständlich, wenn man weiß, daß von Anfang an alle Griechen nach Homer und Hesiod gelernt haben und auch noch zu seiner Zeit lernen. Homer und Hesiod waren in besonderer Weise die Erzieher der Griechen. Sie haben die allen Griechen gemeinsamen Götter und Göttergeschichten geschaffen. Sie waren Ratgeber in allem, was für die Gemeinschaft und den einzelnen schön und gut, schicklich und recht ist. Die griechische Tragödie und Komödie, aber auch die griechische Sophistik und Sokratik, leben von der Kritik und Transformation des zuerst von Homer und Hesiod entwickelten Bestandes an lebens- und handlungsorientierenden Göttergeschichten. Platons Dichterkritik kritisiert damit den religiösen sowie sittlichen, sozialen und politischen Anspruch der Dichter in einer veränderten Lebenswelt. Nach der Entstehung der Polis sind nach Platon für die religiöse sowie die sittliche und politische Erziehung der Bürger neue „Richtlinien" notwendig. Götter, die all das tun, was bei Menschen Schimpf und Schande ist, sind für Polisbürger unglaubwürdig und verderblich. Gott kann und darf nicht mehr vorgestellt werden als böse und neidisch. Er muß entlastet werden von der Verantwortung, auch der Mitverantwortung, für die Übel und Leiden in der Welt, wenn die Polis und der einzelne gottesfürchtig und gut leben sollen. Dichtung, bildende Künste und verschiedene Tonarten sollen nur dann in der Polis geduldet werden, wenn ihr positiver Beitrag für die Erziehung der Polisbürger erwiesen ist.

— Rettung der Polis bedeutet für Platon Rettung der auf Einsicht, Wissenschaft, Arbeitsteilung und vernunftgeleitetes Handeln und Herstellen gegründeten Polis sowie Verbannung alles dessen, was den von der Vernunft geleiteten Lebens- und Handlungszusammenhang bedroht. Das traditionelle Enthusiasmusverständnis der Dichter und Rhapsoden weist Platon daher als Bedrohung der Polis zurück. Der Homer-Rhapsode Ion gehe, ebenso wie Homer selbst, bei dem, was er tut, nicht mit Sinn und Verstand oder Kunstfertigkeit vor, weil „die Dichter gar nichts anderes als Dolmetscher der Götter sind, ein jeder besessen von dem Gott, der ihn ergriffen hat". Für die auf techne und episteme begründete Lebenswelt der Polis bedeutet es daher kein Lob, wenn Platon von Werken der Musen sagt, „daß diese schönen Gedichte nicht menschlicher Art und nicht das Werk von Menschen sind, sondern etwas Göttliches und das Werk von Göttern" (102).

Der traditionelle Anspruch der Dichter und Maler, gottbegeistert Übermenschliches zu vermitteln, wird im ‚Staat' als Täuschung und Gaukelei abgewiesen. Wer, wie der nachahmende Maler, nichts von einem einzigen Handwerk versteht und darüber auch keine Rechenschaft abgeben kann, ist von der Wahrheit weiter entfernt als der Handwerker. Während Gott die unwandelbare Idee des Stuhls schafft, der Handwerker im Blick auf diese Idee einen bestimmten Stuhl, kann der Maler nach Platon nur im Blick auf diesen bestimmten Stuhl einen vortäuschenden Scheinstuhl schaffen. In der vernünftig eingerichteten Polis kann nach Platon allein die Philosophie sagen, was Wahrheit ist; Künstler und Dichter können nur täuschenden Schein erzeugen.

— Für Platons Auseinandersetzung mit der Kunst und dem Schönen sind vor allem seine Beurteilung des Wandels der Künste und des Schönen in der Polis sowie der Wandel der Wahrneh-

mungsmöglichkeiten und des Umgangs mit der Kunst und dem Schönen entscheidend. Beides kann Platon nur als eine poliszerstörende Ästhetisierung und Subjektivierung deuten. Er sieht angesichts der Ausbildung ästhetischer Lebensformen nur noch die Alternative, ob für die Polis und den einzelnen „Lust und Schmerz König (sind) statt des Gesetzes und der Vernunft, die sich noch immer und überall als das Beste erwiesen hat" (Staat 607 a). Was Hegel im Blick auf die Grenze der politischen Philosophie Platons sagt, gilt auch für dessen Philosophie der Kunst und des Schönen: Platon konnte das in die griechische Sittlichkeit „einbrechende tiefere Prinzip" der Subjektivität, „unmittelbar nur als eine noch unbefriedigte Sehnsucht und damit nur als Verderben" erkennen. Platons Versuch, dieses Verderben durch die Verwirklichung einer nach strengen Gesetzen geordneten und geregelten Polis zu bannen, geschah in einer Weise, die eben diese Subjektivität, „die freie unendliche Persönlichkeit gerade am tiefsten verletzte"[4].
Die Ästhetisierung und Subjektivierung beim Umgang mit der Kunst und dem Schönen zeigt sich Platon an verschiedenen Phänomenen: an der Art und Weise, in der es Menschen bei Theateraufführungen nicht um Wahrheit, sondern um Unterhaltung, Vergnügen und Lust geht, an dem Umgang mit den Künsten, die in der Polis keine religiösen, sittlichen und politischen Erziehungsfunktionen mehr haben. Die Ausbildung neuer Formen ästhetischer Erfahrungen und ästhetischer Wahrnehmungen sowie die in der Polis sich ausbildenden Möglichkeiten des individuellen Genusses und zum freien Umgang mit Phänomenen der Kunst und des Schönen kann Platon nur als Verfall deuten. Der Dichter, der wie ein Gaukler und Schauspieler „alles mögliche sein und alle Dinge nachahmen kann", bedeutet für eine Polis, in der jeder nur das Seine tun darf, Verfall und Auflösung.
Ein ästhetisches Spiel mit nur möglichen Lebensformen kann Platon nur als Identitätszerfall des einzelnen und der geordneten Polis wahrnehmen.

„Deshalb werden wir also einzig in einer solchen Stadt (der geordneten Polis) den Schuster nur als Schuster finden und nicht auch als Steuermann neben seiner Schusterei, und den Bauer nur als Bauer und nicht auch als Richter neben dem Landbau, und den Krieger nur als Krieger und nicht auch als Geschäftsmann neben dem Kriegshandwerk, und alle anderen ebenso." (107)

[4] Hegel, Rechtsphilosophie, Werke, a. a. O. Bd. 7, S. 24.

Platons „größte Anklage“ gegen die Dichtung lautet daher: „daß sie imstande ist, auch die anständig Denkenden zu verderben“ (Staat 605 c).

Während wir uns nach Platon im alltäglichen Leben nicht dem Jammern und Weinen und „allem Begehrlichen und Schrecklichen und Angenehmen in der Seele“ hingeben, sondern „ruhig bleiben und standhaft ertragen können“, sprengt die ästhetische Erfahrung alle durch Vernunft, Sittlichkeit und Recht errichteten Ordnungen. Die Ästhetisierung und Subjektivierung „nährt und begießt das, was doch absterben sollte, und macht das zum Herrscher über uns, was doch beherrscht werden sollte, damit wir besser und glücklicher und nicht schlechter und unglücklicher werden“ (Staat 606 d).

Aristoteles geht wie Platon davon aus, daß nicht mehr der Mythos und die Mythen schaffende oder bearbeitende Dichtung, sondern die vernünftig organisierte Polis auch für die Kunst der Erfahrungshorizont ist. Nach Aristoteles und Platon sind die Dichtung und Kunst eine gemeinsame Aufgabe der Polis und der Gesetzgebung, keine bloß private Angelegenheit einzelner Bürger.

„Daß nun der Gesetzgeber vor allem für die Erziehung der Jugend sorgen muß, dürfte wohl niemand bezweifeln ... Da aber der ganze Staat nur *einen* Zweck hat, so muß zweifellos auch die Erziehung eine und dieselbe für alle und die Sorge für sie eine gemeinsame sein, keine private, wie es gegenwärtig gehalten wird, wo jeder für sich die Erziehung seiner Kinder besorgt und ihnen nach eigener Auswahl der Fächer privaten Unterricht geben läßt.“ (114)

Nach Platon dürfen die Dichter nicht die Erzieher der Polisbürger sein, weil sie Lügen verbreiten über die Götter und über das, was sittlich und recht ist. Die Philosophie hat daher den Anspruch der mythenschaffenden und mythenbearbeitenden Dichter zu widerlegen und die für die Vernunft und Sittlichkeit verderblichen Folgen der alten mimetischen Kunst, der Musik und des Tanzes, zu bannen. Für Aristoteles dagegen ist in der Polis der alte Streit zwischen Philosophie und Dichtung gegenstandslos geworden. Für die Polis und den einzelnen, aber auch in der theoretischen und praktischen Philosophie sowie bei der Erfahrung der Kunst und des Schönen ist der Bann des Mythos gebrochen. Aristoteles will nicht mehr wie die Alten und auch noch Platon auf mythische Weise philosophieren. Wenn ein Tragödiendichter einen Mythos bearbeitet oder erfindet, will er nach Aristoteles nicht ein die Vernunft übersteigendes, Wahrheit beanspruchendes Geschehen zwischen Göttern und Menschen berichten. Er will lediglich einen nach menschlicher Erfahrung möglichen und wahrscheinlichen Handlungszusammenhang erfinden, der für die Zuschauer plausibel ist. Mythenschaffung und Mythenbearbeitung gehören zum Handwerk des Tragödiendichters. Aristoteles bestreitet daher auch nicht, daß die Dichter lügen. Es ist für ihn kein Argument gegen die Dichter, daß sie, gemessen an dem, was man in der philosophischen Theologie und in der Wissenschaft Wirklichkeit und Wahrheit nennt, nur ‚Wahr-scheinliches' darstellen. Was in der Religion und Wissenschaft, in der Politik und Kunst richtig ist, ist etwas Verschiedenes. Entscheidend ist, ob der Verfasser eines Epos, einer Tragödie oder einer Komödie die spezifischen Regeln zur Herstellung einer guten Darstellung und Aufführung richtig angewandt hat. Daher kann Aristoteles Homer als Lehrer richtiger Täuschungen loben: „Homer hat die anderen auch vorzugsweise gelehrt, wie man richtig Täuschungen anbringen soll"[5]. Ein Fehler der Dichtung liegt nach Aristoteles nicht vor, wenn, wie für Xenophanes und Platon, eine Differenz besteht zwischen den Aussagen der Dichtung und denen der philosophischen Theologie. Auf solche Vorwürfe kann man nach Aristoteles erwidern, „man dichte, wie es die Leute sagen; das gilt etwa für das, was die Götter betrifft. Denn vielleicht dichtet man da weder besser noch wahr, sondern wie es bei Xenophanes heißt: man sagt eben so." (126)

Was für das Verhältnis von Dichtung und Götterlehre gilt, gilt auch für das Verhältnis von Dichtung und Politik: „Die Richtigkeit ist nicht dieselbe bei der Politik und bei der Poetik oder überhaupt bei der Poetik und irgendeiner anderen Kunst." (125) Platon mußte zur Rettung der in einem rigiden Sinne vernünftig organisierten Polis die alte Dichtung mit ihrem religösen und sittlich-politischen Erziehungsanspruch aus der Polis verbannen. Für Aristoteles besteht in der vernünftig organisierten Polis kein Grund zur Dichterverbannung. Die in der Polis ‚entmythologisierte' und ‚verbürgerlichte' Dichtung bedeutet für das Leben der Polis und der einzelnen keine Bedrohung, sondern einen Gewinn. Kunst kann nun daraufhin untersucht werden, was sie als eine von unmittelbaren religiösen, sittlichen und politischen Funktionen freigesetzte Kunst für Polisbürger bedeutet und bedeuten kann. Das hat Konsequenzen für die inhaltliche Bestimmung der Tragödie. Anders als in der für ihn zeitgenössischen Tragödie, in der es zentral um den Konflikt des Menschen mit den Göttern geht, handelt es sich nach Aristoteles in einer ‚entmythologisierten' Tragödie um die Darstellung und Aufführung eines Handlungszusam-

[5] Aristoteles, Poetik, übers. von O. Gigon, Stuttgart 1969, S. 62.

menhangs, bei dem es um den Wechsel von Glück und Unglück geht.

Den Ursprung der ‚verbürgerlichten' Dichtung und Kunst kann man sich nach Aristoteles nicht mehr durch die alte Enthusiasmuslehre erklären. Auch Platon hatte den Enthusiasmus als Erklärung des Ursprungs der Dichtung zurückgewiesen, diesen jedoch für die Philosophie in transformierter Weise beibehalten. Die Einsicht durch „göttlichen Wahnsinn" und durch die die Vernunft und Wissenschaft übersteigenden Auskünfte der Mythen bleibt für ihn ein konstitutives Element seiner Philosophie. Anders bei Aristoteles. Philosophie als Wissenschaft unterscheidet sich für ihn von den Aussagen der Alten, die noch auf mythische Weise philosophierten. Philosophie als Wissenschaft kann damit freilich im Unterschied zum Philosophieren der Alten und auch Platons nicht mehr auf alle Fragen, z. B. auf solche nach dem Weiterleben nach dem Tod, eine Antwort geben. Werke der Dichtung und Kunst können für Aristoteles in der auf techne und episteme gegründeten Polis nicht mehr als Werke der Götter gedacht werden. Die Dichter sind nicht „Dolmetscher der Götter", die ohne ihre eigenen Sinne und ihren eigenen Verstand Göttliches schaffen, wobei sie über ihr Tun keine Rechenschaft geben können. Wie die Hersteller des handwerklichen Gebrauchswerks, so müssen auch die Hersteller eines dichterischen Darstellungswerks ihre Sinne und ihren Verstand benutzen sowie lehr- und lernbare Techniken beherrschen. Die ‚Poetik' des Aristoteles — wir besitzen nur unvollständig erhaltene Vorlesungsmanuskripte — untersucht, was der Verfasser einer Tragödie wissen muß von dem allgemeinen Zweck der Dichtung im Unterschied zu dem der Philosophie und Geschichtsschreibung, was er wissen muß von dem Unterschied zwischen der Tragödie und dem Epos und der Komödie, vom Aufbau eines Handlungszusammenhangs, von der Verwendung von Sprache und Metaphern, von den Erwartungen der Zuschauer, den Fehlern, die er zu vermeiden hat usw.

Platon konnte in der von ihm wahrgenommenen Ästhetisierung und Subjektivierung der Kunst und des Schönen nur den Einbruch der die Polis zerstörenden Subjektivität sehen. Er versuchte daher, die Polis zu retten durch Exklusion alles dessen, was nicht in einem rigiden Sinne der Vernunft, der Wahrheit und Ordnung dient. Für Aristoteles dagegen sind die platonischen Rettungsversuche mißlungen, ja nach seinen Erfahrungen aus theoretischen und praktischen Gründen für die Polis und den Menschen verderblich.

Die Sophisten hatten den religiösen, sittlichen und politischen Wahrheitsanspruch der alten Dichtung zurückgewiesen: „Der Zweck der Dichtung (ist) die Unterhaltung und nicht die Wahrheit." (98) Platon reagierte auf die Einstellung der Sophisten mit dem Verbot alles dessen, was Unterhaltung, Erholung und Lust bietet. Was bezaubert und zur Entgrenzung der durch Vernunft festgelegten Grenzen des Guten und Gerechten führt, bedeutet für ihn Zerstörung der Vernunft, Regression, Rückfall in den mythischen Weltzustand, in dem der Mensch unkontrolliert und ungeschützt übermenschlichen Mächten ausgeliefert ist. Aristoteles zeigt schon am Beginn der europäischen Kultur, daß die von Platon formulierte und für die europäische Kultur immer wieder fixierte Alternative von Mythos und Logos zu undifferenziert ist. In seiner ‚Politik', d. h. im Rahmen seiner Deutung der in der griechischen Polis verwirklichten spezifischen Form des Politischen, zeigt er, warum sich die drei Auffassungen über die Musik, für die es in seiner Zeit Verteidiger gab, nicht gegenseitig ausschließen. Die erste Auffassung besagt, daß in der Polis die Musik, ebenso wie Rausch und Tanz und ähnlich wie Schlafen und Trinken, Unterhaltung bzw. Erholung bieten. Platon lehnte Musik und mimetischen Tanz ab, weil sie zu gefährlichen Identifikationen mit dem Rausch und Vernunftlosen verführe. Für Aristoteles ist der mimetische Tanz entdämonisiert, ‚verbürgerlicht', Spiel. Die zweite Auffassung über die Musik besagt, daß sie der sittlichen Erziehung dient. Aristoteles bestreitet nicht, daß die Musik für die Erziehung eines freien Menschen einen positiven Einfluß hat. Er möchte jedoch, anders als Platon, Musik und Kunst nicht nur als Erziehungsmittel verstehen. Die dritte Auffassung über die Funktion der Musik besagt nämlich, sie trage „zu würdiger Ausfüllung der Muße und zur Kultur des Geistes" (118) bei. Aristoteles erörtert die Vor- und Nachteile der beiden ersten Auffassungen, macht jedoch deutlich, daß er die dritte für die für den freien Mann im Unterschied zum Sklaven und Banausen gemäße hält. Wenn das Ziel des Lebens und der Arbeit die Muße ist — eine um ihrer selbst und des höchsten Glücks willen gewählte Tätigkeit —, so gehört das Musiktreiben zu den höchsten geistigen Tätigkeiten des Menschen. Bei der „Ausfüllung der Muße" durch Musik liefert sich der Mensch nach Aristoteles nicht, wie Platon befürchtet, der vernunftzerstörenden mythischen Wirklichkeit aus, er verwirklicht vielmehr in der Polis die höchste dem Menschen mögliche Lebensform.

Platon erfährt und deutet Phänomene der Kunst und des Schönen vor dem Hintergrund der Frage, ob für die Polis und den einzelnen „Lust und Schmerz König (sind) statt des Gesetzes und der Vernunft, die sich noch immer und überall als das Beste erwiesen hat" (Staat 607 a). Aristoteles hält diese Alternative für falsch. In einer nachmythischen, vernünftig organisierten sozialen und politischen Wirklichkeit kann die Erfahrung der Kunst und des Schönen und der gebildete Umgang mit Phänomenen der Kunst und des Schönen Erfahrungen vermitteln über das, was dem Menschen an Höhen und Tiefen widerfahren kann. Die durch den Umgang mit den Künsten möglichen Erfahrungen von Lachen und Weinen, von Lust und Schmerz, von Glück und Jammer sind nach Platon verderblich für den einzelnen. Für Aristoteles dagegen können durch die Tragödie z. B. die Erfahrungen von Jammer und Schrecken bei dem Zuschauer Befreiung von eben diesem Jammer und Schrecken bewirken.

Platon glaubt, nur durch Verbote all dessen, was durch Künste darstellbar, erfahrbar und wahrnehmbar ist, das vernünftige Leben der Polis und des einzelnen retten zu können. Aristoteles hält diese Verbote für unvernünftig und diese Rettungsversuche selbst für verderblich. Die Erregung und Befreiung von Jammer und Schrecken durch eine Tragödie geschieht nach Aristoteles dadurch, daß wider die Erwartung „in einem Handlungsablauf Großes gestürzt und Niedriges erhöht wird" (124). Die Erfahrungsmöglichkeiten der Künste und des Schönen gehören nach Aristoteles zum Reichtum des in der Polis möglichen menschlichen Lebens.

Auch in der verschiedenen Deutung der Kunst als Nachahmung werden die Unterschiede zwischen Platon und Aristoteles deutlich. Während Platon den Begriff Nachahmung im Zusammenhang der Dichtung und Künste allein in kritischer Absicht gebraucht — bei den Gesetzgebern verwendet er den Nachahmungsbegriff im positiven Sinn: „unsere ganze Verfassung da besteht ja in der Nachahmung des schönsten und besten Lebens" —, verwendet Aristoteles Nachahmung in positivem Sinn. Platon verwendet den Begriff Nachahmung in doppeltem Sinn. Wo er Nachahmung im Sinn der Alten als rhythmische Darstellung von Handlungen und Schicksalsfügungen durch Wort und Gebärde im orchestrischen Tanz versteht, lehnt er diese als „eines freien Mannes unwürdig" ab. Rhythmische Darstellung verleite zur Identifikation und verführe die nachahmenden Darsteller dazu, daß sie „infolge der Nachahmung dann wirklich so werden" (Staat 395 d). Der nachahmende Dichter suche Beifall, indem er nicht die Vernunft, sondern den „reizbaren und unbeständigen Charakter" (Staat 604 e) anspreche. „Die nachahmende Kunst ist also minderwertig, verkehrt mit dem Minderwertigen und gebiert Minderwertiges." (Staat 603 a)

Im 10. Buch der ‚Politeia' gebraucht Platon den Nachahmungsbegriff in ontologischem Sinn. Während Gott die Idee, d. h. z. B. die eigentliche Wirklichkeit des Stuhls, gemacht hat, der Schreiner im Blick auf die Idee einen konkreten Gebrauchsgegenstand als Abbild schafft, bringt der Maler auf der dritten Stufe nur einen gemalten Stuhl, nur ein Nachbild des Abbildes, hervor. Wie der Maler so ist für Platon auch der Tragödiendichter als Nachahmer auf der dritten Stufe von der Wahrheit weit entfernt. Mit Hilfe des ontologischen Nachahmungsbegriffs degradiert Platon hiermit den Maler und Dichter unter die Handwerker. Nachahmung ist für Platon kein Argument zur Rechtfertigung, sondern zur Kritik der Kunst. Nach Aristoteles dagegen unterscheidet die Fähigkeit zur Nachahmung und das Bedürfnis nach ihr den Menschen von den anderen biologischen Lebewesen. Verschieden ist auch, was der Dichter und Künstler nach Platon und Aristoteles nachahmt. Während es bei Platon im 10. Buch der ‚Politeia' um die Nachahmung der Idee, d. h. um die Nachahmung der wahren Natur der Dinge geht, ahmt der Tragödien- und Komödiendichter nach Aristoteles eine „vollkommene Handlung" bzw. einen beim Zuschauer Jammer und Schrecken erregenden Handlungsablauf nach. Der Dichter stelle in einem Handlungszusammenhang solche Handlungen, Leiden und Widerfahrnisse des Menschen dar, die für den Zuschauer aufgrund seiner Lebenserfahrung wahrscheinlich, daher glaubwürdig seien. Nur so sei beim Zuschauer einer Aufführung Identifikation mit dem dargestellten Jammer und Schrecken möglich; nur so könne eine Aufführung beim Zuschauer durch Jammer und Schrecken eine Befreiung von eben diesen Erregungszuständen und Betroffenheiten bewirken. Identitätssichernde Vernunft in der Polis und im Leben des einzelnen schließt nach Platon den Umgang mit der Kunst und dem Schönen aus. Für Aristoteles dagegen gehören Erfahrungen der Kunst und des Schönen im Erfahrungshorizont der Polis zu den in der Muße sinnvollen Tätigkeiten des Menschen.

2.2 *Erfahrungshorizont des Kosmos*

Die Ausbildung der Polis sowie die Entwicklung von Kosmosvorstellungen sind, geschichtlich betrachtet, zwei für die griechische Antike und für die europäische Kultur trotz aller Kontinuitätsbrüche folgenreiche Errungenschaften. Im Erfahrungshorizont der Polis und des Kosmos wurden Deutungen des Menschen und Rechtfertigungen der Politik, der sittlichen Lebensformen, der Religion, der Metaphysik, der Sprache, der Wissenschaften, aber auch der Kunst und des Schönen entwickelt, die direkt oder indirekt bis heute gegenwartsrelevant sind.

In primitiven Gesellschaften war die Natur der Schauplatz, auf dem die Menschen im Gegenspiel mit übermächtigen und bedrohlichen Mächten in Furcht und Schrecken leben und handeln mußten. Erst die Ausbildung neuer wirtschaftlicher, sozialer, politischer, rechtlicher und religiöser Institutionen und „Weltanschauungsweisen“ ermöglichte ein distanzierteres Verhältnis zur entdämonisierten, aber nicht entdivinisierten Natur. Die Natur war nun verläßlicher und zur Heimat des Menschen geworden. Die Erfahrung der Welt als eines von der göttlichen Vernunft geleiteten vollkommenen, schönen und in ewigen Kreisbewegungen geordneten Gesamtsystems ist natürlich nicht selbstverständlich. Geordnet war der Kosmos nach antiken Weltanschauungsweisen, weil er den Bereich des Sichtbaren und des Unsichtbaren unterschied, Menschliches von Göttlichem, Sterbliches von Unsterblichem trennte und gleichzeitig in Beziehung zueinander setzte. Der Geist oder die Seele des Menschen, selbst Teil des Göttlichen, war fähig, das wahre Sein, wenn auch nur in einem geschichtsfreien Augenblick, gleichsam zu „berühren“ und zu schauen.

Innerhalb des kosmischen Gesamtsystems hatte der Mensch nach allen im einzelnen verschiedenen Kosmosvorstellungen einen ausgezeichneten Platz. Durch den Zufall der Geburt war der Mensch zwar Bürger der civitas von Athen, Rom oder Karthago, seinem ‚Wesen‘ nach war er jedoch Bürger des Kosmos, Kosmopolit. Er war zwar sterblich durch seinen Leib und durch seine Verbindung mit der Materie, aufgrund seiner göttlichen Vernunftseele war er jedoch fähig, Göttliches und Ewiges zu betrachten. Selbst der eigene Tod und der Untergang der Polis und der res publica Romana waren kein ernsthaftes Argument gegen den Staunen und Bewunderung hervorrufenden „Tempel“ des Kosmos. Unsere Erde war nur ein Punkt in dem durch die göttliche Vorsehung gelenkten und durchwalteten Gesamtzusammenhang.

Die Erfahrung des Kosmos war natürlich in der griechisch-römischen Antike nicht jedem möglich. Sklaven und Unfreie — und das waren in der Antike die meisten Menschen — hatten kaum die Distanz und Muße zu solch einer ‚Weltanschauung‘ und Weltbetrachtung. Atomisten und Epikureer, die alles, auch die Seele, für zufällige Atomkompositionen hielten, konnten die Welt nicht als einen immerseienden göttlichen Tempel betrachten. Nicht in der Betrachtung des Kosmos, auch nicht in den vernünftigen Lebensformen der Polis, sondern im Leben mit Freunden im Garten suchten die Epikureer ein mäßiges Glück.

An drei Beispielen läßt sich zeigen, wie man Phänomene der Kunst und des Schönen im Erfahrungshorizont des Kosmos deutete:

— Der Begriff des Schönen hatte in der griechischen und römischen Antike und bis zur Renaissance keine primär ästhetische, sondern eine primär ethisch-praktische bzw. ontologische Bedeutung (Nr. 16, 17, 44, 76, 128). Schön wurde nicht genannt, was ein subjektives Gefühl oder Wohlgefallen auslöste. Schön und schicklich nannte man schön aussehende Körper, aber auch vernünftige Reden und Wissenschaften, sittliche Lebensformen sowie das, was nützlich und zweckmäßig war. Das Schöne war nicht, wie im 19. Jahrhundert, in Verbindung mit dem Wahren und Guten eine ideologische Formel zur Harmonisierung und Verklärung der Widersprüche und Antagonismen des Lebens und der bürgerlichen Gesellschaft. Die Idee des Schönen war auch nicht, wie in der klassischen deutschen Philosophie und erst recht seit dem 19. Jahrhundert, ein nur noch von der menschlichen Vernunft entwickelter Allgemeinbegriff ohne fundamentum in re, unter dem man die schöne Kunst und das Naturschöne subsumieren konnte.

An der unterschiedlichen Deutung des Schönen bei den Sophisten sowie bei den Platonikern bzw. den Plotinikern wird die Distanz sichtbar zu dem seit der Renaissance und in der Neuzeit entwickelten ästhetischen Begriff des Schönen und vor allem dem des schönen Scheins. Die Sophisten hatten reflektiert und diskutiert, daß in einer nicht mehr mythisch integrierten Lebenswelt, z. B. bei Griechen und Nichtgriechen und bei den verschiedenen Stämmen, die Vorstellungen vom Schönen, Schicklichen und Guten außerordentlich verschieden, ja widersprüchlich waren. Die von ihnen formulierte Aporie kann man so kennzeichnen: Das nicht primär ästhetische Schöne bedeutet in der Lebenswelt und bei den verschiedenen Sprachen der Völker und Stämme Verschiedenes: ja dasselbe wird je nach Raum- und Zeitbedingungen entgegengesetzt beurteilt. Die Verschiedenheit und Vielfalt der Meinungen und Ansichten war nun für die Sokratiker, für Platon und Plotin unerträglich. Die Diotima-Rede im ‚Symposion' und Plotins Deutung des Schönen zeigen, wie man die unerträgliche Vielfalt wegerklärt: Was den verschiedenen Erscheinungsformen des Schönen, den schönen Körpern und den schönen Seelen, den schönen Gesetzen, den schönen, d. h. vernünftigen Reden und Wissenschaften, zugrunde liegt, ist ein gemeinsamer Eidos des Schönen. Was schön ist, ist dies allein durch Teilhabe an der Idee des Schönen. Es ist nicht dadurch schön, daß es, wie die Pythagoreer erklären, symmetrisch ist.

Der Zugang zu der Idee des Schönen ist nach Platon und Plotin in einem doppelten Sinn schwierig. Er verlangt Abstraktion vom einzelnen Schönen und vom Besonderen, er verlangt aber auch eine Reinigung der Seele. Wer nicht gereinigt ist, sondern ein durch Schlechtigkeit getrübtes Auge hat, ist unfähig, das Schöne und seinen Glanz zu schauen.

„Kein Auge könnte je die Sonne sehen, wäre es nicht sonnenhaft; so sieht auch keine Seele das Schöne, welche nicht schön geworden ist. Es werde also einer zuerst ganz gottähnlich und ganz schön, wer Gott und das Schöne schauen will.“ (144)

Für Platon und Plotin dient der Begriff des Schönen nicht, wie im neuzeitlichen Sinne, zur deutenden Ordnung alles dessen, was man im Bereich der sinnlichen Wahrnehmung schöne Kunst und Naturschönes nennt. Er bezeichnet vielmehr das, was im Tiefsten die Einheit und Ordnung, die Schönheit und den Glanz des Kosmos begründet. Der göttliche Logos, dessen Licht und Glanz in der Gestalt der Schönheit aufleuchtet, verleiht der Materie, dem Gestaltlosen und dem Formlosen, Gestalt und Form[6]. Wenn schon die Erfahrung der sinnlich wahrnehmbaren schönen Dinge Freude, Staunen, Erschrecken, Verzauberung hervorruft, so gilt das erst recht für die Einsicht in die universale Idee des Schönen und ihren Glanz, die sich freilich nur nach intensiver Vorbereitung und Reinigung der Seele „plötzlich“ „überraschend und in einem zeitfreien Augenblick“ (Beierwaltes) ereignet.

Die nicht primär ästhetische, sondern ontologische sowie ethisch-lebenspraktische Deutung des Schönen im Erfahrungshorizont des Kosmos blieb in der europäischen Kultur trotz vieler Transformationen lebendig, vor allem im Erfahrungshorizont des jüdisch-christlichen Schöpfer- und Erlösergottes, in der Theologie der Herrlichkeit sowie in der seit der Renaissance entwickelten Deutung des schönen Scheins (Stierle, Arbeitspapier in Nr. 74) und der schönen Landschaft (Ritter, Nr. 199). Die jüdische und christliche Religion, aber auch andere Erlösungsreligionen machten freilich auch deutlich, warum das in den antiken Kosmosvorstellungen ausgesprochene Selbst- und Weltvertrauen für eine „Theologie des Kreuzes“ (Luther) unannehmbar ist. Kopernikus, Darwin, Freud, die Quanten-

[6] „Die Schönheit der Gestalt oder Form ist demnach für Platon im kosmologischen Sinne ebensosehr wie für Plotin in universalem Sinne intelligibel begründet.“ (Beierwaltes, Nr. 17, S. 21)

physik und andere moderne Wissenschaften lehren dann, daß man die Welt nicht nur als ein von einer göttlichen Vernunft durchwaltetes, immerseiendes harmonisches System betrachten kann.

— Wo der Kosmos technomorph als ein von der Gottheit nach ihren Ideen kunstvoll geschaffenes, harmonisch gegliedertes Kunstwerk verstanden wird, hat dies Konsequenzen für die Deutung des vom Menschen geschaffenen Kunstwerks. In Griechenland konnten Kunstwerke freilich nicht immer als Ergebnis einer poetischen menschlichen Tätigkeit gedacht werden. Solange Homer und Hesiod für die Griechen die sittlichen, politischen und religiösen Erzieher und Lehrer waren, galten beide nicht als Autoren von Kunstwerken. Auch bei Platons Dichter- und Kunstkritik gibt es keinen Kunstwerkbegriff im neuzeitlichen Sinn. Der poliszerstörende mimetische Tanz ist kein Kunstwerk als Werk oder Artefakt eines einzelnen Autors und Künstlers, das aus der alltäglichen Lebenswelt und dem Zusammenhang von Nutzen und Gebrauch herausgelöst ist. Im alten mimetischen Tanz und in seiner Nachahmung geht es nicht um Kunst und Kunstwerk, sondern um die Entgrenzung und Aufhebung der durch Vernunft, Sitte und Politik aufgebauten und gesicherten Identität der Polis und ihrer Bürger. Der Maler, der nach dem 10. Buch der ‚Politeia' einen Stuhl malt, schafft ebenfalls kein autonomes Kunstwerk, sondern ein Darstellungswerk, das sich negativ von dem Gebrauchswerk des Handwerkers dadurch unterscheidet, daß es nicht einmal wie dieses an der Idee des Stuhles orientiert ist. Auch bei Aristoteles' Auseinandersetzung mit der Kunst im Erfahrungshorizont der Polis gibt es keinen Kunstwerkbegriff im neuzeitlichen Sinne. In der ‚Poetik' stellt er dar, was ein Tragödiendichter berücksichtigen muß, wenn er den Zuschauern glaubhaft darstellen will, was Menschen von bestimmter Qualität in bestimmten Situationen reden und tun. Darstellungswerke der Dichter und Künstler ahmen für ihn nicht die Natur nach, weder die außermenschliche noch die menschliche, auch nicht die alltägliche Lebenswelt. Sie sind auch nicht eine Erscheinung von Ideen oder ein Ausdruck von Leben und Subjektivität. Darstellungswerke zeigen Lebens- und Erfolgsmöglichkeiten des Menschen, die Weinen und Lachen, Betroffenheit und Freude auslösen, weil sie erfahren haben, was der Mensch sein kann und was ihm widerfahren kann.

Im Erfahrungshorizont des Kosmos kommt es bei Seneca und Plotin zu einer Deutung der Kunst und des Kunstwerkes, die sich fundamental von der Kritik und Deutung der Kunst und des Kunstwerkes von Platon und Aristoteles im Erfahrungshorizont der Polis unterscheidet. Bei Seneca und Plotin geht es nicht um Nachahmung dessen, was Menschen von bestimmter Qualität reden oder tun, sondern um Nachahmung dessen, was dem Menschen in der von ihm nicht geschaffenen Kosmosnatur an vernünftig geordneten Strukturen vorgegeben ist. „Alle Kunst ist Nachahmung der Natur. Was ich also von dem Weltganzen sagte, das gilt auch von den durch Menschenhand herzustellenden Werken." (131) Die Welt ist für Seneca und Plotin keine zufällig entstandene und vergehende Atomkomposition, keine gestalt- und formlose Materie, sondern ein von der Gottheit bzw. der wirkenden Vernunft geschaffenes und gelenktes Weltall, eine schön geordnete Ordnungsstruktur. Der Kosmos bedeutet Formung der formlosen Materie durch „die Gottheit ... Sie umfaßt in ihrem Geist alles, was ins Werk zu setzen ist, nach Zahl und Maß: sie birgt in sich die ganze Fülle der Formen, die Platon Ideen nennt, diese unvergänglichen, unveränderlichen, ewig frischen Urbilder." (132/3) Nachahmung der Natur im Erfahrungshorizont des Kosmos bedeutet daher nicht einfach Nachahmung der mit unseren Sinnen unmittelbar wahrgenommenen Dinge, sondern Nachahmung der „rationalen Formen, aus denen die Natur kommt ... So hat auch Phidias den Zeus gebildet nicht nach einem sinnlichen Vorbild, sondern indem er ihn so nahm, wie Zeus sich darstellen würde, ließe er sich herbei, vor unseren Augen zu erscheinen." (145)

Was der Bildhauer bei der Herstellung der Bildsäule (Seneca), der Maler bei der Herstellung des Bildes, der Dramatiker beim Schaffen des Bühnenstücks (Plotin) allein zu berücksichtigen hat, ist die Nachahmung der Gottheit. Sein Kunstwerk soll die Schönheit und Vollkommenheit des Weltganzen je nach Material im einzelnen Werk nachahmen. Dies führt zu einer Überhöhung und einer Überforderung des einzelnen Kunstwerks, die bis zur klassischen deutschen Philosophie, ja bis zu Heidegger und Adorno fortwirkten, auch dann also, als man aus religiösen, philosophischen und wissenschaftlichen und auch aus gesellschaftlich-politischen Gründen die alteuropäischen Kosmosvorstellungen preisgeben bzw. transformieren mußte. Das Kunstwerk verleiht, wie Seneca zeigt, der formlosen Materie eine aus dem Geist geborene Gestalt. Es präsentiert, wie Plotin zeigt, im Einzelwerk eine Perspektive auf das Ganze, die mit dem versöhnt, was den Menschen in ihrer nur menschlichen

Perspektive als zufällig und zweckwidrig erscheinen muß. Wie die Versöhnung bei der Schaffung und Erhaltung des Weltganzen alles, was uns Menschen mit unserer begrenzten menschlichen Perspektive als Zufall, Zweckwidriges und Schlechtes (z. B. Krankheit, Häßliches, Böses, soziale Ungerechtigkeit) erscheint, in ein zustimmungsfähiges Ganzes und Schönes verwandelt und aufhebt, so soll auch der Dramatiker in seinem „irdischen Bühnenstück“ das „so viel vollkommenere“ „Weltschauspiel“[7] der Gottheit nachahmen.

„Der Weltplan bewirkt all dies als Grundursache, er will es so haben, er selber bewirkt nach seinem eigenen Gesetz die sogenannten Übel, da er nicht will, daß alles nur gut sei; so wie ein Künstler, der ein Tier malt, nicht alle seine Glieder nur als Augen malen wird, so hat auch der Weltplan nicht alle Wesen zu Göttern gemacht, sondern einige zu Göttern, andere zu Dämonen, zu Wesen des zweiten Ranges, dann weiter Menschen und Tiere; nicht aus mißgünstigem Vorenthalten, sondern vermöge des formenden Gesetzes, das diese differenzierende Abstufung als geistige in sich enthält; wir aber verhalten uns wie die, die nichts von der Kunst der Malerei verstehen und schelten, daß die Farben nicht an jeder Stelle schön sind, während der Maler doch gerade jeder Stelle die ihr zukommende Farbe erteilt hat; so kennen auch Städte, selbst diejenigen, die eine gute Verfassung haben, gar nicht die Gleichheit der Bürger; dann könnte man ja auch ein Bühnenstück tadeln, weil nicht alle seine Personen Helden sind, sondern weil auch ein Bedienter vorkommt und ein Mensch mit tölpelhafter und niederer Redeweise, während doch in Wahrheit das Stück, entfernte man diese niederen Personen, keineswegs mehr schön wäre, da es erst mit ihnen sich rundet — kurz, wenn also der Weltplan von sich aus die Dinge dieser Welt erwirkt hat, indem er sich selbst in die Materie einspannt, er, der das ist, was seiner Beschaffenheit entspricht, nämlich ungleichmäßig an seinen Teilen, und diese Beschaffenheit bereits von der höheren Stufe mitbringt: so ist auch diese Welt, eben weil sie so entstanden ist, so schön, daß es keine andere gibt, die schöner wäre als sie. Ein Weltplan, welcher aus lauter gleichen, sich entsprechenden Teilen bestehen sollte, wäre überhaupt nicht ins Dasein getreten, und solche Art wäre tadelnswert, da ja der Weltplan alles ist und dabei in jedwedem Einzelstück auf andere Weise. “ (Von der Vorsehung I, 95—100)

Lessing schreibt im 79. Stück der ‚Hamburgischen Dramaturgie‘ über die „edelste Bestimmung“ des Dichters und Dramatikers, des „sterblichen Schöpfers“: „Das Ganze dieses sterblichen

[7] Plotin, Von der Vorsehung I, 172, in: Plotins Schriften, Griechisch-deutsch, übers. von R. Harder, hrsg. von R. Beutler — W. Theiler, Bd. 5, Die Schriften 46—54, Hamburg 1960.

Schöpfers sollte ein Schattenriß des ewigen Schöpfers sein."[8] Auch nach dem Wandel der alteuropäischen Kosmosvorstellungen durch Kopernikus und Pascal ist offenbar das Selbstverständnis der Kunst und des Schönen nicht direkt mit unseren wissenschaftlichen Wirklichkeitsannahmen verbunden und steht und fällt als Überbau nicht mit dem Wandel der gesellschaftlich-politischen Lebensbedingungen.

— Die Deutung der Musik als Nachahmung der im Kosmos tönenden harmonia mundi, der Sphärenharmonie, ist eines der bedeutendsten Theoreme, die im Erfahrungshorizont des Kosmos entwickelt wurden. Durch die gleichmäßige Bewegung der Fixsterne entsteht nach dieser Weltanschauung im Kosmos ein harmonisches Zusammenspiel von Tönen. Nach Ciceros Darstellung der Sphärenharmonie in seinem ‚Traum des Scipio' ist die Sphärenharmonie durch die überaus rasche Umdrehung des ganzen Weltalls so gewaltig, daß ihn die Ohren der Menschen nicht fassen können, „so wie ihr die Sonne nicht direkt anschauen könnt und eure Sehschärfe und euer Gesicht durch ihre Strahlen besiegt wird". Die Sphärenharmonie haben nach Cicero „gelehrte Männer mit Saiten und Stimmen nachgeahmt und haben sich damit die Rückkehr zu diesem Ort erschlossen" (128). Die Sphärenharmonie ist für Cicero der Maßstab, an dem sich nicht nur der Musiker und Künstler, sondern auch der Politiker orientieren muß. Seine Aufgabe ist es, in der res publica die Ordnung und Harmonie abzubilden, die im Kosmos vorgegeben ist. Die Pythagoreer erforschten als erste das Wesen der Zeichen und der Gesetze der Musik. In Zahl und Proportion erkannten sie die innerste Natur der Harmonie, die Himmel und Erde vereint. Die im Erfahrungshorizont des Kosmos entwickelte Vorstellung von der Sphärenharmonie hatte in der Musiktheorie (z. B. bei Boethius, Kepler, Schelling), in Werken der Musik (z. B. bei Mozart, Hindemith) sowie in der Literatur (z. B. bei Klopstock, Herder, Schiller, Hölderlin, Hesse) eine große Bedeutung (Nr. 83).

2.3 *Erfahrungshorizont des jüdisch-christlichen Schöpfer- und Erlösergottes*

Die jüdisch-christliche Religion veränderte in radikaler Weise die Erfahrungshorizonte der Polis und des Kosmos und die in ihnen möglichen Deutungen der Kunst und des Schönen. Die Welt als Inbegriff dessen, was ist, war für die Materialisten der Antike eine

[8] Lessing, Werke, hrsg. von P. Rilla, Berlin 1954, Bd. 6, S. 402.

zufällig entstandene und ebenso zufällig vergehende Atomkomposition. Für die Idealisten war sie der von der weltimmanenten göttlichen Vernunft geordnete und geleitete Kosmos. Beide „Weltanschauungsweisen" waren in Frage gestellt, als man die Wirklichkeit als Schöpfung eines der Welt gegenüber absolut freien, transzendenten und im letzten unbegreiflichen Schöpfer- und Erlösergottes zu denken versuchte. Der Schöpfungs- und Erlösungsgedanke konnte durchaus Weltvertrauen begründen, wenn man etwa dem Schöpfer und Erlöser Vernunft, Weisheit, Vorsehung, Heiligkeit, Güte und Liebe zusprach. Dies hatte dann jedoch Folgeprobleme, die bis heute ungelöst sind: für die Verteidiger und Kritiker der Religion, für diejenigen, die den Standpunkt der Erlösung für glaubwürdig oder für „das ganz Unmögliche" (Adorno) halten, für diejenigen, die sich religiös oder nicht religiös zu verstehen versuchen.

Der Schöpfungs- und Erlösungsgedanke bewirkte vor allem Weltdistanz. In einer in der Antike unvorstellbaren Weise wurden das Selbstverständnis des Menschen, der Zusammenhang der Polis und des Kosmos, aber auch die in der Antike entwickelten Destruktionen der politischen, metaphysischen und religiösen letzten Voraussetzungen ‚hinterfragt'. Die Distanzierung von der Welt zeigte sich in vielen Forderungen und Formulierungen. Man sollte in dieser Welt leben, aber so, als ob man nicht von dieser Welt sei (Paulus). Man sollte in der Ehe und im Staat leben, als ob man nicht verheiratet sei (Paulus) und nicht nur Bürger des irdischen Staates sei (Augustinus, Rousseau). Man sollte gemäß der apokalyptischen Naherwartung und der eschatologischen Fernerwartung die Welt so betrachten, als ob die Katastrophe bzw. der Messias oder das Reich Gottes jederzeit diesen Äon beenden könne. Die Auseinandersetzung mit den Erfahrungen des Leidens und des Bösen gibt es in allen uns bekannten Kulturen und Gesellschaften, auch in der Antike. Sobald Gott jedoch als welttranszendenter, vernünftiger und guter Weltschöpfer und Erlöser gedacht wird, verschärfen sich diese Auseinandersetzungen, aber auch die Ratlosigkeit und Verzweiflung angesichts des Unheils in der Welt. Auch ohne Glauben an Gott — so etwa bei Weber, Bloch, Camus — bleibt das einst so genannte Theodizeeproblem ein Dauerproblem. Die resurrectio naturae und die resurrectio des Menschen, auch des einzelnen, das sind neue Gedanken und Zeitvorstellungen, die auch die Erfahrung der Kunst und des Schönen radikal verändern. Dafür ein Beispiel, das zugleich die Spannung anzeigt, in der man im Erfahrungshorizont des jüdisch-christlichen Schöpfer- und Erlösergottes über Kunst und Schönes nachdenkt.

Das Bilderverbot des Alten Testamentes und gleichzeitig die Möglichkeit, aufgrund der Menschwerdung Gottes Gott bildhaft darstellen zu können, das sind Konsequenzen der jüdisch-christlichen Religion, die nicht nur Künstler, sondern auch Kunsttheoretiker in diesem Erfahrungshorizont von Anfang an beschäftigen. Das Bilderverbot des Alten Testamentes ist in klassischer Weise im zweiten Gebot des Dekalogs so formuliert:

„Du sollst Dir kein Gottesbild machen, keinerlei Abbild, weder dessen, was oben im Himmel, noch dessen, was unten auf Erden, noch dessen, was in den Wassern unter der Erde ist; du sollst sie nicht anbeten und ihnen nicht dienen; denn ich, der Herr, dein Gott, bin ein eifersüchtiger Gott." (2 Mose 20, 4—5)

Die Entstehung dieses Bilderverbots hat man verschieden erklärt, z. B. aus der nomadischen Vergangenheit Israels und politisch aus der Verteidigung des israelitischen Staates gegenüber den orientalischen Großmächten (Nr. 131, 132, 134, 136, 136a). Entscheidend für das Bilderverbot des Alten Testamentes ist jedoch die Absicht, die Verehrung fremder Götter zu verbieten. Das Judentum grenzt sich durch das Bilderverbot als Religion des Wortes von dem Bilderkult der anderen Völker des Orients ab. Bei diesem Bilderverbot und beim Bildersturm geht es nicht um eine Ablehnung ästhetischer Kunstwerke, sondern um die vor allem religiös begründete Abwehr, Gott darstellen zu können. Das Bilderverbot des Alten Testamentes ist für Juden, aber nicht nur für sie, in der Geschichte und Gegenwart bei allen Brechungen und Distanzierungen entscheidend geblieben.

Auch Christen haben in den ersten Jahrhunderten zur Abwehr des Götzendienstes das Bilderverbot des Alten Testamentes übernommen. Besonders radikal lehnt Tertullian die Verehrung, ja bereits die Herstellung von Bildern und Idolen ab: „Bildner und Schnitzer" seien „Toren, welche Dinge bilden, wie es ihnen beliebt und den Leuten nichts nützt." „Der Teufel (habe) Bildhauer, Maler und Verfertiger von Bildnissen aller Art in die Welt gesetzt" (146/7) Auch Tertullian beurteilt und verurteilt Bildhauer und Maler natürlich nicht im modernen Sinne als Künstler, sondern als Hersteller von Götzenbildern für den Götzenkult.

Innerhalb des Christentums gibt es etwa seit dem 3. und 4. Jahrhundert auch eine ganz andere Einstellung zu Bilderherstellung und Bilderverehrung. Johannes von Damaskus (Nr. 133) verwirft und verurteilt natürlich „die Schnitzbilder der Heiden, da sie Abbilder von Dämonen" (149) sind. Bilderherstellung und Bilderverehrung sind für ihn jedoch dann erlaubt, wenn die Verehrung nicht dem Stoff und Material des Bildes, sondern dem „Urbild", dem dargestellten Heilsgeschehen der christlichen Religion, dient, wenn „wir dem Bilde des Herrn und unserer Herrin, dann aber auch der übrigen Heiligen und Diener Christi Ehrfurcht und Ehre erweisen" (148). Die bildhafte Darstellung der Heilsereignisse und die Bilderverehrung sei für diejenigen notwendig, die nicht lesen können. Der entscheidende Grund jedoch dafür, daß man „sich von dem unsichtbaren, unkörperlichen, unumschriebenen und gestaltlosen Gott ein Abbild machen" kann, ist für Johannes von Damaskus die Menschwerdung Gottes. Die Herrlichkeit Gottes, der „strahlende Glanz seines Antlitzes", sei damit zumindest indirekt im Bild und im sinnlichen Medium der Kunst darstellbar. Gott sei „wahrhaftig Mensch geworden, nicht wie er dem Abraham in Menschengestalt erschienen ist, auch nicht wie den Propheten, nein wesenhaft, wirklich ist er Mensch geworden" (149/50).

Die Spannung zwischen der im Erfahrungshorizont des jüdisch-christlichen Schöpfer- und Erlösergottes entwickelten religiösen Kritik aller Bilderherstellung und Bilderverehrung, die sich bereits an den frühen Texten von Tertullian und Johannes von Damaskus sichtbar machen läßt, bleibt in der europäischen Kultur für Künstler und Kunsttheoretiker ein unerledigtes Problem. Freilich gibt es seit dem Beginn der europäischen Neuzeit und erst recht seit der modernen Kunst wesentliche Differenzierungen dieses Erfahrungshorizontes. Luther verwirft in seiner 21. These der ‚Heidelberger Disputation' zusammen mit der aristokratischen und platonischen Tradition die Theologie der Herrlichkeit:

„Der Theologe, der Gottes unverborgene Herrlichkeit sucht, nennt das Übel gut und Gutes übel, der Theologe des Kreuzes nennt die Dinge beim rechten Namen . . . Gott (ist) nur in Leiden und Kreuz zu finden."

H. U. von Balthasar dagegen sucht in Kontinuität mit den Denkansätzen von Platon, Plotin, Augustinus und Hamann unter dem Titel ‚Herrlichkeit' (Nr. 16) eine theologische Ästhetik zu begründen, die von dem Gedanken der Schöpfung und Inkarnation ausgeht.

Hegel sah wie Johannes von Damaskus in der Menschwerdung Gottes die Überlegenheit des Christentums begründet:

„Das Christentum hat den Anthropomorphismus viel weiter getrieben; denn der christlichen Lehre nach ist Gott nicht ein nur menschlich gestaltetes Individuum, sondern ein wirkliches einzelnes Individuum, ganz Gott und ganz ein wirklicher Mensch, hineingetreten in alle Bedingungen des Daseins und kein bloßes menschlich gebildetes Ideal der Schönheit und Kunst." (Ästhetik, Werke, a. a. O. Bd. 14, S. 23)

„Das Göttliche, Gott selber ist Fleisch geworden, geboren, hat gelebt, gelitten, ist gestorben und auferstanden. Dies ist ein Inhalt, den nicht die Kunst erfunden, sondern der außerhalb ihrer vorhanden war und den sie daher nicht aus sich genommen hat, sondern zur Gestaltung vorfindet." (ebd. S. 111)

Anders als Johannes von Damaskus hielt Hegel allerdings die zentralen Gehalte der christlichen Religion (Schuld, Sünde, Erlösung) nicht mehr im Medium der Kunst und Dichtung für adäquat darstellbar und eine Bilderverehrung nicht mehr für möglich. In der durch wirtschaftliche, soziale, politische, rechtliche, sittliche, wissenschaftliche und religiöse Aufklärungsprozesse differenzierten bürgerlichen Gesellschaft haben für Hegel die von traditionellen institutionellen Zwängen und „Weltanschauungsweisen" freigesetzten Künste und der Umgang mit ihnen und dem Schönen eine neue Funktion (Nr. 165).

Am Ende der Rekonstruktion philosophischer Diskurse in den alteuropäischen Gesellschaften eine Bemerkung, die in ähnlicher Form auch an anderen Stellen dieser Einleitung stehen müßte. In den alteuropäischen Gesellschaften lebten natürlich einzelne und soziale Gruppen, z. B. Sklaven und Frauen, ethnische, soziale und politische Minderheiten — dies waren damals die meisten Menschen —, unter Verhältnissen, die verschieden waren von denen, unter denen man in den Erfahrungshorizonten der Polis, des Kosmos und des jüdisch-christlichen Schöpfer- und Erlösergottes Kunst und Schönes zu erfahren versuchte. Auch Philosophen, Schriftsteller und Politiker dachten oft anders, als die hier rekonstruierten Diskurse vermuten lassen. Auch für sie gab es nicht immer die gemeinsamen „Weltanschauungsweisen", z. B. die gesamtgriechische Götterwelt, die vernünftig organisierte Polis, den von der göttlichen Vernunft durchwalteten Kosmos, die vom Schöpfer- und Erlösergott geschaffene und geleitete Welt als Natur und Geschichte. Epikureer und Kyniker etwa suchten nach dem Abschied von gesamtgriechischen „Weltanschauungsweisen" ein mäßiges Glück im Zusammenleben mit Freunden im Garten bzw. ein recht mäßiges Glück allein in der Tonne. Skeptiker arrangierten sich mit dem, was in der jeweiligen Lebenswelt das Leben erträglich machte. Religiöse, ethnische, soziale und politische Minderheiten, die von den jeweils Herrschenden ausgeschlossen oder verfolgt wurden, suchten in Revolten und in revolutionären Bewegungen nach neuen Formen des Lebens und Überlebens. Es gibt also nicht *die* alteuropäischen Gesellschaften, und es gibt natürlich nicht *die* Erfahrung der Kunst und des Schönen unter räumlichen und zeitlichen Bedingungen, die hier mit den Begriffen alteuropäische Zeit bzw. alteuropäische Gesellschaften bezeichnet wurden.

2.4 *Erfahrungshorizont der bürgerlichen Gesellschaft*

Durch begriffsgeschichtliche Darstellungen sozialer und politischer Grundbegriffe (Nr. 1)[9] und durch Untersuchungen historischer Prozesse in der europäischen Neuzeit, vor allem sogenannter Modernisierungsprozesse[10], wissen wir, was für die moderne bürgerliche Gesellschaft kennzeichnend ist. Auch die bisherigen Bände der ‚Philosophischen Arbeitsbücher' haben von bestimmten Sachproblemen aus deutlich gemacht, wodurch sich die moderne bürgerliche Gesellschaft von der alteuropäischen societas civilis unterscheidet und warum man mit den Begriffen der bürgerlichen Gesellschaft nicht alle Elemente und Strukturen unserer gegenwärtigen Lebenswelt zureichend beschreiben kann. Unter dem Erfahrungshorizont der bürgerlichen Gesellschaft verstehe ich einen für die neuzeitliche Dichtung und Kunst sowie für die Diskurse über Kunst und Schönes konstitutiven Zusammenhang, der nicht einfach aus dem Ensemble historischer Prozesse erklärt werden kann, den man aber auch nicht abgelöst von diesen Prozessen geschichtsfrei definieren kann. Diskurse über Kunst und Schönes finden auch im Erfahrungshorizont der bürgerlichen Gesellschaft statt im Spannungsfeld Kunst/Schönes und Geschichte.

Hegel, aber auch Marx, haben z. B. die moderne bürgerliche Gesellschaft analysiert als ein von alteuropäischen sozialen Institutionen und Weltanschauungen unterschiedenes System der Bedürfnisse und der Befriedigung dieser Bedürfnisse. Beide haben jedoch, wenn auch in sehr verschiedener Weise, Phänomene der Kunst und des Schönen und Erfahrungen im Umgang mit ihnen nicht einlinig von den Strukturen der bürgerlichen Gesellschaft aus erklärt. Der späte Hegel zeigt, oft quer zum Strich seiner nie bruchlos gelingenden Systemansätze, warum die griechische Kunst, die schönen Künste und die bisher geführten Diskurse über Kunst und Schönes unser höchstes Bedürfnis nicht mehr befriedigen können. Auch Marx hat nicht wie spätere Marxisten die Künste und das Schöne und die Erfahrung im Umgang mit ihnen einseitig oder in letzter Instanz aus ökonomischen Verhältnissen und Prozessen erklärt.

In diesem Abschnitt kann nicht im einzelnen gezeigt werden, wie einzelne Autoren im Erfahrungshorizont der bürgerlichen Gesellschaft einen Diskurs über Kunst und Schönes geführt haben, auch nicht, wie von den in diesem Band ausgewählten Texten aus ein

---

[9] Geschichtliche Grundbegriffe, hrsg. von O. Brunner — W. Conze — R. Koselleck, Stuttgart 1972 ff.

[10] H.-U. Wehler, Modernisierungstheorie und Geschichte, Göttingen 1975.

solcher Diskurs geführt werden kann. Die im Anhang genannte und erläuterte Literatur kann hierfür einige Hilfen geben. Die Einleitung II zeigt in ihrem dritten Punkt, wie mit den Texten von Platon, Kant, Schiller, Hegel, Nietzsche, Benjamin, Adorno, Gehlen und Sartre eine Unterrichtsreihe zu dem Thema ‚Kunst und Gesellschaft' durchgeführt wurde; im vierten Punkt zeigt sie, wie mit den ausgewählten Texten verschiedene Themen behandelt werden können. Die folgenden Hinweise beschränken sich auf zwei Probleme, die im Erfahrungshorizont der bürgerlichen Gesellschaft immer wieder diskutiert werden: das Problem des Naturschönen und des Schönen im ästhetischen Sinn.

1. Die ästhetische Erfahrung der Natur als Landschaft sowie die ästhetische Anschauung der menschlichen Lebenswelt unter der Perspektive des Schönen sind sehr voraussetzungsreich. Wo einzelne und soziale Gruppen im Kampf mit einer übermächtigen Natur ihr Überleben sichern müssen, fehlen selbstverständlich die Distanz und Freiheit, die für eine ästhetische Erfahrung und Anschauung des Naturschönen notwendig sind. Auch in den alteuropäischen Gesellschaften gibt es im strengen Sinne keine ästhetische Erfahrung des Naturschönen. Wir haben gesehen, daß der Begriff des Schönen in Griechenland z. B. eine primär sittliche Bedeutung hatte und daß im Erfahrungshorizont des Kosmos bzw. des jüdisch-christlichen Schöpfer- und Erlösergottes das Schöne in der Lebenswelt und in der sichtbaren Natur als Abbild der metaphysisch-religiös interpretierten Idee des Schönen verstanden wurde.

Für die ästhetische Erfahrung des Naturschönen gibt es schon in der Renaissance Zeugnisse. Wo die religiösen und metaphysischen Grundannahmen nicht transformiert oder säkularisiert, sondern eliminiert sind und wo die Lebenswelt der bürgerlichen Gesellschaft verdinglicht und entfremdet ist, wird die Erfahrung des Naturschönen ambivalent. Man versteht Naturschönes dann nur noch als Produkt der Einbildungskraft und als bloße Täuschung und Schein, der nichts mehr erscheinen läßt. Ambivalent wird heute das ästhetische Verhalten zur Natur, weil angesichts der immer bedrohlicheren Folgen wissenschaftlich-technischer Fortschritte nicht primär ästhetische Anschauung der Natur, sondern Bewahrung der natürlichen Lebens- und Überlebensbedingungen not tut. Die Genese und die Ambivalenz der ästhetischen Erfahrung des Naturschönen im Erfahrungshorizont der bürgerlichen Gesellschaft läßt sich an einigen Beispielen deutlich machen.

Nach Ritter beginnt mit Petrarcas Besteigung des Mont Ventoux am 26. 4. 1335 die Geschichte der ästhetischen Zuwendung zur Natur als Landschaft.

„Was zwingt den Geist dazu, auf dem Boden der Neuzeit ein Organ für die Theorie der ‚ganzen' Natur als des ‚Göttlichen' auszubilden, mit dem diese als Landschaft nicht im Begriff, sondern im ästhetischen Gefühl, nicht in der Wissenschaft, sondern in der Dichtung und Kunst, nicht im transcensus des Begriffs, sondern in ihm als dem genießenden Hinausgehen in die Natur vergegenwärtigt wird?" (332)

Die Antwort Ritters lautet: Mit der Ausbildung der modernen Naturwissenschaften und der wissenschaftlich-technischen Welt sowie mit dem damit verbundenen Prozeß der Verdinglichung und Entfremdung wird das ästhetische Verhalten des Menschen zur ganzen Natur nicht nur möglich, sondern als Kompensation vergessener und verdrängter Daseinsbedingungen notwendig.

„Wo die ganze Natur, die als Himmel und Erde zu unserem Dasein gehört, nicht mehr als diese im Begriff der Wissenschaft ausgesagt werden kann, bringt der empfindende Sinn ästhetisch und poetisch das Bild und das Wort hervor, in denen sie sich in ihrer Zugehörigkeit zu unserem Dasein darstellen und ihre Wahrheit geltend machen kann." (338)

An Texten von Leonardo, Kant, Hegel und Vischer kann beispielhaft gezeigt werden, daß die ästhetische Zuwendung zur Natur nicht nur als Kompensation verstanden wurde.
Für Leonardo zeigt sich in der ästhetischen Darstellung der Natur die Souveränität des Malers. Er, der nichts Vorgegebenes nachahmt oder abbildet, sondern Herr über alles ist, was er malt, hat alles „zuerst im Geist und dann in den Händen":

„Will der Maler Schönheiten erblicken, die ihn zur Liebe bewegen, so ist er Herr darüber, sie ins Dasein zu rufen, und will er Dinge sehen, ungeheuerlich, zum Erschrecken, oder drollig und zum Lachen, oder aber zum Erbarmen, so ist er darüber Herr und Gott. Verlangt ihn nach bewohnten Gegenden oder Einöden, schattigen oder dunklen Örtern zur Zeit der Hitze, er stellt sie vor, und so zur Zeit der Kälte warme. Will er Talgründe, will er von hohen Berggipfeln weite Gefilde vor sich aufgerollt sehen und hinter diesen den Meereshorizont erblicken, er ist Gebieter darüber und ebensowohl, wenn er aus Tiefen der Täler zu Gebirgshöhen hinan, oder von diesen zu tiefen Tälern und Abhängen hinabschauen will. Und in der Tat, alles, was es im Weltall gibt, sei es nun in Wesenheit und Dasein, oder in der Einbildung, er hat es, zuerst im Geist und dann in den Händen, und die sind von solcher Vorzüglichkeit, daß sie eine gleichzeitige, in einen einzigen An- und Augenblick zusammengedrängte Verhältnisharmonie hervorbringen, wie die (wirklichen, sichtbaren) Dinge tun."[11]

---

[11] Zitiert nach: W. Hofmann, Caspar David Friedrich 1774—1840, München 1974, S. 10.

Für Kant ist die Naturschönheit der Kunstschönheit überlegen. Die Anschauung der Natur sei von dem Gedanken begleitet, daß nicht der Mensch, sondern die Natur jene Schönheit hervorgebracht hat.

„Wenn ein Mann, der Geschmack genug hat, um über Produkte der schönen Kunst mit der größten Richtigkeit und Feinheit zu urteilen, das Zimmer gern verläßt, in welchem jene, die Eitelkeit und allenfalls gesellschaftlichen Freuden unterhaltenden, Schönheiten anzutreffen sind, und sich zum Schönen der Natur wendet, um hier gleichsam Wollust für seinen Geist in einem Gedankengange zu finden, den er sich nie völlig entwickeln kann: so werden wir diese seine Wahl selber mit Hochachtung betrachten, und in ihm eine schöne Seele voraussetzen, auf die kein Kunstkenner und Liebhaber um des Interesses willen, das er an seinen Gegenständen nimmt, Anspruch machen kann." (179)

Ganz anders ist Hegels Beurteilung des Naturschönen. Dieses ist für ihn nur eine Vorstufe zur Kunstschönheit; denn es „ist selbst ein schlechter Einfall, wie er dem Menschen wohl durch den Kopf geht, höher als irgendein Naturprodukt, denn in solchem Einfalle ist immer die Geistigkeit und Freiheit präsent." (220) Nicht was die Natur gemacht hat, sondern was der Mensch geschaffen hat: „die aus dem Geiste geborene und wiedergeborene Schönheit" (220) verdient nach Hegel, im eigentlichen Sinne Schönheit genannt zu werden. Den fundamentalen Unterschied zwischen Kant und Hegel, der sich auch in dieser verschiedenen Beurteilung des Naturschönen zeigt, kann man vereinfacht so formulieren: Bei allen sogenannten vorkritischen und kritischen Begründungsversuchen der theoretischen und praktischen Philosophie, der Religionsphilosophie und der ästhetischen Urteilskraft bleibt bei Kants Deutung der Natur im letzten, wenn auch in verschiedener Weise, der theologische Begriff der Schöpfung ungebrochen. Hegel dagegen denkt Natur und Naturschönes vor allem von seiner Geistmetaphysik aus.

Hegel konnte sich daher nicht vorstellen, daß jemand im Ernst die Schönheit der natürlichen Dinge systematisch darstellen werde.

„Soviel auch von Naturschönheiten — weniger bei den Alten als bei uns — die Rede ist, so ist doch wohl noch niemand auf den Einfall gekommen, den Gesichtspunkt der Schönheit der natürlichen Dinge herauszuheben und eine Wissenschaft, eine systematische Darstellung dieser Schönheiten machen zu wollen." (220)

Genau das ist Vischers Ziel. Er will im Gegensatz zu Hegel in der von allen theologischen und metaphysischen Voraussetzungen freigesetzten modernen Welt das Naturschöne und das Schöne überhaupt objektiv begründen. Wie er später selbstkritisch schreibt, wollte er das Naturschöne nicht im „Spiel der Phantasie", sondern in der Natur, dem „wahrhaft Wirklichen", begründen:

„Das Spiel der Phantasie mit sich selbst, das Feuerwerk auf dem Wasser, das die neuere Romantik uns vorgemacht hat: dies war es, was mir vorschwebte als das Übel, gegen das ich den Damm der Objektivität errichten müsse." (Nr. 178, S. 231)

Vischer muß jedoch erkennen, daß er ohne religiöse und metaphysische Voraussetzungen angesichts der Widersprüche der bürgerlichen Gesellschaft eine objektive Begründung des Schönen, auch des Naturschönen, nicht liefern kann:

„Es ergab sich, daß ein Naturschönes, d. h. ein Schönes ohne das anschauende und im Anschauen umbildende Subjekt, in Wahrheit nicht bestehe, daß das, was wir naturschön nennen, die Phantasie bereits voraussetzte." (Nr. 178, S. 227)

Nicht nur die Wirklichkeitsannahmen der modernen Natur- und Humanwissenschaften, sondern auch die fortschreitende Industrialisierung mache jede objektive Begründung des Naturschönen unmöglich. Die Dialektik der Kulturfortschritte „wird noch in das letzte Berg- und Waldtal die Ätzstoffe der Kultur ohne ihre Gegengifte tragen".

„Es ist ein schrecklich wahrer Satz: das Interesse der Kultur und das Interesse des Schönen, wenn man darunter das unmittelbar Schöne im Leben versteht, sie liegen im Krieg miteinander, und jeder Fortschritt der Kultur ist ein tödlicher Tritt auf Blumen, die im Boden des naiv Schönen erblüht sind." (Nr. 178, S. 24)

2. Der ästhetische Begriff des Schönen ist bei Diskursen über Kunst und Schönes im Erfahrungshorizont der bürgerlichen Gesellschaft von entscheidender Bedeutung. Wo sich Dichter und Schriftsteller, Musiker und Maler über ihre Werke und ihre Arbeiten äußern, wo sich Philosophen und Wissenschaftler in argumentativer Weise mit Phänomenen der Kunst und des Schönen auseinandersetzen, wo in der Öffentlichkeit für oder gegen Kunst und Kultur gestritten wird, da spielt der ästhetische Begriff des Schönen eine große Rolle. Wer in kritischer oder affirmativer Weise diesen Begriff verwendet, kann bei seinem gebildeten Publikum mit einem Vorverständnis über das mit diesem Begriff Gemeinte, d. h. eben mit einem gemeinsamen Erfahrungshorizont, rechnen. Das schließt natürlich nicht aus, daß Bürger und Nichtbürger, Idealisten und Materialisten, aber auch einzelne und bestimmte Gruppen unter

dem ästhetischen Begriff des Schönen im einzelnen Verschiedenes verstehen. Die in diesem Band ausgewählten Texte (s. hierzu 90/1) und die im Anhang genannte Literatur bestätigen dies. Wie der Begriff im einzelnen verstanden wird, kann hier nicht erörtert werden. Bei Kolloquien über Kunst und Schönes ist heute nicht zufällig die Diskussion über den ästhetischen Begriff des Schönen und über die Schwierigkeiten, die man mit ihm hat, ein Dauerthema (Nr. 73, 74, 79).

In dieser Einleitung ist in verschiedenen Zusammenhängen auf Unterschiede zwischen der sittlichen, religiösen und metaphysischen sowie der ästhetischen Bedeutung des Schönen hingewiesen worden. Wo man heute nicht im Erfahrungshorizont der bürgerlichen Gesellschaft, sondern im Denk- und Begriffsrahmen gegenwärtiger Wissenschaften (z. B. der Phänomenologie, des Strukturalismus, der Systemtheorie und der Analytischen Philosophie) vom ästhetisch Schönen spricht, da wird dieser Begriff je nach den verschiedenen Denk- und Begriffsrahmen der Wissenschaften in einer spezifisch engeren Bedeutung verwandt.

Auf einer gewissen Abstraktionsebene kann man sagen: Wo man im ästhetischen Sinne vom Schönen spricht, muß man in der Regel eine direkte oder indirekte Transformation bzw. Säkularisierung der religiösen und metaphysischen Idee des Schönen voraussetzen. In vierfacher Weise unterscheiden sich beide Auffassungen des Schönen:

— Beim ästhetisch Schönen wird die Unterscheidung zwischen der nur mit der Vernunft bzw. der Seele erkennbaren Idee des Schönen und den sinnlich wahrnehmbaren Abbildern des Schönen in der Lebenswelt und in der Natur flüssig. Dies zeigt z. B. Hegels Kritik an Platons Idee des Schönen.[12] Dies zeigen auch die nachkantischen Versuche, die ästhetische Anschauung zum Organon der Wahrheit zu machen. (Nr. 66, 154, 156, 159, 161).

— Die Erkenntnis der religiösen und metaphysischen Idee des Schönen verlangt außer der Befolgung einer bestimmten Erkenntnismethode eine sittliche Reinigung bzw. eine Umkehr der Seele (s. hierzu etwa Platons ‚Symposion‘ und Texte von Plotin). Der ästhetische Begriff des Schönen und des schönen Scheins wird dagegen durchweg von der Ethik und Moral sowie von der wissenschaftlichen Erkenntnis unterschieden, z. B. bei Kant und Schiller.

[12] Hegel, Werke, a. a. O. Bd. 13, S. 39—40.

„Auf die Frage: ‚In wie weit darf Schein in der moralischen Welt sein?' ist also die Antwort so kurz als bündig diese: in so weit es ästhetischer Schein ist, d. h. Schein, der weder Realität vertreten will, noch von derselben vertreten zu werden braucht. Der ästhetische Schein kann der Wahrheit der Sitten niemals gefährlich werden, und wo man es anders findet, da wird sich ohne Schwierigkeit zeigen lassen, daß der Schein nicht ästhetisch war." (192)

— Idealistische und romantische Theoretiker und ihre Nachfolger bis heute erwarten vom Schönen und Ästhetischen eine Aufhebung der Entfremdungsprobleme der modernen bürgerlichen Gesellschaft, eine Veränderung der Welt: einen „ästhetischen Staat" (Schiller), eine „neue Religion" (Systemfragment), eine „neue Kunstreligion" (früher Hegel), eine „neue Mythologie" (Schelling), eine Poetisierung des Lebens und der Gesellschaft: „Die romantische Poesie ... (will) die Poesie lebendig und gesellig, und das Leben und die Gesellschaft poetisch machen" (202) (Schlegel). Auf solche Überforderungen des Schönen und Ästhetischen folgt bis heute Enttäuschung und Ernüchterung. Die Phantasie ist in der bürgerlichen Gesellschaft nicht an die Macht zu bringen. Von den Grundannahmen der religiösen und metaphysischen Idee des Schönen aus wäre der Gedanke, die Welt verändern zu wollen, nicht denkbar. Man konnte sie von diesen Grundannahmen aus nur verschieden betrachten und interpretieren.
— Der ästhetische Begriff des Schönen hat im Unterschied zur metaphysischen und religiösen Idee des Schönen z. B. bei Hegel und Hegelianern die Funktion, die Einheit und Totalität aller ästhetischen Phänomene und aller ästhetischen Betrachtungsweisen zu begründen: die ästhetische Erfahrung des Naturschönen, die schönen Künste, oft auch das, was man dem Schönen entgegensetzte, bei Kant, Schiller, Solger, Schelling und Vischer z. B. das Erhabene und das Tragische.

Zu einem Diskurs im Erfahrungshorizont der bürgerlichen Gesellschaft gehört in zunehmendem Maße auch die Kritik an dem ästhetischen Begriff des Schönen. Die Kritik an dem ästhetischen Begriff des Schönen sowie an anderen ästhetischen Grundbegriffen ist konstitutiv für die ‚nicht mehr schönen Künste', vor allem für die ‚Kunstwerke' der Avantgardebewegungen. Die Kritik an dem ästhetischen Begriff des Schönen ist jedoch nicht selten „von der Heterodoxie des Feindes nicht unangesteckt geblieben" (Lessing). Dafür drei Beispiele:
— Kierkegaard kritisiert die ästhetische Existenzform als Schein, Täuschung, Sinnentrug, Lüge und Sünde.

„Christlich betrachtet, ist (trotz aller Ästhetik) jedwede Dichterexistenz Sünde, die Sünde: zu dichten anstatt zu sein, zu dem Guten und Wahren durch die Phantasie sich zu verhalten, anstatt zu sein, d. h. existentiell danach zu streben es zu sein." (Die Krankheit zum Tode, Düsseldorf 1954, S. 75)

Das Christentum, das Kierkegaard als religiöser Schriftsteller retten bzw. in die Christenheit einführen will, kann er jedoch nur auf ästhetische Weise darstellen. Er will kein Genie sein und kann nicht mit der Autorität des Apostels sprechen, er kann nur indirekt und durch Masken aufmerksam machen auf das „Christwerden" in der zum Schein gewordenen bloß ästhetisch existierenden Christenheit. Er will — und hier wird die Gebrochenheit seiner Dialektik und Rhetorik deutlich — den einzelnen „hineintäuschen in das Wahre. Ja, eigentlich vermag man einzig und allein auf diese Weise einen Menschen, der in einer Einbildung befangen ist, in das Wahre hineinzubringen, dadurch nämlich, daß man ihn täuscht." (265)

— Für den späten Vischer hat der Begriff des Schönen und des ästhetischen Scheins eine doppelte Funktion, die der Kritik und die der Bewahrung. Religion, Metaphysik und Sittlichkeit im traditionellen Sinne, aber auch der neue Glaube von David Friedrich Strauß sowie die neuen Ideologien Volk, Nation, Fortschritt und Wissenschaft sind für Vischer täuschender Schein. Nach der von Feuerbach, David Friedrich Strauß und anderen entwickelten Religions-, Philosophie- und Gesellschaftskritik seien die alten und neuen Mythen als Projektionen der Phantasie durchschaut. Die andere Funktion des Schönen und des ästhetischen Scheins kann man nach Vischer so formulieren: Auch wenn wir wissen, daß alle Mythen, Religionen, Symbole und Kulturbestände der bisherigen Gesellschaften gemessen an dem Realitätsbegriff der modernen Wissenschaften Schein sind, brauchen wir diesen ästhetischen Schein, um überhaupt menschlich leben zu können. Mit Blumenbergs Worten, aber in einem von ihm verschiedenen Sinn: ‚Arbeit am Mythos' ist notwendig, um angesichts der Probleme der Industriegesellschaften, der Konflikte der bürgerlichen Gesellschaft das Dasein erträglich zu machen.

— Nietzsche versteht sich als Diagnostiker der Zeit und genealogischer Entlarver der Religionen, Philosophien und Moralen, aber auch der sozialen, sittlichen, politischen Fortschrittsutopien der bürgerlichen Gesellschaft. Wie die ausgewählten Texte zeigen, kritisiert er vor diesem Hintergrund die Grundbegriffe der bisherigen Diskurse über Kunst und Schönes, aber auch die

Autoren, die solche Diskurse geführt haben, z. B. Platon, Aristoteles, Kant und Hegel. Er kritisiert in seinen späten Arbeiten und Fragmenten auch seine frühe Deutung der Kunst in der ‚Geburt der Tragödie', weil „ich mir nämlich überhaupt das grandiose griechische Problem, wie mir es aufgegangen war, durch Einmischung der modernsten Dinge verdarb"[13], womit er Schopenhauers Weltverneinung und Wagners Hoffnung auf das Kunstwerk der Zukunft meinte. Auch für Nietzsche bleibt jedoch das Ästhetische das einzige, was das Dasein erträglich macht. „Als ästhetisches Phänomen ist uns das Dasein immer noch erträglich." (295) Nicht der in der europäischen Philosophie entwickelte Begriff des Logos und der Rationalität, sondern der dadurch verdrängte „Trieb zur Metapherbildung" (284) sei grundlegend, „jener Fundamentaltrieb des Menschen, den man keinen Augenblick wegrechnen kann, weil man damit den Menschen selbst wegrechnen würde" (284). Es gibt für Nietzsche keine religiöse und metaphysische, aber auch keine ästhetische Begründung des Begriffs des Schönen:

> „Im Grunde spiegelt sich der Mensch in den Dingen, er hält alles für schön, was ihm sein Bild zurückwirft: das Urteil ‚schön' ist seine Gattungs-Eitelkeit. ... Dem Skeptiker nämlich darf ein kleiner Argwohn die Frage ins Ohr flüstern: ist wirklich damit die Welt verschönt, daß gerade der Mensch sie für schön nimmt? Er hat sie vermenschlicht: das ist alles. Aber nichts, gar nichts verbürgt uns, daß gerade der Mensch das Modell des Schönen abgäbe." (290)

2.5 Erfahrungshorizont der Gegenwart

Dieser Abschnitt rekonstruiert keinen Diskurs über Kunst und Schönes. Er nennt lediglich drei Gesichtspunkte, die zumindest in den differenzierten europäischen Gesellschaften bei einem Diskurs über Kunst und Schönes im Erfahrungshorizont der Gegenwart mitberücksichtigt werden können.

— Wer im Erfahrungshorizont der Gegenwart einen Diskurs über Kunst und Schönes führt, wird in der Regel anknüpfen an Erfahrungen mit gegenwärtiger Kunst und an Auseinandersetzungen mit ihr. In einem engeren Sinne verstehe ich unter gegenwärtiger Kunst die Künste und ‚Kunstwerke', die unter den Lebensbedingungen der wissenschaftlich-technischen Welt entstanden sind und die direkt oder indirekt Erfahrungen unter diesen Lebensbedingungen darstellen, oft in neuem Material

---

[13] Nietzsche, Werke in drei Bänden, hrsg. von K. Schlechta, München 1966, Bd. 1, S. 16.

und in neuer Weise. Lebensbedingungen der gegenwärtigen Welt auf den verschiedenen Ebenen sind etwa: differenzierte soziale Systeme, z. B. solche der Wissenschaft, der Wirtschaft, der Technik, der Politik, der militärischen Rüstung, Ergebnisse von Modernisierungsprozessen ökonomischer, sozialer, politischer, wissenschaftlicher, religiöser und kultureller Art, letzte Voraussetzungen unserer personalen und sozialen Identität sowie unserer Wirklichkeitserklärungen, Handlungsorientierungen und Möglichkeiten zur Kontingenzbewältigung. Diese letzten Voraussetzungen kommen heute nur im Plural vor, und sie können nur für einzelne und soziale Gruppen, nicht mehr für alle, Verbindlichkeit beanspruchen. Zu den Bedingungen und Schwierigkeiten der wissenschaftlich-technischen Welt gehört auch, daß die Zustimmung der Bürger zu den sozialen und politischen Institutionen demokratisch bzw. nicht demokratisch verfaßter Staaten abnimmt. Zugleich wird durch die vielen Protestbewegungen deutlich, daß diese sozialen Institutionen und Systeme keineswegs ohne „Rücksicht auf die Motivation der Mitglieder" (Luhmann) besser funktionieren.
Zu den Künsten, die Erfahrungen unter diesen Lebensbedingungen der Gegenwart dargestellt haben, gehören z. B. die moderne Lyrik und Dichtung, die gegenstandslose Malerei, die neue Musik, die Künste der historischen Avantgardebewegungen. Ausstellungen und Ausstellungskataloge, Bücher, Filme und Massenmedien liefern uns täglich hierüber neue Informationen. Benjamin zeigte, welche Konsequenzen die technische Reproduzierbarkeit für die Künste, die Produzenten und Rezipienten von Kunstwerken hat und was das z. B. für die neue Filmkunst bedeutet. Adorno analysierte Werke von Beckett und Kafka vor dem Hintergrund der total verwalteten Welt. Er und Dahlhaus (Nr. 31) analysierten die Verwendung neuer Materialien und Techniken in der neuen Musik. Bürgers Thesen (Nr. 27, 73, S. 200—244) beschäftigen sich mit dem unerledigten Problem der historischen Avantgardebewegungen. Haug (Nr. 48) kritisiert die ‚Warenästhetik' in den Industriegesellschaften. Gehlen zeigt, wie sich in der „voll durchgeführten Industriegesellschaft" einige Intellektuelle durch Reflexionen über Kunst vom Druck der Institutionen entlasten können. Wer durch eine argumentative Auseinandersetzung seine Erfahrungsmöglichkeiten im Umgang mit den in der Gegenwart ausgebildeten Künsten und ‚Kunstwerken' entwickeln will und nach Bewertungskriterien sucht, kann an diese Künste und Diskussionen anknüpfen.

Gegenwärtige Kunst ist jedoch nicht nur, was heute oder gestern oder seit der Ausbildung der modernen wissenschaftlich-technisch verwalteten Welt entstanden ist. Unsere Gegenwart ist, auch im Blick auf Phänomene der Kunst und des Schönen, wie nie zuvor räumlich und zeitlich entgrenzt. Durch die seit dem 19. Jahrhundert geschaffenen Museen und durch das „imaginäre Museum" (Malraux, Nr. 67), das durch die neuen technischen Reproduktionsmittel ermöglicht wurde, ist für uns gegenwärtig, was innerhalb und außerhalb Europas aus der Geschichte und Gegenwart überhaupt vergegenwärtigt werden kann. Wir lesen die Literatur Lateinamerikas, hören und sehen live Opernaufführungen aus Amerika, sehen Filme aus verschiedenen Staaten und Kulturen unserer Erde und hören Barockmusik. Gegenwärtige Kunst unter den Bedingungen der wissenschaftlich-technischen Welt, das sind also auch vergegenwärtigte Künste vergangener Völker und Kulturen. Diese sind für uns freigesetzt von ihren ursprünglichen (religiösen, sozialen und politischen) Zusammenhängen. Sie sind für uns nicht einfach Reflexionsmaterial für das historisierende und ästhetisierende Bewußtsein.

Wer im Erfahrungshorizont der Gegenwart einen Diskurs über Kunst und Schönes führen will, kann an Erfahrungen und Auseinandersetzungen mit der gegenwärtigen Kunst in diesem doppelten Sinne anknüpfen. Er wird hierbei z. B. feststellen, daß das, was als ‚Ende der Kunst' und als ‚Tod der Literatur' diskutiert wird, oft nur das Ende bestimmter Kunstformen, Kunstwerkbegriffe und Literaturstile bedeutet. Er wird auch feststellen, daß es durchaus Kriterien und Gründe dafür gibt, ob jemand ein Künstler oder ein Scharlatan ist, ob etwas Kunst ist oder eine Ware der Kulturindustrie, die um des Profits willen gemacht und verkauft wird, ob etwas Kunst ist oder Kitsch, der nichts zu denken gibt, sondern herrschende Klischees und Vorurteile bestätigt und verfestigt.

— Wer heute einen Diskurs über Kunst und Schönes führen will, sollte zuvor Abschied nehmen von der Überforderung der Kunst, der Kunstwerke, von der Kunstreligion der Philosophen, Dichter und Künstler und des gebildeten Bürgertums. „Wer Wissenschaft und Kunst besitzt, Hat auch Religion; Wer jene beiden nicht besitzt, Der habe Religion!" (Goethe, Zahme Xenien IX) Es gibt gewichtige Gründe dagegen, daß angesichts der gegenwärtigen Überlebens- und Lebensprobleme Kunst und Religion funktional äquivalent sind, es sei denn, man sieht keinen Unterschied zwischen den historischen Religionen und den funktionalen Religionsbegriffen moderner Wissenschaften, etwa denen der Soziologie. Ein klassisches Beispiel für die radikale Überforderung der Kunst und des Kunstwerks ist der Satz des jungen Schelling:

„Die Kunst ist eben deswegen dem Philosophen das Höchste, weil sie ihm das Allerheiligste gleichsam öffnet, wo in ewiger und ursprünglicher Vereinigung gleichsam in Einer Flamme brennt, was in der Natur und Geschichte gesondert ist und was im Leben und Handeln, ebenso wie im Denken, ewig sich fliehen muß." (218)

Bei allen Unterschieden stimmen Heidegger und Adorno mit dem jungen Schelling zumindest in zwei Punkten überein: Das Kunstwerk, über das sie emphatisch sprechen, kommt nur im Singular vor, und dieses Kunstwerk, und es allein, ist in dürftiger Zeit Platzhalter *der* verlorenen Wahrheit.

Neben der radikalen gibt es eine mäßige Überforderung der Kunst. Sie erwartet z. B. von der Kunst Entlastung (Gehlen) oder Kompensation (Ritter, Marquard). Den ungelösten Problemüberhang dieser Theoreme kann man unter anderem kurz so sichtbar machen: Welche konkreten Künste und Kunstwerke können das leisten, was man von ihnen erwartet? Stimmen die ‚anthropologischen' Prämissen? Nach Gehlen muß sich das Subjekt aufgrund des seit dem Beginn der Hochkulturen fortschreitenden Verfalls der Institutionen und Traditionen „mit Haut und Haaren" von den noch funktionierenden Institutionen „konsumieren lassen", wenn es mit seiner biologischen Mängelkondition überhaupt überleben will. Einige Intellektuelle haben dann in der „voll durchgeführten Industriegesellschaft" die Möglichkeit, ihre unerfüllten und unerfüllbaren Sehnsüchte in Reflexionsprozessen sozusagen freischwebend zu entladen und sich auf diese Weise vom Druck der Institutionen zu entlasten.

Ritter und in anderer Weise vor allem Marquard gehen davon aus, daß es in verschiedenen geschichtlichen Zusammenhängen der Neuzeit anthropologisch unveränderbare und unveräußerbare Daseinsbestände gibt. Wo ein Element dieser Bestände ausfällt, entwickelt sich ein neues Organ, das den Ausfall, wenn auch nicht gleichwertig, ersetzt, kompensiert. So kompensiere die ästhetische Zuwendung zur Landschaft die Verdinglichung der Natur durch die moderne Naturwissenschaft und Technik, so kompensieren die Geisteswissenschaften die Abstraktheit der modernen Gesellschaft, die substantielle Bestände außer sich lassen muß (Ritter). So kompensieren die Geschichtsphilosophie die unerledigten Theodizeeprobleme und die Kunst ihr eigenes Ende (Marquard, Nr. 73, S. 159—199).

Auf radikale und mäßige Überforderungen der Künste und der Kunstwerke reagieren manche modernen Kunst- und Literaturwissenschaften. Sie reduzieren den Gegenstand ihrer Analysen auf kunst- und kunstwerkexterne Fakten: auf ökonomische oder sozialgeschichtliche Verhältnisse oder auf historisch wandelbare Rezeptionsweisen der verschiedenen Schichten. Dies ist keine angemessene Reaktion auf die Überforderungen der Kunst und der Kunstwerke. Wer etwa Werke der Barockmusik oder Dostojewskis kennt und wem diese auch bei wiederholter Begegnung und Beschäftigung zu denken geben, der wird sich durch solche schnell wechselnde wissenschaftliche Moden und Methoden nicht sonderlich beeindrucken lassen.

— Wer heute einen Diskurs über Kunst und Schönes führt, könnte und sollte die Perspektiven und Fragestellungen der neuen philosophisch-wissenschaftlichen Methoden mitberücksichtigen, falls diese fruchtbare Ergebnisse bei der Analyse von Phänomenen der Kunst und des Schönen vorgelegt haben. Dies gilt sicher für die Phänomenologie, die Psychoanalyse, die Sozialgeschichte und Arbeiten des Strukturalismus, der Semiotik und der Analytischen Sprachphilosophie zu Fragen der Kunst und des Schönen. Arbeiten mit diesen Methoden können wohl geistes- und seinsgeschichtlichen Tiefsinn im Umgang mit der Kunst und dem Schönen korrigieren. Diese Arbeiten enden allerdings oft da, wo die eigentlichen Fragen erst beginnen für diejenigen, die heute Schwierigkeiten beim Umgang mit Phänomenen der Kunst und des Schönen haben.

Erfahrungen im Umgang mit Phänomenen der Kunst und des Schönen ohne einen Diskurs über Kunst und Schönes sind blind, Diskurse über diese Gegenstände ohne Erfahrungen sind leer. Es dürfte daher schwierig, wenn nicht unmöglich sein, allein durch Diskurse einem Banausen Erfahrungen mit der Kunst und dem Schönen zu vermitteln. Wer jedoch Erfahrungen im Umgang mit der Kunst und dem Schönen hat, dem können auch heute Diskurse über diese Phänomene ein Mittel zur Selbstverständigung sein.

Einleitung II

Ruth Dölle-Oelmüller

Zur Verwendung dieses Bandes als Arbeitsbuch

1. Verschiedene Wissenschaften und Unterrichtsfächer beschäftigen sich mit Fragen der Kunst und des Schönen: Deutsch, Literatur, Sprachen, Kunst, Musik, Philosophie. Dabei spielen jeweils verschiedene Kunstgattungen, Kunstepochen oder Kunstentwicklungen, einzelne Künstler oder Kunstwerke, aber auch verschiedene wissenschaftliche und außerwissenschaftliche Methoden des Zugangs und des Umgang mit Kunst eine wichtige Rolle. Noch vor allen Unterscheidungen müssen einige allgemeine Phänomene bedacht werden, die die Voraussetzungen kennzeichnen, von denen aus ein jeder Diskurs über Fragen der Kunst und des Schönen heute geführt wird, wenn er überhaupt auf den Erfahrungshorizont und die lebensweltlichen Zusammenhänge der Diskutanten Bezug nimmt.

— Auch heute noch gehört der Umgang mit Kunst für viele Menschen zu den Selbstverständlichkeiten ihres Lebens. Der Umgang mit Kunst gehört zu den bevorzugten Tätigkeiten der Muße in der Freizeit und im Urlaub. Die Beschäftigung mit Werken der Weltliteratur, der darstellenden Kunst, der Musik ist für viele Menschen auch heute etwas, das ihnen Freude macht — und vielleicht heute durch die massenhafte Produktion (Taschenbücher, Reproduktionen, Schallplatten, Tonbänder, Kassetten) mehr Menschen als früher.

— Es wird heute immer wieder darüber geklagt, daß der Umgang mit Kunst aus Unterricht und Studium verdrängt werde. Man bedauert, daß nicht nur die literarischen Kunstwerke Gegenstand von Unterricht und Studium sind, sondern auch Trivialliteratur oder Sprachtheorien. Man fordert einen verbindlichen Lektürekanon; man fordert, ein musisches Fach obligatorisch für alle Schüler zu machen. Und man fordert all dies im Namen der sogenannten Allgemeinbildung. Deutlich wird daran zumindest dies, daß auch heute — noch vor allen Differenzen über Einzelinhalte und Themen — die Fähigkeit, mit Kunst umgehen zu können und für sie ein Sensorium entwickelt zu haben, in besonderem Maße zur Bildung gehört. Dies erwartet man vom Geistes- und Naturwissenschaftler, vom Techniker oder Juristen. Keine Rolle spielt, ob man etwa Freude an griechischen Plastiken hat oder an modernen, ob man von Barockmusik oder von gegenwärtiger etwas versteht.

Aber selbst wenn man beim Thema Kunst und Schönes an dieses positive Verhältnis zum Umgang mit Kunst in der Lebenswelt vieler Menschen anknüpfen kann, so müßte man mindestens zwei Schwierigkeiten im Umgang mit Kunst mitreflektieren.

— Für nicht wenige Menschen gehörte und gehört der Umgang mit Phänomenen der Kunst und des Schönen — wie gesagt — zu den bevorzugten Tätigkeiten der Freizeit, des Urlaubs, der Muße. Das gilt auch — noch — für viele Jugendliche. Aber vor allem Ältere sind erschrocken darüber, daß dies für viele Jugendliche nicht mehr gilt. Die Zahl derjenigen scheint zu wachsen, die sich, durch die Unterhaltungsindustrie und Kulturindustrie gesteuert, weitgehend kritiklos nur mit dem beschäftigen, was den üblichen Verhaltensklischees entspricht. Die Möglichkeit der Betroffenheit durch Kunst, die Erfahrung der Provokation durch sie, ihr kritisches oder utopisches Potential, zu all diesem scheinen viele Jugendliche keinen Zugang mehr zu haben. Für all diejenigen, die besorgt sind über den hierdurch bedingten Verlust von Lebens-, Handlungs- und Erfahrungsmöglichkeiten mag es eine Chance sein, durch theoretische Diskurse über Kunst und Schönes diese Dimensionen Jugendlichen näherzubringen.

— Die wohl größte Schwierigkeit im Umgang mit der Kunst ist die moderne Kunst selbst. Fast alle, auch diejenigen, die sich intensiv darum bemühen, haben ihre Schwierigkeiten mit den ‚nicht mehr schönen Künsten‘: mit der modernen Literatur (z. B. Baudelaire, Joyce, Beckett), mit der modernen Musik (z. B. der atonalen, der Zwölftonmusik, der seriellen Musik), mit der modernen Malerei (z. B. Arp, Duchamp, Dubuffet). Diese Kunst hat Aufnahme gefunden in die Museen und Ausstellungen (Westkunst, Paris-Paris) und auch in die Theoriediskussion, aber sie hat nicht wirklich Aufnahme gefunden in den lebensweltlichen Umgang mit Kunst. Der ‚normale‘ Gebildete hört sich bei der Arbeit oder in der Freizeit Mozart an, aber nicht Schönberg, er sieht sich Ausstellungen wie ‚Westkunst‘ an, in seinem Arbeitszimmer aber sind Nachdrucke der Impressionisten oder Klassiker. Diese Schwierigkeit haben einzelne im Umgang mit der Gegenwartskunst, aber auch Institutionen haben sie (z. B. sichtbar bei den Kulturdebatten von Ländern und

Kommunen), und man muß diese Schwierigkeit auch im Unterricht voraussetzen. Am vernünftigsten — und den Umgang mit moderner Kunst sicher am meisten erleichternd — könnte es sein, weder die Gegenwartskunst ignorierend noch einen totalen Bruch zwischen ihr und der ‚klassischen' Kunst voraussetzend, an vormoderner Kunst und der diskursiven Auseinandersetzung mit ihr Kriterien zu gewinnen, mit deren kritischer Anwendung es vielleicht möglich ist, auch die gegenwärtige Kunst zumindest zu verstehen.

2. Für einen Diskurs über Kunst und Schönes im Unterricht kann man einige Punkte benennen, die zum Teil für jeden Philosophieunterricht gelten, zum Teil sich aus der Besonderheit des Themas ergeben. Diese Punkte werden für den erfahrenen Lehrer Selbstverständlichkeiten bedeuten, trotzdem sollen sie kurz zusammengestellt werden.

— Philosophische Diskurse über Kunst und Schönes sind theoretische Diskurse. Aber sie sollen auch zu einer differenzierteren Kunsterfahrung beitragen; sie sollen beitragen zur Ausbildung und Entwicklung von Sehen und Hören, die ja im Bereich der Kunsterfahrung nicht gleich unmittelbarem sinnlichen Wahrnehmen sind, sondern in die schon Denken und Reflexion mit eingegangen sind. Was in verschiedenen Fächern selbstverständlich ist, daß nämlich z. B. im Literaturunterricht literarische Kunstwerke und theoretische Texte über dieses Werk oder über den Theoriezusammenhang, in dem sie entstanden sind oder von dem aus sie erklärt werden können, behandelt werden, dies sollte auch bei einem philosophischen Diskurs selbstverständlich sein: Man kann keinen philosophischen Diskurs über Kunst und Schönes im Unterricht führen, in dem es ausschließlich um verschiedene Theorien über Kunst geht, in dem aber Kunstwerke selbst nicht vorkommen. Der Umgang mit und der Zugang zu Kunst und die Theorien über Kunst gehören zusammen. Der Diskurs über Kunsttheorien ist konstitutiv an Kunst und konkrete Kunstwerke gebunden. — Dieser Band liefert konkrete Hilfen für die Theoriediskussion; die Einbeziehung der Kunst und Kunsterfahrung wird, je nach den subjektiven Erfahrungen des Lehrers und der einzelnen Schüler, die sehr verschiedene Erfahrungen aus verschiedenen Fächern und Kursen einbringen, verschieden sein.

— Für Diskurse über Kunst und Schönes im Unterricht ist es wichtig, daß „Geschichte und Gegenwart des Kunstschaffens, der

Deutung von Kunst und des Philosophierens über Kunst"[1] Berücksichtigung finden. Wenn philosophische Diskurse ‚Selbstverständigungsversuche' auch der Schüler sind, müssen sie das aufnehmen, was für unsere Erfahrungen mit Kunst charakteristisch ist: Wir beschäftigen uns, wenn wir uns im Medium der Kunst über gegenwärtig problematische Wirklichkeitsannahmen und Handlungsorientierungen verständigen wollen, nicht nur mit Gegenwartskunst und Gegenwartstheorien über Kunst, sondern wir greifen auf Kunstwerke und Theorien aus Geschichte und Gegenwart zurück, und wir tun dies nicht aus nur historischem Interesse oder so, wie Marx seine Freude an griechischer Kunst quer zum Strich seiner geschichtsphilosophischen Thesen als Freude an der schönen Kindheit glaubt erklären zu können. Aber auch wenn es um das adäquate Verständnis gegenwärtiger Kunst und Kunsttheorien geht, setzt dies in den meisten Fällen die Kenntnis vergangener Kunst und Kunsttheorien voraus; denn diese begegnen in der Form der Zitation, der kritischen Aufnahme oder Ablehnung.

— Beim Umgang mit Kunst und beim Reden über Kunst und Schönes ist es wichtig, die geschichtlichen und sozialen Kontexte mit zu bedenken. Das bedeutet freilich nicht, daß Kunstwerke und Kunsttheorien allein aus historischen und sozialen Bedingungen erklärt werden könnten, weder im Sinne einer marxistischen Widerspiegelungstheorie noch im Sinne bestimmter kunstsoziologischer Ansätze. Aber zu einem adäquaten Verständnis von Werk und Theorie ist der Erfahrungshorizont der Kunstschaffenden und der Kunstrezipienten mit zu bedenken. Eine Plastik, die in der griechischen Polis als Kultbild geschaffen wurde und von der Nietzsche etwa sagt, daß für die Griechen Athene selbst durch die Straßen fuhr, wenn ihr Bild im Umzug mitgeführt wurde (285), ist verschieden von der Plastik im Museum, wo das Standbild der Athene als Werk der griechischen Kunst betrachtet wird. Und auch ein theoretischer Diskurs über Kunst und Schönes ist unterschiedlich im Horizont des Kosmos oder in dem unserer Gegenwart.

— Die Kunst der verschiedenen Völker und Zeiten ist immer eingebunden nicht nur in Erfahrungshorizonte, sondern darüber hinaus in bestimmte Funktionen. Dies ist konstitutiv für Kunstwerke. Das Bilderverbot der jüdischen und islamischen

[1] Der Kultusminister des Landes Nordrhein-Westfalen (Hrsg.), Richtlinien für die gymnasiale Oberstufe in Nordrhein-Westfalen. Philosophie, Heft 4716, Köln 1981, S. 65.

Tradition ist verständlich aus der Funktion von Bildern in anderen Kulten. Der Standort des Kunstwerks etwa in der Kirche oder im Museum verändert die Funktion des Werkes im Kulturzusammenhang. Das autonome Kunstwerk ist dem Leben und praktischen und politischen Handeln gegenüber unabhängig. Andererseits versuchen bestimmte Richtungen der Gegenwartskunst (z. B. Avantgarde, Surrealismus) gerade wieder — wenn auch in einer von der Antike und dem Mittelalter verschiedenen Weise — die Trennung von Kunst und Leben aufzuheben. Das heißt aber, man muß die Zusammenhänge der Kultur kennen, in denen Kunstwerke und Kunsttheorien stehen, um auch mit Schülern einen philosophischen Diskurs über Kunst und Schönes führen zu können.

— Dennoch muß man auch die Fähigkeit haben oder erwerben, Kunst und Kunstwerke immanent zu begreifen: Elemente, Techniken, Gattungsformen, sprachliche oder Darstellungsmittel usw. Man muß die Elemente des Kunstwerks kennen, und man muß wissen, daß und wie die Gegenwartskunst gerade diese Elemente dementiert und destruiert. Das meint nicht eine ästhetizistische immanente Werkbetrachtung, sondern sehr viel bescheidener, daß man dann, wenn man über Kunst reden will, Kenntnisse über diese elementaren Dinge haben muß, so wie man im Bereich der Sprache Kenntnisse der Vokabeln und Grammatik besitzen muß.

3. All dies, was bisher recht allgemein zu den Voraussetzungen eines Diskurses über Kunst und Schönes — vor allem für den Unterricht — gesagt wurde, soll im folgenden an einem Beispiel erläutert werden, das — zugegebenermaßen — subjektive Erfahrungen im eigenen Unterricht aufnimmt, an dem jedoch vielleicht gerade *eine* Möglichkeit deutlich werden kann, wie man unter Berücksichtigung allgemeiner Voraussetzungen, aber auch institutioneller Vorgaben (hier der Richtlinien von Nordrhein-Westfalen) und besonderer Voraussetzungen eines bestimmten Lehrers und eines bestimmten Philosophiekurses einen Diskurs über Kunst und Schönes in der Schule führen kann. Dabei sei ausdrücklich betont, daß der Diskurs bei einer anderen Akzentuierung des Themas (hierfür werden unter Punkt 4 einige Vorschläge gemacht) und bei verschiedenen Schwerpunkten (etwa von der Literatur, Musik, Malerei aus) und bei anderen Lehrern und Schülern anders verlaufen würde.

Die Auswahl der Texte und Themen wird sicher auch verschieden sein, je nachdem ob man etwa im Philosophie-, Deutsch-, Litera-

tur-, Kunst- oder Musikunterricht einen solchen Diskurs führt. Sie wird verschieden sein je nach dem Vorwissen und Ausbildungsstand. In Seminaren oder im Selbststudium wird man den Gesamtumfang der Texte und die Einleitung I bearbeiten oder weitere Themen wählen, in der Schule wird man bei einem Kursthema oder Thema für eine Unterrichtsreihe eine begrenztere Auswahl treffen, bzw. berücksichtigen, welche Autoren schon in anderen Kursen behandelt wurden, um durch erneute Aufnahme Kenntnisse erweitern zu können.
Im einzelnen werden die institutionellen Vorgaben im Philosophieunterricht der verschiedenen Länder differieren. Wenn aber überhaupt eine Beschäftigung mit Fragen der Kunst im Philosophieunterricht vorgesehen ist (z. B. Baden-Württemberg, Nordrhein-Westfalen, Österreich), kann man davon ausgehen, daß einige zentrale Fragestellungen für alle gleichermaßen im Mittelpunkt stehen. Wo Philosophie selbständiges Fach ist, ist es in der reformierten Oberstufe dem gesellschaftswissenschaftlichen Aufgabenfeld zugeordnet. Im folgenden wird ein Kurs mit dem Thema ‚Kunst und Gesellschaft' beschrieben, wie er unter Berücksichtigung der institutionellen Vorgaben von Nordrhein-Westfalen 1981/82 in einem Grundkurs der Jahrgangsstufe 13/I am Freiherr-vom-Stein-Gymnasium Münster gehalten worden ist.

Kunst und Gesellschaft

Bei meiner Darstellung beschränke ich mich im wesentlichen darauf darzustellen, was das Ergebnis dieses Unterrichts war. Die Texte werden nicht im einzelnen methodisch-didaktisch aufgearbeitet; welche Methoden der Textanalyse z.B. angewendet wurden, welche Tafelbilder und Strukturskizzen eingesetzt wurden, dies alles wird nicht behandelt. Nur an einzelnen Stellen erfolgen einige Hinweise und Konkretisierungen. Zum Verständnis sei jedoch eins bemerkt: Die Schüler bereiteten durchgängig durch häusliche Lektüre der Texte die Diskussion vor, und zwar sehr zuverlässig und gründlich. Jeweils ein Schüler fertigte ein Verlaufs- bzw. Ergebnisprotokoll an, das der Sicherung der Ergebnisse diente, aber auch durch Verlesen zu Beginn der folgenden Stunde den Diskussionszusammenhang für alle wieder herstellte. Aus diesen Protokollen wird an einigen Stellen zitiert.
Wer heute das Thema ‚Kunst und Gesellschaft' hört, könnte der Meinung sein, hier versuchten Lehrer und Schüler im soziologisierenden und politisierenden Jargon vergangener Jahrzehnte ein Thema zu zerreden. Die Beschreibung der Planung und Durchführung dieses Kurses wird zeigen, daß diese Befürchtung unbegründet

ist. Sie wird allerdings auch zeigen, daß der neuerdings erhobene vornehme Ton von ästhetischen Betrachtungen, die sich auf geschichtsfreie Reflexionen oder werkimmanente, stilgeschichtliche oder biographische Zusammenhänge beschränken, für einen philosophischen Diskurs über Kunst und Schönes nicht sehr hilfreich ist. Weder der Begriff der Kunst noch der der Gesellschaft sind bei dem Thema durch eine einzige Definition zureichend zu bestimmen. Das wird die Darstellung der einzelnen Positionen in den verschiedenen geschichtlichen Erfahrungshorizonten zeigen.

Ohne falsche und künstliche Aktualisierungen sollte von vornherein klar sein, daß es sich beim Thema ‚Kunst und Gesellschaft' um sehr komplexe Fragen handelt, bei denen es um unsere Selbstverständigung und Orientierung in der Gegenwart geht. Dazu diente in der ersten Stunde eine freie Diskussion, in der sowohl die Fragen aller Schüler, die sie mit diesem Thema verbanden, artikuliert werden sollten, als auch im Anschluß an sie Ziele und Inhalte des Kurses deutlich werden konnten. Zwei Zitate leiteten die Diskussion ein: 1. Aus dem Bericht über die Begegnung westlicher Schriftsteller mit chinesischen: Der chinesische Schriftsteller Wang Meng:

„‚Wir sehen die Aufgabe des Schriftstellers darin, Tatsachen nicht außer acht zu lassen, Wirklichkeit zu beschreiben, zu kritisieren, was schlecht ist und so der Wahrheit und damit unserem Volk zu dienen.' Darauf lacht Salvatore freundlich auf und fragt, was das denn sei, die Wirklichkeit, die Wahrheit und woher er, Wang, denn wisse, was dem Volke diene, was ihm schade?"[2]

2. Aus den „offiziellen Unterweisungen für das Lehrpersonal in der DDR" zur Pflichtlektüre von Heinrich Mann, Der Untertan:

„Die Schüler erleben an der Gestalt des Diederich Heßling, welche Folgen die Untertanenerziehung für die Entwicklung des einzelnen Bürgers hatte und welchem Zweck diese Erziehung diente. Sie erfassen, daß sich die Macht imperialistischer Staaten auf diesen Typ des Bürgers gründet, der durch bedenkenlose Unterordnung zum willfährigen Objekt der Machtpolitik der Herrschenden wird."[3]

Die Fragen, die von den Schülern in der Diskussion reihum formuliert wurden, zeigen, daß Problemzusammenhänge benannt wurden, die auch in der wissenschaftlichen Diskussion zentral sind. Die

---

[2] C. Stern, Was ist denn das, die Wahrheit? in: Die Zeit, Nr. 35 (22. 8. 1980) S. 48.

[3] Zitiert nach: R. Schneider, Romane von gestern — heute gelesen. Reicher Untertan, armer Untertan, in: FAZ, Nr. 196 (25. 8. 1980) S. 15.

von den Schülern formulierten Fragen lassen sich drei Themenkomplexen zuordnen: Fragen zur Kunst, Fragen zum Zusammenhang von Kunst und Gesellschaft, Fragen zu den geschichtlichen Bedingungen von Kunst.

— Fragen zur Kunst.
  — Fragen zum Kunstbegriff. Hat Kunst einen Wahrheitsanspruch? Erfaßt Kunst Wirklichkeit, ahmt sie sie nach oder geht sie darüber hinaus? Ist Kunst Widerspiegelung persönlicher oder gesellschaftlicher Erfahrungen, oder zeigt sie neue Möglichkeiten auf? Ist eine universale Kunst möglich?
  — Fragen zum Kunstwerkbegriff. Was ist ein Kunstwerk? Was ist Kitsch? Happening? Welchen Anspruch stellen wir an ein Kunstwerk?
  — Damit ergeben sich Fragen der Bewertung. Woher gewinnt man Bewertungskriterien für Kunst? Ist Schönheit als Kriterium grundlegend, oder ist sie dies nur für bestimmte vergangene Kunst, nicht für gegenwärtige?

— Fragen zum Zusammenhang von Kunst und Gesellschaft. Erfüllt Kunst eine unmittelbare Funktion in der Gesellschaft? Oder erfüllt sie eine mittelbare Funktion, indem sie etwa als ‚utopisches Potential' eine neue bessere Gesellschaft vor Augen stellt? Oder soll Kunst einen Freiraum zur Erholung von der Gesellschaft bieten? Hat Kunst in verschiedenen Gesellschaften verschiedene Funktionen? Ist sie ein Mittel, das Dasein erträglich zu machen? Wird Kunst überfordert, wenn man sie mit gesellschaftlichen Funktionen belastet?

— Fragen zu den geschichtlichen Bedingungen von Kunst. Wodurch entstehen verschiedene Stilrichtungen? Wodurch wird ein bestimmtes Kunstverständnis ausgebildet und wodurch wandelt es sich? Ist Kunst selbst geschichtlich, d. h. Spiegel der Zeit, in der sie entstanden ist?
  Gibt es ein dem Autor entsprechendes authentisches Verständnis eines Werkes? Oder ändert sich mit der Geschichte die Bedeutung des Kunstwerks?

Aus dieser Zusammenstellung von Fragen konnte für die Schüler die Konzeption des Kurses (insgesamt 53 Unterrichtsstunden) verständlich werden, der in folgende Abschnitte gegliedert war:

— Der Wahrheitsanspruch der Kunst und ihre moralische und politische Funktion (Platon)
— Das ästhetische Urteil, Geselligkeit und ästhetischer Staat des schönen Scheins (Kant, Schiller)

— Die Bindung der Kunst an „Weltanschauungsweisen" und die freie Kunst (Hegel)
— Kunst in der Industriegesellschaft (Nietzsche, Benjamin, Adorno, Gehlen)
— Methoden zum Erfassen des Kunstwerks in der Gegenwart (Sartre)

Allein an dieser Formulierung der Gegenstände des Themas ‚Kunst und Gesellschaft' ist leicht ersichtlich, daß hierbei in die Planung eingegangen sind die von den neuen Richtlinien Philosophie in Nordrhein-Westfalen für das Rahmenthema ‚Probleme der Kunst' geforderte obligatorische Behandlung der sachlichen Schwerpunkte: „Wahrheit, Schönheit und Schein; Verstehbarkeit und Interpretation von Kunst und Kunstwerken; Funktionen der Kunst; Das Verhältnis von Kunst und Gesellschaft" (a. a. O. S. 65) und die für alle Kurse geforderte Berücksichtigung der vier Lernbereiche, der erkenntnistheoretisch-wissenschaftstheoretischen, der sittlich-praktischen, der gesellschaftlich-geschichtlichen und der metaphysischen Dimension des Philosophieunterrichts (s. a. a. O. S. 28—30).

Erster Abschnitt: Der Wahrheitsanspruch der Dichtung und ihre moralische und politische Funktion in der Polis (Platon 98—107)

Im ‚Ion' wird die Dichtung von den anderen ‚Künsten' (technai) einerseits und von der Philosophie andererseits unterschieden; es wird unterschieden die „göttliche Gabe" des Dichters als „Gottbegeisterter" (101) von der „Kunstfertigkeit" des Handwerks und der Vernunft des Philosophen. Diese Zwischenstellung der Dichtung zwischen ‚Technik' und ‚Vernunft' kann Paradigma sein, an dem die verschiedene Stellung der Kunst in der Gesellschaft, die bis heute bei Diskussionen über dieses Thema direkt oder indirekt relevant ist, deutlich werden kann: Kommt der Kunst ein eigener Bereich zu? Ist Kunst mehr oder weniger ausschließlich Vermittlerin von Wahrheit und Moral, ist Dichtung wesentlich Lehrdichtung? Ebenso läßt sich die verschiedene Stellung des ‚Künstlers' bis heute von der platonischen Deutung des Dichters aus verdeutlichen: Ist der Dichter bei Platon ein „heiliges Wesen", „Dolmetscher der Götter (102), so kann er das nur sein, wenn er dem Anspruch genügt, die für die jeweilige Lebenswelt letzten Orientierungen darzustellen. Gerade dies war es, was Homer und Hesiod für die frühe griechische Gesellschaft geleistet hatten. Was bleibt aber, wenn, nach Preisgabe dieser metaphysisch-religiösen Prämissen, man nicht mehr einen solchen sprechenden Gott und vernehmenden Menschen annimmt und nicht mehr vom geordneten

Kosmos (dem „Magneten", der alles anzieht) ausgeht? Die Wandlung des Begriffs des Künstlers als Genie (Kant, Schiller), als tabula rasa und Subjektivität (Hegel), als Produzent (Benjamin) oder Autor, der in seinem Werk sichtbar wird (Sartre) läßt sich im Verlauf der Behandlung der übrigen Texte sichtbar machen, wenn der Blick darauf gelenkt ist zu beachten, von welchen geschichtlichen, politischen, religiösen, weltanschaulichen sowie philosophischen Prämissen die Deutung der Kunst und des Künstlers jeweils abhängt.

Am ‚Ion'-Text stellt sich zugleich die Frage, welcher Dichter diesem platonischen Anspruch genügen kann und wer befähigt ist, darüber zu urteilen, ob der Dichter nur dolmetscht oder ob er „erfindet", sowie die Frage nach der Funktion einer solchen Dichtung in der Polis. Im ‚Staat' werden Homer und Hesiod als Erfinder „unwahrer Mythen" (104) aus der idealen Polis verbannt. Die Philosophen erlassen die „Richtlinien" (105) für die Moral und Politik und auch für die Dichtung. Die Philosophen als Wächter der Wahrheit sind die wahren Dichter. Die platonische Dichteraustreibung aus moralisch-politischen Gründen kann als *das* Beispiel für alle diejenigen Austreibungen von Künstlern im Namen einer ‚totalitären' Politik gelten, die Wahrheitsanspruch erhebt, gleich ob dies die faschistische Verfolgung der sogenannten ‚entarteten Kunst' ist oder die marxistische Verfolgung von Schriftstellern und Künstlern, deren harmloseste Form noch die Ausbürgerung ist. Wie brisant dieses Thema politischer Richtlinien für die Kunst auch heute noch ist, muß jedem aufgehen, wenn man beispielsweise die Diskussion der platonischen Thesen anknüpft an eine gegenwärtige Diskussion, wie sie von Günther Grass, Siegfried Lenz und Fritz J. Raddatz mit Bundeskanzler Helmut Schmidt geführt wurde[4]. Die Schriftsteller fordern, daß der Kanzler wenigstens „ein Zeichen setzen" solle und könne, während Schmidt erklärt: „Ein Regierungschef hat in Deutschland nicht die Aufgabe des Volkserziehers, des Kunsterziehers schon gar nicht."

Die Kritik an Platons „Richtlinien" für die Dichtung im Namen der metaphysischen und religiösen, daher letztlich nicht kritisierbaren Wahrheit, der Politik und Moral rückt — fast zwangsläufig — die Frage nach einem metaphysik-, religions- und politikfreien Kriterium der Beurteilung von Kunst sowie nach der Trennung der Kunst sowohl von Politik und Moral als auch vom Wahrheitsanspruch der Philosophie in den Blick.

---

[4] Der Kanzler ist kein Volkserzieher, in: Die Zeit, Nr. 35 (22. 8. 1980) S. 29—31.

Zweiter Abschnitt: Das ästhetische Urteil, Geselligkeit und ästhetischer Staat des schönen Scheins

(Kant 172—177, 186—187; Schiller 188—201)

Kants Aussagen über den Bereich des Schönen und des ästhetischen Urteils im Zusammenhang eines Themas ‚Kunst und Gesellschaft' zu behandeln, mag überraschen. Kant hat in der Tat über Kunst und Schönes explizit nicht im Zusammenhang dessen gesprochen, was man seit Hegel, Marx und Lorenz von Stein bürgerliche Gesellschaft nennt. Trotzdem kann man seine Aussagen zu diesem Thema im Blick auf das Problem der Gesellschaft reflektieren und diskutieren. Das gegenwärtig wachsende Interesse der Ästhetikdiskussion an Kant (s. etwa die Auseinandersetzungen mit den Ansätzen von Bürger, Bubner und Marquard Nr. 73, S. 159—297) zeigt, daß Kant für eine Diskussion dieses Themas immer dann relevant wird, wenn man Kunst nicht unmittelbar gesellschaftlich-politisch erörtern will.

Das von religiösen oder metaphysischen Prämissen unabhängige Kriterium zur Beurteilung von Kunst und Schönem ist nach Kant das ästhetische Urteil über das Schöne. Kant grenzt das ästhetische Geschmacksurteil vom logischen Erkenntnisurteil einerseits und vom moralischen Urteil andererseits ab. (§§ 1—2) Nicht das, was in den immerseienden Ideen als schön und gut vorgegeben ist und von den Philosophen als schön und gut erkannt werden kann, ist *das* Schöne, sondern entscheidend ist, daß im Erfahrungshorizont der bürgerlichen Gesellschaft von Kant nach einem Vermögen *im Menschen* gesucht wird, das in der Lage ist, ein allgemeingültiges Urteil über das Schöne abzugeben. In der Unterscheidung der verschiedenen Erkenntnisvermögen, die man trotz des sehr abstrakten Textes für Schüler sehr gut veranschaulichen kann, wenn man von dem von Kant selbst angeführten Beispiel des Palastes (§ 2) ausgeht, wird zweierlei sichtbar: Der „Bestimmungsgrund" (172) des Geschmacksurteils über das Schöne ist subjektiv, und es trägt „zum Erkenntnis nichts bei" (172). „Geschmacksurteile begründen an sich auch gar kein Interesse." (174) Darin besteht ihr Unterschied zu den moralischen Urteilen. Daß ästhetische Urteile über das Schöne, also auch über schöne Kunst, interesselos sind, hat Konsequenzen für die Kunst bzw. für die Kunstrezipienten — selbst wenn es Kant zunächst nur um die Erläuterung ästhetischer Urteile geht. Es liegt darin einerseits die Abwehr der Parteilichkeit: „daß dasjenige Urteil über Schönheit, worin sich das mindeste Interesse mengt, sehr parteilich und kein reines Geschmacksurteil sei" (174). Damit wird dem Bereich der schönen Kunst ein Bereich der Freiheit von irgendwelchen Erkenntnisinteressen oder moralischen Interessen zugesprochen. Trotzdem betont Kant schon an dieser Stelle, daß er den freien und autonomen Bereich des Schönen nicht isoliert von der Gesellschaft sehen will; denn „nur in der Gesellschaft wird es interessant, Geschmack zu haben" (174). Geschmack unterscheidet Kant von unmittelbaren Gefühlen, die „nur die Art, wie das Subjekt in Ansehung seiner Lust oder Unlust affiziert wird", enthalten, Gefühle, die „schlechterdings nichts" lehren und zu denken geben. Dieses „hat jeder nur für sich und kann es anderen nicht zumuten". Kant unterscheidet solche unmittelbaren Gefühle sowohl von dem „unzweideutigen moralischen Gefühl"[5], das auf die Forderungen der praktischen Vernunft verweist, als auch von dem Gefühl des Schönen und Erhabenen, das ästhetischen Urteilen zugrunde liegt.

„In Ansehung des Angenehmen gilt also der Grundsatz: ein jeder hat seinen eigenen Geschmack (der Sinne). ... Wenn er aber etwas für schön ausgibt, so mutet er andern eben dasselbe Wohlgefühl zu: er urteilt nicht bloß für sich." (§ 7)

Das ästhetische Urteil ist also kein Urteil „aus subjektiven Privatbedingungen" (175), sondern im „gemeinsamen Menschenverstand" ist der „Geschmack als eine Art von sensus communis", „die Idee eines gemeinschaftlichen Sinnes" (174/5). Was schön ist oder sein soll, kann nach Kant nicht als praktisch für alle geltend durchgesetzt oder theoretisch erkannt werden, aber es ist „allgemein mitteilbar" und kann „gleichsam als Pflicht jedermann zugemutet werden" (177). Welche Konsequenzen hat das für die Kunst? Die Gesetzgebungen des Verstandes und der Vernunft gelten nicht für die Kunst. Sie kann einen Freiraum für sich in Anspruch nehmen. Aber der ist wiederum nicht durch Subjektivismus, Geschichtsfreiheit und Loslösung von der Gesellschaft gekennzeichnet, sondern durch „Humanität", „Teilnehmungsgefühl" und „der Menschheit angemessene Geselligkeit":

„Die Propädeutik zu aller schönen Kunst, sofern es auf den höchsten Grad ihrer Vollkommenheit angelegt ist, scheint nicht in Vorschriften, sondern in der Kultur der Gemütskräfte durch diejenigen Vorkenntnisse zu liegen, welche man Humaniora nennt: vermutlich, weil Humanität einerseits das allgemeine Teilnehmungsgefühl, andererseits das Vermögen, sich innigst und allgemein mitteilen zu können, bedeutet; welche Eigenschaften zusammen verbunden die der Menschheit angemessene Geselligkeit ausmachen, wodurch sie sich von der tierischen Eingeschränktheit unterscheidet." (186/7)

---

[5] Die Religion innerhalb der Grenzen der bloßen Vernunft, Werke in sechs Bänden, hrsg. v. W. Weischedel, Darmstadt 1963, Bd. 4, S. 776.

Während bei Kant Geselligkeit mit allgemeiner Mitteilbarkeit verbunden und so an die Idee der Menschheit gebunden wird, wird bei *Schlegel* das Ästhetische in die ästhetisch subjektive Lebensform aufgelöst, und die Poesie selbst wird das Gemeinschaft und Lebensform Konstituierende: „Ohne Verabredung oder Gesetz fügte es sich meistens von selbst, daß Poesie der Gegenstand, die Veranlassung, der Mittelpunkt ihres Beisammenseins war." (206)

Für *Schiller* ist das Wesen der schönen Kunst Schein. Das Interesse am ästhetischen Schein, „den man von der Wirklichkeit und Wahrheit unterscheidet" (189), ist „eine wahre Erweiterung der Menschheit und ein entschiedener Schritt zur Kultur" (189). Zwischen dem Vernunft- und Verstandesstaat erhebt sich der ästhetische Staat des schönen Scheins, „das fröhliche Reich des Spiels und des Scheins" (198), über die „Fessel jedes Zweckes" (195). Es ist das „Grundgesetz dieses Reichs", „Freiheit zu geben durch Freiheit" (199). Was dieser ästhetische Staat, was die Kunst in der Gesellschaft leisten soll und leisten kann, darüber schwanken Schillers eigene Aussagen — und auch die seiner Interpreten (s. Nr. 64, 154, 155, 184): reale Versöhnung der entfremdeten Gesellschaft (9. Brief), ästhetische Versöhnung „in einigen wenigen auserlesenen Zirkeln" (201, 27. Brief). An den verschiedenen, durchaus nicht widerspruchsfreien Schiller-Deutungen von Marcuse und an seiner eigenen Beurteilung der Funktion des Ästhetischen im Prozeß der Gesellschaft läßt sich dies im einzelnen zeigen (Nr. 68, 69, 70).

Bei Schiller spielt das Problem der Industrialisierung und der sich daraus ergebenden Konsequenzen noch keine zentrale Rolle. Anders bei Hegel, und ganz explizit im 19. Jahrhundert bei Nietzsche, im 20. Jahrhundert bei Benjamin, Adorno und Gehlen.

Dritter Abschnitt: Die Bindung der Kunst an Weltanschauungsweisen und die freie Kunst

(Hegel, vor allem 221—222, 224—228, 231—235, 237, 238—240)

Für Hegel besteht ein Zusammenhang zwischen Schönheit und Wahrheit, aber in ganz anderer Weise als bei Platon und Plotin. Hatte Platon die Dichter, die nicht „Dolmetscher" der göttlichen Wahrheit waren, dem Diktat der Philosophen unterstellt, so betont Hegel zwar, daß Kunst grundsätzlich *sinnliches* Scheinen der Idee ist, daß aber nur auf einer ganz bestimmten Stufe des Ganges der Geschichte Kunst höchste Form der Wahrheitsvermittlung sein kann. „Nur ein gewisser Kreis und Stufe der Wahrheit ist fähig, im Elemente des Kunstwerks dargestellt zu werden." (224) „Wie nun aber die Kunst in der Natur und den endlichen Gebieten des

Lebens ihr *Vor* hat, ebenso hat sie auch ein *Nach,* d. h. einen Kreis, der wiederum ihre Auffassungs- und Darstellungsweise des Absoluten überschreitet.“ (227) Hegel interpretiert Platons Kritik an Homer und Hesiod als Beleg dafür, daß das Göttliche und die Wahrheit nicht mehr in sinnlicher Weise sich darstellen lassen. Sein Satz vom Ende der höchsten Bestimmung der Kunst (Nr. 165) lautet:

„Uns gilt die Kunst nicht mehr als die höchste Weise, in welcher die Wahrheit sich Existenz verschafft. ... Man kann wohl hoffen, daß die Kunst immer mehr steigen und sich vollenden werde, aber ihre Form hat aufgehört, das höchste Bedürfnis des Geistes zu sein.“ (227/8)

Aber die Konsequenz, die er daraus zieht, ist nicht die Dichteraustreibung Platons, sondern die Freisetzung der Kunst von religiösen und politisch-gesellschaftlichen Zwängen.

Hegels Satz vom Ende der Kunst hat man verschieden interpretiert (Nr. 164). Seine späten Aussagen über die Religion, den Staat und die Kunst enden, wenn man sie aus der Perspektive seiner Systemansätze sieht, durchweg mit einem „Mißton“. Hegel analysiert Gegenwartsphänomene und -probleme, die seine nie bruchlos gewesenen Systemansätze sprengen, zumindest modifizieren. Wenn man von Hegels Systemansatz in seinen späten Vorlesungen zur Ästhetik ausgeht, dann ist das Kunstideal, die griechische Kunst, die das Göttliche darstellen konnte, durch das Christentum und durch die gegenwärtige Welt vergangen. Man muß sich natürlich darüber im klaren sein, daß Hegels Darstellung der „Entwicklung des Ideals zu den besonderen Formen des Kunstschönen“ in den drei Formen der symbolischen, klassischen und romantischen Kunstform eine Konstruktion ist. Was Hegel über die klassische griechische Kunstform sagt, ist verschieden von dem, wie etwa die Sophisten, Platon und Aristoteles ihre Gegenwartskunst verstehen. Was Hegel über die romantische christliche Kunstform sagt, ist verschieden von dem, wie Kunst innerhalb des Erfahrungshorizonts des jüdisch-christlichen Schöpfer- und Erlösergottes verstanden wird. Hegel konstruiert sein System der Kunst von den Bedingungen des Erfahrungshorizonts der bürgerlichen Gesellschaft aus. Liest man seine Analysen und Darstellungen der Kunst quer zum Strich dieser Systemprämissen, dann wird man den Aussagen über die Kunst nach dem Ende ihrer höchsten Bestimmung ein anderes Gewicht beimessen.

Hegel nennt verschiedene Gründe für das Ende der höchsten Bestimmung der Kunst. Die schöne Kunst ist „auf einen bestimmten Inhalt beschränkt“ (224). Dieser muß dem Sinnlichen adäquat sein, und dies ist „bei den griechischen Göttern der Fall". „Die christliche Auffassung der Wahrheit" kann im Medium der Kunst nicht mehr adäquat ausgedrückt werden. Im Unterschied zu Johannes von Damaskus, für den die Inkarnation ein Argument für die Darstellbarkeit Gottes ist und das Bild als anschauliches Medium religiöser Wahrheiten dienen kann, macht Hegel gerade an der Inkarnation klar, daß die „christliche Auffassung der Wahrheit", daß Erlösung, aber auch das Böse und Versöhnung im Medium der schönen Kunst nicht darstellbar sind:

„Mögen wir die griechischen Götterbilder noch so vortrefflich finden und Gottvater, Christus, Maria noch so würdig und vollendet dargestellt sehen — es hilft nichts, unser Knie beugen wir doch nicht mehr." (228)

Auch „der Geist unserer heutigen Welt", die gegenwärtige „Kunstproduktion", die „Not der Gegenwart, der verwickelte Zustand des bürgerlichen und politischen Lebens", die Trennung von Kunst und Religion sind für Hegel Phänomene des Endes der höchsten Bestimmung der Kunst (225). „Der Gedanke und die Reflexion hat die schöne Kunst überflügelt." (225)
Das bedeutet nun nicht Ende der Kunst überhaupt, sondern wenn die Philosophie nun das „unserer Vernunftbildung" angemessene Medium der Wahrheitsvermittlung ist, dann wird Kunst freigesetzt von allen „Weltanschauungsweisen", sie wird ein „freies Instrument" des freien Künstlers, der „sozusagen zu einer tabula rasa gemacht" (231) ist. Mit freier Kunst meint Hegel aber nicht völlige Beliebtheit, Experimentieren, Montage oder — wie er es nennt — „technische Kunststücke"; und von daher müßte man prüfen, ob Hegels Theorie der freien Kunst einen Theorieansatz bietet zur Interpretation unserer Gegenwartskunst (s. Nr. 73, 74). Die Kunst bleibt schöne Kunst: „Jeder Stoff darf ihm (dem Künstler) gleichgültig sein, wenn er nur dem formellen Gesetz, überhaupt schön und einer künstlerischen Behandlung fähig zu sein, nicht widerspricht." (232) Und ihr Gegenstand ist die Subjektivität, „ihr neuer Heiliger" ist „der Humanus":

„Das Erscheinen und Wirken des unvergänglich Menschlichen in seiner vielseitigsten Bedeutung und unendlichen Herumbildung ist es, was in diesem Gefäß menschlicher Situationen und Empfindungen den absoluten Gehalt unserer Kunst jetzt ausmachen kann." (234/5)

Das, was in diesen Texten auf sehr hohem Abstraktionsniveau dargelegt ist — es müßte durch Beispiele aus der Kunst und Religion in Geschichte und Gegenwart erläutert werden —, wurde in dem Kurs an einem begrenzteren Problem konkretisiert, an der

Nichtdarstellbarkeit der Geschichte in der Gegenwart im Unterschied zum epischen Weltzustand. Dort ermöglichte, was Hegel an Homers ‚Illias' darlegt, die „poetische Mitte" zwischen „barbarischer Wirklichkeit" und „verständiger Prosa eines geordneten Familien- und Staatslebens" die Darstellung der Geschichte in handelnden Personen. Die Darstellung der Geschichte müßte nach Hegel heute so geschehen, daß „der innere Werkmeister der Geschichte" „als leitendes, tätiges, vollführendes Individuum zur Erscheinung gelangte oder sich nur als verborgen fortwirkende Notwendigkeit geltend machte" (239). Das Allgemeine läßt sich für Hegel adäquat aber nur im Begriff fassen. Die Gründe für die Nichtdarstellbarkeit der Geschichte sieht Hegel in dem gegenwärtigen Weltzustand. Der Zusammenhang von Geschichte und Gesellschaft und Kunst bei Hegel kann den Schülern durchaus klar werden. Dies zeigt der Auszug aus einem Schülerprotokoll:

„Hegel sagt, daß die Lebensumstände der heutigen Zeit nichts mehr mit dem Lebenshintergrund zu tun haben, den das ursprüngliche Epos, d. h. die Dichtungen Homers und Hesiods, beschreiben. Hierauf vergegenwärtigten wir uns den Zustand unserer Gesellschaft bzw. der zur Zeit Hegels. Die Industrialisierung hatte die Entfremdung des Arbeiters vom Produkt seiner Arbeit und von der Arbeit selbst zur Folge. Nach Hegel ist die bürgerliche Gesellschaft ein System der Bedürfnisse, der Befriedigung der äußeren Bedürfnisse der Menschen. Der Staat kann aber auch die höheren Bedürfnisse befriedigen, er ist sittliches Universum. Die Entfremdung beruht auf der zunehmenden Technisierung der Arbeitsvorgänge. Der Mensch produziert nicht mehr nur für sich selbst und wird außerdem immer weniger gebraucht. Er wird weitgehend nur noch zur Kontrolle und Verwaltung eingesetzt. Hegel sieht die Differenzen zwischen seiner Zeit und der Antike 1. im Arbeitsvorgang (‚unser heutiges Maschinen- und Fabrikwesen mit den Produkten, die aus demselben hervorgehen'), 2. in der Gesellschaft als System der Bedürfnisbefriedigung (‚überhaupt die Art, unsere äußeren Lebensbedürfnisse zu befriedigen'), 3. im Staatssystem (‚die moderne Staatsorganisation')." (Ch. Swietlik, Protokoll vom 27. 10. 1981)

Vierter Abschnitt: Kunst in der Industriegesellschaft

(Adorno, Staatsaktion [322—324]; Nietzsche, Die Kunst in der Zeit der Arbeit, Die Feststimmung [298—299]; Benjamin [309 bis 321]; Gehlen [vor allem 346—348, 354—355, 361—364])

Hegels Satz vom Ende der Kunst und seine Aussagen über die Nichtdarstellbarkeit der gegenwärtigen Geschichte reflektieren die Entwicklung der Weltgeschichte und der Industrialisierung im Erfahrungshorizont der bürgerlichen Gesellschaft des 18. und beginnenden 19. Jahrhunderts. Verschärft stellt sich *Adorno* das gleiche Problem unter den Bedingungen der von ihm so beschriebenen „absoluten Verdinglichung" der modernen Industriegesellschaft. Nicht Ende der höchsten Bestimmung der Kunst, sondern „Absterben der Kunst" diagnostiziert er aus der „Unmöglichkeit der Darstellung des Geschichtlichen" (322), nicht Subjektivität, den „Humanus" als neuen Gegenstand, sondern „Auslöschung des Subjekts" (324). Beleg ist die Unmöglichkeit, die „vollendete Unfreiheit" und „das reine Unmenschliche" (324) des Faschismus darzustellen. Der Dichter „hat zwischen zwei Prinzipien zu wählen, die beide der Sache gleich unangemessen sind: der Psychologie und dem Infantilismus" (322). Die „falsche Vermenschlichung" der „Unmenschlichkeit" der „entfremdeten Geschichte" erweist sich schon an Schillers „allzu gut gebauten Stücken" als „ohnmächtige Hilfskonstruktion". Die „Abstraktheit und Außermenschlichkeit" der geschichtlichen Strukturen unserer „sozialen und politischen Realität" lassen sich nicht durch das Handeln einzelner verständlich machen. In infantiler Weise werden nach Adorno bei Brecht die „Vorgänge innerhalb der großen Industrie als solche zwischen gaunerhaften Gemüsehändlern präsentiert" (323/4). „Das Unwesen der heutigen Gesellschaft" und ihrer „komplizierten Phänomene" „nach der Auslöschung des Subjekts" (324) läßt sich nicht im Handeln von Subjekten verdeutlichen.

Daß dies nicht Adornos einzige Aussagen zur Kunst sind, sollte zumindest erwähnt werden. Die Korrektur seines Satzes vom „Absterben der Kunst" könnte durch ein Zitat aus ‚Die Kunst und die Künste' (1966)[6] eingebracht werden:

„Während die Situation Kunst nicht mehr zuläßt — darauf zielte der Satz über die Unmöglichkeit von Gedichten nach Auschwitz —, bedarf sie doch ihrer. Denn die bilderlose Realität ist das vollendete Widerspiel des bilderlosen Zustands geworden, in dem Kunst verschwände, weil die Utopie sich erfüllt hätte, die in jedem Kunstwerk sich chiffriert. Solchen Unterganges ist die Kunst von sich aus nicht fähig."

Eine Schülerin faßte das Ergebnis so zusammen:

„Wir griffen eine schon zuvor zitierte Aussage Adornos auf: ‚Nach Auschwitz ein Gedicht zu schreiben, ist barbarisch' (aus: Kulturkritik und Gesellschaft, 1949). Wenn man von dieser Aussage und dem bisher Gesagten ausgeht, müßte man daraus zwangsläufig auf das ‚Absterben der Kunst' schließen. Adorno läßt diese Aussage jedoch nicht in ihrer absoluten Form stehen. Zwar läßt die bestehende Situation die Kunst einerseits nicht mehr zu, andererseits bedarf sie dieser jedoch. Denn ein gelungenes

---

[6] In: Ohne Leitbild. Parva Aesthetica, es 102, Frankfurt 1967, S. 182.

Kunstwerk ist Utopie, ist Chiffre einer besseren Gesellschaft. Kunst erhält so eine kritische Funktion und wird zum unentbehrlichen Mittel zur Veränderung der Gesellschaft. ... Zusammenfassend ist zu sagen, daß Adorno letztlich am Subjekt und auch am Kunstwerk als einer Ausdrucksform von Utopien festhält. Er stellt an den Menschen die Forderung, seine ‚messianische Hoffnung' zu bewahren und sich durch sie zu dem Versuch anregen zu lassen, Utopien zu verwirklichen. Denn sonst müßte totale Resignation die Konsequenz sein, und Geschichte würde zum anonymen Prozeß, der von den Menschen unbeeinflußbar abliefe." (A. Fraaz, Protokoll vom 17. 11. 1981)

Adorno erläutert seine These vom „Absterben der Kunst" an Schillers ‚Fiesco' und Brechts ‚Aufhaltsamem Aufstieg des Arturo Ui'. Im Unterricht wurde, da beides den Schülern nicht bekannt war, an Schillers ‚Wallenstein' und Brechts ‚Mutter Courage', an Werken, die nahezu allen Schülern aus dem Deutschunterricht bekannt sind, die These von der Undarstellbarkeit geschichtlicher Strukturen diskutiert. Die Unmöglichkeit oder auch Möglichkeit der Darstellung des Faschismus wurde diskutiert an den Filmen ‚Holocaust', ‚Bei Nacht und Nebel' und ‚Lili Marleen' (dies anhand der Besprechung von M. Schwarze, FAZ vom 17. 1. 1981 ‚Sie sang doch nur ein Lied. Rainer Werner Fassbinders 39. Film ‚Lili Marleen') aber auch an den Werken bildender Kunst, vor allem an Picassos ‚Guernica' und ‚Katze und Vogel', Chagalls ‚Weiße Kreuzigung' und Kokoschkas ‚Das rote Ei', Kunstwerke, die mehrere Schüler in der damals gerade stattfindenden ‚Westkunst'-Ausstellung gesehen hatten.

Während bei Hegel und Adorno die Frage war: kann Kunst unter den jeweils gegebenen gesellschaftlich-geschichtlichen Bedingungen diese Wirklichkeit bzw. Wahrheit adäquat darstellen, ist die Perspektive bei Nietzsche, Benjamin und Gehlen eine andere. Nietzsche geht es in den beiden genannten Aphorismen vor allem um den Kunstrezipienten in der Industriegesellschaft; Benjamin zeigt die Konsequenzen, die sich für die Veränderungen der Kunstproduktion selbst ergeben; Gehlen sucht die Funktion der Kunst, vor allem der modernen Malerei für den Rezipienten in der „voll durchgeführten Industriegesellschaft" (346) aufzuzeigen.

Wie für Aristoteles (116) ist für *Nietzsche* Kunst eine „Sache der Muße, der Erholung". In unserem „arbeitsamen Zeitalter" haben jedoch nur „die Gewissenlosen und Lässigen" Zeit und Muße. Aber sie sind „gerade der großen Kunst nicht zugetan", und daher folgert Nietzsche: „Es dürfte deshalb mit ihr zu Ende sein." (298) Man glaubt, Nietzsche beschreibe unsere Kulturindustrie, wenn er die sogenannte „große Kunst" von der „kleinen Kunst", der

„Kunst der Erholung, der ergötzlichen Zerstreuung" unterscheidet. Beide, „große" und „kleine" Kunst haben keine Funktion in der Gesellschaft und für sie; „die Stellung der Kunst zum Leben (ist) verändert". Beide „wenden sich an den Ermüdeten", „sie bitten ihn um die Abendstunden seines Arbeitstages". Sie ‚entlasten' ihn von der Arbeit, insofern sie ihn zerstreuen oder durch die „gewaltsamsten Erregungsmittel" der großen Kunst „überwältigen" und „in ein Außer-sich-sein des Entzückens und des Schreckens" versetzen. Dies ist vor allem Kennzeichen der großen Festspiele, nicht nur der „Feststimmung" von Bayreuth, die Nietzsche vor allem im Blick hat. In der modernen Industriegesellschaft ist die Kunst in den ‚Privatbereich' verdrängt und damit folgenlos für die Gesellschaft.

Benjamins Aufsatz ‚Das Kunstwerk im Zeitalter seiner technischen Reproduzierbarkeit' nimmt folgende Themen der bislang geführten Diskussion auf, jedoch mit anderen Intentionen: Der Veränderung der Produktionsbedingungen, also der Umwälzung des Unterbaus, folgt sehr viel langsamer die Umwälzung des Überbaus. Benjamin will mit seiner Analyse „Thesen über die Entwicklungstendenzen der Kunst unter den gegenwärtigen Produktionsbedingungen" liefern. Für ihn wie für Adorno ist der Faschismus der Angelpunkt seiner kunsttheoretischen Reflexionen. Anders jedoch als Adorno geht es ihm nicht um die Darstellbarkeit des Faschismus, sondern darum, daß der Faschismus zentrale Begriffe und Inhalte der klassischen Ästhetik — „wie Schöpfertum und Genialität, Ewigkeitswert und Geheimnis" — mißbraucht hat zur „Ästhetisierung der Politik" der Unmenschlichkeit. Mit seiner Analyse des Kunstwerks im Erfahrungshorizont der gegenwärtigen spätindustriellen Gesellschaft versucht Benjamin neue Begriffe zu gewinnen bzw. in die Kunsttheorie einzuführen, die „für die Zwecke des Faschismus vollkommen unbrauchbar sind" (Vorwort).

Auch Benjamin spricht vom Ende der Kunst, nämlich vom „Verfall der Aura." Der Wandel der gesellschaftlich-geschichtlichen Bedingungen ist die Voraussetzung für einen Wandel der Wahrnehmung, wobei die massenhafte technische Reproduktion dem nun in den Massen erwachsenen „Sinn für das Gleichartige in der Welt" (310) entspricht. Für das Kunstwerk ist jedoch die „Einzigkeit" konstitutiv, d. h. sein „Eingebettetsein in den Zusammenhang der Tradition (310). Das auratische Kunstwerk ist immer im Ritual fundiert, sein Wert ist Kultwert. Mit der Säkularisierung der Kunst treten die Authentizität und der Ausstellungswert an die Stelle des Kultwertes. Im Traditionszusammenhang stehend hat das auratische Kunstwerk seine soziale Funktion.

„Die technische Reproduzierbarkeit des Kunstwerks emanzipiert dieses zum ersten Mal in der Weltgeschichte von seinem parasitären Dasein am Ritual. Das reproduzierte Kunstwerk wird in immer steigendem Maße die Reproduktion eines auf Reproduzierbarkeit angelegten Kunstwerks." (312)

Damit ist eine grundlegende Veränderung der Funktion der Kunst in der Gesellschaft verbunden:

„In dem Augenblick aber, da der Maßstab der Echtheit an der Kunstproduktion versagt, hat sich auch die gesamte soziale Funktion der Kunst umgewälzt. An die Stelle ihrer Fundierung aufs Ritual tritt ihre Fundierung auf eine andere Praxis: nämlich ihre Fundierung auf Politik." (313)

Benjamin stellt der „Ästhetisierung der Politik" im Faschismus die „Politisierung der Kunst" im Kommunismus entgegen. Damit stellt sich jedoch nach dem Ende der Autonomiekunst das Problem der Entgrenzung der Kunst, wie sie etwa in den Avantgardebewegungen sichtbar wird, bis hin zur Parole von 1968 ‚Die Phantasie an die Macht!'

Nicht die massenhafte Reproduktion von Kunstwerken in ihrer Wirkung auf die Massen in der Industriegesellschaft berücksichtigt *Gehlen*, sondern er spricht von der Einfügung der (authentischen) Werke der modernen Malerei und Plastik in die „voll durchgeführte Industriegesellschaft" (346). Er spricht davon, daß für den Kunstrezipienten in dieser Gesellschaft durch die Kunst „der Raum für eine Oase der subjektiven Freiheit oder auch der höheren Anarchie abgesteckt" (346) wird. Gehlens Aussagen kann man unter dem, auch in seiner Anthropologie zentralen Begriff der Entlastung zusammenfassen. Die einzelnen bei ihm angesprochenen Probleme, z. B. der Zusammenhang der Veränderung in der Kunst mit der Veränderung in der Industriegesellschaft, die Rolle der Tradition, die abnehmende Haftbarkeit bzw. Zurechenbarkeit des Menschen in der Industriegesellschaft, die veränderte Form des gesellschaftlichen Zusammenlebens, die Abnahme der „Dichte personaler Bindungen" — „im Grunde sind das alles Variationen auf das Thema Entlastung" (364).

Von zwei Kernstellen aus kann man Gehlens Thesen zur Kunst in der modernen Industriegesellschaft in den Griff bekommen: vom zweiten Absatz des hier abgedruckten Textes (346/7) und von den beiden Schlußsätzen des Buches (364). Um zu verstehen, was „die Entlastung des Bewußtseins" in der Kunst bedeutet, muß man sich die Grundthese der Gehlenschen Anthropologie und Institutionenlehre bewußt machen: Das „Mängelwesen" Mensch muß sich

„mit Haut und Haaren ... von den geltenden Institutionen konsumieren lassen". „Der Staat liegt ... wie ein Gebirge auf uns." In die sozialen Institutionen kann Kunst nicht mehr eingreifen. Dies galt schon im Erfahrungshorizont der bürgerlichen Gesellschaft als unmöglich. Sie ist nur „der dämonische, kleine eifrige Zwerg, dem man in jedem Hause eine Tür offen halten muß." Das, was „im öffentlichen Leben gar nicht (mehr) unterzubringen" wäre: „Freiheitsgrade", „Reflexionswahrheiten", „Libertinismen", „Bewußtseinsexkursionen", „Faszination", „Sehnsuchtsraum", „Atemholen", das gewährt Kunst in den „durchbürokratisierten Gesellschaften". Diese „Entlastung des Bewußtseins" ist, wie man leicht sehen kann, von qualitativ anderer Art als die Entlastung durch die sozialen und politischen Institutionen. Kunst, vor allem Malerei und Literatur, können Entlastung von der Entlastung gewähren. Aber wer kann die „Beglückungen der Sensibilität und Reflexionslust" in der heutigen Gesellschaft erfahren? Sicher nicht der, der in der ‚Zeit der Arbeit' nur noch für die „kleine Kunst" der Zerstreuung aufnahmefähig ist, auch nicht der, bei dem nicht durch Ausbildung und Bildung die Sensibilität entwickelt ist, sondern nur der, der Bildung, Zeit und Muße hat. Nur für einen elitären Kreis gilt:

> „So bleibt eben das Bild an der Wand, aber es ändert seinen Anspruch, und die Malerei erscheint in unserer Zeit als eine geglückte Möglichkeit, die Kunst in die Reichweite der Begabung unserer Herzen zu rücken. Man kann sich vor diesen Bildern halten, und darum lieben wir sie." (364)

An Gehlens These von der Entlastungsfunktion der Kunst läßt sich zum Abschluß der inhaltlichen Positionen zum Thema ‚Kunst und Gesellschaft' die Diskussion über die Funktion der Kunst in der Gesellschaft vom Erfahrungshorizont der „voll durchgeführten Industriegesellschaft" aus in Abgrenzung zu dem der Polis und der bürgerlichen Gesellschaft führen.

Fünfter Abschnitt: Methoden zum Erfassen von Kunstwerken in der Gegenwart

(Sartre 389—399)

Der letzte Abschnitt behandelt das Problem, mit welchen Methoden Kunst erfaßt werden kann. Man geht heute von verschiedenen wissenschaftlichen Ansätzen und Methoden aus das Problem an, wie Kunstwerke erfaßt werden können (Nr. 73, 74): mit sprachphilosophischen, hermeneutischen, phänomenologischen, semiotischen, strukturalistischen (s. auch in diesem Band die ausgewählten

Texte von Barthes und Mukařovský). In der Regel geht es bei Gesprächen über ästhetische Erfahrung, Kunst und Kunstwerk nicht mehr darum, den Primat einer Methode — wie etwa vor einiger Zeit noch der hermeneutischen — zu proklamieren. Vielmehr wird die Leistungsfähigkeit verschiedener wissenschaftlicher Verfahren zur Diskussion gestellt, und es wird deutlich, daß ein Pluralismus verschiedener Methoden zum Erfassen von Kunstwerken notwendig ist. Exemplarisch kann man diese wissenschaftstheoretischen Fragen in der Kunstdiskussion an Sartres fünf Flaubert-Analysen deutlich machen. Mit einer Kombination der sehr einflußreichen marxistischen, psychoanalytischen und phänomenologischen Methoden zeigt Sartre, daß erst Methodenpluralismus erlaubt, ein Kunstwerk adäquat zu erfassen. Sicher ist es schwierig, diese Fragen im Philosophieunterricht an dem nicht einfachen Text Sartres zu behandeln. Die Schwierigkeit besteht vor allem darin, daß nicht die Funktion von Kunst in der Gesellschaft wie bisher das Thema ist, sondern: Mit welchen Methoden kann man ein Kunstwerk innerhalb des gesellschaftlichen Zusammenhangs verstehen? Möglich ist es aber vor allem deshalb, weil Sartre seine Methodenreflexionen an einem bestimmten Kunstwerk, der ‚Madame Bovary' durchführt.

Ausgangspunkt ist für ihn die Unzulänglichkeit des Marxismus, der als ein „schieres Gerippe abstrakter Allgemeinheit"[7] erscheint und somit nicht „die konkrete Bestimmtheit *dieses* Menschen" (383/4) erfassen kann. Der Existentialismus „beabsichtigt, ohne den marxistischen Thesen untreu zu werden, diejenigen Vermittlungen zu finden, die es erlauben, das Konkrete in seiner jeweiligen Besonderheit, das Leben, den wirklichen und ausgestandenen Kampf und die Person aus den allgemeinen Widersprüchen zwischen Produktivkräften und Produktionsverhältnissen hervorgehen zu lassen" (384). Ausgehend von zwei Textstellen habe ich im Unterricht Sartres Versuch der Ergänzung des Marxismus behandelt:

1. Die Unzulänglichkeit des Marxismus zur Erklärung des Besonderen der Kunst und des Künstlers:

„Es besteht kein Zweifel darüber, daß Valéry ein kleinbürgerlicher Intellektueller ist. Aber nicht jeder kleinbürgerliche Intellektuelle ist Valéry. Die heuristische Unzulänglichkeit des heutigen Marxismus ist in diesen beiden Sätzen enthalten." (383)

---

[7] Marxismus und Existentialismus. Versuch einer Methodik, übers. v. H. Schmitt, Reinbek bei Hamburg 1964, S. 68—69.

2. Die „Ergänzung" des Marxismus durch die „existentialistische Approximationsmethode" (398). Das Ergebnis zeigt sich in folgendem Stundenprotokoll:

„Zum Einstieg in die Abschlußdiskussion der Flaubert-Analysen von Sartre wiederholten wir noch einmal Sartres Hauptthese. Sartre kritisiert den undifferenzierten marxistischen Ansatz, bei dem direkt aus den Basisverhältnissen Überbauphänomene wie Kunst und Religion erklärt werden sollen; denn dadurch kann nach Sartre das Besondere z. B. an Flaubert und den von ihm geschaffenen Kunstwerken keineswegs erklärt werden. Dies läßt sich am Beispiel Flauberts und Valérys erläutern. Bei gleichen gesellschaftlichen, nämlich kleinbürgerlichen Verhältnissen haben die Werke Besonderheiten, sind also individuell geprägt. Gerade dieses Besondere kann man mit der marxistischen Methode nicht erfassen; aber das Erfassen dieses Besonderen ist nach Sartre das Wesentliche beim Erfassen von Kunst. Deshalb muß die marxistische Methode nach seiner Meinung ergänzt werden, was er durch die Verwendung verschiedener Methoden und wissenschaftlicher Ansätze versucht. Er wählt also eine Approximationsmethode, das heißt, er versucht das Phänomen eines Kunstwerks von verschiedenen Seiten zu erklären, im Gegensatz zum monokausalen marxistischen Ansatz. Seine Kritik an der marxistischen Methode sowie seinen eigenen methodischen Ansatz macht Sartre am Beispiel Flauberts deutlich. Die marxistische Methode zeigt nur auf, daß es eine Wechselbeziehung zwischen der sozialen und politischen Entwicklung des Kleinbürgertums und Flauberts gibt, aber nicht die Gründe für diese Wechselbeziehung. Der Mangel der marxistischen Methode ist darin zu sehen, daß die Kindheit Flauberts, d. h. die Familienzugehörigkeit, die ihn geprägt hat, unberücksichtigt bleibt. Sowohl Flaubert als auch Valéry sind kleinbürgerliche Intellektuelle. Man kann also, wenn man nur nach ihrer Klassenzugehörigkeit geht, nicht erklären, warum sich ihre Werke unterscheiden. Die Einzigartigkeit der Werke und die Gründe dafür gehen also verloren. Mit dem Kriterium der Klassenzugehörigkeit kann man nur allgemeine Tendenzen aufzeigen, aber den besonderen Fall nicht erfassen. Da die Erklärung des Besonderen in der Kunst, wie oben ausgeführt, das Wesentliche ist, geht es Sartre also um eine Ergänzung der marxistischen Methode. Das heißt aber nicht, daß eine Revision des Allgemeinen angestrebt wird; denn ohne Berücksichtigung der allgemeinen Verhältnisse kann man Flaubert ebenfalls nicht erfassen. Es geht nur darum, eine Ergänzung zu schaffen, die deutlich macht, wie der einzelne, das Individuum Flaubert, die Klasse, das Allgemeine, in seiner Familie, also im Besonderen, konkret erlebt." (U. Meusling, Protokoll vom 26. 1. 1982)

Die Darstellung des Kurses beschränkt sich auf die Texte, die zu dem Problemzusammenhang ‚Kunst und Gesellschaft' gelesen sind. Es bedarf, glaube ich, keiner besonderen Erwähnung, daß der Philosophiekurs der Jahrgangsstufe 13/I, in dem der Unterricht durchgeführt wurde, nicht nur sehr interessiert und zuverlässig in seiner Arbeit, sondern auch sehr leistungsstark war und in den Diskussionen ein hohes Reflexionsniveau zeigte. Bei anderen Voraussetzungen müßte man sicher auf den einen oder anderen Text verzichten bzw. ihn durch andere Texte des Bandes ersetzen.

4. *Textzusammenstellungen* zu bestimmten Problemzusammenhängen, die bei einem Diskurs über Kunst und Schönes herangezogen werden können.

4.1 *Die religiöse, metaphysische, sittliche, soziale und politische politische Funktion der Kunst — freie Kunst*

Die im vorhergehenden Abschnitt dargestellte Unterrichtsreihe zu dem Thema ‚Kunst und Gesellschaft‘ zeigt an verschiedenen Beispielen den Wandel der religiöse, metaphysische, sittliche, soziale und politische Funktionen erfüllenden Kunst zur autonomen Kunst auf. Hier wird gezeigt, mit welchen Texten dieses Bandes man das Thema überhaupt behandeln kann.

Xenophanes	Homer und Hesiod als die religiösen und sittlichen Lehrer der Griechen
Platon 1	Dichter als Dolmetscher der Götter
Platon 2,3	Sittliche und politische „Richtlinien“ für die Dichter
Platon 4	Maler nur Nachahmer der Nachahmer der Idee
Aristoteles 1	Musik als Unterhaltung, Erziehungsmittel und Tätigkeit der Muße
Cicero 1	Musik als Nachahmung der Sphärenharmonie
Seneca	Bildhauer schafft sein Werk wie die Gottheit die Welt (133/4)
Plotin	Dramatiker schafft das durch die Vorsehung geschaffene Weltschauspiel nach (44)
Joh. v. Damaskus	Menschwerdung Gottes macht anschauliche Darstellung von Christus und seinen Heiligen möglich
Leonardo	Landschaftsmaler als Herr über alle Dinge (52, 159—160)
Kant	Schönes als Symbol der Sittlichkeit, Zusammenhang von Kunst und Geselligkeit (184—187)
Schiller	Kunst und Schönes als Mittel zur ästhetischen Erziehung des Menschen (193—201)
Schlegel	soziale Veredelung durch Kunst (203—205)

Systemfragment	Poesie: Lehrmeisterin der Menschheit
Schelling	Kunst: „Einziges wahres und ewiges Organon zugleich und Dokument der Philosophie“ (218)
Hegel 4, 5, 6	Kunst in verschiedenen Weltanschauungsweisen — freie Kunst
Kierkegaard	ästhetischer und religiöser Schriftsteller (261 bis 266)
Vischer	religiöser und mythologischer Glaube — poetischer Glaube (272—274)
Nietzsche	Kunst als Stimulans des Lebens (288—290, 293—295); Kunst in der Zeit der Arbeit: Zerstreuung und Rausch (298—299)
Freud	psychologische Funktion: Befreiung von Spannungen (308)
Benjamin	Ende der auratischen Kunst (309—313) — Politisierung der Kunst (319—321)
Adorno	gesellschaftlich-soziale Funktion, aber nicht unmittelbar (326—331)
Ritter	Kompensation der verdinglichten und entfremdeten Welt (339—345)
Gehlen	alte Kunst: religiöse, ethische, politische Funktionen — heute: Entlastung von den Institutionen (349/50, 354/5, 361—364)
Mukařovský	autonomes Zeichen und kommunikative Funktion in der Kultur
Sartre	Dokument gesellschaftlicher und geschichtlicher Umbrüche: Sichtbarmachen des Allgemeinen der Gesellschaft in der Form des Besonderen (383—384)

4.2 *Kunstwerk*

Zu den verschiedenen Kunstwerkbegriffen und ihren Wandlungen innerhalb der Geschichte s. Einleitung I (42—49, 60—62).

Platon 1	religiöse Dichtung nicht Werk von Menschen, sondern Werk von Göttern
Platon 4	gemaltes Bild: Nachahmung des Erscheinungsbildes
Aristoteles	von Menschen gemachtes Darstellungswerk (123—125)
Cicero 1	Musik: Nachahmung der Sphärenharmonie (128)

Seneca	Bildhauer schafft die Bildsäule wie die Gottheit die Welt (133/4)
Plotin	Nachschöpfung des Weltschauspiels (44, 145)
Tertullian	Bild: Teufelswerk (146)
Joh. v. Damaskus	Bild stellt Christus und die Heiligen dar
Leonardo	Gemälde als Produkt des Malers (52, 159 bis 160)
Shaftesbury	Kunstwerke: „die größten Schönheiten, die der Mensch bildet“ (164)
Diderot	Kunstwerk: verbesserte Natur (166/7, 170/1)
Kant	schönes Kunstwerk muß als Natur anzusehen sein (182—183)
Schelling	absolutes Kunstwerk: Synthesis von Natur und Freiheit (211—215, 216/7)
Hegel 3, 5	Ausdruck der Anschauungen der Völker; gebunden an Weltanschauungsweisen — in freier Kunst: Gegenstand der „Humanus“ (233)
Schopenhauer	Objektivation des Willens mittelbar durch Ideen; Musik: unmittelbare Objektivation des Willens (248)
Vischer	in der Moderne Werk der gebildeten Subjektivität (271—272)
Freud	Dichtung: poetischer Tagtraum (305—308)
Benjamin	auratisches Kunstwerk — reproduziertes Kunstwerk (310—315, 317—321)
Adorno	Kunstwerk: Wahrheit und Unwahrheit (326—331)
Heidegger	„Ins-Werk-Setzen der Wahrheit“ (353/4)
Gehlen	moderne Malerei als Reflexionskunst (348 bis 350)
Mukařovský	autonomes und kommunikatives Zeichen
Barthes 1	Kunstwerk: was der Mensch dem Zufall entreißt (378)
Sartre	Objektivation des Lebens und Totalisierung der Zeit (392—399)

4.3 *Der ‚Macher‘ von Kunst — Genie*

Xenophanes	Homer und Hesiod schaffen Götter nach allzu menschlichen Vorstellungen
Platon 1	andere ‚Künstler‘: Handwerker — Dichter: Dolmetscher Gottes

Platon 2, 3	Dichter ‚Erfinder' unwahrer Mythen — Nachahmer
Platon 4	Maler macht sein Bild auf der dritten Stufe: Gott — Handwerker — Maler (Nachahmer)
Aristoteles 2	Dichter muß techne beherrschen
Cicero 1	Musiker ahmt Weltharmonie nach (128)
Seneca	Bildhauer ahmt Weltschöpfer nach (133/4)
Plotin	Dramatiker stellt das ganze von der Vorsehung geleitete Weltschauspiel dar (44, 145)
Tertullian	Maler und Bildhauer: Götzendiener, Geschöpfe des Teufels (146—148)
Leonardo	Maler: Enkel Gottes, Herr über alle Dinge (52, 158)
Shaftesbury	Genie, second maker (165)
Diderot	Genie hat ideelles Modell der Schönheit in seinem Kopf im Unterschied zum nachahmenden Porträtisten (167/8)
Kant	Genie (183/4)
Schiller	autonomer, freier Künstler (mit Herrscherrecht (190/1)
Schlegel	Dichter und jeder ästhetisch lebende Mensch (202/3, 205)
Schelling	Genie, das Widersprüche der Welt auflöst (214/5)
Hegel 4, 5	Dichter und Künstler schufen früher die Götter — freie Kunst: Genie, Talent, Subjektivität
Schopenhauer	Künstler als Wiederholer der Welt (249 bis 251)
Kierkegaard	ästhetischer Schriftsteller: Täuscher (264 bis 266)
Vischer 1	Subjektivität, Phantasie des Künstlers
Nietzsche	Genie, Zerstörer von Wahrheiten (288—290)
Freud	Phantasie (305—309)
Benjamin	Produzent auf der Basis gesellschaftlicher Eigentumsverhältnisse (309—315, 319—321)
Gehlen	pictor doctus (355)
Barthes	homo significans (378)
Sartre	Autor, der im Werk sichtbar wird

4.4 *Bilderverbot — Dichteraustreibung*

Zu diesem Thema s. Einleitung I (45—49)

Xenophanes	Verbot falscher Gottesvorstellungen
Platon 2, 3	Dichteraustreibung
Tertullian	Bilderverbot
Joh. v. Damaskus	gegen Bilderverbot
Hegel 4	Kirche förderte Kunst zur Anschauung des Wahren
Hegel 5	Bilderverehrung heute unmöglich

4.5 *Ende der Kunst oder Ende einer bestimmten Kunst*

Platon 2, 3	Forderung nach Ende der Mythendichtung
Tertullian	Forderung des Bilderverbots
Joh. v. Damaskus	Ende des Bilderverbots mit der Menschwerdung Gottes
Diderot	Antiqui unerreichbar (171)
Schlegel	‚Aufhebung' der Poesie in Leben (201/2)
Schelling	Aufhebung der Kunst in neue Mythologie (219)
Hegel	Ende der höchsten Bestimmung der Kunst (222—228)
Vischer	Ende bisheriger Kunstformen (271—272)
Nietzsche	Ende der Kunst (298—299)
Benjamin	Verfall der auratischen Kunst (309—313)
Adorno	Undarstellbarkeit der Geschichte spricht für Absterben der Kunst (322—324)
Heidegger	Erlebnis ist Element, in dem Kunst stirbt (353)
Gehlen	Ende der Tragödie und Kunst, aber kein Ende der Malerei (355—360)

4.6 *Der Begriff des Schönen*

Zu diesem Thema s. Einleitung (40—42, 54—58)

Dialexeis	primär sittliche Bedeutung des Schönen
Platon 4, 5	metaphysische Idee des Schönen
Platon 6	Aufstieg zur Idee des Schönen
Cicero 1	Harmonie der Welt
Cicero 2	Schönes als honestum
Plotin 1	verschiedene Stufen bis zum Ersten (metaphysischen) Schönen
Plotin 2	schöne Kunst

Augustinus	metaphysisch-religiöse Bedeutung des Schönen
Leonardo	Malerei als schöne Kunst (52)
Shaftesbury	drei Arten des Schönen (162—165)
Diderot	ideelles Modell der Schönheit
Kant	Schönheit als Symbol der Sittlichkeit (184/5)
Schiller	schöner Schein (188—193)
Systemfragment	Idee der Schönheit — Wahrheit und Güte verschwistert
Schelling	Schönheit: Unendliches endlich dargestellt (212)
Hegel 1	Schönes erst durch Geist wahrhaft schön
Hegel 2	sinnliches Scheinen der Idee
Vischer 1	in der Gegenwart in höchster Weise zu verwirklichen: Einheit von Idee und Bild
Nietzsche	Ablehnung der religiösen, metaphysischen und ästhetischen Kategorie Schönheit (290—293)
Benjamin	Begriff des Schönen nur in idealistischer Ästhetik, für moderne Kunst unbrauchbar (313)
Adorno	Prinzip der idealistischen Ästhetik (324—327)
Ritter	Naturschönes, Glanz des Schönen verschieden von Prosa der Welt (339—345)
Gehlen	Schönes heute: Reflexionslust (364)

4.7 *Naturschönes — Kunstschönes*

Zu diesem Thema s. Einleitung I (51—54)

Leonardo	Kunstschönes als Nachahmung des Naturschönen (52, 158)
Shaftesbury	Kunstschönes über Schönem der toten Natur, unter geistiger Schönheit (162—165)
Diderot	Kunstschönes vor Naturschönem (166/7)
Kant	Primat des Naturschönen (177—183)
Novalis	Romantisierung der Welt (201)
Schelling	Schönheit und Erhabenheit (212/3)
Hegel	Kunstschönes höher als Naturschönes (219/20)
Vischer	objektive Begründung des Naturschönen im Unterschied zu Hegel; Naturschönes setzt Phantasie voraus (271/2)
Adorno	Naturschönes und Kunstschönes ununterschieden (327)
Ritter	Natur als Landschaft: ästhetische Bewahrung der „ganzen Natur“ (339)

4.8 *Schein als Scheinen der Idee, als täuschender oder daseinserhaltender Schein*

Platon 2, 3	Dichtung als poliszerstörende Lüge
Platon 4	„täuschender" Schein der Malerei
Platon 5, 6	Hervorleuchten der Idee der Schönheit
Plotin 1	in der Schau des Schönen erscheint das Schöne
Leonardo	gemaltes Bild ist Scheinbild (156)
Kant	Kunstschönes oft Täuschung (181—183)
Schiller	Schein: Wesen der schönen Kunst; selbständiger Schein; schöner Schein verschieden von Sittlichkeit und Wahrheit (188—193)
Novalis	Dem Unendlichen endlichen Schein geben (201)
Hegel 2, 3	Schönheit ist sinnliches Scheinen der Idee (221/4)
Kierkegaard	Kritik des ästhetischen Scheins als Lüge, Täuschung, Sinnentrug (261—266)
Schopenhauer 3	Kunst nimmt „Nebel" der Zufälligkeiten hinweg (250)
Nietzsche	Schein ist Täuschung (positiv gefaßt) (282 bis 287, 194/5)
Adorno	Schein der Versöhnung (328)
Ritter	Kunst bringt sonst nicht Gesagtes zum Scheinen (337)
Barthes	simulacrum als Trugbild (374—378)

4.9 *Kunst und Schönes im Verhältnis zur Wahrheit*

Xenophanes	Dichter verfälschen Wahrheit
Dialexeis	Zweck der Dichtung: Unterhaltung, nicht Wahrheit
Platon 1	göttliche ‚Wahrheit' in der Dichtung verschieden von philosophischer Wahrheit
Platon 2, 3	wahre — unwahre Mythen
Platon 4	wahre Idee verschieden von geschaffenem Bild
Platon 6	Wahres erscheint im Schönen
Aristoteles 2	Wahrheit in der Geschichte, Philosophie und Politik verschieden von Wahrheit in der Dichtung (123, 125)
Tertullian	Kunst ist Unwahrheit
Joh. v. Damaskus	Vermittlung von Glaubenswahrheiten durch Kunst
Leonardo	Malerei als höchste Wissenschaft (156—158)

Kant	Geschmacksurteil verschieden von Erkenntnisurteil und moralischem Urteil (172—177)
Schiller	wahrer Schein verschieden von falschem Schein, ästhetischer Schein verschieden von Sittlichkeit und Wahrheit (188—193)
Schelling	Kunst ist höchstes Organon der Wahrheit (218)
Hegel 3, 4	Kunst erfüllt höchsten Wahrheitsanspruch nicht mehr
Schopenhauer 3	Kunst zeigt Leben und Welt, wie sie wirklich sind
Kierkegaard 2, 3	ästhetischer Schein verschieden von religiöser Wahrheit; Ästhetisches ist Täuschung, Hineintäuschen in die Wahrheit
Nietzsche	Kunst verschieden vom Logos der Vernunft (275—287, 294—295)
Adorno	Wahrheit und Unwahrheit in der Kunst (326—331)
Ritter	ästhetische verschieden von logisch-wissenschaftlicher Wahrheit (337—339)
Heidegger	Kunst ist „Ins-Werk-Setzen der Wahrheit" (353—354)
Gehlen	Kunst als Entlastung verschieden von Wahrheit (346/7, 351/2, 361—364)

4.10 *Der neuzeitliche Begriff der Ästhetik als Wissenschaft und der ästhetischen Lebensform und Ansätze zu einer nichtästhetischen Wissenschaft der Kunst und des Schönen*

Zu diesem Thema s. Einleitung I (15—20)

Shaftesbury 1	Schönheit in Handlungen und Gefühlen
Kant	Ästhetik verschieden von Wissenschaft, beruht auf Urteilskraft, zielt auf Geselligkeit (184—187)
Schiller	Ästhetik als Lebensform zielt auf Kultur, Moral, ästhetische Zirkel — Geselligkeit (193 bis 201)
Schlegel	Ästhetisches als Lebensform (203—205)
Novalis	Romantisierung der Welt (201)
Systemfragment	Ästhetik als Systemspitze
Schelling	Ästhetik als Wissenschaft (218/9)
Hegel	Ästhetik als Wissenschaft der schönen Künste (219/20); Wissenschaft der Kunst ist Bedürfnis der Philosophie (226)

Kierkegaard 1, 2	ästhetische Existenz als uneigentliche Existenz
Vischer 1	neuer Plan eines Entwurfs des Systems der Ästhetik
Nietzsche	Kritik der Ästhetik (292—298)
Benjamin	Kritik der idealistischen Ästhetik (313); Ästhetisierung der Politik im Faschismus, Politisierung der Kunst im Kommunismus (319—321)
Adorno	ästhetische Theorie verschieden von anderen Wissenschaften (326—331)
Ritter	Ästhetik als Wissenschaft da, wo Natur als Ganzes von Wissenschaft und Philosophie nicht mehr aussagbar ist (337—339)
Gehlen	Ästhetisches als Entlastung verschieden von Wissenschaft (349/50, 361—364)
Mukařovský	Semiologie
Barthes 1	strukturalistische Tätigkeit
Sartre	Methoden der Flaubert-Analysen

Die zentralen Begriffe in der Philosophie der Kunst und des Schönen sind in der Geschichte und Gegenwart sehr verschieden. Das könnte man z. B. zeigen an den Begriffen der Nachahmung, der Einbildungskraft, Imagination, Fiktion, Illusion und anderen. Das Register zeigt, wo man Texte zu diesen und anderen Grundbegriffen der Ästhetik und der Philosophie der Kunst und des Schönen in diesem Band finden kann.

I. ALTEUROPÄISCHE ZEIT

Xenophanes[1]

10. Da von Anfang an alle nach Homer gelernt haben ...

11. Alles haben den Göttern Homer und Hesiod[2] angehängt, was nur bei Menschen Schimpf und Tadel ist: Stehlen und Ehebrechen und einander Betrügen.

12. Wie sie sehr viele ungesetzliche Taten (*oder:* so viele wie nur möglich) der Götter erzählten: Stehlen und Ehebrechen und einander Betrügen.

13. *Homer war älter als Hesiod.*

14. Doch wähnen die Sterblichen, die Götter würden geboren und hätten Gewand und Stimme und Gestalt wie sie.

15. Doch wenn die Ochsen *und Rosse* und Löwen Hände hätten oder malen könnten mit ihren Händen und Werke bilden wie die Menschen, so würden die Rosse roßähnliche, die Ochsen ochsenähnliche Göttergestalten malen und solche Körper bilden, wie *jede Art* gerade selbst ihre Form hätte.

16. Die Äthiopen[3] *behaupten, ihre Götter* seien stumpfnasig und schwarz, die Thraker[4], blauäugig und rothaarig.

18. Wahrlich nicht von Anfang an haben die Götter den Sterblichen alles enthüllt, sondern allmählich finden sie suchend das Bessere.

(Sillen [= Spottgedichte], Nr. 10—16, 18)

---

[1] Die Fragmente der Vorsokratiker, hrsg. von Hermann Diels, Rowohlts Klassiker der Literatur und der Wissenschaft 10, Reinbek bei Hamburg 1957 (Weidmannsche Verlagsbuchhandlung).

[2] Die bedeutendsten Epiker der archaischen Zeit; Homer (vermutlich 2. Hälfte des 8. Jahrhunderts v. Chr.) werden die ‚Ilias' und die ‚Odyssee' zugeschrieben; Hesiod (um 700 v. Chr.) ist der Verfasser der ‚Theogonie' und der ‚Werke und Tage'.

[3] Volksstämme im Gebiet des heutigen Sudan, Nubier.

[4] Volksstämme im Gebiet des heutigen Bulgarien.

Aus den sogenannten Dialexeis[1]

Schicklich und Unschicklich[2]

Auch vom Schicklichen und Unschicklichen gibt es zwei Auffassungen: die einen behaupten, das Schickliche sei etwas anderes als das Unschickliche und davon verschieden wie in der Bezeichnung, so auch in der Sache; die anderen, schicklich und unschicklich sei dasselbe. Auch ich will mich daran versuchen und es folgendermaßen auseinandersetzen. Es ist z. B. schicklich, einem verliebten schönen Knaben zu Gefallen zu sein, einem nicht verliebten aber unschicklich. Daß die Frauen zu Hause baden, ist schicklich; daß sie es aber in der Ringschule tun, ist unschicklich. Dagegen ist es für die Männer auch in der Ringschule und in der Turnhalle schicklich. Einem Manne in der Zurückgezogenheit beizuwohnen, wo es innerhalb der vier Wände verborgen bleibt, ist schicklich; in der Öffentlichkeit aber, wo man es sehen kann, unschicklich. Es ist für einen Mann schicklich, seinem eigenen Weibe beizuwohnen, einem fremden dagegen unschicklich. Sich zu putzen und zu schminken und Goldschmuck anzulegen, ist für einen Mann unschicklich, für eine Frau aber schicklich. Den Freunden Gutes zu erweisen, ist schicklich, den Feinden jedoch unschicklich. Vor dem Feinde zu laufen, ist unschicklich, vor den Mitkämpfern in der Rennbahn aber schicklich. Freunde und Mitbürger zu töten, ist unschicklich, Feinde dagegen schicklich. Und so ist es bei allem.

Ich gehe über zu dem, was Staaten und Völker für unschicklich halten. In Lakedämon z. B. gilt es für schicklich, daß die Mädchen sich entblößen und ohne Ärmel und Chiton[3] daherkommen, in Ionien dagegen für unschicklich. Dort gilt es für schicklich, daß die Knaben sich keine höhere geistige Bildung aneignen, in Ionien dagegen für unschicklich, daß man von all dem nichts versteht. In Thessalien gilt es für schicklich, die Pferde selbst aus der Herde zu holen und zu bändigen und ebenso die Maultiere. Ein Rind aber selbst zu holen, zu schlachten, abzuhäuten und zu zerstückeln gilt in Sizilien als unschicklich und als Sklavenarbeit. In Makedonien erscheint es als schicklich, daß die Mädchen, ehe sie heiraten, sich

---

[1] Die Vorsokratiker, deutsch in Auswahl mit Einleitungen von Wilhelm Nestle, Wiesbaden 1978.

[2] Die Bedeutung der griechischen Wörter ‚kalós' bzw. ‚aischrós' umfaßt das Schöne bzw. Häßliche im weitesten Sinn: das sinnlich Schöne bzw. Häßliche, das ethisch Schickliche bzw. Unschickliche, das pragmatisch Taugliche bzw. Untaugliche. Statt ‚schicklich'/‚unschicklich' könnte man im vorliegenden Text jeweils auch ‚schön'/‚häßlich' lesen.

[3] Untergewand oder Hemd, mit einem Gürtel zusammengehalten.

der Liebe hingeben und einem Manne beiwohnen, nach der Hochzeit aber gilt es für unschicklich; in Griechenland in beiden Fällen. In Thrakien hält man es für einen Schmuck, daß die Mädchen sich brandmarken; bei andern Völkern ist die Brandmarkung eine Strafe für Verbrecher. Die Skythen[4] halten es für einen schönen Brauch, den Kopf eines getöteten Mannes zu skalpieren, den Skalp vorne am Pferd zu tragen und den Schädel in Gold oder Silber zu fassen, um daraus zu trinken und den Göttern zu spenden. In Griechenland würde mit einem Menschen, der solches täte, niemand auch nur das gleiche Haus betreten. Die Massageten[5] töten ihre Eltern und verzehren sie, und es scheint ihnen das schönste Grab, in den Kindern bestattet zu sein. Wenn das in Griechenland jemand täte, so müßte er Verbannung oder einen elenden Tod erleiden als ein Mensch, der Unschickliches und Entsetzliches täte. In Persien ist es schicklich, daß die Männer sich wie die Frauen schmücken und daß man der Tochter, der Mutter oder der Schwester beiwohnt; in Griechenland ist das unschicklich und gesetzwidrig. In Lydien erscheint es als schicklich, daß sich die Mädchen erst verheiraten, nachdem sie sich preisgegeben und damit Geld verdient haben; in Griechenland wollte solche niemand heiraten. Auch die Ägypter halten nicht das gleiche für schicklich wie die andern Völker: denn bei den letzteren verfertigen die Frauen Webereien und Wollarbeiten, dort aber die Männer, und die Frauen tun, was anderswo die Männer besorgen. Den Lehm mit den Händen zu befeuchten, das Brot dagegen mit den Füßen zu kneten, erscheint jenen schicklich, uns dagegen umgekehrt. Ich glaube nun, wenn man allen Menschen befehlen würde, das, was sie je für unschicklich halten, zusammenzutragen und aus dieser Gesamtmasse wieder wegzunehmen, was sie je für schicklich halten, es würde auch nicht ein Brauch zurückbleiben, sondern alle sich unter alle verteilen. Denn nicht alle haben den gleichen Brauch. Ich will dafür auch eine Dichterstelle anführen:

„So wirst du in der Welt noch manche Sitte
Seh'n und beobachten. Dasselbe gilt
Nicht überall für unschicklich und schicklich.
Willkürlich wechselnd machen Ort und Zeit
Das gleiche hier unschicklich und dort schicklich."

Kurz, alles ist am rechten Ort schicklich, am unrechten unschicklich. Was habe ich nun zuwege gebracht? Ich versprach zu zeigen, daß schicklich und unschicklich dasselbe sei, und habe es an allen diesen Beispielen gezeigt.

---

[4] Volksstämme auf dem Gebiet der heutigen Ukraine.
[5] Volksstämme zwischen dem Kaspischen Meer und dem Aralsee.

Man sagt aber auch, daß schicklich und unschicklich zweierlei sei. Denn wenn man die Leute, die behaupten, daß schicklich und unschicklich dasselbe sei, fragen würde, so müßten sie, wenn sie etwas Schickliches getan haben, zugeben, daß es unschicklich sei, wofern schicklich und unschicklich dasselbe ist. Und wenn sie das Benehmen eines Mannes als schicklich kennen, so müssen sie dasselbe auch für unschicklich erklären und, wenn jemand weiß ist, müssen sie ihn zugleich für schwarz halten. Die Götter ehren ist schicklich, aber die Götter ehren ist auch unschicklich, wenn schicklich und unschicklich dasselbe ist. Diese Bemerkungen sollen für alle Beispiele gelten. Ich wende mich nun gegen den von ihnen vorgebrachten Beweis. Denn wenn es schicklich ist, daß das Weib sich schmückt, so ist es auch unschicklich, daß das Weib sich schmückt, wofern schicklich und unschicklich dasselbe ist, und so auch bei all dem andern. In Lakedämon ist es schicklich, daß die Mädchen nackt turnen; in Lakedämon ist es unschicklich, daß die Mädchen nackt turnen, und so weiter. Sie behaupten, daß, wenn man das Unschickliche aus allen Völkern zusammentrüge und man sie dann herbeirufen und ihnen befehlen würde, was sie für schicklich halten, wegzunehmen, alles als schicklich fortgeholt würde. Ich aber frage mich verwundert, ob das Unschickliche, wenn man es zusammenträgt, schicklich sein wird und nicht vielmehr bleiben, was es war. Denn wenn man Pferde oder Rinder oder Schafe oder Menschen herbrächte, so könnte man nichts anderes als eben diese mit fortnehmen. Und wenn man Gold herbrächte, könnte man nicht Erz mitnehmen und, wenn Silber, nicht Blei. Und nun nehmen sie anstatt des Unschicklichen das Schickliche mit fort? Wohlan denn! Wenn also jemand Unschickliches hergebracht hätte, würde er Schickliches mit fortnehmen? Was aber das Zeugnis der Dichter betrifft, das sie anführen, so ist der Zweck der Dichtung die Unterhaltung und nicht die Wahrheit.

(Dialexeis 2, S. 226—229)

Platon[1]

1.

SOKRATES[2]: Wir werden also nicht fehlgehen, mein Bester, wenn wir behaupten, Ion sei für Homer ebenso zuständig wie für

---

[1] Jubiläumsausgabe sämtlicher Werke, eingeleitet von Olof Gigon, übertragen von Rudolf Rufener, Zürich-München 1974 (Stellenangaben unter dem Text: Stephanus-Paginierung).

[2] Der Homer-Rezitator Ion von Chios befindet sich auf einer Vortragstournee, die ihn auch nach Athen geführt hat. Sokrates verwickelt ihn in ein Gespräch über seine Vorliebe für Homer und stellt fest, daß die Dich-

die anderen Dichter, nachdem er ja selbst zugibt, daß ein und derselbe dazu berufen sei, über alle zu urteilen, die denselben Gegenstand behandeln, und daß im weiteren die Dichter fast alle über dasselbe dichten.
ION: Was ist nun aber der Grund zu folgendem, Sokrates: wenn von irgendeinem anderen Dichter die Rede ist, passe ich überhaupt nicht auf und bin auch nicht in der Lage, etwas Vernünftiges zum Gespräch beizutragen, sondern nicke ganz einfach ein. Erwähnt aber jemand Homer, so erwache ich sofort und merke auf und habe keine Mühe mitzureden.
SOKRATES: Das ist nicht schwer zu erraten, mein Lieber. Es ist doch jedem klar, daß du nicht imstande bist, kunstverständig über Homer zu reden; wenn du das auf sachgemäße Art könntest, so wärest du auch in der Lage, über alle anderen Dichter zu reden; denn die Dichtkunst bildet doch wohl ein Ganzes. Oder nicht?
ION: Ja.
SOKRATES: Nehmen wir nun irgendein anderes Fachgebiet als Ganzes, so ergibt sich doch jedesmal dieselbe Betrachtungsweise. Möchtest du hören, Ion, wie ich das meine?
ION: Ja, Sokrates, das möchte ich, beim Zeus! Denn es macht mir Vergnügen, euch weisen Männern zuzuhören.
SOKRATES: Ich wollte, du hättest recht, Ion. Aber die Weisen, das seid doch ihr Rhapsoden und Schauspieler und diejenigen, deren Dichtungen ihr vortragt; ich aber rede bloß die Wahrheit, wie eben einem Laien zukommt. So ist es auch mit der Frage, die ich gestellt habe: sieh doch, wie einfach und laienhaft sie ist und wie jedermann das begreifen kann, wenn ich sagte, es ergebe sich jedesmal dieselbe Art der Betrachtung, wenn man eine Kunst als Ganzes auffaßt. Doch laß uns das prüfen. Es gibt doch eine Kunst der Malerei, als Ganzes begriffen?
ION: Ja.
SOKRATES: Und es gibt eine Menge gute und schlechte Maler und hat sie schon immer gegeben.
ION: Ja, gewiß.
SOKRATES: Hast du nun aber schon einen Menschen getroffen, der zwar aufzeigen kann, was an den Bildern Polygnots[3], des Sohnes des Aglaophon, schön ist und was nicht, der das aber von

---

ter und Rhapsoden (die fahrenden Sänger und Rezitatoren) nicht wissenschaftlich begründet über ihren Gegenstand reden.

[3] Polygnot von Thaso, Sohn und Schüler des Aglaophon, war zwischen 480 und 440 vor allem in Athen als Maler (und Erzgießer) tätig; er galt schon seinen Zeitgenossen als bedeutender Maler.

den anderen Malern nicht zu sagen vermag? Und wenn jemand ihm die Werke anderer Maler zeigt, nickt er ein und weiß nicht, was er sagen soll. Muß er sich aber über Polygnot oder einen anderen Maler äußern, welchen du willst, so erwacht er — aber nur hier — und vermerkt auf und hat keine Mühe mitzureden.
ION: Nein, beim Zeus, so einen habe ich noch nie getroffen.
SOKRATES: Und wie ist es denn bei der Bildhauerei? Ist dir da schon jemand begegnet, der imstande ist, von Daidalos[4], dem Sohn des Metion, oder von einem anderen einzelnen Bildhauer zu sagen, welche seiner Werke gut gelungen seien, während er bei den übrigen Bildhauern in Verlegenheit kommt und einnickt und nichts über sie zu sagen weiß?
ION: Nein, beim Zeus, auch so einer ist mir noch nie begegnet.
SOKRATES: Und auch beim Flötenspiel, glaube ich, und beim Kitharaspiel oder beim Gesang zur Kithara oder bei der Vortragskunst des Rhapsoden hast du gewiß noch nie einen Menschen gesehen, der zwar über Olympos oder Thamyras, über Orpheus oder Phemios, den Rhapsoden aus Ithaka[5], sachverständige Erläuterungen geben kann, bei Ion aus Ephesos dagegen verlegen wird und nicht zu beurteilen vermag, wo sein Vortrag als Rhapsode gut ist und wo nicht.
ION: Ich kann dir da nicht widersprechen, Sokrates; aber das eine bin ich mir bewußt: daß ich über Homer besser rede als irgend jemand und daß mir das keine Mühe macht. Und auch alle anderen Leute erklären, über ihn verstehe ich ausgezeichnet zu reden, nicht aber über die anderen Dichter. So sieh nun zu, woran das liegt.
SOKRATES: Ich sehe es nicht nur, Ion, sondern beeile mich auch, dir klarzumachen, was das nach meiner Meinung bedeutet. Diese Gabe, über Homer so schön zu sprechen, ist nämlich bei dir nicht bloß eine kunstmäßige Fertigkeit, wie ich eben sagte, sondern eine göttliche Macht, die dich in Bewegung setzt, ähnlich wie die in dem Stein, den Euripides[6] den Magnet nennt, während er gewöhnlich der *Stein des Herakles* heißt. Auch dieser Stein zieht nämlich nicht nur die eisernen Ringe selbst an, sondern verleiht ihnen auch die Kraft, daß sie dasselbe zu bewirken vermögen wie der Magnet,

---

[4] Der mythische Erfinder und Künstler Daidalos galt seit der Sophistik als Erfinder und Meister einer archaischen Statuenplastik mit freieren und weniger steifen Formen als denen der altägyptischen.

[5] mythische Sänger.

[6] Euripides (ca. 484—406 v. Chr.), mit Aischylos (525—456 v. Chr.) und Sophokles (497—406/405 v. Chr.) einer der drei bedeutendsten attischen Tragiker.

nämlich andere Ringe anzuziehen, so daß manchmal eine lange Kette von eisernen Ringen aneinanderhängt; allen diesen haftet aber die Kraft von jenem einen Steine an. Gerade so aber macht auch die Muse Gottbegeisterte; durch diese Begeisterung werden wieder andere begeistert, und so schließt sich eine ganze Kette an.[7] Denn sämtliche großen Epiker schaffen all ihre schönen Dichtungen nicht aus einer bloßen Kunstfertigkeit heraus, sondern weil sie gottbegeistert und besessen sind, und mit den großen Lyrikern geht es ebenso. Wie nämlich die korybantisch Verzückten bei ihrem Tanz nicht bei Sinnen sind, so sind auch die Lyriker nicht bei Sinnen, wenn sie ihre schönen Lieder dichten, sondern sobald sie in Harmonie und Rhythmus geraten, sind sie in bacchischer Besessenheit befangen. Und wie die Bacchantinnen[8] nur in ihrem Taumel Honig und Milch aus den Flüssen schöpfen, nicht aber, wenn sie bei klarer Vernunft sind, so macht es auch die Seele der Lyriker, wie sie selbst behaupten. Denn die Dichter sagen doch zu uns, sie sammelten ihre Lieder aus den honigspendenden Quellen und aus den Gärten und Waldtälern der Musen und brächten sie uns, und wie die Bienen seien sie auch beflügelt. Und es ist auch ganz richtig, was sie sagen. Denn ein leichtes Wesen ist der Dichter, beschwingt und heilig, und nicht eher ist er imstande zu dichten, als bis er gottbegeistert wird und von Sinnen ist und die Vernunft nicht mehr in ihm wohnt; so lange aber ein Mensch noch in ihrem Besitz ist, bleibt er unfähig zu dichten oder zu weissagen. Und weil die Dichter nun nicht bloß dank einer Kunstfertigkeit schaffen, wenn sie über ihre Gegenstände so viele schöne Worte machen — wie du über Homer —, sondern dank einer göttlichen Gabe, so kann auch jeder nur das in seiner Dichtung schön gestalten, wozu ihm die Muse den Antrieb gibt, der eine nur Dithyramben, der

---

[7] Vgl. dazu auch folgende Stelle: „Die dritte Art der Besessenheit und des Wahnsinns aber kommt von den Musen. Wenn sie eine empfindsame und unberührte Seele ergreift, erweckt sie sie und begeistert sie zu Gesängen und anderen Werken der Dichtkunst, und indem sie tausend Taten der Alten verherrlicht, bildet sie die Nachkommen. Wer aber zu den Türen der Dichtung kommt ohne den Wahnsinn, der von den Musen stammt, und überzeugt ist, daß er allein dank der Kunstfertigkeit ein rechter Dichter werden könne, der ist selbst der Weihe bar, und auch die Dichtkunst dessen, der bei gesundem Verstande ist, wird von der des Wahnsinnigen völlig in den Schatten gestellt." (Phaidros, 250 b — 250 c)

[8] Korybanten: Flötenspieler und Tänzer im rauschhaften Kult der kleinasiatischen Fruchtbarkeits- und Muttergöttin Kybele; Bacchantinnen: Teilnehmerinnen an orgiastischen Festen zu Ehren des Weingottes Dionysos (lat. Bacchus).

andere Preislieder, der dritte Tanzlieder, jener Epen und jener Jamben[9]; zu allem anderen ist er unfähig. Denn nicht auf einer Kunstfertigkeit beruhen ihre Werke, sondern auf einer göttlichen Kraft; wenn sie sich nämlich vermöge einer Kunstfertigkeit darauf verstünden, über *einen* Gegenstand schöne Worte zu machen, so könnten sie es auch über alles andere. Wenn ihnen nämlich der Gott die Vernunft raubt und sie und die Orakelverkünder und göttlichen Seher als seine Diener gebraucht, so geschieht es deshalb, damit wir, die ihnen zuhören, auch wissen, daß nicht sie selbst, die ja gar nicht bei Sinnen sind, so kostbare Dinge sagen, sondern daß es der Gott selbst ist, der redet und durch ihren Mund zu uns spricht. Den stärksten Beweis für diese Behauptung gibt Tynnichos aus Chalkis, der nie ein Gedicht verfaßt hat, das jemand erwähnenswert fände, außer seinem Paian[10], der in aller Munde und vielleicht das schönste von allen Liedern ist, ein wahrer *Fund der Musen,* wie er selbst sagt. Mir scheint, an diesem Dichter zeige es uns der Gott besonders deutlich, damit wir nicht daran zweifeln, daß diese schönen Gedichte nicht menschlicher Art und nicht das Werk von Menschen sind, sondern etwas Göttliches und das Werk von Göttern, und daß die Dichter gar nichts anderes als Dolmetscher der Götter sind, ein jeder besessen von dem Gott, der ihn ergriffen hat. Um das zu zeigen, ließ der Gott mit Absicht das schönste Lied von einem ganz unbedeutenden Dichter singen. Oder findest du nicht, daß ich recht habe, Ion?
ION: Ja, beim Zeus, das finde ich. Denn irgendwie fühle ich meine Seele von deinen Worten ergriffen, Sokrates; auch ich glaube, daß uns die großen Dichter durch ein göttliches Geschick das verkünden, was ihnen die Götter eingegeben haben.
SOKRATES: Und ihr Rhapsoden deutet uns wiederum die Worte der Dichter?
ION: Ja, auch damit hast du recht.
SOKRATES: So seid ihr also die Dolmetscher der Dolmetscher?
ION: Ja, ganz genau.

(Ion 532 b — 535 a)

2.

Was ist das nun für eine Erziehung?[11] Es ist wohl schwierig, eine bessere zu finden als die, die man im Laufe einer langen Zeit ge-

---

[9] Dithyramben: kultische Chor- und Reigenlyrik, ursprünglich im Zusammenhang mit dem Kult des Dionysos; Jamben: Schmähgedichte.

[10] Tynnichos aus Chalkis auf Euboia, erster Dichter eines Paians (Bitt-, Dank- und Sühnegesang) auf Apollon.

[11] Nachdem Sokrates im vorangegangenen Gespräch mit Glaukon, einem Bruder Platons, die Wesensart der Wächter erörtert hat, bestimmt

funden hat? Ich meine die Gymnastik für den Körper, die Musenkunst[12] für die Seele.
„Ja, so ist es."
Werden wir bei der Erziehung nun nicht mit der Musenkunst beginnen, vor der Gymnastik?
„Ohne Zweifel."
Zu der musischen Kunst rechnest du aber auch die Reden (Logoi), oder nicht?
„Doch."
Es gibt aber zwei Arten von Reden, die wahren und die unwahren?
„Ja."
Die Erziehung muß beide umfassen, zuerst aber die unwahren.
„Ich verstehe nicht, was du meinst", sagte er.
Weißt du nicht, gab ich zur Antwort, daß wir den Kindern zuerst Mythen (Sagen) erzählen? Die sind doch, im ganzen gesehen, unwahr, wenn auch etwas Wahres daran ist. Mit den Mythen aber fangen wir bei den Kindern früher an als mit den Turnübungen.
„So ist es."
Das meinte ich eben, als ich sagte, man müsse sich zuerst an die Musenkunst machen und dann erst an die Gymnastik.
„Richtig", sagte er.
Nun weißt du doch, daß bei jeder Sache der Anfang das wichtigste ist, besonders bei einem jungen und zarten Wesen. Denn da gerade wird es am ehesten geformt und so geprägt, wie man ein jedes geprägt haben will.
„Genau so ist es."
Dürfen wir also einfach so zulassen, daß die Kinder beliebige Mythen von einem beliebigen Erzähler anhören, und daß sie in ihrer Seele Meinungen aufnehmen, die meistens ganz anders sind als die, die wir bei ihnen erwarten müssen, wenn sie erwachsen sind?
„Nein, das dürfen wir keinesfalls zulassen."
Dann müssen wir offenbar zuerst die Mythendichter beaufsichtigen; ist das, was sie erzählen, gut, dann nehmen wir es an; im anderen Falle müssen wir es ablehnen. Und dann werden wir veranlassen, daß die Ammen und Mütter die Geschichten, die wir gebilligt haben, ihren Kindern erzählen und damit ihre Seelen weit

---

er nun mit Adeimantos, dem anderen Bruder, ihre Erziehung. Die Wächter bilden zwischen den Philosophenkönigen und der Masse der Bürger den mittleren Stand in Platons idealem Staat.
[12] Musik und Dichtung.

mehr bilden als die Leiber mit ihren Händen. Von denen jedoch, die sie heute erzählen, müssen wir die meisten ausschließen.
„Welche denn?“ fragte er.
An den größeren Mythen, sagte ich, können wir auch die kleineren beurteilen. Denn die größeren müssen doch dasselbe Gepräge und dieselbe Wirkung haben wie die kleineren, oder meinst du nicht?
„Doch“, sagte er, „aber ich weiß noch nicht einmal, welche du als die größeren bezeichnest.“
Die, sagte ich, welche uns Hesiod und Homer erzählt haben und die anderen Dichter. Sie sind es doch, die unwahre Mythen erdacht und den Menschen erzählt haben und das jetzt noch tun. „Welche meinst du denn“, fragte er, „und was tadelst du daran?“
Das, was man vor allem und am meisten tadeln muß, erwiderte ich, besonders, wenn die Unwahrheiten nicht einmal schön sind.
„Was denn nur?“
Wenn einer durch seine Darstellung ein falsches und häßliches Bild von den Göttern und Heroen gibt, wie wenn ein Maler etwas malt, das dem ganz unähnlich ist, was er abbilden will.
„Es ist auch recht“, sagt er, „wenn man solches tadelt. Aber wie meinst du das und was verstehst du darunter?“
Zunächst, sagte ich, ist es die allergrößte Unwahrheit und zwar über die allerhöchsten Dinge, die einer auf unschöne Art erfunden hat, daß Uranos das begangen habe, was Hesiod von ihm behauptet, und was ihm dann Kronos wiederum aus Rache zugefügt haben soll[13]. Was Kronos getan und was er von seinen Söhnen erlitten hat, das, meine ich, sollte man, auch wenn es wahr wäre, nicht so leichthin vor unverständigen und jungen Leuten erzählen, sondern man sollte es am besten verschweigen. Ist es aber doch nötig, davon zu reden, dann sollte man das heimlich vor möglichst wenigen Zuhörern tun, und zuerst opfern, und zwar nicht nur ein Schwein, sondern ein großes und schwer erschwingliches Opfer, damit möglichst wenige in den Fall kommen, das zu hören.
„Allerdings“, sagte er, „sind diese Geschichten anstößig.“
Man soll sie auch in unserer Stadt nicht erzählen, Adeimantos. Und man darf auch einem jugendlichen Zuhörer nicht sagen, daß es nichts Besonderes sei, wenn er die schlimmsten Verbrechen begehe oder wenn er seinen Vater auf jede Weise straft, weil dieser ein Unrecht begangen hat, sondern daß er damit genau das tue, was die ersten und größten Götter getan haben.

[13] Der Himmelsgott Uranos mißhandelte seine Kinder, die Titanen, und wurde zur Strafe von seinem Sohn Kronos entmannt (Hesiod, Theogonie 154—181); Kronos wiederum wurde von seinem jüngsten Sohn Zeus gestürzt, weil er seine älteren Kinder verschlungen hatte.

„Nein, beim Zeus", erwiderte er, „ich selber glaube, daß dies zum Erzählen nicht geeignet ist."

Man darf überhaupt nicht erzählen, daß Götter mit Göttern Streit haben und daß sie einander nachstellen und gegeneinander kämpfen (was auch gar nicht wahr ist), wenn es doch unsere künftigen Wächter der Stadt für die größte Schande halten sollen, leichthin miteinander Streit zu haben. Man darf ihnen also bei weitem nicht Mythen von Gigantenkämpfen erzählen und diese bildlich darstellen, noch von all den vielen anderen mannigfachen Feindschaften der Götter und Heroen mit ihren Verwandten und Angehörigen. Sondern wenn wir ihnen beibringen wollen, daß nie je ein Bürger mit einem anderen Streit gehabt und daß dies auch sündhaft wäre, dann müssen die alten Männer und Frauen von Anfang an den Kindern eher in diesem Sinne ihre Geschichte erzählen, und sind die Kinder dann älter geworden, so muß man auch die Dichter nötigen, ihre Sagen in ähnlicher Art zu gestalten. Daß aber Hera von ihrem Sohn gefesselt und daß Hephaistos von seinem Vater herabgestürzt worden sei, weil er seine Mutter gegen Schläge schützen wollte[14], und all die Götterschlachten, die Homer erdichtet hat: das darf in unserer Stadt keine Aufnahme finden, ob es nun sinnbildlich gemeint ist oder nicht. Denn der junge Mensch vermag nicht zu unterscheiden, was Sinnbild ist und was nicht, sondern was er in diesen Jahren in seine Vorstellungen aufnimmt, das bleibt in der Regel unauslöschlich und unveränderlich haften. Darum ist es doch wohl von größter Wichtigkeit, daß die Mythen, die sie zuerst zu Gehör bekommen, möglichst schön ersonnen sind, um sie zur Tüchtigkeit zu führen.

„Das hat Sinn", sagte er. „Aber wenn uns jemand die weitere Frage stellte, was das nun heiße und was für Mythen darunter zu verstehen seien — welche könnten wir ihm da nennen?"

Da sagte ich: Adeimantos, wir beide, du und ich, sind jetzt nicht Dichter, sondern Gründer einer Stadt. Gründer aber müssen die Richtlinien kennen, nach denen die Dichter ihre Mythen verfassen sollen und von denen abzuweichen man ihnen nicht erlauben darf; aber sie brauchen doch nicht selbst Mythen zu erfinden.

„Richtig", sagte er. „Aber nun eben diese Richtlinien für die Götterlehre — welche wären das?"

Etwa folgende, erwiderte ich: So, wie der Gott ist, so muß man ihn auch allezeit darstellen, ob man ihn nun in einem Epos, in lyrischen Gedichten oder in einer Tragödie auftreten läßt.

---

[14] Hera: Gattin des Zeus, Mutter des Hephaistos, des Gottes des Feuers und der Schmiedekunst.

„Ja, das muß man."

Gott ist aber doch in Wirklichkeit gut und muß auch so dargestellt werden?

„Ganz gewiß."

Und etwas Gutes ist doch nie schädlich, nicht wahr?

„Ich glaube nicht."

Und was nicht schädlich ist, richtet auch keinen Schaden an?

„Auf keinen Fall."

Und was nicht schadet, tut auch nichts Schlechtes?

„Auch das nicht."

Was aber nichts Schlechtes tut, das kann auch nicht Ursache von etwas Schlechtem sein?

„Natürlich nicht!"

Wie aber: ist das Gute förderlich?

„Ja."

Und Ursache von Wohlergehen?

„Ja."

So ist also das Gute nicht Ursache von allen Dingen. Es ist wohl Ursache von dem, was sich gut verhält; an dem Schlechten aber ist es unschuldig.

„Ja, durchaus", sagte er.

Dann ist also auch der Gott, sagte ich, wenn anders er gut ist, nicht Ursache von allen Dingen, wie die Menge behauptet. Nur an wenigem, was die Menschen betrifft, ist er schuld, an vielem dagegen unschuldig; denn des Guten, das wir haben, ist viel weniger als des Schlechten. Die Ursache für das Gute dürfen wir niemand anderem zuschreiben; für das Schlechte aber müssen wir irgendwelche anderen Ursachen suchen, nicht aber den Gott.

„Ich glaube, du hast vollkommen recht", sagte er.

Wir dürfen es also weder von Homer noch von einem anderen Dichter gelten lassen, fuhr ich fort, daß er den Fehler begeht und von den Göttern unvernünftige Vorstellungen erweckte, indem er sagt:

Auf der Schwelle des Zeus, da stehn zwei Gefäße,
Voll von Gaben, das eine mit guten, das andre mit schlechten;

und wem Zeus ein Gemisch aus den beiden gibt,

Den trifft einmal ein gutes Geschick, dann wieder ein böses,

wem aber nicht, sondern ungemischt aus dem einen,

Den treibt Hunger und Elend über die göttliche Erde.

Und auch das ist nicht richtig, daß Zeus für uns

Spender ist des Guten und Schlechten.

(Der Staat, 2. Buch, 376 e — 379 e)

3.

Deshalb werden wir also einzig in einer solchen Stadt den Schuster nur als Schuster finden und nicht auch als Steuermann neben seiner Schusterei, und den Bauer nur als Bauer und nicht auch als Richter neben dem Landbau, und den Krieger nur als Krieger und nicht auch als Geschäftsmann neben dem Kriegshandwerk, und alle anderen ebenso.
„Richtig", sagte er.
Wenn also ein Mann, der dank seiner Weisheit alles mögliche sein und alle Dinge nachahmen kann, in unsere Stadt käme und uns seine Dichtungen vorführen wollte, dann würden wir ihn wohl als einen heiligen und wunderbaren und liebenswürdigen Mann verehren, würden ihm aber sagen, daß es einen solchen Mann in unserer Stadt nicht gebe und nicht geben dürfe. Wir würden Salböl auf sein Haupt gießen und es mit Wolle bekränzen und ihn dann in eine andere Stadt weiterziehen lassen. Wir selbst aber würden, zu unserem Nutzen, mit dem strengeren und weniger anmutigen Dichter und Mythenerzähler vorliebnehmen, der uns die Vortragsweise des anständig Denkenden nachahmte und seine Worte nach jenen Richtlinien setzte, die wir am Anfang als Gesetze aufgestellt haben, als wir mit der Erziehung der Krieger begannen.
„Freilich würden wir das tun, wenn es nach uns ginge", sagte er.

(Der Staat, 3. Buch, 398 a — 398 b)

4.

Wollen wir nun untersuchen, wer denn ... der Nachahmer ist? fragte ich.
„Ja, wenn du willst", erwiderte er.
Es ergeben sich also die dreierlei folgenden Stühle: der eine, der in der Natur ist und von dem wir, meiner Meinung nach, wohl sagen können, daß Gott ihn gemacht habe; oder wer sonst?
„Niemand sonst, denke ich."
Dann einer, den der Schreiner gemacht hat.
„Ja", sagte er.
Dann einer, den der Maler gemacht hat; nicht wahr?
„Mag sein."
Also Maler, Schreiner, Gott: diese drei sind die Meister für die drei Arten von Stühlen.
„Ja, diese drei."
Sei es nun, daß Gott nicht mehr als einen in der Natur hat verfertigen wollen oder daß irgendeine Notwendigkeit über ihm waltete — auf alle Fälle hat er nur jenen einen selbst gemacht, welcher ist,

was der Stuhl (als solcher) wirklich *ist*. Zwei solche oder mehrere sind von Gott nicht in die Natur gesetzt worden und werden auch nicht in sie gesetzt werden.
„Wieso denn?“ fragte er.
Hätte er auch nur zwei gemacht, erwiderte ich, so würde sich darüber doch wieder ein dritter zeigen, dessen Idee (Gestalt) jene beiden wiederum hätten, und das wäre dann jener, welcher *der* ist, was der Stuhl (als solcher) wirklich *ist*, aber nicht die zweie.
„Richtig“, sagte er.
Ich meine, das wußte Gott, und weil er wirklich Hersteller des wirklich seienden Stuhles, nicht aber der eines beliebigen Stuhles und auch nicht irgendein Schreiner sein wollte, setzte er ihn als von Natur einen in die Natur.
„Offenbar.“
Sollen wir ihn also als seinen Naturwerkmeister oder so ähnlich ansprechen?
„Ja, mit einem gewissen Recht“, sagte er, „hat er doch sowohl dieses als alles andere so gemacht, wie es von Natur ist.“
Und den Schreiner? Wollen wir ihn nicht den Handwerksmeister des Stuhles nennen?
„Doch.“
Und den Maler? Nennen wir ihn auch Handwerksmeister und Verfertiger von etwas Derartigem?
„Auf keinen Fall.“
Wie nennst du ihn denn in bezug auf den Stuhl?
„Am angemessensten scheint es mir“, erwiderte er, „wenn wir ihn Nachahmer dessen nennen, wovon jene die Handwerksmeister sind.“
Also gut, sagte ich. Wem also, von der Natur der Sache aus gerechnet, die dritte Hervorbringung obliegt, den nennst du Nachahmer?
„Ja, gewiß“, sagte er.
Dies wird also auch der tragische Dichter (der ‚Tragödienmacher‘) sein, wenn anders er ein Nachahmer ist: auch er steht seiner Natur nach, vom König und von der Wahrheit an gerechnet, an dritter Stelle, und so auch alle anderen Nachahmer.
„So wird es wohl sein.“
Über den Nachahmer sind wir uns also einig. Doch sage mir noch dies: was glaubst du, daß der Maler nachzuahmen versucht: jenes, was jegliches selbst in der Natur ist, oder die Werke der Handwerker?
„Die der Handwerker“, erwiderte er.
So wie sie sind, oder wie sie erscheinen? Setze auch das noch auseinander.

„Wie meinst du das?“ fragte er.
Folgendermaßen: ob du einen Stuhl von der Seite oder von vorn anschaust oder von wo aus immer: ist er von sich selbst verschieden, oder ist er zwar nicht verschieden, erscheint aber anders? Und so auch die übrigen Gegenstände?
„So ist es“, sagte er, „er scheint anders, ist es aber nicht.“
Erwäge nun folgendes: Was bezweckt die Malerei bei jedem ihrer Gegenstände? Will sie das Seiende nachbilden, wie es ist, oder das Erscheinende, wie es erscheint? Ist sie Nachahmung des Erscheinungsbildes oder der Wahrheit?
„Des Erscheinungsbildes“, sagte er.
Die Nachahmekunst ist also von der Wahrheit weit entfernt. Und wenn sie alles mögliche zustande bringt, so offenbar deshalb, weil sie nur ein wenig von jeglichem erfaßt, nämlich sein (äußeres) Bild. So malt uns, sagen wir, zum Beispiel der Maler einen Schuster, einen Schreiner oder einen anderen Handwerker, ohne daß er von einem dieser Berufe etwas versteht. Ist er ein guter Maler, so vermag er Kinder und unverständige Menschen trotzdem zu täuschen, indem er einen Schreiner malt und von weitem vorzeigt und so den Eindruck erweckt, als sei es ein wirklicher Schreiner.
„Allerdings.“
Doch das, mein Freund, müssen wir nach meiner Meinung bei allen solchen Leuten bedenken: wenn uns jemand verkündet, er habe einen Menschen angetroffen, der sich nicht nur auf sämtliche Handwerke verstehe, sondern auch von allem anderen, was sonst nur ein einzelner beherrscht, besser Bescheid wisse als sonst irgend jemand, dann müssen wir so einem entgegnen, er sei ein einfältiger Mensch und offenbar einem Gaukler und Nachahmer in die Hände gefallen, der ihn angeführt und ihm die Meinung beigebracht habe, er sei allwissend — weil er eben selbst nicht imstande sei, Wissen und Unwissenheit und Nachahmung prüfend zu unterscheiden.
„Das ist vollkommen wahr“, erwiderte er.

(Der Staat, 10. Buch, 597 b — 598 d)

5.

Der Mensch muß gemäß dem, was man Idee nennt, Einsicht gewinnen, indem er von den zahlreichen Wahrnehmungen zu dem kommt, das durch die Überlegung zu einer Einheit zusammengefaßt wird. Das aber ist nichts anderes als die Wiedererinnerung an das, was unsere Seele einst gesehen hat, als sie gemeinsam mit dem Gott dahinfuhr, als sie auf das herabsah, von dem wir nun sagen, daß es *sei,* und als sie ihren Blick zu dem wahrhaft Seienden emporhob. Deshalb ist es auch gerecht, daß einzig das Denken des Philosophen beflügelt wird; denn mit seiner Erinnerung ist er stets nach Kräften bei jenen Dingen, dank denen ein Gott eben göttlich ist, dadurch, daß er sich mit ihnen beschäftigt. Der Mensch allein, der nun von solchen Erinnerungen auf richtige Art Gebrauch macht und immer in vollkommenen Weihen geweiht ist, wird wahrhaft vollkommen. Indem er aber die menschlichen Bestrebungen aufgibt und mit den göttlichen umgeht, wird er von der Menge zurechtgewiesen, weil er verdreht sei; daß er aber gottbegeistert ist, das hat die Menge nicht gemerkt.

Und das ist nun der Punkt, zu dem unsere ganze Untersuchung über die vierte Art des Wahnsinns[15] gelangt ist: wenn man sich beim Anblick der Schönheit hienieden an jene wahre Schönheit erinnert, so bekommt man Flügel, und wenn man dann neu befiedert ist und auffliegen möchte, dazu aber nicht imstande ist, sondern wie ein Vogel hinaufschaut und sich um die Dinge hier unten nicht kümmert, so gibt das Anlaß zu der Beschuldigung, man befinde sich im Zustand des Wahnsinns. Somit ist also dies unter allen Arten von göttlicher Besessenheit die beste und die mit der besten Herkunft, sowohl für den, der sie hat, als für den, der mit ihr in Berührung kommt. Und der Verliebte, der an dieser Art Wahnsinn teilhat, wird ein Liebhaber des Schönen genannt. Denn, wie gesagt, jede Seele eines Menschen hat schon von Natur das Seiende geschaut; sonst wäre sie gar nicht in dieses Lebewesen hineingekommen. Es ist aber nicht für jede leicht, sich vom Hiesigen aus an jenes zu erinnern, weder für die, die damals das Jenseitige nur kurz geschaut haben, noch für die, die hierher gefallen sind und dann das Unglück hatten, daß sie sich durch irgendwelchen Umgang zur Ungerechtigkeit verleiten ließen und das Heilige, das sie damals geschaut, wieder vergessen haben. Nur wenige bleiben also übrig, die über eine genügend starke Erinnerung verfügen. Wenn diese aber die Abbilder des Jenseitigen sehen, werden sie erschüttert und sind ihrer selbst nicht mehr mächtig. Worin aber dieses Erlebnis besteht, wissen sie nicht, weil sie es nicht genügend wahrnehmen können.

Denn von Gerechtigkeit und Besonnenheit und allem, was sonst den Seelen ehrwürdig ist, findet sich in den Abbildern hienieden

---

[15] In seiner zweiten Rede im ‚Phaidros' betont Sokrates, daß durchaus nicht jede Art von Wahnsinn verwerflich sei; von besonderem Rang sei erstens der prophetische Wahnsinn der delphischen Priesterin und anderer Sehergestalten, zweitens der heilige Wahnsinn mancher Reinigungsriten, drittens der Wahnsinn der Dichter und viertens der Wahnsinn des Eros.

kein Glanz; sondern durch trübe Organe schauen nur wenige mit Mühe die Herkunft des Nachgebildeten, indem sie auf die Bilder zugehen. Die Schönheit aber war damals herrlich anzusehen, als wir, zu einem glücklichen Chor vereint, im Gefolge des Zeus und andere mit einem anderen Gotte, den seligen und göttlichen Anblick schauten und mit jener Weihe geweiht wurden, die man als die glückseligste bezeichnen darf. Diese feierten wir, selbst noch ohne Fehl und unberührt von den Übeln, die unser in späterer Zeit warteten, und von fehlerlosen, einfachen, unwandelbaren und beglückenden Gesichten wurden wir geweihte Zeugen, in reinem Glanze selbst rein seiend und unbelastet von dem, was wir heute als Leib bezeichnen und mit uns herumtragen, wie in eine Art Muschel eingeschlossen. Dies sei der Erinnerung zuliebe gesagt; ihretwegen haben wir nun, aus Sehnsucht nach jenen Erlebnissen, ausführlicher erzählt.

Was nun die Schönheit betrifft, so strahlte sie, wie gesagt, als wirklich seiende unter jenem anderen Seienden. Und auch, als wir hierher gekommen, erfaßten wir sie durch den hellsten unserer Sinne als das, was am hellsten strahlte. Denn das Gesicht ist bei uns der schärfste der leiblichen Sinne, durch den freilich die Einsicht nicht geschaut wird. Denn gar wundersame Begierden würde sie in uns entstehen lassen, wenn sie ein solch klares Bild von sich in unser Gesicht eingehen ließe, und so auch alles andere, was liebenswert ist. Einzig der Schönheit ist das nun zuteil geworden, so daß sie das ist, was am meisten hervorleuchtet und zur Liebe reizt.

(Phaidros, 249 b — 250 e)

6.

‚In diese erotischen Mysterien kannst vielleicht auch du, Sokrates, eingeführt werden[16]. Die letzten Weihen aber und die höchste Schau, auf die auch das hinausgeht, wenn einer den richtigen Pfad beschreitet — da weiß ich nicht, ob du dazu fähig bist. Ich will sie nun aber vortragen‘, sagte sie, ‚und es an gutem Willen nicht fehlen lassen. Und du versuche zu folgen, wenn du dazu imstande bist.

Wer den richtigen Weg zu dieser Sache geht‘, begann sie, ‚muß in seiner Jugend damit anfangen, daß er den schönen Leibern nachgeht und, wenn sein Führer ihn richtig leitet, zuerst einen Leib

[16] In seiner Rede im ‚Symposion‘, einem Gastmahl, bei dem verschiedene Preisreden auf Eros gehalten werden, erzählt Sokrates von seinem Gespräch mit Diotima, einer Priesterin aus Mantineia (von Platon erfundene Gestalt), die die folgende Rede hält.

lieben und dort schöne Reden erzeugen. Dann aber soll er gewahr werden, daß die Schönheit an irgendeinem einzelnen Leibe mit der an jedem anderen verschwistert ist, und daß es höchste Einsichtslosigkeit wäre — wenn anders man dem Schönen an der äußeren Gestalt nachgehen muß —, die Schönheit an allen Leibern nicht für eine und dieselbe zu halten. Wer das aber eingesehen hat, muß zum Liebhaber aller schönen Leiber werden, in dieser heftigen Liebe zu jenem einen aber nachlassen, sie gering schätzen und für unwichtig ansehen.

Dann aber wird er die Schönheit in den Seelen für köstlicher halten als die im Leibe, so daß es ihm genügt, wenn einer an seiner Seele wohlgeartet ist, mag er auch nur einen geringen Reiz haben; ihn wird er lieben und Sorge zu ihm tragen und solche Reden zeugen und suchen, wie sie junge Leute besser machen können. Jetzt aber wird er gezwungen, auf das Schöne in den Einrichtungen und Gesetzen zu schauen und dabei innezuwerden, daß alles in sich verwandt ist, damit er dann das Schöne im Bereich des Leibes für etwas Geringes hält.

Nach den Einrichtungen aber muß man ihn zu den Wissenschaften führen, damit er nunmehr auch die Schönheit der Wissenschaften schaut und in einer Sicht, die bereits die Fülle des Schönen umfaßt, nicht mehr in sklavischer Gebundenheit an das Schöne bei einem Einzelnen so niedrig und engherzig bleibt, daß er sich mit der Schönheit eines Knaben oder eines bestimmten Menschen oder einer einzelnen Einrichtung begnügt, sondern sich auf das weite Meer des Schönen wendet und im Betrachten viele schöne und herrliche Reden und Gedanken zeugt in ungemessener Weisheitsliebe, bis er, dort gestärkt und gefördert, dann ein einzigartiges Wissen von solcher Art zu Gesicht bekommt, das sich auf ein Schönes von folgender Art bezieht. Versuche mir nun‘, sagte sie, ‚so aufmerksam als möglich zu folgen.

Wer bis dahin in der Liebe erzogen ist, indem er die schönen Dinge der Reihe nach richtig betrachtet, der gelangt nunmehr zur Vollendung in der Liebeskunst und erblickt plötzlich ein Schönes von erstaunlicher Natur, eben jenes, Sokrates, um deswillen ja auch alle früheren Mühsale da waren. Es ist erstens ein immer Seiendes, das weder entsteht noch vergeht, weder zunimmt noch abnimmt. Zweitens ist es nicht teilweise schön und teilweise häßlich, auch nicht zuweilen schön, zuweilen nicht, auch nicht in bezug auf das eine Ding schön, auf das andere dagegen häßlich, auch nicht hier schön, dort aber häßlich, als sei es nur für die einen schön, für die anderen dagegen häßlich. Dieses Schöne zeigt sich ihm auch nicht als bloße Erscheinung, wie ein Antlitz oder wie Hände oder sonst etwas, woran der Leib teilhat, aber auch nicht als irgendeine Aussage oder ein einzelnes Wissen, noch irgend als ein Seiendes, das sich irgendwo an einem anderen findet, etwa an einem Lebewesen oder an der Erde oder am Himmel oder sonst an etwas, sondern es ist es selbst, an sich selbst, mit sich selbst, eingestaltig und immer seiend. Alles andere Schöne aber hat an jenem Anteil, etwa in der Weise, daß dieses andere entsteht und vergeht, während es selbst weder mehr oder weniger wird noch sonst in irgendeiner Hinsicht etwas erleidet. Wenn also jemand dadurch, daß er auf die rechte Art Knaben liebt, von diesen Dingen aus hinansteigt und jenes Schöne zu schauen beginnt, so wird er wohl nahezu an das Letzte rühren. Denn das bedeutet den rechten Weg zu den Dingen der Liebe gehen oder von einem anderen geführt werden, daß man, mit diesen schönen Dingen hier beginnend, um jenes Schönen willen immer weiter hinaufsteigt, wie auf Stufen: von einem schönen Leibe zu zweien und von zweien zu allen schönen Leibern, und von den schönen Leibern zu den schönen Einrichtungen und von den Einrichtungen zu den schönen Wissenschaften, bis man dann von den Wissenschaften aus zu jener Wissenschaft gelangt, die die Wissenschaft von nichts anderem als von jenem Schönen selbst ist, und er schließlich das erkennt, was das Schöne selbst ist.

An dieser Stelle im Leben, mein lieber Sokrates', sagte die fremde Frau aus Mantineia, ‚wenn überhaupt irgendwo, ist das Leben für den Menschen lebenswert: wenn er das Schöne selbst schaut. Wenn du es einmal erblickst, so wirst du den Eindruck haben, daß es ganz anders ist als Gold und Gewänder und als die schönen Knaben und Jünglinge, bei deren Anblick du jetzt erschüttert wirst und bereit bist, du genau so wie viele andere, den Geliebten anzusehen, immer mit ihm zusammen zu sein und womöglich weder zu essen noch zu trinken, sondern immer nur zu schauen und beisammen zu sein[17]. Was glauben wir erst', sagte sie, ‚wenn es einem zuteil würde, das Schöne selbst lauter, rein und unvermischt zu sehen, nicht voll von menschlichem Fleisch und von Farben und von all dem anderen sterblichen Flitter, sondern wenn er das göttliche Schöne selbst in seiner Eingestaltigkeit zu sehen vermöchte?

---

[17] Anspielung auf die in der Antike verbreitete Knabenliebe (Päderastie), zu der Nietzsche schreibt: Plato „sagt mit einer Unschuld, zu der man Grieche sein muß und nicht ‚Christ', daß es gar keine platonische Philosophie geben würde, wenn es nicht so schöne Jünglinge in Athen gäbe: deren Anblick sei es erst, was die Seele des Philosophen in einen erotischen Taumel versetze und ihr keine Ruhe lasse, bis sie den Samen aller hohen Dinge in ein so schönes Erdreich hinabgesenkt habe." (siehe unten 293)

Glaubst du', sagte sie, ,es werde ein Mensch ein schlechtes Leben führen, der dorthin schaut und das anblickt und mit ihm zusammen ist? Oder denkst du dir nicht', sagte sie, ,daß dort und dort allein, wenn er das Schöne schaut durch das, wodurch es sichtbar wird, ihm das zuteil wird, daß er nicht nur Schattenbilder der Tüchtigkeit zeugt, da er ja auch nicht ein Schattenbild berührt, sondern das Wahre, weil er das Wahre berührt. Und wenn er die wahre Tüchtigkeit erzeugt und aufgezogen hat, ist ihm vergönnt, gottgeliebt zu werden, und dann kann, wenn überhaupt ein Mensch, auch er unsterblich sein.'

(Symposion, 210 a — 212 a)

Aristoteles[1]

1.

Daß nun der Gesetzgeber vor allem für die Erziehung der Jugend sorgen muß, dürfte wohl niemand bezweifeln. Denn wenn dies in den Staaten nicht geschieht, schadet es den Verfassungen, da die Staaten im Einklang mit ihrer jeweiligen Verfassung verwaltet werden müssen. Der eigentümliche Charakter der Verfassung pflegt sie, wie er sie ursprünglich ins Leben gerufen hat, auch zu erhalten, so der demokratische Charakter die Demokratie, der oligarchische die Oligarchie. Und der bessere Charakter ist immer die Ursache einer besseren Verfassung. Ferner gibt es für alle Fertigkeiten und Künste eine Menge Dinge, in denen man zuvor unterwiesen und geübt werden muß, um ihre Verrichtungen wahrnehmen zu können, und so muß denn offenbar ein gleiches für die Ausübung der Tugend gelten.

Da aber der ganze Staat nur *einen* Zweck hat, so muß zweifellos auch die Erziehung eine und dieselbe für alle und die Sorge für sie eine gemeinsame sein, keine private, wie es gegenwärtig gehalten wird, wo jeder für sich die Erziehung seiner Kinder besorgt und ihnen nach eigener Auswahl der Fächer privaten Unterricht geben läßt. Gemeinsame Aufgaben erheischen eine gemeinsame Vorbereitung. Man darf auch nicht meinen, daß irgendein Bürger sich selber angehöre, sondern man sei überzeugt, daß sie alle dem Staat angehören, da jeder ein Teil von ihm ist und die Sorge für den Teil immer die Sorge für das Ganze zu berücksichtigen hat. In dieser Hinsicht sind die Lazedämonier[2] zu loben. Sie verwenden auf die Erziehung der Jugend die größte Sorgfalt, und zwar von Staats wegen.

---

[1] Politik, übersetzt von Eugen Rolfes, Hamburg ³1958 Poetik, Übersetzung, Einleitung und Anmerkungen von Olof Gigon, Stuttgart 1969.

[2] Lazedämonier, Lakonier — andere Namen für die Spartaner.

Man sieht also, daß die Erziehung durch Gesetz geregelt und daß sie zu einer gemeinsamen gemacht werden muß; aber auch das darf nicht unbekannt bleiben, worin sie besteht und wie man erzogen werden muß. In unseren Tagen ist man hier über die Gegenstände uneins. Was die jungen Leute für den Erwerb der Tugend oder die beste Lebensführung lernen sollen, darüber denken nicht alle gleich, und auch darüber ist man sich nicht klar, ob die Erziehung mehr auf Verstandes- oder auf Herzensbildung hinzuwirken habe. Auch durch die gegenwärtig übliche Erziehungsweise wird die Untersuchung verwickelt, und man weiß nicht, ob man die Jugend das lehren soll, was fürs praktische Leben nützt, oder das, was zur Tugend führt, oder gewisse hohe oder auffällige Dinge. Denn alle diese Standpunkte haben ihre Anwälte gefunden. Ja, auch über das, was zur Tugend führt, findet man keinerlei Übereinstimmung, da man sich gleich von vornherein nicht allgemein darüber einig ist, worin denn eigentlich die Tugend besteht, so daß man natürlich auch über die Weise, sie zu üben und zu erwerben, verschieden denkt.

Darüber nun, daß man die Jugend von den nützlichen Dingen das Notwendige lernen lassen muß, kann kein Zweifel sein. Was aber die Frage angeht, ob sie alles Nützliche lernen soll, so ergibt sich aus dem Unterschiede der freien und der unfreien Verrichtungen als Folgerung die klare Antwort, daß sie nur mit solchen nützlichen Beschäftigungen befaßt werden darf, die sie nicht zu Banausen, zu gemeinen Handwerkern herabwürdigen. Für banausisch hat aber jede Verrichtung, Kunst und Kenntnis zu gelten, die den Leib oder die Seele oder den Geist freier Menschen zur Ausübung und Betätigung der Tugend untüchtig machen. Darum nennen wir sowohl alle solche Künste und Handwerke banausisch, die einen körperlich in eine schlechtere Verfassung bringen, als auch jede lohnbringende Arbeit, da sie den Geist der Muße beraubt und ihn erniedrigt.

Auch einige freie Künste und Wissenschaften kann man zwar bis zu einem gewissen Grade betreiben, ohne daß es für einen freien Mann ungeziemend wäre; verlegt man sich aber allzu eifrig auf sie, um es zur Meisterschaft in ihnen zu bringen, so würde das die angegebenen Schäden nach sich ziehen. Es ist auch ein großer Unterschied, aus welchem Grunde man etwas tut oder lernt. Tut man es für sich selbst oder für seine Freunde oder um der Tugend willen, so ist es eines freien Mannes nicht unwürdig; tut man dasselbe aber um anderer willen, so wird man wohl oft wie ein Mensch dastehen, der das Geschäft eines Tagelöhners oder eines Sklaven versieht.

Die gegenwärtig üblichen Lehrgegenstände nun schwanken, wie

vorhin bemerkt wurde, zwischen diesen beiden Richtungen hin und her. Dieser Fächer dürften im ganzen vier sein: Grammatik oder Lesen und Schreiben, Gymnastik oder Leibesübung, Musik und viertens noch hin und wieder Zeichnen. Grammatik und Zeichnen gelten hier als nützlich fürs Leben und als Fertigkeiten, die auf die mannigfaltigste Art zur Verwendung kommen, Gymnastik als geeignet den männlichen Mut zu bilden; was aber die Musik betrifft, so kann man über ihren Zweck schon zweifelhaft sein.

Die meisten treiben die Musik gegenwärtig zum Vergnügen, den Alten dagegen galt sie für ein Bildungsmittel, da die Natur selbst, wie schon oft gesagt, danach verlangt, nicht nur in der rechten Weise arbeiten, sondern auch würdig der Muße pflegen zu können. Denn die Muße, um noch einmal von ihr zu reden, ist der Angelpunkt, um den sich alles dreht. Denn wenn auch beides sein muß, so ist doch das Leben in Muße dem Leben der Arbeit vorzuziehen, und das ist die Hauptfrage, mit welcher Art Tätigkeit man die Muße auszufüllen hat. Man wird doch wohl nicht behaupten wollen, daß man sie auf eitles Spiel verwenden müsse. Dann wäre ja das Spiel der Zweck unseres Daseins. Wenn das aber unmöglich ist, und man des Spieles vielmehr bei der Arbeit pflegen soll — denn der Müde braucht Erholung, und das Spiel ist der Erholung wegen, und die Arbeit geschieht mit Mühe und Anstrengung —, nun, so folgt, daß man dem Spiele nur mit Beobachtung der rechten Zeit seiner Anwendung Raum geben darf, indem man es wie eine Medizin gebraucht. Denn eine solche Bewegung der Seele ist Ausspannung und wegen der damit verbundenen Lust Erholung. Die Muße dagegen scheint Lust, wahres Glück und seliges Leben in sich selbst zu tragen. Das ist aber nicht der Anteil derer, die arbeiten, sondern derer, die feiern. Denn wer arbeitet, arbeitet für ein Ziel, das er noch nicht erreicht hat, das wahre Glück aber ist selbst Ziel und bringt, wie allen feststeht, nicht Schmerz, sondern Lust.

Freilich fassen nicht mehr alle diese Lust in gleicher Weise auf, sondern jeder nach seiner persönlichen Veranlagung; dem besten Manne aber ist sie die beste Lust, die von den edelsten Objekten kommt. Und so leuchtet denn ein, daß man auch für den würdigen Genuß der Muße erzogen werden und manches lernen muß, und daß diese Seite der Erziehung und des Unterrichts ihrer selbst wegen da ist, während das, was für die Arbeit gelernt wird, der Notdurft dient und Mittel zum Zwecke ist.

Darum haben die Früheren auch die Musik unter die Bildungsmittel gereiht und sie nicht als etwas, was der Notdurft dient, behandelt — denn sie hat nichts dergleichen an sich —, und auch nicht als eine Sache, die dem Nutzen dient, so wie etwa die Grammatik zu Geldgeschäften, zur Hauswirtschaft, zur Erlernung der Wissenschaften und zu mancherlei Staatsgeschäften von Nutzen ist, oder auch wie das Zeichnen zur besseren Beurteilung von Kunstwerken verhilft und die Gymnastik hinwieder Gesundheit und Kraft gibt; denn keins von beiden begegnet uns als Frucht des Betriebes der Musik. Und so bleibt denn nur übrig, daß sie für edle Geistesbefriedigung in der Muße bestimmt ist, auf die man sie auch von den Alten bezogen sieht. Denn sie weisen ihr da ihren Platz an, wo sie jene Beschäftigungen gegeben finden, die eines freien Mannes würdig sind. Das ist es ja, weshalb *Homer* den Vers schrieb:

„*Sondern wen sich geziemt, zum üppigen Mahle zu laden*",

und nachdem er einige andere, die man lädt, genannt hat, so fortfährt:

„*Die den Sänger uns rufen, der alle zusammen ergötze*".

Und an einer anderen Stelle sagt bei ihm Odysseus, das sei die schönste Unterhaltung, wenn lautere Freude herrsche,

„*Und die schmausende Schar in der Halle lauschet dem Sänger, Reihenweis nebeneinander*"[3]

So sieht man denn, daß es ein Lehrfach gibt, worin man die Söhne nicht des Nutzens oder der Notdurft wegen unterweist, sondern darum, weil dieses Fach eines freien Mannes würdig und schön ist. Die Frage, ob es der Zahl nach nur ein solches Fach gibt, oder ihrer mehrere, und welche, und wie man sie behandeln soll, wird später zu besprechen sein[4]. Einstweilen sind wir so weit gefördert, daß wir uns für das Vorhandensein einer freien Bildung im Besitze eines Zeugnisses von seiten der Alten wissen. Dieses Zeugnis liegt in den bei ihnen vorkommenden Lehrgegenständen, in der Art nämlich, wie sie die musische Kunst aufgefaßt haben.

Man sieht aber auch, daß man die Kinder in manchen nützlichen Disziplinen, z. B. der Grammatik, nicht ausschließlich des Nutzens wegen unterweisen soll, sondern auch darum, weil man durch sie in den Stand gesetzt wird, sich manche andere Wissenszweige anzueignen. Ein Gleiches gilt vom Zeichnen: man soll es nicht sowohl lernen, um bei seinen eigenen Einkäufen nicht fehlzugreifen und beim Kauf und Verkauf von Geräten und Kunstsachen nicht betrogen zu werden, als vielmehr deshalb, weil es den Blick für körperliche Schönheit schärft. Denn überall nach dem Nutzen zu fragen, ziemt sich am wenigsten für hochsinnige und freie Männer. [...]

---

[3] Vgl. Odyssee 17, 381—387; Odyssee 9, 7 f.

[4] Von Aristoteles ist zu dieser Frage nichts erhalten. Von Platon wird sie behandelt im ‚Staat', Buch 7.

Über die *Musik* sind wir schon vorhin einige strittige Punkte durchgegangen, und es empfiehlt sich, dieselben jetzt wieder aufzunehmen und weiterzuführen, um so zu den Erörterungen anderer, die etwa diesen Gegenstand eigens behandeln wollen, eine Art Vorspiel zu liefern. Es ist weder leicht, bestimmt zu sagen, worin ihre Bedeutung liegt, noch anzugeben, weswegen man sich mit ihr beschäftigen soll. Soll man es bloß der Unterhaltung und der Erholung wegen tun, so wie man auch schläft und trinkt? Denn dergleichen ist an sich nichts Tugendhaftes, sondern etwas Angenehmes, und stillt zugleich die Sorgen, wie *Euripides*[5] sagt. Deshalb weist man auch der musischen Kunst entsprechend ihre Stelle an und vergönnt sich alles dieses, Wein, Räusche und Musik, in gleichem Sinne und rechnet auch noch das Tanzen hierher. Oder sollte die Musik vielmehr zur Veredelung der Sitten dienen, indem ihr die Kraft beiwohnt, so, wie die Gymnastik dem Körper gewisse Eigenschaften gibt, ihrerseits das Herz zu bilden, indem sie den Menschen zu der Kunst erzieht, sich auf die rechte Weise zu freuen? Oder trägt sie endlich zu würdiger Ausfüllung der Muße und zur Kultur des Geistes bei, was ja als dritte unter den vorhin erwähnten Auffassungen zu nennen ist? —

Daß man nun die Jünglinge nicht des Spieles halber erziehen soll, steht außer Zweifel. Beim Lernen spielt man nicht. Lernen tut weh.

Man kann aber auch den Knaben und überhaupt dem unreifen Alter nicht füglich sinnvollen Genuß der Muße zuerkennen wollen. Denn was erst am Ende steht, kommt dem nicht zu, der noch am Werden ist.

Aber vielleicht meint man, was die Knaben im Ernst betreiben, sollte ihnen hernach, wenn sie zu Männern gereift seien, zum Spiele dienen. — Aber wenn dem so wäre, wozu brauchten sie dann zu lernen, statt wie die Könige der Meder und Perser das andere tun zu lassen und durch sie des Kunstgenusses und der Kennerschaft teilhaftig zu werden? Muß doch auch die Ausübung einer Kunst denen besser gelingen, die sie zu ihrem Fach und zu ihrer Lebensaufgabe gemacht, als denen, die sich nur gerade so viel mit ihr abgegeben haben, um Kenner zu sein. Wenn sie aber selber solche Fachstudien betreiben sollen, so müßten sie auch die Zubereitung der Speisen lernen, was doch ungereimt wäre. Auf dieselbe Schwierigkeit stößt man, wenn eine Kunst wie die Musik den Charakter veredeln soll. Denn was brauchen dann die Knaben sie

---

[5] Attischer Tragiker des 5. Jh. v. Chr.; Aristoteles spielt hier auf sein Drama ‚Die Bakchantinnen', V. 378—384, an.

selbst zu lernen, und warum sollten sie nicht durch bloßes Anhören fremden Spieles es dahin bringen können, sich auf die rechte Weise zu freuen und ihr musikalisches Urteil zu bilden? So halten es ja die Lakonier: wenn sie schon keine Musik lernen, so sind sie doch, wie sie behaupten, imstande, über gute und schlechte Lieder ein richtiges Urteil zu fällen. Derselbe Grund gilt endlich, wenn sie zu jenem heiteren Lebensgenuß, wie er einem freien Manne ansteht, beitragen soll: wozu braucht man sie selbst zu lernen, statt sich an der Kunst anderer, die sie ausüben, zu ergötzen? Man kann hier auch an die Vorstellung erinnern, die wir von den Göttern haben: nicht den Zeus selbst lassen die Dichter singen und Zither spielen, vielmehr bezeichnen wir solche, die sich damit förmlich abgeben, als Banausen, und erachten, daß ein Mann solches nicht tut, es sei denn im Rausche oder zum Scherze.

Aber das können wir vielleicht später in Betracht nehmen, die Hauptfrage ist: ob man die Musik nicht unter die Lehrfächer aufnehmen soll, oder doch, und welches von den drei in Frage kommenden Stücken sie zu gewähren vermag: ob Gemütsbildung oder Unterhaltung oder geistigen Genuß.

Es ist wohlbegründet, sie auf alle drei zu beziehen, da sie an jedem von ihnen teilhaben möchte.

Die Unterhaltung nämlich dient einerseits zur Erholung, die, als Heilmittel gleichsam für die Beschwerden und Schmerzen der Arbeit, notwendig Genuß bringt, und die höchste Geistesbefriedigung andererseits muß eingestandenermaßen nicht nur das Schöne in sich bergen, sondern auch die Lust, da das vollkommene, glückselige Leben sich aus ihnen beiden zusammensetzt. Nun gestehen wir aber alle, daß die Musik zu den genußreichsten Dingen gehört, sowohl allein, als in Verbindung mit Gesang. Sagt doch schon *Musäus*[6], es sei

„Gesang der Sterblichen süßestes Labsal."

Darum ruft man sie auch in Vereinen und zu Unterhaltungen mit gutem Grunde herbei, weil sie das Herz zu erfreuen vermag. Und schon deshalb könnte man annehmen, daß die jungen Leute sie lernen müßten. Denn alle unschädlichen Genüsse können nicht bloß unserer Endbestimmung dienstbar sein, sondern gewähren auch Erholung. Und da es uns Menschen selten vergönnt ist, auf den höchsten Höhen unserer Bestimmung zu wandeln, und wir oft nach Erholung ausschauen und zum Spiele greifen, nicht zu höherem Zwecke, sondern zum bloßen Vergnügen, so mag es immerhin

---

[6] Musäus (Musaios): sagenhafter Dichter, dem eine Reihe alter Dichtungen zugeschrieben wurde, deren wirkliche Verfasser unbekannt waren.

nützlich sein, seine Erholung in jenen unschuldigen Freuden der Musik zu suchen. Nun widerfährt es uns aber, daß wir das Spiel zum Endziele machen. Denn auch das Ziel mag eine Lust in sich bergen, nur nicht die erste beste; indem wir nun sie, die vollkommene, suchen, nehmen wir irrtümlich jene gewöhnliche für sie, weil sie mit dem Ziele unserer Handlungen eine Ähnlichkeit hat. Wie nämlich das Ziel um keines späteren Dinges willen begehrt wird, so liegt auch solchen Genüssen nichts, was erst kommen soll, sondern Vergangenes, gehabte Mühe und Beschwerde, zugrunde.

Hierin darf man also billigerweise den Grund dafür erblicken, daß die Menschen in derartigen Genüssen ihre Glückseligkeit suchen; wenn sie aber die Musik pflegen, wird es nicht bloß wegen dieser Täuschung sein, sondern auch, weil es der Erholung zu dienen scheint.

Es fragt sich indessen, ob nicht dieser Vorzug bloß nebensächlich ist und die Musik nicht ihrer Natur nach zu hoch steht, um auf diesen Nutzen beschränkt zu sein, und ob man nicht vielmehr nicht bloß jenen gemeinen Genuß aus ihr schöpfen soll, den jedermann erfährt — denn sie bringt naturgemäßen und naturnotwendigen Genuß, und darum wird sie auch von allen Altern und Charakteren so gern gepflegt —, sondern zuzusehen habe, ob sie nicht auch den Charakter und die Seele beeinflusse. Dies wäre offenbar der Fall, wenn sie sittliche Gefühle in uns wachruft. Daß sie das aber tut, zeigen außer manchen anderen nicht zuletzt die Gesänge des *Olympus*[7], die eingestandenermaßen die Seelen begeistern. Die Begeisterung aber ist ein Affekt der Seele als Trägerin des ethischen Lebens. Auch erzeugt schon die bloße mimische Darstellung ohne Rhythmen und Gesänge in aller Herzen ein gleichstimmiges Gefühl.

Da es aber der Musik eigen ist, uns zu ergötzen, wie der Tugend, sich recht zu freuen, zu lieben und zu hassen, so muß man offenbar bei ihrem Betriebe nichts so sehr lernen und sich angewöhnen, als das richtige sittliche Gefühl und die Freude an tugendhaften Sitten und edeln Taten. Die Rhythmen und Melodien kommen als Abbilder dem wahren Wesen des Zornes und der Sanftmut, sowie des Mutes und der Mäßigkeit wie ihrer Gegenteile, nebst der eigentümlichen Natur der anderen ethischen Gefühle und Eigenschaften sehr nahe. Das zeigt die Erfahrung. Wir hören solche Weisen, und unser Gemüt wird umgestimmt. Nun ist aber von der angenommenen Gewohnheit, sich über das Ähnliche zu betrüben oder zu er-

---

[7] Olympos: sagenhafte Person, dem die Erfindung der Flötenmusik bei den Griechen zugeschrieben wurde.

freuen, nicht weit bis zu dem gleichen Verhalten gegenüber der Wirklichkeit. Wenn einer bei dem Anblicke des Bildes einer Person sich erfreut, nicht aus sonst einem Grunde, sondern lediglich wegen der schönen Gestalt, so wird ihm notwendig auch der Anblick selbst, deren Bild er sieht, angenehm sein.

Bei den anderen Sinnesobjekten ist es freilich nicht der Fall, daß sie mit ethischen Phänomenen Ähnlichkeit haben, so z. B. nicht bei den Objekten des Gefühls und des Geschmacks, dagegen in etwa bei denen des Gesichts: die Züge und die Haltung, die man annimmt, haben diese Eigenschaft, jedoch nur in geringerem Grade, und was sie ausdrücken, kann jeder verstehen. Sie sind auch nicht eigentlich Bilder des Ethischen, vielmehr sind die Züge, die Stellungen und die wechselnden Farben, die man annimmt, nur dessen Zeichen, wie es denn auch der Leib ist, an dem sie im Affekt hervortreten. Doch ist der Unterschied der Wirkung, die die Darstellung solcher Affekte hervorbringt, immerhin groß genug, um die Forderung zu rechtfertigen, daß die Jünglinge nicht die Werke eines *Pauson* zu sehen bekommen sollen, sondern die des *Polygnot*[8] oder sonst eines Malers oder Bildhauers, der seinen Charakteren einen sittlichen Zug zu geben weiß.

Dagegen sind in den Melodien an sich schon Nachahmungen ethischer Vorgänge enthalten, wie es jedem einleuchten muß. Denn die Natur der einzelnen Tonarten ist von vornherein so verschieden, daß der Hörer bei jeder von ihnen anders und nicht in gleicher Weise gestimmt wird, sondern bei einigen, wie der sogenannten *mixolydischen,* mehr traurig und gedrückt, bei anderen wie den ausgelassenen, mehr leichtsinnig, während eine andere vorzugsweise in eine mittlere, gefaßte Stimmung versetzt, was wohl von allen Tonarten allein die *dorische* tut, wogegen die *phrygische* zur Begeisterung hinreißt. So urteilen die Schriftsteller, die über diesen Zweig der Erziehung philosophiert haben, mit Recht. Was sie an Gründen für sich anführen, dafür können sie die Erfahrung selbst zur Zeugin nehmen. Denn mit den verschiedenen Taktarten ist es ebenso. Die einen haben einen ruhigeren Charakter, die anderen einen bewegten, und bei diesen ist wieder die Bewegung bald plumper, bald vornehmer.

Hieraus sieht man also, daß die Musik die Fähigkeit besitzt, dem Gemüte eine bestimmte sittliche Beschaffenheit zu geben. Vermag sie das aber, so muß man offenbar die Jünglinge zu dieser Kunst anhalten und in ihr unterrichten. Auch paßt der Unterricht in der

---

[8] Die Maler Pauson von Ephesos und Polygnot von Thasos lebten im 5. Jahrhundert bzw. um 400 v. Chr.

Musik sehr gut zu der Eigenart dieser Altersstufe. Denn die Jünglinge unterziehen sich wegen ihres Alters keiner Sache freiwillig, die ihnen keinen Genuß gewährt; nun ist aber die Musik von Natur etwas Genußreiches. Es scheint auch eine Art Verwandtschaft zwischen der Seele und den Harmonien und Rhythmen zu bestehen, weshalb manche Philosophen behaupten, die Seele sei Harmonie, andere, sie enthalte eine solche in sich[9].

(Politik VIII 1—3, 5; 1337 a — 1340 b)

2.

Wir wollen hier von der Dichtkunst als solcher sprechen, ihren Gattungen und deren verschiedenen Wirkungen, ferner davon, wie man die Erzählungen aufbauen muß, wenn die Dichtung schön werden soll, außerdem, aus wie vielen und welchen Teilen eine Dichtung besteht und was schließlich noch zu diesem Gegenstande gehört. Und zwar werden wir der Sache gemäß mit dem Grundlegenden beginnen.

Epos, Tragödie, Komödie, Dithyrambendichtung, ferner der größere Teil der Flötenkunst und Kitharakunst sind alle insgesamt Nachahmungen. Sie unterscheiden sich aber voneinander in drei Dingen: sie ahmen nach entweder in verschiedenem Material oder verschiedene Gegenstände oder auf verschiedene Art und Weise. [...]

Allgemein scheinen zwei Ursachen die Dichtung hervorgebracht zu haben, beide in der Natur begründet. Denn erstens ist das Nachahmen den Menschen von Kindheit an angeboren; darin unterscheidet sich der Mensch von den anderen Lebewesen, daß er am meisten zur Nachahmung befähigt ist und das Lernen sich bei ihm am Anfang durch Nachahmung vollzieht; und außerdem freuen sich alle Menschen an den Nachahmungen. Ein Beweis dafür ist das, was wir bei Kunstwerken erleben. Was wir nämlich in der Wirklichkeit nur mit Unbehagen anschauen, das betrachten wir mit Vergnügen, wenn wir möglichst getreue Abbildungen vor uns haben, wie etwa die Gestalten von abstoßenden Tieren oder von Leichnamen. Ursache davon ist ebendies, daß das Lernen nicht nur für die Philosophen das erfreulichste ist, sondern ebenso auch für die anderen Menschen; doch kommen diese nur wenig dazu.

Darum also haben sie Freude am Anblick von Bildern, weil sie beim Anschauen etwas lernen und herausfinden, was ein jedes sei, etwa daß dies jenen Bekannten darstellt. Oder wenn man das

[9] Die erste Behauptung stellen die Pythagoreer auf, die andere stammt von Platon (im ‚Phaidon‘).

Modell nicht vorher gesehen hat, so macht zwar nicht die Nachahmung Vergnügen, aber dafür die Kunstfertigkeit, die Farbe oder irgendeine andere derartige Ursache.

Da nun das Nachahmen unserer Natur gemäß ist und ebenso Harmonie und Rhythmus (daß die Versmaße dem Rhythmus zugeordnet sind, ist klar), so haben von Anfang an die besonders dazu Begabten dies langsam entwickelt und schließlich aus den Improvisationen die Dichtung geschaffen. Die Dichtung hat sich aber aufgeteilt nach den jeweiligen Charakteren.

Die Edleren ahmten die großen Taten nach und die Taten der Edlen, die Gewöhnlichen die Taten der Gemeinen; so dichteten diese Scheltgedichte ebenso wie die anderen Hymnen und Lobgesänge. [. . .]

Es ergibt sich auch aus dem Gesagten, daß es nicht die Aufgabe des Dichters ist, zu berichten, was geschehen ist, sondern vielmehr, was geschehen könnte und was möglich wäre nach Angemessenheit oder Notwendigkeit. Denn der Geschichtsschreiber und der Dichter unterscheiden sich nicht dadurch, daß der eine Verse schreibt und der andere nicht (denn man könnte ja die Geschichte Herodots[10] in Verse setzen und doch bliebe es gleich gut Geschichte, mit oder ohne Verse); sie unterscheiden sich vielmehr darin, daß der eine erzählt, was geschehen ist, der andere, was geschehen könnte. Darum ist die Dichtung auch philosophischer und bedeutender als die Geschichtsschreibung. Denn die Dichtung redet eher vom Allgemeinen, die Geschichtsschreibung vom Besonderen. Das Allgemeine besteht darin, was für Dinge Menschen von bestimmter Qualität reden oder tun nach Angemessenheit oder Notwendigkeit; darum bemüht sich die Dichtung und gibt dann die Eigennamen bei. Das Besondere ist, was Alkibiades[11] tat oder erlebte.

Bei der Komödie ist dies von vornherein klar. Denn ihre Dichter setzen die Handlung zusammen nach der Wahrscheinlichkeit und fügen beliebige Namen hinzu; sie machen es also nicht wie die Jambendichter, die über einzelne Personen dichten.

Bei der Tragödie dagegen halten sie sich an die überlieferten Namen. Ursache ist, daß das überzeugt, was möglich ist. Was nun überhaupt nicht geschehen kann, das halten wir auch dichterisch

---

[10] Herodot aus Halikarnassos in Kleinasien (ca. 484 bis nach 430 v. Chr.), Geschichtsschreiber im Athen des Perikles, später als ‚Vater der Geschichtsschreibung' bezeichnet.

[11] (ca. 450 bis 404 v. Chr.), athenischer Politiker und Heerführer der Zeit des Peloponnesischen Krieges, Prototyp des den Rahmen der Polis sprengenden Machtmenschen.

nicht für möglich. Was aber geschehen ist, von dem ist es klar, daß es auch geschehen konnte; es wäre ja nicht geschehen, wenn es unmöglich gewesen wäre.

Es kommt allerdings auch in den Tragödien vor, daß unter den Namen nur einer oder zwei bekannt sind und die andern erfunden; in einigen ist kein einziger Name bekannt, wie im ‚Antheus' des Agathon[12]. In ihm sind nämlich sowohl die Handlung wie auch die Namen erfunden und dennoch ist das Vergnügen daran nicht geringer. Also ist es durchaus nicht notwendig, sich unter allen Umständen an die überlieferten Mythen, so wie sie die (bekanntesten) Tragödien darstellen, zu halten. Es wäre auch lächerlich, sich darum zu bemühen, da ja selbst die bekannten Stoffe nur wenigen bekannt sind und dennoch alle erfreuen.

Daraus ergibt sich, daß der Dichter eher Erfinder von Handlungen sein soll als von Versmaßen, sofern er nämlich als Dichter Nachahmer ist, und zwar Nachahmer von Handlungen. Auch wenn es sich trifft, daß er über wirklich Geschehenes dichtet, ist er darum nicht weniger Dichter. Denn zuweilen kann wirklich Geschehenes dem entsprechen, was wahrscheinlich und möglich gewesen wäre, und insofern kann auch jenes als Werk des Dichters gelten.

Von den unvollkommenen Mythen und Handlungen sind die episodischen die schlechtesten. Ich nenne einen episodischen Mythos einen solchen, in welchem die Abfolge der einzelnen Episoden ohne Wahrscheinlichkeit oder Notwendigkeit erfolgt. Wo die Dichter schlecht sind, machen sie von selbst diesen Fehler, wo sie gut sind, machen sie ihn wegen der Spielrichter. Denn wenn sie Konkurrenzen veranstalten und die Handlung über die Möglichkeit hinaus ausdehnen, werden sie oftmals gezwungen, die Reihenfolge zu zerreißen.

Da nun aber nicht nur eine vollkommene Handlung nachgeahmt wird, sondern auch eine solche, die Furcht und Mitleid erregt, so geschieht dies vorzugsweise, wenn es gegen die Erwartung und so, daß in einem Handlungsablauf Großes gestürzt und Niedriges erhöht wird, geschieht; denn so wird das Geschehen erstaunlicher, als wenn es sich von selbst oder durch den Zufall abwickelte. Ja, auch beim Zufälligen scheint dies das erstaunlichste zu sein, was sinnvoll zu geschehen scheint, so wie etwa die Statue des Mitys in Argos jenen erschlug, der am Tode des Mitys schuld war, indem sie

---

[12] Agathon (zweite Hälfte des 5. Jahrhunderts v. Chr.), einer der bedeutendsten attischen Tragiker. Eine wichtige Neuerung Agathons bestand darin, daß in seinem ‚Antheus' Personen und Handlung frei erfunden waren.

nämlich auf ihn fiel, als er sie betrachtete; dergleichen scheint nicht willkürlich zu geschehen. Mythen solcher Art sind notwendigerweise die schöneren. [. . .]

Was nun die Probleme und ihre Lösungen angeht, aus wie vielen und wie beschaffenen Arten sie bestehen, das kann aus folgenden Überlegungen sichtbar werden.

Da der Dichter ein Nachahmer ist, genau wie der Maler oder ein anderer Bildner, so muß man immer eines von den drei Dingen nachahmen, die es gibt: man soll die Wirklichkeit nachahmen, entweder so, wie sie war oder ist, oder so, wie man sagt, daß sie sei und wie man meint, oder so, wie sie sein soll. Ausgedrückt wird dies mit der Sprachform, wozu die Glossen und die Metaphern und viele Abwandlungen der Sprachform gehören; all dies weisen wir den Dichtern zu.

Außerdem ist die Richtigkeit nicht dieselbe bei der Politik und bei der Poetik oder überhaupt bei der Poetik und irgendeiner andern Kunst. Bei der Poetik gibt es zwei Arten von Fehlern, die eine wesentlich, die andere akzidentell. Wenn nämlich der Dichter etwas nachzuahmen sich vorgenommen hat, es aber wegen Unfähigkeit nicht richtig nachahmt, so liegt der Fehler an seiner poetischen Kunst selbst. Wenn er sich aber etwas nicht recht vorgestellt hat, so daß etwa ein Pferd gleichzeitig seine beiden rechten Beine nach vorn wirft, oder wenn er sich in bezug auf eine bestimmte Wissenschaft verfehlt, wie etwa die Medizin oder irgend etwas anderes, oder wenn er irgend etwas Unmögliches erdichtet, so liegt das nicht an der poetischen Kunst als solcher. Diese Dinge muß man im Auge behalten, wenn man die Einwände, die sich in den Problemen ergeben, lösen will.

Was nun zunächst die poetische Kunst selbst betrifft, so ist es ein Fehler, wenn man Unmögliches dichtet; dennoch ist es in Ordnung, wenn sie damit ihr Ziel erreicht (und wir haben dieses Ziel genannt) und wenn auf diese Weise dieser oder ein anderer Teil der Dichtung erstaunlicher wird. Ein Beispiel ist die Verfolgung Hektors[13]. Wenn aber das Ziel eher oder nicht weniger gut erreicht werden kann, wenn man jene Regeln beachtet, dann ist der Fehler nicht zu entschuldigen. Denn man soll, wenn es möglich ist, sich überhaupt nicht verfehlen.

Man muß außerdem prüfen, in welche Kategorie der Fehler gehört, in die die Dichtkunst selber betreffende oder in die akzidentelle. Denn es ist weniger schlimm, wenn der Dichter nicht weiß,

---

[13] Anspielung auf eine Episode der ‚Ilias', in der der trojanische Held Hektor von Achilles dreimal um Troja gejagt wird.

daß die Hirschkuh keine Hörner hat, als wenn er sie schlecht nachgeahmt hat. Außerdem wenn man vorwirft, daß der Dichter die Wirklichkeit verfehlt, so kann man sagen, er hat vielleicht gedichtet, wie die Dinge sein sollen, so wie Sophokles selber sagte, er dichte die Menschen, wie sie sein sollten, Euripides aber, wie sie seien. Wenn aber keines von beiden gilt, so kann man erwidern, man dichte, wie es die Leute sagen; das gilt etwa für das, was die Götter betrifft. Denn vielleicht dichtet man da weder besser noch wahr, sondern wie es bei Xenophanes heißt: man sagt eben so. Anderes erdichtet man vielleicht nicht besser, aber doch so wie es früher war, etwa in bezug auf die Bewaffnung. Etwa „die Lanzen waren ihnen dort senkrecht aufgestellt, das Eisen nach oben"; denn so war es früher Sitte, wie auch heute noch bei den Illyriern.

Um zu beurteilen, ob diese oder jene Rede oder Handlung richtig oder nicht richtig ist, muß man nicht nur auf die Handlung und Rede selber blicken und prüfen, ob sie edel oder gemein ist, sondern auch auf den Handelnden und Redenden, und an wen es geht und wann und für wen und wozu, etwa damit ein größerer Gewinn entstehe oder ein größerer Schaden vermieden werde.

(Poetik, Kap. 1, 4, 9, 25 [gekürzt])

Marcus Tullius Cicero[1]

1.

„Aber so, Scipio[2], wie dieser dein Großvater, wie ich, der ich dich gezeugt, übe Gerechtigkeit und fromme Liebe, die etwas Großes bei Eltern und Verwandten, beim Vaterland das allergrößte ist. Dieses Leben ist der Weg zum Himmel, in diesen Kreis hier derer, die schon gelebt haben und vom Körper gelöst jenen Ort bewohnen, den du siehst — es war dies aber ein Kreis zwischen den Flammen in strahlendstem Schimmer erglänzend —, den ihr, wie ihr es von den Griechen vernommen, Milchstraße nennt." Worauf ich mir alles betrachtete und das übrige herrlich und wunderbar

---

[1] Vom Gemeinwesen, eingeleitet und neu übersetzt von Karl Büchner, Zürich ²1960 (54—51 v. Chr.); Vom rechten Handeln, eingeleitet und neu übersetzt von Karl Büchner, Zürich-Stuttgart ²1964 (44 v. Chr.).

[2] Publius Cornelius Scipio Africanus Maior (235—183 v. Chr.) schlug Hannibal im 2. Punischen Krieg; sein Adoptivenkel Publius Cornelius Scipio Aemilianus Africanus Minor (185—129 v. Chr.) eroberte und zerstörte Karthago im 3. Punischen Krieg. — Der Text gehört zum Schlußteil des Werkes, dem ‚Somnium Scipionis' (Traum Scipios). In diesem Traum erscheint der Vater des jüngeren Scipio seinem Sohn und erläutert ihm die Stellung des Römischen Reiches im Weltganzen.

schien. Es waren aber die Sterne, die wir nie von diesem Ort aus gesehen haben, und alle von der Größe, wie wir es nie vermutet. Von ihnen aus war der der kleinste, der als letzter vom Himmel aus gesehen, als nächster von der Erde aus, in fremdem Lichte leuchtete. Die Kugeln der Sterne aber übertrafen leicht die Größe der Erde. Die Erde gar selber erschien mir so klein, daß es mich unseres Reiches, mit dem wir gleichsam nur einen Punkt von ihr anrühren, reute.

Als ich sie weiter anschaute, sagte Africanus: „Ich bitte dich, wie lange wird dein Geist am Boden haften bleiben? Schaust du nicht, in welche Tempel du gekommen bist? In neun Kreisen oder besser Kugeln ist alles verbunden.[3] Der eine von ihnen ist der himmlische, der äußerste, der alle übrigen umfaßt, der höchste Gott selber, die übrigen einschließend und umfassend. An ihm sind angeheftet jene ewig kreisenden Bahnen der Sterne. Unter ihm liegen sieben, die sich rückwärts drehen in entgegengesetzter Bewegung zum Himmel. Eine Kugel von ihnen hat jener Stern besetzt, den sie auf Erden den saturnischen heißen. Darauf folgt jener Glanz, dem Menschengeschlecht günstig und heilsam, der Jupiter gehört, wie man sagt. Dann der rötliche und der Erde schreckliche, den ihr den Mars heißt. Darauf hat darunter etwa die Mitte die Sonne inne, die Führerin, die Fürstin und Lenkerin der übrigen Sterne, die Seele und Regierung der Welt, von solcher Größe, daß sie alles mit ihrem Lichte bescheint und erfüllt. Ihr folgen wie Begleiter die Bahnen, die eine der Venus, die andere des Merkur, und in dem untersten Kreis dreht sich der Mond, von den Strahlen der Sonne angesteckt. Darunter aber gibt es schon nur noch Sterbliches und Hinfälliges, außer den Seelen, die durch das Geschenk der Götter dem Menschengeschlecht gegeben sind, oberhalb des Mondes ist alles ewig. Denn sie, die die Mitte und neunte ist, die Erde, bewegt sich nicht und ist die unterste und zu ihr streben alle Gewichte durch eigene Schwere."

Als ich dies voll Staunen betrachtete, sagte ich, während ich mich faßte: „Was ist hier? Was ist dieser so gewaltige und süße Ton, der

[3] Die Weltauffassung, die Cicero hier vortragen läßt, entspricht in vielen Punkten der des Mythos vom Pamphylier Er in Platons ‚Politeia'. Danach verharrt die kugelförmige Erde in der Mitte des Kosmos. Als konzentrisch angeordnete Sphären umschließen sie die Bahnen der sieben ‚Planeten' (Mond, Merkur, Venus, Sonne, Mars, Jupiter, Saturn). Das Ganze ist von der Hohlkugel des Himmelsgewölbes umschlossen; an dieser Hohlkugel sind die Fixsterne ‚befestigt'. Das Himmelsgewölbe besteht aus reinstem Feuer und wird pantheistisch mit dem höchsten Gott gleichgesetzt; die vom Körper befreite Seele kann den Kosmos schauen.

meine Ohren erfüllt?" „Da ist jener Ton, der getrennt durch ungleiche, aber doch in bestimmtem Verhältnis sinnvoll abgeteilte Zwischenräume, durch Schwung und Bewegung der Kreise selber bewirkt wird und, das Hohe mit dem Tiefen mischend, verschiedene Harmonien ausgeglichen bewirkt; denn so gewaltige Bewegungen können nicht in Stille angetrieben werden und die Natur bringt es mit sich, daß das Äußerste auf der einen Seite tief, auf der anderen Seite hoch tönt. Daher bewegt sich jene höchste sternentragende Bahn des Himmels, deren Umdrehung schneller ist, mit einem hohen und aufgeregten Ton, die des Mondes aber und unterste mit dem tiefsten. Denn die Erde als neunte und unbeweglich bleibend hängt immer an *einem* Sitz, die Mitte des Weltalls einnehmend. Jene acht Bahnen aber, von denen zwei dieselbe Kraft besitzen, bewirken sieben durch Zwischenräume unterschiedene Töne, eine Zahl, die der Knoten fast aller Dinge ist; das haben gelehrte Männer mit Saiten und Stimmen nachgeahmt[4] und haben sich damit die Rückkehr zu diesem Ort erschlossen, wie andere, die mit überragender Geisteskraft im menschlichen Leben göttliche Studien gepflegt haben. Von diesem Ton sind die Ohren der Menschen erfüllt und dafür taub geworden; und kein Sinn in euch ist abgestumpfter; wie dort, wo der Nil zu den sogenannten Catadupa[5] von den höchsten Bergen herabstürzt, das Volk, das jene Gegend bewohnt, wegen der Größe des Geräusches des Gehörsinns entbehrt. Dieser Ton aber ist durch die überaus rasche Umdrehung des ganzen Weltalls so gewaltig, daß ihn die Ohren der Menschen nicht fassen können, so wie ihr die Sonne nicht direkt anschauen könnt und eure Sehschärfe und euer Gesicht durch ihre Strahlen besiegt wird."

(Vom Gemeinwesen, VI 16—19)

2.

Und vor allem ist dem Menschen die Suche und das Aufspüren der Wahrheit eigentümlich. Wenn wir deshalb unbeansprucht sind von notwendigen Geschäften oder Sorgen, begehren wir etwas zu sehen, zu hören, hinzuzulernen und halten die Erkenntnis verborgener und merkwürdiger Dinge für nötig zum Glücklichleben.

---

[4] Nach mathematisch-musikalischen Theorien der Pythagoreer wurden die Töne auf bestimmte Zahlenverhältnisse bezogen. Auf den Kosmos übertragen, sollen die Abstände der acht Sphären dem Verhältnis der Saitenlänge zur Tonhöhe auf den Musikinstrumenten entsprechen. Mit dem Abstand von der Erde nimmt die Geschwindigkeit der rotierenden Sphären und daher die Tonhöhe der Sphärenmusik zu.

[5] gemeint sind die Nilkatarakte.

Daraus erkennt man, daß, was wahr, einfach und rein ist, der Natur des Menschen am gemäßesten ist. Dieser Begierde, die Wahrheit zu sehen, ist verbunden ein Streben nach Vorrang derart, daß ein von Natur wohl gebildeter Sinn niemandem gehorchen will, es sei denn dem Weisung Gebenden, dem Lehrenden oder dem des Nutzens wegen gerecht und gesetzmäßig Befehlenden. Daraus entspringt die Seelengröße und die Geringschätzung der menschlichen Dinge. Erst recht nicht gering ist jene Kraft seiner Natur und Vernunft, daß dieses Lebewesen allein empfindet, was Ordnung ist, was es ist, was sich ziemt, was das Maß in Taten und Worten. Daher empfindet schon bei dem, was durch den Anblick wahrgenommen wird, kein anderes Lebewesen Schönheit, Anmut und Harmonie der Teile. Die Ähnlichkeit hierin überträgt seine Natur und Vernunft von den Augen auf den Geist, glaubt, daß noch viel mehr Schönheit, Beständigkeit, Ordnung in Entschlüssen und Taten gewahrt sein müsse und hütet sich, etwas unschön oder weibisch auszuführen, dann überhaupt in allen Vorstellungen und Taten etwas zügellos zu tun oder zu denken. Hieraus bildet sich und entwickelt sich das, was wir suchen, das Ehrenhafte, das, auch wenn es nicht ausgezeichnet wird, doch ehrenhaft ist und von dem wir in Wahrheit, auch wenn es von keinem gelobt wird, behaupten können, daß es von Natur lobenswert ist. [...]

Der Reihenfolge nach ist noch über den einen übrigen Teil der Gesittung zu sprechen, in dem Zartgefühl und sozusagen ein gewisser Schmuck des Lebens, Ausgeglichenheit, Bescheidenheit und jegliches Beruhigen der Leidenschaften der Seele und Maß in den Dingen erschaut wird. In diesem Gebiet ist das beschlossen, was man auf lateinisch decorum = das Schickliche nennen könnte, griechisch heißt es πρέπον. Dessen Bedeutung ist derart, daß sie vom Ehrenvollen nicht getrennt werden kann. Denn was sich schickt, ist ehrenvoll, und was ehrenvoll ist, schickt sich. Wie aber der Unterschied zwischen Ehrenvollem und Schicklichem ist, das läßt sich leichter erkennen als klarlegen. Was es nämlich auch immer sei, was sich schickt, es tritt dann zutage, wenn das Ehrenvolle vorangegangen ist. Daher zeigt sich nicht nur in dem Teil des Ehrenvollen, über den hier zu sprechen ist, sondern auch in den drei früheren, was sich schickt. Denn Vernunft und Rede klug zu gebrauchen und, was du tust, überlegt zu tun und in jeder Sache, was Wahres in ihr ist, zu sehen und zu schauen, ist schicklich; und sich zu täuschen, zu irren, zu Fall zu kommen, sich betrügen zu lassen, schickt sich auf der Gegenseite so wenig wie wahnsinnig und beschränkt zu sein. Und alles Gerechte ist schicklich, Ungerechtes im Gegenteil wie schimpflich, so unschicklich. Ähnlich steht es mit dem Wesen der Tapferkeit. Was nämlich männlich und in großer Gesinnung vollbracht wird, das ist offensichtlich eines Mannes würdig und schicklich, das Gegenteil wie schimpflich, so unschicklich. Darum erstreckt sich das genannte Schickliche auf alles Ehrenvolle, und es erstreckt sich so darauf, daß es nicht auf eine versteckte Weise irgendwie erkannt wird, sondern offen bereit liegt. Es gibt nämlich etwas Gewisses, und zwar wird es an jeder Tugend erkannt, was sich schickt. Es kann mehr im Denken von der Tugend getrennt werden als in Wirklichkeit. Wie die Anmut und Schönheit des Körpers sich nicht von der Gesundheit trennen läßt, so ist dies Schickliche, von dem wir sprechen, ganz mit der Tugend verschmolzen, aber in Geist und Gedanken wird es unterschieden. Es ist aber seine Einteilung zweifach. Denn wir können ein allgemeines Schickliches erkennen, was in jedem Ehrenvollen wohnt, und ein anderes diesem Untergeordnetes, das sich auf die einzelnen Teile des Ehrenvollen bezieht. Und jenes erste pflegt etwa so abgegrenzt zu werden: schicklich sei das, was in Einklang stünde mit dem Vorrang der Menschen in dem Punkte, in dem sich seine Natur von den übrigen Lebewesen unterscheidet. Den Teil aber, der der Art untergeordnet ist, grenzen sie so ab, daß sie schicklich das sein lassen, was so in Einklang mit der Natur steht, daß in ihm Mäßigung und Beherrschtheit erscheint in Verbindung mit einem gewissen anmutig-freien Aussehen. Daß dies so verstanden wird, können wir an dem Schicklichen erkennen, nach dem die Dichter streben, worüber an anderer Stelle mehr gesagt zu werden pflegt. Aber wie wir dann sagen, daß die Dichter jenes innehalten, was sich schicke, wenn gesagt und getan wird, was einer jeden Rolle ansteht, so daß, wenn Aiakos oder Minos sagen würde:

Mögen sie mich hassen, wenn sie nur fürchten mich

oder:

Den Söhnen ist der Vater selber Grab,

dies unpassend schiene, weil sie gerecht waren, wie uns überliefert ist: aber wenn es Atreus sagte, wird der Beifall entfacht.[6] Denn die Rede ist der Rolle angemessen. Aber die Dichter werden aus der Rolle beurteilen, was einem jeden ansteht. Uns aber legte die Natur selber eine Rolle auf mit Überlegenheit und Vorrang vor den übrigen Lebewesen. Darum werden die Dichter bei der großen Verschiedenheit der Rollen auch darauf sehen, was für Lasterhafte

---

[6] Aiakos und Minos: Richter in der Unterwelt, beide wegen ihrer Gerechtigkeit berühmt; Atreus: König aus dem berüchtigten Geschlecht des Tantalos, brachte seinen Stiefbruder Chrysippos um, tötete die Söhne seines Bruders Thyestes und setzte sie ihm als Speise vor.

paßt und was ihnen ansteht. Da uns aber von der Natur die Rolle der Beständigkeit, Mäßigung, Beherrschtheit und des Zartgefühls gegeben ist, und dieselbe Natur lehrt, nicht gering zu achten, wie wir uns gegen die Menschen betragen, folgt daraus, daß sich zeigt, wie weit sowohl jenes Schickliche, was sich auf alles Ehrenvolle erstreckt, wirkt, als auch dieses, das in einer jeden Art Tugend geschaut wird. Wie nämlich die Schönheit des Körpers durch eine abgestimmte Ordnung der Glieder die Augen auf sich zieht und eben dadurch erfreut, daß alle Teile unter sich mit einer gewissen Anmut zusammenstimmen, so weckt dieses Schickliche, das im Leben hervorleuchtet, den Beifall derer, mit denen man lebt, durch Ordnung, Beständigkeit und Mäßigung aller Worte und Taten. Zu üben ist also eine gewisse Ehrfurcht gegen die Menschen, gegen die Besten und gegen die übrigen. Denn sich nicht zu kümmern um das, was ein jeder über einen denkt, ist nicht allein die Art eines Anmaßenden, sondern sogar eines gänzlich außer Rand und Band Geratenen. Es gibt aber beim Rücksichtnehmen auf die Menschen einen Unterschied zwischen der Gerechtigkeit und dem Zartgefühl. Aufgabe der Gerechtigkeit ist es, die Menschen nicht zu verletzen, des Zartgefühls, keinen Anstoß zu erwecken, worin besonders das Wesen des Schicklichen erkannt wird. Nach dieser Darlegung, glaube ich, ist wohl eingesehen, wie beschaffen das ist, von dem wir sagen, es schicke sich.

(Vom rechten Handeln, I 13—14, 93—99)

Lucius Annaeus Seneca[1]

Du weißt, unsere Stoiker nehmen zwei Urgründe für alles Werden in der Natur an, die Ursache und die Materie. Die Materie für sich ist träge, empfänglich für alles, aber ruhend, so lange nicht jemand sie in Bewegung setzt. Die Ursache aber, also die Vernunft, gibt der Materie die Form, läßt sie die von ihr (der Vernunft) gewünschten Wandlungen durchlaufen und läßt mancherlei Erscheinungen aus ihr hervorgehen. Es muß also etwas geben, aus dem etwas entsteht, sodann etwas, wodurch es wird. Dies letztere ist die Ursache, das erstere die Materie. Alle Kunst ist Nachahmung der Natur. Was ich also von dem Weltganzen sagte, das gilt auch von den durch Menschenhand herzustellenden Werken. Zur Herstellung einer Bildsäule gehörte einerseits die Materie, die dem Künstler die Möglichkeit seiner Betätigung gab, anderseits der

[1] Philosophische Schriften, 3. Bändchen: Briefe an Lucilius, I. Teil, 65. Brief, übersetzt, mit Einleitungen und Anmerkungen versehen von Otto Apelt, Leipzig 1924 (62—64 n. Chr.).

Künstler, der der Natur ihre Form gab. Bei einer Bildsäule also ist die Materie das Erz, die Ursache ist der Meister. Ebenso steht es mit allen Dingen: sie bestehen aus dem was bewirkt wird und aus dem Bewirkenden.

Nach der Meinung der Stoiker gibt es nur *eine* Ursache, nämlich die bewirkende. Aristoteles dagegen nimmt die Ursache in dreifachem Sinn: „Die erste Ursache" sagt er, „ist die Materie selbst, ohne die nichts hervorgebracht werden kann; die zweite der Werkmeister; die dritte die Form, die jedem Werke wie einer Bildsäule ihr eigentümliches Gepräge gibt." Aristoteles bezeichnet sie mit dem Ausdruck εἶδος (Gestalt, Eigenart). „Dazu", sagt er, „kommt noch eine vierte Ursache, der *Zweck* des ganzen Werkes." Über ihre Bedeutung sei folgendes gesagt: Das Erz ist die erste Ursache einer Bildsäule. Denn sie wäre überhaupt nicht entstanden, wenn nicht das vorhanden gewesen wäre, aus dem sie gegossen oder hervorgebracht ward. Die zweite Ursache ist der Künstler. Denn jenes Erz hätte nicht zur Gestalt einer Bildsäule geformt werden können, wenn nicht geschickte Hände dabei im Spiele gewesen wären. Die dritte Ursache ist die Form. Denn diese Statue würde nicht Doryphoros (Speerträger) oder Diadumenos (Stirnreifträger) genannt werden, wenn sie nicht dieses besondere Gepräge erhalten hätte. Die vierte Ursache ist der Zweck der Herstellung überhaupt. Denn ohne einen solchen wäre sie überhaupt nicht in Angriff genommen worden. Und der Zweck, was ist er? Das, was den Künstler veranlaßt hat, was für sein ganzes Schaffen bestimmend war. Und zwar ist das entweder Geld, wenn er es bei der Herstellung auf den Verkauf abgesehen hatte, oder Ruhm, wenn er sich einen Namen machen wollte, oder ein religiöser Antrieb, wenn er dem Tempel damit ein Geschenk machen wollte. Also auch das ist eine Ursache für die Entstehung des Werkes. Oder glaubst du nicht, zu den Ursachen des fertigen Werkes sei auch das zu rechnen, ohne dessen Vorhandensein das Werk überhaupt nicht in Angriff genommen worden wäre?

Platon fügt dem noch eine fünfte Ursache hinzu, das Urbild, das er selbst Idee genannt. Das ist nämlich dasjenige, was dem Auge des Künstlers bei Herstellung des beabsichtigten Werkes vorschwebt. Es macht aber für eine Sache nichts aus, ob dies Musterbild außer ihm ist, so daß er die Augen nach ihm hinrichtet, oder in ihm, so daß er es selbst mit seinem Geiste erfaßt und sich zum Ziel gesetzt hat. Diese Urbilder aller Dinge trägt die Gottheit in sich, sie umfaßt in ihrem Geist alles, was ins Werk zu setzen ist, nach Zahl und Maß: sie birgt in sich die ganze Fülle der Formen, die Platon Ideen nennt, diese unvergänglichen, unveränderlichen, ewig frischen Urbilder. So vergehen denn zwar die Menschen, aber die Idee der Menschheit, nach welcher der Mensch geschaffen wird, sie bleibt, und während die Menschen leiden und zu Grunde gehen, bleibt sie jeden Leides ledig. Es gibt also nach Platon der Ursachen fünf[2]: das *aus* was, das *durch* was, das *in* was, das *nach* was, das *um wes willen*. Das letzte Ergebnis aus alle dem ist das daraus zustande gekommene Werk. So ist bei einer Bildsäule, um bei diesem einmal eingeführten Beispiel zu bleiben, das *aus was* das Erz, das *durch was* der Künstler, das *in was* die Form, die ihr angepaßt wird, das *nach was* das Urbild, das der Schaffende nachahmt, das *um wes willen* der Zweck, den er mit seinem Werke verfolgt; das Ergebnis von alle dem ist eben die Bildsäule. Das alles findet sich dem Platon zufolge auch bei dem Weltganzen: der Schaffende, das ist Gott; das, woraus es wird, das ist die Materie; die Form, das ist die Beschaffenheit und Ordnung der Welt, die vor unseren Blicken liegt; das Musterbild, das ist die Idee, nach der Gott dies herrlichste aller Werke in seiner ganzen Großartigkeit schuf. Und endlich der Zweck dieser Schöpfung. Was ist, fragst du, das Absehen Gottes? Das Gute. So sagt wenigstens Platon: „Welche Ursache hatte Gott, die Welt zu schaffen? Er ist voll Güte; wer aber gut ist, für den gibt es niemals und nirgends einen Grund zum Neide. Daher gab er der Welt die denkbar beste Gestalt.“[3]

Fälle also jetzt als Richter dein Urteil und verkünde, wer deinem Dafürhalten nach das Wahrste sagt, nicht wer es wirklich sagt. Denn dies liegt so hoch über uns wie die Wahrheit selbst.

Diese Häufung von Ursachen, die sich bei Aristoteles und Platon findet, umfaßt entweder zu viel oder zu wenig. Denn wenn sie als Ursache der schaffenden Tätigkeit alles das hinstellen, was vorhanden sein muß, um eine Sache zustande zu bringen, so haben sie zu wenig genannt. Auch die Zeit gehört dann zu den Ursachen: nichts kann ohne die Zeit entstehen. Ebenso der Raum: gibt es keinen Ort, wo es geschieht, so wird es überhaupt nicht geschehen. Nicht minder die Bewegung: nichts entsteht ohne sie, nichts vergeht ohne sie. Keine Kunst, keine Veränderung ist ohne Bewegung. Allein wir suchen jetzt eine erste und allgemeine Ursache. Diese muß eine einfache sein; denn auch die Materie ist einfach. Fragen wir also nach der Ursache, so lautet die Antwort: die wirkende Vernunft, und dies ist die Gottheit. Denn alles das, was ihr aufgezählt habt, ist nicht eine Vielheit einzelner Ursachen, sondern

---

[2] Seneca kombiniert hier Gedanken Platons mit systematischen Überlegungen des Aristoteles (vgl. Aristoteles: Metaphysik V 2).

[3] Timaios 29 e.

hängt von der einen ab, nämlich der wirkenden. Du erklärst die Form für eine Ursache? Sie prägt der Künstler dem Werke auf, sie ist ein Teil der Ursache, nicht die Ursache selbst. Auch das Urbild ist nicht Ursache, sondern unentbehrliches Werkzeug der Ursache. Das Urbild ist dem Künstler so unentbehrlich wie Meißel und Feile; ohne diese kann die Kunst nichts ausrichten. Doch sind dies keine Teile oder Ursachen der Kunst. „Der Zweck", heißt es weiter, „ist für den Künstler die Ursache, sich an eine Arbeit zu machen." Mag er immerhin Ursache sein, er ist nicht wirkende sondern nur nebenhergehende Ursache. Deren aber gibt es eine Unzahl. Wir aber fragen nach der allgemeinen Ursache. Wenn jene Philosophen aber das Weltganze als vollendetes Werk eine Ursache nennen, so entspricht das nicht ihrem gewohnten Scharfsinn; denn es ist ein großer Unterschied zwischen einem Werk und der Ursache des Werkes.

(65. Brief, 2—14)

Plotin[1]

1.

Das Schöne

Das Schöne findet sich die Fülle im Bereich des Gesichts; es findet sich auch im Bereich des Gehörs, bei der Fügung der Wörter und in der gesamten Musik (denn Melodie und Rhythmus ist auch etwas Schönes); es finden sich aber auch, wenn wir von dem Wahrnehmungsbereich nach oben fortschreiten, schöne Beschäftigungen, Handlungen, Zustände, Wissenschaften und endlich die Schönheit der Tugenden; und ob sich über all diesem noch etwas Schönes findet, wird sich herausstellen. Was ist denn nun dasjenige, welches bewirkt, daß die Leiber dem Blick schön erscheinen und daß das Gehör die Töne als schöne bejaht, und wie kommt weiterhin die Schönheit alles dessen zustande, was mit der Seele zusammenhängt? Sind alle diese Dinge vermöge ein- und desselben schön, oder ist die Schönheit etwas anderes wo sie am Leibe, etwas anderes wo sie an einem andern ist? Und was ist die Eine oder die verschiedenen? Gewisse Dinge sind nämlich nicht bereits von ihrer Substanz her schön, sondern erst durch Teilhabe, wie die Leiber; andere sind an sich Schönheit, wie es das Wesen der Tugend ist. Denn dieselben Leiber erscheinen bald als schön, bald als nicht

---

[1] Plotins Schriften, übersetzt von Richard Harder, Neubearbeitung mit griechischem Lesetext und Anmerkungen fortgeführt von Rudolf Beutler und Willy Theiler, Bd. 1 und 3, Hamburg 1956 und 1964 (Interpunktion normalisiert).

schön; Leib sein muß also unterschieden sein von schön sein. Was ist nun das, was hier den *Leibern* beiwohnt? Das soll der erste Gegenstand unserer Untersuchung sein.

Was ist es, das den Blick des Beschauers erregt, auf sich wendet und mitzieht und im Schauen sich ergötzen läßt? Wenn wir das finden, kann es uns vielleicht auch als Stufe dienen zur Betrachtung der sonstigen Schönheit. Ziemlich allgemein wird behauptet, daß ein Wohlverhältnis der Teile zueinander und zum Ganzen, und zusätzlich das Moment der schönen Färbung, die sichtbare Schönheit ausmacht; schön sein bedeute, für die sichtbaren Dinge und überhaupt für alles andere, symmetrisch sein, Maß in sich haben. Für die Verfechter dieser Lehre[2] kann es also kein einfaches, sondern notwendig nur ein zusammengesetztes Schönes geben; das Ganze ferner kann schön sein, seine einzelnen Teile aber können von sich aus nicht schön sein, sondern nur sofern sie zur Schönheit des Ganzen beitragen. Aber wenn denn das Ganze schön ist, müssen es auch die Teile sein; denn ein Schönes kann doch nicht aus häßlichen Bestandteilen bestehen, sondern die Schönheit muß alle Teile durchsetzen. Die schönen Farben ferner, wie auch das Licht der Sonne, da sie einfach sind und ihre Schönheit also nicht auf Symmetrie beruhen kann, bleiben für sie vom schön sein ausgeschlossen. Und das Gold, wie kann es dann noch schön sein, und das Funkeln der Nacht . . .(?). Und bei den Tönen müßte ebenso das Einfache fortfallen; dabei ist doch vielfach der einzelne Ton unter denen, die in dem schönen Ganzen sind, auch seinerseits schön. Da nun ferner das nämliche Antlitz, ohne daß sich die Symmetrie seiner Teile ändert, bald schön erscheint, bald nicht, so muß man zweifellos das Schöne als etwas anderes ansehen, das erst über das Symmetrische kommt, und das Symmetrische muß seine Schönheit erst durch ein anderes erhalten.

Wenn sie dann aber etwa weiterschreiten zu den schönen Beschäftigungen und den schönen Gedanken und auch hier die Symmetrie als Grund der Schönheit angeben wollten — was kann man unter Symmetrie bei schönen Beschäftigungen, Gesetzen, Kenntnissen, Wissenschaften denn überhaupt noch verstehen? Wie können Lehrsätze symmetrisch zueinander sein? Sofern sie zueinander stimmen? Nun, auch die schlechten Sätze stimmen und passen zueinander; die beiden Sätze ‚Selbstbeherrschung ist Torheit' und ‚Gerechtigkeit ist Einfältigkeit' passen und stimmen völlig zuein-

---

[2] Gemeint sind die Pythagoreer, gegen deren Lehre vom zusammengesetzten Schönen Plotin seine Auffassung des Schönen als des Einen setzt.

ander. Jede Tugend ist Schönheit der Seele, und zwar eine wahrere Schönheit als die vorher genannten Dinge. Aber in welchem Sinne sollen die Tugenden symmetrisch sein? Auch wenn die Seele mehrere Teile hat, können sie nicht wie Größen und wie Zahlen symmetrisch sein; denn nach welcher Proportion sollte eine Zusammensetzung oder Vermischung der Seelenteile statthaben? Und der Geist, worin sollte dann seine Schönheit bestehen, wenn er für sich allein ist?

So heben wir nochmals an und wollen zuerst bestimmen, was denn nun das Schöne an den Leibern ist. Es gibt nämlich etwas Schönes, das schon beim ersten Hinblicken wahrgenommen wird; dessen wird die Seele gewissermaßen inne und spricht es an; indem sie es wiedererkennt, billigt sie es und paßt sich ihm sozusagen an; wenn ihr Blick dagegen auf das Häßliche trifft, so zieht sie sich zurück, weigert sich ihm und lehnt es ab, denn es stimmt nicht zu ihr und ist ihr fremd. Wir behaupten nun, wenn die Seele das ist, was ihr wahres Wesen ist, und das heißt: auf der Seite der Wesenheit steht, die in der Welt die obere ist, so ist es das Verwandte oder auch nur die Spur des Verwandten, dessen Anblick sie erfreut und erschüttert; sie bezieht das auf sich selbst und erinnert sich ihres eigensten Wesens, dessen, was sie in sich trägt. Aber wie kann denn eine Ähnlichkeit der hiesigen schönen Dinge mit den jenseitigen bestehen? Und mögen sie auch, da es eine Ähnlichkeit gibt, irgendwie ähnlich sein — wieso kann aber das Irdische ebensowohl schön sein wie das Jenseitige? Das geschieht, so lehren wir, durch Teilhaben an der Gestalt *(Idee)*. Denn alles Formlose ist bestimmt, Form und Gestalt anzunehmen; solange es daher keinen Teil hat an rationaler Form und Gestalt, ist es häßlich und ausgeschlossen von der göttlichen Formkraft; das ist das schlechthin Häßliche; häßlich ist aber auch das, was von der Form und dem Begriff nicht voll bewältigt wird, weil die Materie eine gänzlich der Idee entsprechende Formung nicht zuließ. Die Idee tritt also hinzu; das, was durch Zusammensetzung aus vielen Teilen zu einer Einheit werden soll, das ordnet sie zusammen, bringt es in ein einheitliches Gefüge und macht es mit sich eins und übereinstimmend, da ja sie selbst einheitlich ist und das Gestaltete, soweit es ihm, das aus Vielem besteht, möglich ist, auch einheitlich sein soll; ist es dann zur Einheit gebracht, so thront die Schönheit über ihm und teilt sich den Teilen so gut mit wie dem Ganzen; trifft aber die Idee auf ein Einheitliches, aus gleichartigen Teilen Bestehendes, so teilt sie die Schönheit dem Ganzen mit; so als wenn die Schönheit bald, durch die Kunst, einem ganzen Hause mit seinen Teilen gegeben wird, bald, durch eine Naturkraft, einem einzelnen Stein.

Der schöne Körper also entsteht durch Gemeinschaft mit der von den Göttern kommenden Formkraft. Die Erkenntnis dieses Schönen nun vollzieht dasjenige Vermögen der Seele, welches ihm vorgeordnet ist; es ist vor allen berufen zu urteilen über die Dinge seines Bereiches, da ja überdies auch die übrige Seele nachprüfend mitwirkt; vielleicht aber spricht auch dies Vermögen allein schon das Schöne an, indem es an der ihm zugänglichen Idee abmißt und diese Idee bei ihrem Urteil benutzt, wie man an der Richtschnur das Gerade mißt. Aber wie kann denn die Idee, die am Leibe ist, mit jener, die vor und über dem Leibe ist, übereinstimmen? Und wie kann der Baumeister das Haus draußen nach der Idee des Hauses in seinem Innern abstimmen und es dann als schön ansprechen? Nun, weil das äußere Haus, wenn man die Steine ausscheidet, eine Teilung der inneren Idee vermöge der äußeren Masse der Materie bedeutet, eine Sichtbarwerdung des Unteilbaren in der Vielheit. Erblickt nun die Wahrnehmung die Idee an den Körpern, welche die ihr entgegengesetzte, gestaltlose Wesenheit zusammenbindet und überwältigt, diese Form, welche hervorleuchtend über den anderen Formen thront, so faßt eben dies das Vielfältige geschlossen zusammen, hebt es hinauf, bringt es ein in das Innere als ein nunmehr Unteilbares, und überliefert es ihm als ein Übereinstimmendes, zu ihm Passendes, Verwandtes; so wie einen edlen Mann schon die aufleuchtende Spur der Tugend an einem Jüngling freundlich berührt, welche übereinstimmt mit dem wahren Urbild in seinem eigenen Innern.

Die Schönheit ferner der Farbe ist ein Einfaches vermöge der Form, indem das Dunkel in der Materie bewältigt wird durch die Anwesenheit des Lichts, welches unkörperlich ist, rationale Form und Gestalt. Daher denn auch das Feuer als solches vor den andern Körpern schön ist; denn es hat den Rang der Idee im Verhältnis zu den andern Elementen, es ist das oberste seiner räumlichen Stellung nach und der feinste von allen Körpern, wie es seiner Nähe zum Unkörperlichen entspricht; es nimmt allein die anderen Körper nicht in sich auf, während die andern es aufnehmen (die andern Körper können erwärmt, das Feuer aber nicht abgekühlt werden): so ist dem Feuer denn auch primär die Farbe eigen, und die andern Körper entnehmen erst von ihm die Idee der Farbe; daher leuchtet und glänzt es, wie es einer Idee zukommt. Was aber nicht mehr obsiegt, dessen Leuchten verblaßt, und es gehört nicht mehr zum Schönen, da es nicht voll an der Idee der Farbe teil hat. Was ferner die an den Tönen vorfindlichen Harmonien angeht, so lassen sie, indem die verborgenen Harmonien die sinnlichen erzeugen, auch auf diesem Gebiet die Seele des Schönen innewerden, indem

sie ihr an einem andern das ihr Gleiche zeigen. Den sinnlichen Harmonien ist es eigentümlich, dem Maß unterworfen zu sein nicht in jedem beliebigen Zahlenverhältnis, sondern nur in demjenigen, welches dienlich ist zur Erzeugung der Idee, zur Bewältigung.
Damit genug von den sinnlich schönen Dingen; Abbilder, gleichsam entsprungene Schatten, die in die Materie hinabgehen, verursachen es, daß sie wohlgeformt sind und ihr Anblick erschüttert.

Das weiter hinauf liegende Schöne, das zu erblicken der Wahrnehmung nicht mehr vergönnt ist, sondern ohne die Handhabe der Sinne sieht es die *Seele* und spricht es an: zu seiner Betrachtung muß man hinaufsteigen und die Wahrnehmung unten bleiben lassen. Wie über das sinnlich Schöne nicht sprechen kann, wer es nicht gesehen oder nicht als schön begriffen hat, also etwa ein Blindgeborener, so kann auch über die Schönheit geistiger Tätigkeiten nicht sprechen, wer nicht diese Schönheit geistiger Tätigkeiten und Wissenschaften und ähnlicher Dinge in sich aufgenommen hat, nicht über das Leuchten der Tugend, wer sich nie vor Augen gehalten, wie schön das Antlitz der Gerechtigkeit und Mäßigkeit ist — ‚nicht Morgen- und nicht Abendstern ist so schön'; vielmehr muß man sehend sein mit dem Vermögen, mit dem die Seele derartige Dinge schaut, und wenn man sie erblickt, weit mehr als bei dem sinnlich Schönen sich freuen, entzückt und gepackt sein, denn nun rührt man an das eigentliche Schöne. Betroffenheit, süße Erschütterung, Verlangen, Liebe, lustvolles Beben, das sind Empfindungen, die gegen jegliches Schöne eintreten müssen. Auch gegen das nicht sichtbare kann man sie erleben, es erleben sie auch eigentlich alle Seelen, aber stärker die liebebewegteren unter ihnen, so wie die leibliche Schönheit alle sehen, aber nicht alle in gleicher Stärke von ihr gestachelt werden, sondern einige in besonders starkem Maß, von denen man spricht: sie lieben.

Die nun also liebebewegt sind auch gegen das Nichtsinnliche, die muß man fragen: ‚was empfindet ihr gegenüber dem, was man schöne Tätigkeiten nennt, gegenüber den schönen Sitten, dem zuchtvollen Charakter, überhaupt bei tugendhafter Leistung und Gesinnung und bei der Schönheit der Seelen? Und wenn ihr euch selbst erblickt in eurer eigenen inneren Schönheit, was empfindet ihr, warum seid ihr dabei in Schwärmerei und Erregung und sehnt euch nach dem Zusammensein mit eurem Selbst, dem Selbst, das ihr aus den Leibern versammelt?' Das nämlich sind die Empfindungen dieser echten Liebebewegten. Und was ist es, woran sie solches empfinden? Nicht Gestalt, nicht Farbe, nicht irgendeine Größe, sondern die Seele, selbst unfarbig, in sich tragend die unfarbige Selbstzucht und den Glanz der andern Tugenden: in euch selbst wahrzunehmen oder beim andern zu schauen Großherzigkeit, gerechten Sinn, lautere Selbstzucht, die Tapferkeit mit ihrem grimmigernsten Antlitz, die Würde und darüber erschimmernd die Ehrfurcht, alle das in einem ruhigen, von keiner Wallung und keiner Leidenschaft erregten Seelenzustand, und über ihm leuchtend den Geist, den gottgleichen — das ist es, was wir bewundern und lieben; aber wieso nennen wir das schön? Nun, es ist seinsmäßig seiend und stellt sich so dar, und wer es gesehen hat, kann es nicht anders nennen als das seinsmäßig Seiende. *Was* aber ist es seinsmäßig? Eben schön. Aber damit ist noch nicht aufgewiesen, durch welchen Zug seines Wesens es die Seele liebreizend macht. Was ist es, das aus all den Tugenden gleich wie ihr Licht hervorleuchtet? Laß uns denn einmal das Gegenteil ins Auge fassen, das Häßliche in der Seele, und es dem Schönen gegenüberstellen; denn es könnte wohl zu unserer Untersuchung beitragen, wenn klar wird, was das Wesen des Häßlichen ist und weshalb. Nehmen wir also eine häßliche Seele, zuchtlos und ungerecht, voll von vielen Begierden, von vieler Wirrnis, in Ängsten aus Feigheit, in Neid aus Kleinlichkeit, all ihre Gedanken, soweit sie überhaupt denkt, sind irdisch und niedrig, verzerrt in allen Stücken, unreinen Lüsten verfallen und so lebend, daß sie das Häßliche an allem, das ihr vom Körper widerfährt, als etwas Lustvolles empfindet. Eben dies Häßliche nun, müssen wir von ihm nicht sagen, daß es ihr hinzutritt als ein eingeschlepptes Übel? Denn es entstellt sie, macht sie unrein und durchsetzt sie mit viel Schlimmem, daß ihr Leben und ihr Wahrnehmen nicht mehr rein ist, sondern durch die Beimischung des Übeln verdunkelt und reichlich mit Tod durchsetzt, daß sie nicht mehr sehen kann, was eine Seele sehen soll, und nicht mehr die Ruhe hat, in sich selbst zu verweilen, da sie immer nach außen, zum Niedern, Dunkeln hingezerrt wird. Da sie also, meine ich, verunreinigt ist, hin- und hergerissen wird durch die Anziehung der Wahrnehmungsgegenstände, reichlich mit der leiblichen Beimischung versetzt ist, reichlich mit dem Stofflichen umgeht und es in sich einläßt, so hat sie durch die Vermischung mit dem Niederen eine fremde Gestalt angenommen. So tritt, wenn einer in Lehm oder Schlamm eintaucht, seine vorige Schönheit nicht mehr in Erscheinung, sondern man sieht nur das, was von Schlamm oder Lehm an ihm haftet; für den ist doch das Häßliche ein fremder Zusatz, und es ist nun seine Aufgabe, wenn er wieder schön sein will, sich abzuwaschen und zu reinigen, dann ist er wieder, was er war. So dürfen wir wohl mit Recht die Häßlichkeit der Seele als eine fremde Beimischung, eine Hinwendung zum Leib und Stoff bezeichnen, und es bedeutet also häßlich sein für die Seele nicht rein und ungetrübt sein wie Gold, sondern mit Schlacke verunreinigt; entfernt man nur die Schlacke, so bleibt das Gold zurück und ist schön, sobald es vom Fremden losgelöst nur mit sich selbst zusammen ist; so ergeht es auch der Seele: löst sie sich von den Begierden, die sie durch zu innige Gemeinschaft mit dem Leib erfüllen, befreit sie sich von den andern Leidenschaften und reinigt sich von Schlacken der Verkörperung und verweilt allein mit sich, dann hat sie das Häßliche, das ihr aus einem fremden Sein kommt, sämtlich abgelegt.

So ist denn also, wie es die Lehre der Alten sagt, die Züchtigkeit und Tapferkeit und jegliche Tugend und auch die Weisheit selber eine Reinigung. Darauf deutet denn auch richtig die verhüllte Lehre der Mysterien[3], die vom nicht Gereinigten sagen, daß er ‚im Hades im Schlamm liegen werde': das Unreine nämlich ist wegen seiner Niedrigkeit begierig nach dem Schlamm, so wie die Säue, da sie unrein am Leibe sind, am Unreinen ihre Lust haben. Was ist denn auch wahre Selbstzucht anderes als keine Gemeinschaft pflegen mit den Lüsten des Leibes, sie fliehen, da sie unrein und des Reinen unwürdig sind? Tapferkeit ferner heißt den Tod nicht fürchten, der Tod aber ist die Getrenntheit der Seele vom Leibe: davor fürchtet sich der nicht, der es liebt allein *(mit seiner Seele)* zu sein; und Seelengröße bedeutet ja doch Verachtung der Erdendinge; und Weisheit ist Denken in Abneigung gegen das Untere, und führt die Seele zum Oberen hinauf.

Durch solche Reinigung wird die Seele Gestalt und Form, völlig frei vom Leibe, geisthaft und ganz dem Göttlichen angehörig, aus welchem der Quell des Schönen kommt und von wo alles ihm Verwandte schön wird. Wird so die Seele hinaufgeführt zum *Geist*, so ist sie in noch höherem Grade schön. Der Geist aber und was von ihm kommt, das ist für sie die Schönheit, und zwar keine fremde, sondern die wesenseigene, weil sie dann allein wahrhaft Seele ist. Deshalb heißt es denn auch mit Recht, daß für die Seele gut und schön werden Gott ähnlich werden bedeutet, denn von ihm stammt

---

[3] Kultische Feiern mit rituellen Handlungen, deren Teilnehmer sich einweihen lassen mußten; der Einweihung ging gewöhnlich eine kultische Reinigung voraus. Von der Teilhabe an den Mysterien wurde ein glückliches Fortleben der Seele nach dem Tod erhofft.

das Schöne und überhaupt die eine Hälfte des Seienden; oder vielmehr ist das wahrhaft Seiende das Schöne, das nicht wahrhaft Seiende aber das Häßliche, und das ist zugleich das ursprünglich Böse; so ist auch anderseits Gutes und Schönes, Gutheit und Schönheit identisch. Schön und gut, häßlich und böse ist also auf dem gleichen Wege zu untersuchen. Als das Erste ist anzusetzen die Schönheit, welche zugleich das Gute ist; von daher wird der Geist unmittelbar zum Schönen, und durch den Geist ist die Seele schön; und das weitere Schöne dann, in den Handlungen und Tätigkeiten, kommt von der gestaltenden Seele her; und die Leiber schließlich, welche man schön nennt, macht die Seele dazu; denn da sie ein Göttliches ist und gleichsam ein Stück des Schönen, so macht sie das, was sie anrührt und bewältigt, schön, soweit es an der Schönheit teilhaben kann.

Steigen wir also wieder hinauf zum Guten, nach welchem jede Seele strebt. Wenn einer dies gesehen hat, so weiß er, was ich meine, in welchem Sinne es zugleich schön ist. Erstrebt wird es, sofern es gut ist, und unser Streben richtet sich auf es als ein Gutes; wir erlangen es nun, indem wir hinaufschreiten nach oben, uns hinaufwenden und das Kleid ausziehen, das wir beim Abstieg angetan haben (so wie beim Hinaufschreiten zum Allerheiligsten des Tempels die Reinigungen, die Ablegung der bisherigen Kleider, die Nacktheit); bis man dann, beim Aufstieg an allem, was Gott fremd ist, vorübergehend, mit seinem reinen Selbst jenes Obere rein erblickt, ungetrübt, einfach, lauter; es, von dem alles abhängt, zu dem aufblickend alles ist, lebt und denkt, denn es ist Ursache von Leben, Denken und Sein; wenn man dieses also erblickt — von welcher Liebe, welcher Sehnsucht wird man da ergriffen in dem Wunsch, sich mit ihm zu vereinigen, und wie lustvoll ist die Erschütterung! Wer es nämlich noch nicht gesehen hat, strebt zu ihm als zum *Guten;* wer es aber erblickte, der darf ob seiner *Schönheit* staunen, er ist voll freudigen Verwunderns, einer Erschütterung, die ohne Schaden ist, er liebt wahre Liebe, er lacht des peinigenden Begehrens, überhaupt aller andern Liebe und verachtet, was er früher für schön hielt. So geht es denen, welchen die Erscheinung eines Gottes oder Daimons begegnet ist, sie können die Schönheit anderer Leiber nicht mehr wie sonst bejahen; ‚was aber erlebt erst der, welcher das Schöne selbst schaut, an und für sich und in seiner Reinheit, nicht mit Fleisch‘ und Körper ‚befleckt‘, nicht auf Erden, nicht im Himmel, sonst wäre es nicht rein, denn das alles ist fremde Zutat und Mischung und nicht ursprünglich, sondern stammt erst eben von jenem Oberen. Sieht er nun also

Jenes, welches allen Dingen die Schönheit spendet, sie ihnen mitteilt, so daß es dabei in sich verharrt und seinerseits nichts empfängt, und verweilt er in der Schau dieses Hohen und genießt seiner und wird ihm ähnlich, was für eines Schönen bedarf er da noch? Denn dies selber, da es in höchstem Maße Schönheit ist und ursprüngliche Schönheit, macht die, welche es lieben, schön und macht sie liebenswert. Darum denn auch ‚der größte, höchste Wettkampf der Seelen geht', um dessentwillen ja die ganze Anstrengung geschah, nicht verlustig zu gehen dieser herrlichsten Schau, welche den, der sie erlangt, selig macht, da er seligen Anblicks genießt. Wem es aber nicht glückt, der ist wahrhaft unglücklich; denn nicht wer schöne Farben und schöne Leiber, nicht wer Macht, Ämter, den Königsthron nicht erlangt, ist unglücklich, sondern allein wer dies eine nicht erlangt, dessen habhaft zu werden einer Königsthron und Herrschaft über die ganze Erde, über das Meer und den Himmel fahren lassen soll, ob er vielleicht, wenn er das alles hinten läßt und gering achtet und sich jenem Einen zuwendet, es erblicken könnte.

Aber welches ist nun der Weg, welches das Mittel? Wie kann man eine überwältigende Schönheit erschauen, die gleichsam drinnen bleibt im heiligen Tempel und nicht nach außen hinaustritt, daß sie auch ein Ungeweihter sehen könnte? So mache sich denn auf und folge ihr ins Innere, wer's vermag, und lasse das mit Augen Gesehene draußen und drehe sich nicht um nach der Pracht der Leiber wie einst. Denn wenn man Schönheit an Leibern erblickt, so darf man ja nicht sich ihr nähern, man muß erkennen, daß sie nur Abbild, Abdruck, Schatten ist, und fliehen zu jenem, von dem sie das Abbild ist. Denn wenn einer zu ihr eilen wollte und sie ergreifen, als sei sie ein Wirkliches, so geht es ihm wie Jenem — irgendeine Sage, dünkt mich, deutet es geheimnisvoll an: der wollte ein schönes Abbild, das auf dem Wasser schwebte, greifen, stürzte aber in die Tiefe der Flut und ward nicht mehr gesehen:[4] ganz ebenso wird auch, wer sich an die schönen Leiber klammert und nicht von ihnen läßt, hinabsinken, nicht leiblich, aber mit der Seele, in dunkle Tiefen, die dem Geist zuwider sind; so bleibt er als Blinder im Hades *(im Dunkel)* und lebt schon hier wie einst dort nur mit Schatten zusammen. ‚So laßt uns fliehen in die geliebte Heimat' — so könnte man mit mehr Recht mahnen. Und worin besteht diese Flucht und wie geht sie vor sich? Wir werden in See stechen

---

[4] Der schöne Jüngling, der sich in sein eigenes Abbild auf dem Wasserspiegel verliebte, ist Narziß.

wie Odysseus von der Zauberin Kirke oder von Kalypso,[5] wie der Dichter sagt, und verbindet damit, meine ich, einen geheimen Sinn: er wars nicht zufrieden zu bleiben, obgleich er die Lust hatte, die man mit Augen sieht, und der Fülle wahrnehmbarer Schönheit genoß. Dort nämlich ist unser Vaterland, von wo wir gekommen sind, und dort ist unser Vater. Was ist es denn für eine Reise, diese Flucht? Nicht mit Füßen sollst du sie vollbringen, denn die Füße tragen überall nur von einem Land in ein anderes, du brauchst auch kein Fahrzeug zuzurüsten, das Pferde ziehen oder das auf dem Meer fährt, nein, du mußt dies alles dahinten lassen und nicht blicken, sondern nur gleichsam die Augen schließen und ein anderes Gesicht statt des alten in dir erwecken, welches jeder hat, aber wenige brauchen's. Und was sieht dies innere Gesicht? Wenn es eben erweckt ist, kann es den Glanz noch nicht voll erblicken; so muß die Seele das Gesicht gewöhnen, daß es zuerst die schönen Tätigkeiten sieht, dann die schönen Werke, nicht welche die Künste schaffen, sondern die Männer, die man gut nennt. Und dann blick auf die Seele derer, die diese schönen Werke tun. Wie du der herrlichen Schönheit ansichtig werden magst, welche eine gute Seele hat? Kehre ein zu dir selbst und sieh dich an; und wenn du siehst, daß du noch nicht schön bist, so tu wie der Bildhauer, der von einer Büste, welche schön werden soll, hier etwas fortmeißelt, hier etwas ebnet, dies glättet, das klärt, bis er das schöne Antlitz an der Büste vollbracht hat: so meißle auch du fort, was unnütz, und richte, was krumm ist, das Dunkle säubere und mach es hell und laß nicht ab, ‚an deinem Bild zu handwerken', bis dir hervorstrahlt der göttliche Glanz der Tugend, bis du die Zucht erblickst ‚thronend auf ihrem heiligreinen Postament'. Bist du das geworden und hast es erschaut, bist du rein und allein mit dir selbst zusammen, und nichts hemmt dich auf diesem Wege eins zu werden, und keine fremde Beimischung hast du mehr in deinem Innern, sondern bist ganz und gar reines, wahres Licht, nicht durch Größe gemessen, nicht durch Gestalt umzirkt in engen Grenzen, auch nicht durch Unbegrenztheit zu Größe erweitert, sondern gänzlich unmeßbar, größer als jedes Maß und erhaben über jedes Wieviel: wenn du so geworden dich selbst erblickst, dann bist du selber Sehkraft, gewinnst Zutrauen zu dir, bist so hoch gestiegen und brauchst nun keine Weisung mehr, sondern blicke unverwandt,

---

[5] Kirke: Zauberin, die die Gefährten des Odysseus in Schweine verwandelte, aber von ihm selbst überlistet wurde; Kalypso: Nymphe, die den schiffbrüchigen Odysseus aufnahm und liebte, aber auf Gebot des Zeus entlassen mußte.

denn allein ein solches Auge schaut die große Schönheit. Wer aber die Schau unternimmt mit einem durch Schlechtigkeit getrübten Auge, nicht gereinigt, oder kraftlos, der ist nicht Manns genug, das ganz Helle zu sehen, und sieht auch dann nichts, wenn einer ihm das, was man sehen kann, als anwesend zeigt. Man muß nämlich das Sehende dem Gesehenen verwandt und ähnlich machen, wenn man sich auf die Schau richtet; kein Auge könnte je die Sonne sehen, wäre es nicht sonnenhaft[6]; so sieht auch keine Seele das Schöne, welche nicht schön geworden ist. Es werde also einer zuerst ganz gottähnlich und ganz schön, wer Gott und das Schöne schauen will. Dann wird er im Emporsteigen zuerst zum Geist gelangen und wird dort alle schönen Formen sehen und sagen, das sei die Schönheit: die Ideen; denn durch sie ist alles schön, sie, die Erzeugnisse des Geistes und der Seinsheit; die Wesenheit aber jenseits des Geistes nennen wir das Gute, und sie hat das Schöne wie eine Decke um sich; sie ist also, ohne nähere Scheidung gesprochen, das Erste Schöne; trennt man das Geistige ab, so muß man den Ort der Ideen als das Geistige Schöne ansehen, als das Gute aber das Jenseitige, welches Quell und Urgrund des Schönen ist; oder man muß das Gute und das Erste Schöne gleichsetzen: nur muß in jedem Falle das Schöne in den jenseitigen Bereich gehören.

(Enneade I 6)

2.

Die geistige Schönheit

Nachdem wir behaupten, daß derjenige, der zur Schau des geistigen Kosmos gelangt und der Schönheit des wahrhaftigen Geistes innegeworden ist, daß der auch von dessen Vater, dem jenseits des Geistes Gelegenen, eine Vorstellung wird erlangen können, wollen wir versuchen, einzusehen und für uns selber auszusprechen (soweit es denn möglich ist, Dinge dieser Art auszusprechen), auf welche Weise man die Schönheit des Geistes und des oberen Kosmos erschauen kann. Wenn demnach Dinge nebeneinandergestellt sind, meinetwegen zwei steinerne Massen, die eine roh und ohne künstlerische Bearbeitung geblieben, die andere aber nun durch die Kunst bezwungen zum Bilde eines Gottes oder auch eines Menschen, und zwar eines Gottes wie der Charis[7] oder einer der

---

[6] Vgl. Goethe, ‚Zahme Xenien' III: „Wär' nicht das Auge sonnenhaft, / Die Sonne könnt' es nie erblicken; / Läg' nicht in uns des Gottes eigne Kraft, / Wie könnt uns Göttliches entzücken?"

[7] Göttin der Anmut.

Musen, und eines Menschen: nicht etwa eines beliebigen, sondern eines solchen, den die Kunst geschaffen hat auf Grund von allen schönen Menschen: so erscheint der Stein, der durch die Kunst zur Schönheit der Gestalt gebracht worden ist, als schön, nicht weil er Stein ist (sonst wäre der andere gleichermaßen schön), sondern vermöge der Gestalt, welche die Kunst ihm eingab. Diese Gestalt nun hatte nicht die Materie, sondern sie war in dem Ersinnenden, noch ehe sie in den Stein gelangte; und zwar war sie in dem Künstler, nicht sofern er Augen und Hände hatte, sondern weil er an der Kunst teilhatte. Es war also in der Kunst diese Schönheit als weit höhere; denn nicht die Idee, die in der Kunst ist, gelangte in den Stein, sondern sie bleibt dort, und von ihr geht eine andere aus, die geringer ist als sie; und auch diese blieb nicht rein in ihm, noch wie die Kunst es möchte, sondern nur soweit der Stein der Kunst gehorchte. Und wenn die Kunst eine Beschaffenheit hervorbringt, die wiedergibt, was sie selber ist und hat, wobei sie ein Ding schön macht vermöge des formenden Begriffes desjenigen, was sie hervorbringt, so ist sie in einem größeren und wahreren Sinne schön, da sie gewiß eine größere, schönere Schönheit besitzt, als was in den Außendingen hervortritt. Denn eben um so viel, als sie sich in die Materie hinausschreitend ausgedehnt hat, ist sie kraftloser als jene, welche in dem Einen verharrt. Denn alles, was auseinandertritt, tritt von seinem Selbst weg, Stärke, wenn sie in Stärke auseinandertritt, Wärme in Wärme, allgemein Kraft in Kraft, Schönheit in Schönheit. Auch muß jedes erste Bewirkende an und für sich dem Bewirkten überlegen sein. Denn nicht die Unmusik macht den Musiker, sondern die Musik, und die im Übersinnlichen macht die im Sinnlichen. Achtet aber einer die Künste gering, weil sie in ihrem Schaffen die Natur nachahmen, so ist darauf erstens zu sagen, daß auch die Natur anderes nachahmt. Sodann muß man wissen, daß die Künste das Geschehene nicht schlechtweg nachahmen, sondern sie steigen hinauf zu den rationalen Formen, aus denen die Natur kommt. Ferner schaffen die Künste auch vieles aus sich selber, ja, wem etwas mangelt, dem fügen sie es hinzu, da sie im Besitz der Schönheit sind. So hat auch Phidias den Zeus gebildet nicht nach einem sinnlichen Vorbild, sondern indem er ihn so nahm, wie Zeus sich darstellen würde, ließe er sich herbei, vor unseren Augen zu erscheinen[8].

(Enneade V 8, 1)

---

[8] Die monumentale Statue des sitzenden Zeus zu Olympia galt als das bedeutendste Werk des Bildhauers der klassisch-griechischen Zeit, der von etwa 460 bis 430 v. Chr. in Athen tätig war.

Tertullian[1]

Früher gab es lange Zeit hindurch keine Idole. Bevor die Verfertiger dieser Ungetüme wie die Pilze hervorschossen, gab es bloß Tempel und leere Gotteshäuser, wie sich denn auch bis auf den heutigen Tag an manchen Orten noch Spuren des alten Gebrauches erhalten haben. Dennoch wurde darin Idololatrie betrieben, wenn auch nicht unter diesem Namen, so doch in der Sache selbst. Man kann sie ja auch jetzt noch außerhalb des Tempels und ohne ein Idol treiben. Als aber der Teufel Bildhauer, Maler und Verfertiger von Bildnissen aller Art in die Welt gesetzt hatte, da empfing jenes noch in rohen Anfängen befindliche Treiben menschlichen Elends seinen Namen und Fortgang von den Idolen. Von dieser Zeit an ist jeder Kunstzweig, welcher in irgend einer Weise Idole hervorbringt, zu einer Quelle der Idololatrie geworden. Denn es macht keinen Unterschied, ob der Töpfer das Idol formt oder der Bildhauer es ausmeißelt, ob es in Feinstücken hergestellt ist — denn auch an der Materie ist nichts gelegen — oder ob es von Gips, Farbe, Stein, Bronze, Silber oder Ton gemacht wird. Denn da auch ohne Idol Idololatrie stattfinden kann, so macht es sicherlich, wofern nur ein Idol vorhanden ist, keinen Unterschied, wie es beschaffen sei, aus welchem Stoff und von welcher Gestalt. Deshalb darf niemand glauben, für ein Idol nur das halten zu müssen, was unter menschlicher Gestalt dargestellt ist. Hierbei ist eine Deutung des Wortes erforderlich. Eidos bedeutet im Griechischen Gestalt, und das davon durch die Verkleinerungsform abgeleitete Eidolon (Idol) entspricht dem, was wir ein Bildchen nennen. Folglich hat jede Figur und jedes Bildchen auf die Bezeichnung Idol Anspruch. Daher ist jeder Kultus und jeder Dienst eines beliebigen Idols Idololatrie. Die Verfertiger eines Idols begehen ganz das gleiche Verbrechen; es müßte sich denn das Volk, welches das Bild eines Kalbes verehrt[2], weniger versündigen, als das, welches das Bild eines Menschen heilig hält!

Gott verbietet sowohl das *Verfertigen* als das Verehren von Idolen. Da die Verfertigung des Gegenstandes, der verehrt werden soll, notwendig das Frühere ist, so geht das Verbot des Verfertigens des Gegenstandes, wenn seine Verehrung verboten ist, um eben so vieles vorher. Aus diesem Grunde, nämlich um jeden Anlaß zur Idololatrie zu beseitigen, ruft uns das Gesetz Gottes zu:

---

[1] Tertullians ausgewählte Schriften, 1. Band, übersetzt von K. A. Heinrich Kellner, Bibliothek der Kirchenväter, Kempten-München 1912.

[2] Anspielung auf 2 Mose 32, wo von der Verehrung eines goldenen Kalbes durch die Israeliten nach dem Auszug aus Ägypten berichtet wird.

„Ihr sollt euch kein Idol machen", und wenn es hinzusetzt: „auch kein Bild der Dinge, die am Himmel, auf der Erde und im Meere sind"[3], so hat es den Knechten Gottes für solche Künste die ganze Welt verschlossen. Schon Henoch[4] war hierin vorangegangen mit seiner Prophezeiung, die Dämonen und abtrünnigen Engelsgeister würden alle Elemente, die Welt mit allem Zubehör, alles, was sich am Himmel, auf Erden und im Meere findet, zum Götzendienst mißbrauchen, so daß diese Dinge würden heilig gehalten werden anstatt Gottes und gegen Gott. Alles also verehrt der Mensch in seinem Irrtum, nur den Schöpfer aller Dinge selber nicht. Die Bildnisse dieser Dinge heißen Idole, ihre Verehrung Idololatrie. Alle Sünden nun, welche durch Idololatrie begangen werden, müssen notwendig auf den jedesmaligen Verfertiger des Idols zurückfallen. Daher hat auch schon Henoch über die Anbeter und Verfertiger der Idole miteinander in seiner Drohung die Verdammung ausgesprochen, und wiederum heißt es bei ihm: „Ich schwöre euch, ihr Sünder, für den Tag des Blutvergießens steht euch eine Reue des Verderbens bevor. Ihr, die ihr Steine anbetet, euch goldene, silberne, hölzerne, steinerne und tönerne Bilder macht, den Gespenstern, den Dämonen, den Geistern in den Tempeln und allen Irrtümern dienet — nicht der Weisheit entsprechend — ihr werdet keine Hilfe bei ihnen finden". Isaias aber sagt: „Ihr seid Zeugen; gibt es einen Gott außer mir?"[5]. Damals gab es noch keine Bildner und Schnitzer, keinen dieser Toren, welche Dinge bilden, wie es ihnen beliebt und den Leuten nichts nützt. Und sodann der ganze folgende Ausspruch. Welcher Abscheu gegen die Verfertiger sowohl als gegen die Verehrer der Idole spricht sich nicht darin aus! Der Schluß davon aber lautet: „Erkennet, daß ihr Herz Asche und Erde ist und niemand seine Seele retten kann"[6]. Fast ebenso sagt auch David von den Verfertigern: „So werden die, welche sie

---

[3] Vgl. 2 Mose 20, 4: „Du sollst dir kein Gottesbild machen, keinerlei Abbild, weder dessen, was oben im Himmel, noch dessen, was unten auf Erden, noch dessen, was in den Wassern unter der Erde ist; 5 du sollst sie nicht anbeten und ihnen nicht dienen; denn ich, der Herr, dein Gott, bin ein eifersüchtiger Gott" (Die heilige Schrift des Alten und Neuen Testaments, Zürich 1971, S. 79); 3 Mose 26, 1: „Ihr sollt euch keine Götzen machen, und Gottesbilder und Malsteine sollt ihr euch nicht aufrichten, auch keine Steine mit Bildern hinstellen in eurem Lande, um euch davor niederzuwerfen; denn ich bin der Herr, euer Gott." (a. a. O., S. 136).

[4] Held eines spätjüdischen Mysterienbuches, das um 170 v. Chr. entstanden ist.

[5] Isaias 44, 8.

[6] Vgl. Isaias 44, 20.

verfertigen"[7]. Und was soll ich, als ein Mensch von schwachem Gedächtnis, noch anführen, was aus den heiligen Schriften noch in Erinnerung bringen? Das wäre ja, als genügte der Ausspruch des Heiligen Geistes nicht, und als müßte man erst noch untersuchen, ob der Herr auch wirklich in der Verfluchung und Verdammung der Anbeter dieser Dinge die Verfertiger derselben bereits zum voraus mit verflucht und verdammt habe.

(Über den Götzendienst, 3. und 4.)

Johannes von Damaskus[1]

Von den Bildern

Weil einige uns tadeln, da wir dem Bilde des Herrn und unserer Herrin, dann aber auch der übrigen Heiligen und Diener Christi Ehrfurcht und Ehre erweisen, so sollen sie hören, daß am Anfang Gott den Menschen nach seinem Bild geschaffen hat[2]. Weshalb bezeigen wir einander Ehre? Doch nur, weil wir nach dem Bilde Gottes geschaffen sind. Denn „die Ehre des Bildes geht", wie der Gotteslehrer und Gottesgelehrte Basilius[3] sagt, „auf das Urbild über". Urbild aber ist das, dem etwas nachgebildet, von dem ein Abbild gemacht wird. Warum betete das mosaische Volk das Zelt ringsum an? Weil es ein Abbild und Typus der himmlischen Dinge oder vielmehr der ganzen Schöpfung war. Es sprach nämlich Gott zu Moses: „Siehe, du sollst alles machen nach dem Vorbild, das dir auf dem Berge gezeigt wurde"[4]. Und die Cherubim, die den Sühnedeckel (der Bundeslade) beschatteten, waren sie nicht „Werke von Menschenhänden"[5]? Was war der berühmte Tempel in Jerusalem? War er nicht mit Händen gemacht und durch Menschenkunst hergestellt?

Die Hl. Schrift klagt die an, welche „die Schnitzbilder anbeten"[6], aber auch die, die „den Dämonen opfern"[7]. Es opferten die Heiden, es opferten aber auch die Juden, freilich, die Heiden den

[7] Psalm 115, 8.

[1] Des heiligen Johannes von Damaskus genaue Darlegung des orthodoxen Glaubens, aus dem Griechischen übersetzt von Dionys Stiefenhofer, Bibliothek der Kirchenväter, München-Kempten 1923.

[2] 1 Mose 1, 26.

[3] Griechischer Kirchenlehrer (ca. 330—379), Bischof von Cäsarea; das Zitat stammt aus seiner Schrift ‚De spiritu sanctu', Kap. 18.

[4] 2 Mose 25, 40.

[5] Vgl. z. B. 2 Könige 19, 18.

[6] Vgl. z. B. Psalm 97, 7; 106, 19.

[7] Vgl. 5 Mose 32, 17; Baruch 4, 7.

Dämonen, die Juden Gott. Und das Opfer der Heiden ward verworfen und verdammt, das der Gerechten aber war Gott willkommen. Denn Noë opferte, und „Gott roch den lieblichen Duft“[8], er nahm den Wohlgeruch seines guten Willens und seiner Liebe zu ihm an. So sind die Schnitzbilder der Heiden, da sie Abbilder von Dämonen waren, verworfen und verboten worden.
Zudem, wer kann sich von dem unsichtbaren, unkörperlichen, unumschriebenen und gestaltlosen Gott ein Abbild machen? Höchst töricht und gottlos also ist es, die Gottheit zu gestalten (darzustellen). Daher war im Alten Testament der Gebrauch der Bilder nicht üblich. Es ist aber Gott „in seinem herzlichen Erbarmen“[9] unseres Heiles wegen wahrhaftig Mensch geworden, nicht wie er dem Abraham in Menschengestalt erschienen ist, auch nicht wie den Propheten, nein wesenhaft, wirklich ist er Mensch geworden, hat auf Erden gelebt und mit den Menschen verkehrt, hat Wunder gewirkt, gelitten, ist gekreuzigt worden, auferstanden, [in den Himmel] aufgenommen worden, und all das ist wirklich geschehen und von den Menschen gesehen worden, und es ist zu unserer Erinnerung und zur Belehrung derer, die damals nicht zugegen waren, aufgeschrieben worden, damit wir, die es nicht gesehen, aber gehört und geglaubt haben, der Seligpreisung des Herrn teilhaftig würden. Da aber nicht alle die Buchstaben kennen und sich mit dem Lesen beschäftigen, schien es den Vätern geraten, diese Begebenheiten wie Heldentaten in Bildern darstellen zu lassen, um sich daran kurz zu erinnern. Gewiß erinnern wir uns oft, wo wir nicht an das Leiden des Herrn denken, beim Anblick des Bildes der Kreuzigung Christi, des heilbringenden Leidens, und fallen nieder und beten an, nicht den Stoff, sondern den Abgebildeten, gleichwie wir auch nicht den Stoff des Evangeliums und den Stoff des Kreuzes, sondern das dadurch Ausgedrückte anbeten. Denn was ist für ein Unterschied zwischen einem Kreuz, das das Bild des Herrn nicht hat, und dem, das es hat? So ist es auch mit der Gottesmutter. Denn die Verehrung, die man ihr erweist, bezieht sich auf den, der aus ihr Fleisch geworden. Ebenso spornen uns auch die Heldentaten der heiligen Männer zur Mannhaftigkeit, zum Eifer, zur Nachahmung ihrer Tugend und zum Preise Gottes an. Denn, wie gesagt, „die Ehre, die wir den Edelgesinnten unserer Mitknechte erweisen, ist ein Beweis der Liebe gegen den gemeinsamen Herrn“[10], und „die Ehre des Bildes geht auf das Urbild über“[11]. Es ist dies jedoch eine ungeschriebene Überlieferung wie

[8] 1 Mose 8, 21.
[9] Lukas, 1, 78.
[10] Basilius, Homilie 19.
[11] Basilius, De spiritu sancto, Kap. 18.

auch die Anbetung gegen Aufgang und die Verehrung des Kreuzes und sehr viel anderes dergleichen.

Man erzählt aber auch eine Geschichte: Als Abgar, König von Edessa, einen Maler absandte, um ein Bildnis des Herrn zu machen, und der Maler es wegen des strahlenden Glanzes seines Antlitzes nicht vermochte, habe der Herr selbst sein Oberkleid auf sein göttliches, lebenspendendes Antlitz gelegt und sein Bild im Kleide abgeprägt und es so dem danach verlangenden Abgar geschickt.[12]

Daß aber die Apostel auch sehr vieles ungeschrieben überliefert haben, schreibt der Völkerapostel Paulus: „So stehet denn fest, Brüder, und haltet an unsern Überlieferungen fest, die ihr gelernt habt, sei es durch mündliche Rede, sei es durch einen Brief von uns."[13] Und an die Korinther: „Ich lobe euch aber, Brüder, daß ihr in allem meiner eingedenk seid und an den Überlieferungen, wie ich sie euch überliefert habe, festhaltet."[14]

(16. Kap.)

Aurelius Augustinus[1]

Was bliebe noch übrig, wodurch die Seele nicht an ihre ursprüngliche Schönheit erinnert würde, da sie bereits ihre eigenen Laster auf diesen Weg zurückführen? Eilt doch „die Weisheit Gottes von einem Ende zum andern voll Macht" (Weish 8, 1), und der oberste Meister hat seine Werke so geordnet, daß sie zu einer einzigen Schönheit sich zusammenfügen. Seine Güte hat vom höchsten bis zum geringsten Geschöpf keinem die Schönheit vorenthalten, die nur von Gott selbst kommen kann, und so vermag auch kein Geschöpf von der obersten Wahrheit so weit verdrängt zu werden, daß es nicht wenigstens ein Abbild der Wahrheit an sich trüge. Suche zu ergründen, was die leibliche Wollust so fesselnd macht, und du wirst nichts andres finden als Übereinstimmung, denn Widerstand gebiert den Schmerz, und Übereinstimmung die Wonne. Erforsche also, wo es die höchste Übereinstimmung gibt, aber geh nicht nach außen, kehr zu dir selbst zurück. Im innern

---

[12] Diese Legende von dem zu Edessa aufbewahrten Bildnis Christi ist 390/430 entstanden; das Bild kam 944 nach Konstantinopel.

[13] 2 Thessalonicher 2, 15.

[14] 1 Korinther 11, 2.

[1] Die wahre Religion, deutsch von Carl Johann Perl, Paderborn 1957 (390/391).

Menschen wohnt die Wahrheit, und wenn du deine Natur zu wandelbar empfindest, geh auch über dich selbst hinaus. Aber bleibe dir bewußt, daß du, wenn du über dich hinausgehst, dich über die vernünftig denkende Seele hinausschwingen mußt. Strebe also dorthin, wo das Licht der Vernunft selbst entzündet wird. Denn gelangt nicht jeder, der die Vernunft gut gebraucht, zur Wahrheit? Da nun die Wahrheit überhaupt nicht durch Vernunftschlüsse zu sich selbst gelangt, sondern das Ziel ist, nach dem der vernünftig denkende Mensch verlangt, so schaue du hier die Übereinstimmung, wie es keine höhere geben kann, und stimme dann auch du mit ihr überein. Gib zu, daß du nicht bist, was sie ist, weil sie selbst ja sich nicht sucht, du aber als Suchender zu ihr gelangt bist, nicht als einer, der in einem Raum sucht, sondern der die Sehnsucht des Geistes verspürt, auf daß der innere Mensch mit dem äußeren, da sie zusammenwohnen, nicht in niedriger fleischlicher, sondern in höchster geistiger Wonne übereinstimme.

So du aber nicht erfassest, was ich sage, und bezweifelst, ob es wahr sei, sieh doch wenigstens, ob du daran nicht zweifelst, daß du es bezweifelst. Und wenn es einmal sicher ist, daß du zweifelst, suche, woher diese Sicherheit kommt. Dort wird dir kaum das Licht unserer Sonne begegnen, sondern jenes wahre Licht, das jeden Menschen erleuchtet, der in diese Welt kommt. Das kann mit diesen Augen nicht gesehen werden und auch nicht mit jenen, denen Wahngebilde vorschweben, die durch solche Augen der Seele aufgedrängt werden; sondern das wird mit Augen gesehen, die von sich aus zu den Wahngebilden sagen: Ihr seid es mitnichten, was ich suche, und ihr seid auch nicht das, wonach ich euch ordne, wonach ich mißbillige, was mir an euch häßlich erscheint, und billige, was an euch schön ist. Das, wonach ich mich richte, wenn ich euch ablehne oder zustimme, muß jedenfalls schöner sein als ihr, deshalb billige ich es mehr und ziehe es nicht nur euch vor, sondern allen Körpern, aus deren Schatten ich euch zu formen versuchte. Hiernach fasse du die Regel, die sich ergibt: Jeder, der einsieht, daß er zweifelt, ob es eine Wahrheit gibt, hat nichtsdestoweniger in sich selbst ein Wahres, von dem aus er nicht zweifeln sollte. Denn es gibt nichts Wahres, das nicht durch die Wahrheit wahr ist. Keiner soll also an der Wahrheit zweifeln, sobald er über irgend etwas im Zweifel wäre. Wo das gesehen wird, da herrscht das Licht, dem weder Raum noch Zeit zur Grenze wird und das kein Wahngebild räumlich oder zeitlich ersetzen kann. Du fragst, ob all das aus irgendeinem Teil umkommen kann, wenn auch einmal der letzte, der es überlegt, untergegangen oder im fleischlich Niedrigen verdorben ist? Nein, denn die Überlegung macht die Wahrheit nicht, sondern sie findet sie. Bevor die Wahrheit also gefunden wird, besteht sie bereits in sich selbst, und wenn sie gefunden ist, erneuert sie uns.

So wird der innere Mensch wiedergeboren, während der äußere dahinschwindet von Tag zu Tag. Jedoch der innere beobachtet den äußeren und findet ihn im Vergleich mit sich selbst häßlich, aber doch in seiner eigenen Art schön. Denn er erfreut sich der Übereinstimmung im Körperlichen und weiß, daß es Dinge gibt, die er durch Umwandlung zu seinem Besten zu vernichten hat, wie es zum Beispiel die leiblichen Nahrungsmittel sind. Sie sind zwar in gewissem Sinne schon vernichtet, das heißt, sie haben ihre Gestalt verloren, aber sie dienen der Erbauung seiner Glieder, indem sie Verbrauchtes wiederersetzen und so durch Übereinstimmung einen Gestaltswandel durchmachen. Die Lebenskraft erzeugt jenen Stoffwechsel, der sie aussondert, damit die geeigneten unter ihnen zum Bau des sichtbar schönen Leibes herangezogen werden, während die ungeeigneten durch entsprechende Kanäle ausgeschieden werden. Das Schmutzigste, der Unrat, wird der Erde zurückgegeben, um eine andere Form anzunehmen. Andres wird durch den ganzen Leib ausgedünstet. Und wieder andres empfängt die verborgenen Zahlen des ganzen lebenden Organismus und wird zum Keim, um durch Übereinstimmung zweier Leiber oder auch nur durch eine dementsprechende Vorstellung, erregt zu werden und durch die Zeugungswege vom obersten Scheitel bis in die niederste Wollust hinabzufließen. Schon im Mutterleib wird es nach bestimmten zeitlichen Zahlen räumlich so zusammengefügt, daß alle Glieder ihre Plätze einnehmen, und sofern die Richtigkeit ihrer Verhältnisse bewahrt bleibt und das Licht der Farben hinzukommt, wird der Leib geboren, der schön genannt wird, so schön, daß er von seinen Liebhabern inbrünstig geliebt wird. Und doch gefällt an ihm weniger die bewegte Gestalt als das Leben, das ihn bewegt. Denn liebt uns dieses lebende Wesen, so lockt es uns gewaltsam an: haßt es uns, so zürnen wir ihm und können es nicht ertragen, selbst wenn es seine Gestalt zum Genuß darbietet. Das alles gehört in das Reich der Wollust und stellt die niederste Schönheit dar, denn es unterliegt der Verderbnis. Wäre das nicht so, müßte man es für die höchste Schönheit halten.

Hier waltet nun die göttliche Vorsehung. Sie zeigt, daß diese Schönheit nichts Böses ist, denn sie trägt offensichtlich die Spuren der ersten Zahlen, denen die Weisheit Gottes ohne Maß innewohnt. Gleichzeitig aber zeigt sie uns, daß es trotzdem nur die letzte Schönheit ist, da sich ihr Schmerzen und Krankheiten zugesellen, Verkrüppelung der Glieder und Entfärbung, Feindschaft und Zwietracht der Gemüter. Durch all dies sollen wir ermahnt werden, nach etwas Unwandelbarem zu suchen. Und das alles läßt die Vorsehung durch ihre niedrigsten Diener vollziehen, denen es Freude macht, es auszuführen. Die göttlichen Schriften nennen sie Vertilger und Engel des Zornes, obwohl sie selbst nicht wissen, wieviel Gutes durch sie bewirkt wird. Ihnen gleichen jene Menschen, die sich an fremdem Elend ergötzen und sich aus dem Untergang und Irrtum anderer Heiterkeit und kurzweilige Schauspiele verschaffen oder selbst sich darin zeigen wollen. Die Guten werden dadurch ermahnt und geübt, und sie siegen und triumphieren und herrschen. Die Bösen hingegen werden getäuscht, gepeinigt, besiegt, verurteilt, und müssen dienen, und zwar nicht dem einen höchsten Herrn über alle, sondern den letzten Knechten, nämlich jenen Engeln, die sich an den Schmerzen und dem Elend der Verdammten weiden, um aber durch die Befreiung der Guten für ihre Bosheit gefoltert zu werden.

Auf solche Weise wird alles und jedes durch seine Bestimmung und Beschäftigung hingeordnet zu der Schönheit des Alls, so daß uns das, wovor uns im einzelnen graut, sehr wohl gefällt, sobald wir es mit dem Ganzen überblicken. Wir sollen ja auch, wenn wir ein Bauwerk beurteilen, nicht bloß eine Ecke betrachten, bei einem schönen Menschen nicht nur auf seine Haare sehen, an einem guten Deklamator nicht ausschließlich auf seine Fingerbewegungen achten und beim Lauf des Mondes nicht allein seine Form während dreier Tage beurteilen. Denn diese Dinge sind an sich geringfügig, weil sie nur unvollkommene Teile sind, die aber zusammen ein vollkommenes Ganzes bilden, und es fällt auch nicht ins Gewicht, ob wir sie in der Ruhe oder in der Bewegung, als schön oder nicht schön empfinden. Sondern, wenn wir richtig urteilen wollen, müssen wir sie im Ganzen betrachten. Unser wahres Urteil ist jedenfalls schön, ob es nun über das Ganze oder über einen Teil urteilt, denn es erhebt sich über die ganze Welt, und wir dürfen uns nicht auf einen ihrer Teile beschränken, insoweit wir wahrhaft urteilen. Unser Irrtum hingegen, der an Teilerscheinungen haften bleibt, wird als solcher immer durch sich häßlich sein. So wie in einem Gemälde die schwarze Farbe im Zusammenhang mit dem Ganzen schön wird, so bietet uns auch die unwandelbare göttliche Vorsehung dieses ganze Kampfspiel zur Belehrung dar, anders den Besiegten als den Kämpfenden, anders den Siegern als den Zuschauern und erst recht anders den Ruhigen, die allein Gott schauen wollen. In all dem ist nur schlecht die Sünde und die Sündenstrafe, das ist der freiwillige Abfall vom höchsten Wesen und die unfreiwillige Beschwer, die sich daraus ergibt, was sich auf andre Weise auch so sagen läßt: die Loslösung von der Gerechtigkeit und die Knechtschaft unter der Sünde.

Die allmähliche Vernichtung des äußeren Menschen erfolgt entweder durch den Fortschritt des inneren oder durch seinen eigenen Verfall. Und zwar wird er durch die Zunahme des inneren so vernichtet, daß er als Ganzer zum Besseren umgebildet und beim Schall der letzten Posaune in seiner ursprünglichen Unversehrtheit wiederhergestellt sein wird, so daß er künftig weder verdorben werden noch selbst verderben kann. Nimmt jedoch dieser innere Mensch ab, so wird er in Schönheiten gestürzt, die noch weit mehr dem Verderben unterliegen, das heißt, er gerät unter die Ordnung der Strafen. Wir dürfen uns nicht wundern, wenn auch hier noch von Schönheiten gesprochen wird: es ist nichts geordnet, was nicht schön wäre, und wie der Apostel sagt: Alle Ordnung ist aus Gott.

Wenn wir auch zugeben müsen, daß ein weinender Mensch besser ist als ein freudiger Wurm, so fällt es mir doch auch ohne Lüge nicht schwer, ein weitläufiges Lob dem Wurm zu zollen, wenn ich etwa den Farbenglanz, die feine Rundung seines Leibes und die Übereinstimmung betrachte, mit der die Vorderglieder zu der Mitte und die Mitte zum Hinterleib ausgezeichnet sind. Bei aller Niedrigkeit einer solchen Kreatur läßt sich ein Streben nach Einheit beobachten, indem nichts auf der einen Seite gebildet ist, das nicht auch auf der andern sein Gegenstück fände. Und was soll ich erst von der Seele sagen, die seinen kleinen Leib belebt, wie sie ihn zahlhaft bewegt, nach Übereinstimmung trachtet, wo sie nur kann, das Widrige besiegt oder meidet und alles auf den einen Sinn der Erhaltung hinordnet? Weist sie damit nicht noch viel deutlicher als der Leib auf jene Einheit hin, die aller Kreaturen Urheberin ist? Und dabei spreche ich hier nur von einem beliebigen Würmchen, während bekanntlich andere sehr ausführlich und durchaus wahr auch das Lob der Asche und des Kotes ausgesprochen haben. Was Wunder also, wenn ich sage, daß die Seele des Menschen, die immer und überall besser ist als jeder Leib, schön geordnet ist, und daß ihre Strafen in anderer Weise diese Schönheit noch ergänzen, weil die Seele, sobald sie elend ist, nicht dort ist, wo die Seligen sein dürfen, sondern dort, wo die Elenden zu sein haben?

(Kap. 39—41)

II. EUROPÄISCHE NEUZEIT

Leonardo da Vinci[1]

Ob die Malerei Wissenschaft ist oder nicht

Wissenschaft nennt man dasjenige verstandesmäßige Abhandeln, das bei seinen (oder seines Gegenstandes) allerersten Anfängen anhebt, über welche hinaus in der Natur nichts anderes mehr ausfindig zu machen ist, das wieder noch einen Teil an selbigem Wissen ausmachte. So ist es z. B. in (der Lehre von) den stetigen Größen, in der Wissenschaft der Geometrie nämlich. Beginnt man hier mit der Fläche der Körper, so findet sich, daß diese ihren Ursprung in der Linie, dem Abschluß selbiger Fläche habe; und hieran lassen wir uns noch nicht genügen, denn wir erkennen, es habe die Linie ihren Abschluß im Punkt, und der Punkt sei dasjenige, über das hinaus es nichts Kleineres mehr gebe. So ist also der Punkt der erste Anfang der Geometrie, und weder in der Natur, noch im menschlichen Geiste kann sonst irgend etwas anderes existieren, das für den Punkt den Anfang abgäbe. [. . .]
Keine menschliche Forschung kann man wahre Wissenschaft heißen, wenn sie ihren Weg nicht durch die mathematische Darlegung und Beweisführung hin nimmt. Sagst du, die Wissenschaften, die von Anfang bis zum Ende im Geist bleiben, hätten Wahrheit, so wird dies nicht zugestanden, sondern verneint aus vielen Gründen, und vornehmlich deshalb, weil bei solchem reingeistigen Abhandeln die Erfahrung (oder das Experiment) nicht vorkommt; ohne dies aber gibt sich kein Ding mit Sicherheit zu erkennen.

Beispiel (oder Gleichnis) und (zwar für den) Unterschied zwischen Malerei und Dichtkunst

Von der Einbildung zur Wirklichkeit ist gerade solch' ein Abstandsverhältnis, wie vom Schatten zum schattenwerfenden Körper, und dasselbe Verhältnis besteht zwischen der Poesie und Malerei. Denn die Poesie legt ihre Dinge in die Imagination der Schriftzeichen nieder; die Malerei aber gibt die ihrigen so von sich,

---

[1] Das Buch von der Malerei, herausgegeben, übersetzt und erläutert von Heinrich Ludwig, 1. Bd., Wien 1882 (aus verschiedenen Fragmenten nach Leonardos Tod im 16. Jahrhundert zusammengestellt).

daß sie wirklich außen vor dem Auge stehen, von welchem (alsdann) das Eindrucksvermögen die Scheinbilder empfängt, nicht anders, als wenn dieselben von der natürlichen Wirklichkeit herrührende wären. Und die Poesie gibt ihre Dinge ohne dieses Scheinbild von sich, und sie gehen nicht, wie die Malerei, auf dem Wege der edlen Sehkraft zum Eindrucksvermögen ein. [...]

Welches Wissen ist nützlicher, und worin besteht seine Nutzbarkeit?

Dasjenige Wissen ist mehr nütze, dessen Frucht die mitteilbarere ist, und so ist umgekehrt das weniger Mitteilbare minder nützlich.

Die Malerei ist im Besitze eines Schlußerfolges, der allen Generationen der Welt mitteilbar ist, denn dieses Endziel ist der Sehkraft untertan, und es geht, was seinen Weg durch das Ohr nimmt, nicht auf die gleiche (wirksame und deutliche) Weise zum Gesamtsinn[2] ein, als das, was durch den Gesichtssinn eintritt.

Sie bedarf also nicht der Dolmetscher verschiedener Sprachen, gleich der Schrift, sondern leistet menschlicher Art sofort Genüge, nicht anders, als es die von der Natur hervorgebrachten Dinge auch tun. Und nicht nur dem menschlichen Geschlecht genügt sie, sondern auch den anderen lebenden Wesen. So hat es sich an einem Bild gezeigt, das den Vater einer Familie nachtäuschte, den liebkosten die Kleinen, die noch in den Windeln waren, und ebenso der Hund und die Katze des gleichen Hauses, so daß es ein verwunderlich Ding war, dies Schauspiel mit anzusehen.

Die Malerei stellt die Werke der Natur dem Verständnis und der Empfindung mit mehr Wirklichkeit und Bestimmtheit vor, als es Worte oder Schriftzüge tun, die Schrift dagegen stellt dem Sinn Worte mit mehr Wahrhaftigkeit vor, als die Malerei. Allein, wir werden sagen, es sei die Wissenschaft, welche die Werke der Natur vorstellt, bewundernswürdiger als jene, die nur Werke des sie in's Werk Setzenden vorstellt, d. h. Werke des Menschen, wie die Worte sind, wie z. B. die Dichtkunst und ähnliche tun, die den Weg der menschlichen Lunge gehen.

Von den nachahmbaren Wissenschaften

Die Wissenschaften, welche nachahmbar, sind von der Art, daß sich durch sie der Schüler dem Urheber gleichstellt, und ebenso

---

[2] Intellekt.

verhält es sich bei ihrer Frucht. Dieselben sind dem Nachahmer nützlich, sie besitzen aber nicht so hohen Glanz als jene, die man nicht, gleich anderen materiellen Gütern, weitervererben kann.

Unter diesen (Letztgenannten) ist die Malerei die vornehmste. Wem Natur es nicht verleiht, dem kann man sie nicht lehren und beibringen, wie die mathematischen Fächer, von denen sich der Schüler so viel aneignet, als der Lehrer ihm liest. Man kann sie nicht kopieren, wie Schriften, daß die Kopie so viel wert ist als das Original. Sie läßt sich nicht abformen, wie eine Skulptur, bei der, was das Verdienst des Werks anlangt, der Abguß dem Original gleichsteht; sie zeugt keine endlose Nachkommenschaft wie die gedruckten Bücher. Sie bleibt ganz allein, vornehm für sich, durch sich allein bringt sie nur ihrem Urheber Ehre und bleibt köstlich und einzig, nie bringt sie Abkömmlinge zur Welt, die ihr gleich wären, und diese Einzigkeit macht sie hervorragender als jene, die überall hin verbreitet werden.

Sehen wir nicht die großmächtigsten Könige des Orients verschleiert und verhüllt einhergehen, weil sie glauben, sie minderten ihren Ruhm und Ansehen, indem sie ihre Gegenwart öffentlich und vulgär machen? Nun wohl, sieht man nicht (ebenso) die Malereien, welche Bilder heiliger Gottheiten darstellen, fortwährend verhüllt gehalten, mit Decken von sehr hohem Preis verhüllt? Und werden sie enthüllt, so begeht man zuvor große kirchliche Feierlichkeiten unter mancherlei Gesängen mit verschiedener Musik. Und im Augenblick des Enthülltwerdens wirft sich die ganze große Volksmenge, die hier zusammenströmt, sogleich zur Erde, indem sie diejenigen, welche diese Malerei darstellt, anbetet und anfleht, sei es nun um Wiedergewinn verlorener Gesundheit oder um das ewige Heil, nicht anders, als wenn jenes ideale Geistwesen dort leibhaftig gegenwärtig stünde.

Solches kommt bei keiner anderen Wissenschaft oder sonstigem Menschenwerk vor, und willst du sagen, es sei das nicht Verdienst des Malers, sondern des nachgeahmten Gegenstandes selbst, so wird man antworten: In dem Falle könnte sich ja der Geist der Leute genug tun, indem sie im Bette blieben, und sie brauchten nicht in Pilgerschaften nach beschwerlichen und gefahrvollen Orten hinzuwandern, wie man sie doch fortwährend tun sieht. Und wenn sich solche Pilgerungen unablässig am Leben erhalten, wer regt sie denn ohne alle Not an? Sicher wirst du bekennen, das sei ein solches Bild, alle Schriften zusammen könnten das nicht leisten, daß sie im Stande wären, ein derartiges reingeistiges Ideal in Ansehen und Kraft figürlich vorzustellen. Es hat also den Anschein, daß dies Idealwesen solche Malerei liebt, und ebenso den, der sie lieb hat und verehrt, und daß es sich davon erfreue, eher unter dieser, als unter anderer nachahmender Figur angebetet zu werden und unter ihr Gnaden und Heilesgaben verleihe — nach dem Glauben (wenigstens) derer, die an solchem Ort zusammenströmen. [. . .]

Wie sich das Auge bei seinen Übungen weniger täuscht als irgendein anderer Sinn, bei nicht beleuchteten oder durchsichtigen und gleichmäßigen Medien (nämlich)

Stehen die Abstände und das durchsichtige Mittel im gebührenden Einklang, so irrt sich das Auge bei seinem Dienst weniger, als irgendein anderer Sinn, denn es sieht nur vermöge gerader Linien, welche die Pyramide bilden, die sich aus dem Objekt ihre Basis macht und selbige zum Auge hinführt, wie ich zu beweisen vorhabe.

Das Ohr hingegen täuscht sich bezüglich des Orts und der Entfernung seiner Objekte stark, denn es kommen die Eigenschaftsscheine zu ihm nicht in geraden Linien daher, wie die das Auge angehenden, sondern auf Umwege beschreibenden und zurückgebrochenen, und häufig sind die Fälle, in denen die entfernter herkommenden näher scheinen, als die nahen, vermöge der Zickzacksprünge solcher Eigenschaftsscheine nämlich, obwohl (schließlich) die Echostimme nur in gerader Linie zum Sinn übertragen wird.

Noch weniger versichert sich der Geruchsinn des Orts, von dem her ein Geruch entsteht, der Geschmack aber und der Tastsinn, die das Objekt berühren, werden nur diese Berührungsstelle gewahr.

Wie, wer die Malerei mißachtet, weder die Philosophie noch die Natur liebt

Willst du die Malerei geringschätzen, welche einzig Nachahmerin aller sichtbaren Naturwerke ist, so wirst du sicher eine feine Erfindung mißachten, die mit philosophischer und subtiler Spekulation alle Eigenschaften und Arten der Formen in Betrachtung zieht, Meere, Gegenden, Bäume, Getier, Kräuter und Blumen, und was nur von Schatten und Licht umschlossen ist. Und wahrlich, die ist eine Wissenschaft und ist rechtmäßige Tochter der Natur, oder wir wollen, um es richtiger auszudrücken, sagen: Enkelin derselben; denn alle sichtbaren Dinge sind von der Natur geboren, und aus ihnen ist die Malerei hervorgegangen. So werden wir sie demnach richtig Enkelin der Natur nennen und Gott verwandt. [. . .]

Wie die Malerei allem Menschenwerk an feinsinniger Überlegung voraus ist, die zu ihr gehört

Das Auge, das man das Fenster der Seele nennt, ist die Hauptstraße, auf welcher der Gesamtsinn am reichhaltigsten und großartigsten die unzähligen Werke der Natur in Betracht ziehen kann. Danach kommt das Ohr, das sich adelt, indem es die Dinge erzählen hört, die das Auge sah. Hättet ihr Geschichtsschreiber oder Poeten, oder auch ihr Mathematiker, die Dinge nicht mit Augen gesehen, ihr könntet mittelst der Schrift schlecht Bericht erstatten. Und wenn du, Poet, eine Historie mittelst Malerei der Feder vorstellen wirst, der Maler wird sie machen, daß sie leichter befriedigt, und es weniger ermüdend ist, sie zu verstehen.

Heißest du die Malerei eine stumme Dichtung, so kann auch der Maler die Poesie eine blinde Malerei nennen. Nun sieh zu, wer der schadhaftere Krüppel sei, der Blinde oder der Stumme.

Ist der Dichter in der Erfindung auch frei, gleich dem Maler, so tun doch seine vorgetäuschten Erfindungen den Menschen nicht so sehr Genüge, wie Malereien; denn, wenn sich die Poesie darauf ausdehnt, mit Worten Formen, Gebärden und Lage (oder auch Gegenden) vorzustellen, so rückt der Maler zur Nachahmung der Formen mit deren eigenen Scheinbildern ins Feld. Nun achte: Was ist näher am Mann, der Name Mann, oder des Mannes Ab- und Scheinbild? Der Name Mann wechselt nach verschiedenerlei Ländern, und die Form ändert sich nicht, außer durch den Tod. Und dient der Dichter dem Verständnis auf dem Wege des Gehörs, der Maler tut es auf dem des Auges, das der höherstehende Sinn ist.

Aber ich verlange von jenen dort nichts anderes, als einen guten Maler, der das Wüten einer Schlacht darstelle, und daß ein Dichter eine andere Darstellung der Schlacht schreibe, beides dann aber nebeneinander zur Öffentlichkeit gebracht werde. Da wirst du sehen, wo die Beschauer mehr verweilen, wo sie mehr in Betracht ziehen, wo mehr Lob gespendet wird, und was mehr Genugtuung gibt, sicher wird die Malerei als das weitaus Zweckdienlichere und Schönere mehr Gefallen erregen. — Setze doch in Schrift den Namen Gottes an einen Ort, und gegenüber stelle die Figur, da wirst du sehen, welchem man mehr Verehrung bezeugt.

Während die Malerei alle Formen der Natur in sich schließt, habt ihr nichts als die Namen, die nicht allgemein verständlich sind, wie die Formen. Habt ihr die Wirkungen der Darlegung (oder die Beweiskraft der Auseinandersetzung), wir haben die Darlegung der Wirklichkeit selbst. Man wähle einen Dichter, daß er eines Weibes Reize deren Liebhaber beschreibe, und dann nehme man

einen Maler, daß er es darstelle, man wird gewahr werden, wohin Natur den liebenden Richter mehr hinzieht.
Sicherlich sollte eigene Erprobung der Dinge die Erfahrung das Urteil fällen lassen. *Ihr* aber habt die Malerei unter die Handwerke gestellt. Gewiß, wären die Maler so flink, wie ihr es seid, ihre Werke durch Geschriebenes zu loben, ich glaube, sie unterläge nicht so herabwürdigender Bezeichnung. Nennt ihr sie Handwerk, weil sie zuvor Handverrichtung ist, da die Hände das gestalten, was sie in der Phantasie vorfinden, so zeichnet ja auch ihr Schreiber durch Handverrichtung mit der Feder das auf, was sich in eurem Geist befindet. Und möchtet ihr sagen, sie sei handwerksmäßig, weil sie um Lohn betrieben wird, wer fällt mehr in diesen Fehler, wenn man es einen Fehler nennen kann, als ihr? Wenn ihr zum Unterricht lest, geht ihr da nicht zu dem, der euch am besten lohnt? Macht ihr irgend ein Werk ohne eine Bezahlung? Obwohl, ich sage dies nicht, um eine solche Ansicht zu schmähen, denn eine jede Bemühung erwartet Lohn. — Ein Dichter kann sagen: ich werde etwas erdichten, das große Dinge bedeuten soll; das Gleiche wird der Maler auch tun, wie denn Apelles mit der ‚Verleumdung' es tat[3].
Sagtet ihr, Poesie sei von größerer Dauer, so werde ich erwidern: was das anlangt, so sind die Werke eines Kesselschmiedes noch weit dauerhafter, und die Zeit erhält sie länger als die eurigen und unseren, und nichtsdestoweniger sind sie von geringer Phantasiekraft, auch kann man eine Malerei, wenn man mit Glasfarben auf Kupfer malt, weit dauerhafter machen.
Wir können wegen der Kunst Enkel Gottes genannt werden. Erstreckt sich die Poesie ins Gebiet der Moralphilosophie, so erstreckt sich die Malerei in das der Naturphilosophie (oder -Wissenschaft). Beschreibt jene die Tätigkeiten des Geistes, so zieht diese in Betracht, ob der Geist in den Bewegungen wirkt. Erschreckt jene die Völker mit höllischen Fiktionen, diese tut das Gleiche mittelst derselben Dinge in Wirklichkeit. Es stelle sich ein Dichter mit einem Maler in Rang zur Darstellung irgend einer Schönheit, einer Kühnheit, oder einer nichtswürdigen und häßlichen, ungeheuerlichen Sache, er verwandle auf seine Art und Weise Formen, wie er nur will, ob der Maler nicht mehr Genüge leistet. Sah man nicht, wie Bilder so viel Übereinstimmung mit dem nachgeahmten Gegenstand hatten, daß sie Menschen und Tiere betrogen?

(Nr. 1 [1. u. 3. Absatz]), 2, 7, 8, 11, 12 u. 19)

---

[3] Der berühmteste Maler der Antike, Zeitgenosse Alexanders des Großen, verteidigte sich mit dem allegorischen Bild gegen den Vorwurf, an einer Verschwörung beteiligt gewesen zu sein.

Anthony Ashley Cooper Earl of Shaftesbury[1]

1.

Sehen Sie, wo höchste Vortrefflichkeit herrscht, wo Schönheit regiert, wo sie vollständig, vollkommen, unumschränkt ist, und auch, wo sie zerstückelt, unvollkommen, mangelhaft ist. Betrachten Sie diese irdischen Schönheiten und alles, was einen Schein von Vortrefflichkeit, etwas Anziehendes hat. Sehen Sie, was entweder wirklich schön, liebenswert und gut ist oder dafür gehalten wird. ‚Eine Metallmasse, eine Strecke Landes, eine Anzahl Sklaven, ein Haufen Steine, ein menschlicher Körper von gewissen Formen und Verhältnissen.' Ist es das Höchste dieser Art? beruht Schönheit bloß auf dem Körper und nicht auf Taten, Leben oder Handlung?

Halt, halt! guter Theokles, rief ich, Sie nehmen es in einem zu hohen Tone, ich kann Ihnen nicht folgen. Soll ich Sie begleiten, so stimmen Sie, bitte, Ihre Saiten ein wenig herunter, und sprechen Sie in vertrauterer Weise.

Nun gut denn, sagte er lächelnd, wie sehr Sie auch für andre Schönheiten enthusiasmiert sein mögen, guter Philokles, so weiß ich doch, Sie sind kein so großer Bewunderer des Reichtums irgendwelcher Art, um in ihm viel Schönheit zu finden, besonders nicht in einem unförmlichen Haufen oder Klumpen Gold. Aber in Medaillen, Münzen, getriebener Arbeit, Statuen und andern künstlichen Meisterwerken jeder Art entdecken Sie Schönheit und bewundern das Werk.

Gewiß, sagte ich, aber nicht des Metalls wegen.

Das Metall also oder die Materie ist für Sie an sich nicht schön?

Nein.

Aber die Kunst?

Gewiß.

Dann ist die Kunst die Schönheit?

Ganz recht.

Und Kunst ist das, was schön macht?

Nichts anders.

---

[1] Die Moralisten, ins Deutsche übertragen und eingeleitet von Max Frischeisen-Köhler, Leipzig 1909 (1709); Soliloquy or Advice to an Author (Selbstgespräch oder Rat an einen Schriftsteller), zitiert nach der Übersetzung von Johann George Sulzer: Artikel ‚Dichter', in: Sulzer, Allgemeine Theorie der Schönen Künste, I, Leipzig ²1792, S. 613 (der heutigen Schreibweise angeglichen) (1710). — Gesprächspartner in dem Dialog ‚Die Moralisten' sind Theokles, ein Philosoph, und sein Freund und Schüler Philokles; ihre Gespräche kreisen um die Identität von Tugend und Schönheit in einer pantheistisch gedeuteten Welt.

Also, was schön macht und nicht, was schön gemacht wird, ist wahrhaft schön?
So scheint es.
Denn das schön Gemachte ist nur schön durch das Hinzukommen dessen, was schön macht und durch Entfernen oder Wegnehmen desselben hört es auf, schön zu sein?
So ist es.
Was also Körper anbetrifft, so kommt Schönheit und verläßt sie wieder?
So stellt es sich heraus.
Und der Körper selbst ist nicht im geringsten Ursache, daß Schönheit kommt oder bleibt?
Nicht im geringsten.
Es gibt also kein Prinzip der Schönheit im Körper?
Gar keins.
Kann der Körper denn niemals Ursache seiner Schönheit sein?
Auf keine Weise.
Auch sich nicht selbst regieren und ordnen?
Ebensowenig.
Auch für sich selbst keine Überlegung und Absicht haben?
Auch das nicht.
Muß also nicht das, was für ihn überlegt und beschließt, regiert und ordnet, das Prinzip seiner Schönheit sein?
Notwendigerweise.
Und was kann das sein?
Der Geist ohne Zweifel, was sonst wohl?
Hier haben wir also alles, sagte er, was ich Ihnen vorhin begreiflich zu machen wünschte: ‚daß das Schöne, Einnehmende, Liebenswürdige nie in der Materie, sondern in der Kunst und Absicht liege; nie im Körper selbst, sondern in der Form oder in der bildenden Kraft.' Sagt Ihnen dies nicht die schöne Form selbst, und verkündet Ihnen dies nicht die Schönheit der Absicht, so oft Sie davon betroffen werden? Was ist's denn anders als Absicht, was Sie rührt? Was bewundern Sie, wenn nicht den Geist, oder die Wirkung des Geistes? Der Geist allein gibt Form. Alles Geistlose ist scheußlich, und formlose Materie ist die Häßlichkeit selbst.
Dann sind von allen Formen, erwiderte ich, nach Ihrem System diejenigen die reizendsten und gehören zur ersten Klasse der Schönheit, welche die Macht haben, selbst andre Formen zu bilden. Deshalb, dünkt mich, können diese auch formende Formen heißen. So weit stimme ich gern mit Ihnen überein und gebe mit Freuden der menschlichen Form den Vorzug vor allen andern Schönheiten, die er zu bilden imstande ist. Die Paläste, Ausstattungen und

Landgüter werden bei mir niemals den ursprünglichen, lebendigen Formen von Fleisch und Blut den Rang streitig machen. Und was die andern, die toten Formen der Natur, Metalle und Steine, so kostbar und blendend sie auch sein mögen, anbetrifft, bin ich fest entschlossen, ihrem Glanze zu widerstehen und sie als verächtlich zu verwerfen, selbst in ihrem höchsten Stolze, wenn sie sich anmaßen, menschliche Schönheit zu erhöhen und dienstfertig dem Schönen behilflich zu sein.

Sehen Sie denn nicht, versetzte Theokles, daß Sie also drei Grade oder Klassen der Schönheit festgestellt haben?

Wieso?

Erstens die toten Formen, wie Sie sie sehr passend nannten, die von dem Menschen oder der Natur ihre Bildung erhielten, aber keine bildende Kraft, keine Tätigkeit, keine Vernunft besitzen.

Richtig.

Dann, als die zweite Klasse, nahmen Sie diejenigen Formen an, welche selbst andre bilden, das heißt, die Vernunft, Tätigkeit und Wirkung zu eigen haben.

Auch richtig.

Hier haben wir also eine doppelte Schönheit. Denn hier gibt es beides, die Form (die Wirkung des Geistes) und den Geist selbst. Die erste Klasse ist niedrig und verächtlich im Vergleich mit dieser andern, von welcher die tote Form erst Glanz, Leben und Wirkung erhält. Denn was ist ein bloßer Körper, sei es auch ein menschlicher, und sei er noch so regelmäßig gebildet, wenn die innere Form fehlt, und der Geist ungestaltet oder unvollkommen ist, wie bei einem Idioten oder Wilden?

Auch das begreife ich, sagte ich, aber wo ist die dritte Klasse?

Nur Geduld, erwiderte er, und überlegen Sie erst, ob Sie die ganze Macht dieser zweiten Schönheit erkennen. Wie könnten Sie sonst die Macht der Liebe begreifen oder die Kraft haben, sie zu genießen? Sagen Sie mir, bitte, als Sie zuerst diese die bildenden oder formenden Formen nannten, dachten Sie da an keine andern Produkte derselben, als an die toten, wie Paläste, Münzen, eherne oder marmorne Menschenfiguren? Oder dachten Sie auch an Dinge, die Geist und Leben haben?

Ich hätte leicht hinzufügen können, sagte ich, daß unsre Formen die Kraft haben, andre Formen, die uns gleichen, hervorzubringen. Aber diese Kraft, dachte ich, rühre von einem andern höhern Wesen her, und könnte eigentlich nicht ihre Kraft oder Kunst genannt werden, wenn in Wirklichkeit eine höhere Kunst oder ein höherer Werkmeister existiert, der ihre Hand leitet und sie als Werkzeuge seines schönen Werkes gebraucht.

Glücklich gedacht, sagte er. Sie haben einem Tadel vorgebeugt, der, wie ich glaubte, Ihnen kaum erspart bleiben konnte. Sie selbst haben unvermutet jene dritte Klasse der Schönheit entdeckt, die nicht bloß tote Formen, sondern auch solche, die selber schaffen, hervorbringt. Denn wir selbst sind treffliche Architekten der Materie und können leblose Körper aufweisen, denen wir mit eigenen Händen Form und Gestalt gegeben haben; aber dasjenige, was sogar Geister bildet, schließt alle jene Schönheiten in sich, die durch diese Geister gebildet werden, und ist folglich das Prinzip, die Quelle, der Ursprung alles Schönen.

Es scheint so.

Alle Schönheit also, die sich in unserer zweiten Klasse von Formen findet, alles, was aus ihr entspringt oder durch sie hervorgebracht wird — das alles findet sich erhaben, vorzüglich und ursprünglich in dieser letzten Klasse der allerhöchsten und vornehmsten Schönheit.

Sehr wahr.

Baukunst also, Musik und alles, was menschliche Erfindung geleistet hat, löst sich in dieser letzten Klasse auf.

Ganz recht, sagte ich. So löst sich auch jede Schwärmerei andrer Art in die unsrige auf. Die modernen Schwärmer borgen von uns und sind nichts ohne uns. Unser ist die Ehre des Vorbilds.

Nun sagen Sie mir weiter, versetzte Theokles, sind diese Werke der Baukunst, der Skulptur und alle die anderen die größten Schönheiten, die der Mensch bildet, oder gibt es noch größere und bessere?

Ich kenne keine besseren, erwiderte ich.

Überlegen Sie noch einmal, sagte er, überlegen Sie, ob es, jene Produkte ungerechnet, die Sie nicht gelten ließen, da sie Meisterwerke einer andern Hand sind, nicht noch andere geben sollte, die noch unmittelbarer aus uns entspringen, und mit mehr Recht unser Eigentum heißen können.

Ich bin jetzt ganz dumm, sagte ich. Sie müssen sich deutlicher erklären, wenn ich Sie begreifen soll.

Wie kann ich Ihnen helfen? erwiderte er. Wollen Sie, daß ich mir an Ihrer Stelle dessen bewußt bin, was doch unmittelbar nur Ihr Eigen, was einzig und allein in und aus Ihnen selbst ist?

Sie sprechen von meinen Gefühlen, sagte ich.

Gewiß, versetzte er, und meine mit Ihren Gefühlen zugleich Ihre Entschließungen, Grundsätze, Neigungen, Handlungen, alles, was in dieser Art schön und edel ist, alles, was aus Ihrem guten Verstande, Gefühl, Ihrer Erkenntnis und Ihrem Willen fließt, alles, was in Ihrem Herzen, mein lieber Philokles, erzeugt wird oder in

Ihrem Geiste entspringt, der nicht gleich andern Vätern durch Zeugung erschöpft oder entkräftet wird, sondern Stärke und Kraft dadurch gewinnt. Dies haben Sie, mein Freund, durch manches Werk bewiesen und nicht geduldet, daß jener fruchtbringende Teil Ihres Wesens träge und untätig blieb; daher jene trefflichen Talente, die Sie durch Ausbildung Ihres natürlichen Genius so veredelt haben. Und so wenig ich hier umhin kann, den fruchtbaren Geist und die zeugende Schönheit zu bewundern, ebensowenig kann ich daran zweifeln, daß Ihre Kinder immer schön sind und bleiben werden.

(aus: 3. Teil, 2. Abschnitt)

2.

Ich muß gestehen, daß schwerlich eine abgeschmacktere Gattung Mensch irgendwo zu finden ist, als die, denen man in den neueren Zeiten, wegen einiger Fertigkeit wohltönend zu sprechen, wegen eines unüberlegten abgeschmackten Witzes, und einiger Einbildungskraft, den Namen der Dichter gegeben hat. Der Mann, der den Namen eines Dichters wahrhaftig und in dem eigentlichen Sinne verdienet, der, als ein wahrer Künstler oder Baumeister in dieser Art, sowohl Menschen als Sitten schildern, der einer Handlung ihre gehörige Form und ihre Verhältnisse geben kann, ist, wo ich nicht irre, ein ganz andres Geschöpf. Denn ein solcher Dichter ist in der Tat ein anderer Schöpfer, ein wahrer Prometheus unter Jupiter[2]. Gleich jenem obersten Künstler oder der allgemeinen bildenden Natur formet er ein Ganzes, wohl zusammenhangend, und in sich selbst wohl abgemessen, mit richtiger Anordnung und Zusammenfügung seiner Teile. Er bezeichnet das Gebiet jeder Leidenschaft und kennet genau jeder derselben Ton und Maß, wodurch er sie mit Richtigkeit schildert; er zeichnet das Erhabene der Empfindungen und der Handlung und unterscheidet das Schöne von dem Häßlichen, das Liebenswürdige von dem Verächtlichen. Der sittliche Künstler, der auf diese Weise dem Schöpfer nachahmen kann, und eine solche Kenntnis der innern Gestalt und des Baues seiner Mitgeschöpfe hat, wird, wie ich denke, schwerlich sich selbst mißkennen, oder über diejenigen Verhältnisse unwissend sein, die die Harmonie der Seele ausmachen; denn eine niederträchtige Sinnesart macht die eigentliche Dissonanz und Disproportion aus. Und obgleich nichtswürdige Menschen auch ihren hohen Ton und natürliche Fähigkeit zu handeln haben können: so ist

---

[2] Prometheus, Sohn des Titanen Iapetos, brachte den Menschen das Feuer, eine Tat, die allegorisch als Stiftung von Kultur und Philosophie gedeutet wurde. Daneben gilt er in späteren Überlieferungen auch als Bildner der Menschen.

es doch nicht möglich, daß richtige Urteilskraft und sittliches Gefühl sich da finden sollten, wo Harmonie und Redlichkeit mangeln.

Denis Diderot[1]

Und wenn es keine Antike gäbe, woher würdest du dann das Schöne nehmen? Du antwortest mir nicht. Nun gut, höre mir zu, denn ich will dir erklären, wie die Alten, die ja keine ‚Antiken' hatten, es angefangen haben; wie du das geworden bist, und was der Grund für die Routine — die gute oder schlechte Routine — ist, der du folgst, ohne jemals nach ihrem Ursprung geforscht zu haben. Wenn das, was ich dir vorhin gesagt habe, wahr ist, dann wäre das schönste und vollkommenste Modell für einen Mann und eine Frau, doch ein Mann und eine Frau, die in hervorragender Weise für alle Lebensfunktionen geeignet sind und das Alter der höchsten Entwicklung erreicht haben, ohne jemals eine einzige dieser Funktionen ausgeübt zu haben. Da uns aber die Natur nirgend ein solches Modell darbietet, weder im ganzen, noch teilweise; da sie nur fehlerhafte *(viciés)* Werke hervorbringt; da sogar die vollkommensten Werke, die aus ihrer Werkstatt hervorgehen, Lebenslagen *(conditions)*, Funktionen und Bedürfnissen unterworfen sind, die zur Entstellung ihrer Formen führen *(les ont déformé)*; da sie sich schon allein infolge der harten Notwendigkeit, sich zu erhalten und sich fortzupflanzen, mehr und mehr von der Wahrheit, vom ersten Modell, vom intellektuellen Bild, entfernt haben, so gibt es, gab es und wird es niemals ein Ganzes, also auch niemals einen Teil eines Ganzen geben, der darunter nicht gelitten hätte. Weißt du, lieber Freund, was also deine ältesten Vorgänger getan haben? Durch lange Beobachtung, durch gründliche Erfahrung, durch den Vergleich der Organe mit ihren natürlichen Funktionen, durch ein erlesenes Fingerspitzengefühl *(tact)*, einen Geschmack, einen Instinkt, eine Art Eingebung, die nur einigen außergewöhnlichen Genies zuteil geworden sind, vielleicht auch durch die bei einem Götzendiener ganz natürliche Absicht, den Menschen über seine Lebenslage zu erheben und ihm einen göttlichen Charakter einzuprägen, einen Charakter, der alle Knechtschaft unseres erbärmlichen, armseligen, dürftigen und unglücklichen Lebens ausschließt, sind sie allmählich so weit gekommen, die großen Abweichungen *(altérations)*, die schlimmsten

[1] Aus dem ‚Salon von 1767'. An meinen Freund Grimm, in: Ästhetische Schriften, hrsg. von Friedrich Bassenge, Bd. 2, aus dem Französischen von Friedrich Bassenge und Theodor Lücke, Frankfurt 1968.

Mißbildungen *(difformités)*, die schweren Affektionen zu empfinden. Das ist der erste Schritt, der allein die allgemeine Masse des animalischen Systems oder vielleicht auch bloß einige seiner Hauptteile umgestaltet hat. Durch einen langsamen und zaghaften Fortschritt, durch langes und mühsames Herumtasten, durch eine dunkle, verborgene, analogiehafte Vorstellung, die das Ergebnis unendlich vieler, aufeinanderfolgender Beobachtungen ist, die zwar dem Gedächtnis entschwinden, in ihm aber nachwirken: durch all das hat sich im Laufe der Zeit diese Umgestaltung *(réforme)* auf die kleineren Teile, von diesen auf noch kleinere und schließlich auf die kleinsten ausgedehnt: Fingernagel, Augenlid, Wimpern, Haare. Unablässig und mit erstaunlicher Umsicht wurden Abweichungen und Mißbildungen einer Natur ausgetilgt, die entweder in ihrem Ursprung oder infolge der Notwendigkeiten der jeweiligen Lebenslage fehlerhaft war, und so entfernte man sich unaufhörlich vom Porträt, von der falschen Linie, um sich zum wahren ideellen Modell der Schönheit, zur wahren Linie zu erheben. Die wahre Linie — das ideelle Modell der Schönheit — existierte nirgendwo anders als in den Köpfen eines Agasias, eines Raffael, eines Poussin, eines Puget, eines Pigalle, eines Falconet[2]; denn vom ideellen Modell der Schönheit — der wahren Linie — schöpfen die Künstler zweiten Ranges aus der Antike oder aus den inkorrekten Werken der Natur nur inkorrekte, mehr oder weniger angenäherte Begriffe. Zwar können die großen Meister ihren Schülern dieses ideelle Modell der Schönheit — die wahre Linie — nicht ebenso genau vermitteln, wie sie es auffassen. Über das ideelle Modell der Schönheit, über die wahre Linie können sich die Meister spielend erheben, um das Chimärenhafte hervorzubringen: die Sphinx, den Kentaur, den Hippogryph, den Faun[3] und alle möglichen gemischten Naturen. Sie können aber auch vom ideellen Modell, von der wahren Linie, nach unten hin abweichen, um die verschiedenen Porträts des Lebens hervorzubringen: das Übertrie-

---

[2] Agasias: griechischer Bildhauer des 1. Jh. v. Chr.; Raffaele Santi Raffael (1483—1520): Maler der italienischen Hochrenaissance; Nicolas Poussin (1593—1665): meist in Rom lebender französischer Maler; Pierre Puget (1622—1694), Jean-Baptiste Pigalle (1744—1785), Maurice Falconet (1704—1778): französische Bildhauer.

[3] Chimära: Ungeheuer des griechischen Mythos (Löwe, Ziege und Schlange in einem); Sphinx: Mischwesen aus Löwe und Mensch in der ägyptischen und griechischen Sage; Kentaur: Mischwesen aus Mensch und Pferd in der griechischen Sage; Hippogryph: geflügeltes Roß mit Greifenkopf in der italienischen Renaissancedichtung; Faunus (griechisch Pan) italischer Feld- und Waldgott mit Bocksfuß und Bockshorn.

bene *(charge)*, das Monströse *(monstre)*, das Groteske — je nach dem Maß von Lüge, das ihre Komposition und der Effekt, den sie zu erzielen haben, erfordert. So wäre es ein fast sinnloses Problem, wenn man feststellen wollte, wie nahe man dem ideellen Modell der Schönheit, der wahren Linie, zu bleiben oder wie weit man davon abzugehen hat. Das ideelle Modell der Schönheit, die wahre, nicht die traditionelle Linie, verschwindet fast ganz, wenn ein Mann von Genie dahingeht, der eine Zeitlang den Geist, den Charakter, den Geschmack der Werke eines Volkes, eines Zeitalters, einer Schule formt. Der Mann von Genie hat vom ideellen Modell der Schönheit, von der wahren Linie, nur einen mehr oder weniger genauen Begriff, je nach dem Klima, der Regierungsweise, den Gesetzen und den Umständen, unter denen er geboren ist. So entartet das ideelle Modell der Schönheit, die wahre Linie; es geht verloren und könnte sich in seiner ganzen Vollkommenheit bei einem Volke vielleicht nur infolge einer Rückkehr zum Zustande der Barbarei wiederfinden; denn das ist der einzige Zustand, in dem sich die Menschen, von ihrer Unwissenheit überzeugt, zu langsamem Herumtasten entschließen können. Die anderen bleiben gerade deshalb mittelmäßig, weil sie sozusagen wissend geboren werden. Da sie diejenigen, die ihnen vorangegangen sind, sklavisch und fast stumpfsinnig nachahmen, studieren sie die Natur als etwas Vollkommenes und nicht als etwas Vervollkommnungsfähiges. Sie suchen sie nicht etwa deshalb auf, um dem ideellen Modell und der wahren Linie nahezukommen, sondern nur deshalb, um der Kopie der Männer, die beides besessen haben, so nahe wie möglich zu kommen. Vom tüchtigsten unter ihnen hat Poussin gesagt, er sei im Vergleich mit den Modernen ein Adler und im Vergleich mit den Alten ein Esel. Die gewissenhaften Nachahmer der Antike heften ihre Augen unaufhörlich auf das Phänomen; aber keiner von ihnen kennt seinen tieferen Grund. Anfangs bleiben sie nur ein wenig unter ihrem Modell, entfernen sich aber allmählich immer weiter von ihm und erniedrigen sich vom Porträtisten, vom Kopisten des vierten Ranges bis zum hundertsten Rang.

Nun werden Sie mich fragen: „Ist es also für unsere Künstler unmöglich, jemals den Alten gleichzukommen?“ Ich nehme es an — zumindest, wenn sie weiterhin den Weg verfolgen, den sie eingeschlagen haben; wenn sie die Natur nur nach antiken Kopien studieren, erforschen und schön finden, so erhaben diese Kopien auch sein mögen und so getreu das Bild, das sie sich von ihnen machen, auch sein mag. Die Natur nach der Antike umgestalten *(réformer)* heißt den umgekehrten Weg gehen als die Alten, die ja keine Antike hatten; heißt immer nach einer Kopie arbeiten.

Und glauben nicht auch Sie, lieber Freund, daß ein Unterschied darin liegt, ob man zu einer ursprünglichen, geheimen Schule gehört, Anteil am nationalen Geist nimmt, von Leidenschaft beseelt ist, von den Ansichten, Verfahren und Mitteln derer überzeugt ist, die ein Ding geschaffen haben, oder ob man bloß das fertige Ding ansieht? Glauben Sie nicht, daß es ein Unterschied ist, ob Pigalle und Falconet heute in Rom vor dem *Borghesischen Fechter* stehen oder ob sie einst in Athen vor Agasias gestanden hätten? Es ist eine alte Geschichte, lieber Freund, daß die Alten, um jenes reale oder imaginäre Standbild *(statue)* zu schaffen, das sie ‚die Regel' nannten und das ich das ideelle Modell oder die wahre Linie nenne, die ganze Natur erforschten und dabei von unzähligen Individuen die schönsten Teile entlehnten, aus denen sie dann ein Ganzes zusammensetzen. Woran aber erkannten sie, daß diese Teile schön waren? Vor allem an folgendem: Da solche Teile wie etwa der Bauch, die Lenden, die Bein- und Armgelenke sich nur selten unseren Augen darbieten und dabei das *poco più* und das *poco meno*[4] nur von einer sehr kleinen Anzahl von Künstlern empfunden wird, so erhalten sie die Bezeichnung ‚schön' nicht von der herkömmlichen Meinung, die der Künstler bei seiner Geburt vorfindet und die für sein Urteil maßgebend ist. Zwischen der schönen Form und ihrer Entstellung liegt nur eine Haaresbreite. Wie haben die Alten also das Fingerspitzengefühl *(tact)* erworben, das man besitzen muß, bevor man die schönsten Einzelformen aussucht, um aus ihnen ein Ganzes zu bilden? Das ist die Frage, um die es geht. Und auf welche unfaßbare Weise haben sie diese Formen, wenn sie sie gefunden hatten, miteinander verschmolzen? Was verschaffte ihnen den richtigen Maßstab, auf den man sie zurückführen mußte? Ein solches Paradox aufstellen, heißt das nicht behaupten, daß jene Künstler schon die gründlichste Kenntnis über die Schönheit besaßen, schon bis zu ihrem wahren ideellen Modell, bis zu der wahren Linie vorgedrungen waren, ehe sie etwas Schönes machten? Ich erkläre Ihnen also, daß dieser Weg unmöglich und absurd ist. Ich erkläre Ihnen: wenn sie in ihrer Einbildungskraft schon das ideelle Modell, die wahre Linie, besessen hätten, dann hätten sie keine einzige Partie gefunden, mit der sie ganz und gar zufrieden gewesen wären. Ich erkläre Ihnen, daß sie dann auch nur Porträtisten der Dinge gewesen wären, die sie sklavisch kopierten. Ich erkläre Ihnen, daß man sich mit Hilfe einer Unmenge von einzelnen kleinen Porträts niemals zum ur-

---

[4] poco più (italienisch): ein wenig mehr; poco meno: ein wenig weniger.

sprünglichen und ersten Modell eines Teils, einer Gesamtheit oder eines Ganzen aufschwingen kann. Die Alten haben einen anderen Weg eingeschlagen, den ich Ihnen jetzt beschreiben will: nämlich den Weg, den der menschliche Geist bei allen seinen Forschungen beschreitet.

Ich bestreite nicht, daß eine im groben Sinne fehlerhafte Natur den Alten den ersten Gedanken an Umgestaltung eingegeben hat und daß sie noch lange Zeit das Vollkommene in Naturen erblickt hätten, deren geringfügige Fehler sie nicht zu erkennen vermochten — wenn sich nicht ein außergewöhnliches, ungestümes Genie vom dritten Rang, auf dem es mit der Menge umhertastete, plötzlich zum zweiten emporgeschwungen hätte. Aber ich behaupte, daß dieses Genie lange auf sich warten ließ und daß es das nicht allein vollbringen konnte, was das Werk der Zeit und eines ganzen Volkes ist. Ich behaupte, daß im Bereich des dritten Ranges, des Ranges des Porträtisten der schönsten vorhandenen Natur — sei es im Ganzen, sei es im Teil —, alle Möglichkeiten *(les manières possibles)* enthalten sind, die unmerklich feinen Nuancen des Guten, des Besseren und des Vortrefflichen wiederzugeben und damit Lob und Erfolg zu ernten. Ich behaupte, daß alles, was darüber hinausgeht, chimärenhaft ist und daß alles, was darunter bleibt, armselig, dürftig, fehlerhaft ist. Ich behaupte: wenn man nicht auf die Begriffe zurückgreift, die ich soeben aufgestellt habe, so wird man ewig von ‚Übertreibung' *(exagération)*, von ‚armseliger *(pauvre)* Natur', von ‚dürftiger *(mesquine)* Natur' sprechen ohne davon klare Ideen zu haben. Ich behaupte: der Hauptgrund dafür, daß die Künste in keinem anderen Zeitalter und bei keinem anderen Volk den Grad der Vollkommenheit erreichen konnten, den sie bei den Griechen gehabt haben, ist darin zu erblicken, daß Griechenland die einzige uns bekannte Gegend der Welt ist, in der die Künste einem langen Herumtasten unterworfen wurden. Dank den Modellen, die sie uns hinterlassen haben, konnten wir niemals wie die Griechen allmählich und langsam zur Schönheit dieser Modelle gelangen; wir wurden dadurch zu mehr oder weniger sklavischen Nachahmern, zu Porträtisten, und erhielten immer nur aus zweiter Hand — in dunkler, unklarer Weise — das ideelle Modell, die wahre Linie. Wären die Modelle der Griechen vernichtet worden, so ist durchaus anzunehmen, daß wir wie sie gezwungen gewesen wären, uns langsam an einer entstellten, unvollkommenen, fehlerhaften Natur emporzuarbeiten, und daß wir daher wie sie zu einem originalen und ersten Modell, einer wahren Linie gelangt wären, die dann weitaus mehr unsere eigene gewesen wäre, als sie es tatsächlich ist und sein kann. Kurz gesagt: die Meisterwerke der Alten scheinen mir dazu geschaffen, um für immer die Überlegenheit der dahingegangenen Künstler zu beweisen und für alle Ewigkeit die Mittelmäßigkeit der kommenden Künstler zu besiegeln. Ich bin darüber traurig; aber die unverletzlichen Gesetze der Natur müssen sich vollziehen. Das heißt: die Natur tut nichts sprunghaft, und das gilt in den Künsten ebenso wie im Weltall.

Gewisse Folgerungen, die Sie daraus wohl ziehen werden, ohne daß ich dabei helfe, sind einmal die von der Erfahrung aller Zeiten und aller Völker bestätigte Unmöglichkeit, daß die schönen Künste bei ein und demselben Volk mehrere schöne Zeitalter erleben, und zum anderen die Tatsache, daß diese Prinzipien gleichermaßen auf die Beredsamkeit, auf die Poesie und vielleicht auch auf die Sprachen angewendet werden können. Der berühmte Garrick sagte einmal zum Chevalier de Chastellux[5]: „So empfindsam die Natur Sie auch geschaffen haben mag, so werden Sie doch immer mittelmäßig bleiben, wenn Sie nur sich selbst oder die vollkommenste vorhandene Natur darstellen, die Sie kennen." — „Mittelmäßig? Wieso?" — „Weil es für Sie, für mich und für den Zuschauer einen möglichen ideellen Menschen gibt, der in der vorausgesetzten Lage ganz anders berührt würde als Sie. Dieses imaginäre Wesen müssen Sie sich zum Modell nehmen. Je besser Sie dieses Wesen begriffen haben, desto größer, außergewöhnlicher, vortrefflicher und erhabener werden Sie sein." — „Sie sind also niemals Sie selbst?" — „Davor hüte ich mich sehr. Nein, weder ich selbst, Herr Chevalier, noch irgend etwas, was ich um mich herum genau kenne! Wenn ich mir das Innere zerreiße, wenn ich Schreie ausstoße, die nicht mehr menschlich sind, so ist das nicht mein Inneres, sind das nicht meine Schreie, sondern das Innere und die Schreie eines anderen, den ich mir vorgestellt habe, der aber nicht existiert."

Nun gibt es aber, lieber Freund, keinen Dichter, auf den Garricks Lehre nicht zuträfe. Wenn man über seinen Grundsatz tief und gründlich nachdenkt, so enthält er Platons *secundus a natura et tertius ab idea*[6] — den Keim und Beweis für alles, was ich gesagt habe. So nützlich Modelle — große Modelle — für mittelmäßige Menschen sind, so schädlich sind sie für Männer von Genie.

(S. 16—21)

---

[5] David Garrick (1716—1779), englischer Komödiendichter und Schauspieler, 1764/65 in Paris; Jean François Chevalier de Chastellux (1734 bis 1788), französischer Schriftsteller.

[6] Zweiter von der Natur und dritter von der Idee aus. — Platon selbst unterscheidet aber in diesem Zusammenhang nicht zwischen Natur und Idee. Siehe oben 107—109.

Immanuel Kant[1]

§ 1

Das Geschmacksurteil ist ästhetisch*

Um zu unterscheiden, ob etwas schön sei oder nicht, beziehen wir die Vorstellung nicht durch den Verstand auf das Objekt zum Erkenntnisse, sondern durch die Einbildungskraft (vielleicht mit dem Verstande verbunden) auf das Subjekt und das Gefühl der Lust oder Unlust desselben. Das Geschmacksurteil ist also kein Erkenntnisurteil, mithin nicht logisch, sondern ästhetisch, worunter man dasjenige versteht, dessen Bestimmungsgrund *nicht anders* als *subjektiv* sein kann. Alle Beziehung der Vorstellungen, selbst die der Empfindungen, aber kann objektiv sein (und da bedeutet sie das Reale einer empirischen Vorstellung); nur nicht die auf das Gefühl der Lust und Unlust, wodurch gar nichts im Objekte bezeichnet wird, sondern in der das Subjekt, wie es durch die Vorstellung affiziert wird, sich selbst fühlt.

Ein regelmäßiges, zweckmäßiges Gebäude mit seinem Erkenntnisvermögen (es sei in deutlicher oder verworrener Vorstellungsart) zu befassen, ist ganz etwas anders, als sich dieser Vorstellung mit der Empfindung des Wohlgefallens bewußt zu sein. Hier wird die Vorstellung gänzlich auf das Subjekt, und zwar auf das Lebensgefühl desselben, unter dem Namen des Gefühls der Lust oder Unlust, bezogen: welches ein ganz besonderes Unterscheidungs- und Beurteilungsvermögen gründet, das zum Erkenntnis nichts beiträgt, sondern nur die gegebene Vorstellung im Subjekte gegen das ganze Vermögen der Vorstellungen hält, dessen sich das Gemüt im Gefühl seines Zustandes bewußt wird. Gegebene Vorstellungen in einem Urteile können empirisch (mithin ästhetisch) sein; das Urteil aber, das durch sie gefällt wird, ist logisch, wenn jene nur im Urteile auf das Objekt bezogen werden. Umgekehrt aber, wenn die

---

* Die Definition des Geschmacks, welche hier zum Grunde gelegt wird, ist: daß er das Vermögen der Beurteilung des Schönen sei. Was aber dazu erfordert wird, um einen Gegenstand schön zu nennen, das muß die Analyse der Urteile des Geschmacks entdecken. Die Momente, worauf diese Urteilskraft in ihrer Reflexion Acht hat, habe ich, nach Anleitung der logischen Funktionen zu urteilen, aufgesucht (denn im Geschmacksurteile ist immer noch eine Beziehung auf den Verstand enthalten). Die der Qualität habe ich zuerst in Betrachtung gezogen, weil das ästhetische Urteil über das Schöne auf diese zuerst Rücksicht nimmt.

[1] Werke in sechs Bänden, hrsg. von Wilhelm Weischedel, Bd. 5, Darmstadt ^{4}1975, Kritik der Urteilskraft (1790, ^{2}1793).

gegebenen Vorstellungen gar rational wären, würden aber in einem Urteile lediglich auf das Subjekt (sein Gefühl) bezogen, so sind sie sofern jederzeit ästhetisch.

§ 2

Das Wohlgefallen, welches das Geschmacksurteil bestimmt, ist ohne alles Interesse

Interesse wird das Wohlgefallen genannt, was wir mit der Vorstellung der Existenz eines Gegenstandes verbinden. Ein solches hat daher immer zugleich Beziehung auf das Begehrungsvermögen, entweder als Bestimmungsgrund desselben, oder doch als mit dem Bestimmungsgrunde desselben notwendig zusammenhängend. Nun will man aber, wenn die Frage ist, ob etwas schön sei, nicht wissen, ob uns, oder irgend jemand, an der Existenz der Sache irgend etwas gelegen sei, oder auch nur gelegen sein könne; sondern, wie wir sie in der bloßen Betrachtung (Anschauung oder Reflexion) beurteilen. Wenn mich jemand fragt, ob ich den Palast, den ich vor mir sehe, schön finde: so mag ich zwar sagen: ich liebe dergleichen Dinge nicht, die bloß für das Angaffen gemacht sind, oder, wie jener irokesische *Sachem*, ihm gefalle in Paris nichts besser als die Garküchen, ich kann noch überdem auf die Eitelkeit der Großen auf gut *Rousseauisch*[2] schmälen, welche den Schweiß des Volks auf so entbehrliche Dinge verwenden; ich kann mich endlich gar leicht überzeugen, daß, wenn ich mich auf einem unbewohnten Eilande, ohne Hoffnung, jemals wieder zu Menschen zu kommen, befände, und ich durch meinen bloßen Wunsch ein solches Prachtgebäude hinzaubern könnte, ich mir auch nicht einmal diese Mühe darum geben würde, wenn ich schon eine Hütte hätte, die mir bequem genug wäre. Man kann mir alles dieses einräumen und gutheißen; nur davon ist jetzt nicht die Rede. Man will nur wissen, ob die bloße Vorstellung des Gegenstandes in mir mit Wohlgefallen begleitet sei, so gleichgültig ich auch immer in Ansehung der Existenz des Gegenstandes dieser Vorstellung sein mag. Man sieht leicht, daß es auf dem, was ich aus dieser Vorstellung in mir selbst mache, nicht auf dem, worin ich von der Existenz des Gegenstandes abhänge, ankomme, um zu sagen, er sei *schön*, und zu bewei-

---

[2] Jean-Jacques Rousseau (1716—1778), französischer Philosoph und Schriftsteller der Aufklärung. Kant spielt hier auf seine Kultur- und Gesellschaftskritik vor allem in den beiden Diskursen ‚Über Wissenschaften und Künste' (1750) und ‚Über den Ursprung der Ungleichheit unter den Menschen' (1755) an.

sen, ich habe Geschmack. Ein jeder muß eingestehen, daß dasjenige Urteil über Schönheit, worin sich das mindeste Interesse mengt, sehr parteilich und kein reines Geschmacksurteil sei. Man muß nicht im mindesten für die Existenz der Sache eingenommen, sondern in diesem Betracht ganz gleichgültig sein, um in Sachen des Geschmacks den Richter zu spielen.

Wir können aber diesen Satz, der von vorzüglicher Erheblichkeit ist, nicht besser erläutern, als wenn wir dem reinen uninteressierten* Wohlgefallen im Geschmacksurteil dasjenige, was mit Interesse verbunden ist, entgegensetzen: vornehmlich wenn wir zugleich gewiß sein können, daß es nicht mehr Arten des Interesse gebe, als die eben jetzt namhaft gemacht werden sollen. (S. 279—281)

§ 40

Vom Geschmacke als einer Art von sensus communis

Man gibt oft der Urteilskraft, wenn nicht sowohl ihre Reflexion als vielmehr bloß das Resultat derselben bemerklich ist, den Namen eines Sinnes, und redet von einem Wahrheitssinne, von einem Sinne für Anständigkeit, Gerechtigkeit usw.; ob man zwar weiß, wenigstens billig wissen sollte, daß es nicht ein Sinn ist, in welchem diese Begriffe ihren Sitz haben können, noch weniger, daß dieser zu einem Ausspruche allgemeiner Regeln die mindeste Fähigkeit habe: sondern daß uns von Wahrheit, Schicklichkeit, Schönheit oder Gerechtigkeit nie eine Vorstellung dieser Art in Gedanken kommen könnte, wenn wir uns nicht über die Sinne zu höhern Erkenntnisvermögen erheben könnten. *Der gemeine Menschenverstand,* den man, als bloß gesunden (noch nicht kultivierten) Verstand, für das geringste ansieht, dessen man nur immer sich von dem, welcher auf den Namen eines Menschen Anspruch macht, gewärtigen kann, hat daher auch die kränkende Ehre, mit dem Namen des Gemeinsinnes (sensus communis) belegt zu werden; und zwar so, daß man unter dem Worte *gemein* (nicht bloß in unserer Sprache, die hierin wirklich eine Zweideutigkeit enthält, sondern auch in mancher andern) so viel als das vulgare, was man allenthalben antrifft, versteht, welches zu besitzen schlechterdings kein Verdienst oder Vorzug ist.

* Ein Urteil über einen Gegenstand des Wohlgefallens kann ganz *uninteressiert,* aber doch sehr *interessant* sein, d. i. es gründet sich auf keinem Interesse, aber es bringt ein Interesse hervor; dergleichen sind alle reine moralische Urteile. Aber die Geschmacksurteile begründen an sich auch gar kein Interesse. Nur in der Gesellschaft wird es *interessant* Geschmack zu haben, wovon der Grund in der Folge angezeigt werden wird.

Unter dem sensus *communis* aber muß man die Idee eines *gemeinschaftlichen* Sinnes, d. i. eines Beurteilungsvermögens verstehen, welches in seiner Reflexion auf die Vorstellungsart jedes andern in Gedanken (a priori) Rücksicht nimmt, um *gleichsam* an die gesamte Menschenvernunft sein Urteil zu halten, und dadurch der Illusion zu entgehen, die aus subjektiven Privatbedingungen, welche leicht für objektiv gehalten werden könnten, auf das Urteil nachteiligen Einfluß haben würde. Dieses geschieht nun dadurch, daß man sein Urteil an anderer, nicht sowohl wirkliche, als vielmehr bloß mögliche Urteile hält, und sich in die Stelle jedes andern versetzt, indem man bloß von den Beschränkungen, die unserer eigenen Beurteilung zufälliger Weise anhängen, abstrahiert: welches wiederum dadurch bewirkt wird, daß man das, was in dem Vorstellungszustande Materie, d. i. Empfindung ist, so viel möglich wegläßt, und lediglich auf die formalen Eigentümlichkeiten seiner Vorstellung, oder seines Vorstellungszustandes, Acht hat. Nun scheint diese Operation der Reflexion vielleicht allzu künstlich zu sein, um sie dem Vermögen, welches wir den *gemeinen* Sinn nennen, beizulegen; allein sie sieht auch nur so aus, wenn man sie in abstrakten Formeln ausdrückt; an sich ist nichts natürlicher, als von Reiz und Rührung zu abstrahieren, wenn man ein Urteil sucht, welches zur allgemeinen Regel dienen soll.

Folgende Maximen[3] des gemeinen Menschenverstandes gehören zwar nicht hieher, als Teile der Geschmackskritik, können aber doch zur Erläuterung ihrer Grundsätze dienen. Es sind folgende: 1. Selbstdenken; 2. An der Stelle jedes andern denken; 3. Jederzeit mit sich selbst einstimmig denken. Die erste ist die Maxime der *vorurteilfreien*, die zweite der *erweiterten*, die dritte der *konsequenten* Denkungsart. Die erste ist die Maxime einer niemals *passiven* Vernunft. Der Hang zur letztern, mithin zur Heteronomie der Vernunft, heißt das *Vorurteil;* und das größte unter allen ist, sich die Naturregeln, welche der Verstand ihr durch ihr eigenes wesentliches Gesetz zum Grunde legt, als nicht unterworfen vorzustellen: d. i. der *Aberglaube*. Befreiung vom Aberglauben heißt

---

[3] Vgl. Kant, Grundlegung zur Metaphysik der Sitten, 2. Abschnitt: „Maxime ist das subjektive Prinzip zu handeln, und muß vom *objektiven Prinzip*, nämlich dem praktischen Gesetze, unterschieden werden. Jene enthält die praktische Regel, die die Vernunft den Bedingungen des Subjekts gemäß (öfters der Unwissenheit oder auch den Neigungen desselben) bestimmt, und ist also der Grundsatz, nach welchem das Subjekt *handelt;* das Gesetz aber ist das objektive Prinzip, gültig für jedes vernünftige Wesen, und der Grundsatz, nach dem es *handeln soll*, d. i. ein Imperativ." (Werke, a. a. O., Bd. 4, S. 51)

*Aufklärung**; weil, obschon diese Benennung auch der Befreiung von Vorurteilen überhaupt zukommt, jener doch vorzugsweise (in sensu eminenti) ein Vorurteil genannt zu werden verdient, indem die Blindheit, worin der Aberglaube versetzt, ja sie wohl gar als Obliegenheit fordert, das Bedürfnis, von andern geleitet zu werden, mithin den Zustand einer passiven Vernunft vorzüglich kenntlich macht. Was die zweite Maxime der Denkungsart betrifft, so sind wir sonst wohl gewohnt, denjenigen eingeschränkt (*borniert,* das Gegenteil von erweitert) zu nennen, dessen Talente zu keinem großen Gebrauche (vornehmlich dem intensiven) zulangen. Allein hier ist nicht die Rede vom Vermögen des Erkenntnisses, sondern von der *Denkungsart,* einen zweckmäßigen Gebrauch davon zu machen: welche, so klein auch der Umfang und der Grad sei, wohin die Naturgabe des Menschen reicht, dennoch einen Mann von *erweiterter Denkungsart* anzeigt, wenn er sich über die subjektiven Privatbedingungen des Urteils, wozwischen so viele andere wie eingeklammert sind, wegsetzt, und aus einem *allgemeinen Standpunkte* (den er dadurch nur bestimmen kann, daß er sich in den Standpunkt anderer versetzt) über sein eigenes Urteil reflektiert. Die dritte Maxime, nämlich die der *konsequenten* Denkungsart, ist am schwersten zu erreichen, und kann auch nur durch die Verbindung beider ersten, und nach einer zur Fertigkeit gewordenen öfteren Befolgung derselben, erreicht werden. Man kann sagen: die erste dieser Maximen ist die Maxime des Verstandes, die zweite der Urteilskraft, die dritte der Vernunft[6]. —

* Man sieht bald, daß Aufklärung zwar in thesi leicht, in hypothesi[4] aber eine schwere und langsam auszuführende Sache sei; weil mit seiner Vernunft nicht passiv, sondern jederzeit sich selbst gesetzgebend zu sein zwar etwas ganz Leichtes für den Menschen ist, der nur seinem wesentlichen Zwecke angemessen sein will, und das, was über seinen Verstand ist, nicht zu wissen verlangt; aber, da die Bestrebung zum letzteren kaum zu verhüten ist, und es an andern, welche diese Wißbegierde befriedigen zu können mit vieler Zuversicht versprechen, nie fehlen wird: so muß das bloß Negative (welches die eigentliche Aufklärung ausmacht)[5] in der Denkungsart (zumal der öffentlichen) zu erhalten oder herzustellen, sehr schwer sein.

[4] in thesi: der Setzung nach; in hypothesi: der Durchführung nach.

[5] Vgl. Kant: Beantwortung der Frage: Was ist Aufklärung?: „Aufklärung ist der Ausgang des Menschen aus seiner selbst verschuldeten Unmündigkeit.“ (Werke, a. a. O., Bd. 6, S. 53.)

[6] Diese drei Maximen machen nach Kant zusammen die Methode der Philosophie als Weltweisheit bzw. den Weg zur Weisheit aus, wie Kant verschiedentlich ausgeführt hat (z. B. in der ‚Anthropologie in pragmatischer Hinsicht‘, §§ 38—41, in: Werke, a. a. O., Bd. 6, S. 506—512).

Ich nehme den durch diese Episode verlassenen Faden wieder auf, und sage: daß der Geschmack mit mehrerem Rechte sensus communis genannt werden könne, als der gesunde Verstand; und daß die ästhetische Urteilskraft eher als die intellektuelle den Namen eines gemeinschaftlichen Sinnes* führen könne, wenn man ja das Wort Sinn von einer Wirkung der bloßen Reflexion auf das Gemüt brauchen will: denn da versteht man unter Sinn das Gefühl der Lust. Man könnte sogar den Geschmack durch das Beurteilungsvermögen desjenigen, was unser Gefühl an einer gegebenen Vorstellung ohne Vermittlung eines Begriffs *allgemein mitteilbar* macht, definieren.

Die Geschicklichkeit der Menschen, sich ihre Gedanken mitzuteilen, erfordert auch ein Verhältnis der Einbildungskraft und des Verstandes, um den Begriffen Anschauungen und diesen wiederum Begriffe zuzugesellen, die in ein Erkenntnis zusammenfließen; aber alsdann ist die Zusammenstimmung beider Gemütskräfte *gesetzlich*, unter dem Zwange bestimmter Begriffe. Nur da, wo Einbildungskraft in ihrer Freiheit den Verstand erweckt, und dieser ohne Begriffe die Einbildungskraft in ein regelmäßiges Spiel versetzt: da teilt sich die Vorstellung, nicht als Gedanke, sondern als inneres Gefühl eines zweckmäßigen Zustandes des Gemüts, mit.

Der Geschmack ist also das Vermögen, die Mitteilbarkeit der Gefühle, welche mit gegebener Vorstellung (ohne Vermittelung eines Begriffs) verbunden sind, a priori zu beurteilen.

Wenn man annehmen dürfte, daß die bloße allgemeine Mitteilbarkeit seines Gefühls an sich schon ein Interesse für uns bei sich führen müsse (welches man aber aus der Beschaffenheit einer bloß reflektierenden Urteilskraft zu schließen nicht berechtigt ist): so würde man sich erklären können, woher das Gefühl im Geschmacksurteile gleichsam als Pflicht jedermann zugemutet werde.

(S. 388—392)

§ 42

Vom intellektuellen Interesse am Schönen

Es geschah in gutmütiger Absicht, daß diejenigen, welche alle Beschäftigungen der Menschen, wozu diese die innere Naturanlage antreibt, gerne auf den letzten Zweck der Menschheit, nämlich das Moralisch-Gute richten wollten, es für ein Zeichen eines guten moralischen Charakters hielten, am Schönen überhaupt ein Interesse zu nehmen. Ihnen ist aber nicht ohne Grund von andern

---

* Man könnte den Geschmack durch sensus communis aestheticus, den gemeinen Menschenverstand durch sensus communis logicus, bezeichnen.

widersprochen worden, die sich auf die Erfahrung berufen, daß Virtuosen des Geschmacks, nicht allein öfter, sondern wohl gar gewöhnlich, eitel, eigensinnig, und verderblichen Leidenschaften ergeben, vielleicht noch weniger wie andere auf den Vorzug der Anhänglichkeit an sittliche Grundsätze Anspruch machen könnten; und so scheint es, daß das Gefühl für das Schöne nicht allein (wie es auch wirklich ist) vom moralischen Gefühl spezifisch unterschieden, sondern auch das Interesse, welches man damit verbinden kann, mit dem moralischen schwer, keinesweges aber durch innere Affinität, vereinbar sei.

Ich räume nun zwar gerne ein, daß das Interesse am *Schönen der Kunst* (wozu ich auch den künstlichen Gebrauch der Naturschönheiten zum Putze, mithin zur Eitelkeit, rechne) gar keinen Beweis einer dem Moralischguten anhänglichen, oder auch nur dazu geneigten Denkungsart abgebe. Dagegen aber behaupte ich, daß ein *unmittelbares Interesse* an der Schönheit der *Natur* zu nehmen (nicht bloß Geschmack haben, um sie zu beurteilen) jederzeit ein Kennzeichen einer guten Seele sei; und daß, wenn dieses Interesse habituell ist, es wenigstens eine dem moralischen Gefühl günstige Gemütsstimmung anzeige, wenn es sich mit der *Beschauung der Natur* gerne verbindet. Man muß sich aber wohl erinnern, daß ich hier eigentlich die schönen *Formen* der Natur meine, die *Reize* dagegen, welche sie so reichlich auch mit jenen zu verbinden pflegt, noch zur Seite setze, weil das Interesse daran zwar auch unmittelbar, aber doch empirisch ist.

Der, welcher einsam (und ohne Absicht, seine Bemerkungen andern mitteilen zu wollen) die schöne Gestalt einer wilden Blume, eines Vogels, eines Insekts usw. betrachtet, um sie zu bewundern, zu lieben, und sie nicht gerne in der Natur überhaupt vermissen zu wollen, ob ihm gleich dadurch einiger Schaden geschähe, vielweniger ein Nutzen daraus für ihn hervorleuchtete, nimmt ein unmittelbares und zwar intellektuelles Interesse an der Schönheit der Natur. D. i. nicht allein ihr Produkt der Form nach, sondern auch das Dasein desselben gefällt ihm, ohne daß ein Sinnenreiz daran Anteil hätte, oder er auch irgend einen Zweck damit verbände.

Es ist aber hiebei merkwürdig, daß, wenn man diesen Liebhaber des Schönen insgeheim hintergangen, und künstliche Blumen (die man den natürlichen ganz ähnlich verfertigen kann) in die Erde gesteckt, oder künstlich geschnitzte Vögel auf Zweige von Bäumen gesetzt hätte, und er darauf den Betrug entdeckte, das unmittelbare Interesse, was er vorher daran nahm, alsbald verschwinden, vielleicht aber ein anderes, nämlich das Interesse der Eitelkeit, sein Zimmer für fremde Augen damit auszuschmücken, an dessen Stelle sich einfinden würde. Daß die Natur jene Schönheit hervorgebracht hat: dieser Gedanke muß die Anschauung und Reflexion begleiten; und auf diesem gründet sich allein das unmittelbare Interesse, was man daran nimmt. Sonst bleibt entweder ein bloßes Geschmacksurteil ohne alles Interesse, oder nur ein mit einem mittelbaren, nämlich auf die Gesellschaft bezogenen verbundenes übrig: welches letztere keine sichere Anzeige auf moralisch-gute Denkungsart abgibt.

Dieser Vorzug der Naturschönheit vor der Kunstschönheit, wenn jene gleich durch diese der Form nach sogar übertroffen würde, dennoch allein ein unmittelbares Interesse zu erwecken, stimmt mit der geläuterten und gründlichen Denkungsart aller Menschen überein, die ihr sittliches Gefühl kultiviert haben. Wenn ein Mann, der Geschmack genug hat, um über Produkte der schönen Kunst mit der größten Richtigkeit und Feinheit zu urteilen, das Zimmer gern verläßt, in welchem jene, die Eitelkeit und allenfalls gesellschaftlichen Freuden unterhaltenden, Schönheiten anzutreffen sind, und sich zum Schönen der Natur wendet, um hier gleichsam Wollust für seinen Geist in einem Gedankengange zu finden, den er sich nie völlig entwickeln kann: so werden wir diese seine Wahl selber mit Hochachtung betrachten, und in ihm eine schöne Seele voraussetzen, auf die kein Kunstkenner und Liebhaber, um des Interesses willen, das er an seinen Gegenständen nimmt, Anspruch machen kann. — Was ist nun der Unterschied der so verschiedenen Schätzung zweierlei Objekte, die im Urteil des bloßen Geschmacks einander kaum den Vorzug streitig machen würden?

Wir haben ein Vermögen der bloß ästhetischen Urteilskraft, ohne Begriffe über Formen zu urteilen, und an der bloßen Beurteilung derselben ein Wohlgefallen zu finden, welches wir zugleich jedermann zur Regel machen, ohne daß dieses Urteil sich auf einem Interesse gründet, noch ein solches hervorbringt. — Andererseits haben wir auch ein Vermögen einer intellektuellen Urteilskraft, für bloße Formen praktischer Maximen (sofern sie sich zur allgemeinen Gesetzgebung von selbst qualifizieren) ein Wohlgefallen a priori zu bestimmen, welches wir jedermann zum Gesetze machen, ohne daß unser Urteil sich auf irgend einem Interesse gründet, *aber doch ein solches hervorbringt*. Die Lust oder Unlust im ersteren Urteile heißt die des Geschmacks, die Zweite des moralischen Gefühls.

Da es aber die Vernunft auch interessiert, daß die Ideen (für die sie im moralischen Gefühle ein unmittelbares Interesse bewirkt) auch objektive Realität haben, d. i. daß die Natur wenigstens eine Spur zeige, oder einen Wink gebe, sie enthalte in sich irgend einen

Grund, eine gesetzmäßige Übereinstimmung ihrer Produkte zu unserm von allem Interesse unabhängigen Wohlgefallen (welches wir a priori für jedermann als Gesetz erkennen, ohne dieses auf Beweisen gründen zu können) anzunehmen: so muß die Vernunft an jeder Äußerung der Natur von einer dieser ähnlichen Übereinstimmung ein Interesse nehmen; folglich kann das Gemüt über die Schönheit der *Natur* nicht nachdenken, ohne sich dabei zugleich interessiert zu finden. Dieses Interesse aber ist der Verwandtschaft nach moralisch; und der, welcher es am Schönen der Natur nimmt, kann es nur sofern an demselben nehmen, als er vorher schon sein Interesse am Sittlichguten wohlgegründet hat. Wen also die Schönheit der Natur unmittelbar interessiert, bei dem hat man Ursache, wenigstens eine Anlage zu guter moralischer Gesinnung zu vermuten.

Man wird sagen: diese Deutung ästhetischer Urteile auf Verwandtschaft mit dem moralischen Gefühl sehe gar zu studiert aus, um sie für die wahre Auslegung der Chiffreschrift zu halten, wodurch die Natur in ihren schönen Formen figürlich zu uns spricht. Allein erstlich ist dieses unmittelbare Interesse am Schönen der Natur wirklich nicht gemein, sondern nur denen eigen, deren Denkungsart entweder zum Guten schon ausgebildet, oder dieser Ausbildung vorzüglich empfänglich ist; und dann führt die Analogie zwischen dem reinen Geschmacksurteile, welches, ohne von irgend einem Interesse abzuhangen, ein Wohlgefallen fühlen läßt, und es zugleich a priori als der Menschheit überhaupt anständig vorstellt, mit dem moralischen Urteile, welches eben dasselbe aus Begriffen tut, auch ohne deutliches, subtiles und vorsätzliches Nachdenken, auf ein gleichmäßiges unmittelbares Interesse an dem Gegenstande des ersteren, so wie an dem des letzteren: nur daß jenes ein freies, dieses ein auf objektive Gesetze gegründetes Interesse ist. Dazu kommt noch die Bewunderung der Natur, die sich an ihren schönen Produkten als Kunst, nicht bloß durch Zufall, sondern gleichsam absichtlich, nach gesetzmäßiger Anordnung und als Zweckmäßigkeit ohne Zweck, zeigt: welchen letzteren, da wir ihn äußerlich nirgend antreffen, wir natürlicher Weise in uns selbst, und zwar in demjenigen, was den letzten Zweck unseres Daseins ausmacht, nämlich der moralischen Bestimmung, suchen (von welcher Nachfrage nach dem Grunde der Möglichkeit einer solchen Naturzweckmäßigkeit aber allererst in der Teleologie die Rede sein wird[7]).

---

[7] Die ‚Kritik der teleologischen Urteilskraft' bildet den zweiten Teil der ‚Kritik der Urteilskraft' (der erste Teil ist die ‚Kritik der ästhetischen Urteilskraft'). Im zweiten Teil geht es vor allem um Überlegungen zur Anwendung des Zweckmäßigkeitsbegriffs auf die Natur.

Daß das Wohlgefallen an der schönen Kunst im reinen Geschmacksurteile nicht eben so mit einem unmittelbaren Interesse verbunden ist, als das an der schönen Natur, ist auch leicht zu erklären. Denn jene ist entweder eine solche Nachahmung von dieser, die bis zur Täuschung geht: und alsdann tut sie die Wirkung als (dafür gehaltene) Naturschönheit; oder sie ist eine absichtlich auf unser Wohlgefallen sichtbarlich gerichtete Kunst: alsdann aber würde das Wohlgefallen an diesem Produkte zwar unmittelbar durch Geschmack Statt finden, aber kein anderes als mittelbares Interesse an der zum Grunde liegenden Ursache, nämlich einer Kunst, welche nur durch ihren Zweck, niemals an sich selbst, interessieren kann. Man wird vielleicht sagen, daß dieses auch der Fall sei, wenn ein Objekt der Natur durch seine Schönheit nur in sofern interessiert, als ihr eine moralische Idee beigesellet wird; aber nicht dieses, sondern die Beschaffenheit derselben an sich selbst, daß sie sich zu einer solchen Beigesellung qualifiziert, die ihr also innerlich zukommt, interessiert unmittelbar.

Die Reize in der schönen Natur, welche so häufig mit der schönen Form gleichsam zusammenschmelzend angetroffen werden, sind entweder zu den Modifikationen des Lichts (in der Farbengebung) oder des Schalles (in Tönen) gehörig. Denn diese sind die einzigen Empfindungen, welche nicht bloß Sinnengefühl, sondern auch Reflexion über die Form dieser Modifikationen der Sinne verstatten, und so gleichsam eine Sprache, die die Natur zu uns führt, und die einen höhern Sinn zu haben scheint, in sich enthalten. So scheint die weiße Farbe der Lilie das Gemüt zu Ideen der Unschuld, und nach der Ordnung der sieben Farben, von der roten an bis zur violetten 1. zur Idee der Erhabenheit, 2. der Kühnheit, 3. der Freimütigkeit, 4. der Freundlichkeit, 5. der Bescheidenheit, 6. der Standhaftigkeit, und 7. der Zärtlichkeit zu stimmen. Der Gesang der Vögel verkündigt Fröhlichkeit und Zufriedenheit mit seiner Existenz. Wenigstens so deuten wir die Natur aus, es mag dergleichen ihre Absicht sein oder nicht. Aber dieses Interesse, welches wir hier an Schönheit nehmen, bedarf durchaus, daß es Schönheit der Natur sei; und es verschwindet ganz, sobald man bemerkt, man sei getäuscht, und es sei nur Kunst: sogar, daß auch der Geschmack alsdann nichts Schönes, oder das Gesicht etwas Reizendes mehr daran finden kann. Was wird von Dichtern höher gepriesen, als der bezaubernd schöne Schlag der Nachtigall, in einsamen Gebüschen, an einem stillen Sommerabende, bei dem sanften Lichte des Mondes? Indessen hat man Beispiele, daß, wo kein solcher Sänger angetroffen wird, irgend ein lustiger Wirt seine zum Genuß der Landluft bei ihm eingekehrten Gäste dadurch zu ihrer größten Zufriedenheit hintergangen hatte, daß er einen mutwilligen Burschen, welcher diesen Schlag (mit Schilf oder Rohr im Munde) ganz der Natur ähnlich nachzumachen wußte, in einem Gebüsche verbarg. Sobald man aber inne wird, daß es Betrug sei, so wird niemand es lange aushalten, diesem vorher für so reizend gehaltenen Gesange zuzuhören; und so ist es mit jedem anderen Singvogel beschaffen. Es muß Natur sein, oder von uns dafür gehalten werden, damit wir an dem Schönen als einem solchen ein unmittelbares *Interesse* nehmen können; noch mehr aber, wenn wir gar andern zumuten dürfen, daß sie es daran nehmen sollen; welches in der Tat geschieht, indem wir die Denkungsart derer für grob und unedel halten, die kein *Gefühl* für die schöne Natur haben (denn so nennen wir die Empfänglichkeit eines Interesse an ihrer Betrachtung), und sich bei der Mahlzeit oder der Bouteille am Genusse bloßer Sinnesempfindungen halten. (S. 395—400)

§ 45

Schöne Kunst ist eine Kunst, sofern sie zugleich Natur zu sein scheint

An einem Produkte der schönen Kunst muß man sich bewußt werden, daß es Kunst sei, und nicht Natur; aber doch muß die Zweckmäßigkeit in der Form desselben von allem Zwange willkürlicher Regeln so frei scheinen, als ob es ein Produkt der bloßen Natur sei. Auf diesem Gefühle der Freiheit im Spiele unserer Erkenntnisvermögen, welches doch zugleich zweckmäßig sein muß, beruht diejenige Lust, welche allein allgemein mitteilbar ist, ohne sich doch auf Begriffe zu gründen. Die Natur war schön, wenn sie zugleich als Kunst aussah; und die Kunst kann nur schön genannt werden, wenn wir uns bewußt sind, sie sei Kunst, und sie uns doch als Natur aussieht.

Denn wir können allgemein sagen, es mag die Natur- oder die Kunstschönheit betreffen: *schön ist das, was in der bloßen Beurteilung* (nicht in der Sinnenempfindung, noch durch einen Begriff) *gefällt.* Nun hat Kunst jederzeit eine bestimmte Absicht, etwas hervorzubringen. Wenn dieses aber bloße Empfindung (etwas bloß Subjektives) wäre, die mit Lust begleitet sein sollte, so würde dies Produkt, in der Beurteilung, nur vermittelst des Sinnengefühls gefallen. Wäre die Absicht auf die Hervorbringung eines bestimmten Objekts gerichtet, so würde, wenn sie durch die Kunst erreicht wird, das Objekt nur durch Begriffe gefallen. In beiden Fällen aber würde die Kunst nicht *in der bloßen Beurteilung*, d. i. nicht als schöne, sondern mechanische Kunst gefallen.

Also muß die Zweckmäßigkeit im Produkte der schönen Kunst, ob sie zwar absichtlich ist, doch nicht absichtlich scheinen; d. i. schöne Kunst muß als Natur *anzusehen* sein, ob man sich ihrer zwar als Kunst bewußt ist. Als Natur aber erscheint ein Produkt der Kunst dadurch, daß zwar alle *Pünktlichkeit* in der Übereinkunft mit Regeln, nach denen allein das Produkt das werden kann, was es sein soll, angetroffen wird; aber ohne *Peinlichkeit,* ohne daß die Schulform durchblickt, d. i. ohne eine Spur zu zeigen, daß die Regel dem Künstler vor Augen geschwebt, und seinen Gemütskräften Fesseln angelegt habe.

§ 46

Schöne Kunst ist Kunst des Genies

Genie ist das Talent (Naturgabe), welches der Kunst die Regel gibt. Da das Talent, als angebornes produktives Vermögen des Künstlers, selbst zur Natur gehört, so könnte man sich auch so ausdrücken: *Genie* ist die angeborne Gemütsanlage (ingenium), *durch welche* die Natur der Kunst die Regel gibt.

Was es auch mit dieser Definition für eine Bewandtnis habe, und ob sie bloß willkürlich, oder dem Begriffe, welchen man mit dem Worte *Genie* zu verbinden gewohnt ist, angemessen sei, oder nicht (welches in dem folgenden § erörtert werden soll): so kann man doch schon zum voraus beweisen, daß, nach der hier angenommenen Bedeutung des Worts, schöne Künste notwendig als Künste des *Genies* betrachtet werden müssen.

Denn eine jede Kunst setzt Regeln voraus, durch deren Grundlegung allererst ein Produkt, wenn es künstlich heißen soll, als möglich vorgestellt wird. Der Begriff der schönen Kunst aber verstattet nicht, daß das Urteil über die Schönheit ihres Produkts von irgend einer Regel abgeleitet werde, die einen *Begriff* zum Bestimmungsgrunde habe, mithin einen Begriff von der Art, wie es möglich sei, zum Grunde lege. Also kann die schöne Kunst sich selbst nicht die Regel ausdenken, nach der sie ihr Produkt zu Stande bringen soll. Da nun gleichwohl ohne vorhergehende Regel ein Produkt niemals Kunst heißen kann, so muß die Natur im Subjekte (und durch die Stimmung der Vermögen desselben) der Kunst die Regel geben, d. i. die schöne Kunst ist nur als Produkt des Genies möglich.

Man sieht hieraus, daß Genie 1) ein *Talent* sei, dasjenige, wozu sich keine bestimmte Regel geben läßt, hervorzubringen: nicht Geschicklichkeitsanlage zu dem, was nach irgend einer Regel gelernt werden kann; folglich daß *Originalität* seine erste Eigenschaft sein müsse. 2) Daß, da es auch originalen Unsinn geben kann, seine Produkte zugleich Muster, d. i. *exemplarisch* sein müssen; mithin, selbst nicht durch Nachahmung entsprungen, anderen doch dazu, d. i. zum Richtmaße oder Regel der Beurteilung, dienen müssen. 3) Daß es, wie es sein Produkt zu Stande bringe, selbst nicht beschreiben, oder wissenschaftlich anzeigen könne, sondern daß es als *Natur* die Regel gebe; und daher der Urheber eines Produkts, welches er seinem Genie verdankt, selbst nicht weiß, wie sich in ihm die Ideen dazu herbei finden, auch es nicht in seiner Gewalt hat, dergleichen nach Belieben oder planmäßig auszudenken, und anderen in solchen Vorschriften mitzuteilen, die sie in Stand setzen, gleichmäßige Produkte hervorzubringen. (Daher denn auch vermutlich das Wort Genie von genius, dem eigentümlichen einem Menschen bei der Geburt mitgegebenen schützenden und leitenden Geist, von dessen Eingebung jene originale Ideen herrührten, abgeleitet ist.) 4) Daß die Natur durch das Genie nicht der Wissenschaft, sondern der Kunst die Regel vorschreibe; und auch dieses nur, in sofern diese letztere schöne Kunst sein soll. (S. 404—407)

§ 59

Von der Schönheit als Symbol der Sittlichkeit

[...] Nun sage ich: das Schöne ist das Symbol des Sittlichguten; und auch nur in dieser Rücksicht (einer Beziehung, die jedermann natürlich ist, und die auch jedermann andern als Pflicht zumutet) gefällt es, mit einem Anspruche auf jedes andern Beistimmung, wobei sich das Gemüt zugleich einer gewissen Veredlung und Erhebung über die bloße Empfänglichkeit einer Lust durch Sinneneindrücke bewußt ist, und anderer Wert auch nach einer ähnlichen Maxime ihrer Urteilskraft schätzet. Das ist das *Intelligibele*, worauf, wie der vorige Paragraph Anzeige tat, der Geschmack hinaussieht, wozu nämlich selbst unsere oberen Erkenntnisvermögen zusammenstimmen, und ohne welches zwischen ihrer Natur, verglichen mit den Ansprüchen, die der Geschmack macht, lauter Widersprüche erwachsen würden. In diesem Vermögen sieht sich die Urteilskraft nicht, wie sonst in empirischer Beurteilung, einer Heteronomie der Erfahrungsgesetze[8] unterworfen: sie gibt in Ansehung der Gegenstände eines so reinen Wohlgefallens ihr selbst das Gesetz, so wie die Vernunft es in Ansehung des Begehrungsvermögens tut; und sieht sich, sowohl wegen dieser innern Mög-

---

[8] Fremdbestimmung durch die für die Erfahrungen geltenden Gesetze.

lichkeit im Subjekte, als wegen der äußern Möglichkeit einer damit übereinstimmenden Natur, auf etwas im Subjekt selbst und außer ihm, was nicht Natur, auch nicht Freiheit, doch aber mit dem Grunde der letzteren, nämlich dem Übersinnlichen verknüpft ist, bezogen, in welchem das theoretische Vermögen mit dem praktischen, auf gemeinschaftliche und unbekannte Art, zur Einheit verbunden wird. Wir wollen einige Stücke dieser Analogie anführen, indem wir zugleich die Verschiedenheit derselben nicht unbemerkt lassen.

1) Das Schöne gefällt *unmittelbar* (aber nur in der reflektierenden Anschauung, nicht, wie Sittlichkeit, im Begriffe). 2) Es gefällt *ohne alles Interesse* (das Sittlichgute zwar notwendig mit einem Interesse, aber nicht einem solchen, was vor dem Urteile über das Wohlgefallen vorhergeht, verbunden, sondern was dadurch allererst bewirkt wird). 3) Die *Freiheit* der Einbildungskraft (also der Sinnlichkeit unseres Vermögens) wird in der Beurteilung des Schönen mit der Gesetzmäßigkeit des Verstandes als einstimmig vorgestellt (im moralischen Urteile wird die Freiheit des Willens als Zusammenstimmung des letzteren mit sich selbst nach allgemeinen Vernunftgesetzen gedacht). 4) Das subjektive Prinzip der Beurteilung des Schönen wird als *allgemein*, d. i. für jedermann gültig, aber durch keinen allgemeinen Begriff kenntlich, vorgestellt (das objektive Prinzip der Moralität wird auch für allgemein, d. i. für alle Subjekte, zugleich auch für alle Handlungen desselben Subjekts, und dabei durch einen allgemeinen Begriff kenntlich, erklärt). Daher ist das moralische Urteil nicht allein bestimmter konstitutiver Prinzipien fähig, sondern ist *nur* durch Gründung der Maximen auf dieselben und ihre Allgemeinheit möglich.

Die Rücksicht auf diese Analogie ist auch dem gemeinen Verstande gewöhnlich; und wir benennen schöne Gegenstände der Natur, oder der Kunst, oft mit Namen, die eine sittliche Beurteilung zum Grunde zu legen scheinen. Wir nennen Gebäude oder Bäume majestätisch und prächtig, oder Gefilde lachend und fröhlich; selbst Farben werden unschuldig, bescheiden, zärtlich genannt, weil sie Empfindungen erregen, die etwas mit dem Bewußtsein eines durch moralische Urteile bewirkten Gemütszustandes Analogisches enthalten. Der Geschmack macht gleichsam den Übergang vom Sinnenreiz zum habituellen moralischen Interesse, ohne einen zu gewaltsamen Sprung, möglich, indem er die Einbildungskraft auch in ihrer Freiheit als zweckmäßig für den Verstand bestimmbar vorstellt, und sogar an Gegenständen der Sinne auch ohne Sinnenreiz ein freies Wohlgefallen finden lehrt. (S. 461—463)

§ 60

Anhang. Von der Methodenlehre[9] *des Geschmacks*

Die Einteilung einer Kritik in Elementarlehre und Methodenlehre, welche vor der Wissenschaft vorhergeht, läßt sich auf die Geschmackskritik nicht anwenden: weil es keine Wissenschaft des Schönen gibt noch geben kann, und das Urteil des Geschmacks nicht durch Prinzipien bestimmbar ist. Denn was das Wissenschaftliche in jeder Kunst anlangt, welches auf *Wahrheit* in der Darstellung ihres Objekts geht, so ist dieses zwar die unumgängliche Bedingung (conditio sine qua non) der schönen Kunst, aber diese nicht selber. Es gibt also für die schöne Kunst nur eine Manier (modus), nicht *Lehrart* (methodus). Der Meister muß es vormachen, was und wie es der Schüler zu Stande bringen soll; und die allgemeinen Regeln, worunter er zuletzt sein Verfahren bringt, können eher dienen, die Hauptmomente desselben gelegentlich in Erinnerung zu bringen, als sie ihm vorzuschreiben. Hiebei muß dennoch auf ein gewisses Ideal Rücksicht genommen werden, welches die Kunst vor Augen haben muß, ob sie es gleich in ihrer Ausübung nie völlig erreicht. Nur durch die Aufweckung der Einbildungskraft des Schülers zur Angemessenheit mit einem gegebenen Begriffe, durch die angemerkte Unzulänglichkeit des Ausdrucks für die Idee, welche der Begriff selbst nicht erreicht, weil sie ästhetisch ist, und durch scharfe Kritik, kann verhütet werden, daß die Beispiele, die ihm vorgelegt werden, von ihm nicht sofort für Urbilder und etwa keiner noch höhern Norm und eigener Beurteilung unterworfene Muster der Nachahmung gehalten, und so das Genie, mit ihm aber auch die Freiheit der Einbildungskraft selbst in ihrer Gesetzmäßigkeit erstickt werde, ohne welche keine schöne Kunst, selbst nicht einmal ein richtiger sie beurteilender eigener Geschmack, möglich ist.

Die Propädeutik zu aller schönen Kunst, sofern es auf den höchsten Grad ihrer Vollkommenheit angelegt ist, scheint nicht in Vorschriften, sondern in der Kultur der Gemütskräfte durch diejenigen Vorkenntnisse zu liegen, welche man Humaniora nennt: vermutlich, weil *Humanität* einerseits das allgemeine *Teilnehmungs-*

---

[9] Unter der Methodenlehre der reinen praktischen Vernunft versteht Kant die Art, „wie man den Gesetzen der reinen praktischen Vernunft *Eingang* in das menschliche Gemüt, *Einfluß* auf die Maximen desselben verschaffen" könne (Kritik der praktischen Vernunft, 2. Teil, in: Werke, a. a. O., Bd. 4, S. 287). Entsprechend zielt die Methodenlehre des Geschmacks auf „die Entwickelung sittlicher Ideen und die Kultur des moralischen Gefühls" als „die wahre Propädeutik zur Gründung des Geschmacks" (siehe unten 187).

gefühl, andererseits das Vermögen, sich innigst und allgemein *mitteilen* zu können, bedeutet; welche Eigenschaften zusammen verbunden die der Menschheit angemessene Glückseligkeit[10] ausmachen, wodurch sie sich von der tierischen Eingeschränktheit unterscheidet. Das Zeitalter sowohl, als die Völker, in welchen der rege Trieb zur *gesetzlichen* Geselligkeit, wodurch ein Volk ein dauerndes gemeines Wesen ausmacht, mit den großen Schwierigkeiten rang, welche die schwere Aufgabe, Freiheit (und also auch Gleichheit) mit einem Zwange[11] (mehr der Achtung und Unterwerfung aus Pflicht, als Furcht) zu vereinigen, umgeben: ein solches Zeitalter und ein solches Volk mußte die Kunst der wechselseitigen Mitteilung der Ideen des ausgebildetsten Teils mit dem roheren, die Abstimmung der Erweiterung und Verfeinerung der ersteren zur natürlichen Einfalt und Originalität der letzteren, und auf diese Art dasjenige Mittel zwischen der höheren Kultur und der genügsamen Natur zuerst erfinden, welches den richtigen, nach keinen allgemeinen Regeln anzugebenden Maßstab auch für den Geschmack, als allgemeinen Menschensinn, ausmacht.
Schwerlich wird ein späteres Zeitalter jene Muster entbehrlich machen weil es der Natur immer weniger nahe sein wird, und sich zuletzt, ohne bleibende Beispiele von ihr zu haben, kaum einen Begriff von der glücklichen Vereinigung des gesetzlichen Zwanges der höchsten Kultur mit der Kraft und Richtigkeit der ihren eigenen Wert fühlenden freien Natur in einem und demselben Volke zu machen im Stande sein möchte.
Da aber der Geschmack im Grunde ein Beurteilungsvermögen der Versinnlichung sittlicher Ideen (vermittelst einer gewissen Analogie der Reflexion über beide) ist, wovon auch, und von der darauf zu gründenden größeren Empfänglichkeit für das Gefühl aus den letzteren (welches das moralische heißt) diejenige Lust sich ableitet, welche der Geschmack, als für die Menschheit überhaupt, nicht bloß für eines jeden Privatgefühl, gültig erklärt: so leuchtet ein, daß die wahre Propädeutik zur Gründung des Geschmacks die Entwickelung sittlicher Ideen und die Kultur des moralischen Gefühls sei; da, nur wenn mit diesem die Sinnlichkeit in Einstimmung gebracht wird, der echte Geschmack eine bestimmte unveränderliche Form annehmen kann. (S. 463—465)

---

10 Statt „Glückseligkeit" (in der 2. Auflage von 1793) steht in der Erstausgabe von 1790: „Geselligkeit".

11 Nach Kant muß das Zusammenleben der Menschen in einem Staat durch Zwangsgesetze geregelt werden; dieser Staat sollte keine despotische, sondern eine republikanische Verfassung haben (res publica = [wörtlich:] gemeines Wesen).

Friedrich Schiller[1]

Sechsundzwanzigster Brief

Da die ästhetische Stimmung des Gemüts, wie ich in den vorhergehenden Briefen entwickelt habe, der Freiheit erst die Entstehung gibt, so ist leicht einzusehen, daß sie nicht aus derselben entspringen und folglich keinen moralischen Ursprung haben könne. Ein Geschenk der Natur muß sie sein; die Gunst der Zufälle allein kann die Fesseln des physischen Standes lösen, und den Wilden zur Schönheit führen.

Der Keim der letztern wird sich gleich wenig entwickeln, wo eine karge Natur den Menschen jeder Erquickung beraubt, und wo eine verschwenderische ihn von jeder eigenen Anstrengung losspricht — wo die stumpfe Sinnlichkeit kein Bedürfnis fühlt, und wo die heftige Begier keine Sättigung findet. Nicht da, wo der Mensch sich *troglodytisch*[2] in Höhlen birgt, ewig einzeln ist, und die Menschheit nie *außer sich* findet, auch nicht da, wo er *nomadisch* in großen Heermassen zieht, ewig nur Zahl ist und die Menschheit nie *in sich* findet — da allein, wo er in eigener Hütte still mit sich selbst, und sobald er heraustritt, mit dem ganzen Geschlechte spricht, wird sich ihre liebliche Knospe entfalten. Da wo ein leichter Äther die Sinne jeder leisen Berührung eröffnet, und den üppigen Stoff eine energische Wärme beseelt — wo das Reich der blinden Masse schon in der lieblosen Schöpfung gestürzt ist, und die siegende Form auch die niedrigsten Naturen veredelt — dort in den fröhlichen Verhältnissen, und in der gesegneten Zone, wo nur die Tätigkeit zum Genusse und nur der Genuß zur Tätigkeit führt, wo aus dem Gesetz der Ordnung sich nur Leben entwickelt, — wo die Einbildungskraft der Wirklichkeit ewig entflieht, und dennoch von der Einfalt der Natur nie verirret — hier allein werden sich Sinne und Geist, empfangende und bildende Kraft in dem glücklichen Gleichmaß entwickeln, welches die Seele der Schönheit, und die Bedingung der Menschheit ist.

Und was ist es für ein Phänomen, durch welches sich bei dem Wilden der Eintritt in die Menschheit verkündigt? Soweit wir auch die Geschichte befragen, es ist dasselbe bei allen Völkerstämmen,

---

[1] Über die ästhetische Erziehung des Menschen in einer Reihe von Briefen, mit einem Vorwort hrsg. von Wolfhart Henckmann, München 1967 (1795).

[2] Troglodyten: Bezeichnung für Eiszeitmenschen, die angeblich in Höhlen gewohnt haben.

welche der Sklaverei des tierischen Standes entsprungen sind: die Freude am *Schein,* die Neigung zum *Putz* und zum *Spiele*[3].

Die höchste Stupidität und der höchste Verstand haben darin eine gewisse Affinität mit einander, daß beide nur das *Reelle* suchen, und für den bloßen Schein gänzlich unempfindlich sind. Nur durch die unmittelbare Gegenwart eines Objekts in den Sinnen wird jene aus ihrer Ruhe gerissen, und nur durch Zurückführung seiner Begriffe auf Tatsachen der Erfahrung wird der letztere zur Ruhe gebracht; mit einem Wort, die Dummheit kann sich nicht über die Wirklichkeit erheben, und der Verstand nicht unter der Wahrheit stehen bleiben. Insofern also das Bedürfnis der Realität und die Anhänglichkeit an das Wirkliche bloße Folgen des Mangels sind, ist die Gleichgültigkeit gegen Realität und das Interesse am Schein eine wahre Erweiterung der Menschheit und ein entschiedener Schritt zur Kultur. Fürs erste zeugt es von einer äußern Freiheit, denn solange die Not gebietet, und das Bedürfnis drängt, ist die Einbildungskraft mit strengen Fesseln an das Wirkliche gebunden; erst wenn das Bedürfnis gestillt ist, entwickelt sie ihr ungebundenes Vermögen. Es zeugt aber auch von einer innern Freiheit, weil es uns eine Kraft sehen läßt, die unabhängig von einem äußern Stoffe sich durch sich selbst in Bewegung setzt, und die Energie genug besitzt, die andringende Materie von sich zu halten. Die Realität der Dinge ist ihr (der Dinge) Werk; der Schein der Dinge ist des Menschen Werk, und ein Gemüt, das sich am Scheine weidet, ergötzt sich schon nicht mehr an dem, was es empfängt, sondern an dem, was es tut.

Es versteht sich von selbst, daß hier nur von dem ästhetischen Schein die Rede ist, den man von der Wirklichkeit und Wahrheit unterscheidet, nicht von dem logischen, den man mit derselben verwechselt — den man folglich liebt, weil er Schein ist, und nicht, weil man ihn für etwas Besseres hält. Nur der erste ist Spiel, da der letzte bloß Betrug ist. Den Schein der ersten Art für etwas gelten lassen, kann der Wahrheit niemals Eintrag tun, weil man nie Gefahr läuft, ihn derselben unterzuschieben, was doch die einzige Art ist, wie der Wahrheit geschadet werden kann; ihn verachten, heißt alle schöne Kunst überhaupt verachten, deren Wesen der Schein ist. Indessen begegnet es dem Verstande zuweilen, seinen Eifer für Realität bis zu einer solchen Unduldsamkeit zu trei-

---

[3] Schiller geht von einem Spieltrieb aus, der zwischen Formtrieb und Stofftrieb, zwischen Vernunft und Sinnlichkeit vermittelt und dadurch die Möglichkeit eines ästhetischen Staats begründet (siehe unten, 27. Brief).

ben, und über die ganze Kunst des schönen Scheins, weil sie bloß Schein ist, ein wegwerfendes Urteil zu sprechen; dies begegnet aber dem Verstande nur alsdann, wenn er sich der obengedachten Affinität [nicht] erinnert. Von den notwendigen Grenzen des schönen Scheins werde ich noch einmal insbesondere zu reden Veranlassung nehmen.

Die Natur selbst ist es, die den Menschen von der Realität zum Scheine emporhebt, indem sie ihn mit zwei Sinnen ausrüstet, die ihn bloß durch den Schein zur Erkenntnis des Wirklichen führen. In dem Auge und dem Ohr ist die andringende Materie schon hinweggewälzt von den Sinnen, und das Objekt entfernt sich von uns, das wir in den tierischen Sinnen unmittelbar berühren. Was wir durch das Auge *sehen,* ist von dem verschieden, was wir *empfinden;* denn der Verstand springt über das Licht hinaus zu den Gegenständen. Der Gegenstand des Takts ist eine Gewalt, die wir erleiden; der Gegenstand des Auges und des Ohrs ist eine Form, die wir erzeugen. Solange der Mensch noch ein Wilder ist, genießt er bloß mit den Sinnen des Gefühls, denen die Sinne des Scheins in dieser Periode bloß dienen. Er erhebt sich entweder gar nicht zum Sehen oder er befriedigt sich doch nicht mit demselben. Sobald er anfängt, mit dem Auge zu genießen und das Sehen für ihn einen selbstständigen Wert erlangt, so ist er auch schon ästhetisch frei und der Spieltrieb hat sich entfaltet.

Gleich so wie der Spieltrieb sich regt, der am Scheine Gefallen findet, wird ihm auch der nachahmende Bildungstrieb folgen, der den Schein als etwas Selbstständiges behandelt. Sobald der Mensch einmal so weit gekommen ist, den Schein von der Wirklichkeit, die Form von dem Körper zu unterscheiden, so ist er auch im Stande, sie von ihm abzusondern; denn das hat er schon getan, indem er sie unterscheidet. Das Vermögen zur nachahmenden Kunst, ist also mit dem Vermögen zur Form überhaupt gegeben; der Drang zu derselben beruht auf einer andern Anlage, von der ich hier nicht zu handeln brauche. Wie frühe oder wie spät sich der ästhetische Kunsttrieb entwickeln soll, das wird bloß von dem Grade der Liebe abhängen, mit der der Mensch fähig ist, sich bei dem bloßen Schein zu verweilen.

Da alles wirkliche Dasein von der Natur als einer fremden Macht, aller Schein aber ursprünglich von dem Menschen als vorstellendem Subjekte, sich herschreibt, so bedient er sich bloß seines absoluten Eigentumsrechts, wenn er den Schein von dem Wesen zurück nimmt, und mit demselben nach eignen Gesetzen schaltet. Mit ungebundener Freiheit kann er, was die Natur trennte, zusammenfügen, sobald er es nur irgend zusammen denken kann, und trennen, was die Natur verknüpfte, sobald er es nur in seinem Verstande absondern kann. Nichts darf ihm hier heilig sein, als sein eigenes Gesetz, sobald er nur die Markung in Acht nimmt, welche *sein* Gebiet von dem Dasein der Dinge oder dem Naturgebiete scheidet.

Dieses menschliche Herrscherrecht übt er aus in der *Kunst des Scheins,* und je strenger er hier das Mein und Dein von einander sondert, je sorgfältiger er die Gestalt von dem Wesen trennt, und je mehr Selbstständigkeit er derselben zu geben weiß, desto mehr wird er nicht bloß das Reich der Schönheit erweitern, sondern selbst die Grenzen der Wahrheit bewahren; denn er kann den Schein nicht von der Wirklichkeit reinigen, ohne zugleich die Wirklichkeit von dem Schein frei zu machen.

Aber er besitzt dieses souveräne Recht schlechterdings auch nur in der *Welt des Scheins,* in dem wesenlosen Reich der Einbildungskraft, und nur, solange er sich im Theoretischen gewissenhaft enthält, Existenz davon auszusagen, und solange er im Praktischen darauf Verzicht tut, Existenz dadurch zu erteilen. Sie sehen hieraus, daß der Dichter auf gleiche Weise aus seinen Grenzen tritt, wenn er seinem Ideal Existenz beilegt, und wenn er eine bestimmte Existenz damit bezweckt. Denn beides kann er nicht anders zu Stande bringen, als indem er entweder sein Dichterrecht überschreitet, durch das Ideal in das Gebiet der Erfahrung greift, und durch die bloße Möglichkeit wirkliches Dasein zu bestimmen sich anmaßt, oder indem er sein Dichterrecht aufgibt, die Erfahrung in das Gebiet des Ideals greifen läßt, und die Möglichkeit auf die Bedingungen der Wirklichkeit einschränkt.

Nur soweit er *aufrichtig* ist, (sich von allem Anspruch auf Realität ausdrücklich lossagt) und nur soweit er *selbstständig* ist, (allen Beistand der Realität entbehrt) ist der Schein ästhetisch. Sobald er falsch ist und Realität heuchelt, und sobald er unrein und der Realität zu seiner Wirkung bedürftig ist, ist er nichts als ein niedriges Werkzeug zu materiellen Zwecken, und kann nichts für die Freiheit des Geistes beweisen. Übrigens ist es gar nicht nötig, daß der Gegenstand, an dem wir den schönen Schein finden, ohne Realität sei, wenn nur unser Urteil darüber auf diese Realität keine Rücksicht nimmt; denn soweit es diese Rücksicht nimmt, ist es kein ästhetisches. Eine lebende weibliche Schönheit wird uns freilich eben so gut und noch ein wenig besser als eine eben so schöne, bloß gemalte, gefallen; aber insoweit sie uns besser gefällt als die letztere, gefällt sie nicht mehr als selbstständiger Schein, gefällt sie nicht mehr dem reinen ästhetischen Gefühl, diesem darf auch das Lebendige nur als Erscheinung, auch das Wirkliche nur als Idee gefallen; aber freilich erfordert es noch einen ungleich höheren Grad der schönen Kultur, in dem Lebendigen selbst nur den reinen Schein zu empfinden, als das Leben an dem Schein zu entbehren.

Bei welchem einzelnen Menschen oder ganzen Volk man den aufrichtigen und selbstständigen Schein findet, da darf man auf Geist und Geschmack und jede damit verwandte Trefflichkeit schließen — da wird man das Ideal das wirkliche Leben regieren, die Ehre über den Besitz, den Gedanken über den Genuß, den Traum der Unsterblichkeit über die Existenz triumphieren sehen. Da wird die öffentliche Stimme das einzig Furchtbare sein, und ein Olivenkranz höher als ein Purpurkleid ehren. Zum falschen und bedürftigen Schein nimmt nur die Ohnmacht und die Verkehrtheit ihre Zuflucht, und einzelne Menschen sowohl als ganze Völker, welche entweder „der Realität durch den Schein oder dem (ästhetischen) Schein durch Realität nachhelfen" — beides ist gerne verbunden — beweisen zugleich ihren moralischen Unwert und ihr ästhetisches Unvermögen.

Auf die Frage: *„In wie weit darf Schein in der moralischen Welt sein?"* ist also die Antwort so kurz als bündig diese: *in so weit es ästhetischer Schein ist*, d. h. Schein, der weder Realität vertreten will, noch von derselben vertreten zu werden braucht. Der ästhetische Schein kann der Wahrheit der Sitten niemals gefährlich werden, und wo man es anders findet, da wird sich ohne Schwierigkeit zeigen lassen, daß der Schein nicht ästhetisch war. Nur ein Fremdling im schönen Umgang z. B. wird Versicherungen der Höflichkeit, die eine allgemeine Form ist, als Merkmale persönlicher Zuneigung aufnehmen, und wenn er getäuscht wird, über Verstellung klagen. Aber auch nur ein Stümper im schönen Umgang wird, um höflich zu sein, die Falschheit zu Hilfe rufen, und schmeicheln, um gefällig zu sein. Dem ersten fehlt noch der Sinn für den selbstständigen Schein, daher kann er demselben nur durch die Wahrheit Bedeutung geben; dem zweiten fehlt es an Realität, und er möchte sie gern durch den Schein ersetzen.

Nichts ist gewöhnlicher als von gewissen trivialen Kritikern des Zeitalters die Klage zu vernehmen, daß alle Solidität aus der Welt verschwunden sei, und das Wesen über dem Schein vernachlässigt werde. Obgleich ich mich gar nicht berufen fühle, das Zeitalter gegen diesen Vorwurf zu rechtfertigen, so geht doch schon aus der weiten Ausdehnung, welche diese strengen Sittenrichter ihrer Anklage geben, sattsam hervor, daß sie dem Zeitalter nicht bloß den falschen, sondern auch den aufrichtigen Schein verargen; und sogar die Ausnahmen, welche sie noch etwa zu Gunsten der Schönheit machen, gehen mehr auf den bedürftigen als auf den selbstständigen Schein. Sie greifen nicht bloß die betrügerische Schminke an, welche die Wahrheit verbirgt, welche die Wirklichkeit zu vertreten sich anmaßt; sie ereifern sich auch gegen den wohltätigen Schein, der die Leerheit ausfüllt, und die Armseligkeit zudeckt, auch gegen den idealischen, der eine gemeine Wirklichkeit veredelt. Die Falschheit der Sitten beleidigt mit Recht ihr strenges Wahrheitsgefühl; nur schade, daß sie zu dieser Falschheit auch schon die Höflichkeit rechnen. Es mißfällt ihnen, daß äußerer Flitterglanz so oft das wahre Verdienst verdunkelt, aber es verdrießt sie nicht weniger, daß man auch Schein vom Verdienste fordert, und dem innern Gehalte die gefällige Form nicht erläßt. Sie vermissen das Herzliche, Kernhafte und Gediegene der vorigen Zeiten, aber sie möchten auch das Eckigte und Derbe der ersten Sitten, das Schwerfällige der alten Formen, und den ehemaligen gothischen Überfluß wieder eingeführt sehen. Sie beweisen durch Urteile dieser Art *dem Stoff an sich selbst* eine Achtung, die der Menschheit nicht würdig ist, welche vielmehr das Materielle nur insoferne schätzen soll, als es Gestalt zu empfangen und das Reich der Ideen zu verbreiten im Stande ist. Auf solche Stimmen braucht also der Geschmack des Jahrhunderts nicht sehr zu hören, wenn er nur sonst vor einer bessern Instanz besteht. Nicht daß wir einen Wert auf den ästhetischen Schein legen (wir tun dies noch lange nicht genug) sondern daß wir es noch nicht bis zu dem reinen Schein gebracht haben, daß wir das Dasein noch nicht genug von der Erscheinung geschieden, und dadurch beider Grenzen auf ewig gesichert haben, dies ist es, was uns ein rigoristischer Richter der Schönheit zum Vorwurf machen kann. Diesen Vorwurf werden wir solang verdienen, als wir das Schöne der lebendigen Natur nicht genießen können, ohne es zu begehren, das Schöne der nachahmenden Kunst nicht bewundern können, ohne nach einem Zwecke zu fragen — als wir der Einbildungskraft noch keine eigene absolute Gesetzgebung zugestehn, und durch die Achtung, die wir ihren Werken erzeigen, sie auf ihre Würde hinweisen.

Siebenundzwanzigster Brief

Fürchten Sie nichts für Realität und Wahrheit, wenn der hohe Begriff, den ich in dem vorhergehenden Briefe von dem ästhetischen Schein aufstellte, allgemein werden sollte. Er wird nicht allgemein werden, so lange der Mensch noch ungebildet genug ist, um einen Mißbrauch davon machen zu können; und würde er allgemein, so könnte dies nur durch eine Kultur bewirkt werden, die zugleich jeden Mißbrauch unmöglich machte. Dem selbstständigen Schein nachzustreben erfordert mehr Abstraktionsvermögen, mehr Freiheit des Herzens, mehr Energie des Willens, als der Mensch nötig hat, um sich auf die Realität einzuschränken, und er muß diese schon hinter sich haben, wenn er bei jenem anlangen will. Wie übel würde er sich also raten, wenn er den Weg zum Ideale einschlagen wollte, um sich den Weg zur Wirklichkeit zu ersparen! Von dem Schein, so wie er hier genommen wird, möchten wir also für die Wirklichkeit nicht viel zu besorgen haben; desto mehr dürfte aber von der Wirklichkeit für den Schein zu befürchten sein. An das Materielle gefesselt, läßt der Mensch diesen lange Zeit bloß seinen Zwecken dienen, ehe er ihm in der Kunst des Ideals eine eigene Persönlichkeit zugesteht. Zu dem letztern bedarf es einer totalen Revolution in seiner ganzen Empfindungsweise, ohne welche er auch nicht einmal *auf dem Wege* zum Ideal sich befinden würde. Wo wir also Spuren einer uninteressierten freien Schätzung des reinen Scheins entdecken, da können wir auf eine solche Umwälzung seiner Natur und den eigentlichen Anfang der Menschheit in ihm schließen. Spuren dieser Art finden sich aber wirklich schon in den ersten rohen Versuchen, die er zur *Verschönerung* seines Daseins macht, selbst auf die Gefahr macht, daß er es dem sinnlichen Gehalt nach dadurch verschlechtern sollte. Sobald er überhaupt nur anfängt, dem Stoff die Gestalt vorzuziehen, und an den Schein, (den er aber dafür erkennen muß) Realität zu wagen, so ist sein tierischer Kreis aufgetan, und er befindet sich auf einer Bahn, die nicht endet.

Mit dem allein nicht zufrieden, was der Natur genügt und was das Bedürfnis fordert, verlangt er Überfluß; anfangs zwar bloß einen Überfluß *des Stoffes*, um der Begier ihre Schranken zu verbergen, um den Genuß über das gegenwärtige Bedürfnis hinaus zu versichern; bald aber einen Überfluß *an dem Stoffe*, eine ästhetische Zugabe, um auch dem Formtrieb genug zu tun, um den Genuß über jedes Bedürfnis hinaus zu erweitern. Indem er bloß für einen künftigen Gebrauch Vorräte sammelt und in der Einbildung dieselbe vorausgenießt, so überschreitet er zwar den jetzigen Augenblick, aber ohne die Zeit überhaupt zu überschreiten; er genießt *mehr*, aber er genießt nicht *anders*. Indem er aber zugleich die Gestalt in seinen Genuß zieht und auf die Formen der Gegenstände merkt, die seine Begierden befriedigen, hat er seinen Genuß nicht bloß dem Umfang und dem Grad nach erhöht, sondern auch der Art nach veredelt.

Zwar hat die Natur auch schon dem Vernunftlosen über die Notdurft gegeben, und in das dunkle tierische Leben einen Schimmer von Freiheit gestreut. Wenn den Löwen kein Hunger nagt, und kein Raubtier zum Kampf herausfordert, so erschafft sich die müßige Stärke selbst einen Gegenstand; mit mutvollem Gebrüll erfüllt er die hallende Wüste, und in zwecklosem Aufwand genießt sich die üppige Kraft. Mit frohem Leben schwärmt das Insekt in dem Sonnenstrahl; auch ist es sicherlich nicht der Schrei der Begierde, den wir in dem melodischen Schlag des Singvogels hören. Unleugbar ist in diesen Bewegungen Freiheit, aber nicht Freiheit von dem Bedürfnis überhaupt, bloß von einem bestimmten, von einem äußern Bedürfnis. Das Tier *arbeitet,* wenn ein Mangel die Triebfeder seiner Tätigkeit ist, und es *spielt,* wenn der Reichtum der Kraft diese Triebfeder ist, wenn das überflüssige Leben sich selbst zur Tätigkeit stachelt. Selbst in der unbeseelten Natur zeigt sich ein solcher Luxus der Kräfte und eine Laxität der Bestimmung, die man in jenem materiellen Sinn gar wohl Spiel nennen könnte. Der Baum treibt unzählige Keime, die unentwickelt verderben, und streckt weit mehr Wurzeln, Zweige und Blätter nach Nahrung aus, als zu Erhaltung seines Individuums und seiner Gattung verwendet werden. Was er von seiner verschwenderischen Fülle ungebraucht und ungenossen dem Elementarreich zurückgibt, das darf das Lebendige in fröhlicher Bewegung verschwelgen. So gibt uns die Natur schon in ihrem materiellen Reich ein Vorspiel des Unbegrenzten, und hebt hier schon *zum Teil* die Fesseln auf, deren sie sich im Reich der Form ganz und gar entledigt. Von dem Zwang des Bedürfnisses oder dem *physischen Ernste* nimmt sie durch den Zwang des Überflusses oder das *physische Spiel* den Übergang zum ästhetischen Spiele und ehe sie sich in der hohen Freiheit des Schönen über die Fessel jedes Zweckes erhebt, nähert sie sich dieser Unabhängigkeit wenigstens von ferne schon in der *freien Bewegung,* die sich selbst Zweck und Mittel ist.

Wie die körperlichen Werkzeuge, so hat in dem Menschen auch die Einbildungskraft ihre freie Bewegung und ihr materielles Spiel, in welchem sie, ohne alle Beziehung auf Gestalt, bloß ihrer Eigenmacht und Fessellosigkeit sich freut. Insofern sich noch gar nichts von Form in diese Phantasiespiele mischt, und eine ungezwungene Folge von Bildern den ganzen Reiz derselben ausmacht, gehören sie, obgleich sie dem Menschen allein zukommen können, bloß zu seinem animalischen Leben und beweisen bloß seine Befreiung von jedem äußern sinnlichen Zwang, ohne noch auf eine selbstständige bildende Kraft in ihm schließen zu lassen*. Von diesem Spiel *der freien Ideenfolge,* welches noch ganz materieller Art ist, und aus bloßen Naturgesetzen sich erklärt, macht endlich die Einbildungskraft in dem Versuch *einer freien Form* den Sprung zum ästhetischen Spiele. Einen Sprung muß man es nennen, weil sich eine ganz neue Kraft hier in Handlung setzt; denn hier zum erstenmal mischt sich der gesetzgebende Geist in die Handlungen eines blinden Instinktes, unterwirft das willkürliche Verfahren der Einbildungskraft seiner unveränderlichen ewigen Einheit, legt seine Selbstständigkeit in das Wandelbare und seine Unendlichkeit in das Sinnliche. Aber solange die rohe Natur noch zu mächtig ist, die kein anderes Gesetz kennt, als rastlos von Veränderung zu Veränderung fortzueilen, wird sie durch ihre unstete Willkür jener Notwendigkeit, durch ihre Unruhe jener Stetigkeit, durch ihre Bedürftigkeit jener Selbstständigkeit, durch ihre Ungenügsamkeit jener erhabenen Einfalt entgegen streben. Der ästhetische Spieltrieb wird also in seinen ersten Versuchen noch kaum zu erkennen sein, da der sinnliche mit seiner eigensinnigen Laune und seiner wilden Begierde unaufhörlich dazwischen tritt. Daher sehen wir den rohen Geschmack das Neue und Überraschende, das Bunte, Abenteuerliche und Bizarre, das Heftige und Wilde zuerst ergreifen, und vor nichts so sehr als vor der Einfalt und Ruhe fliehen. Er bildet groteske Gestalten, liebt rasche Übergänge, üppige Formen, grelle Kontraste, schreiende Lichter, einen pathetischen Gesang. Schön heißt ihm in dieser Epoche bloß, was ihn aufregt, was ihm Stoff gibt — aber aufregt zu einem selbsttätigen Widerstand, aber Stoff gibt *für ein mögliches Bilden,* denn sonst würde es selbst ihm nicht

---

* Die mehresten Spiele, welche im gemeinen Leben im Gange sind, beruhen entweder ganz und gar auf diesem Gefühle der freien Ideenfolge, oder entlehnen doch ihren größten Reiz von demselben. So wenig es aber auch an sich selbst für eine höhere Natur beweist, und so gerne sich gerade die schlaffesten Seelen diesem freien Bilderstrome zu überlassen pflegen, so ist doch eben diese Unabhängigkeit der Phantasie von äußern Eindrücken wenigstens die negative Bedingung ihres schöpferischen Vermögens. Nur indem sie sich von der Wirklichkeit losreißt, erhebt sich die bildende Kraft zum Ideale, und ehe die Imagination in ihrer produktiven Qualität nach eignen Gesetzen handeln kann, muß sie sich schon bei ihrem reproduktiven Verfahren von fremden Gesetzen frei gemacht haben. Freilich ist von der bloßen Gesetzlosigkeit zu einer selbständigen innern Gesetzgebung noch ein sehr großer Schritt zu tun, und eine ganz neue Kraft, das Vermögen der Ideen, muß hier ins Spiel gemischt werden — aber diese Kraft kann sich nunmehr auch mit mehrerer Leichtigkeit entwickeln, da die Sinne ihr nicht entgegen wirken, und das Unbestimmte wenigstens negativ an das Unendliche grenzt.

das Schöne sein. Mit der Form seiner Urteile ist also eine merkwürdige Veränderung vorgegangen; er sucht diese Gegenstände nicht, weil sie ihm etwas zu erleiden, sondern weil sie ihm zu handeln geben; sie gefallen ihm nicht, weil sie einem Bedürfnis begegnen, sondern weil sie einem Gesetze Genüge leisten, welches, obgleich noch leise, in seinem Busen spricht.

Bald ist er nicht mehr damit zufrieden, daß ihm die Dinge gefallen; er will selbst gefallen, anfangs zwar nur durch das, was *sein* ist, endlich durch das, was *er* ist. Was er besitzt, was er hervorbringt, darf nicht mehr bloß die Spuren der Dienstbarkeit, die ängstliche Form seines Zwecks an sich tragen; neben dem Dienst, zu dem es da ist, muß es zugleich den geistreichen Verstand, der es dachte, die liebende Hand, die es ausführte, den heitern und freien Geist, der es wählte und aufstellte, wiederscheinen. Jetzt sucht sich der alte Germanier glänzendere Tierfelle, prächtigere Geweihe, zierlichere Trinkhörner aus, und der Kaledonier[4] wählt die nettesten Muscheln für seine Feste. Selbst die Waffen dürfen jetzt nicht mehr bloß Gegenstände des Schreckens, sondern auch des Wohlgefallens sein, und das kunstreiche Wehrgehänge will nicht weniger bemerkt sein, als des Schwertes tötende Schneide. Nicht zufrieden, einen ästhetischen Überfluß in das Notwendige zu bringen, reißt sich der freiere Spieltrieb endlich ganz von den Fesseln der Notdurft los, und das Schöne wird für sich allein ein Objekt seines Strebens. Er *schmückt* sich. Die freie Lust wird in die Zahl seiner Bedürfnisse aufgenommen, und das Unnötige ist bald der beste Teil seiner Freuden.

So wie sich ihm von außen her, in seiner Wohnung, seinem Hausgeräte, seiner Bekleidung allmählich die Form nähert, so fängt sie endlich an, von ihm selbst Besitz zu nehmen, und anfangs bloß den äußern, zuletzt auch den innern Menschen zu verwandeln. Der gesetzlose Sprung der Freude wird zum Tanz, die ungestalte Geste zu einer anmutigen harmonischen Gebärdensprache, die verworrenen Laute der Empfindung entfalten sich, fangen an dem Takt zu gehorchen und sich zum Gesange zu biegen. Wenn das trojanische Heer mit gellendem Geschrei gleich einem Zug von Kranichen ins Schlachtfeld heranstürmt, so nähert sich das griechische demselben still und mit edlem Schritt. Dort sehen wir bloß den Übermut blinder Kräfte, hier den Sieg der Form, und die simple Majestät des Gesetzes.

---

[4] ursprünglich: Bewohner Nordschottlands, nach der römischen Bezeichnung für das nordschottische Gebirgsland (Caledonia); bei Schiller wohl gemeint: Bewohner Neukaledoniens (Insel im westlichen Pazifik).

Eine schönere Notwendigkeit kettet jetzt die Geschlechter zusammen, und der Herzen Anteil hilft das Bündnis bewahren, das die Begierde nur launisch und wandelbar knüpft. Aus ihren düstern Fesseln entlassen, ergreift das ruhigere Auge die Gestalt, die Seele schaut in die Seele, und aus einem eigennützigen Tausche der Lust wird ein großmütiger Wechsel der Neigung. Die Begierde erweitert und erhebt sich zur Liebe, so wie die Menschheit in ihrem Gegenstand aufgeht, und der niedrige Vorteil über den Sinn wird verschmäht, um über den Willen einen edleren Sieg zu erkämpfen. Das Bedürfnis zu gefallen unterwirft den Mächtigen des Geschmackes zartem Gericht; die Lust kann er rauben, aber die Liebe muß eine Gabe sein. Um diesen höhern Preis kann er nur durch Form, nicht durch Materie ringen. Er muß aufhören, das Gefühl als Kraft zu berühren, und als Erscheinung dem Verstand gegenüber stehn; er muß Freiheit lassen, weil er der Freiheit gefallen will. So wie die Schönheit den Streit der Naturen in seinem einfachsten und reinsten Exempel, in dem ewigen Gegensatz der Geschlechter löst, so löst sie ihn — oder zielt wenigstens dahin, ihn auch in dem verwickelten Ganzen der Gesellschaft zu lösen, und nach dem Muster des freien Bundes, den sie dort zwischen der männlichen Kraft und der weiblichen Milde knüpft, alles Sanfte und Heftige in der moralischen Welt zu versöhnen. Jetzt wird die Schwäche heilig, und die nicht gebändigte Stärke entehrt; das Unrecht der Natur wird durch die Großmut ritterlicher Sitten verbessert. Den keine Gewalt erschrecken darf, entwaffnet die holde Röte der Scham, und Tränen ersticken eine Rache, die kein Blut löschen konnte. Selbst der Haß merkt auf der Ehre zarte Stimme, das Schwert des Überwinders verschont den entwaffneten Feind, und ein gastlicher Herd raucht dem Fremdling an der gefürchteten Küste, wo ihn sonst nur der Mord empfing.

Mitten in dem furchtbaren Reich der Kräfte und mitten in dem heiligen Reich der Gesetze baut der ästhetische Bildungstrieb unvermerkt an einem dritten fröhlichen Reiche des Spiels und des Scheins, worin er dem Menschen die Fesseln aller Verhältnisse abnimmt, und ihn von allem, was Zwang heißt, sowohl im Physischen als im Moralischen entbindet.

Wenn in dem *dynamischen* Staat der Rechte der Mensch dem Menschen als Kraft begegnet und sein Wirken beschränkt — wenn er sich ihm in dem *ethischen* Staat der Pflichten mit der Majestät des Gesetzes entgegenstellt, und sein Wollen fesselt, so darf er ihm im Kreise des schönen Umgangs, in dem *ästhetischen* Staat, nur als Gestalt erscheinen, nur als Objekt des freien Spiels gegenüber stehen. *Freiheit zu geben durch Freiheit* ist Grundgesetz dieses Reichs.

Der dynamische Staat kann die Gesellschaft bloß möglich machen, indem er die Natur durch Natur bezähmt; der ethische Staat kann sie bloß (moralisch) notwendig machen, indem er den einzelnen Willen dem allgemeinen unterwirft; der ästhetische Staat allein kann sie wirklich machen, weil er den Willen des Ganzen durch die Natur des Individuums vollzieht. Wenn schon das Bedürfnis den Menschen in die Gesellschaft nötigt, und die Vernunft gesellige Grundsätze in ihm pflanzt, so kann die Schönheit allein ihm einen *geselligen Charakter* erteilen. Der Geschmack allein bringt Harmonie in die Gesellschaft, weil er Harmonie in dem Individuum stiftet. Alle andre Formen der Vorstellung trennen den Menschen, weil sie sich ausschließend entweder auf den sinnlichen oder auf den geistigen Teil seines Wesens gründen; nur die schöne Vorstellung macht ein Ganzes aus ihm, weil seine beiden Naturen dazu zusammen stimmen müssen. Alle andere Formen der Mitteilung trennen die Gesellschaft, weil sie sich ausschließend entweder auf die Privatempfänglichkeit, oder auf die Privatfertigkeit der einzelnen Glieder, also auf das Unterscheidende zwischen Menschen und Menschen beziehen; nur die schöne Mitteilung vereinigt die Gesellschaft, weil sie sich auf das Gemeinsame aller bezieht. Die Freuden der Sinne genießen wir bloß als Individuen, ohne daß die Gattung, die in uns wohnt, daran Anteil nähme; wir können also unsre sinnlichen Freuden nicht zu allgemeinen erweitern, weil wir unser Individuum nicht allgemein machen können. Die Freuden der Erkenntnis genießen wir bloß als Gattung, und indem wir jede Spur des Individuums sorgfältig aus unserm Urteil entfernen; wir können also unsere Vernunftfreuden nicht allgemein machen, weil wir die Spuren des Individuums aus dem Urteile anderer nicht so wie aus dem unsrigen ausschließen können. Das Schöne allein genießen wir als Individuum und als Gattung zugleich, d. h. als *Repräsentanten* der Gattung. Das sinnliche Gute kann nur Einen Glücklichen machen, da es sich auf Zueignung gründet, welche immer eine Ausschließung mit sich führt; es kann diesen Einen auch nur einseitig glücklich machen, weil die Persönlichkeit nicht daran teilnimmt. Das absolut Gute kann nur unter Bedingungen glücklich machen, die allgemein nicht vorauszusetzen sind; denn die Wahrheit ist nur der Preis der Verleugnung, und an den reinen Willen glaubt nur ein reines Herz. Die Schönheit allein beglückt alle Welt, und jedes Wesen vergißt seiner Schranken, so lang es ihren Zauber erfährt.

Kein Vorzug, keine Alleinherrschaft wird geduldet, so weit der

Geschmack regiert, und das Reich des schönen Scheins sich verbreitet. Dieses Reich erstreckt sich aufwärts, bis wo die Vernunft mit unbedingter Notwendigkeit herrscht, und alle Materie aufhört; es erstreckt sich niederwärts, bis wo der Naturtrieb mit blinder Nötigung waltet, und die Form noch nicht anfängt; ja selbst auf diesen äußersten Grenzen, wo die gesetzgebende Macht ihm genommen ist, läßt sich der Geschmack doch die vollziehende nicht entreißen. Die ungesellige Begierde muß ihrer Selbstsucht entsagen, und das Angenehme, welches sonst nur die Sinne lockt, das Netz der Anmut auch über die Geister auswerfen. Der Notwendigkeit strenge Stimme, die Pflicht, muß ihre vorwerfende Formel verändern, die nur der Widerstand rechtfertigt, und die willige Natur durch ein edleres Zutrauen ehren. Aus den Mysterien der Wissenschaft führt der Geschmack die Erkenntnis unter den offenen Himmel des Gemeinsinns heraus, und verwandelt das Eigentum der Schulen in ein Gemeingut der ganzen menschlichen Gesellschaft. In seinem Gebiete muß auch der mächtigste Genius sich seiner Hoheit begeben, und zu dem Kindersinn vertraulich herniedersteigen. Die Kraft muß sich binden lassen durch die Huldgöttinnen, und der trotzige Löwe dem Zaum eines Amors gehorchen[5]. Dafür breitet er über das physische Bedürfnis, das in seiner nackten Gestalt die Würde freier Geister beleidigt, seinen mildernden Schleier aus, und verbirgt uns die entehrende Verwandtschaft mit dem Stoff in einem lieblichen Blendwerk von Freiheit. Beflügelt durch ihn entschwingt sich auch die kriechende Lohnkunst dem Staube, und die Fesseln der Leibeigenschaft fallen, von seinem Stabe berührt, von dem Leblosen wie von dem Lebendigen ab. In dem ästhetischen Staate ist alles — auch das dienende Werkzeug ein freier Bürger, der mit dem edelsten gleiche Rechte hat, und der Verstand, der die duldende Masse unter seine Zwecke gewalttätig beugt, muß sie hier um ihre Beistimmung fragen. Hier also in dem Reiche des ästhetischen Scheins wird das Ideal der Gleichheit erfüllt, welches der Schwärmer so gern auch dem Wesen nach realisiert sehen möchte; und wenn es wahr ist, daß der schöne Ton in der Nähe des Thrones am frühesten und am vollkommensten reift, so müßte man auch hier die gütige Schickung erkennen, die den Menschen oft nur deswegen in der Wirklichkeit einzuschränken scheint, um ihn in eine idealische Welt zu treiben.

---

[5] Die Huldgöttinnen: Chariten (lateinisch Gratiae, Grazien), Göttinnen der Anmut, Dienerinnen der Aphrodite, der Göttin der Liebe: diese gilt als Mutter des Liebesgottes Eros (lateinisch Amor), der ebenfalls in seiner Gesellschaft die Chariten hat.

Existiert aber auch ein solcher Staat des schönen Scheins, und wo ist er zu finden? Dem Bedürfnis nach existiert er in jeder feingestimmten Seele, der Tat nach möchte man ihn wohl nur, wie die reine Kirche und die reine Republik in einigen wenigen auserlesenen Zirkeln finden, wo nicht die geistlose Nachahmung fremder Sitten, sondern eigne schöne Natur das Betragen lenkt, wo der Mensch durch die verwickeltsten Verhältnisse mit kühner Einfalt und ruhiger Unschuld geht, und weder nötig hat, fremde Freiheit zu kränken, um die seinige zu behaupten, noch seine Würde wegzuwerfen, um Anmut zu zeigen.[a)] (S. 173—188)

Friedrich Schlegel[1]

1.

Die romantische Poesie ist eine progressive Universalpoesie[2]. Ihre Bestimmung ist nicht bloß, alle getrennte Gattungen der Poesie wieder zu vereinigen, und die Poesie mit der Philosophie und Rhetorik in Berührung zu setzen. Sie will, und soll auch Poesie und

---

[a)] In den Handschriften folgt: Da es einem guten Staat an einer *Konstitution* nicht fehlen darf, so kann man sie auch von dem ästhetischen fordern. Noch kenne ich keine dergleichen, und ich darf also hoffen, daß ein erster Versuch derselben, den ich dieser Zeitschrift bestimmt habe, mit Nachsicht werde aufgenommen werden.

[1] Kritische Friedrich-Schlegel-Ausgabe, hrsg. von Ernst Behler unter Mitwirkung von Jean-Jacques Anstett und Hans Eichner, 2. Band, 1. Abteilung: Charakteristiken und Kritiken 1 (1796—1801), hrsg. und eingeleitet von Hans Eichner, München-Paderborn-Wien 1967; Athenäums-Fragmente Nr. 116 und 228 (1798); Gespräch über die Poesie (1799).

[2] Vgl. hierzu auch folgende Äußerung von Novalis: „Die Welt muß romantisiert werden. So findet man den ursprünglichen Sinn wieder. Romantisieren ist nichts als eine qualitative Potenzierung. Das niedre Selbst wird mit einem bessern Selbst in dieser Operation identifiziert. So wie wir selbst eine solche qualitative Potenzreihe sind. Diese Operation ist noch ganz unbekannt. Indem ich dem Gemeinen einen hohen Sinn, dem Gewöhnlichen ein geheimnisvolles Ansehen, dem Bekannten die Würde des Unbekannten, dem Endlichen einen unendlichen Schein gebe, so romantisiere ich es. — Umgekehrt ist die Operation für das Höhere, Unbekannte, Mystische, Unendliche — dies wird durch diese Verknüpfung logarithmisiert — Es bekommt einen geläufigen Ausdruck. Romantische Philosophie. Lingua romana. Wechselerhöhung und Erniedrigung." (Die Werke Friedrich von Hardenbergs, hrsg. von P. Kluckhohn und R. Samuel, Stuttgart ^{2}1960 ff., Bd. 2, S. 545, Nr. 105).

Prosa, Genialität und Kritik, Kunstpoesie und Naturpoesie bald mischen, bald verschmelzen, die Poesie lebendig und gesellig, und das Leben und die Gesellschaft poetisch machen, den Witz poetisieren, und die Formen der Kunst mit gediegnem Bildungsstoff jeder Art anfüllen und sättigen, und durch die Schwingungen des Humors beseelen. Sie umfaßt alles, was nur poetisch ist, vom größten wieder mehre Systeme in sich enthaltenden Systeme der Kunst, bis zu dem Seufzer, dem Kuß, den das dichtende Kind aushaucht in kunstlosen Gesang. Sie kann sich so in das Dargestellte verlieren, daß man glauben möchte, poetische Individuen jeder Art zu charakterisieren, sei ihr Eins und Alles; und doch gibt es noch keine Form, die so dazu gemacht wäre, den Geist des Autors vollständig auszudrücken: so daß manche Künstler, die nur auch einen Roman schreiben wollten, von ungefähr sich selbst dargestellt haben. Nur sie kann gleich dem Epos ein Spiegel der ganzen umgebenden Welt, ein Bild des Zeitalters werden. Und doch kann auch sie am meisten zwischen dem Dargestellten und dem Darstellenden, frei von allem realen und idealen Interesse auf den Flügeln der poetischen Reflexion in der Mitte schweben, diese Reflexion immer wieder potenzieren und wie in einer endlosen Reihe von Spiegeln vervielfachen. Sie ist der höchsten und der allseitigsten Bildung fähig; nicht bloß von innen heraus, sondern auch von außen hinein; indem sie jedem, was ein Ganzes in ihren Produkten sein soll, alle Teile ähnlich organisiert, wodurch ihr die Aussicht auf eine grenzenlos wachsende Klassizität eröffnet wird. Die romantische Poesie ist unter den Künsten was der Witz der Philosophie, und die Gesellschaft, Umgang, Freundschaft und Liebe im Leben ist. Andre Dichtarten sind fertig, und können nun vollständig zergliedert werden. Die romantische Dichtart ist noch im Werden; ja das ist ihr eigentliches Wesen, daß sie ewig nur werden, nie vollendet sein kann. Sie kann durch keine Theorie erschöpft werden, und nur eine divinatorische Kritik dürfte es wagen, ihr Ideal charakterisieren zu wollen. Sie allein ist unendlich, wie sie allein frei ist, und das als ihr erstes Gesetz anerkennt, daß die Willkür des Dichters kein Gesetz über sich leide. Die romantische Dichtart ist die einzige, die mehr als Art, und gleichsam die Dichtkunst selbst ist: denn in einem gewissen Sinn ist oder soll alle Poesie romantisch sein. (S. 182—183)

Es gibt eine Poesie, deren eins und alles das Verhältnis des Idealen und des Realen ist, und die also nach der Analogie der philosophischen Kunstsprache Transzendentalpoesie heißen müßte. Sie beginnt als Satire mit der absoluten Verschiedenheit des Idealen und

Realen, schwebt als Elegie in der Mitte, und endigt als Idylle mit der absoluten Identität beider. So wie man aber wenig Wert auf eine Transzendentalphilosophie legen würde, die nicht kritisch wäre[3], nicht auch das Produzierende mit dem Produkt darstellte, und im System der transzendentalen Gedanken zugleich eine Charakteristik des transzendentalen Denkens enthielte: so sollte wohl auch jene Poesie die in modernen Dichtern nicht seltenen transzendentalen Materialien und Vorübungen zu einer poetischen Theorie des Dichtungsvermögens mit der künstlerischen Reflexion und schönen Selbstbespiegelung, die sich im Pindar[4], den lyrischen Fragmenten der Griechen, und der alten Elegie, unter den Neuern aber in Goethe findet, vereinigen, und in jeder ihrer Darstellungen sich selbst mit darstellen, und überall zugleich Poesie und Poesie der Poesie sein. (S. 204)

2.

Gespräch über die Poesie

Alle Gemüter, die sie lieben, befreundet und bindet Poesie mit unauflöslichen Banden. Mögen sie sonst im eignen Leben das Verschiedenste suchen, einer gänzlich verachten, was der andre am heiligsten hält, sich verkennen, nicht vernehmen, ewig fremd bleiben; in dieser Region sind sie dennoch durch höhere Zauberkraft einig und in Frieden. Jede Muse sucht und findet die andre, und alle Ströme der Poesie fließen zusammen in das allgemeine große Meer.

Die Vernunft ist nur eine und in allen dieselbe: wie aber jeder Mensch seine eigne Natur hat und seine eigne Liebe, so trägt auch jeder seine eigne Poesie in sich. Die muß ihm bleiben und soll ihm bleiben, so gewiß er der ist, der er ist, so gewiß nur irgend etwas Ursprüngliches in ihm war; und keine Kritik kann und darf ihm sein eigenstes Wesen, seine innerste Kraft rauben, um ihn zu einem allgemeinen Bilde ohne Geist und ohne Sinn zu läutern und zu reinigen, wie die Toren sich bemühen, die nicht wissen was sie wollen. Aber lehren soll ihn die hohe Wissenschaft echter Kritik, wie er sich selbst bilden muß in sich selbst, und vor allem soll sie ihn lehren, auch jede andre selbständige Gestalt der Poesie in ihrer

---

[3] Transzendentalphilosophie beschäftigt sich nicht mit der Erkenntnis von Gegenständen, „sondern mit unserer Erkenntnisart von Gegenständen, so fern diese a priori möglich sein soll“ (Kant, Kritik der reinen Vernunft, B 25).

[4] griechischer Chorlyriker (518 — ca. 446 v. Chr.).

klassischen Kraft und Fülle zu fassen, daß die Blüte und der Kern fremder Geister Nahrung und Same werde für seine eigne Fantasie.

Nie wird der Geist, welcher die Orgien der wahren Muse kennt, auf dieser Bahn bis ans Ende dringen, oder wähnen, daß er es erreicht: denn nie kann er eine Sehnsucht stillen, die aus der Fülle der Befriedigungen selbst sich ewig von neuem erzeugt. Unermeßlich und unerschöpflich ist die Welt der Poesie wie der Reichtum der belebenden Natur an Gewächsen, Tieren und Bildungen jeglicher Art, Gestalt und Farbe. Selbst die künstlichen Werke oder natürlichen Erzeugnisse, welche die Form und den Namen von Gedichten tragen, wird nicht leicht auch der umfassendste alle umfassen. Und was sind sie gegen die formlose und bewußtlose Poesie, die sich in der Pflanze regt, im Lichte strahlt, im Kinde lächelt, in der Blüte der Jugend schimmert, in der liebenden Brust der Frauen glüht? — Diese aber ist die erste, ursprüngliche, ohne die es gewiß keine Poesie der Worte geben würde. Ja wir alle, die wir Menschen sind, haben immer und ewig keinen andern Gegenstand und keinen andern Stoff aller Tätigkeit und aller Freude, als das eine Gedicht der Gottheit, dessen Teil und Blüte auch wir sind — die Erde. Die Musik des unendlichen Spielwerks zu vernehmen, die Schönheit des Gedichts zu verstehen, sind wir fähig, weil auch ein Teil des Dichters, ein Funke seines schaffenden Geistes in uns lebt und tief unter der Asche der selbstgemachten Unvernunft mit heimlicher Gewalt zu glühen niemals aufhört.

Es ist nicht nötig, daß irgend jemand sich bestrebe, etwa durch vernünftige Reden und Lehren die Poesie zu erhalten und fortzupflanzen, oder gar sie erst hervorzubringen, zu erfinden, aufzustellen und ihr strafende Gesetze zu geben, wie es die Theorie der Dichtkunst so gern möchte. Wie der Kern der Erde sich von selbst mit Gebilden und Gewächsen bekleidete, wie das Leben von selbst aus der Tiefe hervorsprang, und alles voll ward von Wesen die sich fröhlich vermehrten; so blüht auch Poesie von selbst aus der unsichtbaren Urkraft der Menschheit hervor, wenn der erwärmende Strahl der göttlichen Sonne sie trifft und befruchtet. Nur Gestalt und Farbe können es nachbildend ausdrücken, wie der Mensch gebildet ist; und so läßt sich auch eigentlich nicht reden von der Poesie als nur in Poesie.

Die Ansicht eines jeden von ihr ist wahr und gut, insofern sie selbst Poesie ist. Da nun aber seine Poesie, eben weil es die seine ist, beschränkt sein muß, so kann auch seine Ansicht der Poesie nicht anders als beschränkt sein. Dieses kann der Geist nicht ertragen, ohne Zweifel weil er, ohne es zu wissen, es dennoch weiß, daß

kein Mensch schlechthin nur ein Mensch ist, sondern zugleich auch die ganze Menschheit wirklich und in Wahrheit sein kann und soll. Darum geht der Mensch, sicher sich selbst immer wieder zu finden, immer von neuem aus sich heraus, um die Ergänzung seines innersten Wesens in der Tiefe eines fremden zu suchen und zu finden. Das Spiel der Mitteilung und der Annäherung ist das Geschäft und die Kraft des Lebens, absolute Vollendung ist nur im Tode.
Darum darf es auch dem Dichter nicht genügen, den Ausdruck seiner eigentümlichen Poesie, wie sie ihm angeboren und angebildet wurde, in bleibenden Werken zu hinterlassen. Er muß streben, seine Poesie und seine Ansicht der Poesie ewig zu erweitern, und sie der höchsten zu nähern die überhaupt auf der Erde möglich ist; dadurch daß er seinen Teil an das große Ganze auf die bestimmteste Weise anzuschließen strebt: denn die tötende Verallgemeinerung wirkt gerade das Gegenteil.
Er kann es, wenn er den Mittelpunkt gefunden hat, durch Mitteilung mit denen, die ihn gleichfalls von einer andern Seite auf eine andre Weise gefunden haben. Die Liebe bedarf der Gegenliebe. Ja für den wahren Dichter kann selbst das Verkehr mit denen, die nur auf der bunten Oberfläche spielen, heilsam und lehrreich sein. Er ist ein geselliges Wesen.
Für mich hatte es von jeher einen großen Reiz mit Dichtern und dichterisch Gesinnten über die Poesie zu reden. Viele Gespräche der Art habe ich nie vergessen, von andern weiß ich nicht genau, was der Fantasie und was der Erinnerung angehört; vieles ist wirklich darin, andres ersonnen. So das gegenwärtige, welches ganz verschiedene Ansichten gegeneinander stellen soll, deren jede aus ihrem Standpunkte den unendlichen Geist der Poesie in einem neuen Lichte zeigen kann, und die alle mehr oder minder bald von dieser bald von jener Seite in den eigentlichen Kern zu dringen streben. Das Interesse an dieser Vielseitigkeit erzeugte den Entschluß, was ich in einem Kreise von Freunden bemerkt und anfänglich nur in Beziehung auf sie gedacht hatte, allen denen mitzuteilen, die eigne Liebe im Busen spüren und gesonnen sind, in die heiligen Mysterien der Natur und der Poesie kraft ihrer innern Lebensfülle sich selbst einzuweihen.

Amalia und Camilla gerieten soeben über ein neues Schauspiel in ein Gespräch, das immer lebhafter wurde, als zwei von den erwarteten Freunden, die wir Marcus und Antonio nennen wollen, mit einem lauten Gelächter in die Gesellschaft traten. Nachdem jene beiden hinzugekommen, war diese nun so vollständig als sie sich gewöhnlich bei Amalien zu versammeln pflegte, um sich frei und froh mit ihrer gemeinschaftlichen Liebhaberei zu beschäftigen. Ohne Verabredung oder Gesetz fügte es sich meistens von selbst, daß Poesie der Gegenstand, die Veranlassung, der Mittelpunkt ihres Beisammenseins war. Bisher hatte bald dieser bald jener unter ihnen ein dramatisches Werk oder auch ein andres vorgelesen, worüber dann viel hin und her geredet, und manches Gute und Schöne gesagt ward. Doch fühlten bald alle mehr oder minder einen gewissen Mangel bei dieser Art der Unterhaltung. Amalia bemerkte den Umstand zuerst und wie ihm zu helfen sein möchte. Sie meinte, die Freunde wüßten nicht klar genug um die Verschiedenheit ihrer Ansichten. Dadurch werde die Mitteilung verworren, und schwiege mancher gar, der sonst wohl reden würde. Jeder, oder zunächst nur wer eben am meisten Lust habe, solle einmal seine Gedanken über Poesie, oder über einen Teil, eine Seite derselben von Grund des Herzens aussprechen, oder lieber ausschreiben, damit mans schwarz auf weiß besitze, wies jeder meine. Camilla stimmte ihrer Freundin lebhaft bei, damit wenigstens einmal etwas Neues geschähe, zur Abwechslung von dem ewigen Lesen. Der Streit, sagte sie, würde dann erst recht arg werden; und das müsse er auch, denn eher sei keine Hoffnung zum ewigen Frieden.

Die Freunde ließen sich den Vorschlag gefallen und legten sogleich Hand ans Werk, ihn auszuführen. Selbst Lothario, der sonst am wenigsten sagte und stritt, ja oft stundenlang bei allem was die andern sagen und streiten mochten, stumm blieb und sich in seiner würdigen Ruhe nicht stören ließ, schien den lebhaftesten Anteil zu nehmen, und gab selbst Versprechungen, etwas vorzulesen. Das Interesse wuchs mit dem Werk und mit den Vorbereitungen dazu, die Frauen machten sich ein Fest daraus, und es wurde endlich ein Tag festgesetzt, an dem jeder vorlesen sollte, was er bringen würde. Durch alle diese Umstände war die Aufmerksamkeit gespannter, als gewöhnlich; der Ton des Gesprächs indessen blieb ganz so zwanglos und leicht wie er sonst unter ihnen zu sein pflegte.

Camilla hatte mit vielem Feuer ein Schauspiel beschrieben und gerühmt, was am Tage zuvor gegeben war. Amalia hingegen tadelte es, und behauptete, es sei von Kunst ja von Verstand durchaus keine Ahndung darin. Ihre Freundin gab dies sogleich zu; aber, sagte sie, es ist doch wild und lebendig genug, oder wenigstens können es gute Schauspieler, wenn sie guter Laune sind, dazu machen. — Wenn sie wirklich gute Schauspieler sind, sagte Andrea, indem er auf seine Rolle und nach der Türe sah, ob die Fehlenden nicht bald kommen würden; wenn sie wirklich gute Schauspieler sind, so müssen sie eigentlich alle gute Laune verlieren, daß sie die der Dichter erst machen sollen. — Ihre gute Laune, Freund, erwiderte Amalia, macht Sie selbst zum Dichter; denn daß man dergleichen Schauspielschreiber Dichter heißt, ist doch nur ein Gedicht, und eigentlich viel ärger als wenn die Komödianten sich Künstler nennen oder nennen lassen. — Gönnt uns aber doch unsre Weise, sagte Antonio, indem er sichtbar Camillens Partei nahm; wenn sich einmal durch glücklichen Zufall ein Funken von Leben, von Freude und Geist in der gemeinen Masse entwickelt, so wollen wirs lieber erkennen, als uns immer wiederholen, wie gemein nun eben die gemeine Masse ist. — Darüber ist ja grade der Streit, sagte Amalia; gewiß es hat sich in dem Stück von dem wir reden, gar nichts weiter entwickelt, als was sich fast alle Tage da entwickelt; eine gute Portion Albernheit. Sie fing hierauf an, Beispiele anzuführen, worin sie aber bald gebeten wurde nicht länger fortzufahren, und in der Tat bewiesen sie nur zu sehr was sie beweisen sollten.

Camilla erwiderte dagegen, dieses treffe sie gar nicht, denn sie habe auf die Reden und Redensarten der Personen im Stück nicht sonderlich acht gegeben. — Man fragte sie, worauf sie denn geachtet habe, da es doch keine Operette sei? — Auf die äußre Erscheinung, sagte sie, die ich mir wie eine leichte Musik habe vorspielen lassen. Sie lobte dann eine der geistreichsten Schauspielerinnen, schilderte ihre Manieren, ihre schöne Kleidung, und äußerte ihre Verwunderung, daß man ein Wesen wie unser Theater so schwer nehmen könne. Gemein sei da in der Regel freilich fast alles; aber selbst im Leben, wo es einem doch näher träte, mache ja oft das Gemeine eine sehr romantische und angenehme Erscheinung. — Gemein in der Regel fast alles, sagte Lothario. Dieses ist sehr richtig. Wahrlich, wir sollten nicht mehr so häufig an einen Ort gehen, wo der von Glück zu sagen hat, der nicht vom Gedränge, von üblem Geruch oder von unangenehmen Nachbaren leidet. Man forderte einmal von einem Gelehrten eine Inschrift für das Schauspielhaus. Ich würde vorschlagen, daß man darüber setzte: Komm Wandrer und sieh das Platteste; welches dann in den meisten Fällen eintreffen würde.

Hier wurde das Gespräch durch die eintretenden Freunde unterbrochen, und wären sie zugegen gewesen, so dürfte der Streit wohl eine andre Richtung und Verwicklung gewonnen haben, denn Marcus dachte nicht so über das Theater, und konnte die Hoffnung nicht aufgeben, daß etwas Rechtes daraus werden müsse.

Sie traten, wie gesagt, mit einem unmäßigen Gelächter in die Gesellschaft, und aus den letzten Worten, die man hören konnte, ließ sich schließen, daß ihre Unterhaltung sich auf die sogenannten klassischen Dichter der Engländer bezog. Man sagte noch einiges über denselben Gegenstand, und Antonio, der sich gern bei Gelegenheit mit dergleichen polemischen Einfällen dem Gespräch einmischte, das er selten selbst führte, behauptete, die Grundsätze ihrer Kritik und ihres Enthusiasmus wären im Smith über den Nationalreichtum[5] zu suchen. Sie wären nur froh, wenn sie wieder einen Klassiker in die öffentliche Schatzkammer tragen könnten. Wie jedes Buch auf dieser Insel ein Essay, so werde da auch jeder Schriftsteller, wenn er nur seine gehörige Zeit gelegen habe, zum Klassiker. Sie wären aus gleichem Grund und in gleicher Weise auf die Verfertigung der besten Scheren stolz wie auf die der besten Poesie. So ein Engländer lese den Shakespeare eigentlich nicht anders wie den Pope, den Dryden[6], oder wer sonst noch Klassiker sei; bei dem einen denke er eben nicht mehr als bei dem andern. — Marcus meinte, das goldne Zeitalter sei nun einmal eine moderne Krankheit, durch die jede Nation hindurch müsse, wie die Kinder durch die Pocken. — So müßte man den Versuch machen können, die Kraft der Krankheit durch Inokulation[7] zu schwächen, sagte Antonio. Ludoviko, der mit seiner revolutionären Philosophie das Vernichten gern im Großen trieb, fing an von einem *System der falschen Poesie* zu sprechen, was er darstellen wolle, die in diesem Zeitalter besonders bei Engländern und Franzosen grassiert habe und zum Teil noch grassiere; der tiefe gründliche Zusammenhang aller dieser falschen Tendenzen, die so schön übereinstimmen, eine die andre ergänzen und sich freundschaftlich auf halbem Wege entgegenkommen, sei ebenso merkwürdig und lehrreich als unterhaltend und grotesk. Er wünschte sich nur Verse machen zu können, denn in einem komischen Gedicht müßte sich, was er meine, eigentlich erst recht machen. Er wollte noch mehr davon sagen, aber die Frauen unterbrachen ihn und forderten den Andrea auf, daß er anfangen möchte; sonst wäre des Vorredens kein Ende. Nachher könnten sie ja desto mehr reden und streiten. Andrea schlug die Rolle auf und las. (S. 284—290)

---

[5] Anspielung auf das Hauptwerk des Begründers der klassischen Schule der modernen Nationalökonomie, Adam Smith (1723—1790), ‚An Inquiry into the Nature and Causes of the Wealth of Nations' (1776).

[6] Alexander Pope (1688—1744), Vertreter des englischen Klassizismus, wurde durch seine Homerübersetzung berühmt; John Dryden (1631 bis 1700), englischer Dichter des Barock, Übersetzer mittelenglischer, lateinischer und französischer Dichtungen.

[7] Impfen.

Entwurf[1]

(Das älteste Systemprogramm des deutschen Idealismus)

...

eine Ethik. Da die ganze Metaphysik künftig in die *Moral* fällt (wovon Kant mit seinen beiden praktischen Postulaten[2] nur ein *Beispiel* gegeben, nichts *erschöpft* hat), so wird diese Ethik nichts andres als ein vollständiges System aller Ideen, oder, was dasselbe ist, aller praktischen Postulate sein. Die erste Idee ist natürlich die Vorstellung *von mir selbst,* als einem absolut freien Wesen. Mit dem freien, selbstbewußten Wesen tritt zugleich eine ganze *Welt* — aus dem Nichts hervor — die einzig wahre und gedenkbare *Schöpfung aus Nichts* — Hier werde ich auf die Felder der Physik herabsteigen; die Frage ist diese: Wie muß eine Welt für ein moralisches Wesen beschaffen sein? Ich möchte unsrer langsamen an Experimenten mühsam schreitenden Physik einmal wieder Flügel geben.

So — wenn die Philosophie die Ideen, die Erfahrung die Data angibt, können wir endlich die Physik im Großen bekommen, die ich von spätern Zeitaltern erwarte. Es scheint nicht, daß die jetzige Physik einen schöpferischen Geist, wie der unsrige ist, oder sein soll, befriedigen könne.

Von der Natur komme ich aufs *Menschenwerk.* Die Idee der Menschheit voran — will ich zeigen, daß es keine Idee vom *Staat* gibt, weil der Staat etwas *mechanisches* ist, so wenig als es eine Idee von einer *Maschine* gibt. Nur was Gegenstand der *Freiheit* ist, heißt *Idee.* Wir müssen also auch über den Staat hinaus! — Denn jeder Staat muß freie Menschen als mechanisches Räderwerk behandeln; und das soll er nicht; also soll er *aufhören.* Ihr seht von selbst, daß hier alle die Ideen, vom ewigen Frieden[3] usw. nur

---

[1] Das älteste Systemprogramm des deutschen Idealismus, entstanden ca. 1796. Ob der Verfasser Schelling oder Hegel war, ist umstritten; hier ist der Text zitiert nach: Friedrich Hölderlin, Werke und Briefe, hrsg. von Friedrich Beißner — Jochen Schmidt, Bd. 2, Frankfurt 1969.

[2] Vgl. Kant, Verkündigung des nahen Abschlusses eines Traktats zum ewigen Frieden in der Philosophie: „*Postulat* ist ein a priori gegebener, keiner Erklärung seiner Möglichkeit (mithin auch keines Beweises) fähiger, praktischer Imperativ. Man postuliert also nicht Sachen, oder überhaupt das *Dasein* irgend eines Gegenstandes, sondern nur eine Maxime (Regel) der Handlung eines Subjekts." Kant benennt *drei* Postulate der moralisch-praktischen Vernunft, nämlich „*Gott, Freiheit,* und *Unsterblichkeit.*" (Werke a. a. O., Bd. 3, S. 411).

[3] Anspielung auf Kants Schrift ‚Zum ewigen Frieden. Ein philosophischer Entwurf‘ (1795).

untergeordnete Ideen einer höhern Idee sind. Zugleich will ich hier die Prinzipien für eine *Geschichte der Menschheit* niederlegen, und das ganze elende Menschenwerk von Staat, Verfassung, Regierung, Gesetzgebung — bis auf die Haut entblößen. Endlich kommen die Ideen von einer moralischen Welt, Gottheit, Unsterblichkeit — Umsturz alles Afterglaubens, Verfolgung des Priestertums, das neuerdings Vernunft heuchelt, durch die Vernunft selbst. — Absolute Freiheit aller Geister, die die intellektuelle Welt in sich tragen, und weder Gott noch Unsterblichkeit *außer sich* suchen dürfen.

Zuletzt die Idee, die alle vereinigt, die Idee der *Schönheit,* das Wort in höherem platonischem Sinne genommen. Ich bin nun überzeugt, daß der höchste Akt der Vernunft, der, indem sie alle Ideen umfaßt, ein ästhetischer Akt ist, und daß *Wahrheit und Güte,* nur *in der Schönheit* verschwistert sind. Der Philosoph muß eben so viel ästhetische Kraft besitzen, als der Dichter. Die Menschen ohne ästhetischen Sinn sind unsre Buchstabenphilosophen. Die Philosophie des Geistes ist eine ästhetische Philosophie. Man kann in nichts geistreich sein, selbst über Geschichte kann man nicht geistreich raisonnieren — ohne ästhetischen Sinn. Hier soll offenbar werden, woran es eigentlich den Menschen fehlt, die keine Ideen verstehen, — und treuherzig genug gestehen, daß ihnen alles dunkel ist, sobald es über Tabellen und Register hinausgeht.

Die Poesie bekömmt dadurch eine höhere Würde, sie wird am Ende wieder, was sie am Anfang war —*Lehrerin der Menschheit;* denn es gibt keine Philosophie, keine Geschichte mehr, die Dichtkunst allein wird alle übrigen Wissenschaften und Künste überleben.

Zu gleicher Zeit hören wir so oft, der große Haufen müsse eine *sinnliche Religion* haben. Nicht nur der große Haufen, auch der Philosoph bedarf ihrer. Monotheismus der Vernunft und des Herzens, Polytheismus der Einbildungskraft und der Kunst, dies ists, was wir bedürfen!

Zuerst werde ich hier von einer Idee sprechen, die, soviel ich weiß, noch in keines Menschen Sinn gekommen ist — wir müssen eine neue Mythologie haben, diese Mythologie aber muß im Dienste der Ideen stehen, sie muß eine Mythologie der *Vernunft* werden.

Ehe wir die Ideen ästhetisch d. h. mythologisch machen, haben sie für das *Volk* kein Interesse, und umgekehrt: ehe die Mythologie vernünftig ist, muß sich der Philosoph ihrer schämen. So müssen endlich Aufgeklärte und Unaufgeklärte sich die Hand reichen, die Mythologie muß philosophisch werden, um das Volk vernünftig, und die Philosophie muß mythologisch werden, um die Philosophen sinnlich zu machen. Dann herrscht ewige Einheit unter uns.

Nimmer der verachtende Blick, nimmer das blinde Zittern des Volks vor seinen Weisen und Priestern. Dann erst erwartet uns *gleiche* Ausbildung *aller* Kräfte, des Einzelnen sowohl als aller Individuen. Keine Kraft wird mehr unterdrückt werden, dann herrscht allgemeine Freiheit und Gleichheit der Geister! — Ein höherer Geist vom Himmel gesandt, muß diese neue Religion unter uns stiften, sie wird das letzte, größte Werk der Menschheit sein.

(S. 647—649)

Friedrich Wilhelm Joseph Schelling[1]

§ 2

Charakter des Kunstprodukts

a) Das Kunstwerk reflektiert uns die Identität der bewußten und der bewußtlosen Tätigkeit. Aber der Gegensatz dieser beiden ist ein unendlicher, und er wird aufgehoben ohne alles Zutun der Freiheit. Der Grundcharakter des Kunstwerks ist also eine *bewußtlose Unendlichkeit* (Synthesis von Natur und Freiheit). Der Künstler scheint in seinem Werk außer dem, was er mit offenbarer Absicht darein gelegt hat, instinktmäßig gleichsam eine Unendlichkeit dargestellt zu haben, welche ganz zu entwickeln kein endlicher Verstand fähig ist. Um uns nur durch Ein Beispiel deutlich zu machen, so ist die griechische Mythologie, von der es unleugbar ist, daß sie einen unendlichen Sinn und Symbole für alle Ideen in sich schließt, unter einem Volk und auf eine Weise entstanden, welche beide eine durchgängige Absichtlichkeit in der Erfindung und in der Harmonie, mit der alles zu Einem großen Ganzen vereinigt ist, unmöglich annehmen lassen. So ist es mit jedem wahren Kunstwerk, indem jedes, als ob eine Unendlichkeit von Absichten darin wäre, einer unendlichen Auslegung fähig ist, wobei man doch nie sagen kann, ob diese Unendlichkeit im Künstler selbst gelegen habe, oder aber bloß im Kunstwerk liege. Dagegen in dem Produkt, welches den Charakter des Kunstwerks nur heuchelt, Absicht und Regel an der Oberfläche liegen und so beschränkt und umgrenzt erscheinen, daß das Produkt nichts anderes als der ge-

---

[1] System des transzendentalen Idealismus (1800), 6. Hauptabschnitt: Deduktion eines allgemeinen Organs der Philosophie, oder Hauptsätze der Philosophie der Kunst nach Grundsätzen des transzendentalen Idealismus, §§ 2 und 3, in: Schellings Werke, hrsg. von Manfred Schröter, 2. Hauptband, Schriften zur Naturphilosophie 1799—1801, München [2]1965 (heutiger Schreibweise angeglichen).

treue Abdruck der bewußten Tätigkeit des Künstlers und durchaus nur ein Objekt für die Reflexion, nicht aber für die Anschauung ist, welche im Angeschauten sich zu vertiefen liebt, und nur auf dem Unendlichen zu ruhen vermag.

b) Jede ästhetische Produktion geht aus vom Gefühl eines unendlichen Widerspruchs, also muß auch das Gefühl, was die Vollendung des Kunstprodukts begleitet, das Gefühl einer solchen Befriedigung sein, und dieses Gefühl muß auch wiederum in das Kunstwerk selbst übergehen. Der äußere Ausdruck des Kunstwerks ist also der Ausdruck der Ruhe und der stillen Größe, selbst da, wo die höchste Spannung des Schmerzes oder der Freude ausgedrückt werden soll.

c) Jede ästhetische Produktion geht aus von einer an sich unendlichen Trennung der beiden Tätigkeiten, welche in jedem freien Produzieren getrennt sind. Da nun aber diese beiden Tätigkeiten im Produkt als vereinigt dargestellt werden sollen, so wird durch dasselbe ein Unendliches endlich dargestellt. Aber das Unendliche endlich dargestellt ist Schönheit. Der Grundcharakter jedes Kunstwerks, welcher die beiden vorhergehenden in sich begreift, ist also die *Schönheit,* und ohne Schönheit ist kein Kunstwerk. Denn ob es gleich erhabene Kunstwerke gibt, und Schönheit und Erhabenheit in gewisser Rücksicht sich entgegengesetzt sind, indem eine Naturszene z. B. schön sein kann, ohne deshalb erhaben zu sein, und umgekehrt, so ist doch der Gegensatz zwischen Schönheit und Erhabenheit ein solcher, der nur in Ansehung des Objekts, nicht aber in Ansehung des Subjekts der Anschauung stattfindet, indem der Unterschied des schönen und erhabenen Kunstwerks nur darauf beruht, daß, wo Schönheit ist, der unendliche Widerspruch im Objekt selbst aufgehoben ist, anstatt daß, wo Erhabenheit ist, der Widerspruch nicht im Objekt selbst vereinigt, sondern nur bis zu einer Höhe gesteigert ist, bei welcher er in der Anschauung unwillkürlich sich aufhebt, welches alsdann ebensoviel ist, als ob er im Objekt aufgehoben wäre. Es läßt sich auch sehr leicht zeigen, daß die Erhabenheit auf demselben Widerspruch beruht, auf welchem auch die Schönheit beruht, indem immer, wenn ein Objekt erhaben genannt wird, durch die bewußtlose Tätigkeit eine Größe aufgenommen wird, welche in die bewußte aufzunehmen unmöglich ist, wodurch denn das Ich mit sich selbst in einen Streit versetzt wird, welcher nur in einer ästhetischen Anschauung enden kann, welche beide Tätigkeiten in unerwartete Harmonie setzt, nur daß die Anschauung, welche hier nicht im Künstler, sondern im anschauenden Subjekt selbst liegt, völlig unwillkürlich ist, indem das Erhabene (ganz anders als das bloß Abenteuerliche, was der Einbildungskraft gleichfalls einen Widerspruch vorhält, welchen aber aufzulösen nicht der Mühe wert ist) alle Kräfte des Gemüts in Bewegung setzt, um den die ganze intellektuelle Existenz bedrohenden Widerspruch aufzulösen.

Nachdem nun die Charaktere des Kunstwerks abgeleitet sind, so ist zugleich auch der *Unterschied* desselben von allen andern Produkten ins Licht gesetzt.

Denn vom organischen Naturprodukt unterscheidet sich das Kunstprodukt hauptsächlich dadurch, a) daß das organische Wesen noch ungetrennt darstellt, was die ästhetische Produktion nach der Trennung, aber vereinigt darstellt; b) daß die organische Produktion nicht vom Bewußtsein, also auch nicht von dem unendlichen Widerspruch ausgeht, welcher Bedingung der ästhetischen Produktion ist. Das organische Naturprodukt wird also, wenn Schönheit durchaus Auflösung eines unendlichen Widerstreits, auch nicht notwendig *schön* sein, und wenn es schön ist, so wird die Schönheit, weil ihre Bedingung in der Natur nicht als existierend gedacht werden kann, als schlechthin zufällig erscheinen, woraus sich das ganz eigentümliche Interesse an der Naturschönheit, nicht insofern sie Schönheit überhaupt, sondern insofern sie bestimmt *Natur*schönheit ist, erklären läßt. Es erhellt daraus von selbst, was von der Nachahmung der Natur als Prinzip der Kunst zu halten sei, da, weit entfernt, daß die bloß zufällig schöne Natur der Kunst die Regel gebe, vielmehr, was die Kunst in ihrer Vollkommenheit hervorbringt, Prinzip und Norm für die Beurteilung der Naturschönheit ist.

Wodurch sich das ästhetische Produkt vom *gemeinen Kunstprodukt* unterscheide, ist leicht zu beurteilen, da alle ästhetische Hervorbringung in ihrem Prinzip eine absolut freie ist, indem der Künstler zu derselben zwar durch einen Widerspruch, aber nur durch einen solchen, der in dem Höchsten seiner eignen Natur liegt, getrieben werden kann, anstatt daß jede andere Hervorbringung durch einen Widerspruch veranlaßt wird, der außer dem eigentlich Produzierenden liegt, und also auch jede einen Zweck außer sich hat. Aus jener Unabhängigkeit von äußern Zwecken entspringt jene Heiligkeit und Reinheit der Kunst, welche so weit geht, daß sie nicht etwa nur die Verwandtschaft mit allem, was bloß Sinnenvergnügen ist, welches von der Kunst zu verlangen der eigentliche Charakter der Barbarei ist, oder mit dem Nützlichen, welches von der Kunst zu fordern nur einem Zeitalter möglich ist, das die höchsten Efforts[2] des menschlichen Geistes in ökonomische

---

[2] Anstrengungen, Bemühungen.

Erfindungen setzt, sondern selbst die Verwandtschaft mit allem, was zur Moralität gehört, ausschlägt, ja selbst die Wissenschaft, welche in Ansehung ihrer Uneigennützigkeit am nächsten an die Kunst grenzt, bloß darum, weil sie immer auf einen Zweck außer sich geht, und zuletzt selbst nur als Mittel für das Höchste (die Kunst) dienen muß, weit unter sich zurückläßt.

Was insbesondere das Verhältnis der Kunst zur Wissenschaft betrifft, so sind sich beide in ihrer Tendenz so sehr entgegengesetzt, daß, wenn die Wissenschaft je ihre ganze Aufgabe gelöst hätte, wie sie die Kunst immer gelöst hat, beide in Eines zusammenfallen und übergehen müßten, welches der Beweis völlig entgegengesetzter Richtungen ist. Denn obgleich die Wissenschaft in ihrer höchsten Funktion mit der Kunst eine und dieselbe Aufgabe hat, so ist doch diese Aufgabe, wegen der Art sie zu lösen, für die Wissenschaft eine unendliche, so, daß man sagen kann, die Kunst sei das Vorbild der Wissenschaft, und wo die Kunst sei, soll die Wissenschaft erst hinkommen. Es läßt sich eben daraus auch erklären, warum und inwiefern es in Wissenschaften kein Genie gibt, nicht etwa, als ob es unmöglich wäre, daß eine wissenschaftliche Aufgabe genialisch gelöst werde, sondern weil dieselbe Aufgabe, deren Auflösung durch Genie gefunden werden kann, auch mechanisch auflösbar ist, dergleichen z. B. das Newtonische Gravitationssystem ist, welches eine genialische Erfindung sein konnte, und in seinem ersten Erfinder Kepler wirklich war, aber ebenso gut auch eine ganz szientifische Erfindung sein konnte, was es auch durch Newton geworden ist[3]. Nur das, was die Kunst hervorbringt, ist allein und *nur* durch Genie möglich, weil in jeder Aufgabe, welche die Kunst aufgelöst hat, ein unendlicher Widerspruch vereinigt ist. Was die Wissenschaft hervorbringt, *kann* durch Genie hervorgebracht sein, aber es ist nicht notwendig dadurch hervorgebracht. Es ist und bleibt daher in Wissenschaften problematisch, d. h. man kann wohl immer bestimmt sagen, wo es nicht ist, aber nie, wo es ist. Es gibt nur wenige Merkmale, aus welchen in Wissenschaften sich auf Genie schließen läßt; (daß man darauf schließen muß, zeigt schon eine ganz eigne Bewandtnis der Sache). Es ist z. B. sicherlich da nicht, wo ein Ganzes, dergleichen ein System ist, teil-

[3] Johannes Kepler (1571—1630), deutscher Mathematiker und Astronom, fand drei Gesetze der Planetenbewegung, forschte über den Aufbau des Planetensystems; Isaac Newton (1643—1727), englischer Physiker, Mathematiker und Astronom, entdeckte die gegenseitige Anziehung von Massen (Gravitation) und schloß dabei aus dem 3. Keplerschen Gesetz der Planetenbewegung, daß die bei der Gravitation wirkende Kraft umgekehrt proportional dem Quadrat des Abstandes der beiden Körper ist.

weise, und gleichsam durch Zusammensetzung, entsteht. Man müßte also umgekehrt Genie da voraussetzen, wo offenbar die Idee des Ganzen den einzelnen Teilen vorangegangen ist. Denn da die Idee des Ganzen doch nicht deutlich werden kann, als dadurch, daß sie in den einzelnen Teilen sich entwickelt, und doch hinwiederum die einzelnen Teile der durch die Idee des Ganzen möglich sind, so scheint hier ein Widerspruch zu sein, der nur durch einen Akt des Genies, d. h. durch ein unerwartetes Zusammentreffen der bewußtlosen mit der bewußten Tätigkeit, möglich ist. Ein anderer Vermutungsgrund des Genies in Wissenschaften wäre, wenn einer Dinge sagt und Dinge behauptet, deren Sinn er, entweder der Zeit nach, in der er gelebt hat, oder seinen sonstigen Äußerungen nach, unmöglich ganz durchsehen konnte, wo er also etwas scheinbar mit Bewußtsein aussprach, was er doch nur bewußtlos aussprechen konnte. Allein daß auch diese Vermutungsgründe höchst trüglich sein können, ließe sich sehr leicht auf verschiedene Art beweisen.

Das Genie ist dadurch von allem anderen, was bloß Talent oder Geschicklichkeit ist, abgesondert, daß durch dasselbe ein Widerspruch aufgelöst wird, der absolut und sonst durch nichts anderes auflösbar ist. In allem, auch dem gemeinsten und alltäglichsten Produzieren wirkt mit der bewußten Tätigkeit eine bewußtlose zusammen; aber nur ein Produzieren, dessen Bedingung ein unendlicher Gegensatz beider Tätigkeiten war, ist ein ästhetisches und *nur* durch Genie mögliches.

§ 3

Folgesätze

Nachdem wir das Wesen und den Charakter des Kunstprodukts so vollständig, als es zum Behuf der gegenwärtigen Untersuchung nötig war, abgeleitet haben, so ist uns nichts übrig, als das Verhältnis anzugeben, in welchem die Philosophie der Kunst zu dem ganzen System der Philosophie überhaupt steht.

1. Die ganze Philosophie geht aus, und muß ausgehen von einem Prinzip, das als das absolut Identische schlechthin nichtobjektiv ist. Wie soll nun aber dieses absolut Nichtobjektive doch zum Bewußtsein hervorgerufen und verstanden werden, was notwendig ist, wenn es Bedingung des Verstehens der ganzen Philosophie ist? Daß es durch Begriffe ebensowenig aufgefaßt als dargestellt werden könne, bedarf keines Beweises. Es bleibt also nichts übrig, als daß es in einer unmittelbaren Anschauung dargestellt werde, welche aber wiederum selbst unbegreiflich, und da ihr Objekt etwas schlechthin Nichtobjektives sein soll, sogar in sich selbst widersprechend zu sein scheint. Wenn es denn nun aber doch eine solche

Anschauung gäbe, welche das absolut Identische, an sich weder Sub- noch Objektive zum Objekt hat, und wenn man sich wegen dieser Anschauung, welche eine intellektuelle sein kann, auf die unmittelbare Erfahrung beriefe, wodurch kann denn nun auch diese Anschauung wieder objektiv, d. h. wie kann außer Zweifel gesetzt werden, daß sie nicht auf einer bloß subjektiven Täuschung beruhe, wenn es nicht eine allgemeine und von allen Menschen anerkannte Objektivität jener Anschauung gibt? Diese allgemein anerkannte und auf keine Weise hinwegzuleugnende Objektivität der intellektuellen Anschauung ist die Kunst selbst. Denn die ästhetische Anschauung eben ist die objektiv gewordene intellektuelle[a]. Das Kunstwerk nur reflektiert mir, was sonst durch nichts reflektiert wird, jenes absolut Identische, was selbst im Ich schon sich getrennt hat; was also der Philosoph schon im ersten Akt des Bewußtseins sich trennen läßt, wird, sonst für jede Anschauung unzugänglich, durch das Wunder der Kunst aus ihren Produkten zurückgestrahlt.

Aber nicht nur das erste Prinzip der Philosophie und die erste Anschauung, von welcher sie ausgeht, sondern auch der ganze Mechanismus, den die Philosophie ableitet, und auf welchem sie selbst beruht, wird erst durch die ästhetische Produktion objektiv.

Die Philosophie geht aus von einer unendlichen Entzweiung entgegengesetzter Tätigkeiten; aber auf derselben Entzweiung beruht auch jede ästhetische Produktion, und dieselbe wird durch jede einzelne Darstellung der Kunst vollständig aufgehoben. Was ist denn nun jenes wunderbare Vermögen, durch welches nach der Behauptung des Philosophen in der produktiven Anschauung ein unendlicher Gegensatz sich aufhebt? Wir haben diesen Mechanismus bisher nicht vollständig begreiflich machen können, weil es nur das Kunstvermögen ist, was ihn ganz enthüllen kann. Jenes produktive Vermögen ist dasselbe, durch welches auch der Kunst das Unmögliche gelingt, nämlich einen unendlichen Gegensatz in

---

[a] Die ganze Philosophie geht aus, und muß ausgehen von einem Prinzip, das als das absolute Prinzip auch zugleich das schlechthin Identische ist. Ein absolut Einfaches, Identisches läßt sich nicht durch Beschreibung, überhaupt nicht durch Begriffe auffassen oder mitteilen. Es kann nur angeschaut werden. — Aber diese Anschauung, die nicht eine sinnliche, sondern eine intellektuelle ist, die nicht das Objektive oder das Subjektive, sondern das absolut Identische, an sich weder Subjektive noch Objektive, zum Gegenstand hat, ist selbst bloß eine innere, die für sich selbst nicht wieder objektiv werden kann: sie kann objektiv werden nur durch eine zweite Anschauung. Diese zweite Anschauung ist die ästhetische. (So lautet der letzte Passus nach dem Handexemplar.)

einem endlichen Produkt aufzuheben. Es ist das Dichtungsvermögen, was in der ersten Potenz die ursprüngliche Anschauung ist, und umgekehrt, es ist nur die in der höchsten Potenz sich wiederholende produktive Anschauung, was wir Dichtungsvermögen nennen. Es ist ein und dasselbe, was in beiden tätig ist, das Einzige, wodurch wir fähig sind auch das Widersprechende zu denken und zusammenzufassen, — die Einbildungskraft. Es sind also auch Produkte einer und derselben Tätigkeit, was uns jenseits des Bewußtseins als wirkliche, diesseits des Bewußtseins als idealische, oder als Kunstwelt erscheint. Aber eben dies, daß, bei sonst ganz gleichen Bedingungen des Entstehens, der Ursprung der einen jenseits, der andern diesseits des Bewußtseins liegt, macht den ewigen und nie aufzuhebenden Unterschied zwischen beiden.

Denn obgleich die wirkliche Welt ganz aus demselben ursprünglichen Gegensatz hervorgeht, aus welchem auch die Kunstwelt, welche gleichfalls als Ein großes Ganzes gedacht werden muß, und in allen ihren einzelnen Produkten nur das Eine Unendliche darstellt, hervorgehen muß, so ist doch jener Gegensatz jenseits des Bewußtseins nur insoweit unendlich, daß durch die objektive Welt als *Ganzes*, niemals aber durch das einzelne Objekt ein Unendliches dargestellt wird, anstatt daß jener Gegensatz für die Kunst ein unendlicher ist in Ansehung jedes *einzelnen Objekts*, und jedes einzelne Produkt derselben die Unendlichkeit darstellt. Denn wenn die ästhetische Produktion von Freiheit ausgeht, und wenn eben für die Freiheit jener Gegensatz der bewußten und der unbewußten Tätigkeit ein absoluter ist, so gibt es eigentlich auch nur Ein absolutes Kunstwerk, welches zwar in ganz verschiedenen Exemplaren existieren kann, aber doch nur Eines ist, wenn es gleich in der ursprünglichen Gestalt noch nicht existieren sollte. Es kann gegen diese Ansicht kein Vorwurf sein, daß mit derselben die große Freigebigkeit, welche mit dem Prädikate des Kunstwerks getrieben wird, nicht bestehen kann. Es ist nichts ein Kunstwerk, was nicht ein Unendliches unmittelbar oder wenigstens im Reflex darstellt. Werden wir z. B. auch solche Gedichte Kunstwerke nennen, welche ihrer Natur nach nur das Einzelne und Subjektive darstellen? Dann werden wir auch jedes Epigramm, das nur eine augenblickliche Empfindung, einen gegenwärtigen Eindruck aufbewahrt, mit diesem Namen belegen müssen, da doch die großen Meister, die sich in solchen Dichtungsarten geübt, die Objektivität selbst nur durch das *Ganze* ihrer Dichtungen hervorzubringen suchten, und sie nur als Mittel gebrauchten, ein ganzes unendliches Leben dazustellen und durch vervielfältigte Spiegel zurückzustrahlen.

2. Wenn die ästhetische Anschauung nur die objektiv gewordene transzendentale ist, so versteht sich von selbst, daß die Kunst das einzige wahre und ewige Organon zugleich und Dokument der Philosophie sei, welches immer und fortwährend aufs neue beurkundet, was die Philosophie äußerlich nicht darstellen kann, nämlich das Bewußtlose im Handeln und Produzieren und seine ursprüngliche Identität mit dem Bewußtsein. Die Kunst ist eben deswegen dem Philosophen das Höchste, weil sie ihm das Allerheiligste gleichsam öffnet, wo in ewiger und ursprünglicher Vereinigung gleichsam in Einer Flamme brennt, was in der Natur und Geschichte gesondert ist, und was im Leben und Handeln, ebenso wie im Denken, ewig sich fliehen muß. Die Ansicht, welche der Philosoph von der Natur künstlich sich macht, ist für die Kunst die ursprüngliche und natürliche. Was wir Natur nennen, ist ein Gedicht, das in geheimer wunderbarer Schrift verschlossen liegt. Doch könnte das Rätsel sich enthüllen, würden wir die Odyssee des Geistes darin erkennen, der wunderbar getäuscht, sich selber suchend, sich selber flieht; denn durch die Sinnenwelt blickt nur wie durch Worte der Sinn, nur wie durch halbdurchsichtigen Nebel das Land der Phantasie, nach dem wir trachten. Jedes herrliche Gemälde entsteht dadurch gleichsam, daß die unsichtbare Scheidewand aufgehoben wird, welche die wirkliche und idealische Welt trennt, und ist nur die Öffnung, durch welche jene Gestalten und Gegenden der Phantasiewelt, welche durch die wirkliche nur unvollkommen hindurchschimmert, völlig hervortreten. Die Natur ist dem Künstler nicht mehr, als sie dem Philosophen ist, nämlich nur die unter beständigen Einschränkungen erscheinende idealische Welt, die nicht außer ihm, sondern in ihm existiert.

Woher denn nun aber dieser Verwandtschaft der Philosophie und der Kunst unerachtet der Gegensatz beider komme, diese Frage ist schon durch das Vorhergehende hinlänglich beantwortet.

Wir schließen daher mit der folgenden Bemerkung. — Ein System ist vollendet, wenn es in seinen Anfangspunkt zurückgeführt ist. Aber eben dies ist der Fall mit unserem System. Denn eben jener ursprüngliche Grund aller Harmonie des Subjektiven und Objektiven, welcher in seiner ursprünglichen Identität nur durch die intellektuelle Anschauung dargestellt werden konnte, ist es, welcher durch das Kunstwerk aus dem Subjektiven völlig herausgebracht und ganz objektiv geworden ist, dergestalt, daß wir unser Objekt, das Ich selbst, allmählich bis auf den Punkt geführt, auf welchem wir selbst standen, als wir anfingen zu philosophieren.

Wenn es nun aber die Kunst allein ist, welcher das, was der Philosoph nur subjektiv darzustellen vermag, mit allgemeiner Gültigkeit objektiv zu machen gelingen kann, so ist, um noch diesen Schluß daraus zu ziehen, zu erwarten, daß die Philosophie, so wie sie in der Kindheit der Wissenschaft von der Poesie geboren und genährt worden ist, und mit ihr alle diejenigen Wissenschaften, welche durch sie der Vollkommenheit entgegengeführt werden, nach ihrer Vollendung als ebenso viel einzelne Ströme in den allgemeinen Ozean der Poesie zurückfließen, von welchem sie ausgegangen waren. Welches aber das Mittelglied der Rückkehr der Wissenschaft zur Poesie sein werde, ist im allgemeinen nicht schwer zu sagen, da ein solches Mittelglied in der Mythologie existiert hat, ehe diese, wie es jetzt scheint, unauflösliche Trennung geschehen ist. Wie aber eine neue Mythologie, welche nicht Erfindung des einzelnen Dichters, sondern eines neuen, nur Einen Dichter gleichsam vorstellenden Geschlechts sein kann, selbst entstehen könne, dies ist ein Problem, dessen Auflösung allein von den künftigen Schicksalen der Welt und dem weiteren Verlauf der Geschichte zu erwarten ist. (S. 619—629)

Georg Wilhelm Friedrich Hegel[1]

1.

Durch diesen Ausdruck [„Philosophie der schönen Kunst"] nun schließen wir sogleich das *Naturschöne* aus. Solche Begrenzung unseres Gegenstandes kann einerseits als willkürliche Bestimmung erscheinen, wie denn jede Wissenschaft sich ihren Umfang beliebig abzumarken die Befugnis habe. In diesem Sinne aber dürfen wir die Beschränkung der Ästhetik auf das Schöne der Kunst nicht nehmen. Im gewöhnlichen Leben zwar ist man gewohnt, von *schöner* Farbe, einem *schönen* Himmel, *schönem* Strome, ohnehin von *schönen* Blumen, schönen Tieren und noch mehr von *schönen* Menschen zu sprechen, doch läßt sich, obschon wir uns hier nicht in den Streit einlassen wollen, inwiefern solchen Gegenständen mit Recht die Qualität Schönheit beigelegt und so überhaupt das Naturschöne neben das Kunstschöne gestellt werden dürfe, hiergegen zunächst schon behaupten, daß das Kunstschöne *höher* stehe als die

---

[1] Vorlesungen über die Ästhetik, I—III (= Bd. 13—15 der Theorie-Werkausgabe), hrsg. von Eva Moldenhauer und Karl Markus Michel, Frankfurt 1970 (Die Vorlesungen wurden zum erstenmal im Wintersemester 1820/21, zum letztenmal im Wintersemester 1828/29 gehalten.)

Natur. Denn die Kunstschönheit ist die *aus dem Geiste geborene und wiedergeborene* Schönheit, und um soviel der Geist und seine Produktionen höher steht als die Natur und ihre Erscheinungen, um soviel auch ist das Kunstschöne höher als die Schönheit der Natur. Ja *formell* betrachtet, ist selbst ein schlechter Einfall, wie er dem Menschen wohl durch den Kopf geht, *höher* als irgendein Naturprodukt, denn in solchem Einfalle ist immer die Geistigkeit und Freiheit präsent. Dem *Inhalt* nach freilich erscheint z. B. die Sonne als ein *absolut notwendiges* Moment, während ein schiefer Einfall als *zufällig* und vorübergehend verschwindet; aber für sich genommen ist solche Naturexistenz wie die Sonne indifferent, nicht in sich frei und selbstbewußt, und betrachten wir sie in dem Zusammenhange ihrer Notwendigkeit mit anderem, so betrachten wir sie nicht für sich und somit nicht als schön.

Sagten wir nun überhaupt, der Geist und seine Kunstschönheit stehe *höher* als das Naturschöne, so ist damit allerdings noch soviel als nichts festgestellt, denn höher ist ein ganz unbestimmter Ausdruck, der Natur- und Kunstschönheit noch als im Raume der Vorstellung nebeneinanderstehend bezeichnet und nur einen quantitativen und dadurch äußerlichen Unterschied angibt. Das *Höhere* des Geistes und seiner Kunstschönheit der Natur gegenüber ist aber nicht ein nur relatives, sondern der Geist erst ist das *Wahrhaftige,* alles in sich Befassende, so daß alles Schöne nur wahrhaft schön ist als dieses Höheren teilhaftig und durch dasselbe erzeugt. In diesem Sinne erscheint das Naturschöne nur als ein Reflex des dem Geist angehörigen Schönen, als eine unvollkommene, unvollständige Weise, eine Weise, die ihrer *Substanz* nach im Geiste selber enthalten ist. — Außerdem wird uns die Beschränkung auf die schöne Kunst sehr natürlich vorkommen, denn soviel auch von Naturschönheiten — weniger bei den Alten als bei uns — die Rede ist, so ist doch wohl noch niemand auf den Einfall gekommen, den Gesichtspunkt der *Schönheit* der natürlichen Dinge herauszuheben und eine Wissenschaft, eine systematische Darstellung dieser Schönheit machen zu wollen. Man hat wohl den Gesichtspunkt der *Nützlichkeit* herausgenommen und hat z. B. eine Wissenschaft der gegen die Krankheiten dienlichen natürlichen Dinge, eine *materia medica* verfaßt, eine Beschreibung der Mineralien, chemischen Produkte, Pflanzen, Tiere, welche für die Heilung nützlich sind, aber aus dem Gesichtspunkte der *Schönheit* hat man die Reiche der Natur nicht zusammengestellt und beurteilt. Wir fühlen uns bei der Naturschönheit zu sehr im *Unbestimmten,* ohne *Kriterium* zu sein, und deshalb würde solche Zusammenstellung zu wenig Interesse darbieten. (I, S. 13—15)

2.

Sagten wir nun, die Schönheit sei Idee, so ist *Schönheit* und *Wahrheit* einerseits *dasselbe.* Das Schöne nämlich muß wahr an sich selbst sein. Näher aber *unterscheidet* sich ebensosehr das Wahre von dem Schönen. *Wahr* nämlich ist die Idee, wie sie als Idee ihrem Ansich und allgemeinen Prinzip nach ist und als solches gedacht wird. Dann ist nicht ihre sinnliche und äußere Existenz, sondern in dieser nur die *allgemeine Idee* für das Denken. Doch die Idee soll sich auch äußerlich realisieren und bestimmte vorhandene Existenz als natürliche und geistige Objektivität gewinnen. Das Wahre, das als solches ist, existiert auch. Indem es nun in diesem seinem äußerlichen Dasein unmittelbar für das Bewußtsein ist und der Begriff unmittelbar in Einheit bleibt mit seiner äußeren Erscheinung, ist die Idee nicht nur wahr, sondern *schön.* Das *Schöne* bestimmt sich dadurch als das sinnliche *Scheinen* der Idee. Denn das Sinnliche und Objektive überhaupt bewahrt in der Schönheit keine Selbständigkeit in sich, sondern hat die Unmittelbarkeit seines *Seins* aufzugeben, da dies Sein nur Dasein und Objektivität des Begriffs und als eine Realität gesetzt ist, die den *Begriff* als in Einheit mit seiner Objektivität und deshalb in diesem objektiven Dasein, das nur als Scheinen des Begriffs gilt, die Idee selber zur Darstellung bringt.

Aus diesem Grunde ist es denn auch für den Verstand nicht möglich, die Schönheit zu erfassen, weil der Verstand, statt zu jener Einheit durchzudringen, stets deren Unterschiede nur in selbständiger Trennung festhält, insofern ja die Realität etwas ganz anderes als die Idealität, das Sinnliche etwas ganz anderes als der Begriff, das Objektive etwas ganz anderes als das Subjektive sei und solche Gegensätze nicht vereinigt werden dürften. So bleibt der Verstand stets im Endlichen, Einseitigen und Unwahren stehen. Das Schöne dagegen ist in sich selber *unendlich* und frei. Denn wenn es auch von besonderem und dadurch wieder beschränktem Inhalt sein kann, so muß dieser doch als in sich unendliche Totalität und als *Freiheit* in seinem Dasein erscheinen, indem das Schöne durchweg der Begriff ist, der nicht seiner Objektivität gegenübertritt und sich dadurch in den Gegensatz einseitiger Endlichkeit und Abstraktion gegen dieselbe bringt, sondern sich mit seiner Gegenständlichkeit zusammenschließt und durch diese immanente Einheit und Vollendung in sich unendlich ist. In gleicher Weise ist der Begriff, indem er innerhalb seines realen Daseins dasselbe beseelt, dadurch in dieser Objektivität frei *bei sich* selber. Denn der Begriff erlaubt es der äußeren Existenz in dem Schönen nicht, für sich selber eigenen Gesetzen zu folgen, sondern bestimmt aus sich seine erscheinende Gliederung und Gestalt, die als Zusammenstimmung des Begriffs mit sich selber in seinem Dasein eben das Wesen des Schönen ausmacht. Das Band aber und die Macht des Zusammenhaltes ist die Subjektivität, Einheit, Seele, Individualität. (I, S. 151—152)

3.

Was [...] die *Würdigkeit* der Kunst betrifft, wissenschaftlich betrachtet zu werden, so ist es allerdings der Fall, daß die Kunst als ein flüchtiges Spiel gebraucht werden kann, dem Vergnügen und der Unterhaltung zu dienen, unsere Umgebung zu verzieren, dem Äußeren der Lebensverhältnisse Gefälligkeit zu geben und durch Schmuck andere Gegenstände herauszuheben. In dieser Weise ist sie in der Tat nicht unabhängige, nicht freie, sondern dienende Kunst. Was *wir* aber betrachten wollen, ist die auch in ihrem Zwecke wie in ihren Mitteln *freie* Kunst. Daß die Kunst überhaupt auch anderen Zwecken dienen und dann ein bloßes Beiherspielen sein kann, dieses Verhältnis hat sie übrigens gleichfalls mit dem Gedanken gemein. Denn einerseits läßt sich die Wissenschaft zwar als dienstbarer Verstand für endliche Zwecke und zufällige Mittel gebrauchen und erhält dann ihre Bestimmung nicht aus sich selbst, sondern durch sonstige Gegenstände und Verhältnisse; andererseits aber löst sie sich auch von diesem Dienste los, um sich in freier Selbständigkeit zur Wahrheit zu erheben, in welcher sie sich unabhängig nur mit ihren eigenen Zwecken erfüllt.

In dieser ihrer Freiheit nun ist die schöne Kunst erst wahrhafte Kunst und löst dann erst ihre *höchste* Aufgabe, wenn sie sich in den gemeinschaftlichen Kreis mit der Religion und Philosophie gestellt hat und nur eine Art und Weise ist, das *Göttliche,* die tiefsten Interessen des Menschen, die umfassendsten Wahrheiten des Geistes zum Bewußtsein zu bringen und auszusprechen. In Kunstwerken haben die Völker ihre gehaltreichsten inneren Anschauungen und Vorstellungen niedergelegt, und für das Verständnis der Weisheit und Religion macht die schöne Kunst oftmals, und bei manchen Völkern sie allein, den Schlüssel aus. Diese Bestimmung hat die Kunst mit Religion und Philosophie gemein, jedoch in der eigentümlichen Art, daß sie auch das Höchste sinnlich darstellt und es damit der Erscheinungsweise der Natur, den Sinnen und der Empfindung näherbringt. Es ist die Tiefe einer *übersinnlichen Welt,* in welche der *Gedanke* dringt und sie zunächst als ein *Jenseits* dem unmittelbaren Bewußtsein und der gegenwärtigen Empfindung gegenüber aufstellt; es ist die Freiheit denkender Erkenntnis, welche sich dem *Diesseits,* das sinnliche Wirklichkeit und Endlichkeit heißt, enthebt. Diesen *Bruch* aber, zu welchem der Geist fortgeht, weiß er ebenso zu heilen; er erzeugt aus sich selbst die Werke der schönen Kunst als das erste versöhnende Mittelglied zwischen dem bloß Äußerlichen, Sinnlichen und Vergänglichen und dem reinen Gedanken, zwischen der Natur und endlichen Wirklichkeit und der unendlichen Freiheit des begreifenden Denkens.

Was aber die *Unwürdigkeit* des Kunstelementes im allgemeinen, des *Scheins* nämlich und seiner *Täuschungen,* angeht, so hätte es mit diesem Einwand allerdings seine Richtigkeit, wenn der Schein als das Nichtseinsollende dürfte angesprochen werden. Doch der *Schein* selbst ist dem *Wesen* wesentlich, die Wahrheit wäre nicht, wenn sie nicht schiene und erschiene, wenn sie nicht *für* Eines wäre, *für* sich selbst sowohl als auch für den Geist überhaupt. Deshalb kann nicht das *Scheinen* im allgemeinen, sondern nur die besondere Art und Weise des Scheins, in welchem die Kunst dem in sich selbst Wahrhaftigen Wirklichkeit gibt, ein Gegenstand des Vorwurfs werden. Soll in dieser Beziehung der Schein, in welchem die Kunst ihre Konzeptionen zum Dasein erschafft, als *Täuschung* bestimmt werden, so erhält dieser Vorwurf zunächst seinen Sinn in Vergleichung mit der *äußerlichen Welt* der Erscheinungen und ihrer unmittelbaren Materialität sowie im Verhältnis zu unserer eigenen empfindenden, das ist der *innerlich sinnlichen* Welt, welchen beiden wir im empirischen Leben, im Leben unserer Erscheinung selber den Wert und Namen von Wirklichkeit, Realität und Wahrheit im Gegensatz der Kunst zu geben gewohnt sind, der solche Realität und Wahrheit fehle. Aber gerade diese ganze Sphäre der empirischen inneren und äußeren Welt ist nicht die Welt wahrhafter Wirklichkeit, sondern vielmehr in strengerem Sinne als die Kunst ein bloßer Schein und eine härtere Täuschung zu nennen. Erst jenseits der Unmittelbarkeit des Empfindens und der äußerlichen Gegenstände ist die echte Wirklichkeit zu finden. Denn wahrhaft wirklich ist nur das Anundfürsichseiende[2], das Substantielle der Natur und des Geistes, das sich zwar Gegenwart und Dasein gibt, aber in diesem Dasein das Anundfürsichseiende bleibt und so erst wahrhaft wirklich ist. Das Walten dieser allgemeinen Mächte ist es gerade, was die Kunst hervorhebt und erscheinen läßt. In der gewöhnlichen äußeren und inneren Welt erscheint die Wesenheit wohl auch, jedoch in der Gestalt eines Chaos von Zufälligkeiten, verkümmert durch die Unmittelbarkeit des Sinnlichen

---

[2] das in vollem Sinne, dem Begriff nach und in Wirklichkeit Seiende.

und durch die Willkür in Zuständen, Begebenheiten, Charakteren usf. Den Schein und die Täuschung dieser schlechten, vergänglichen Welt nimmt die Kunst von jenem wahrhaften Gehalt der Erscheinungen fort und gibt ihnen eine höhere, geistgeborene Wirklichkeit. Weit entfernt also, bloßer Schein zu sein, ist den Erscheinungen der Kunst der gewöhnlichen Wirklichkeit gegenüber die höhere Realität und das wahrhaftigere Dasein zuzuschreiben.

Ebensowenig sind die Darstellungen der Kunst ein täuschender Schein gegen die wahrhaftigeren Darstellungen der Geschichtsschreibung zu nennen. Denn die Geschichtsschreibung hat auch nicht das unmittelbare Dasein, sondern den geistigen Schein desselben zum Elemente ihrer Schilderungen, und ihr Inhalt bleibt mit der ganzen Zufälligkeit der gewöhnlichen Wirklichkeit und deren Begebenheiten, Verwicklungen und Individualitäten behaftet, während das Kunstwerk uns die in der Geschichte waltenden ewigen Mächte ohne dies Beiwesen der unmittelbar sinnlichen Gegenwart und ihres haltlosen Scheins entgegenbringt.

Wird nun aber die Erscheinungsweise der Kunstgestalten eine Täuschung genannt in Vergleichung mit dem Denken der Philosophie, mit religiösen und sittlichen Grundsätzen, so ist die Form der Erscheinung, welche ein Inhalt in dem Bereiche des Denkens gewinnt, allerdings die wahrhaftigste Realität; doch in Vergleich mit dem Schein der sinnlichen unmittelbaren Existenz und dem der Geschichtsschreibung hat der Schein der Kunst den Vorzug, daß er selbst durch sich hindurchdeutet und auf ein Geistiges, welches durch ihn soll zur Vorstellung kommen, aus sich hinweist, dahingegen die unmittelbare Erscheinung sich selbst nicht als täuschend gibt, sondern vielmehr als das Wirkliche und Wahre, während doch das Wahrhafte durch das unmittelbar Sinnliche verunreinigt und versteckt wird. Die harte Rinde der Natur und gewöhnlichen Welt machen es dem Geist saurer, zur Idee durchzudringen, als die Werke der Kunst.

Wenn wir nun aber der Kunst einerseits diese hohe Stellung geben, so ist andererseits ebensosehr daran zu erinnern, daß die Kunst dennoch weder dem Inhalte noch der Form nach die höchste und absolute Weise sei, dem Geiste seine wahrhaften Interessen zum Bewußtsein zu bringen. Denn eben ihrer Form wegen ist die Kunst auch auf einen bestimmten Inhalt beschränkt. Nur ein gewisser Kreis und Stufe der Wahrheit ist fähig, im Elemente des Kunstwerks dargestellt zu werden; es muß noch in ihrer eigenen Bestimmung liegen, zu dem Sinnlichen herauszugehen und in demselben sich adäquat sein zu können, um echter Inhalt für die Kunst zu sein, wie dies z. B. bei den griechischen Göttern der Fall ist. Dagegen gibt es eine tiefere Fassung der Wahrheit, in welcher sie nicht mehr dem Sinnlichen so verwandt und freundlich ist, um von diesem Material in angemessener Weise aufgenommen und ausgedrückt werden zu können. Von solcher Art ist die christliche Auffassung der Wahrheit, und vor allem erscheint der Geist unserer heutigen Welt, oder näher unserer Religion und unserer Vernunftbildung, als über die Stufe hinaus, auf welcher die Kunst die höchste Weise ausmacht, sich des Absoluten bewußt zu sein. Die eigentümliche Art der Kunstproduktion und ihrer Werke füllt unser höchstes Bedürfnis nicht mehr aus; wir sind darüber hinaus, Werke der Kunst göttlich verehren und sie anbeten zu können; der Eindruck, den sie machen, ist besonnenerer Art, und was durch sie in uns erregt wird, bedarf noch eines höheren Prüfsteins und anderweitiger Bewährung. Der Gedanke und die Reflexion hat die schöne Kunst überflügelt. Wenn man es liebt, sich in Klagen und Tadel zu gefallen, so kann man diese Erscheinung für ein Verderbnis halten und sie dem Übergewicht von Leidenschaften und eigennützigen Interessen zuschreiben, welche den Ernst der Kunst wie ihre Heiterkeit verscheuchen; oder man kann die Not der Gegenwart, den verwickelten Zustand des bürgerlichen und politischen Lebens anklagen, welche dem in kleinen Interessen befangenen Gemüt sich zu den höheren Zwecken der Kunst nicht zu befreien vergönne, indem die Intelligenz selbst dieser Not und deren Interessen in Wissenschaften dienstbar sei, welche nur für solche Zwecke Nützlichkeit haben, und sich verführen lasse, sich in diese Trockenheit festzubannen.

Wie es sich nun auch immer hiermit verhalten mag, so ist es einmal der Fall, daß die Kunst nicht mehr diejenige Befriedigung der geistigen Bedürfnisse gewährt, welche frühere Zeiten und Völker in ihr gesucht und nur in ihr gefunden haben, — eine Befriedigung, welche wenigstens von seiten der Religion aufs innigste mit der Kunst verknüpft war. Die schönen Tage der griechischen Kunst wie die goldene Zeit des späteren Mittelalters sind vorüber. Die Reflexionsbildung unseres heutigen Lebens macht es uns, sowohl in Beziehung auf den Willen als auch auf das Urteil, zum Bedürfnis, allgemeine Gesichtspunkte festzuhalten und danach das Besondere zu regeln, so daß allgemeine Formen, Gesetze, Pflichten, Rechte, Maximen als Bestimmungsgründe gelten und das hauptsächlich Regierende sind. Für das Kunstinteresse aber wie für die Kunstproduktion fordern wir im allgemeinen mehr eine Lebendigkeit, in welcher das Allgemeine nicht als Gesetz und Maxime vorhanden sei, sondern als mit dem Gemüte und der Empfindung identisch wirke, wie auch in der Phantasie das Allgemeine und

Vernünftige als mit einer konkreten sinnlichen Erscheinung in Einheit gebracht enthalten ist. Deshalb ist unsere Gegenwart ihrem allgemeinen Zustande nach der Kunst nicht günstig. Selbst der ausübende Künstler ist nicht etwa nur durch die um ihn her laut werdende Reflexion, durch die allgemeine Gewohnheit des Meinens und Urteilens über die Kunst verleitet und angesteckt, in seine Arbeiten selbst mehr Gedanken hineinzubringen, sondern die ganze geistige Bildung ist von der Art, daß er selber innerhalb solcher reflektierenden Welt und ihrer Verhältnisse steht und nicht etwa durch Willen und Entschluß davon abstrahieren oder durch besondere Erziehung oder Entfernung von den Lebensverhältnissen sich eine besondere, das Verlorene wieder ersetzende Einsamkeit erkünsteln und zuwege bringen könnte.

In allen diesen Beziehungen ist und bleibt die Kunst nach der Seite ihrer höchsten Bestimmung für uns ein Vergangenes. Damit hat sie für uns auch die echte Wahrheit und Lebendigkeit verloren und ist mehr in unsere *Vorstellung* verlegt, als daß sie in der Wirklichkeit ihre frühere Notwendigkeit behauptete und ihren höheren Platz einnähme. Was durch Kunstwerke jetzt in uns erregt wird, ist außer dem unmittelbaren Genuß zugleich unser Urteil, indem wir den Inhalt, die Darstellungsmittel des Kunstwerks und die Angemessenheit und Unangemessenheit beider unserer denkenden Betrachtung unterwerfen. *Die Wissenschaft* der Kunst ist darum in unserer Zeit noch viel mehr Bedürfnis als zu den Zeiten, in welchen die Kunst für sich als Kunst schon volle Befriedigung gewährte. Die Kunst lädt uns zur denkenden Betrachtung ein, und zwar nicht zu dem Zwecke, Kunst wieder hervorzurufen, sondern, was die Kunst sei, wissenschaftlich zu erkennen. (I, S. 20—26)

4.

Wenn wir der Kunst nun diese absolute Stellung geben, so lassen wir dadurch ausdrücklich die oben bereits erwähnte Vorstellung beiseite liegen, welche die Kunst als zu vielfach anderweitigem Inhalt und sonstigen ihr fremden Interessen brauchbar annimmt. Dagegen bedient sich die *Religion* häufig genug der Kunst, um die religiöse Wahrheit näher an die Empfindung zu bringen oder für die Phantasie zu verbildlichen, und dann steht die Kunst allerdings in dem Dienste eines von ihr unterschiedenen Gebiets. Wo die Kunst jedoch in ihrer höchsten Vollendung vorhanden ist, da enthält sie gerade in ihrer bildlichen Weise die dem Gehalt der Wahrheit entsprechendste und wesentlichste Art der Exposition. So war bei den Griechen z. B. die Kunst die höchste Form, in welcher das

Volk die Götter sich vorstellte und sich ein Bewußtsein von der Wahrheit gab. Darum sind die Dichter und Künstler den Griechen die Schöpfer ihrer Götter geworden, d. h. die Künstler haben der Nation die bestimmte Vorstellung vom Tun, Leben, Wirken des Göttlichen, also den bestimmten Inhalt der Religion gegeben. Und zwar nicht in der Art, daß diese Vorstellungen und Lehren bereits *vor* der Poesie in abstrakter Weise des Bewußtseins als allgemeine religiöse Sätze und Bestimmungen des Denkens vorhanden gewesen und von den Künstlern sodann erst in Bilder eingekleidet und mit dem Schmuck der Dichtung äußerlich umgeben worden wären, sondern die Weise des künstlerischen Produzierens war die, daß jene Dichter, was in ihnen gärte, *nur* in dieser Form der Kunst und Poesie herauszuarbeiten vermochten. Auf anderen Stufen des religiösen Bewußtseins, auf welchen der religiöse Gehalt sich der künstlerischen Darstellung weniger zugänglich zeigt, behält die Kunst in dieser Beziehung einen beschränkteren Spielraum.

Dies wäre die ursprüngliche, wahre Stellung der Kunst als nächste unmittelbare Selbstbefriedigung des absoluten Geistes[3].

Wie nun aber die Kunst in der Natur und den endlichen Gebieten des Lebens ihr *Vor* hat, ebenso hat sie auch ein *Nach*, d. h. einen Kreis, der wiederum ihre Auffassungs- und Darstellungsweise des Absoluten überschreitet. Denn die Kunst hat noch in sich selbst eine Schranke und geht deshalb in höhere Formen des Bewußtseins über. Diese Beschränkung bestimmt denn auch die Stellung, welche wir jetzt in unserem heutigen Leben der Kunst anzuweisen gewohnt sind. Uns gilt die Kunst nicht mehr als die höchste Weise, in welcher die Wahrheit sich Existenz verschafft. Im ganzen hat sich der Gedanke früh schon gegen die Kunst als versinnlichende Vorstellung des Göttlichen gerichtet; bei den Juden und Mohammedanern z. B., ja selbst bei den Griechen, wie schon Platon sich stark genug gegen die Götter des Homer und Hesiod opponierte. Bei fortgehender Bildung tritt überhaupt bei jedem Volke eine Zeit ein, in welcher die Kunst über sich selbst hinausweist. So haben z. B. die historischen Elemente des Christentums, Christi Erscheinen, sein Leben und Sterben, der Kunst als Malerei vornehmlich mannigfaltige Gelegenheit sich auszubilden gegeben, und die Kirche selbst hat die Kunst großgezogen oder gewähren lassen; als aber der Trieb des Wissens und Forschens und das Bedürfnis innerer Geistigkeit die Reformation hervortrieben, ward auch die reli-

---

[3] Der absolute Geist manifestiert sich nach Hegel fortschreitend in der Geschichte, insbesondere in der der Kunst, der Religion und der Philosophie.

giöse Vorstellung von dem sinnlichen Elemente abgerufen und auf die Innerlichkeit des Gemüts und Denkens zurückgeführt. In dieser Weise besteht das *Nach* der Kunst darin, daß dem Geist das Bedürfnis einwohnt, sich nur in seinem eigenen Innern als der wahren Form für die Wahrheit zu befriedigen. Die Kunst in ihren Anfängen läßt noch Mysteriöses, ein geheimnisvolles Ahnen und eine Sehnsucht übrig, weil ihre Gebilde noch ihren vollen Gehalt nicht vollendet für die bildliche Anschauung herausgestellt haben. Ist aber der vollkommene Inhalt vollkommen in Kunstgestalten hervorgetreten, so wendet sich der weiterblickende Geist von dieser Objektivität in sein Inneres zurück und stößt sie von sich fort. Solch eine Zeit ist die unsrige. Man kann wohl hoffen, daß die Kunst immer mehr steigen und sich vollenden werde, aber ihre Form hat aufgehört, das höchste Bedürfnis des Geistes zu sein. Mögen wir die griechischen Götterbilder noch so vortrefflich finden und Gottvater, Christus, Maria noch so würdig und vollendet dargestellt sehen — es hilft nichts, unser Knie beugen wir doch nicht mehr. (I, S. 140—142)

5.

Die Kunst, wie sie bisher der Gegenstand unserer Betrachtung war[4], hatte die Einheit von Bedeutung und Gestalt und ebenso die Einheit der Subjektivität des Künstlers mit seinem Gehalt und Werk zu ihrer Grundlage. Näher war es die bestimmte Art dieser Einigung, welche für den Inhalt und dessen entsprechende Darstellung die substantielle, alle Gebilde durchdringende Norm abgab.

---

[4] In den vorangegangenen Kapiteln erläutert Hegel die symbolische, klassische und romantische Kunstform. Diese Kunstformen kennzeichnen auch die „Entwicklung des Ideals". „Die erste Kunstform ist (...) mehr ein *bloßes Suchen* der Verbildlichung als ein Vermögen wahrhafter Darstellung. ... Die abstrakte Idee hat in dieser Form ihre Gestalt außerhalb ihrer in dem natürlichen sinnlichen Stoff." (I, S. 107) Realisiert sieht Hegel die symbolische Kunstform vor allem in der Architektur des alten Orients. „Die klassische Kunstform (ist) die freie adäquate Einbildung der Idee in die der Idee selber eigentümlich ihrem Begriff nach zugehörige Gestalt, mit welcher sie deshalb in freien, vollendeten Einklang zu kommen vermag." (I. S. 109) Die Darstellung der „menschlichen Gestalt" in der griechisch-römischen Plastik ist die höchste Realisierung der klassischen Kunstform. „In der romantischen Kunstform macht die *freie konkrete Geistigkeit*, die als *Geistigkeit* für das *geistige Innere* erscheinen soll, den Gegenstand aus." (I, S. 113) Romantische Kunstform bezeichnet nicht die Kunst der Romantik, sondern die auf dem Boden des Christentums entstandene Kunst, vor allem die Dichtung.

In dieser Beziehung fanden wir, beim Beginn der Kunst, im Orient den Geist noch nicht für sich selber frei; er suchte das für ihn Absolute noch im Natürlichen und faßte deshalb das Natürliche als an sich selber göttlich auf. Weiterhin stellte die Anschauung der klassischen Kunst die griechischen Götter als unbefangene, begeisterte, doch ebenso wesentlich noch von der menschlichen Naturgestalt als von einem affirmativen Moment behaftete Individuen dar; und die romantische Kunst erst vertiefte den Geist in seine eigene Innigkeit, gegen welche nun das Fleisch, die äußere Realität und Weltlichkeit überhaupt, obschon das Geistige und Absolute nur in diesem Elemente zu erscheinen hatte, zunächst als Nichtiges gesetzt war, doch zuletzt sich mehr und mehr wieder in positiver Weise Geltung zu verschaffen wußte.

a) Diese Weltanschauungsweisen machen die Religion, den substantiellen Geist der Völker und Zeiten aus und ziehen sich wie durch die Kunst, so auch durch alle übrigen Gebiete der jedesmaligen lebendigen Gegenwart hindurch. Wie nun jeder Mensch in jeder Tätigkeit, sei sie politisch, religiös, künstlerisch, wissenschaftlich, ein Kind seiner Zeit ist und den wesentlichen Gehalt und die dadurch notwendige Gestalt derselben herauszuarbeiten die Aufgabe hat, so bleibt es auch die Bestimmung der Kunst, daß sie für den Geist eines Volks den künstlerisch gemäßen Ausdruck finde. Solange nun der Künstler mit der Bestimmtheit solcher Weltanschauung und Religion in unmittelbarer Identität und festem Glauben verwebt ist, so lange ist es ihm auch wahrhafter *Ernst* mit diesem Inhalt und dessen Darstellung, d. h. dieser Inhalt bleibt für ihn das Unendliche und Wahre seines eigenen Bewußtseins, ein Gehalt, mit dem er seiner innersten Subjektivität nach in ursprünglicher Einheit lebt, während die Gestalt, in welcher er denselben herausstellt, für ihn als Künstler die letzte, notwendige, höchste Art ist, sich das Absolute und die Seele der Gegenstände überhaupt zur Anschauung zu bringen. Durch die ihm selber immanente Substanz seines Stoffs wird er an die bestimmte Weise der Exposition gebunden. Denn den Stoff und damit die für denselben gehörige Form trägt dann der Künstler unmittelbar in sich, als das eigentliche Wesen seines Daseins, das er sich nicht einbildet, sondern das er selber *ist* und deshalb nur die Arbeit hat, dies wahrhaft Wesentliche sich objektiv zu machen, es lebendig aus sich vorzustellen und herauszubilden. Nur dann ist der Künstler vollständig für seinen Inhalt und für die Darstellung begeistert, und seine Erfindungen werden kein Produkt der Willkür, sondern entspringen in ihm, aus ihm, aus diesem substantiellen Boden, aus diesem Fonds, dessen Inhalt nicht eher ruht, bis er durch den Künstler zu einer seinem Begriff angemessenen individuellen Gestalt gelangt ist. Wenn wir dagegen jetzt einen griechischen Gott oder als heutige Protestanten eine Maria zum Gegenstande eines Skulpturwerks oder Gemäldes machen wollen, so ist es uns kein wahrer Ernst mit solchem Stoffe. Der innerste Glaube ist es, der uns dann abgeht, wenn auch der Künstler in Zeiten des noch vollen Glaubens nicht eben das zu sein braucht, was man gemeinhin einen frommen Mann nennt; wie denn auch überhaupt die Künstler nicht gerade jedesmal die Frömmsten gewesen sind. Die Forderung ist nur die, daß der Inhalt für den Künstler das Substantielle, die innerste Wahrheit seines Bewußtseins ausmache und ihm die Notwendigkeit für die Darstellungsweise gebe. Denn der Künstler ist in seiner Produktion zugleich Naturwesen, seine Geschicklichkeit ein *natürliches* Talent, sein Wirken nicht die reine Tätigkeit des Begreifens, die ihrem Stoff ganz gegenübertritt und sich in freien Gedanken, im reinen Denken mit demselben eint, sondern, als von der Naturseite noch nicht losgelöst, unmittelbar mit dem Gegenstande vereinigt, an ihn glaubend und dem eigensten Selbst nach mit ihm identisch. Dann liegt die Subjektivität gänzlich in dem Objekt, das Kunstwerk geht ebenso ganz aus der ungeteilten Innerlichkeit und Kraft des Genies hervor, die Produktion ist *ferme*[5], unwankend und die volle Intensität darin zusammengehalten. Dies ist das Grundverhältnis dafür, daß die Kunst in ihrer Ganzheit vorhanden sei.

b) Bei der Stellung dagegen, welche wir der Kunst im Verlaufe ihrer Entwicklung haben anweisen müssen, hat sich das ganze Verhältnis durchaus verändert. Dies müssen wir jedoch als kein bloßes zufälliges Unglück ansehen, von welchem die Kunst von außen her durch die Not der Zeit, den prosaischen Sinn, den Mangel an Interesse usf. betroffen wurde, sondern es ist die Wirkung und der Fortgang der Kunst selber, welche, indem sie den ihr selbst innewohnenden Stoff zur gegenständlichen Anschauung bringt, auf diesem Wege selbst durch jeden Fortschritt einen Beitrag liefert, sich selber von dem dargestellten Inhalt zu befreien. Was wir als Gegenstand durch die Kunst oder das Denken *so* vollständig vor unserem sinnlichen oder geistigen Auge haben, daß der Gehalt erschöpft, daß alles heraus ist und nichts Dunkles und Innerliches mehr übrigbleibt, daran verschwindet das absolute Interesse. Denn Interesse findet nur bei frischer Tätigkeit statt. Der Geist arbeitet

---

[5] (französisch:) fest, sicher, stark, standhaft.

sich nur so lange in den Gegenständen herum, solange noch ein Geheimes, Nichtoffenbares darin ist. Dies ist der Fall, solange der Stoff noch identisch mit uns ist. Hat nun aber die Kunst die wesentlichen Weltanschauungen, die in ihrem Begriffe liegen, sowie den Kreis des Inhalts, welcher diesen Weltanschauungen angehört, nach allen Seiten hin offenbar gemacht, so ist sie diesen jedesmal für ein besonderes Volk, eine besondere Zeit bestimmten Gehalt losgeworden, und das wahrhafte Bedürfnis, ihn wieder aufzunehmen, erwacht nur mit dem Bedürfnis, sich *gegen* den bisher allein gültigen Gehalt zu kehren; wie in Griechenland Aristophanes z. B. sich gegen seine Gegenwart und Lukian sich gegen die gesamte griechische Vergangenheit erhob und in Italien und Spanien, beim scheidenden Mittelalter, Ariosto und Cervantes sich gegen das Rittertum zu wenden anfingen[6].

Gegenüber der Zeit nun, in welcher der Künstler durch seine Nationalität und Zeit, seiner Substanz nach, innerhalb einer bestimmten Weltanschauung und deren Gehalt und Darstellungsformen steht, finden wir einen schlechthin entgegengesetzten Standpunkt, welcher in seiner vollständigen Ausbildung erst in der neuesten Zeit von Wichtigkeit ist. In unseren Tagen hat sich fast bei allen Völkern die Bildung der Reflexion, die Kritik und bei uns Deutschen die Freiheit des Gedankens auch der Künstler bemächtigt und sie in betreff auf den Stoff und die Gestalt ihrer Produktion, nachdem auch die notwendigen besonderen Stadien der romantischen Kunstform durchlaufen sind, sozusagen zu einer tabula rasa gemacht. Das Gebundensein an einen besonderen Gehalt und eine nur für diesen Stoff passende Art der Darstellung ist für den heutigen Künstler etwas Vergangenes und die Kunst dadurch ein freies Instrument geworden, das er nach Maßgabe seiner subjektiven Geschicklichkeit in bezug auf jeden Inhalt, welcher Art er auch sei, gleichmäßig handhaben kann. Der Künstler steht damit über den bestimmten konsekrierten Formen und Gestaltungen und bewegt sich frei für sich, unabhängig von dem Gehalt und der Anschauungsweise, in welcher sonst dem Bewußtsein das Heilige und Ewige vor Augen war. Kein Inhalt, keine Form ist mehr unmittelbar mit der Innigkeit, mit der *Natur*, dem bewußtlosen

[6] Aristophanes (ca. 445—385 v. Chr.): attischer Komödiendichter; Lukian (ca. 125—180 n. Chr.): syrischer (Griechisch schreibender) Wanderredner, Satiriker und Parodist; Lodovico Ariosto (1474—1533): italienischer Humanist und Dichter der Renaissance; der Held seines Epos ‚Orlando furioso' (‚Der rasende Roland') ist wahnsinnig; Miguel de Cervantes Saavedra (1547—1616): spanischer Erzähler; sein ‚Don Quijote de la Mancha' parodiert die zeitgenössischen Ritterromane.

substantiellen Wesen des Künstlers identisch; jeder Stoff darf ihm gleichgültig sein, wenn er nur dem formellen Gesetz, überhaupt schön und einer künstlerischen Behandlung fähig zu sein, nicht widerspricht. Es gibt heutigentags keinen Stoff, der an und für sich über dieser Relativität stände, und wenn er auch darüber erhaben ist, so ist doch wenigstens kein absolutes Bedürfnis vorhanden, daß er von der *Kunst* zur Darstellung gebracht werde. Deshalb verhält sich der Künstler zu seinem Inhalt im ganzen gleichsam als Dramatiker, der andere, fremde Personen aufstellt und exponiert. Er legt zwar auch jetzt noch sein Genie hinein, er webt von seinem eigenen Stoffe hindurch, aber nur das Allgemeine oder das ganz Zufällige; die nähere Individualisierung hingegen ist nicht die seinige, sondern er gebraucht in dieser Rücksicht seinen Vorrat von Bildern, Gestaltungsweisen, früheren Kunstformen, die ihm, für sich genommen, gleichgültig sind und nur wichtig werden, wenn sie ihm gerade für diesen oder jenen Stoff als die passendsten erscheinen. In den meisten Künsten, besonders in den bildenden, kommt außerdem der Gegenstand dem Künstler von außen her; er arbeitet auf Bestellung und hat nun bei den heiligen oder profanen Geschichten, Szenen, Porträts, Kirchenbauten usf. nur darauf zu sehen, was daraus zu machen ist. Denn wie sehr er auch sein Gemüt in den gegebenen Inhalt hineinbildet, so bleibt ihm derselbe doch immer ein Stoff, der nicht für ihn selbst unmittelbar das Substantielle seines Bewußtseins ist. Es hilft da weiter nichts, sich vergangene Weltanschauungen wieder, sozusagen substantiell, aneignen, d. i. sich in eine dieser Anschauungsweisen fest hineinmachen zu wollen, als z. B. katholisch zu werden, wie es in neueren Zeiten der Kunst wegen viele getan[7], um ihr Gemüt zu fixieren und die bestimmte Begrenzung ihrer Darstellung für sich selbst zu etwas Anundfürsichseiendem werden zu lassen. Der Künstler darf nicht erst nötig haben, mit seinem Gemüt ins reine zu kommen und für sein eigenes Seelenheil sorgen zu müssen; seine große, freie Seele muß von Haus aus, ehe er ans Produzieren geht, wissen und haben, woran sie ist, und ihrer sicher und in sich zuversichtlich sein; und besonders bedarf der heutige große Künstler der freien Ausbildung des Geistes, in welcher aller Aberglauben und Glauben, der auf bestimmte Formen der Anschauung und Darstellung beschränkt bleibt, zu bloßen Seiten und Momenten herabgesetzt

---

[7] Anspielung auf die Nazarener, eine in Rom ansässige Vereinigung deutscher und österreichischer Künstler. Die Nazarener vertraten ein romantisch-religiöses Kunstideal; einige Mitglieder dieser Gruppierung waren zum Katholizismus konvertiert.

ist, über welche der freie Geist sich zum Meister gemacht hat, indem er in ihnen keine an und für sich geheiligten Bedingungen seiner Exposition und Gestaltungsweise sieht, sondern ihnen nur Wert durch den höheren Gehalt zuschreibt, den er wiederschaffend als ihnen gemäß in sie hineinlegt.
In dieser Weise steht dem Künstler, dessen Talent und Genie für sich von der früheren Beschränkung auf eine bestimmte Kunstform befreit ist, jetzt jede Form wie jeder Stoff zu Dienst und zu Gebot.

c) Fragen wir nun aber endlich nach dem Inhalt und den Formen, welche dieser Stufe ihrem allgemeinen Standpunkte nach als *eigentümlich* betrachtet werden können, so ergibt sich folgendes.
Die allgemeinen Kunstformen bezogen sich vornehmlich auf die absolute Wahrheit, welche die Kunst erreicht, und fanden den Ursprung ihrer Besonderung in der bestimmten Auffassung dessen, was dem Bewußtsein als das Absolute galt und in sich selbst das Prinzip seiner Gestaltungsart trug. Wir haben in dieser Beziehung Naturbedeutungen als Inhalt, Naturdinge und menschliche Personifikationen als Form der Darstellung im Symbolischen hervortreten sehen; im Klassischen die geistige Individualität, aber als leibliche unerinnerte Gegenwart, über welcher die abstrakte Notwendigkeit des Schicksals stand; im Romantischen die Geistigkeit mit ihr selbst immanenter Subjektivität, für deren Innerlichkeit die äußere Gestalt zufällig blieb. Auch in dieser letzten Kunstform war, wie in den früheren, das Göttliche an und für sich Gegenstand der Kunst. Dies Göttliche nun aber hatte sich zu objektivieren, zu bestimmen und damit aus sich zum weltlichen Gehalt der Subjektivität fortzugehen. Zunächst lag das Unendliche der Persönlichkeit in der Ehre, Liebe, Treue, dann in der besonderen Individualität, in dem bestimmten Charakter, der sich mit dem besonderen Gehalt des menschlichen Daseins zusammenschloß. Das Verwachsensein mit solcher spezifischen Beschränktheit des Inhalts endlich hob der Humor, der alle Bestimmtheit wankend zu machen und zu lösen wußte, wieder auf und ließ die Kunst dadurch über sich selbst hinausgehen. In diesem Hinausgehen jedoch der Kunst über sich selber ist sie ebensosehr ein Zurückgehen des Menschen in sich selbst, ein Hinabsteigen in seine eigene Brust, wodurch die Kunst alle feste Beschränkung auf einen bestimmten Kreis des Inhalts und der Auffassung von sich abstreift und zu ihrem neuen Heiligen den *Humanus* macht, die Tiefen und Höhen des menschlichen Gemüts als solchen, das Allgemeinmenschliche in seinen Freuden und Leiden, seinen Bestrebungen, Taten und Schicksalen.

Hiermit erhält der Künstler seinen Inhalt an ihm selber und ist der wirklich sich selbst bestimmende, die Unendlichkeit seiner Gefühle und Situationen betrachtende, ersinnende und ausdrükkende Menschengeist, dem nichts mehr fremd ist, was in der Menschenbrust lebendig werden kann. Es ist dies ein Gehalt, der nicht an und für sich künstlerisch bestimmt bleibt, sondern die Bestimmtheit des Inhalts und des Ausgestaltens der willkürlichen Erfindung überläßt, doch kein Interesse ausschließt, da die Kunst nicht mehr das nur darzustellen braucht, was auf einer ihrer bestimmten Stufen absolut zu Hause ist, sondern alles, worin der Mensch überhaupt heimisch zu sein die Befähigung hat.

Bei dieser Breite und Mannigfaltigkeit des Stoffs ist nun vor allem die Forderung zu stellen, daß sich in Rücksicht auf die Behandlungsweise überall zugleich die heutige Gegenwärtigkeit des Geistes kundgebe. Der moderne Künstler kann sich freilich alten und älteren zugesellen; Homeride, auch nur als letzter, zu sein ist schön, und auch Gebilde, welche die mittelalterliche Wendung der romantischen Kunst widerspiegeln, werden ihre Verdienste haben; aber ein anderes ist diese Allgemeingültigkeit, Tiefe und Eigentümlichkeit eines Stoffs und ein anderes seine Behandlungsweise. Kein Homer, Sophokles usf., kein Dante, Ariost oder Shakespeare können in unserer Zeit hervortreten[8]; was so groß besungen, was so frei ausgesprochen ist, ist ausgesprochen; es sind dies Stoffe, Weisen, sie anzuschauen und aufzufassen, die ausgesungen sind. Nur die Gegenwart ist frisch, das andere fahl und fahler. — Wir müssen den Franzosen zwar einen Vorwurf in Rücksicht auf das Historische und eine Kritik in betreff auf Schönheit daraus machen, griechische und römische Helden, Chinesen und Peruaner als französische Prinzen und Prinzessinnen dargestellt und ihnen die Motive und Ansichten der Zeit Ludwigs XIV. und XV. gegeben zu haben[9]; doch wenn nur diese Motive und Ansichten in sich selbst tiefer und schöner gewesen wären, so würde dies Herüberziehen in die Gegenwart der Kunst nichts eben Schlimmes sein. Im Gegenteil, alle Stoffe, sie seien, aus welcher Zeit und Nation es sei, erhalten ihre Kunstwahrheit nur als diese lebendige Gegenwärtigkeit, in welcher sie die Brust des Menschen, den Reflex seiner füllt und Wahrheit uns zur Empfindung und Vorstellung bringt. Das

---

[8] Dante Alighieri (1265—1321): italienischer Dichter; sein Hauptwerk ist die ‚Divina Commendia' (‚Göttliche Komödie'), ein Epos über die Schicksale der Seelen in Hölle, Fegefeuer und Paradies.

[9] Anspielung auf Dramen von Corneille (1606—1684) und Racine (1639—1699).

Erscheinen und Wirken des unvergänglich Menschlichen in seiner vielseitigsten Bedeutung und unendlichen Herumbildung ist es, was in diesem Gefäß menschlicher Situationen und Empfindungen den absoluten Gehalt unserer Kunst jetzt ausmachen kann.

(II, S. 231—239)

6.

Wir haben gleich anfangs gesehen, daß sich in dem wahrhaft epischen Begebnis nicht eine einzelne willkürliche Tat vollbringe und somit ein bloß zufälliges Geschehen erzählt werde, sondern eine in die Totalität ihrer Zeit und nationalen Zustände verzweigte Handlung, welche deshalb nun auch nur innerhalb einer ausgebreiteten Welt zur Anschauung gelangen kann und die Darstellung dieser gesamten Wirklichkeit fordert. — In Rücksicht auf die echt poetische Gestalt dieses allgemeinen Bodens kann ich mich kurz fassen, insofern ich die Hauptpunkte bereits im ersten Teile bei Gelegenheit des allgemeinen Weltzustandes für die ideale Handlung berührt habe. Ich will daher an dieser Stelle nur das anführen, was für das Epos von Wichtigkeit ist.

Das Passendste für den ganzen Lebenszustand, den das Epos zum Hintergrunde macht, besteht darin, daß derselbe für die Individuen bereits die Form vorhandener Wirklichkeit hat, doch mit ihnen noch in dem engsten Zusammenhange ursprünglicher Lebendigkeit bleibt. Denn sollen die Helden, welche an die Spitze gestellt sind, erst einen Gesamtzustand gründen, so fällt die Bestimmung dessen, was da ist oder zur Existenz kommen soll, mehr als es dem Epos geziemt in den subjektiven Charakter, ohne als objektive Realität erscheinen zu können.

a) Die Verhältnisse des sittlichen Lebens, der Zusammenhalt der Familie sowie des Volkes als ganzer Nation in Krieg und Frieden müssen sich eingefunden, gemacht und entwickelt haben, umgekehrt aber noch nicht zu der Form allgemeiner, auch ohne die lebendige subjektive Besonderheit der Individuen für sich gültiger Satzungen, Pflichten und Gesetze gediehen sein, welche sich auch gegen das individuelle Wollen festzuhalten die Kraft besitzen. Der *Sinn* des Rechts und der Billigkeit, die Sitte, das Gemüt, der Charakter muß im Gegenteil als ihr alleiniger Ursprung und ihre Stütze erscheinen, so daß noch kein Verstand sie in Form prosaischer Wirklichkeit dem Herzen, der individuellen Gesinnung und Leidenschaft gegenüberzustellen und zu befestigen vermag. Einen schon zu organisierter Verfassung herausgebildeten Staatszustand mit ausgearbeiteten Gesetzen, durchgreifender Gerichtsbarkeit, wohleingerichteter Administration, Ministerien, Staatskanzleien, Polizei usf. haben wir als Boden einer echt epischen Handlung von der Hand zu weisen. Die Verhältnisse objektiver Sittlichkeit[10] müssen wohl schon gewollt sein und sich verwirklichen, aber nur durch die handelnden Individuen selbst und deren Charakter, nicht aber sonst schon in allgemein geltender und für sich berechtigter Form ihr Dasein erhalten können. So finden wir im Epos zwar die substantielle Gemeinsamkeit des objektiven Lebens und Handelns, ebenso aber die Freiheit in diesem Handeln und Leben, das ganz aus dem subjektiven Willen der Individuen hervorzugehen scheint.

b) Dasselbe gilt für die Beziehung des Menschen auf die ihn umgebende *Natur,* aus welcher er sich die Mittel zur Befriedigung seiner *Bedürfnisse* nimmt, sowie für die Art dieser *Befriedigung.* Auch in dieser Rücksicht muß ich auf das zurückweisen, was ich früher bereits bei Gelegenheit der äußeren Bestimmtheit des Ideals weitläufiger ausgeführt habe[11]. Was der Mensch zum äußeren Leben gebraucht, Haus und Hof, Gezelt, Sessel, Bett, Schwert und Lanze, das Schiff, mit dem er das Meer durchfurcht, der Wagen, der ihn zum Kampf führt, Sieden und Braten, Schlachten, Speisen und Trinken: es darf ihm nichts von allem diesen nur ein totes Mittel geworden sein, sondern er muß sich noch mit ganzem Sinn und Selbst darin lebendig fühlen und dadurch dem an sich Äußerlichen durch den engen Zusammenhang mit dem menschlichen Individuum ein selber menschlich beseeltes individuelles Gepräge geben.

---

[10] Hegel unterscheidet bloß subjektive Moralität von Sittlichkeit als auf die Ordnung des Ganzen bezogener: „Die Einheit des subjektiven und des objektiven an und für sich seienden Guten ist die *Sittlichkeit,* und in ihr ist dem Begriffe nach die Versöhnung geschehen. Denn wenn die Moralität die Form des Willens überhaupt nach der Seite der Subjektivität ist, so ist die Sittlichkeit nicht bloß die subjektive Form und die Selbstbestimmung des Willens, sondern das, ihren Begriff, nämlich die Freiheit zum Inhalte zu haben." (Grundlinien der Philosophie des Rechts, § 141 (‚Übergang von der Moralität in Sittlichkeit'), Zusatz, in: Theorie-Werkausgabe, a. a. O., Bd. 7, S. 290—291).

[11] Vgl. dazu aus dem Teil I der Vorlesungen über die Ästhetik: „Der Mensch nun aber hat sich selbst und die Umgebung, in welcher er lebt, nicht nur auszuschmücken, sondern er muß die Außendinge auch *praktisch* zu seinen *praktischen* Bedürfnissen und Zwecken verwenden. In diesem Gebiete geht erst die volle Arbeit, Plage und Abhängigkeit des Menschen von der Prosa des Lebens an, und es fragt sich daher hier vor allem, inwieweit auch dieser Kreis den Forderungen der Kunst gemäß könne dargestellt werden." (Theorie-Werkausgabe, a. a. O., Bd. 13, S. 335.)

Unser heutiges Maschinen- und Fabrikenwesen mit den Produkten, die aus demselben hervorgehen, sowie überhaupt die Art, unsere äußeren Lebensbedürfnisse zu befriedigen, würde nach dieser Seite hin ganz ebenso als die moderne Staatsorganisation dem Lebenshintergrunde unangemessen sein, welchen das ursprüngliche Epos erheischt. Denn wie der Verstand mit seinen Allgemeinheiten und deren von der individuellen Gesinnung unabhängig sich durchsetzenden Herrschaft in den Zuständen der eigentlich epischen Weltanschauung sich noch nicht muß geltend gemacht haben, so darf hier auch der Mensch noch nicht von dem lebendigen Zusammenhange mit der Natur und der kräftigen und frischen, teils befreundeten, teils kämpfenden Gemeinschaft mit ihr losgelöst erscheinen.

c) Dies ist der Weltzustand, den ich, im Unterschiede des idyllischen, schon andernorts den *heroischen* nannte. In schönster Poesie und Reichhaltigkeit echt menschlicher Charakterzüge finden wir ihn bei Homer geschildert. Hier haben wir im häuslichen und öffentlichen Leben ebensowenig eine barbarische Wirklichkeit als die bloß verständige Prosa eines geordneten Familien- und Staatslebens, sondern jene ursprünglich poetische Mitte vor uns, wie ich sie oben bezeichnet habe. Ein Hauptpunkt aber betrifft in dieser Rücksicht die freie Individualität aller Gestalten. In der Ilias z. B. ist Agamemnon wohl der König der Könige, die übrigen Fürsten stehen unter seinem Zepter, aber seine Oberherrschaft wird nicht zu dem trockenen Zusammenhange des Befehls und Gehorsams, des Herren und seiner Diener. Im Gegenteil, Agamemnon muß viel Rücksicht nehmen und klug nachzugeben verstehen, denn die einzelnen Führer sind keine zusammenberufenen Statthalter oder Generale, sondern selbständige wie er selber; frei haben sie sich um ihn her gesammelt oder sind durch allerlei Mittel zu dem Zuge verleitet, er muß sich mit ihnen beraten, und beliebt es ihnen nicht, so halten sie sich wie Achilles vom Kampfe fern. Die freie Teilnahme wie das ebenso eigenwillige Abschließen, worin die Unabhängigkeit der Individualität sich unversehrt bewahrt, gibt dem ganzen Verhältnisse seine poetische Gestalt. [...]

Wir haben oben als Grund der epischen Welt eine Nationalunternehmung gefordert, in welcher sich die Totalität eines Volksgeistes in der ersten Frische seiner Heroenzustände ausprägen könnte. Von dieser Grundlage als solcher nun aber muß sich ein *besonderer* Zweck abheben, in dessen Realisierung, da dieselbe mit einer Gesamtwirklichkeit aufs engste verflochten ist, nun auch alle Seiten des nationalen Charakters, Glaubens und Handelns zum Vorschein kommen.

a) Der zur Individualität belebte Zweck, an dessen Besonderheit sich das Ganze fortbewegt, hat, wie wir schon wissen, im Epos die Gestalt eines Begebnisses anzunehmen, und so müssen wir an dieser Stelle vorerst an die nähere Form erinnern, durch welche das Wollen und Handeln überhaupt zur *Begebenheit* wird. Handlung und Begebnis gehen beide vom Innern des Geistes aus, dessen Gehalt sie nicht nur in theoretischer Äußerung von Empfindungen, Reflexionen, Gedanken usf. kundgeben, sondern ebensosehr praktisch ausführen. In dieser Realisation nun liegen zwei Seiten: *erstens* die innere des vorgesetzten und beabsichtigten Zwecks, dessen allgemeine Natur und Folgen das Individuum kennen, wollen, sich zurechnen und dahinnehmen muß; *zweitens* die äußere Realität der umgebenden geistigen und natürlichen Welt, innerhalb welcher der Mensch allein zu handeln imstande ist und deren Zufälle ihm bald hemmend, bald fördernd entgegentreten, so daß er entweder durch ihre Begünstigung glücklich zum Ziele geleitet wird oder, will er sich ihnen nicht unmittelbar unterwerfen, sie mit der Energie seiner Individualität zu besiegen hat. Ist nun die Welt des Willens in der ungetrennten Einigung dieser zwiefachen Seiten aufgefaßt, so daß beiden die gleiche Berechtigung zusteht, so erhält auch das Innerste selbst sogleich die Form des Geschehens, welche allem Handeln, insofern nun nicht mehr das innere Wollen mit seinen Absichten, subjektiven Motiven der Leidenschaften, Grundsätze und Zwecke als Hauptsache erscheinen kann, die Gestalt von *Begebnissen* gibt. Bei der *Handlung* wird alles auf den inneren Charakter, auf Pflicht, Gesinnung, Vorsatz usf. zurückgeführt; bei *Begebenheiten* dagegen erhält auch die Außenseite ihr ungeteiltes Recht, indem es die objektive Realität ist, welche einerseits die Form für das Ganze, andererseits aber einen Hauptteil des Inhaltes selber ausmacht. In diesem Sinne habe ich früher bereits gesagt, daß es die Aufgabe der epischen Poesie sei, das *Geschehen* einer Handlung darzustellen und deshalb nicht nur die Außenseite der Durchführung von Zwecken festzuhalten, sondern auch den äußeren Umständen, Naturereignissen und sonstigen Zufällen dasselbe Recht zu erteilen, welches im Handeln als solchem das Innere ausschließlich für sich in Anspruch nimmt.

b) Was nun näher die Natur des *besonderen* Zwecks angeht, dessen Ausführung das Epos in Form der Begebenheit erzählt, so muß derselbe nach allem, was wir schon vorausgeschickt haben, kein

Abstraktum, sondern im Gegenteil von ganz *konkreter* Bestimmtheit sein, ohne jedoch, da er sich innerhalb des substantiellen nationalen Gesamtdaseins verwirklicht, der bloßen Willkür anzugehören. Der Staat als solcher z. B., das Vaterland oder die Geschichte eines Staats und Landes ist als Staat und Land etwas Allgemeines, das in dieser Allgemeinheit genommen nicht als subjektiv-individuelle Existenz, d. h. nicht in untrennbarer Zusammengeschlossenheit mit einem bestimmten lebendigen Individuum erscheint. So läßt sich zwar die Geschichte eines Landes, die Entwicklung seines politischen Lebens, seiner Verfassung und Schicksale, auch als Begebenheit erzählen; wenn aber das, was geschieht, nicht als die konkrete Tat, der innere Zweck, die Leidenschaft, das Leiden und Vollbringen bestimmter Helden vorübergeführt wird, deren Individualität die Form und den Inhalt für diese ganze Wirklichkeit abgibt, so steht die Begebenheit nur in ihrem starren, sich für sich fortwälzenden Gehalte als Geschichte eines Volkes, Reiches usw. da. In dieser Rücksicht wäre zwar die höchste Handlung des Geistes die Weltgeschichte selber, und man könnte diese universelle Tat auf dem Schlachtfelde des allgemeinen Geistes zu dem absoluten Epos verarbeiten wollen, dessen Held der Menschengeist, der Humanus sein würde, der sich aus der Dumpfheit des Bewußtseins zur Weltgeschichte erzieht und erhebt; doch eben seiner Universalität wegen wäre dieser Stoff zuwenig individualisierbar für die Kunst. Denn einerseits fehlte diesem Epos von Hause aus ein festbestimmter Hintergrund und Weltzustand sowohl in bezug auf äußeres Lokal als auch auf Sitten, Gebräuche usf. Die einzig voraussetzbare Grundlage nämlich dürfte nur der allgemeine Weltgeist sein, der nicht als besonderer Zustand zur Anschauung kommen kann und zu seinem Lokal die gesamte Erde hat. Ebenso würde der eine in diesem Epos vollbrachte Zweck der Zweck des Weltgeistes sein, der nur im Denken zu fassen und in seiner wahrhaften Bedeutung bestimmt zu explizieren ist, wenn er aber in poetischer Gestalt auftreten sollte, jedenfalls — um dem Ganzen seinen gehörigen Sinn und Zusammenhang zu geben — als das selbständig aus sich Handelnde herausgehoben werden müßte. Dies wäre poetisch nur möglich, insofern der innere Werkmeister der Geschichte, die ewige absolute Idee, die sich in der Menschheit realisiert, entweder als leitendes, tätiges, vollführendes Individuum zur Erscheinung gelangte oder sich nur als verborgen fortwirkende Notwendigkeit geltend machte. Im ersten Falle aber müßte die Unendlichkeit dieses Gehalts das immer beschränkte Kunstgefäß bestimmter Individualität zersprengen oder, um diesem Nachteile zu begegnen, zu einer kahlen Allegorie allgemeiner

Reflexionen über die Bestimmung des Menschengeschlechts und seiner Erziehung, über das Ziel der Humanität, moralischen Vollkommenheit, oder wie sonst der Zweck der Weltgeschichte festgesetzt wäre, heruntersinken. Im anderen Falle wiederum müßten als die besonderen Helden die verschiedenen Volksgeister dargestellt sein, zu deren kämpfendem Dasein sich die Geschichte auseinanderbreitet und in fortschreitender Entwicklung weiterbewegt. Soll nun aber der Geist der Nationen in seiner Wirklichkeit poetisch erscheinen, so könnte dies nur dadurch geschehen, daß die wirklich weltgeschichtlichen Gestalten in ihren Taten vor uns vorüberzögen. Dann hätten wir aber nur eine Reihe besonderer Figuren, die in bloß äußerlicher Folge auftauchten und wieder versänken, so daß es ihnen an einer individuellen Einheit und Verbindung mangelte, da sich der regierende Weltgeist als das innere Ansich und Schicksal dann nicht als selber handelndes Individuum an die Spitze stellen dürfte. Und wollte man auch die Volksgeister in ihrer Allgemeinheit ergreifen und in dieser Substantialität agieren lassen, so würde auch dies nur eine ähnliche Reihe geben, deren Individuen außerdem nur, indischen Inkarnationen gleich, einen Schein des Daseins hätten, dessen Erdichtung vor der Wahrheit des in der wirklichen Geschichte realisierten Weltgeistes erblassen müßte.

c) Hieraus läßt sich die allgemeine Regel abstrahieren, daß die besondere epische Begebenheit nur dann zu poetischer Lebendigkeit gelangen könne, wenn sie mit *einem* Individuum aufs engste verschmelzbar ist. Wie *ein* Dichter das Ganze ersinnt und ausführt, so muß auch *ein* Individuum an der Spitze stehen, an welches die Begebenheit sich anknüpft und an derselben *einen* Gestalt sich fortleitet und abschließt. Doch treten auch in dieser Rücksicht noch wesentlich nähere Forderungen hinzu. Denn wie vorhin die weltgeschichtliche, so könnte jetzt umgekehrt die *biographisch*-poetische Behandlung einer bestimmten Lebensgeschichte als der vollständigste und eigentlich epische Stoff erscheinen. Dies ist aber nicht der Fall. In der Biographie nämlich bleibt das Individuum wohl ein und dasselbe, aber die Begebenheiten, in die es verwickelt wird, können schlechthin unabhängig auseinanderfallen und das Subjekt nur zu ihrem ganz äußerlichen und zufälligen Verknüpfungspunkt behalten. Soll aber das Epos eins in sich sein, so muß auch die Begebenheit, in deren Form es seinen Inhalt darstellt, in sich selber Einheit haben. Beides, die Einheit des Subjekts und des objektiven Geschehens in sich, muß zusammentreffen und sich verbinden. In dem Leben und den Taten des Cid macht zwar auf dem vaterländischen Boden nur das *eine* große Individuum, das allenthalben sich getreu bleibt, in seiner Entwicklung, Heldenschaft und Ende das Interesse aus; seine Taten gehen an ihm vorüber wie an einem Gotte der Skulptur, und es selbst ist zuletzt an uns, an ihm selber vorübergegangen; aber die Gedichte vom Cid sind auch als Reimchronik kein eigentliches Epos und als spätere Romanzen, wie diese Gattung es verlangt, nur eine Zersplitterung in einzelne Situationen dieses nationalen Heldendaseins, die sich nicht zur Einheit *eines* besonderen Begebnisses zusammenzuschließen nötig haben. Am schönsten dagegen finden wir der eben aufgestellten Forderung in der Ilias und Odyssee Genüge getan, wo Achill und Odysseus als die Hauptgestalten hervorragen. Auch im Ramajana[12] ist das Ähnliche der Fall. Eine besonders merkwürdige Stellung aber nimmt Dantes *Göttliche Komödie* in dieser Rücksicht ein. Hier nämlich ist der epische Dichter selbst das eine Individuum, an dessen Wanderung durch Hölle, Fegefeuer und Paradies sich alles und jedes anknüpft, so daß er die Gebilde seiner Phantasie als eigene Erlebnisse erzählen kann und deshalb auch das Recht erhält, seine eigenen Empfindungen und Reflexionen, mehr als es anderen Epikern zusteht, mit in das objektive Werk einzuflechten.

(III, S. 339—342 und 354—358)

Arthur Schopenhauer[1]

1.

§ 34

Der, wie gesagt, mögliche, aber nur als Ausnahme zu betrachtende Übergang von der gemeinen Erkenntnis einzelner Dinge zur Erkenntnis der Idee geschieht plötzlich, indem die Erkenntnis sich vom Dienste des Willens losreißt, eben dadurch das Subjekt aufhört ein bloß individuelles zu sein und jetzt reines, willenloses Subjekt der Erkenntnis ist, welches nicht mehr, dem Satze vom Grunde gemäß, den Relationen nachgeht; sondern in fester Kontemplation des dargebotenen Objekts, außer seinem Zusammenhange mit irgend andern, ruht und darin aufgeht.

---

[12] indisches religiöses Nationalepos von den Taten des göttlichen Helden Rama.

[1] Die Welt als Wille und Vorstellung (1819/1844), in: Werke in zehn Bänden, Zürcher Ausgabe, nach der historisch-kritischen Ausgabe von Arthur Hübscher besorgt von Angelika Hübscher, Zürich 1977 (heutiger Schreibweise angeglichen).

Dieses bedarf, um deutlich zu werden, notwendig einer ausführlichen Auseinandersetzung, über deren Befremdendes man sich einstweilen hinauszusetzen hat, bis es, nach Zusammenfassung des ganzen in dieser Schrift mitzuteilenden Gedankens, von selbst verschwunden ist.

Wenn man, durch die Kraft des Geistes gehoben, die gewöhnliche Betrachtungsart der Dinge fahren läßt, aufhört, nur ihren Relationen zu einander, deren letztes Ziel immer die Relation zum eigenen Willen ist, am Leitfaden der Gestaltungen des Satzes vom Grunde, nachzugehn, also nicht mehr das Wo, das Wann, das Warum und das Wozu an den Dingen betrachtet; sondern einzig und allein das *Was;* auch nicht das abstrakte Denken, die Begriffe der Vernunft, das Bewußtsein einnehmen läßt; sondern, statt alles diesen, die ganze Macht seines Geistes der Anschauung hingibt, sich ganz in diese versenkt und das ganze Bewußtsein ausfüllen läßt durch die ruhige Kontemplation des gerade gegenwärtigen natürlichen Gegenstandes, sei es eine Landschaft, ein Baum, ein Fels, ein Gebäude oder was auch immer; indem man, nach einer sinnvollen deutschen Redensart, sich gänzlich in diesen Gegenstand *verliert,* d. h. eben sein Individuum, seinen Willen, vergißt und nur noch als reines Subjekt, als klarer Spiegel des Objekts bestehend bleibt; so, daß es ist, als ob der Gegenstand allein dawäre, ohne jemanden, der ihn wahrnimmt, und man also nicht mehr den Anschauenden von der Anschauung trennen kann, sondern beide Eines geworden sind, indem das ganze Bewußtsein von einem einzigen anschaulichen Bilde gänzlich gefüllt und eingenommen ist; wenn also solchermaßen das Objekt aus aller Relation zu etwas außer ihm, das Subjekt aus aller Relation zum Willen getreten ist: dann ist, was also erkannt wird, nicht mehr das einzelne Ding als solches; sondern es ist die *Idee,* die ewige Form, die unmittelbare Objektität des Willens auf dieser Stufe[2]: und eben dadurch ist zugleich der in dieser Anschauung Begriffene nicht mehr Individuum: denn das Individuum hat sich eben in solche Anschauung verloren: sondern er ist *reines,* willenloses, schmerzloses, zeitloses *Subjekt der Erkenntnis.* Dieses für jetzt so Auffallende, (von dem ich sehr wohl weiß, daß es den von Thomas Paine[3] herrührenden Aus-

---

[2] Wille ist für Schopenhauer das die Welt beherrschende Prinzip, ein blinder Drang, der sich auf verschiedenen Stufen objektiviert: Der Wille ist, „rein an sich betrachtet, erkenntnislos und nur ein blinder, unaufhaltsamer Drang" (Bd. 1, 2. Teilband, 4. Buch, § 54, Werke, a. a. O., Bd. 2, S. 347).

[3] Thomas Paine (1737—1809), englischer Politiker, trat für die amerikanische Unabhängigkeit und für die Französische Revolution ein.

spruch, *du sublime au ridicule il n'y a qu'un pas* [Vom Erhabenen zum Lächerlichen ist nur ein Schritt: Napoleon], bestätigt) wird durch das Folgende nach und nach deutlicher und weniger befremdend werden. Es war es auch, was dem Spinoza[4] vorschwebte, als er niederschrieb: *mens aeterna est, quatenus res sub aeternitatis specie concipit* [Der Geist ist ewig, sofern er die Dinge unter dem Gesichtspunkt der Ewigkeit auffaßt] *(Eth. V, pr. 31, schol.).* In solcher Kontemplation nun wird mit einem Schlage das einzelne Ding zur *Idee* seiner Gattung und das anschauende Individuum zum *reinen Subjekt des Erkennens.* Das Individuum als solches erkennt nur einzelne Dinge; das reine Subjekt des Erkennens nur Ideen. Denn das Individuum ist das Subjekt des Erkennens in seiner Beziehung auf eine bestimmte einzelne Erscheinung des Willens, und dieser dienstbar. Diese einzelne Willenserscheinung ist als solche dem Satz vom Grunde, in allen seinen Gestaltungen, unterworfen: alle auf dasselbe sich beziehende Erkenntnis folgt daher auch dem Satz vom Grunde, und zum Behuf des Willens taugt auch keine andere als diese, welche immer nur Relationen zum Objekt hat. Das erkennende Individuum als solches und das von ihm erkannte einzelne Ding sind immer irgendwo, irgendwann und Glieder in der Kette der Ursachen und Wirkungen. Das reine Subjekt der Erkenntnis und sein Korrelat, die Idee, sind aus allen jenen Formen des Satzes vom Grunde herausgetreten: die Zeit, der Ort, das Individuum, welches erkennt, und das Individuum, welches erkannt wird, haben für sie keine Bedeutung. Allererst indem auf die beschriebene Weise ein erkennendes Individuum sich zum reinen Subjekt des Erkennens und eben damit das betrachtete Objekt zur Idee erhebt, tritt die *Welt als Vorstellung*[5] gänzlich und rein hervor, und geschieht die vollkommene Objektivation des Willens, da allein die Idee seine *adäquate Objektität* ist. Diese schließt Objekt und Subjekt auf gleiche Weise in sich, da solche ihre einzige Form sind: in ihr halten sich aber beide ganz das Gleichgewicht: und wie das Objekt auch hier nichts als die Vorstellung des Subjekts ist, so ist auch das

---

[4] Benedictus de Spinoza (oder Baruch de Spinoza) (1632—1677): jüdisch-portugiesischer Philosoph holländischer Staatsangehörigkeit; nach seiner pantheistischen Auffassung: ‚Deus sive natura' gibt es nur eine einzige Substanz, die ewig existierende Gott-Natur; sein Hauptwerk ist ‚Ethica ordine geometrico demonstrata' (1677).

[5] Im Unterschied zur ‚Welt als Wille' versteht Schopenhauer unter ‚Welt als Vorstellung' die Welt, insofern sie unseren Erkenntnisbedingungen, vor allem dem Satz der Kausalität und den Kategorien von Raum und Zeit, entspricht.

Subjekt, indem es im angeschauten Gegenstand ganz aufgeht, dieser Gegenstand selbst geworden, indem das ganze Bewußtsein nichts mehr ist, als dessen deutlichstes Bild. Dieses Bewußtsein eben, indem man sämtliche Ideen, oder Stufen der Objektität des Willens, der Reihe nach, durch dasselbe durchgehend sich denkt, macht eigentlich die ganze *Welt als Vorstellung* aus. Die einzelnen Dinge aller Zeiten und Räume sind nichts, als die durch den Satz vom Grund (die Form der Erkenntnis der Individuen als solcher) vervielfältigten und dadurch in ihrer reinen Objektität getrübten Ideen. Wie, indem die Idee hervortritt, in ihr Subjekt und Objekt nicht mehr zu unterscheiden sind, weil erst indem sie sich gegenseitig vollkommen erfüllen und durchdringen, die Idee, die adäquate Objektität des Willens, die eigentliche Welt als Vorstellung, ersteht; eben so sind auch das dabei erkennende und das erkannte Individuum, als Dinge an sich, nicht unterschieden. Denn sehn wir von jener eigentlichen *Welt als Vorstellung* gänzlich ab, so bleibt nichts übrig, denn die *Welt als Wille.* Der Wille ist das Ansich der Idee, die ihn vollkommen objektiviert; er auch ist das Ansich des einzelnen Dinges und des dasselbe erkennenden Individuums, die ihn unvollkommen objektivieren. Als Wille, außer der Vorstellung und allen ihren Formen, ist er einer und der selbe im kontemplierten Objekt und im Individuo, welches sich an dieser Kontemplation emporschwingend als reines Subjekt seiner bewußt wird: jene beiden sind daher an sich nicht unterschieden: denn an sich sind sie der Wille, der hier sich selbst erkennt, und nur als die Art und Weise wie ihm diese Erkenntnis wird, d. h. nur in der Erscheinung, ist, vermöge ihrer Form, des Satzes vom Grund, Vielheit und Verschiedenheit. So wenig ich ohne das Objekt, ohne die Vorstellung, erkennendes Subjekt bin, sondern bloßer blinder Wille; eben so wenig ist ohne mich, als Subjekt des Erkennens, das erkannte Ding Objekt, sondern bloßer Wille, blinder Drang. Dieser Wille ist an sich, d. h. außer der Vorstellung, mit dem meinigen einer und der selbe: nur in der Welt als Vorstellung, deren Form allemal wenigstens Subjekt und Objekt ist, treten wir auseinander als erkanntes und erkennendes Individuum. Sobald das Erkennen, die Welt als Vorstellung, aufgehoben ist, bleibt überhaupt nichts übrig, als bloßer Wille, blinder Drang. Daß er Objektität erhalte, zur Vorstellung werde, setzt, mit einem Schlage, sowohl Subjekt als Objekt: daß aber diese Objektität rein, vollkommen, adäquate Objektität des Willens sei, setzt das Objekt als Idee, frei von den Formen des Satzes vom Grunde, und das Subjekt als reines Subjekt der Erkenntnis, frei von Individualität und Dienstbarkeit dem Willen.

Wer nun besagtermaßen sich in die Anschauung der Natur so weit vertieft und verloren hat, daß er nur noch als rein erkennendes Subjekt da ist, wird eben dadurch unmittelbar inne, daß er als solches die Bedingung, also die Träger, der Welt und alles objektiven Daseins ist, da dieses nunmehr als von dem seinigen abhängig sich darstellt. Er zieht also die Natur in sich hinein, so daß er sie nur noch als ein Akzidens seines Wesens empfindet. In diesem Sinne sagt *Byron*[6]:

> *Are not the mountains, waves and skies, a part*
> *Of me and of my soul, as I of them?*[a]
>
> [*Childe Harold*, III, 75.]

Wie aber sollte, wer dieses fühlt, sich selbst, im Gegensatz der unvergänglichen Natur, für absolut vergänglich halten? Ihn wird vielmehr das Bewußtsein dessen ergreifen, was der Upanischad des Veda[7] ausspricht: *Hae omnes creaturae in totum ego sum, et praeter me aliud ens non est* [Alle diese Geschöpfe insgesamt bin ich, und außer mir ist kein anderes Wesen.] (*Oupnekhat*, I, 122.)

(Bd. 1, S. 231—235)

2.

§ 52

Nachdem wir nun im bisherigen alle schönen Künste, in derjenigen Allgemeinheit, die unserm Standpunkt angemessen ist, betrachtet haben, anfangend von der schönen Baukunst, deren Zweck als solcher die Verdeutlichung der Objektivation des Willens auf der niedrigsten Stufe seiner Sichtbarkeit ist, wo er sich als dumpfes, erkenntnisloses, gesetzmäßiges Streben der Masse zeigt und doch schon Selbstentzweiung und Kampf offenbart, nämlich zwischen

---

[a] Sind Berge, Wellen, Himmel, nicht ein Teil
Von mir und meiner Seele, ich von ihnen?

[6] George Gordon Noel Lord Byron (1788—1824): englischer Romantiker; wurde berühmt durch das Epos ‚Childe Harold's Pilgrimage' (1812—1818).

[7] Die Veden sind die ältesten Denkmäler der indischen Literatur; sie enthalten Lieder, Verse, Sprüche und Formeln meist religiösen und rituellen Inhalts. An die Veden schließen sich die Upanischaden (sanskrit: ‚geheime Sitzungen') an, ursprünglich dogmatische Schriften der Brahmanenschulen, später von den Veden gelöste philosophisch-spekulative Werke. Indische Religions- und Erlösungsvorstellungen haben auf Schopenhauers Denken großen Einfluß gehabt.

Schwere und Starrheit; — und unsere Betrachtung beschließend mit dem Trauerspiel, welches, auf der höchsten Stufe der Objektivation des Willens, eben jenen seinen Zwiespalt mit sich selbst, in furchtbarer Größe und Deutlichkeit uns vor die Augen bringt; — so finden wir, daß dennoch eine schöne Kunst von unserer Betrachtung ausgeschlossen geblieben ist und bleiben mußte, da im systematischen Zusammenhang unserer Darstellung gar keine Stelle für sie passend war: es ist die *Musik*. Sie steht ganz abgesondert von allen andern. Wir erkennen in ihr nicht die Nachbildung, Wiederholung irgend einer Idee der Wesen in der Welt: dennoch ist sie eine so große und überaus herrliche Kunst, wirkt so mächtig auf das Innerste des Menschen, wird dort so ganz und so tief von ihm verstanden, als eine ganz allgemeine Sprache, deren Deutlichkeit sogar die der anschaulichen Welt selbst übertrifft; — daß wir gewiß mehr in ihr zu suchen haben, als ein *exercitium arithmeticae occultum nescientis se numerare animi* [eine unbewußte Übung in der Arithmetik, bei der der Geist nicht weiß, daß er zählt], wofür sie Leibniz[8] ansprach und dennoch ganz Recht hatte, sofern er nur ihre unmittelbare und äußere Bedeutung, ihre Schale, betrachtete. Wäre sie jedoch nichts weiter, so müßte die Befriedigung, welche sie gewährt, der ähnlich sein, die wir beim richtigen Aufgehn eines Rechnungsexempels empfinden, und könnte nicht jene innige Freude sein, mit der wir das tiefste Innere unsers Wesens zur Sprache gebracht sehn. Auf unserm Standpunkt daher, wo die ästhetische Wirkung unser Augenmerk ist, müssen wir ihr eine viel ernstere und tiefere, sich auf das innerste Wesen der Welt und unsers Selbst beziehende Bedeutung zuerkennen, in Hinsicht auf welche die Zahlenverhältnisse, in die sie sich auflösen läßt, sich nicht als das Bezeichnete, sondern selbst erst als Zeichen verhalten. Daß sie zur Welt, in irgend einem Sinne, sich wie Darstellung zum Dargestellten, wie Nachbild zum Vorbilde verhalten muß, können wir aus der Analogie mit den übrigen Künsten schließen, denen allen dieser Charakter eigen ist, und mit deren Wirkung auf uns die ihrige im Ganzen gleichartig, nur stärker, schneller, notwendiger, unfehlbarer ist. Auch muß jene ihre nachbildliche Beziehung zur Welt eine sehr innige, unendlich wahre und richtig treffende sein, weil sie von jedem augenblicklich verstanden wird und eine gewisse Unfehlbarkeit dadurch zu erkennen gibt, daß ihre Form

---

[8] Gottfried Wilhelm Leibniz (1646—1716), Philosoph, Mathematiker, Physiker, Jurist und politischer Schriftsteller, Geschichts- und Sprachforscher; sein philosophisches System ist rationalistisch und optimistisch (‚Theodizee', 1710).

sich auf ganz bestimmte, in Zahlen auszudrückende Regeln zurückführen läßt, von denen sie gar nicht abweichen kann, ohne gänzlich aufzuhören Musik zu sein. — Dennoch liegt der Vergleichungspunkt zwischen der Musik und der Welt, die Hinsicht, in welcher jene zu dieser im Verhältnis der Nachahmung oder Wiederholung steht, sehr tief verborgen. Man hat die Musik zu allen Zeiten geübt, ohne hierüber sich Rechenschaft geben zu können: zufrieden, sie unmittelbar zu verstehn, tut man Verzicht auf ein abstraktes Begreifen dieses unmittelbaren Verstehns selbst.

Indem ich meinen Geist dem Eindruck der Tonkunst, in ihren mannigfaltigen Formen, gänzlich hingab, und dann wieder zur Reflexion und zu dem in gegenwärtiger Schrift dargelegten Gange meiner Gedanken zurückkehrte, ward mir ein Aufschluß über ihr inneres Wesen und über die Art ihres, der Analogie nach notwendig vorauszusetzenden, nachbildlichen Verhältnisses zur Welt, welcher mir selbst zwar völlig genügend und für mein Forschen befriedigend ist, auch wohl demjenigen, der mir bisher gefolgt wäre und meiner Ansicht der Welt beigestimmt hätte, eben so einleuchtend sein wird; welchen Aufschluß jedoch zu beweisen, ich als wesentlich unmöglich erkenne; da er ein Verhältnis der Musik, als einer Vorstellung, zu dem, was wesentlich nie Vorstellung sein kann, annimmt und festsetzt, und die Musik als Nachbild eines Vorbildes, welches selbst nie unmittelbar vorgestellt werden kann, angesehn haben will. Ich kann deshalb nichts weiter tun, als hier am Schlusse dieses der Betrachtung der Künste hauptsächlich gewidmeten dritten Buches, jenen mir genügenden Aufschluß über die wunderbare Kunst der Töne vortragen, und muß die Beistimmung, oder Verneinung meiner Ansicht der Wirkung anheimstellen, welche auf jeden Leser teils die Musik, teils der ganze und eine von mir in dieser Schrift mitgeteilte Gedanke hat. Überdies halte ich es, um der hier zu gebenden Darstellung der Bedeutung der Musik mit echter Überzeugung seinen Beifall geben zu können, für notwendig, daß man oft mit anhaltender Reflexion auf dieselbe der Musik zuhöre, und hiezu wieder ist erforderlich, daß man mit dem ganzen von mir dargestellten Gedanken schon sehr vertraut sei.

Die adäquate Objektivation des Willens sind die (Platonischen) Ideen; die Erkenntnis dieser durch Darstellung einzelner Dinge (denn solche sind die Kunstwerke selbst doch immer) anzuregen (welches nur unter einer diesem entsprechenden Veränderung im erkennenden Subjekt möglich ist), ist der Zweck aller andern Künste. Sie alle objektivieren also den Willen nur mittelbar, nämlich mittelst der Ideen: und da unsere Welt nichts Anderes ist, als die Erscheinung der Ideen in der Vielheit, mittelst Eingang in das *principium individuationis*[8] (die Form der dem Individuo als solchem möglichen Erkenntnis); so ist die Musik, da sie die Ideen übergeht, auch von der erscheinenden Welt ganz unabhängig, ignoriert sie schlechthin, könnte gewissermaßen, auch wenn die Welt gar nicht wäre, doch bestehn: was von den andern Künsten sich nicht sagen läßt. Die Musik ist nämlich eine so *unmittelbare* Objektivation und Abbild des ganzen *Willens*, wie die Welt selbst es ist, ja wie die Ideen es sind, deren vervielfältigte Erscheinung die Welt der einzelnen Dinge ausmacht. Die Musik ist also keineswegs, gleich den andern Künsten, das Abbild der Ideen, sondern *Abbild des Willens selbst*, dessen Objektität auch die Ideen sind: deshalb eben ist die Wirkung der Musik so sehr viel mächtiger und eindringlicher, als die der andern Künste: denn diese reden nur vom Schatten, sie aber vom Wesen. Da es inzwischen der selbe Wille ist, der sich sowohl in den Ideen, als in der Musik, nur in jedem von beiden auf ganz verschiedene Weise, objektiviert; so muß, zwar durchaus keine unmittelbare Ähnlichkeit, aber doch ein Parallelismus, eine Analogie sein zwischen der Musik und zwischen den Ideen, deren Erscheinung in der Vielheit und Unvollkommenheit die sichtbare Welt ist. [...]

Der Genuß alles Schönen, der Trost, den die Kunst gewährt, der Enthusiasmus des Künstlers, welcher ihn die Mühen des Lebens vergessen läßt, dieser eine Vorzug des Genius vor den Andern, der ihn für das mit der Klarheit des Bewußtseins in gleichem Maße gesteigerte Leiden und für die öde Einsamkeit unter einem heterogenen Geschlechte allein entschädigt, — dieses alles beruht darauf, daß, wie sich uns weiterhin zeigen wird, das Ansich des Lebens, der Wille, das Dasein selbst, ein stetes Leiden und teils jämmerlich, teils schrecklich ist; dasselbe hingegen als Vorstellung allein, rein angeschaut, oder durch die Kunst wiederholt, frei von Qual, ein bedeutsames Schauspiel gewährt. Diese rein erkennbare Seite der Welt und die Wiederholung derselben in irgend einer Kunst ist das Element des Künstlers. Ihn fesselt die Betrachtung des Schauspiels der Objektivation des Willens: bei demselben bleibt er stehn, wird nicht müde es zu betrachten und darstellend zu wiederholen, und trägt derweilen selbst die Kosten der Aufführung jenes Schauspiels, d. h. ist ja selbst der Wille, der sich also objektiviert und in stetem Leiden bleibt. Jene reine, wahre und tiefe Erkenntnis des Wesens der Welt wird ihm nun Zweck an sich: er bleibt bei ihr

---

[9] das Individuum, insofern es der Welt als Vorstellung zugehört.

stehn. Daher wird sie ihm nicht, wie wir es im folgenden Buche[10] bei dem zur Resignation gelangten Heiligen sehn werden, Quietiv des Willens, erlöst ihn nicht auf immer, sondern nur auf Augenblicke vom Leben, und ist ihm so noch nicht der Weg aus demselben, sondern nur einstweilen ein Trost in demselben; bis seine dadurch gesteigerte Kraft, endlich des Spiels müde, den Ernst ergreift.

(Bd. 1, S. 321—324, 335)

3.

Über das innere Wesen der Kunst

Nicht bloß die Philosophie, sondern auch die schönen Künste arbeiten im Grunde darauf hin, das Problem des Daseins zu lösen. Denn in jedem Geiste, der sich einmal der rein objektiven Betrachtung der Welt hingibt, ist, wie versteckt und unbewußt es auch sein mag, ein Streben rege geworden, das wahre Wesen der Dinge, des Lebens, des Daseins, zu erfassen. Denn dieses allein hat Interesse für den Intellekt als solchen, d. h. für das von den Zwecken des Willens frei gewordene, also reine Subjekt des Erkennens; wie für das als bloßes Individuum erkennende Subjekt die Zwecke des Willens allein Interesse haben. — Dieserhalb ist das Ergebnis jeder rein objektiven, also auch jeder künstlerischen Auffassung der Dinge ein Ausdruck mehr vom Wesen des Lebens und Daseins, eine Antwort mehr auf die Frage: „Was ist das Leben?“ — Diese Frage beantwortet jedes echte und gelungene Kunstwerk, auf seine Weise, völlig richtig. Allein die Künste reden sämtlich nur die naive und kindliche Sprache der *Anschauung*, nicht die abstrakte und ernste der *Reflexion:* ihre Antwort ist daher ein flüchtiges

---

[10] Das folgende Buch des I. Bandes befaßt sich unter dem Titel ‚Bei erreichter Selbsterkenntnis, Bejahung und Verneinung des Willens zum Leben‘ mit Fragen der Ethik.
Während sich der Künstler, der Produzent und Rezipient, durch die ästhetische Erfahrung nur „auf Augenblicke“ vom Willen zum Leben und damit vom Leiden befreien kann, gelingt den Heiligen, „welchen in der eigenen Erfahrung zu begegnen freilich selten vergönnt ist“, die Verneinung des Willens zum Leben. Allerdings bleibt auch für sie am Ende, wie die letzten Sätze des Buches sagen, nur das Nichts: „Wir bekennen es vielmehr frei: was nach gänzlicher Aufhebung des Willens übrig bleibt, ist für alle die, welche noch des Willens voll sind, allerdings nichts. Aber auch umgekehrt ist denen, in welchen der Wille sich gewendet und verneint hat, diese unsere so sehr reale Welt mit allen ihren Sonnen und Milchstraßen — nichts.“ (Die Welt als Wille und Vorstellung, a. a. O., S. 558.)

Bild; nicht eine bleibende allgemeine Erkenntnis. Also für die *Anschauung* beantwortet jedes Kunstwerk jene Frage, jedes Gemälde, jede Statue, jedes Gedicht, jede Szene auf der Bühne: auch die Musik beantwortet sie; und zwar tiefer als alle andern, indem sie, in einer ganz unmittelbar verständlichen Sprache, die jedoch in die der Vernunft nicht übersetzbar ist, das innerste Wesen alles Lebens und Daseins ausspricht. Die übrigen Künste also halten sämtlich dem Frager ein anschauliches Bild vor und sagen: „Siehe hier, das ist das Leben!“ — Ihre Antwort, so richtig sie auch sein mag, wird jedoch immer nur eine einstweilige, nicht eine gänzliche und finale Befriedigung gewähren. Denn sie geben immer nur ein Fragment, ein Beispiel statt der Regel, nicht das Ganze, als welches nur in der Allgemeinheit des *Begriffes* gegeben werden kann. Für diesen daher, also für die Reflexion und *in abstracto,* eine eben deshalb bleibende und auf immer genügende Beantwortung jener Frage zu geben, — ist die Aufgabe der Philosophie. Inzwischen sehn wir hier, worauf die Verwandtschaft der Philosophie mit den schönen Künsten beruht, und können daraus abnehmen, inwiefern auch die Fähigkeit zu beiden, wiewohl in ihrer Richtung und im Sekundären sehr verschieden, doch in der Wurzel dieselbe ist.

Jedes Kunstwerk ist demgemäß eigentlich bemüht, uns das Leben und die Dinge so zu zeigen, wie sie in Wahrheit sind, aber, durch den Nebel objektiver und subjektiver Zufälligkeiten hindurch, nicht von jedem unmittelbar erfaßt werden können. Diesen Nebel nimmt die Kunst hinweg.

Die Werke der Dichter, Bildner und darstellenden Künstler überhaupt enthalten anerkanntermaßen einen Schatz tiefer Weisheit: eben weil aus ihnen die Weisheit der Natur der Dinge selbst redet, deren Aussagen sie bloß durch Verdeutlichung und reinere Wiederholung verdolmetschen. Deshalb muß aber freilich auch jeder, der das Gedicht liest, oder das Kunstwerk betrachtet, aus eigenen Mitteln beitragen, jene Weisheit zu Tage zu fördern: folglich faßt er nur so viel davon, als seine Fähigkeit und seine Bildung zuläßt; wie ins tiefe Meer jeder Schiffer sein Senkblei so tief hinabläßt, als dessen Länge reicht. Vor ein Bild hat jeder sich hinzustellen, wie vor einen Fürsten, abwartend, ob und was es zu ihm sprechen werde; und, wie jenen, auch dieses nicht selbst anzureden: denn da würde er nur sich selbst vernehmen [...]

In Folge der vorhergegangenen Kapitel und meiner ganzen Ansicht von der Kunst, ist ihr Zweck die Erleichterung der Erkenntnis der *Ideen* der Welt (im Platonischen Sinn, dem einzigen, den ich für das Wort *Idee* anerkenne). Die *Ideen* aber sind wesentlich ein

Anschauliches und daher, in seinen nähern Bestimmungen, Unerschöpfliches. Die Mitteilung eines solchen kann daher nur auf dem Wege der Anschauung geschehn, welches der der Kunst ist. Wer also von der Auffassung einer *Idee* erfüllt ist, ist gerechtfertigt, wenn er die Kunst zum Medium seiner Mitteilung wählt. — Der bloße *Begriff* hingegen ist ein vollkommen Bestimmbares, daher zu Erschöpfendes, deutlich Gedachtes, welches sich, seinem ganzen Inhalt nach, durch Worte, kalt und nüchtern mitteilen läßt. Ein solches nun aber durch ein *Kunstwerk* mitteilen zu wollen, ist ein sehr unnützer Umweg, ja, gehört zu dem eben gerügten Spielen mit den Mitteln der Kunst, ohne Kenntnis des Zwecks. Daher ist ein Kunstwerk, dessen Konzeption aus bloßen deutlichen Begriffen hervorgegangen, allemal ein unechtes. Wenn wir nun, bei Betrachtung eines Werkes der bildenden Kunst, oder beim Lesen einer Dichtung, oder beim Anhören einer Musik (die etwas Bestimmtes zu schildern bezweckt), durch alle die reichen Kunstmittel hindurch, den deutlichen, begrenzten, kalten, nüchternen Begriff durchschimmern und am Ende hervortreten sehn, welcher der Kern dieses Werkes war, dessen ganze Konzeption mithin nur im deutlichen Denken desselben bestanden hat und demnach durch die Mitteilung desselben von Grund aus erschöpft ist; so empfinden wir Ekel und Unwillen: denn wir sehn uns getäuscht und um unsere Teilnahme und Aufmerksamkeit betrogen. Ganz befriedigt durch den Eindruck eines Kunstwerks sind wir nur dann, wann er etwas hinterläßt, das wir, bei allem Nachdenken darüber, nicht bis zur Deutlichkeit eines Begriffs herabziehn können. Das Merkmal jenes hybriden [Misch-]Ursprungs aus bloßen Begriffen ist, daß der Urheber eines Kunstwerks, ehe er an die Ausführung ging, mit deutlichen Worten angeben konnte, was er darzustellen beabsichtigte: denn da wäre durch diese Worte selbst sein ganzer Zweck zu erreichen gewesen. Daher ist es ein so unwürdiges, wie albernes Unternehmen, wenn man, wie heutzutage öfter versucht worden, eine Dichtung Shakespeares, oder Goethes, zurückführen will auf eine abstrakte Wahrheit, deren Mitteilung ihr Zweck gewesen wäre. Denken soll freilich der Künstler, bei der Anordnung seines Werkes: aber nur *das* Gedachte, was *geschaut* wurde ehe es gedacht war, hat nachmals, bei der Mitteilung, anregende Kraft und wird dadurch unvergänglich.

(Bd. 2, Kap. 34 [gekürzt], S. 479—480, 482—483)

Sören Kierkegaard[1]

1.

Entweder/Oder[2], dessen Titel schon Fingerzeig-gebend ist, läßt das Existenzverhältnis zwischen dem Ästhetischen und dem Ethischen in existierender Individualität entstehen. Darin liegt für mich die indirekte Polemik des Buches gegen die Spekulation, der die Existenz gleichgültig ist. Daß kein Resultat und keine endgültige Entscheidung da sind, ist ein indirekter Ausdruck für die Wahrheit als Innerlichkeit und so vielleicht eine Polemik gegen die Wahrheit als Wissen. Das Vorwort selbst sagt etwas darüber, doch nicht dozierend, denn dann könnte ich mit Sicherheit etwas wissen, sondern in der heiteren Form des Scherzes und der Hypothese. Daß kein Verfasser da ist, ist ein Mittel des Fernhaltens.

Das erste Diapsalm (1. Teil, S. 3) setzt eine Spaltung im Dasein in (der) Form des Schmerzes einer Dichterexistenz, so wie diese sich in einer Dichterexistenz hätte fortsetzen können, was B gegen A benutzt (2. Teil, S. 188 unten). Das letzte Wort des ganzen Werkes lautet so (2. Teil, S. 318): Nur die Wahrheit, die *erbaut*, ist Wahrheit für *dich*[3]. Dies ist eine wesentliche nähere Bestimmung der Wahrheit als Innerlichkeit, durch die deren entscheidende Bestimmung als erbaulich *für dich*, d. h. für das Subjekt, deren wesentlicher Unterschied von allem objektiven Wissen ist, indem die Subjektivität selbst das Kennzeichen der Wahrheit wird.

Der erste Teil stellt eine Existenzmöglichkeit dar, die keine Existenz gewinnen kann, eine Schwermut, die ethisch aufgearbeitet werden muß. Sie ist wesentlich Schwermut, und zwar eine so tiefe, daß sie sich, obgleich sie autopathisch[4] ist, betrügerisch mit den Leiden anderer beschäftigt (in den ‚Schattenrissen'), und im übri-

---

[1] Abschließende unwissenschaftliche Nachschrift (1846), in: Gesammelte Werke, Bd. 16/1 und 16/2, übersetzt von Hans Martin Junghans, Düsseldorf-Köln 1957/58; Die Schriften über sich selbst (1851), in: Gesammelte Werke, Bd. 33, übersetzt von Emanuel Hirsch, Düsseldorf-Köln 1951.

[2] In ‚Entweder-Oder' (1843) stellt Kierkegaard die Lebensauffassung des Ästhetikers A und des Ethikers B einander gegenüber; die literarische Form ermöglicht dabei die indirekte Mitteilung philosophischer Thesen. Die ‚Papiere von A' (1. Teil von ‚Entweder-Oder') beginnen mit der Aphorismensammlung ‚Diapsalmata', die das Lebensgefühl des melancholisch-zerrissenen Ästhetikers zum Ausdruck bringen.

[3] Gegenthese zu Hegel: Vgl. ‚Phänomenologie des Geistes', Vorrede: „Die Philosophie aber muß sich hüten, erbaulich sein zu wollen." (Theorie-Werkausgabe, a. a. O., Bd. 3, S. 17.)

[4] an sich selbst leidend.

gen durch Verdecken unter der Lust, der Verständigkeit, ja der Verderbtheit betrügt; aber der Betrug und die Decke sind zugleich ihre Stärke und ihre Ohnmacht, nämlich ihre Stärke, was die Phantasie betrifft, und ihre Ohnmacht, was die Gewinnung der Existenz angeht. Sie ist Phantasie-Existenz in ästhetischer Leidenschaft und daher paradox und an der Zeit scheiternd; sie ist auf ihrem Höhepunkt Verzweiflung; sie ist also nicht Existenz, sondern Existenzmöglichkeit mit der Richtung auf Existenz, und dieser so nahe gebracht, daß man gleichsam fühlt, wie jeder Augenblick, wo es noch nicht zu einer Entscheidung gekommen ist, verlorengeht. Aber die Existenzmöglichkeit in dem existierenden A will sich dessen nicht bewußt werden und hält die Existenz durch den allerfeinsten Betrug, durch das Denken, fern; er hat alles mögliche gedacht, und doch hat er überhaupt nicht existiert. Dies macht, daß nur die Diapsalmata rein dichterische Ergüsse sind, während das übrige eine reichliche Menge Gedankeninhalt hat, was leicht trügen kann, als wäre das, über etwas nachgedacht haben, mit dem Existieren identisch. Hätte ein Dichter das Werk entworfen, so hätte er schwerlich daran gedacht, und hätte möglicherweise durch das Werk selbst das alte Mißverständnis wieder befördert. Hier soll nämlich das Verhältnis nicht zwischen unreifem und reifem Denken, sondern zwischen Nichtexistieren und Existieren bestehen. A ist daher als Denker entwickelt, er ist als Dialektiker[5] B weit überlegen, er hat alle verführerischen Gaben des Verstandes und des Geistes; dadurch wird es deutlicher, wodurch B sich von ihm unterscheidet.

Der zweite Teil stellt eine ethische Individualität dar, die kraft des Ethischen existiert. Der zweite Teil deckt zugleich den ersten Teil auf; denn A würde das Verfassersein wieder als eine Möglichkeit auffassen, es wirklich ausführen — und es dann liegenlassen. Der Ethiker *hat verzweifelt* (vergl. 2. Teil, S. 143—196 — der erste Teil *war* Verzweiflung); er hat in der Verzweiflung *sich selbst gewählt* (S. 206 ff.); er wird durch diese Wahl, und wird in dieser Wahl *offenbar* (vergl. 2. Teil, S. 289: Die Formulierung, die die Differenz zwischen dem Ästhetischen und dem Ethischen scharf herausstellt, ist die: Es ist die Pflicht jedes Menschen, offenbar zu werden — der erste Teil war die Verborgenheit); er ist Ehemann (A war mit jeder Möglichkeit im Bereich des Erotischen vertraut und doch nicht wirklich verliebt; denn in demselben Augenblick wäre er doch gewissermaßen im Begriff gewesen, sich zu konsoli-

[5] hier nicht im Hegelschen Sinn, sondern eher in der alten Bedeutung: Sophist, Rhetoriker.

dieren) und konzentriert sich, gerade entgegen der Verborgenheit der Ästhetik, auf die Ehe als die tiefste Form der Offenbarung des Lebens, wodurch *die Zeit* für den ethisch Existierenden in Dienst genommen ist, und die Möglichkeit, *eine Geschichte zu bekommen*, den ethischen Sieg der Kontinuierlichkeit über die Verborgenheit, die Schwermut, die illusorische Leidenschaft und die Verzweiflung bedeutet. Durch gaukelnde Nebelbilder und durch die Distraktionen[6] eines üppigen Gedankeninhaltes hindurch — deren Ausführung, wenn sie überhaupt etwas taugt, das absolute Verdienst des Verfassers ist, gelangt man zu einem ganz einzelnen Menschen, der kraft des Ethischen existiert. Dies ist das Szenenchangement, oder richtiger, jetzt ist die Szene da: Statt einer Welt von Möglichkeit, durchglüht von Phantasie und dialektisch eingerichtet, ist ein Individuum geworden — und nur die Wahrheit, die erbaut, ist Wahrheit für dich, d. h. die Wahrheit ist die Innerlichkeit, wohlgemerkt Existenzinnerlichkeit, hier in ethischer Bestimmung.

(Abschließende unwissenschaftliche Nachschrift, I. Teil, Bd. 16/1, S. 246 bis 248)

2.

§ 2

Die Möglichkeit höher als die Wirklichkeit
Die Wirklichheit höher als die Möglichkeit
Die poetische und intellektuelle Idealität;
die ethische Idealität

Aristoteles bemerkt in seiner Poetik, daß die Poesie höher stehe als die Geschichte, weil die Geschichte nur darstelle, was geschehen sei, die Poesie aber, was hätte geschehen können und geschehen sollen[7], d. h.: daß die Poesie über die Möglichkeit verfügt. In bezug auf die Wirklichkeit steht, vom poetischen und intellektuellen Standpunkt aus gesehen, die Möglichkeit höher; das Ästhetische und das Intellektuelle ist interesselos. Aber es gibt nur *ein* Interesse, nämlich das, zu existieren; Interesselosigkeit ist der Ausdruck für Gleichgültigkeit gegen die Wirklichkeit. Diese Gleichgültigkeit ist in dem cartesianischen cogito — ergo sum[8] vergessen, was die

---

[6] Zerstreuungen, Abschweifungen.

[7] Siehe oben 123.

[8] René Descartes (lateinisch Cartesius, davon abgeleitet cartesianisch) (1596—1650), französischer Mathematiker, Physiker und Philosoph, versuchte die Frage nach der letzten Gewißheit von Erkenntnis durch Rückgang auf die Selbstgewißheit des denkenden Bewußtseins zu lösen: Wenn ich alles bezweifle, bin ich mir dennoch, gerade im Zweifeln, meiner Existenz als denkenden Wesens bewußt (‚Cogito — ergo sum' — ‚ich denke, also bin ich').

Interesselosigkeit des Intellektuellen beunruhigt und die Spekulation beleidigt, als ob aus ihr etwas anderes folgen sollte. Ich denke, ergo denke ich; ob ich bin oder es ist (im Sinne der Wirklichkeit, wo ich einen einzelnen existierenden Menschen und es ein bestimmtes einzelnes Etwas bedeutet), ist völlig gleichgültig. Daß das, was ich denke, im Sinne des Denkens vorhanden ist, bedarf ja keines Beweises, oder braucht nicht durch einen Schluß bewiesen zu werden; da es ja bewiesen ist. Sobald ich anfange, mein Denken teleologisch in bezug auf etwas anderes machen zu wollen, ist das Interesse mit im Spiel. Sobald das da ist, ist das Ethische mit zur Stelle und erspart mir weitere Bemühungen, mein Dasein zu beweisen; verhindert mich daran, ethisch betrügerisch und metaphysisch unklar den Schnörkel des Schlusses zu machen, indem es mich zum Existieren verpflichtet.

* * *

Während das Ethische in unserer Zeit immer mehr ignoriert wird, hat dieses Ignorieren zugleich die schädliche Folge gehabt, daß es die Poesie und die Spekulation verwirrt hat, die die interesselose Erhabenheit der Möglichkeit aufgegeben haben, um nach der Wirklichkeit zu greifen: anstatt jedem das Seine zu geben, hat man in doppelter Weise Verwirrung gestiftet. Die Poesie macht einen Versuch nach dem anderen, als Wirklichkeit zu wirken, was ganz und gar unpoetisch ist; und die Spekulation[9] will immer wieder innerhalb ihres Umkreises die Wirklichkeit erreichen und versichert, daß das Gedachte das Wirkliche sei, daß das Denken nicht bloß imstande sei zu denken, sondern Wirklichkeit zu geben, was sich gerade umgekehrt verhält; und gleichzeitig vergißt man immer mehr, was es heißt, zu existieren. Die Zeit und die Menschen werden immer unwirklicher, daher diese Surrogate, die das Verlorene erstatten sollen. Das Ethische gibt man immer mehr auf, das Leben des Einzelnen wird nicht nur poetisch, sondern welthistorisch beunruhigt und dadurch verhindert, ethisch zu existieren; also muß man auf andere Weise Wirklichkeit herbeischaffen. Aber diese mißverstandene Wirklichkeit gleicht einer Generation oder den Individuen in dieser, die zu früh alt geworden sind und für die man nun künstlich Jugendlichkeit beschaffen muß. Statt daß ethisch zu existieren die Wirklichkeit ist, ist die Zeit so überwiegend betrachterisch geworden, daß nicht bloß alle es sind, sondern daß dies zuletzt so verfälscht wird, (daß es den Anschein

[9] gemeint ist die idealistische Spekulation, vor allem die Hegelsche.

hat,) als wäre es Wirklichkeit. Man lächelt über das Klosterleben, und doch lebt kein Eremit so unwirklich, wie man heutzutage lebt; denn ein Eremit abstrahierte wohl von der ganzen Welt, aber er abstrahierte nicht von sich selbst; man versteht, die phantastische Lage eines Klosters zu beschreiben, im Abseits, in der Einsamkeit des Waldes, im fernen Blauen des Horizonts, aber an die phantastische Situation des reinen Denkens denkt man nicht. Und doch ist die pathetische Unwirklichkeit des Einsiedlers bei weitem der komischen Unwirklichkeit des reinen Denkens vorzuziehen; und doch ist das leidenschaftliche Vergessen des Einsiedlers, das ihm die ganze Welt fortnimmt, bei weitem der komischen Distraktion des welthistorischen Denkers vorzuziehen, der sich selbst vergißt.

* * *

Vom ethischen Standpunkt aus gesehen steht die Wirklichkeit höher als die Möglichkeit. Das Ethische will gerade die Interesselosigkeit der Möglichkeit dadurch zunichte machen, daß es das Existieren zum unendlichen Interesse macht. Das Ethische will daher jeden Konfusionsversuch, wie z. B. Welt und Menschen ethisch *betrachten* zu wollen, verhindern. Ethisch betrachten kann man nämlich nicht, denn es gibt nur *eine* ethische Betrachtung, das ist Selbstbetrachtung. Das Ethische umschließt augenblicklich den Einzelnen, mit der Forderung an ihn, er solle ethisch existieren; es schwadroniert nicht von Millionen und Generationen, es nimmt die Menschheit nicht in Bausch und Bogen, ebensowenig wie die Polizei etwa die reine Menschheit arretiert. Das Ethische hat mit den einzelnen Menschen zu tun, und wohlgemerkt mit jedem Einzelnen. Weiß Gott, wie viele Haare auf eines Menschen Haupt sind, so weiß das Ethische, wie viele Menschen da sind, und die ethische Volkszählung geschieht nicht im Interesse einer Totalsumme, sondern im Interesse jedes Einzelnen. Das Ethische fordert sich selbst von jedem Menschen, und wenn es richtet, so richtet es wiederum jeden Einzelnen, nur ein Tyrann oder ein ohnmächtiger Mensch begnügt sich damit, zu dezimieren. Das Ethische ergreift den Einzelnen und fordert von ihm, daß er sich alles Betrachtens enthalte, besonders der Welt und der Menschen; denn das Ethische als das Innere läßt sich überhaupt nicht von jemand, der draußen steht, betrachten, es läßt sich nur von dem einzelnen Subjekt realisieren, das damit wissen kann, was in ihm wohnt, die einzige Wirklichkeit, die nicht dadurch zu einer Möglichkeit wird, daß man von ihr weiß, und von der man nicht nur dadurch wissen kann, daß man sie denkt, da es seine eigene Wirklichkeit ist, welche er als gedachte

Wirklichkeit d. h. als Möglichkeit wußte, bevor sie Wirklichkeit wurde, während er in bezug auf die Wirklichkeit eines anderen von dieser nichts wußte, bevor er dadurch, daß er sie zu wissen bekam, sie dachte, d. h. in Möglichkeit verwandelte. [...]

* * *

Ästhetisch und intellektuell nach Wirklichkeit zu fragen, ist ein Mißverständnis; ethisch nach eines anderen Menschen Wirklichkeit zu fragen, ist ein Mißverständnis, da nur nach der eigenen gefragt werden soll. Hier zeigt sich die Verschiedenheit des Glaubens (im strengsten Sinne — sensu strictissimo —, der sich auf etwas Historisches bezieht) vom Ästhetischen, Intellektuellen, Ethischen. Unendlich interessiert nach einer Wirklichkeit fragen, die nicht die eigene ist, heißt glauben wollen und drückt das paradoxe Verhältnis zum Paradox aus[10]. Ästhetisch läßt sich so nicht fragen, außer in Gedankenlosigkeit, da ästhetisch die Möglichkeit höher steht als die Wirklichkeit; auch nicht intellektuell, da intellektuell die Möglichkeit höher steht als die Wirklichkeit; und ethisch auch nicht, weil das Individuum ethisch einzig und allein an seiner eigenen Wirklichkeit unendlich interessiert ist. Die Analogie zwischen dem Glauben und dem Ethischen besteht in der unendlichen Interessiertheit, wodurch der Glaubende von einem Ästhetiker und einem Denker absolut verschieden ist, aber wiederum verschieden von einem Ethiker ist dadurch, daß er an der Wirklichkeit eines anderen (z. B. daß der Gott wirklich dagewesen ist) unendlich interessiert ist.

* * *

Ästhetisch und intellektuell gilt, daß nur dann eine Wirklichkeit verstanden und gedacht worden ist, wenn ihr Wirklichsein (esse) in ihr Seinkönnen (posse) aufgelöst ist. Ethisch gilt, daß nur dann die Möglichkeit verstanden worden ist, wenn jedes Seinkönnen (posse) wirklich ein Wirklichsein (esse) ist. Wenn das Ästhetische und das Intellektuelle prüfen, weisen sie jedes Wirklichsein (esse) ab, das nicht ein Seinkönnen (posse) ist; wenn das Ethische prüft, verurteilt es jedes Seinkönnen (posse), das nicht ein Wirklichsein (esse)

---

[10] Das paradoxe (widersprüchlich bleibende) Fragen kennzeichnet für Kierkegaard die religiöse Sphäre: „Dies ist das höchste Paradox des Denkens, etwas zu entdecken, was es selbst nicht denken kann." (Philosophische Brocken, Kap. 3.)

ist, ein Seinkönnen (posse) nämlich im Individuum selbst, da es ethisch nicht mit anderen Individuen zu tun hat. — In unserer Zeit wird alles zusammengemengt, man beantwortet das Ästhetische ethisch, den Glauben intellektuell usw. Man ist mit allem fertig, und doch ist man weit davon entfernt, achtsam zu sein darauf, in welcher Sphäre jede Frage ihre Antwort findet. In der Welt des Geistes bringt dies eine noch größere Konfusion hervor, als wenn in der bürgerlichen Welt z. B. ein geistliches Anliegen von der Straßenpflasterungskommission beantwortet würde.

* * *

Ist denn die Wirklichkeit die äußere Welt? Keineswegs. Ästhetisch und intellektuell schärft man ganz richtig ein, daß das Äußere nur ein Betrug ist für den, der die Idealität nicht faßt. Frater Taciturnus[11] sagt l. c., S. 408 f.): „Das Wissen des Historischen hilft einem nur hinein in einen Sinnentrug, der vom Stofflichen betört wird. Was ist das, was ich historisch weiß? Das Stoffliche. Die Idealität kenne ich durch mich selbst, und kenne ich sie nicht durch mich selbst, so kenne ich sie überhaupt nicht, alles historische Wissen hilft nichts. Die Idealität ist keine fahrende Habe, die von einem zum anderen transportiert werden kann, oder etwas, das mit in den Kauf geht, wenn man größere Partien kauft. Wenn ich weiß, daß Cäsar groß war, so weiß ich schon, was das Große ist, und auf das sehe ich, sonst weiß ich nicht, daß Cäsar groß war. Der Bericht der Geschichte, daß zuverlässige Männer versichern, es sei kein Risiko damit verbunden, diese Meinung anzunehmen, da es gewiß sei, daß er ein großer Mann war, daß der Ausgang es beweise, das hilft gar nichts. An die Idealität auf das Wort eines anderen hin glauben, ist, wie wenn man über einen Witz lacht, nicht weil man ihn verstanden hat, sondern weil ein anderer gesagt hat, daß es witzig sei. Wenn das so ist, dann kann im Grunde genommen der Witz für den, der auf Treu und Glauben lacht, ebensogut ungesagt bleiben, er kann mit der gleichen Emphase lachen." — Was ist denn die Wirklichkeit? Sie ist die Idealität. Aber ästhetisch und intellektuell ist die Idealität die Möglichkeit (die Zurückführung der Wirklichkeit auf die Möglichkeit — ab esse ad posse[12]). Ethisch ist die Idealität die Wirklichkeit im

---

[11] eins der Pseudonyme, die für Kierkegaards Methode der indirekten Mitteilung kennzeichnend sind; siehe auch unten 261—266.

[12] vom Wirklichsein zum Seinkönnen.

Individuum selbst. Die Wirklichkeit ist die Innerlichkeit, unendlich interessiert am Existieren, welches das ethische Individuum für sich selbst ist.

* * *

Wenn ich einen Denker verstehe, so ist in ebendemselben Grade, wie ich ihn verstehe, seine Wirklichkeit (daß er als einzelner Mensch existiert; daß er selbst es *wirklich* so verstanden hat usw.; oder daß er es selbst *wirklich* realisiert hat usw.) vollständig gleichgültig. Darin hat die Philosophie und die Ästhetik recht, und es kommt gerade darauf an, dies recht festzuhalten. Aber darin liegt noch keine Rechtfertigung des reinen Denkens als eines Mediums der Mitteilung. Weil nämlich seine Wirklichkeit mir dem Lernenden gleichgültig ist, ebenso wie umgekehrt meine ihm, darum folgt daraus keineswegs, daß er selbst gegen seine eigene Wirklichkeit gleichgültig sein darf. Davon muß seine Mitteilung das Gepräge tragen, zwar nicht direkt, denn das läßt sich von einem zum anderen nicht direkt mitteilen (da ein solches Verhältnis das paradoxe Verhältnis des Glaubenden zum Gegenstand des Glaubens ist), und läßt sich nicht direkt verstehen, sondern muß indirekt da sein und indirekt zu verstehen sein[13].

Wenn die einzelnen Sphären nicht in entscheidender Weise auseinander gehalten werden, wird alles in Verwirrung gebracht. Wenn man dergestalt in bezug auf die Wirklichkeit eines Denkers neugierig ist, es interessant findet, etwas darüber zu wissen usw., so ist man intellektuell zu tadeln, weil es in der Sphäre der Intellektualität gerade das Maximum ist, daß die Wirklichkeit des Denkers vollkommen gleichgültig ist. Aber dadurch, daß man in der Sphäre der Intellektualität so faselig ist, bekommt man eine verwirrende Ähnlichkeit mit einem Glaubenden. Ein Glaubender ist gerade unendlich interessiert an der Wirklichkeit eines anderen. Das ist für den Glaubenden das Entscheidende, und diese Interessiertheit ist nicht so ein klein wenig Neugier, sondern die absolute Abhängigkeit vom Gegenstand des Glaubens.

Der Gegenstand des Glaubens ist die Wirklichkeit eines anderen; sein Verhältnis ist unendliche Interessiertheit. Der Gegenstand des Glaubens ist keine Lehre, denn dann ist das Verhältnis intellektuell, und es kommt darauf an, nicht zu pfuschen und das Maximum des intellektuellen Verhältnisses zu erreichen. Der Gegenstand des Glaubens ist nicht ein Lehrer, der eine Lehre hat; denn

---

[13] zur Notwendigkeit der „indirekten Mitteilung" s. unten 233—266.

wenn ein Lehrer eine Lehre hat, ist eo ipso die Lehre wichtiger als der Lehrer, und das Verhältnis ist intellektuell, wo es darauf ankommt, nicht zu pfuschen, sondern das Maximum des intellektuellen Verhältnissen zu erreichen. Sondern der Gegenstand des Glaubens ist die Wirklichkeit des Lehrers: daß der Lehrer wirklich da ist. Die Antwort des Glaubens ist daher absolut: entweder ein Ja oder ein Nein. Denn die Antwort des Glaubens ist nicht auf eine Lehre bezogen, ob sie wahr ist oder nicht, sie ist nicht auf einen Lehrer bezogen, ob seine Lehre wahr ist oder nicht, sondern sie ist die Antwort auf die Frage nach einem Faktum: Nimmst du an, daß er wirklich dagewesen ist? Und wohlgemerkt, die Antwort geschieht mit unendlicher Leidenschaft. Mit Bezug auf einen Menschen nämlich ist es gedankenlos, so unendlich viel Gewicht darauf zu legen, ob er dagewesen ist oder nicht. Wenn daher der Gegenstand des Glaubens ein Mensch ist, so ist das Ganze die Narretei eines törichten Menschen, der nicht einmal das Ästhetische und das Intellektuelle begriffen hat. Der Gegenstand des Glaubens ist daher die Wirklichkeit des Gottes, Wirklichkeit im Sinne von Existenz. Aber Existieren bedeutet vor allem ein Einzelner sein, und daher kommt es, daß das Denken von der Existenz absehen muß, weil das Einzelne sich nicht denken läßt, sondern nur das Allgemeine. Der Gegenstand des Glaubens ist also die Wirklichkeit des Gottes in Existenz, d. h. als eines Einzelnen, d. h. daß der Gott als ein einzelner Mensch dagewesen ist.

Das Christentum ist keine Lehre von der Einheit des Göttlichen und des Menschlichen, vom Subjekt-Objekt, um nicht die übrigen logischen Umschreibungen des Christentums zu nennen. Wenn nämlich das Christentum eine Lehre wäre, so würde das Verhältnis zu ihm nicht das des Glaubens sein; denn zu einer Lehre gibt es nur ein intellektuelles Verhältnis. Das Christentum ist daher keine Lehre, sondern das Faktum, daß der Gott dagewesen ist.

Der Glaube ist also nicht eine Anfängerklasse in der Sphäre der Intellektualität, ein Asyl für schwache Köpfe. Sondern der Glaube ist eine Sphäre für sich, und jedes Mißverständnis des Christentums ist sofort daran kenntlich, daß es dieses in eine Lehre verwandelt und in den Bereich der Intellektualität hineinzieht. Was in der Sphäre der Intellektualität als Maximum gilt, nämlich gegen die Wirklichkeit des Lehrers vollkommen gleichgültig zu werden, davon gilt das Umgekehrte in der Sphäre des Glaubens: dessen Maximum ist die im höchstmöglichen Grade (quam maxime) unendliche Interessiertheit für die Wirklichkeit des Lehrers.

(Abschließende unwissenschaftliche Nachschrift, II. Teil, Bd. 16/2, S. 19 bis 22, 25—29)

3.

Die ästhetische Schriftstellerei
Weshalb mit ästhetischer Schriftstellerei begonnen wurde oder was diese Schriftstellerei, in dem Ganzen verstanden, zu bedeuten habe.*

§ 1

Daß die ‚Christenheit' ein ungeheuerlicher Sinnentrug ist.

Jedermann, welcher mit Ernst und dazu mit etlicher Fähigkeit zu sehen, sich das was man so Christenheit nennt, betrachtet, oder auch den Zustand in einem sogenannten christlichen Lande, muß doch unzweifelhaft alsbald recht bedenklich werden. Was mag es doch besagen, daß alle diese Tausende und aber Tausende sich Christen nennen? Diese vielen vielen Menschen, deren weit weit überwiegende Mehrzahl gemäß allem was man vermuten kann, ihr Leben in ganz andern Kategorien haben, etwas, dessen man sich mit der simpelsten Beobachtung vergewissern kann! Menschen, die vielleicht nicht ein einziges Mal zur Kirche gehen, niemals an Gott denken, niemals seinen Namen nennen außer wenn sie fluchen! Menschen, denen es niemals aufgegangen ist, daß ihr Leben irgendeine Verpflichtung Gott gegenüber haben möchte, Menschen, welche entweder auf eine gewisse bürgerliche Unsträflichkeit als das Höchste halten oder gar auch diese nicht so durchaus nötig befinden! Jedoch alle diese Menschen, sogar die welche behaupten, es gebe keinen Gott, sie sind allesamt Christen, nennen sich Christen, werden als Christen anerkannt vom Staate, als Christen begraben von der Kirche, als Christen verabschiedet in die Ewigkeit!

Daß hierin eine ungeheuerliche Verwirrung stecken muß, ein fürchterlicher Sinnentrug, darüber kann doch gewiß kein Zweifel sein. Aber daran rühren! Ja, ich kenne die Einwendung wohl. Denn da ist schon der und auch jener, der versteht was ich meine, der denn aber mit einer gewissen Gutmütigkeit mir auf die Schulter klopfen und sprechen würde: „Lieber Freund, Sie sind doch noch ziemlich jung; mit so einem Unternehmen anfangen wollen, einem Unternehmen, das, wo es nur einigermaßen gelingen soll, zum mindesten ein kleines Dutzend wohlabgerichteter Missionare verlangen

---

* Ich muß den geneigten Leser ein für alle Mal aufs inständigste bitten, es beständig im Sinn zu behalten, daß der Gesamtgedanke der ganzen schriftstellerischen Wirksamkeit der ist: Christ werden.

würde, einem Unternehmen, das eigentlich auf nicht mehr oder weniger hinausläuft als das Christentum wieder einzuführen — in die Christenheit. Nein, lieber Freund, lassen Sie uns Menschen sein, ein solches Unternehmen geht sowohl über Ihre wie über meine Kraft. Dies Unternehmen ist ebenso unsinnig großartig wie wenn man die ‚Menge' reformieren wollte, und mit der läßt kein Verständiger sich ein, sondern läßt sie laufen als das was sie ist. Mit so etwas anfangen, das ist der sichere Untergang." Ja, vielleicht; aber ist oder wäre der Untergang auch sicher, sicher ist auch, daß man diese Einwendung nicht vom Christentum gelernt hat, denn als es in die Welt kam, war es mit noch ganz andrer Entschiedenheit der sichere Untergang damit anzufangen — jedoch man fing an; und sicher ist auch, daß man diese Einwendung auch nicht von Sokrates gelernt hat, denn er ließ sich doch mit der ‚Menge' ein und wollte sie reformieren.

Ungefähr so verhält sich die Sache. Zwischendurch einmal schlägt ein Pastor auf der Kanzel ein bißchen Lärm, daß es nicht mit rechten Dingen zugehe mit den vielen Christen — aber alle die, welche ihn hören und da zur Stelle sind, also alle die, *zu* denen er spricht, die sind Christen; und die, *von* denen er spricht, zu denen spricht er ja nicht. Das nennt man höchst angemessen eine vorgetäuschte Bewegung. — Zwischendurch einmal tritt ein erweckter Frommer auf; er stürmt auf die Christenheit ein, er macht Krach und Lärm, erklärt, daß nahezu alle keine Christen seien — und er richtet nichts aus. Er nimmt sich davor nicht in acht, daß ein Sinnentrug nicht so leicht zu beheben ist. Wofern es so ist, daß die meisten in einer Einbildung befangen sind, wenn sie sich Christen nennen, was tun sie dann gegen solch einen Erweckten? Zuallererst denn, sie scheren sich überhaupt nicht um ihn, sie gucken nicht in sein Buch, sondern legen es augenblicklich ad acta; oder betätigt er sich mit der lebendigen Rede, so machen sie einen Umweg durch eine andre Straße und hören ihn überhaupt nicht. Sodann praktizieren sie ihn mit Hilfe einer Begriffsbestimmung hinweg, und richten sich ganz wohlbehaglich im Sinnentrug ein. Sie machen ihn zu einem Schwärmer, sein Christentum zu einer Übertriebenheit — zuguterletzt wird er der einzige, oder einer von den wenigen, die nicht im Ernste (denn Übertriebenheit ist ja auch Mangel an Ernst) Christen sind; die andern sind sämtlich ernsthafte Christen.

Nein, ein Sinnentrug wird niemals geradenwegs behoben, und mittelbar lediglich bei gründlichem Vorgehen. Ist es ein Sinnentrug damit, daß alle Christen sind — und soll da etwas getan werden, so muß es mittelbar geschehen, nicht von einem, der mit lauter Stimme verkündigt, er sei ein außerordentlicher Christ, sondern von einem, der besser Bescheid wissend erklärt, er selber sei auch kein Christ*. Das heißt, man muß von hinten her über den kommen, welcher im Sinnentrug befangen ist. Anstatt den Vorteil haben zu wollen, daß man selber der seltene Christ ist, muß man dem Verstrickten den Vorteil lassen, daß er Christ sei, und selber Selbstbescheidung genug haben um der zu sein, der weit hinter ihm zurücksteht — sonst bekommt man ihn denn gewiß nicht aus dem Sinnentrug heraus, auch so noch kann es schwierig genug sein.

Wenn denn nun, laut Annahme, die meisten in der Christenheit nur eingebildetermaßen Christen sind, in welchen Kategorien leben sie dann? Sie leben in ästhetischen, oder zuhöchst in ästhetisch-ethischen Kategorien.

Angenommen denn, ein religiöser Schriftsteller sei recht von Grund aus aufmerksam geworden auf diesen Sinnentrug: die Christenheit, und wolle, soweit seine Kräfte, wohl zu merken mit Gottes Hilfe, reichen, ihm zuleibe: was hat er dann zu tun? Ja, zuallererst keine Ungeduld. Wird er ungeduldig, so stürmt er geradenwegs darauf los, und richtet — nichts aus. Mit unmittelbarem Angriff bestärkt man einen Menschen im Sinnentrug, und zugleich erbittert man ihn. Es gibt überhaupt nichts, was eine so behutsame Behandlung erheischt wie ein Sinnentrug, wenn er behoben werden soll. Veranlaßt man auf irgendeine Weise den Verstrickten seinen Willen dagegen zu setzen, so ist alles verloren. Und das tut man mit unmittelbarem Angriff, der überdies das Anmaßliche enthält, von einem andern Menschen zu verlangen, er solle einem eingestehen oder einem gegenüber das Eingeständnis machen, das eigentlich am dienlichsten ist, wenn der Betreffende es sich selber macht in der Stille. Dies wird erreicht durch das mittelbare Verfahren, das im Dienste der Wahrheitsliebe für den Verstrickten alles dialektisch zurechtrückt, und alsdann, schamhaft, wie die Liebe immer ist, sich dem entzieht, Zeuge bei dem Eingeständnis zu sein, welches er nun in der Einsamkeit vor Gott sich selber macht, daß er doch in einer Einbildung gelebt habe.

Der religiöse Schriftsteller muß denn also zuerst sehen, in Rapport mit den Menschen zu kommen. Das heißt, er muß mit einer ästhetischen Leistung anfangen. Das ist das Handgeld. Je glanzvoller die Leistung ist, umso besser für ihn. Sodann muß er denn seiner selbst sicher sein, oder richtiger (was das Sicherste ist und das einzig Sichere) in Furcht und Zittern sich zu Gott verhalten, damit

---

* Man erinnere sich an die ‚Abschließende unwissenschaftliche Nachschrift', deren Verfasser Johannes Climacus (Pseudonym Kierkegaards) geradezu erklärt, er selber sei kein Christ.

nicht etwa das Umgekehrte geschehe, dergestalt, daß nicht er der wird, der andre in Fahrt bringt, sondern die andern die, welche Macht über ihn gewinnen, so daß er damit endet, selber im Ästhetischen stecken zu bleiben. Er muß mithin alles in Bereitschaft haben, um, freilich ohne Ungeduld, so behende wie möglich, eben wenn er sie dahin gebracht hat mitzugehn, das Religiöse an den Tag zu geben, so daß die gleichen Menschen mit dem Schwunge der Hingebung an das Ästhetische, hart auf das Religiöse auflaufen.

Es gilt, das Religiöse weder zu geschwinde anzubringen noch zu langsam. Vergeht unterdessen eine zu lange Zeit, so kommt alsbald der Sinnentrug auf, daß nunmehr der ästhetische Schriftsteller älter geworden sei und infolgedessen religiös. Kommt es zu geschwinde, so wird die Wirkung nicht stark genug.

Angenommen, es sei ein ungeheuerlicher Sinnentrug, daß alle diese vielen Menschen Christen sich nennen, für Christen angesehen werden: diese Art des Vorgehens schließt kein Urteilen in sich, kein Verurteilen. Sie ist eine wahre christliche Erfindung, kann nicht geübt werden ohne Furcht und Zittern, lediglich in wahrer Selbstverleugnung. Der Helfer ist gerade der, über welchen alle Verantwortung, auf den alle Anstrengung kommt. Aber darum hat diese Art des Vorgehens auch an und für sich Wert. Sonst gilt es, daß die Art eines Vorgehens lediglich Wert hat in Beziehung auf das was dadurch erreicht wird. Man urteilt und verurteilt, man macht Krach und Lärm: das hat keinen Wert an und für sich — man rechnet darauf, damit alsdann vieles auszurichten. Anders mit der hier beschriebenen Art des Vorgehens. Angenommen, ein Mensch habe sich ihrer Anwendung geweiht, angenommen, er habe sie ein ganzes Leben geübt — und angenommen, er habe nichts ausgerichtet: er hat gleichwohl keineswegs vergeblich gelebt; denn sein Leben ist wahre Selbstverleugnung gewesen.

§ 5

Daß die gesamte ästhetische Schriftstellerei, im Ganzen der Schriftstellerei angesehen, eine Täuschung ist, jedoch in einem eigenen Sinne.

Wofern einer die ästhetische Schriftstellerei als das Ganze betrachten wollte, und von diesem Gesichtspunkt und unter dieser Annahme die religiöse betrachtete, müßte er diese als einen Abfall, ein Abfallen betrachten. Daß die Voraussetzung dieser Betrachtung unrichtig ist, hab ich im Vorhergehenden gezeigt, da wo es dargetan wird, daß von Anbeginn an unter meinem eigenen Namen Signale aufgezogen gewesen sind, die gleichzeitig mit der pseudonymen Schriftstellerei in Richtung auf das Religiöse telegraphierten.

Indes unter dem alles umfassenden Gesichtspunkt der gesamten Wirksamkeit als Schriftsteller ist die ästhetische Schriftstellerei eine Täuschung: dies die tiefere Bedeutung der ‚Pseudonymität'. Aber eine Täuschung, das ist ja ein häßlich Ding. Darauf würde ich antworten: man lasse sich von dem Wort ‚Täuschung' nicht täuschen. Man kann einen Menschen täuschen über das Wahre, und man kann, um an den alten Sokrates zu erinnern, einen Menschen hineintäuschen in das Wahre. Ja, eigentlich vermag man einzig und allein auf diese Weise einen Menschen, der in einer Einbildung befangen ist, in das Wahre hineinzubringen, dadurch nämlich, daß man ihn täuscht. Wer andrer Meinung ist verrät damit, daß er nicht eben ein sonderlicher Dialektiker ist, und das wird doch gerade vonnöten sein um auf die Art vorzugehen. Es ist nämlich ein großer Unterschied, will sagen, der dialektische oder der des Dialektischen, zwischen diesen beiden Verhältnissen: Einer, der unwissend ist und dem ein Wissen beigebracht werden soll, so daß er also dem leeren Gefäß gleicht, das gefüllt, oder dem weißen Blatt, das beschrieben werden soll — und einer, der in einer Einbildung befangen ist, welche vorerst fortgenommen werden soll; so ist denn auch ein Unterschied zwischen dem Beschreiben eines Stücks weißen Papiers — und dem Ätzmittel brauchenden Hervorrufen einer Schrift, die unter einer andern Schrift sich versteckt. Angenommen nun, einer sei in einer Einbildung befangen, und mithin sei recht verstanden das Erste in der Mitteilung daß man die Einbildung fortnehme, — wenn ich da nicht damit beginne daß ich täusche, so beginne ich also mit unmittelbarer Mitteilung. Aber unmittelbare Mitteilung setzt voraus, daß beim Empfänger alles in Ordnung ist fürs Empfangenkönnen; aber hier ist das eben nicht der Fall, hier ist ja eine Einbildung im Wege. Das will sagen, hier muß vorerst ein Ätzmittel gebraucht werden; aber dies Ätzende ist das Negative, jedoch in Beziehung auf Mitteilen ist das Negative haargenau das Täuschen.

‚Täuschen' — was will das denn also sagen? Es will sagen, daß man nicht *unmittelbar* mit dem beginnt das man mitteilen will, sondern damit beginnt die Einbildung des andern für bare Münze zu nehmen. Man beginnt also (um bei dem zu bleiben was wesentlich der Gegenstand dieser Schrift ist) nicht so: ich bin Christ, du bist kein Christ; sondern so: du bist Christ, ich bin kein Christ. Oder man beginnt nicht so: es ist Christentum, was ich verkündige, und du lebst in bloß ästhetischen Bestimmungen, nein, man beginnt so: laß uns vom Ästhetischen reden; die Täuschung liegt darin, daß man so redet, eben um zum Religiösen zu kommen. Aber laut Annahme ist der andere ja auch in der Einbildung befangen, daß das Ästhetische das Christliche sei, denn er meint, er sei Christ, und doch lebt er in ästhetischen Bestimmungen.

Ob auch noch so viele Pastoren es unverantwortlich finden werden, ob eben so viele es gar nicht begreifen können — wiewohl sie ansonst allesamt laut ihrer eigenen Aussage die sokratische Methode brauchen: ich halte mich in dieser Hinsicht getrost an Sokrates. Wohl wahr, er ist kein Christ gewesen, ich weiß es, indessen ich mich allerdings überzeugt halte, daß er es geworden ist. Aber er ist Dialektiker gewesen, er hat alles in Reflexion verstanden. Und diese Frage hier ist rein dialektisch, es ist die Frage nach dem Gebrauch der Reflexion in der Christenheit. Qualitativ sind es ganz andere Größen, mit denen gerechnet wird, jedoch formell kann ich Sokrates ganz gut meinen Lehrer nennen — indessen ich allein an Einen geglaubt habe und glaube, den Herrn Jesus Christus.

(Der Gesichtspunkt für meine Wirksamkeit als Schriftsteller, Bd. 33, S. 34 bis 38, 47—49)

Friedrich Theodor Vischer[1]

1.

In der Einteilung der Hauptepochen des Ideals nun habe ich nach langer Erwägung eine von Hegel abweichende Anordnung vorgenommen. Diese Erwägung betraf die Frage, ob das moderne Ideal als eine besondere Form aufzuzählen oder unter das romantische zu subsumieren sei, so etwa, daß es, wie Hegel tut, als Auflösung desselben an den Schluß gesetzt würde. Für die Subsumtion sprechen die wesentlichen Merkmale, welche das moderne Ideal mit dem mittelalterlichen im gemeinsamen Unterschiede von dem klassischen teilt; ja das Prinzip selbst, wenn man will, haben beide miteinander gemein, die Religion des Geistes nämlich, vertieft von dem germanischen Gemüte, die Innerlichkeit, die malerische, musikalische Stimmung im Gegensatz gegen die plastische. Allein zwischen beiden steht doch die ungeheure Kluft der Aufklärung, welche die moderne Kunst als ihre negative Voraussetzung niemals verleugnen darf noch kann, die der Autorität entwachsene freie

---

[1] Kritische Gänge, hrsg. von Robert Vischer, Bd. 4, München 1922: Plan zu einer neuen Gliederung der Ästhetik (1843); Das Symbol (1887).

Subjektivität, die sich in einer verständig zusammenhängenden Weltordnung umschaut, die Trennung der Kunst von der Religion, die Verweltlichung der Kunst. Es ist dieselbe Frage wie die, ob die Reformation, dieser Inzidenzpunkt[2] des Modernen in der Geschichte, eine Bewegung innerhalb der christlichen Kirche oder über dieselbe hinaus sei, wo sich auf beides mit Ja antworten läßt. Gegen die Auffassung des modernen Ideals als einer eigenen Form ist noch vorzubringen, daß die moderne Phantasie noch keine zusammenhängende, schwungvoll blühende Kunst aus sich hervorgebracht hat. Die niederländische Malerei im 17. Jahrhundert, die deutsche Musik und Poesie in der zweiten Hälfte des 18., die jetzigen vielversprechenden Anfänge neuer Malerschulen in Deutschland, Frankreich, Belgien sind Früchte einer von der Anschauungsweise des Mittelalters wesentlich verschiedenen Bildung der Phantasie, allein es sind vereinzelte Äußerungen, die noch kein großes Ganzes, keine zusammenhängende Hauptepoche, kein geschlossenes Weltalter der Kunst zu schaffen vermochten. Man könnte sich auf Shakespeare berufen und sagen, mit ihm sei bereits unmittelbar nach dem Ablaufe des Mittelalters das Moderne ein für allemal epochebildend durchgebrochen, schon sofern er ein dramatisches Genie war, das Dramatische aber eine in ihrem Prinzip moderne Kunstform ist. Allein in Shakespeare vereinigt sich das Mittelalter und die neue Zeit, der Geist des selbstbewußten Willens und der ahnungsvollen Nacht so wunderbar, daß dadurch von neuem ein Zweifel entstehen muß. Hier ist keine andere Lösung, als hoffnungsvoll in die Zukunft schauen und größere, zusammenhängende Früchte der modernen Kunst von ihr erwarten, übrigens mit Berufung auf die große Krisis, welche die moderne Zeit vom Mittelalter trennt, einen scharfen Strich zwischen dem Ideale beider Zeiträume ziehen. Am schlimmsten freilich wäre es, wenn man uns diese Hoffnung selbst nähme, wenn jemandem der Beweis gelingen sollte, daß eben das, was die moderne Zeit von jedem früheren Weltalter unterscheidet, zwar etwas Erhabenes sei, so lang man diesen Ausdruck nicht auf die Erscheinung beziehe, aber auch ein ätzender Geist, der alle Naivität und Kunst zerfresse. Ich für meinen Teil bekenne, daß mein Zutrauen zu der Zukunft der Kunst gewisse Schwankungen hat; man wird sie bemerken, wenn man meine Schriften über Overbecks Bild, über den Zustand der jetzigen Malerei und dann über Hallmanns ›Kunstbestrebungen der Gegenwart‹ liest. Wahr bleibt immer, daß uns die moderne Weltanschauung eine Welt von Kunststoffen, ja, daß sie uns die

---

[2] Inzidenz: Einfall, Eintritt (eines Ereignisses), Vorfall.

Welt erst geschenkt hat, indem sie die transzendente Afterwelt[3] zerstörte; allein die Frage ist, ob die kritische Kraft, welche zu diesem Bau einer neuen geistigen Welt nötig ist, nicht, indem sie einen neuen Boden für die Kunst gewinnt, zugleich die Stimmung ausschließt und zerstört, welche dazu gehört, ihn freudig und rüstig zu erobern. Hier sitzt also ein Nest von Zweifeln, aus dem man mit den gleichen Füßen des Glaubens herausspringen muß, und so wollen wir es denn auch halten.

Indem ich nun das Moderne als eine selbständige Hauptform des ästhetischen Ideals aufstelle, halte ich dennoch die dreigliedrige Einteilung dadurch fest, daß ich die orientalische Phantasie nicht als eine eigene Form aufstelle, sondern als eine nur vorbereitende unter das antike Ideal subsumiere. So reich und groß nämlich die orientalische Kunst ist, so erscheint sie doch durchaus unreif und weist über sich hinaus auf ihre Vollendung in der griechischen. Sie ist symbolisch, d. h. sie hat die innere Einheit von Idee und Bild, welche allem Schönen wesentlich ist, noch nicht gefunden, sie geht noch nicht auf die Schönheit als solche, sondern auf die Wahrheit, der sie die Schönheit opfert. Ein Götterbild mit drei Köpfen, mit vier Armen, einer Menge von Brüsten usw. ist unschön, aber eben darum sieht man sogleich, daß es nicht um die Form, sondern um den Sinn zu tun ist. Die orientalische Phantasie ist Schwelle, Vorhalle, Spannung auf die griechische, wie der ägyptische Tempel die Propyläen zum griechischen darstellt, indem er fast nichts als Vorbereitung, Eingang, Schale ohne letzten Kern ist. Ich lasse nun die Kategorie des Objektiven und Subjektiven wieder als ausgesprochenen Einteilungsgrund hervortreten und setze als erste Hauptform das *objektive* Ideal der *antiken* Phantasie, als Vorstufe derselben die vorbereitende orientalische, als Mittelpunkt die griechische, als Ende die römische. Das Merkmal der Objektivität, unter welches ich diese gesamte Form stelle, brauche ich hier nicht zu erklären und zu rechtfertigen; jeder versteht es und gibt es zu, der die antike Kunst kennt. Durch dieses Prädikat steht die vorliegende Unterabteilung wieder dem Abschnitt von der Naturschönheit parallel, wie ja die Religion, welcher die so bestimmte Phantasie angehört, Naturreligion war (auch die griechische, wiewohl sie als Vollendung der Naturreligion zugleich über sie hinausgeht und zur Religion der schönen Menschlichkeit sich erhebt). Der Abschnitt von der orientalischen oder symbolischen Kunstform ist es nun insbesondere, welchen Hegel viel zu weitläufig behandelt hat; es genügt, die indische, die ägyptische und die mosaische Kunst-

[3] jenseitige Scheinwelt.

anschauung aufzuführen. Ebenso hat er den „Gestaltungsprozeß der klassischen Kunstform" zu ausführlich dargestellt, denn alles bloß Symbolische gehört eben, weil es erst symbolisch ist, mehr der Religionsphilosophie als der Ästhetik an.

Den Übergang zur Lehre von der romantischen Phantasie vermittelt in meiner Behandlung der Begriff des Schicksals. Über den Göttern schwebt das Schicksal, und dies ist zugleich *ihr* Schicksal. Denn das Schicksal ist die aus dem Selbst hinausgeworfene, in einem Jenseits fixierte innerste Freiheit des Menschen. Wie die Götter eigentlich die menschlichen Kräfte sind, so ist das Schicksal die Einheit dieser Kräfte, das reine Ich, die Freiheit; aber diese Freiheit muß, da die konkreten menschlichen Kräfte, deren Einheit sie ist, in den Göttern objektiviert und auseinandergezogen sind, zur fürchterlichen grundlosen Nacht werden, von welcher nichts mehr auszusagen ist als das Prädikat der unendlichen Macht. Gemeint ist mit dieser Macht die Macht der Freiheit; aber hinausverlegt aus dem Inneren, wo sie im Mittelpunkte der von ihr beherrschten Kräfte heiter und selbstbewußt thront, und getrennt von diesen, welche als Götter neben ihr bestehen, wird sie zur grausen Notwendigkeit, der Mensch erkennt sich nicht mehr in ihr, seine Entschlüsse kommen ihm nicht mehr von innen, sondern sie sind ihm von dieser fremden Notwendigkeit gegeben. Nur eine Ahnung bleibt, daß das Schicksal eigentlich der eigene Wille ist, daher jene Antinomie der Schuld und Unschuld in der griechischen Tragödie, die ich in meiner Schrift über das Erhabene und Komische noch nicht zu erklären wußte. Dieses Schicksal nun schwebt über den Göttern; aber die Zeit wird kommen, da das Schicksal dahin einkehrt, woher es eigentlich kommt, d. h. ins Innere, und dies geschieht, sobald der Mensch sich seiner inneren Unendlichkeit und Freiheit bewußt wird und dadurch wieder in sich hereinnimmt, was er aus sich hinausverlegt hatte. Dann sind die Götter verloren, denn dann weiß der Mensch auch, daß sie nichts anderes sind als seine eigenen Kräfte, die Organe eben der Freiheit. Zunächst sind die Götter das Hindernis, daß das Schicksal, d. h. das reine Ich, und der Mensch nicht zusammenkommen können, sie stehen dazwischen als trennende und ausschließende Materie und werfen Schatten, so daß der Mensch hinter ihnen, im Schicksal, nicht sich selbst erkennen kann. Aber er kommt dahinter, und sie sind gestürzt.

Das Ideal des Mittelalters nun, was sonst *romantisch* heißt, führe ich auf als das Ideal der *phantastischen Subjektivität* und halte so ohne Zwang meine Kategorie fest. Subjektivität: denn dem Geiste ist seine innere Unendlichkeit aufgegangen, wogegen jedes sinnliche

Ding zum durchsichtigen Schleier dieser Seelentiefe herabgesetzt ist. Phantastische Subjektivität: denn durch den Rest von Mosaismus und Polytheismus, von welchem sich die Völker des Mittelalters, die romanischen insbesondere, nicht befreit hatten, ist im Widerspruch mit dem Prinzip der Innerlichkeit Gott in einem Jenseits fixiert und dort in einen Olymp von überweltlichen Gestalten auseinandergezogen, und daraus folgt das phantastische Bewußtsein des Mittelalters. Die antike Weltanschauung war einfach in sich, der Mensch suchte und fand sich in seinen Göttern: der Mensch des Mittelalters hat sich in sich und suchte sich doch außer sich, daher sieht er alles in gebrochenen Lichtern: ein allgemeines Doppeltsehen, nichts sieht der Mensch, wie es ist, zwischen sich und jedes Ding schiebt er die geisterhafte Gestalt, in welcher er sich selbst ahnt und doch nicht erkennt. Hätte das Subjekt wahrhaft und ganz sich selbst, so würde ihm auch das Objekt klar gegenübertreten, dann würde es eine helle und unbefangene Betrachtung der Natur, der Geschichte, einen geordneten Staat geben. Allein das Subjekt hat sich erfaßt und zugleich wieder verloren, seine aufs neue in ein Jenseits hinausgestellte Maske lauscht daher hinter jedem Ding, die Natur ist voll von Geistern, die Geschichte voll von Wundern, und der Staat, weil ein solches Subjekt nicht Zeit hat, sich zu bilden, sondern, indem es seinen Himmel jenseits sucht, inzwischen die Sinnlichkeit frei gehen läßt, eine Atomistik[4] roher, selbständiger Kräfte, welche noch kein Gesetz anerkennen. Das Weltwesen, dem sein Inneres ausgesogen ist, um es als jenseitige Gestaltenwelt zu fixieren, kann sich zu keinem vernünftigen Organismus entwickeln.

Indem nun dies die letzte Form desjenigen ästhetischen Ideals ist, das die innere Welt in Mythen objektiviert, setze ich an den Schluß dieses Abschnitts die Bestimmung des Begriffs der Allegorie. Die Allegorie ist nichts anderes als das Symbol und der Mythos, die nicht mehr geglaubt werden. Die gläubige Phantasie der Völker wirft teils im Symbol, in welchem zwar *für uns* Idee und Bild bloß durch das äußerliche Band eines tertium comparationis verbunden sind, teils im Mythos, in welchem die Idee ihr Bild zwar als innere Seele durchdringt, welcher aber *für uns* nur ästhetische, nicht dogmatische Wahrheit hat, Gedanke und Bild so zusammen, daß sie ihr Gebilde für ein wirkliches, lebendes Wesen hält. Sobald der Geist kritisch wird, hebt er diese Einheit auf, und was sonst Symbol oder Mythos war, wird nun Allegorie, d. h. ein Bild, an das wir nicht glauben, sondern das wir im Betrachten

---

[4] hier: ungeordnetes Nebeneinanderstehen.

auflösen, um abstrakt seine Bedeutung zu finden. Götter, Maria, Heilige, Jüngste Gerichte sind jetzt tote Allegorien. Zugleich werden durch einen willkürlichen Akt des Verstandes deutlich gedachte Ideen in neue Bilder gesteckt und so neue Allegorien geschaffen. Die Allegorie ist das Merkmal einer zerfallenen Kunst, das Ende des mythenbildenden Ideals, in der neuen Kunst als Verirrung zu verfolgen oder nur als vereinzelte Nothilfe zu dulden.
Als dritte Hauptform nun setze ich also das *moderne* Ideal und nenne es das Ideal der *gebildeten, d. h. der wahrhaft befreiten und zugleich mit der Objektivität versöhnten Subjektivität,* wodurch ausgesprochen ist, daß hier das Objektive und Subjektive wieder in eins zusammengehen. Wenn nun das antike Ideal durch seine Objektivität der Naturschönheit analog entspricht, das romantische der subjektiven Schönheit oder der Phantasie, so findet allerdings diese dritte Form im bisherigen System ihren parallelen Teil nicht, aber eben deswegen nicht, weil wir hiermit auf dem Punkte stehen, in den dritten Hauptteil überzugehen, worin die bisher im großen getrennten Gegensätze des Objektiven und Subjektiven sich aufheben werden. Die Auflösung der bisherigen Gegensätze in dieser letzten Form des Ideals zeigt an, daß der Begriff der Schönheit nun reif ist, in die wahrhafte und höchste Form seiner Verwirklichung überzugehen. Ich muß jedoch mein der modernen Phantasie zugeteiltes Prädikat erst rechtfertigen. Die gebildete Subjektivität ist diejenige, welche der Fixierung ihres eigenen Innern in einem Jenseits, von dem sie nun unfrei beherrscht wurde, entwachsen ist und sich selber in ihrer Freiheit hat und weiß. Der kritische Geist, der mit der Reformation durchbricht, hat dieses Werk vollbracht, die Subjektivität sich selbst zurückgegeben. Die Phantasmen, die Mythen sind nun zu Ende. Das Subjekt, indem es sich selber gewonnen hat, stellt sich eben hiermit auch das Objekt klar gegenüber und sieht die Welt, wie sie ist. Nun erst kann es zugleich an sich selbst arbeiten, seine Sinnlichkeit mit seiner Vernunft durchdringen, d. h. sich bilden und zugleich sich in die Objektivität hineinbilden und sie zu einem Spiegel und Wohnort der disziplinierten Persönlichkeit umgestalten. Es findet sich in sich und eben daher in der Welt wieder, ist in dieser zu Hause. Die Welt ist entgöttert, die Natur entgeistert, die Geschichte von Wundern entleert; wir haben, ich wiederhole es, die Aufklärung hinter uns und können nimmermehr tun, als hätten wir sie noch vor uns. Ist aber die Welt entgeistert, so ist sie erst wahrhaft begeistet, die falschen Wunder sind verschwunden und die wahren erschienen, die Götter gestürzt, aber der wahre Gott geht durch die ganze Welt und spricht als immanenter Geist aus der verstandenen Ord-

nung und Gesetzmäßigkeit der Natur und allen Lebens. Es geht alles mit natürlichen Dingen zu und doch „webt in ewigem Geheimnis alles unsichtbar sichtbar neben dir".

(Plan zu einer neuen Gliederung der Ästhetik, Bd. 4, S. 174—179)

2.

Hier ist nötig, genau zu unterscheiden zwischen dem Mythosgläubigen und dem, der diesem in sein Vorstellen, sein Bewußtsein sieht, dabei den Wert des Mythos kennt und ihn, obwohl ohne eigentlichen Glauben, als ästhetisches Motiv gebraucht, für Kunst, Poesie und Schmuck des Lebens und der Rede verwendet. Für jenen sind Götter (nebst Genien, Geistern, Sagenhelden) wirkliche Wesen, ihre Handlungen, Erlebnisse sind Geschichte, für diesen nicht, faktische Wahrheit legt ihnen dieser nicht bei, aber er versetzt sich gern in den Mythosgläubigen, er weiß ganz, daß nur durch solchen Glauben so lebensvolles Phantasiegebilde entstehen konnte; dieses Versetzen nennen wir poetischen Glauben, aber der poetische Glaube ist kein eigentlicher, kein historischer, neben oder hinter ihm bleibt das helle Bewußtsein bewahrt, daß diese Gebilde Phantasiewerk sind. Solche Art von Glauben, solches nicht und doch Glauben ist jedoch nicht ein grundloses Belieben, sich täuschen zu lassen, denn jenes Phantasiewerk ist kein leeres, es hat bleibende Bedeutung, es hat nicht äußere (sachliche, geschichtliche), aber innere Wahrheit; der poetische Glaube hat hieran einen Kern, weil sein Gegenstand einen Kern hat. Wenn nun der frei Denkende, der so den Mythos durchschaut, aber poetisch an ihn glaubt, ihn daher liebt und gern verwendet, diesem seinem Verhalten Ausdruck geben soll, wie soll er sagen? Er kann nicht sagen: Historisch glaube ich diese Personen und Ereignisse nicht, aber mythisch; denn wenn er sagt: mythisch, so hebt er im zweiten Teil dieses Satzes nur wieder hervor, was der erste schon besagt, nämlich, daß sie für ihn nicht Geschichte sind; zwar fügt er zur bloßen Negation eine Position, nämlich den in ‚mythisch' enthaltenen Begriff: Phantasiewerk, aber die Position läßt unausgesprochen, daß das Phantasiewerk einen Kern von innerer Wahrheit in sich birgt. Er müßte also sagen: Historisch glaube ich diese Personen und Ereignisse nicht, sehe in ihnen vielmehr nur Phantasiewerk, aber dieses Phantasiewerk ist nicht leer, und insofern glaube ich daran — wie muß er sagen? Symbolisch, nicht anders. Und ganz richtig, denn er nimmt jetzt die Bedeutung aus ihrem, obwohl ästhetisch schönen Verwachsensein mit dem Bilde lebendiger Person und Handlung heraus, und so deckt sie sich mit diesem Bilde nicht mehr so wie in der Vorstellung des Gläubigen. Einige Beispiele! Die Mutter Jesu ist für uns nicht ein aus dem Naturgesetz herausgehobenes Wesen, nicht Mutter Gottes, nicht zum Himmel gefahren, nicht Himmelskönigin; dennoch müßte von Phantasie und Gefühl ganz verlassen sein, wer vor einem Kunstwerke wie Tizians Assunta[5] unbewegt stünde. Alles Erdenleiden, alles tiefe Weh, das ein Menschenherz durchwühlen kann, und alles Sehnen nach einem reinen, freien, seligen Dasein atmet und blickt aus jenem wunderbaren Frauenantlitz, ein Schwung der Freude, herauszuschweben aus dem Qualm des Lebens, geht durch die bewegten Glieder, die Falten des Gewands; die zurückbleibenden, nachschauenden Jünger sind wir, sind unser Sehnen aus den schweren Erdenbanden; oben der greiflich menschliche Gottvater und seine Engel befremden uns nicht, sie sind nötig zum Empfang der Aufschwebenden, sind Verkörperungen schrankenlosen Daseins. — Oder treten wir vor Raffaels Sixtinische Madonna. Jeder Zug dieses Angesichts scheint zu sagen: Kein Wort, keine Zunge nennt die Entzückungen der seligen Welt, aus der ich hergeschwebt komme, der großäugige, ahnungsvolle Knabe auf ihrem Arm träumt fort von diesen Himmelswonnen; ein sanftes Wehen von oben spielt in seinen Löckchen, von der Bewegung des Niederschwebens glaubt man das Gewand der Mutter rauschen zu hören; der heilige Sixtus zeigt heraus und hinab auf seine Gemeinde, für welche er die himmlische Erscheinung hergefleht hat, die heilige Barbara sieht glückselig über die Gewährung in reiner Mitfreude auf die begnadete Welt hernieder, und mit demselben Ausdruck herzlichen Gönnens im kindlichen Antlitz schauen die zwei anmutigen Putti, welche der Künstler erst später aufgemalt hat, als weitere Zeugen unaussprechlicher Himmelsfreude aus dem einzigen, visionären Bilde zu uns heraus.

Das Madonna-Ideal hat für uns überhaupt die bleibende Bedeutung eines Bildes der reinen Weiblichkeit. Als Mutter noch jungfräulich: dies hat tiefen Sinn und Wahrheit ohne allen Kirchenglauben. Die Schöpfung dieses Ideals ist Werk und Ausdruck der erweichten Seele des Mittelalters, die im Weib alles Milde, Versöhnende, allen reinen Liebreiz sich erscheinen sieht — ‚das ewig Weibliche'.

Nun, und für diesen Wahrheitseindruck mythischer Gebilde auf den, der den Mythos doch nicht glaubt, haben wir, wie gesagt, keine andere Bezeichnung, als: symbolisch.

---

[5] Tizian (1476/77—1576): italienischer Maler, Vertreter der venezianischen Renaissance; die ‚Assunta' (Himmelfahrt Mariens) gehört zur zweiten Phase seines Schaffens (zwischen 1515 und 1530).

Die reiche Phantasiewelt, die solche Gestalten und Kunstwerke geschaffen hat, dazu die festliche Pracht des Gottesdienstes haben schon manchen Protestanten zum Übertritt in die Kirche des Mittelalters bewogen. Von dieser Schwäche muß hier die Rede sein, weil es genau zu unserem Thema gehört. Es liegt ein Nichtunterscheiden, ein Unterlassen der hier aufgestellten Unterscheidung zugrunde: es wird übersehen, daß innere Wahrheit, im mythischen Bilde dargestellt, vom Nichtgläubigen symbolisch herausgefühlt, nicht sächliche Wahrheit ist. Ein schönes Bild ist nicht in diesem letzteren Sinn ein wahres Bild. Wohl muß alles Schöne Wahrheit enthalten, aber allgemein menschliche Wahrheit und wahre, wirklich mögliche oder geschehene Tatsache sind zweierlei. Gewaltige, rührende Musik kann entzücken, aber daraus folgt nicht, daß der Text wahr ist. Häufig wird die Fülle von Motiven, welche das katholische Glaubenssystem der Kunst und durch sie dem Andächtigen darbietet, als Beweis für seinen Wahrheitswert angeführt. Die griechische Religion bietet des Schönen noch weit mehr und auch ihre Mythen sind nicht inhaltslos: Sollen wir darum den Zeus und seine olympische Gesellschaft anbeten? Julianus Apostata[6] freilich hat den Fehlschluß vollzogen. — Der Prometheus-Mythos ist eine der tiefsten Sagen der Menschheit; sollen wir darum dem Prometheus ein Heroon[7] bauen und ihn anbeten?

Nicht nur unsere Kunst und Dichtung, unser ganzes Vorstellungsleben, Denken und Reden könnte den Schatz von Mythen, der uns mit dem Glauben des klassischen Altertums, der Germanen, der Kelten, der ganzen Religions- und Phantasmenwelt des Mittelalters überliefert ist, nicht mehr entbehren. Wir hätten viel zu glauben, wenn wir all das nicht bloß poetisch, sondern in bildlosem Ernst glauben wollten. (Das Symbol, Bd. 4, S. 427—430)

---

[6] Flavius Claudius Julianus (331—363), römischer Kaiser von 361 bis 363, wurde von seinen christlichen Gegnern ‚Apostata' (der Abtrünnige) genannt, weil er als Anhänger der neuplatonischen Philosophie vom Christentum abfiel und die alten Kulte wiederherzustellen versuchte.

[7] Heiligtum eines altgriechischen Heros.

III. ENDE DER EUROPÄISCHEN NEUZEIT

Friedrich Nietzsche[1]

Über Wahrheit und Lüge im außermoralischen Sinn (1873)

1.

In irgendeinem abgelegenen Winkel des in zahllosen Sonnensystemen flimmernd ausgegossenen Weltalls gab es einmal ein Gestirn, auf dem kluge Tiere das Erkennen erfanden. Es war die hochmütigste und verlogenste Minute der ‚Weltgeschichte‘: aber doch nur eine Minute. Nach wenigen Atemzügen der Natur erstarrte das Gestirn, und die klugen Tiere mußten sterben. — So könnte jemand eine Fabel erfinden und würde doch nicht genügend illustriert haben, wie kläglich, wie schattenhaft und flüchtig, wie zwecklos und beliebig sich der menschliche Intellekt innerhalb der Natur ausnimmt. Es gab Ewigkeiten, in denen er nicht war; wenn es wieder mit ihm vorbei ist, wird sich nichts begeben haben. Denn es gibt für jenen Intellekt keine weitere Mission, die über das Menschenleben hinausführte. Sondern menschlich ist er, und nur sein Besitzer und Erzeuger nimmt ihn so pathetisch, als ob die Angeln der Welt sich in ihm drehten. Könnten wir uns aber mit der Mücke verständigen, so würden wir vernehmen, daß auch sie mit ihrem Pathos durch die Luft schwimmt und in sich das fliegende Zentrum dieser Welt fühlt. Es ist nichts so verwerflich und gering in der Natur, was nicht durch einen kleinen Anhauch jener Kraft des Erkennens sofort wie ein Schlauch aufgeschwellt würde; und wie jeder Lastträger seinen Bewunderer haben will, so meint gar der stolzeste Mensch, der Philosoph, von allen Seiten die Augen des Weltalls teleskopisch auf sein Handeln und Denken gerichtet zu sehen.

Es ist merkwürdig, daß dies der Intellekt zustande bringt, er, der doch gerade nur als Hilfsmittel den unglücklichsten, delikatesten, vergänglichsten Wesen beigegeben ist, um sie eine Minute im Dasein festzuhalten, aus dem sie sonst, ohne jene Beigabe, so schnell wie Lessings Sohn[2] zu flüchten allen Grund hätten. Jener

---

[1] Werke in drei Bänden, hrsg. von Karl Schlechta, München 1966.

[2] Lessings (1729—1781) einziger Sohn starb kurz nach seiner Geburt.

mit dem Erkennen und Empfinden verbundene Hochmut, verblendende Nebel über die Augen und Sinne der Menschen legend, täuscht sich also über den Wert des Daseins, dadurch, daß er über das Erkennen selbst die schmeichelhafteste Wertschätzung in sich trägt. Seine allgemeinste Wirkung ist Täuschung — aber auch die einzelsten Wirkungen tragen etwas von gleichem Charakter an sich.

Der Intellekt als Mittel zur Erhaltung des Individuums entfaltet seine Hauptkräfte in der Verstellung; denn diese ist das Mittel, durch das die schwächeren, weniger robusten Individuen sich erhalten, als welchen einen Kampf um die Existenz mit Hörnern oder scharfem Raubtier-Gebiß zu führen versagt ist. Im Menschen kommt diese Verstellungskunst auf ihren Gipfel: hier ist die Täuschung, das Schmeicheln, Lügen und Trügen, das Hinter-dem-Rücken-Reden, das Repräsentieren, das im erborgten Glanze leben, das Maskiertsein, die verhüllende Konvention, das Bühnenspiel vor anderen und vor sich selbst, kurz das fortwährende Herumflattern um die *eine* Flamme Eitelkeit so sehr die Regel und das Gesetz, daß fast nichts unbegreiflicher ist, als wie unter den Menschen ein ehrlicher und reiner Trieb zur Wahrheit aufkommen konnte. Sie sind tief eingetaucht in Illusionen und Traumbilder, ihr Auge gleitet nur auf der Oberfläche der Dinge herum und sieht „Formen", ihre Empfindung führt nirgends in die Wahrheit, sondern begnügt sich, Reize zu empfangen und gleichsam ein tastendes Spiel auf dem Rücken der Dinge zu spielen. Dazu läßt sich der Mensch nachts ein Leben hindurch im Traume belügen, ohne daß sein moralisches Gefühl dies je zu verhindern suchte: während es Menschen geben soll, die durch starken Willen das Schnarchen beseitigt haben. Was weiß der Mensch eigentlich von sich selbst! Ja, vermöchte er auch nur sich einmal vollständig, hingelegt wie in einen erleuchteten Glaskasten, zu perzipieren? Verschweigt die Natur ihm nicht das allermeiste, selbst über seinen Körper, um ihn, abseits von den Windungen der Gedärme, dem raschen Fluß der Blutströme, den verwickelten Fasererzitterungen, in ein stolzes gauklerisches Bewußtsein zu bannen und einzuschließen! Sie warf den Schlüssel weg: und wehe der verhängnisvollen Neubegier, die durch eine Spalte einmal aus dem Bewußtseinszimmer heraus und hinab zu sehen vermöchte und die jetzt ahnte, daß auf dem Erbarmungslosen, dem Gierigen, dem Unersättlichen, dem Mörderischen der Mensch ruht in der Gleichgültigkeit seines Nichtwissens und gleichsam auf dem Rücken eines Tigers in Träumen hängend. Woher, in aller Welt, bei dieser Konstellation der Trieb zur Wahrheit!

Soweit das Individuum sich gegenüber anderen Individuen erhalten will, benutzt es in einem natürlichen Zustand der Dinge den Intellekt zumeist nur zur Verstellung: weil aber der Mensch zugleich aus Not und Langeweile gesellschaftlich und herdenweise existieren will, braucht er einen Friedensschluß und trachtet danach, daß wenigstens das allergrößte *bellum omnium contra omnes*[3] aus seiner Welt verschwinde. Dieser Friedensschluß bringt etwas mit sich, was wie der erste Schritt zur Erlangung jenes rätselhaften Wahrheitstriebes aussieht. Jetzt wird nämlich das fixiert, was von nun an ‚Wahrheit' sein soll, das heißt, es wird eine gleichmäßig gültige und verbindliche Bezeichnung der Dinge erfunden, und die Gesetzgebung der Sprache gibt auch die ersten Gesetze der Wahrheit: denn es entsteht hier zum ersten Male der Kontrast von Wahrheit und Lüge. Der Lügner gebraucht die gültigen Bezeichnungen, die Worte, um das Unwirkliche als wirklich erscheinen zu machen; er sagt zum Beispiel: ‚Ich bin reich', während für seinen Zustand gerade ‚arm' die richtige Bezeichnung wäre. Er mißbraucht die festen Konventionen durch beliebige Vertauschungen oder gar Umkehrungen der Namen. Wenn er dies in eigennütziger und übrigens Schaden bringender Weise tut, so wird ihm die Gesellschaft nicht mehr trauen und ihn dadurch von sich ausschließen. Die Menschen fliehen dabei das Betrogenwerden nicht so sehr als das Beschädigtwerden durch Betrug: sie hassen, auch auf dieser Stufe, im Grunde nicht die Täuschung, sondern die schlimmen, feindseligen Folgen gewisser Gattungen von Täuschungen. In einem ähnlichen beschränkten Sinne will der Mensch auch nur die Wahrheit: er begehrt die angenehmen, Leben erhaltenden Folgen der Wahrheit, gegen die reine folgenlose Erkenntnis ist er gleichgültig, gegen die vielleicht schädlichen und zerstörenden Wahrheiten sogar feindlich gestimmt. Und überdies: wie steht es mit jenen Konventionen der Sprache? Sind sie vielleicht Erzeugnisse der Erkenntnis, des Wahrheitssinnes, decken sich die Bezeichnungen und die Dinge? Ist die Sprache der adäquate Ausdruck aller Realitäten?

Nur durch die Vergeßlichkeit kann der Mensch je dazu kommen zu wähnen, er besitze eine ‚Wahrheit' in dem eben bezeichneten Grade. Wenn er sich nicht mit der Wahrheit in der Form der Tautologie, das heißt mit leeren Hülsen begnügen will, so wird er ewig Illusionen für Wahrheiten einhandeln. Was ist ein Wort? Die

---

[3] Krieg aller gegen alle; nach Thomas Hobbes (1588—1679) der Zustand vor Errichtung des Staates; dieser kommt durch Vertrag („Friedensschluß") zustande.

Abbildung eines Nervenreizes in Lauten. Von dem Nervenreiz aber weiterzuschließen auf eine Ursache außer uns, ist bereits das Resultat einer falschen und unberechtigten Anwendung des Satzes vom Grunde[4]. Wie dürften wir, wenn die Wahrheit bei der Genesis der Sprache, der Gesichtspunkt der Gewißheit bei den Bezeichnungen allein entscheidend gewesen wäre, wie dürften wir doch sagen: der Stein ist hart: als ob uns ‚hart' noch sonst bekannt wäre, und nicht nur als eine ganz subjektive Reizung! Wir teilen die Dinge nach Geschlechtern ein, wir bezeichnen den Baum als männlich, die Pflanze als weiblich: welche willkürlichen Übertragungen! Wie weit hinausgeflogen über den Kanon der Gewißheit! Wir reden von einer ‚Schlange': die Bezeichnung trifft nichts als das Sichwinden, könnte also auch dem Wurme zukommen. Welche willkürlichen Abgrenzungen, welche einseitigen Bevorzugungen bald der, bald jener Eigenschaft eines Dinges! Die verschiedenen Sprachen, nebeneinandergestellt, zeigen, daß es bei den Worten nie auf die Wahrheit, nie auf einen adäquaten Ausdruck ankommt: denn sonst gäbe es nicht so viele Sprachen. Das ‚Ding an sich' (das würde eben die reine folgenlose Wahrheit sein) ist auch dem Sprachbildner ganz unfaßlich und ganz und gar nicht erstrebenswert. Er bezeichnet nur die Relationen der Dinge zu den Menschen und nimmt zu deren Ausdruck die kühnsten Metaphern zu Hilfe. Ein Nervenreiz, zuerst übertragen in ein Bild! Erste Metapher. Das Bild wird nachgeformt in einem Laut! Zweite Metapher. Und jedesmal vollständiges Überspringen der Sphäre, mitten hinein in eine ganz andre und neue. Man kann sich einen Menschen denken, der ganz taub ist und nie eine Empfindung des Tones und der Musik gehabt hat: wie dieser etwa die chladnischen Klangfiguren[5] im Sande anstaunt, ihre Ursachen im Erzittern der Saite findet und nun darauf schwören wird, jetzt müsse er wissen, was die Menschen den ‚Ton' nennen, so geht es uns allen mit der Sprache. Wir glauben etwas von den Dingen selbst zu wissen, wenn wir von Bäumen, Farben, Schnee und Blumen reden, und besitzen doch nichts als Metaphern der Dinge, die den ursprünglichen Wesenheiten ganz und gar nicht entsprechen. Wie der Ton der Sandfigur, so nimmt sich das rätselhafte X des Dings an sich einmal als Nervenreiz, dann als Bild, endlich als Laut aus. Logisch geht es also jedenfalls nicht bei der Entstehung der Sprache zu,

---

[4] Nach dem Satz vom Grunde gibt es keine Wirkung ohne Ursache.

[5] Sichtbarmachen von Schallwellen nach einem Verfahren des Physikers Ernst Florens Friedrich Chladni (1756—1827), bei dem eine Platte mit Sand zum Schwingen gebracht wird.

und das ganze Material, worin und womit später der Mensch der Wahrheit, der Forscher, der Philosoph arbeitet und baut, stammt, wenn nicht aus Wolkenkuckucksheim[6], so doch jedenfalls nicht aus dem Wesen der Dinge.

Denken wir besonders noch an die Bildung der Begriffe. Jedes Wort wird sofort dadurch Begriff, daß es eben nicht für das einmalige ganz und gar individualisierte Urerlebnis, dem es sein Entstehen verdankt, etwa als Erinnerung dienen soll, sondern zugleich für zahllose, mehr oder weniger ähnliche, das heißt streng genommen niemals gleiche, also auf lauter ungleiche Fälle passen muß. Jeder Begriff entsteht durch Gleichsetzen des Nichtgleichen. So gewiß nie ein Blatt einem andern ganz gleich ist, so gewiß ist der Begriff Blatt durch beliebiges Fallenlassen dieser individuellen Verschiedenheiten, durch ein Vergessen des Unterscheidenden gebildet und erweckt nun die Vorstellung, als ob es in der Natur außer den Blättern etwas gäbe, das ‚Blatt' wäre, etwa eine Urform, nach der alle Blätter gewebt, gezeichnet, abgezirkelt, gefärbt, gekräuselt, bemalt wären, aber von ungeschickten Händen, so daß kein Exemplar korrekt und zuverlässig als treues Abbild der Urform ausgefallen wäre. Wir nennen einen Menschen ‚ehrlich'; warum hat er heute so ehrlich gehandelt? fragen wir. Unsere Antwort pflegt zu lauten: seiner Ehrlichkeit wegen. Die Ehrlichkeit! Das heißt wieder: das Blatt ist die Ursache der Blätter. Wir wissen ja nichts von einer wesenhaften Qualität, die ‚die Ehrlichkeit' hieße, wohl aber von zahlreichen individualisierten, somit ungleichen Handlungen, die wir durch Weglassen des Ungleichen gleichsetzen und jetzt als ehrliche Handlungen bezeichnen; zuletzt formulieren wir aus ihnen eine *qualitas occulta*[7] mit dem Namen: ‚die Ehrlichkeit'. Das Übersehen des Individuellen und Wirklichen gibt uns den Begriff, wie es uns auch die Form gibt, wohingegen die Natur keine Formen und Begriffe, also auch keine Gattungen kennt, sondern nur ein für uns unzugängliches und undefinierbares X. Denn auch unser Gegensatz von Individuum und Gattung ist anthropomorphisch und entstammt nicht dem Wesen der Dinge, wenn wir auch nicht zu sagen wagen, daß er ihm nicht entspricht: das wäre nämlich eine dogmatische Behauptung und als solche ebenso unerweislich wie ihr Gegenteil.

Was ist also Wahrheit? Ein bewegliches Heer von Metaphern,

---

[6] In den ‚Vögeln' des Aristophanes (ca. 445—385 v. Chr.) schneidet der Vogelstaat Wolkenkuckucksheim die Menschen und die Götter voneinander ab.

[7] geheimnisvolle Eigenschaft.

Metonymien[8], Anthropomorphismen, kurz eine Summe von menschlichen Relationen, die, poetisch und rhetorisch gesteigert, übertragen, geschmückt wurden und die nach langem Gebrauch einem Volke fest, kanonisch und verbindlich dünken: die Wahrheiten sind Illusionen, von denen man vergessen hat, daß sie welche sind, Metaphern, die abgenutzt und sinnlich kraftlos geworden sind, Münzen, die ihr Bild verloren haben und nun als Metall, nicht mehr als Münzen, in Betracht kommen.

Wir wissen immer noch nicht, woher der Trieb zur Wahrheit stammt: denn bis jetzt haben wir nur von der Verpflichtung gehört, die die Gesellschaft, um zu existieren, stellt: wahrhaft zu sein, das heißt die usuellen Metaphern zu brauchen, also moralisch ausgedrückt: von der Verpflichtung, nach einer festen Konvention zu lügen, herdenweise in einem für alle verbindlichen Stile zu lügen. Nun vergißt freilich der Mensch, daß es so mit ihm steht; er lügt also in der bezeichneten Weise unbewußt und nach hundertjährigen Gewöhnungen — und kommt eben *durch diese Unbewußtheit,* eben durch dies Vergessen zum Gefühl der Wahrheit. An dem Gefühl, verpflichtet zu sein, ein Ding als ‚rot', ein anderes als ‚kalt', ein drittes als ‚stumm' zu bezeichnen, erwacht eine moralische, auf Wahrheit sich beziehende Regung: aus dem Gegensatz des Lügners, dem niemand traut, den alle ausschließen, demonstriert sich der Mensch das Ehrwürdige, Zutrauliche und Nützliche der Wahrheit. Er stellt jetzt sein Handeln als *‚vernünftiges'* Wesen unter die Herrschaft der Abstraktionen; er leidet es nicht mehr, durch die plötzlichen Eindrücke, durch die Anschauungen fortgerissen zu werden, er verallgemeinert alle diese Eindrücke erst zu entfärbteren, kühleren Begriffen, um an sie das Fahrzeug seines Lebens und Handelns anzuknüpfen. Alles, was den Menschen gegen das Tier abhebt, hängt von dieser Fähigkeit ab, die anschaulichen Metaphern zu einem Schema zu verflüchtigen, also ein Bild in einen Begriff aufzulösen. Im Bereich jener Schemata nämlich ist etwas möglich, was niemals unter den anschaulichen ersten Eindrücken gelingen möchte: eine pyramidale Ordnung nach Kasten und Graden aufzubauen, eine neue Welt von Gesetzen, Privilegien, Unterordnungen, Grenzbestimmungen zu schaffen, die nun der andern anschaulichen Welt der ersten Eindrücke gegenübertritt als das Festere, Allgemeinere, Bekanntere, Menschlichere und daher als das Regulierende und Imperativische. Während jede Anschauungsmetapher individuell und ohne ihresgleichen ist und des-

---

[8] Metonymie: übertragener Gebrauch eines Wortes für einen verwandten Begriff.

halb allem Rubrizieren immer zu entfliehen weiß, zeigt der große Bau der Begriffe die starre Regelmäßigkeit eines römischen Kolumbariums[9] und atmet in der Logik jene Strenge und Kühle aus, die der Mathematik zu eigen ist. Wer von dieser Kühle angehaucht wird, wird es kaum glauben, daß auch der Begriff, knöchern und achteckig wie ein Würfel und versetzbar wie jener, doch nur als das *Residuum einer Metapher* übrigbleibt, und daß die Illusion der künstlerischen Übertragung eines Nervenreizes in Bilder, wenn nicht die Mutter, so doch die Großmutter eines jeden Begriffs ist. Innerhalb dieses Würfelspiels der Begriffe heißt aber ‚Wahrheit', jeden Würfel so zu gebrauchen, wie er bezeichnet ist, genau seine Augen zu zählen, richtige Rubriken zu bilden und nie gegen die Kastenordnung und gegen die Reihenfolge der Rangklassen zu verstoßen. Wie die Römer und Etrusker sich den Himmel durch starke mathematische Linien zerschnitten und in einem solchermaßen abgegrenzten Raum als in ein *templum*[10], einen Gott bannten, so hat jedes Volk über sich einen solchen mathematisch zerteilten Begriffshimmel und versteht nun unter der Forderung der Wahrheit, daß jeder Begriffsgott nur in *seiner* Sphäre gesucht werde. Man darf hier den Menschen wohl bewundern als ein gewaltiges Baugenie, dem auf beweglichen Fundamenten und gleichsam auf fließendem Wasser das Auftürmen eines unendlich komplizierten Begriffsdomes gelingt — freilich, um auf solchen Fundamenten Halt zu finden, muß es ein Bau wie aus Spinnefäden sein, so zart, um von der Welle mit fortgetragen, so fest, um nicht von jedem Winde auseinandergeblasen zu werden. Als Baugenie hebt sich solchermaßen der Mensch weit über die Biene: diese baut aus Wachs, das sie aus der Natur zusammenholt, er aus dem weit zarteren Stoff der Begriffe, die er erst aus sich fabrizieren muß. Er ist hier sehr zu bewundern — aber nur nicht wegen seines Triebes zur Wahrheit, zum reinen Erkennen der Dinge. Wenn jemand ein Ding hinter einem Busche versteckt, es ebendort wieder sucht und auch findet, so ist an diesem Suchen und Finden nicht viel zu rühmen: so aber steht es mit dem Suchen und Finden der ‚Wahrheit' innerhalb des Vernunft-Bezirkes. Wenn ich die Definition des Säugetieres mache und dann erkläre nach Besichtigung eines Kamels: ‚Siehe, ein Säugetier', so wird damit eine Wahrheit zwar ans Licht gebracht, aber sie ist von begrenztem Werte, ich meine,

---

[9] (wörtlich: Taubenhaus) römische Grabkammer der Kaiserzeit mit Wandnischen für Aschenurnen.

[10] ursprünglich: heiliger Bezirk, in dem die Kontemplation, die Betrachtung des Göttlichen, stattfand.

sie ist durch und durch anthropomorphisch und enthält keinen einzigen Punkt, der ‚wahr an sich‘, wirklich und allgemeingültig, abgesehen von dem Menschen, wäre. Der Forscher nach solchen Wahrheiten sucht im Grunde nur die Metamorphose der Welt in den Menschen, er ringt nach einem Verstehen der Welt als eines menschenartigen Dinges und erkämpft sich besten Falles das Gefühl einer Assimilation. Ähnlich wie der Astrolog die Sterne im Dienste der Menschen und im Zusammenhange mit ihrem Glück und Leid betrachtet, so betrachtet ein solcher Forscher die ganze Welt als geknüpft an den Menschen, als den unendlich gebrochenen Wiederklang eines Urklanges, des Menschen, als das vervielfältigte Abbild des einen Urbildes, des Menschen. Sein Verfahren ist, den Menschen als Maß an alle Dinge zu halten: wobei er aber von dem Irrtum ausgeht, zu glauben, er habe diese Dinge unmittelbar, als reine Objekte vor sich. Er vergißt also die originalen Anschauungsmetaphern als Metaphern und nimmt sie als die Dinge selbst.

Nur durch das Vergessen jener primitiven Metapherwelt, nur durch das Hart- und Starrwerden einer ursprünglichen, in hitziger Flüssigkeit aus dem Urvermögen menschlicher Phantasie hervorströmenden Bildermasse, nur durch den unbesiegbaren Glauben, *diese* Sonne, *dieses* Fenster, *dieser* Tisch sei eine Wahrheit an sich, kurz nur dadurch, daß der Mensch sich als Subjekt, und zwar als *künstlerisch schaffendes* Subjekt, vergißt, lebt er mit einiger Ruhe, Sicherheit und Konsequenz: wenn er einen Augenblick nur aus den Gefängniswänden dieses Glaubens herauskönnte, so wäre es sofort mit seinem ‚Selbstbewußtsein‘ vorbei. Schon dies kostet ihn Mühe, sich einzugestehen, wie das Insekt oder der Vogel eine ganz andere Welt perzipieren als der Mensch, und daß die Frage, welche von beiden Weltperzeptionen richtiger ist, eine ganz sinnlose ist, da hierzu bereits mit dem Maßstabe der *richtigen Perzeption*, das heißt mit einem *nicht vorhandenen Maßstabe*, gemessen werden müßte. Überhaupt aber scheint mir ‚die richtige Perzeption‘ — das würde heißen: der adäquate Ausdruck eines Objekts im Subjekt — ein widerspruchsvolles Unding: denn zwischen zwei absolut verschiedenen Sphären, wie zwischen Subjekt und Objekt, gibt es keine Kausalität, keine Richtigkeit, keinen Ausdruck, sondern höchstens ein *ästhetisches* Verhalten, ich meine eine andeutende Übertragung, eine nachstammelnde Übersetzung in eine ganz fremde Sprache: wozu es aber jedenfalls einer frei dichtenden und frei erfindenden Mittelsphäre und Mittelkraft bedarf. Das Wort ‚Erscheinung‘ enthält viele Verführungen, weshalb ich es möglichst vermeide: denn es ist nicht wahr, daß das Wesen der Dinge in der empirischen Welt erscheint. Ein Maler, dem die Hände fehlen und der durch Gesang das ihm vorschwebende Bild ausdrücken wollte, wird immer noch mehr bei dieser Vertauschung der Sphären verraten, als die empirische Welt vom Wesen der Dinge verrät. Selbst das Verhältnis eines Nervenreizes zu dem hervorgebrachten Bilde ist an sich kein notwendiges: wenn aber dasselbe Bild millionenmal hervorgebracht und durch viele Menschengeschlechter hindurch vererbt ist, ja zuletzt bei der gesamten Menschheit jedesmal infolge desselben Anlasses erscheint, so bekommt es endlich für den Menschen dieselbe Bedeutung, als ob es das einzig notwendige Bild sei und als ob jenes Verhältnis des ursprünglichen Nervenreizes zu dem hergebrachten Bilde ein strenges Kausalitätsverhältnis sei: wie ein Traum, ewig wiederholt, durchaus als Wirklichkeit empfunden und beurteilt werden würde. Aber das Hart- und Starr-Werden einer Metapher verbürgt durchaus nichts für die Notwendigkeit und ausschließliche Berechtigung dieser Metapher.

Es hat gewiß jeder Mensch, der in solchen Betrachtungen heimisch ist, gegen jeden derartigen Idealismus ein tiefes Mißtrauen empfunden, so oft er sich einmal recht deutlich von der ewigen Konsequenz, Allgegenwärtigkeit und Unfehlbarkeit der Naturgesetze überzeugte; er hat den Schluß gemacht: hier ist alles, soweit wir dringen, nach der Höhe der teleskopischen und nach der Tiefe der mikroskopischen Welt so sicher ausgebaut, endlos, gesetzmäßig und ohne Lücken; die Wissenschaft wird ewig in diesen Schachten mit Erfolg zu graben haben, und alles Gefundene wird zusammenstimmen und sich nicht widersprechen. Wie wenig gleicht dies einem Phantasieerzeugnis: denn wenn es dies wäre, müßte es doch irgendwo den Schein und die Unrealität erraten lassen. Dagegen ist einmal zu sagen: hätten wir noch, jeder für sich, eine verschiedenartige Sinnesempfindung, könnten wir selbst nur bald als Vogel, bald als Wurm, bald als Pflanze perzipieren oder sähe der eine von uns denselben Reiz als rot, der andere als blau, hörte ein dritter ihn sogar als Ton, so würde niemand von einer solchen Gesetzmäßigkeit der Natur reden, sondern sie nur als ein höchst subjektives Gebilde begreifen. Sodann: was ist für uns überhaupt ein Naturgesetz? Es ist uns nicht an sich bekannt, sondern nur in seinen Wirkungen, das heißt in seinen Relationen zu andern Naturgesetzen, die uns wieder nur als Summen von Relationen bekannt sind. Also verweisen alle diese Relationen immer nur wieder aufeinander und sind uns ihrem Wesen nach unverständlich durch und durch; nur das, was wir hinzubringen, die Zeit, der Raum, also Sukzessionsverhältnisse und Zahlen, sind uns wirklich daran bekannt. Alles Wunderbare aber, das wir gerade an den Naturgesetzen anstaunen, das unsere Erklärung fordert und uns zum Mißtrauen gegen den Idealismus verführen könnte, liegt gerade und ganz allein nur in der mathematischen Strenge und Unverbrüchlichkeit der Zeit- und Raum-Vorstellungen. Diese aber produzieren wir in uns und aus uns mit jener Notwendigkeit, mit der die Spinne spinnt; wenn wir gezwungen sind, alle Dinge nur unter diesen Formen zu begreifen, so ist es dann nicht mehr wunderbar, daß wir an allen Dingen eigentlich nur eben diese Formen begreifen: denn sie alle müssen die Gesetze der Zahl an sich tragen, und die Zahl gerade ist das Erstaunlichste in den Dingen. Alle Gesetzmäßigkeit, die uns im Sternenlauf und im chemischen Prozeß so imponiert, fällt im Grunde mit jenen Eigenschaften zusammen, die wir selbst an die Dinge heranbringen, so daß wir damit uns selbst imponieren. Dabei ergibt sich allerdings, daß jene künstlerische Metapherbildung, mit der in uns jede Empfindung beginnt, bereits jene Formen voraussetzt, also in ihnen vollzogen wird; nur aus dem festen Verharren dieser Urformen erklärt sich die Möglichkeit, wie nachher wieder aus den Metaphern selbst ein Bau der Begriffe konstituiert werden konnte. Dieser ist nämlich eine Nachahmung der Zeit-, Raum- und Zahlenverhältnisse auf dem Boden der Metaphern.

2.

An dem Bau der Begriffe arbeitet ursprünglich, wie wir sahen, die *Sprache*, in späteren Zeiten die *Wissenschaft*. Wie die Biene zugleich an den Zellen baut und die Zellen mit Honig füllt, so arbeitet die Wissenschaft unaufhaltsam an jenem großen Kolumbarium der Begriffe, der Begräbnisstätte der Anschauungen, baut immer neue und höhere Stockwerke, stützt, reinigt, erneut die alten Zellen und ist vor allem bemüht, jenes ins Ungeheure aufgetürmte Fachwerk zu füllen und die ganze empirische Welt, das heißt die anthropomorphische Welt, hineinzuordnen. Wenn schon der handelnde Mensch sein Leben an die Vernunft und ihre Begriffe bindet, um nicht fortgeschwemmt zu werden und sich nicht selbst zu verlieren, so baut der Forscher seine Hütte dicht an den Turmbau der Wissenschaft, um an ihm mithelfen zu können und selbst Schutz unter dem vorhandenen Bollwerk zu finden. Und Schutz braucht er: denn es gibt furchtbare Mächte, die fortwährend auf ihn eindringen und die der wissenschaftlichen ‚Wahrheit' ganz anders geartete ‚Wahrheiten' mit den verschiedenartigsten Schildzeichen entgegenhalten.

Jener Trieb zur Metapherbildung, jener Fundamentaltrieb des Menschen, den man keinen Augenblick wegrechnen kann, weil man damit den Menschen selbst wegrechnen würde, ist dadurch, daß aus seinen verflüchtigten Erzeugnissen, den Begriffen, eine reguläre und starre neue Welt als Zwingburg für ihn gebaut wird, in Wahrheit nicht bezwungen und kaum gebändigt. Er sucht sich ein neues Bereich seines Wirkens und ein anderes Flußbett und findet es im *Mythus* und überhaupt in der *Kunst*. Fortwährend verwirrt er die Rubriken und Zellen der Begriffe dadurch, daß er neue Übertragungen, Metaphern, Metonymien hinstellt, fortwährend zeigt er die Begierde, die vorhandene Welt des wachen Menschen so bunt unregelmäßig, folgenlos unzusammenhängend, reizvoll und ewig neu zu gestalten, wie es die Welt des Traumes ist. An sich ist ja der wache Mensch nur durch das starre und regelmäßige Begriffsgespinst darüber im klaren, daß er wache, und kommt eben deshalb mitunter in den Glauben, er träume, wenn jenes Begriffsgespinst einmal durch die Kunst zerrissen wird. Pascal[11] hat recht, wenn er behauptet, daß wir, wenn uns jede Nacht derselbe Traum käme, davon ebenso beschäftigt würden als von den Dingen, die wir jeden Tag sehen: „Wenn ein Handwerker gewiß wäre, jede Nacht zu träumen, volle zwölf Stunden hindurch, daß er König sei, so glaube ich", sagt Pascal, „daß er ebenso glücklich wäre als ein König, welcher alle Nächte während zwölf Stunden träumt, er sei Handwerker." Der wache Tag eines mythisch erregten Volkes, etwa der älteren Griechen, ist durch das fortwährend wirkende Wunder, wie es der Mythus annimmt, in der Tat dem Traume ähnlicher als dem Tag des wissenschaftlich ernüchterten Denkers. Wenn jeder Baum einmal als Nymphe reden oder unter der Hülle eines Stieres ein Gott Jungfrauen wegschleppen kann, wenn die Göttin Athene selbst plötzlich gesehn wird, wie sie mit einem schönen Gespann in der Begleitung des Pisistratus[12] durch die Märkte Athens fährt — und das glaubte der ehrliche Athener —, so ist in jedem Augenblicke wie im Traume alles möglich, und die ganze Natur umschwärmt den Menschen, als ob sie nur die Maskerade der Götter wäre, die sich nur einen Scherz daraus machten, in allen Gestalten den Menschen zu täuschen.

Der Mensch selbst aber hat einen unbesiegbaren Hang, sich täuschen zu lassen, und ist wie bezaubert vor Glück, wenn der Rhapsode ihm epische Märchen wie wahr erzählt oder der Schauspieler

---

[11] Blaise Pascal (1623—1662), französischer Mathematiker, Theologe und Philosoph.

[12] Nymphen: Naturgöttinnen, lebten auf den Bergen, im Meer, in Flüssen und Bäumen. — In Gestalt eines Stiers entführte Zeus die Jungfrau Europa. — Athene: Göttin der Weisheit, des Kriegs und des Friedens. — Peisistratos: (560—527 v. Chr.), Tyrann (Alleinherrscher) von Athen.

im Schauspiel den König noch königlicher agiert, als ihn die Wirklichkeit zeigt. Der Intellekt, jener Meister der Verstellung, ist so lange frei und seinem sonstigen Sklavendienste enthoben, als er täuschen kann, ohne zu *schaden*, und feiert dann seine Saturnalien[13]. Nie ist er üppiger, reicher, stolzer, gewandter und verwegener: mit schöpferischem Behagen wirft er die Metaphern durcheinander und verrückt die Grenzsteine der Abstraktionen, so daß er zum Beispiel den Strom als den beweglichen Weg bezeichnet, der den Menschen trägt, dorthin, wohin er sonst geht. Jetzt hat er das Zeichen der Dienstbarkeit von sich geworfen: sonst mit trübsinniger Geschäftigkeit bemüht, einem armen Individuum, dem es nach Dasein gelüstet, den Weg und die Werkzeuge zu zeigen, und wie ein Diener für seinen Herrn auf Raub und Beute ausziehend, ist er jetzt zum Herrn geworden und darf den Ausdruck der Bedürftigkeit aus seinen Mienen wegwischen. Was er jetzt auch tut, alles trägt im Vergleich mit seinem früheren Tun die Verstellung, wie das frühere die Verzerrung an sich. Er kopiert das Menschenleben, nimmt es aber für eine gute Sache und scheint mit ihm sich recht zufrieden zu geben. Jenes ungeheure Gebälk und Bretterwerk der Begriffe, an das sich klammernd der bedürftige Mensch sich durch das Leben rettet, ist dem freigewordnen Intellekt nur ein Gerüst und ein Spielzeug für seine verwegensten Kunststücke: und wenn er es zerschlägt, durcheinanderwirft, ironisch wieder zusammensetzt, das Fremdeste paarend und das Nächste trennend, so offenbart er, daß er jene Notbehelfe der Bedürftigkeit nicht braucht und daß er jetzt nicht von Begriffen, sondern von Intuitionen geleitet wird. Von diesen Intuitionen aus führt kein regelmäßiger Weg in das Land der gespenstischen Schemata, der Abstraktionen: für sie ist das Wort nicht gemacht, der Mensch verstummt, wenn er sie sieht, oder redet in lauter verbotenen Metaphern und unerhörten Begriffsfügungen, um wenigstens durch das Zertrümmern und Verhöhnen der alten Begriffsschranken dem Eindrucke der mächtigen gegenwärtigen Intuition schöpferisch zu entsprechen.

Es gibt Zeitalter, in denen der vernünftige Mensch und der intuitive Mensch nebeneinanderstehn, der eine in Angst vor der Intuition, der andere mit Hohn über die Abstraktion; der letztere ebenso unvernünftig, als der erstere unkünstlerisch ist. Beide

---

[13] Saturn: altitalischer Saatgott. Das Saturnalienfest war das populärste und ausgelassenste Fest der Römer. Während der Saturnalien herrschte Gleichheit zwischen Herren und Sklaven, die Sklaven hatten Narrenfreiheit.

begehren über das Leben zu herrschen; dieser, indem er durch Vorsorge, Klugheit, Regelmäßigkeit den hauptsächlichsten Nöten zu begegnen weiß, jener, indem er als ein ‚überfroher Held' jene Nöte nicht sieht und nur das zum Schein und zur Schönheit verstellte Leben als real nimmt. Wo einmal der intuitive Mensch, etwa wie im älteren Griechenland, seine Waffen gewaltiger und siegreicher führt als sein Widerspiel, kann sich günstigenfalls eine Kultur gestalten und die Herrschaft der Kunst über das Leben sich gründen: jene Verstellung, jenes Verleugnen der Bedürftigkeit, jener Glanz der metaphorischen Anschauungen und überhaupt jene Unmittelbarkeit der Täuschung begleitet alle Äußerungen eines solchen Lebens. Weder das Haus noch der Schritt noch die Kleidung, noch der tönerne Krug verraten, daß die Notdurft sie erfand: es scheint so, als ob in ihnen allen ein erhabenes Glück und eine olympische Wolkenlosigkeit und gleichsam ein Spielen mit dem Ernste ausgesprochen werden sollte. Während der von Begriffen und Abstraktionen geleitete Mensch durch diese das Unglück nur abwehrt, ohne selbst aus den Abstraktionen sich Glück zu erzwingen, während er nach möglichster Freiheit von Schmerzen trachtet, erntet der intuitive Mensch, inmitten einer Kultur stehend, bereits von seinen Intuitionen, außer der Abwehr des Übels, eine fortwährend einströmende Erhellung, Aufheiterung, Erlösung. Freilich leidet er heftiger, *wenn* er leidet: ja er leidet auch öfter, weil er aus der Erfahrung nicht zu lernen versteht und immer wieder in dieselbe Grube fällt, in die er einmal gefallen. Im Leide ist er dann ebenso unvernünftig wie im Glück, er schreit laut und hat keinen Trost. Wie anders steht unter dem gleichen Mißgeschick der stoische, an der Erfahrung belehrte, durch Begriffe sich beherrschende Mensch da! Er, der sonst nur Aufrichtigkeit, Wahrheit, Freiheit von Täuschungen und Schutz vor berückenden Überfällen sucht, legt jetzt, im Unglück, das Meisterstück der Verstellung ab wie jener im Glück; er trägt kein zuckendes und bewegliches Menschengesicht, sondern gleichsam eine Maske mit würdigem Gleichmaße der Züge, er schreit nicht und verändert nicht einmal seine Stimme: wenn eine rechte Wetterwolke sich über ihn ausgießt, so hüllt er sich in seinen Mantel und geht langsamen Schrittes unter ihr davon. (Bd. 3, S. 309—322)

Aus dem Nachlaß der achtziger Jahre

Die Kunst in der ‚Geburt der Tragödie'[14]

I.

Die Konzeption des Werks, auf welche man in dem Hintergrunde dieses Buches stößt, ist absonderlich düster und unangenehm: unter den bisher bekannt gewordnen Typen des Pessimismus scheint keiner diesen Grad von Bösartigkeit erreicht zu haben. Hier fehlt der Gegensatz einer wahren und einer scheinbaren Welt: es gibt nur *eine* Welt, und diese ist falsch, grausam, widersprüchlich, verführerisch, ohne Sinn ... Eine so beschaffene Welt ist die wahre Welt. *Wir haben Lüge nötig*, um über diese Realität, diese ‚Wahrheit' zum Sieg zu kommen, das heißt, *um zu leben* ... Daß die Lüge nötig ist, um zu leben, das gehört selbst noch mit zu diesem furchtbaren und fragwürdigen Charakter des Daseins.

Die Metaphysik, die Moral, die Religion, die Wissenschaft — sie werden in diesem Buche nur als verschiedne Formen der Lüge in Betracht gezogen: mit ihrer Hilfe wird ans Leben *geglaubt*. ‚Das Leben *soll* Vertrauen einflößen': die Aufgabe, so gestellt, ist ungeheuer. Um sie zu lösen, muß der Mensch schon von Natur Lügner sein, er muß mehr als alles andere *Künstler* sein. Und er *ist* es auch: Metaphysik, Religion, Moral, Wissenschaft — alles nur Ausgeburten seines Willens zur Kunst, zur Lüge, zur Flucht vor der ‚Wahrheit', zur *Verneinung* der ‚Wahrheit'. Das Vermögen selbst, dank dem er die Realität durch die Lüge vergewaltigt, dieses Künstler-Vermögen des Menschen *par excellence* — er hat es noch mit allem, was ist, gemein. Er selbst ist ja ein Stück Wirklichkeit, Wahrheit, Natur: wie sollte er nicht auch ein Stück *Genie der Lüge* sein!

Daß der Charakter des Daseins *verkannt* werde — tiefste und höchste Geheim-Absicht hinter allem, was Tugend, Wissenschaft, Frömmigkeit, Künstlertum ist. Vieles niemals sehn, vieles falsch sehn, vieles hinzusehn: o wie klug man noch ist, in Zuständen, wo man am fernsten davon ist, sich für klug zu halten! Die Liebe, die Begeisterung, ‚Gott' — lauter Feinheiten des letzten Selbstbetrugs, lauter Verführungen zum Leben, lauter Glaube an das Leben! In Augenblicken, wo der Mensch zum Betrognen ward, wo er sich überlistet hat, wo er ans Leben glaubt: o wie schwillt es da in ihm auf! Welches Entzücken! Welches Gefühl von Macht! Wieviel

---

[14] In der ‚Geburt der Tragödie aus dem Geiste der Musik' (1870/71) deutet Nietzsche die Kunst aus dem Gegensatz des Apollinischen, des schönen Scheins des Traums, und des Dionysischen, des Rausches.

Künstler-Triumph im Gefühl der Macht! ... Der Mensch ward wieder einmal Herr über den ‚Stoff' — Herr über die Wahrheit! ... Und wann immer der Mensch sich freut, er ist immer der gleiche in seiner Freude: er freut sich als Künstler, er genießt sich als Macht, er genießt die Lüge als seine Macht ...

II.

Die Kunst und nichts als die Kunst! Sie ist die große Ermöglicherin des Lebens, die große Verführerin zum Leben, das große Stimulans des Lebens.

Die Kunst als einzig überlegene Gegenkraft gegen allen Willen zur Verneinung des Lebens, als das Antichristliche, Antibuddhistische, Antinihilistische *par excellence.*

Die Kunst als die *Erlösung des Erkennenden* — dessen, der den furchtbaren und fragwürdigen Charakter des Daseins sieht, sehen will, des Tragisch-Erkennenden.

Die Kunst als die *Erlösung des Handelnden* — dessen, der den furchtbaren und fragwürdigen Charakter des Daseins nicht nur sieht, sondern lebt, leben will, des tragisch-kriegerischen Menschen, des Helden.

Die Kunst als die *Erlösung des Leidenden* — als Weg zu Zuständen, wo das Leiden gewollt, verklärt, vergöttlicht wird, wo das Leiden eine Form der großen Entzückung ist.

III.

Man sieht, daß in diesem Buche der Pessimismus, sagen wir deutlicher der Nihilismus, als die ‚Wahrheit' gilt. Aber die Wahrheit gilt nicht als oberstes Wertmaß, noch weniger als oberste Macht. Der Wille zum Schein, zur Illusion, zur Täuschung, zum Werden und Wechseln (zur objektiviervten Täuschung) gilt hier als tiefer, ursprünglicher, ‚metaphysischer' als der Wille zur Wahrheit, zur Wirklichkeit, zum Sein — letzterer ist selbst bloß eine Form des Willens zur Illusion. Ebenso gilt die Lust als ursprünglicher als der Schmerz: der Schmerz erst als bedingt, als eine Folgeerscheinung des Willens zur Lust (des Willens zum Werden, Wachsen, Gestalten, *d. h. zum Schaffen:* im Schaffen ist aber das Zerstören eingerechnet). Es wird ein höchster Zustand von Bejahung des Daseins konzipiert, aus dem auch der höchste Schmerz nicht abgerechnet werden kann: der *tragisch-dionysische* Zustand.

IV.

Dies Buch ist dergestalt sogar antipessimistisch: nämlich in dem Sinne, daß es etwas lehrt, das stärker ist als der Pessimismus, das

,göttlicher' ist als die Wahrheit: die *Kunst*. Niemand würde, wie es scheint, einer radikalen Verneinung des Lebens, einem wirklichen Nein*tun* noch mehr als einem Neinsagen zum Leben ernstlicher das Wort reden, als der Verfasser dieses Buches. Nur weiß er — er hat es erlebt, er hat vielleicht nichts anderes erlebt! — daß die Kunst *mehr wert* ist, als die Wahrheit.
In der Vorrede bereits, mit der Richard Wagner[15] wie zu einem Zwiegespräche eingeladen wird, erscheint dies Glaubensbekenntnis, dies Artisten-Evangelium: „die Kunst als die eigentliche Aufgabe des Lebens, die Kunst als dessen *metaphysische* Tätigkeit . . ."

(Bd. 3, S. 691—694)

Aus: Götzen-Dämmerung (1888)

19.

Schön und häßlich. — Nichts ist bedingter, sagen wir *beschränkter*, als unser Gefühl des Schönen. Wer es losgelöst von der Lust des Menschen am Leben denken wollte, verlöre sofort Grund und Boden unter den Füßen. Das ,Schöne an sich' ist bloß ein Wort, nicht einmal ein Begriff. Im Schönen setzt sich der Mensch als Maß der Vollkommenheit; in ausgesuchten Fällen betet er sich darin an. Eine Gattung *kann* gar nicht anders als dergestalt zu sich allein ja sagen. Ihr *unterster* Instinkt, der der Selbsterhaltung und Selbsterweiterung, strahlt noch in solchen Sublimitäten aus. Der Mensch glaubt die Welt selbst mit Schönheit überhäuft — er *vergißt* sich als deren Ursache. Er allein hat sie mit Schönheit beschenkt, ach! nur mit einer sehr menschlich-allzumenschlichen Schönheit . . . Im Grunde spiegelt sich der Mensch in den Dingen, er hält alles für schön, was ihm sein Bild zurückwirft: das Urteil ,schön' ist seine *Gattungs-Eitelkeit* . . . Dem Skeptiker nämlich darf ein kleiner Argwohn die Frage ins Ohr flüstern: ist wirklich damit die Welt verschönt, daß gerade der Mensch sie für schön nimmt? Er hat sie *vermenschlicht*: das ist alles. Aber nichts, gar nichts verbürgt uns, daß gerade der Mensch das Modell des Schönen abgäbe. Wer weiß, wie er sich in den Augen eines höheren Geschmacksrichters ausnimmt? Vielleicht gewagt? vielleicht selbst erheiternd? vielleicht ein wenig arbiträr? . . . „O Dionysos, Göttlicher, warum ziehst du

---

[15] Von Richard Wagners (1813—1883) Musikdrama erwartete sich Nietzsche zur Zeit der Abfassung der ,Geburt der Tragödie' so etwas wie eine Wiedergeburt der griechischen Tragödie. 1878 endete die Freundschaft zwischen Nietzsche und Wagner; in späteren Schriften (z. B. ,Der Fall Wagner. Ein Musikanten-Problem') hat Nietzsche sich aufs schärfste gegen Wagner und Wagnerianer ausgesprochen.

mich an den Ohren?" fragte Ariadne einmal bei einem jener berühmten Zwiegespräche auf Naxos[16] ihren philosophischen Liebhaber. „Ich finde eine Art Humor in deinen Ohren, Ariadne: warum sind sie nicht noch länger?"

20.

Nichts ist schön, nur der Mensch ist schön: auf dieser Naivität ruht alle Ästhetik, sie ist deren *erste* Wahrheit. Fügen wir sofort noch deren zweite hinzu: nichts ist häßlich als der *entartende* Mensch — damit ist das Reich des ästhetischen Urteils umgrenzt. — Physiologisch nachgerechnet, schwächt und betrübt alles Häßliche den Menschen. Es erinnert ihn an Verfall, Gefahr, Ohnmacht; er büßt tatsächlich dabei Kraft ein. Man kann die Wirkung des Häßlichen mit dem Dynamometer messen. Wo der Mensch überhaupt niedergedrückt wird, da wittert er die Nähe von etwas ‚Häßlichem'. Sein Gefühl der Macht, sein Wille zur Macht[17], sein Mut, sein Stolz — das fällt mit dem Häßlichen, das steigt mit dem Schönen ... Im einen wie im andern Falle *machen wir einen Schluß:* die Prämissen dazu sind in ungeheurer Fülle im Instinkte aufgehäuft. Das Häßliche wird verstanden als ein Wink und Symptom der Degenereszenz[18]: was im Entferntesten an Degenereszenz erinnert, das wirkt in uns das Urteil ‚häßlich'. Jedes Anzeichen von Erschöpfung, von Schwere, von Alter, von Müdigkeit, jede Art Unfreiheit, als Krampf, als Lähmung, vor allem der Geruch, die

[16] Nach der griechischen Sage wurde die kretische Königstochter Ariadne, die dem Theseus geholfen hatte, seinen Kampf mit dem Ungeheuer Minotauros zu bestehen und wieder aus dessen Labyrinth herauszufinden, von Theseus entführt, aber auf der Insel Naxos ausgesetzt. Auf Naxos verband sich Ariadne mit dem Gott Dionysos. — Eine antike Überlieferung von philosophischen Zwiegesprächen zwischen Ariadne und Dionysos gibt es nicht.

[17] Zentrale Kategorie in Nietzsches Philosophie: vgl. z. B.: „Wo Leben ist, da ist auch Wille: aber nicht Wille zum Leben, sondern (...) Wille zur Macht!" (Werke, a. a. O., Bd. 2, S. 372) „Leben selbst ist Wille zur Macht." (Bd. 2, S. 578) „Gesetzt endlich, daß es gelänge, unser gesamtes Triebleben als die Ausgestaltung und Verzweigung *einer* Grundform des Willens zu erklären — nämlich des Willens zur Macht, wie es *mein* Satz ist —; gesetzt, daß man alle organischen Funktionen auf diesen Willen zur Macht zurückführen könnte und in ihm auch die Lösung des Problems der Zeugung und Ernährung — es ist *ein* Problem — fände, so hätte man damit sich das Recht verschafft, *alle* wirkende Kraft eindeutig zu bestimmen als: Wille zur Macht." (Bd. 2, S. 601)

[18] Rückbildung, Entartung.

Farbe, die Form der Auflösung, der Verwesung, und sei es auch in der letzten Verdünnung zum Symbol — das alles ruft die gleiche Reaktion hervor, das Werturteil ‚häßlich'. Ein *Haß* springt da hervor: wen haßt da der Mensch? Aber es ist kein Zweifel: den *Niedergang seines Typus.* Er haßt da aus dem tiefsten Instinkte der Gattung heraus; in diesem Haß ist Schauder, Vorsicht, Tiefe, Fernblick — es ist der tiefste Haß, den es gibt. Um seinetwillen ist die Kunst *tief* ...

21.

Schopenhauer. — Schopenhauer, der letzte Deutsche, der in Betracht kommt (— der ein *europäisches* Ereignis gleich Goethe, gleich Hegel, gleich Heinrich Heine[19] ist, und *nicht bloß* ein lokales, ein ‚nationales'), ist für einen Psychologen ein Fall ersten Ranges: nämlich als bösartig genialer Versuch, zugunsten einer nihilistischen Gesamt-Abwertung des Lebens gerade die Gegen-Instanzen, die großen Selbstbejahungen des ‚Willens zum Leben', die Exuberanz-Formen[20] des Lebens ins Feld zu führen. Er hat, der Reihe nach, die *Kunst,* den Heroismus, das Genie, die Schönheit, das große Mitgefühl, die Erkenntnis, den Willen zur Wahrheit, die Tragödie als Folgeerscheinung der ‚Verneinung' oder der Verneinungs-Bedürftigkeit des ‚Willens' interpretiert — die größte psychologische Falschmünzerei, die es, das Christentum abgerechnet, in der Geschichte gibt. Genauer zugesehen ist er darin bloß der Erbe der christlichen Interpretation: nur daß er auch das vom Christentum *Abgelehnte,* die großen Kultur-Tatsachen der Menschheit noch in einem christlichen, das heißt nihilistischen Sinne *gutzuheißen* wußte (— nämlich als Wege zur ‚Erlösung', als Vorformen der ‚Erlösung', als Stimulantia des Bedürfnisses nach ‚Erlösung' ...).

22.

Ich nehme einen einzelnen Fall. Schopenhauer spricht von der *Schönheit* mit einer schwermütigen Glut — warum letzten Grundes? Weil er in ihr eine *Brücke* sieht, auf der man weitergelangt, oder Durst bekommt weiterzugelangen ... Sie ist ihm die Erlösung vom ‚Willen' auf Augenblicke — sie lockt zur Erlösung für immer ... Insbesondere preist er sie als Erlöserin vom ‚Brennpunkt des Willens', von der Geschlechtlichkeit — in der Schönheit sieht er den Zeugetrieb *verneint* ... Wunderlicher Heiliger! Irgend jemand widerspricht dir, ich fürchte, es ist die Natur. *Wozu* gibt es über-

---

[19] (1797—1856), Dichter und politischer Schriftsteller.

[20] Formen des Überflusses.

haupt Schönheit in Ton, Farbe, Duft, rhythmischer Bewegung in der Natur? was *treibt* die Schönheit *heraus?* — Glücklicherweise widerspricht ihm auch ein Philosoph. Keine geringere Autorität als die des göttlichen Plato (— so nennt ihn Schopenhauer selbst) hält einen andren Satz aufrecht: daß alle Schönheit zur Zeugung reize — daß dies gerade das *proprium* ihrer Wirkung sei, vom Sinnlichsten bis hinauf ins Geistigste[21] ...

23.

Plato geht weiter. Er sagt mit einer Unschuld, zu der man Grieche sein muß und nicht ‚Christ', daß es gar keine platonische Philosophie geben würde, wenn es nicht so schöne Jünglinge in Athen gäbe: deren Anblick sei es erst, was die Seele des Philosophen in einen erotischen Taumel versetze und ihr keine Ruhe lasse, bis sie den Samen aller hohen Dinge in ein so schönes Erdreich hinabgesenkt habe. Auch ein wunderlicher Heiliger! — man traut seinen Ohren nicht, gesetzt selbst, daß man Plato traut. Zum mindesten errät man, daß in Athen *anders* philosophiert wurde, vor allem öffentlich. Nichts ist weniger griechisch als die Begriffs-Spinneweberei eines Einsiedlers, *amor intellectualis dei*[22] nach Art des Spinoza. Philosophie nach Art des Plato wäre eher als ein erotischer Wettbewerb zu definieren, als eine Fortbildung und Verinnerlichung der alten agonalen Gymnastik und deren *Voraussetzungen* ... Was wuchs zuletzt aus dieser philosophischen Erotik Platos heraus? Eine neue Kunstform des griechischen Agon, die Dialektik. — Ich erinnere noch, *gegen* Schopenhauer und zu Ehren Platos, daran, daß auch die ganze höhere Kultur und Literatur des *klassischen* Frankreichs auf dem Boden des geschlechtlichen Interesses aufgewachsen ist. Man darf überall bei ihr die Galanterie, die Sinne, den Geschlechts-Wettbewerb, ‚das Weib' suchen — man wird nie umsonst suchen ...

24.

L'art pour l'art. — Der Kampf gegen den Zweck in der Kunst ist immer der Kampf gegen die *moralisierende* Tendenz in der Kunst, gegen ihre Unterordnung unter die Moral. *L'art pour l'art* heißt: ‚der Teufel hole die Moral!' — Aber selbst noch diese Feindschaft verrät die Übergewalt des Vorurteils. Wenn man den Zweck des Moralpredigens und Menschen-Verbesserns von der

---

[21] Vgl. zu diesem Gedanken Platons ‚Symposion', siehe oben 111—114; proprium: das Eigentümliche.

[22] (rein) geistige Liebe zu Gott.

Kunst ausgeschlossen hat, so folgt daraus noch lange nicht, daß die Kunst überhaupt zwecklos, ziellos, sinnlos, kurz *l'art pour l'art* — ein Wurm, der sich in den Schwanz beißt — ist. ‚Lieber gar keinen Zweck als einen moralischen Zweck!' — so redet die bloße Leidenschaft. Ein Psycholog fragt dagegen: was tut alle Kunst? lobt sie nicht? verherrlicht sie nicht? wählt sie nicht aus? zieht sie nicht hervor? Mit dem allem *stärkt* oder *schwächt* sie gewisse Wertschätzungen ... Ist dies nur ein Nebenbei? ein Zufall? Etwas, bei dem der Instinkt des Künstlers gar nicht beteiligt wäre? Oder aber: ist es nicht die Voraussetzung dazu, daß der Künstler *kann* ...? Geht dessen unterster Instinkt auf die Kunst oder nicht vielmehr auf den Sinn der Kunst, das *Leben*? auf eine *Wünschbarkeit von Leben*? — Die Kunst ist das große Stimulans zum Leben: wie könnte man sie als zwecklos, als ziellos, als *l'art pour l'art* verstehn? — Eine Frage bleibt zurück: die Kunst bringt auch vieles Häßliche, Harte, Fragwürdige des Lebens zur Erscheinung, — scheint sie nicht damit vom Leben zu entleiden? — Und in der Tat, es gab Philosophen, die ihr diesen Sinn liehn: „loskommen vom Willen" lehrte Schopenhauer als Gesamt-Absicht der Kunst, „zur Resignation stimmen" verehrte er als die große Nützlichkeit der Tragödie. — Aber dies — ich gab es schon zu verstehn — ist Pessimisten-Optik und „böser Blick" —: man muß an die Künstler selbst appellieren. *Was teilt der tragische Künstler von sich mit?* Ist es nicht gerade der Zustand *ohne* Furcht vor dem Furchtbaren und Fragwürdigen, das er zeigt? — Dieser Zustand selbst ist eine hohe Wünschbarkeit; wer ihn kennt, ehrt ihn mit den höchsten Ehren. Er teilt ihn mit, er *muß* ihn mitteilen, vorausgesetzt daß er ein Künstler ist, ein Genie der Mitteilung. Die Tapferkeit und Freiheit des Gefühls vor einem mächtigen Feinde, vor einem erhabnen Ungemach, vor einem Problem, das Grauen erweckt — dieser *siegreiche* Zustand ist es, den der tragische Künstler auswählt, den er verherrlicht. Vor der Tragödie feiert das Kriegerische in unsrer Seele seine Saturnalien; wer Leid gewohnt ist, wer Leid aufsucht, der *heroische* Mensch preist mit der Tragödie sein Dasein — ihm allein kredenzt der Tragiker den Trunk dieser süßesten Grausamkeit. — (Bd. 2, S. 1001—1005)

Aus: Die fröhliche Wissenschaft (1881/82)

107.

Unsere letzte Dankbarkeit gegen die Kunst. — Hätten wir nicht die Künste gutgeheißen und diese Art von Kultus des Unwahren erfunden: so wäre die Einsicht in die allgemeine Unwahrheit und Verlogenheit, die uns jetzt durch die Wissenschaft gegeben wird — die Einsicht in den Wahn und Irrtum als in eine Bedingung des erkennenden und empfindenden Daseins —, gar nicht auszuhalten. Die *Redlichkeit* würde den Ekel und den Selbstmord im Gefolge haben. Nun aber hat unsere Redlichkeit eine Gegenmacht, die uns solchen Konsequenzen ausweichen hilft: die Kunst, als den *guten* Willen zum Scheine. Wir verwehren es unserm Auge nicht immer, auszurunden, zu Ende zu dichten: und dann ist es nicht mehr die ewige Unvollkommenheit, die wir über den Fluß des Werdens[23] tragen — dann meinen wir eine *Göttin* zu tragen und sind stolz und kindlich in dieser Dienstleistung. Als ästhetisches Phänomen ist uns das Dasein immer noch *erträglich,* und durch die Kunst ist uns Auge und Hand und vor allem das gute Gewissen dazu gegeben, aus uns selber ein solches Phänomen machen *zu können.* Wir müssen zeitweilig von uns ausruhen, dadurch, daß wir auf uns hin und hinab sehen und, aus einer künstlerischen Ferne her, *über* uns lachen oder *über* uns weinen: wir müssen den *Helden* und ebenso den *Narren* entdecken, der in unsrer Leidenschaft der Erkenntnis steckt, wir müssen unsrer Torheit ab und zu froh werden, um unsrer Weisheit froh bleiben zu können! Und gerade weil wir im letzten Grunde schwere und ernsthafte Menschen und mehr Gewichte als Menschen sind, so tut uns nichts so gut als die *Schelmenkappe:* wir brauchen sie vor uns selber — wir brauchen alle übermütige, schwebende, tanzende, spottende, kindische und selige Kunst, um jener *Freiheit über den Dingen* nicht verlustig zu gehen, welche unser Ideal von uns fordert. Es wäre ein *Rückfall* für uns, gerade mit unsrer reizbaren Redlichkeit ganz in die Moral zu geraten und um der überstrengen Anforderungen willen, die wir hierin an uns stellen, gar noch selber zu tugendhaften Ungeheuern und Vogelscheuchen zu werden. Wir sollen auch *über* der Moral stehen *können:* und nicht nur stehen, mit der ängstlichen Steifigkeit eines solchen, der jeden Augenblick auszugleiten und zu fallen fürchtet, sondern auch über ihr schweben und spielen! Wie könnten wir dazu der Kunst, wie des Narren entbehren? — Und solange ihr euch noch irgendwie vor euch selber *schämt,* gehört ihr noch nicht zu uns! (Bd. 2, S. 113—114)

---

[23] nach dem Vorsokratiker Heraklit (ca. 540—480 v. Chr.): Sinnbild für den ewigen Wandel.

Aus: Götzen-Dämmerung

8.

Zur Psychologie des Künstlers. — Damit es Kunst gibt, damit es irgendein ästhetisches Tun und Schauen gibt, dazu ist eine physiologische Vorbedingung unumgänglich: der *Rausch.* Der Rausch muß erst die Erregbarkeit der ganzen Maschine gesteigert haben: eher kommt es zu keiner Kunst. Alle noch so verschieden bedingten Arten des Rausches haben dazu die Kraft: vor allem der Rausch der Geschlechtserregung, diese älteste und ursprünglichste Form des Rausches. Insgleichen der Rausch, der im Gefolge aller großen Begierden, aller starken Affekte kommt; der Rausch des Festes, des Wettkampfs, des Bravourstücks, des Siegs, aller extremen Bewegung; der Rausch der Grausamkeit; der Rausch in der Zerstörung; der Rausch unter gewissen meteorologischen Einflüssen, zum Beispiel der Frühlingsrausch; oder unter dem Einfluß der Narkotika; endlich der Rausch des Willens, der Rausch eines überhäuften und geschwellten Willens. — Das Wesentliche am Rausch ist das Gefühl der Kraftsteigerung und Fülle. Aus diesem Gefühle gibt man an die Dinge ab, man *zwingt* sie von uns zu nehmen, man vergewaltigt sie — man heißt diesen Vorgang *idealisieren.* Machen wir uns hier von einem Vorurteil los: das Idealisieren besteht *nicht*, wie gemeinhin geglaubt wird, in einem Abziehn oder Abrechnen des Kleinen, des Nebensächlichen. Ein ungeheures *Heraustreiben* der Hauptzüge ist vielmehr das Entscheidende, so daß die andern darüber verschwinden. (Bd. 2, S. 995)

Aus dem Nachlaß der achtziger Jahre

Fortschritt. — Daß wir uns nicht täuschen! Die Zeit läuft vorwärts — wir möchten glauben, daß auch alles, was in ihr ist, vorwärts läuft, — daß die Entwicklung eine Vorwärts-Entwicklung ist ... Das ist der Augenschein, von dem die Besonnensten verführt werden. Aber das neunzehnte Jahrhundert ist kein Fortschritt gegen das sechzehnte: und der deutsche Geist von 1888 ist ein Rückschritt gegen den deutschen Geist von 1788 ... Die ‚Menschheit' avanciert nicht, sie existiert nicht einmal. Der Gesamt-Aspekt ist der einer ungeheuren Experimentier-Werkstätte, wo einiges gelingt, zerstreut durch alle Zeiten, und Unsägliches mißrät, wo alle Ordnung, Logik, Verbindung und Verbindlichkeit fehlt. Wie dürften wir verkennen, daß die Heraufkunft des Christentums eine *décadence*-Bewegung ist? ... Daß die deutsche Reformation eine Rekrudeszenz[24] der christlichen Barbarei ist?

[24] Wiederverschlimmerung.

... Daß die Revolution den Instinkt zur großen Organisation der Gesellschaft zerstört hat? ... Der Mensch ist kein Fortschritt gegen das Tier: der Kultur-Zärtling ist eine Mißgeburt im Vergleich zum Araber und Korsen; der Chinese ist ein wohlgeratener Typus, nämlich dauerfähiger, als der Europäer ...

Was ist tragisch? — Ich habe zu wiederholten Malen den Finger auf das große Mißverständnis des Aristoteles[25] gelegt, als er in zwei *deprimierenden* Affekten, im Schrecken und im Mitleiden, die tragischen Affekte zu erkennen glaubte. Hätte er recht, so wäre die Tragödie eine lebensgefährliche Kunst: man müßte vor ihr wie vor etwas Gemeinschädlichem und Anrüchigem warnen. Die Kunst, sonst das große Stimulans des Lebens, ein Rausch am Leben, ein Wille zum Leben, würde hier, im Dienste einer Abwärtsbewegung, gleichsam als Dienerin des Pessimismus *gesundheitsschädlich* (— denn daß man durch Erregung dieser Affekte sich von ihnen ‚purgiert', wie Aristoteles zu glauben scheint, ist einfach nicht wahr). Etwas, das habituell Schrecken oder Mitleid erregt, desorganisiert, schwächt, entmutigt: — und gesetzt, Schopenhauer behielte recht, daß man der Tragödie die Resignation zu entnehmen habe (d. h. eine sanfte Verzichtleistung auf Glück, auf Hoffnung, auf Willen zum Leben), so wäre hiermit eine Kunst konzipiert, in der die Kunst sich selbst verneint. Tragödie bedeutete dann einen Auflösungsprozeß: der Instinkt des Lebens sich im Instinkt der Kunst selbst zerstörend. Christentum, Nihilismus, tragische Kunst, physiologische *décadence:* das hielte sich an den Händen, das käme zur selben Stunde zum Übergewicht, das triebe sich gegenseitig vorwärts — *abwärts* ... Tragödie wäre ein Symptom des Verfalls.
Man kann diese Theorie in der kaltblütigsten Weise widerlegen: nämlich indem man vermöge des Dynamometers die Wirkung einer tragischen Emotion mißt und man bekommt als Ergebnis, was zuletzt nur die absolute Verlogenheit eines Systematikers verkennen kann: — daß die Tragödie ein *tonicum*[26] ist. Wenn Schopenhauer hier nicht begreifen *wollte,* wenn er die Gesamt-Depression als tragischen Zustand ansetzt, wenn er den Griechen (— die zu seinem Verdruß nicht „resignieren" ...) zu verstehen gab, sie hätten sich nicht auf der Höhe der Weltanschauung befunden: so ist das *parti pris*[27], Logik des Systems, Falschmünzerei des Systematikers: eine jener schlimmen Falschmünzereien, welche

[25] siehe Aristoteles, Poetik, Kap. 6 und 13.
[26] Kräftigungsmittel.
[27] Parteinahme, Voreingenommenheit.

Schopenhauern, Schritt für Schritt, seine ganze Psychologie verdorben hat (: er, der das Genie, die Kunst selbst, die Moral, die heidnische Religion, die Schönheit, die Erkenntnis und ungefähr alles willkürlich-gewaltsam mißverstanden hat). (Bd. 3, S. 828—829)

Aus: Menschliches, Allzumenschliches II (1879)

170.

Die Kunst in der Zeit der Arbeit — Wir haben das Gewissen eines *arbeitsamen* Zeitalters: dies erlaubt uns nicht, die besten Stunden und Vormittage der Kunst zu geben, und wenn diese Kunst selber die größte und würdigste wäre. Sie gilt uns als Sache der Muße, der Erholung: wir weihen ihr die *Reste* unserer Zeit, unserer Kräfte. — Dies ist die allgemeinste Tatsache, durch welche die Stellung der Kunst zum Leben verändert ist: sie hat, wenn sie ihre *großen* Zeit- und Kraft-Ansprüche an die Kunst-Empfangenden macht, das Gewissen der Arbeitsamen und Tüchtigen *gegen* sich, sie ist auf die Gewissenlosen und Lässigen angewiesen, welche aber, ihrer Natur nach, gerade der *großen* Kunst nicht zugetan sind und ihre Ansprüche als Anmaßungen empfinden. Es dürfte deshalb mit ihr zu Ende sein, weil ihr die Luft und der freie Atem fehlt: oder — die große Kunst versucht, in einer Art Vergröberung und Verkleidung, in jener anderen Luft heimisch zu werden (mindestens es in ihr auszuhalten), die eigentlich nur für die *kleine* Kunst, für die Kunst der Erholung, der ergötzlichen Zerstreuung das natürliche Element ist. Dies geschieht jetzt allerwärts; auch die Künstler der großen Kunst versprechen Erholung und Zerstreuung, auch sie wenden sich an die Ermüdeten, auch sie bitten ihn um die Abendstunden seines Arbeitstages, — ganz wie die unterhaltenden Künstler, welche zufrieden sind, gegen den schweren Ernst der Stirnen, das Versunkene der Augen einen Sieg errungen zu haben. Welches ist nun der Kunstgriff ihrer größeren Genossen? Diese haben in ihren Büchsen die gewaltsamsten Erregungsmittel, bei denen selbst der Halbtote noch zusammenschrecken muß; sie haben Betäubungen, Berauschungen, Erschütterungen, Tränenkrämpfe: mit diesen überwältigen sie den Ermüdeten und bringen ihn in eine übernächtigte Überlebendigkeit, in ein Außer-sich-sein des Entzückens und des Schreckens. Dürfte man, wegen der Gefährlichkeit ihrer Mittel, der großen Kunst, wie sie jetzt, als Oper, Tragödie und Musik, lebt, — dürfte man ihr als einer arglistigen Sünderin zürnen? Gewiß nicht: sie lebte ja selber hundertmal lieber in dem reinen Element der morgendlichen Stille und wendete sich an die erwartenden, unverbrauchten, kraftgefüllten Morgen-Seelen der

Zuschauer und Zuhörer. Danken wir ihr, daß sie es vorzieht, so zu leben, als davonzufliehen: aber gestehen wir uns auch ein, daß für ein Zeitalter, welches einmal wieder freie, volle Fest- und Freudentage in das Leben einführt, *unsere* große Kunst unbrauchbar sein wird.
(Bd. 1, S. 941—942)

Aus: Morgenröte (1880/81)

271.

Die Feststimmung. — Gerade für jene Menschen, welche am hitzigsten nach Macht streben, ist es unbeschreiblich angenehm, sich *überwältigt* zu fühlen! Plötzlich und tief in ein Gefühl wie in einen Strudel hinabzusinken! Sich die Zügel aus der Hand reißen zu lassen und einer Bewegung wer weiß wohin? zuzusehen! Wer es ist, was es ist, das uns diesen Dienst leistet, — es ist ein großer Dienst: wir sind so glücklich und atemlos und fühlen eine Ausnahme-Stille um uns wie im mittelsten Grunde der Erde. Einmal ganz ohne Macht! Ein Spielball von Urkräften! Es ist eine Ausspannung in diesem Glück, ein Abwerfen der großen Last, ein Abwärtsrollen ohne Mühen wie in blinder Schwerkraft. Es ist der Traum des Bergsteigers, der sein *Ziel* zwar oben hat, aber unterwegs aus tiefer Müdigkeit einmal einschläft und *vom Glück des Gegensatzes* — eben vom mühelosesten Abwärtsrollen — träumt. — Ich beschreibe das Glück, wie ich es mir bei unserer jetzigen gehetzten, machtdürstigen Gesellschaft Europas und Amerikas denke. Hier und da wollen sie einmal in die *Ohnmacht* zurücktaumeln — diesen Genuß bieten ihnen Kriege, Künste, Religionen, Genies. Wenn man sich einem alles verschlingenden und zerdrükkenden Eindruck einmal zeitweilig überlassen hat — es ist die moderne *Feststimmung!* — dann ist man wieder freier, erholter, kälter, strenger und strebt unermüdlich nach dem Gegenteile weiter: nach *Macht.* —
(Bd. 1, S. 1181)

Sigmund Freud

Der Dichter und das Phantasieren (1908)[1]

Uns Laien hat es immer mächtig gereizt zu wissen, woher diese merkwürdige Persönlichkeit, der Dichter, seine Stoffe nimmt — etwa im Sinne der Frage, die jener Kardinal an den Ariosto richtete[a] — und wie er es zustande bringt, uns mit ihnen so zu ergreifen, Erregungen in uns hervorzurufen, deren wir uns vielleicht nicht einmal für fähig gehalten hätten. Unser Interesse hiefür wird nur gesteigert durch den Umstand, daß der Dichter selbst, wenn wir ihn befragen, uns keine oder keine befriedigende Auskunft gibt, und wird gar nicht gestört durch unser Wissen, daß die beste Einsicht in die Bedingungen der dichterischen Stoffwahl und in das Wesen der poetischen Gestaltungskunst nichts dazu beitragen würde, uns selbst zu Dichtern zu machen.

Wenn wir wenigstens bei uns oder bei unsersgleichen eine dem Dichten irgendwie verwandte Tätigkeit auffinden könnten! Die Untersuchung derselben ließe uns hoffen, eine erste Aufklärung über das Schaffen des Dichters zu gewinnen. Und wirklich, dafür ist Aussicht vorhanden — die Dichter selbst lieben es ja, den Abstand zwischen ihrer Eigenart und allgemein menschlichem Wesen zu verringern; sie versichern uns so häufig, daß in jedem Menschen ein Dichter stecke und daß der letzte Dichter erst mit dem letzten Menschen sterben werde.

Sollten wir die ersten Spuren dichterischer Betätigung nicht schon beim Kinde suchen? Die liebste und intensivste Beschäftigung des Kindes ist das Spiel. Vielleicht dürfen wir sagen: Jedes spielende Kind benimmt sich wie ein Dichter, indem es sich eine eigene Welt erschafft oder, richtiger gesagt, die Dinge seiner Welt in eine neue, ihm gefällige Ordnung versetzt. Es wäre dann unrecht zu meinen, es nähme diese Welt nicht ernst; im Gegenteil, es nimmt sein Spiel sehr ernst, es verwendet große Affektbeträge darauf. Der Gegensatz zu Spiel ist nicht Ernst, sondern — Wirklichkeit. Das Kind unterscheidet seine Spielwelt sehr wohl, trotz aller Affektbeset-

---

[a] Kardinal Ippolito d'Este war Ariots erster Gönner; ihm hatte der Dichter seinen *Orlando Furioso* gewidmet, bekam aber als einzige Anerkennung nur die Frage zu hören: „Woher nimmst du bloß die vielen Geschichten, Lodovico?"

[1] Gesammelte Werke, Bd. 7, Frankfurt 1948, bei Imago Publishing & Co., Ltd., London; Studienausgabe, hrsg. von Alexander Mitscherlich — Angela Richards — James Strachey, Bd. 10: Bildende Kunst und Literatur, Frankfurt 1969, S. 171—179.

zung[2], von der Wirklichkeit und lehnt seine imaginierten Objekte und Verhältnisse gerne an greifbare und sichtbare Dinge der wirklichen Welt an. Nichts anderes als diese Anlehnung unterscheidet das ‚Spielen' des Kindes noch vom ‚Phantasieren'.

Der Dichter tut nun dasselbe wie das spielende Kind; er erschafft eine Phantasiewelt, die er sehr ernst nimmt, d. h. mit großen Affektbeträgen ausstattet, während er sie von der Wirklichkeit scharf sondert. Und die Sprache hat diese Verwandtschaft von Kinderspiel und poetischem Schaffen festgehalten, indem sie solche Veranstaltungen des Dichters, welche der Anlehnung an greifbare Objekte bedürfen, welche der Darstellung fähig sind, als *Spiele: Lustspiel, Trauerspiel,* und die Person, welche sie darstellt, als *Schauspieler* bezeichnet. Aus der Unwirklichkeit der dichterischen Welt ergeben sich aber sehr wichtige Folgen für die künstlerische Technik, denn vieles, was als real nicht Genuß bereiten könnte, kann dies doch im Spiele der Phantasie, viele an sich eigentlich peinliche Erregungen können für den Hörer und Zuschauer des Dichters zur Quelle der Lust werden.

Verweilen wir einer anderen Beziehung wegen noch einen Augenblick bei dem Gegensatze von Wirklichkeit und Spiel! Wenn das Kind herangewachsen ist und aufgehört hat zu spielen, wenn es sich durch Jahrzehnte seelisch bemüht hat, die Wirklichkeiten des Lebens mit dem erforderlichen Ernste zu erfassen, so kann es eines Tages in eine seelische Disposition geraten, welche den Gegensatz zwischen Spiel und Wirklichkeit wieder aufhebt. Der Erwachsene kann sich darauf besinnen, mit welchem hohen Ernst er einst seine Kinderspiele betrieb, und indem er nun seine vorgeblich ernsten Beschäftigungen jenen Kinderspielen gleichstellt, wirft er die allzu schwere Bedrückung durch das Leben ab und erringt sich den hohen Lustgewinn[3] des *Humors.*

---

[2] „Nach Freud wird jeder Trieb auf den beiden Ebenen Affekt und Vorstellung ausgedrückt. Der Affekt ist die qualitative Äußerungsform der Quantität an Triebenergie und ihrer Variationen." — Der Affektbetrag „bezeichnet, was bei den verschiedenen Modifikationen des Affekts: Verschiebung, Ablösung von der Vorstellung, qualitative Umwandlungen, unveränderlich bleibt." — Besetzung: Begriff für die „Tatsache, daß eine bestimmte psychische Energie an eine Vorstellung (...), ein Objekt etc. gebunden ist". (J. Laplanche — J.-B. Pontalis: Das Vokabular der Psychoanalyse, 1. Bd., Frankfurt 1973, S. 37, 39 und 92).

[3] Nach Freud ist es das Ziel der gesamten psychischen Aktivität, Unlust zu vermeiden und Lust zu gewinnen: „Die Aufgabe, Unlust zu verhüten, stellt sich fast gleichwertig neben die des Lustgewinns; das Ich erfährt, daß es unvermeidlich ist, auf unmittelbare Befriedigung zu verzichten,

Der Heranwachsende hört also auf zu spielen, er verzichtet scheinbar auf den Lustgewinn, den er aus dem Spiele bezog. Aber wer das Seelenleben des Menschen kennt, der weiß, daß ihm kaum etwas anderes so schwer wird wie der Verzicht auf einmal gekannte Lust. Eigentlich können wir auf nichts verzichten, wir vertauschen nur eines mit dem andern; was ein Verzicht zu sein scheint, ist in Wirklichkeit eine Ersatz- oder Surrogatbildung. So gibt auch der Heranwachsende, wenn er aufhört zu spielen, nichts anderes auf als die Anlehnung an reale Objekte; anstatt zu *spielen, phantasiert* er jetzt. Er baut sich Luftschlösser, schafft das, was man Tagträume nennt. Ich glaube, daß die meisten Menschen zu Zeiten ihres Lebens Phantasien bilden. Es ist das eine Tatsache, die man lange Zeit übersehen und deren Bedeutung man darum nicht genug gewürdigt hat.

Das Phantasieren der Menschen ist weniger leicht zu beobachten als das Spielen der Kinder. Das Kind spielt zwar auch allein oder es bildet mit anderen Kindern ein geschlossenes psychisches System zum Zwecke des Spieles, aber wenn es auch den Erwachsenen nichts vorspielt, so verbirgt es doch sein Spielen nicht vor ihnen. Der Erwachsene aber schämt sich seiner Phantasien und versteckt sie vor anderen, er hegt sie als seine eigensten Intimitäten, er würde in der Regel lieber seine Vergehungen eingestehen als seine Phantasien mitteilen. Es mag vorkommen, daß er sich darum für den einzigen hält, der solche Phantasien bildet, und von der allgemeinen Verbreitung ganz ähnlicher Schöpfungen bei anderen nichts ahnt. Dies verschiedene Verhalten des Spielenden und des Phantasierenden findet seine gute Begründung in den Motiven der beiden einander doch fortsetzenden Tätigkeiten.

Das Spielen des Kindes wurde von Wünschen dirigiert, eigentlich von dem einen Wunsche, der das Kind erziehen hilft, vom Wunsche: groß und erwachsen zu sein. Es spielt immer ‚groß sein', imitiert im Spiele, was ihm vom Leben der Großen bekannt geworden ist. Es hat nun keinen Grund, diesen Wunsch zu verbergen. Anders der Erwachsene; dieser weiß einerseits, daß man von ihm erwartet, nicht mehr zu spielen oder zu phantasieren, sondern in der wirklichen Welt zu handeln, und anderseits sind unter den seine Phan-

---

den Lustgewinn aufzuschieben, ein Stück Unlust zu ertragen und bestimmte Lustquellen überhaupt aufzugeben. Das so erzogene Ich ist ‚verständig' geworden, es läßt sich nicht vom Lustprinzip beherrschen, sondern folgt dem Realitätsprinzip, das im Grunde auch Lust erzielen will, aber durch die Rücksicht auf die Realität gesicherte, wenn auch aufgeschobene und verringerte Lust." (Vorlesungen zur Einführung in die Psychoanalyse, Studienausgabe Bd. 1, Frankfurt 1969, S. 349).

tasien erzeugenden Wünschen manche, die es überhaupt zu verbergen nottut; darum schämt er sich seines Phantasierens als kindisch und als unerlaubt.

Sie werden fragen, woher man denn über das Phantasieren der Menschen so genau Bescheid wisse, wenn es von ihnen mit soviel Geheimtun verhüllt wird. Nun, es gibt eine Gattung von Menschen, denen zwar nicht ein Gott, aber eine strenge Göttin — die Notwendigkeit — den Auftrag erteilt hat zu sagen, was sie leiden und woran sie sich erfreuen. Es sind dies die Nervösen, die dem Arzte, von dem sie Herstellung durch psychische Behandlung erwarten, auch ihre Phantasien eingestehen müssen; aus dieser Quelle stammt unsere beste Kenntnis, und wir sind dann zu der wohl begründeten Vermutung gelangt, daß unsere Kranken uns nichts anderes mitteilen, als was wir auch von den Gesunden erfahren könnten.

Gehen wir daran, einige der Charaktere des Phantasierens kennenzulernen. Man darf sagen, der Glückliche phantasiert nie, nur der Unbefriedigte. Unbefriedigte Wünsche sind die Triebkräfte der Phantasien, und jede einzelne Phantasie ist eine Wunscherfüllung, eine Korrektur der unbefriedigten Wirklichkeit. Die treibenden Wünsche sind verschieden je nach Geschlecht, Charakter und Lebensverhältnissen der phantasierenden Persönlichkeit; sie lassen sich aber ohne Zwang nach zwei Hauptrichtungen gruppieren. Es sind entweder ehrgeizige Wünsche, welche der Erhöhung der Persönlichkeit dienen, oder erotische. Beim jungen Weibe herrschen die erotischen Wünsche fast ausschließend, denn sein Ehrgeiz wird in der Regel vom Liebesstreben aufgezehrt; beim jungen Manne sind neben den erotischen die eigensüchtigen und ehrgeizigen Wünsche vordringlich genug. Doch wollen wir nicht den Gegensatz beider Richtungen, sondern vielmehr deren häufige Vereinigung betonen; wie in vielen Altarbildern in einer Ecke das Bildnis des Stifters sichtbar ist, so können wir an den meisten ehrgeizigen Phantasien in irgendeinem Winkel die Dame entdecken, für die der Phantast all diese Heldentaten vollführt, der er alle Erfolge zu Füßen legt. Sie sehen, hier liegen genug starke Motive zum Verbergen vor; dem wohlerzogenen Weibe wird ja überhaupt nur ein Minimum von erotischer Bedürftigkeit zugebilligt, und der junge Mann soll das Übermaß von Selbstgefühl, welches er aus der Verwöhnung der Kindheit mitbringt, zum Zwecke der Einordnung in die an ähnlich anspruchsvollen Individuen so reiche Gesellschaft unterdrücken lernen.

Die Produkte dieser phantasierenden Tätigkeit, die einzelnen Phantasien, Luftschlösser oder Tagträume dürfen wir uns nicht als starr und unveränderlich vorstellen. Sie schmiegen sich vielmehr den wechselnden Lebenseindrücken an, verändern sich mit jeder Schwankung der Lebenslage, empfangen von jedem wirksamen neuen Eindrucke eine sogenannte ‚Zeitmarke'. Das Verhältnis der Phantasie zur Zeit ist überhaupt sehr bedeutsam. Man darf sagen: eine Phantasie schwebt gleichsam zwischen drei Zeiten, den drei Zeitmomenten unseres Vorstellens. Die seelische Arbeit knüpft an einen aktuellen Eindruck, einen Anlaß in der Gegenwart an, der imstande war, einen der großen Wünsche der Person zu wecken, greift von da aus auf die Erinnerung eines früheren, meist infantilen, Erlebnisses zurück, in dem jener Wunsch erfüllt war, und schafft nun eine auf die Zukunft bezogene Situation, welche sich als die Erfüllung jenes Wunsches darstellt, eben den Tagtraum oder die Phantasie, die nun die Spuren ihrer Herkunft vom Anlasse und von der Erinnerung an sich trägt. Also Vergangenes, Gegenwärtiges, Zukünftiges wie an der Schnur des durchlaufenden Wunsches aneinandergereiht.

Das banalste Beispiel mag Ihnen meine Aufstellung erläutern. Nehmen Sie den Fall eines armen und verwaisten Jünglings an, welchem Sie die Adresse eines Arbeitgebers genannt haben, bei dem er vielleicht eine Anstellung finden kann. Auf dem Wege dahin mag er sich in einem Tagtraum ergehen, wie er angemessen aus seiner Situation entspringt. Der Inhalt dieser Phantasie wird etwa sein, daß er dort angenommen wird, seinem neuen Chef gefällt, sich im Geschäfte unentbehrlich macht, in die Familie des Herrn gezogen wird, das reizende Töchterchen des Hauses heiratet und dann selbst als Mitbesitzer wie später als Nachfolger das Geschäft leitet. Und dabei hat sich der Träumer ersetzt, was er in der glücklichen Kindheit besessen: das schützende Haus, die liebenden Eltern und die ersten Objekte seiner zärtlichen Neigung. Sie sehen an solchem Beispiele, wie der Wunsch einen Anlaß der Gegenwart benützt, um sich nach dem Muster der Vergangenheit ein Zukunftsbild zu entwerfen.

Es wäre noch vielerlei über die Phantasien zu sagen; ich will mich aber auf die knappsten Andeutungen beschränken. Das Überwuchern und Übermächtigwerden der Phantasien stellt die Bedingungen für den Verfall in Neurose oder Psychose her; die Phantasien sind auch die nächsten seelischen Vorstufen der Leidenssymptome, über welche unsere Kranken klagen. Hier zweigt ein breiter Seitenweg zur Pathologie ab.

Nicht übergehen kann ich aber die Beziehung der Phantasien zum Traume. Auch unsere nächtlichen Träume sind nichts anderes als solche Phantasien, wie wir durch die Deutung der Träume evident machen können*. Die Sprache hat in ihrer unübertrefflichen Weisheit die Frage nach dem Wesen der Träume längst entschieden, indem sie die luftigen Schöpfungen Phantasierender auch ‚*Tagträume*' nennen ließ. Wenn trotz dieses Fingerzeiges der Sinn unserer Träume uns zumeist undeutlich bleibt, so rührt dies von dem einen Umstande her, daß nächtlicherweise auch solche Wünsche in uns rege werden, deren wir uns schämen und die wir vor uns selbst verbergen müssen, die eben darum verdrängt, ins Unbewußte geschoben wurden. Solchen verdrängten Wünschen und ihren Abkömmlingen kann nun kein anderer als ein arg entstellter Ausdruck gegönnt werden. Nachdem die Aufklärung der *Traumentstellung* der wissenschaftlichen Arbeit gelungen war, fiel es nicht mehr schwer zu erkennen, daß die nächtlichen Träume ebensolche Wunscherfüllungen sind wie die Tagträume, die uns allen so wohlbekannten Phantasien.

Soviel von den Phantasien, und nun zum Dichter! Dürfen wir wirklich den Versuch machen, den Dichter mit dem ‚Träumer am hellichten Tag', seine Schöpfungen mit Tagträumen zu vergleichen? Da drängt sich wohl eine erste Unterscheidung auf; wir müssen die Dichter, die fertige Stoffe übernehmen wie die alten Epiker und Tragiker, sondern von jenen, die ihre Stoffe frei zu schaffen scheinen. Halten wir uns an die letzteren und suchen wir für unsere Vergleichung nicht gerade jene Dichter aus, die von der Kritik am höchsten geschätzt werden, sondern die anspruchsloseren Erzähler von Romanen, Novellen und Geschichten, die dafür die zahlreichsten und eifrigsten Leser und Leserinnen finden. An den Schöpfungen dieser Erzähler muß uns vor allem ein Zug auffällig werden; sie alle haben einen Helden, der im Mittelpunkt des Interesses steht, für den der Dichter unsere Sympathie mit allen Mitteln zu gewinnen sucht und den er wie mit einer besonderen Vorsehung zu beschützen scheint. Wenn ich am Ende eines Romankapitels den Helden bewußtlos, aus schweren Wunden blutend verlassen habe, so bin ich sicher, ihn zu Beginn des nächsten in sorgsamster Pflege und auf dem Wege der Herstellung zu finden, und wenn der erste Band mit dem Untergange des Schiffes im Seesturme geendigt hat, auf dem unser Held sich befand, so bin ich sicher, zu Anfang des zweiten Bandes von seiner wunderbaren Rettung zu lesen, ohne die der Roman ja keinen Fortgang hätte. Das Gefühl der Sicherheit, mit dem ich den Helden durch seine gefährlichen Schicksale begleite, ist das nämliche, mit dem ein wirklicher Held sich ins Wasser stürzt, um einen Ertrinkenden zu

* Vgl. des Verfassers *Traumdeutung* (1900).

retten, oder sich dem feindlichen Feuer aussetzt, um eine Batterie zu stürmen, jenes eigentliche Heldengefühl, dem einer unserer besten Dichter den köstlichen Ausdruck geschenkt hat: „Es kann dir nix g'schehen“ (Anzengruber)[b]. Ich meine aber, an diesem verräterischen Merkmal der Unverletzlichkeit erkennt man ohne Mühe — Seine Majestät das Ich, den Helden aller Tagträume wie aller Romane.

Noch andere typische Züge dieser egozentrischen Erzählungen deuten auf die gleiche Verwandtschaft hin. Wenn sich stets alle Frauen des Romans in den Helden verlieben, so ist das kaum als Wirklichkeitsschilderung aufzufassen, aber leicht als notwendiger Bestand des Tagtraumes zu verstehen. Ebenso wenn die anderen Personen des Romans sich scharf in gute und böse scheiden, unter Verzicht auf die in der Realität zu beobachtende Buntheit menschlicher Charaktere; die ‚guten‘ sind eben die Helfer, die ‚bösen‘ aber die Feinde und Konkurrenten des zum Helden gewordenen Ichs.

Wir verkennen nun keineswegs, daß sehr viele dichterische Schöpfungen sich von dem Vorbilde des naiven Tagtraums weit entfernt halten, aber ich kann doch die Vermutung nicht unterdrücken, daß auch die extremsten Abweichungen durch eine lückenlose Reihe von Übergängen mit diesem Modelle in Beziehung gesetzt werden könnten. Noch in vielen der sogenannten psychologischen Romane ist mir aufgefallen, daß nur eine Person, wiederum der Held, von innen geschildert wird; in ihrer Seele sitzt gleichsam der Dichter und schaut die anderen Personen von außen an. Der psychologische Roman verdankt im ganzen wohl seine Besonderheit der Neigung des modernen Dichters, sein Ich durch Selbstbeobachtung in Partial-Ichs zu zerspalten und demzufolge die Konfliktströmungen seines Seelenlebens in mehreren Helden zu personifizieren. In einem ganz besonderen Gegensatze zum Typus des Tagtraumes scheinen die Romane zu stehen, die man als ‚exzentrische‘ bezeichnen könnte, in denen die als Held eingeführte Person die geringste tätige Rolle spielt, vielmehr wie ein Zuschauer die Taten und Leiden der anderen an sich vorüberziehen sieht. Solcher Art sind mehrere der späteren Romane Zolas[4]. Doch muß ich bemerken, daß die psychologische Analyse nicht dichtender, in manchen Stücken von der sogenannten Norm abweichender Indivi-

---

[b] Worte des Steinklopferhans in dem Lustspiel des Wiener Schriftstellers und Dramatikers Ludwig Anzengruber [1839—89]. Es ist eines der Lieblingszitate Freuds.

[4] Emile Zola (1840—1902), französischer Schriftsteller, Begründer des Naturalismus.

duen uns analoge Variationen der Tagträume kennengelehrt hat, in denen sich das Ich mit der Rolle des Zuschauers bescheidet.

Wenn unsere Gleichstellung des Dichters mit dem Tagträumer, der poetischen Schöpfung mit dem Tagtraum, wertvoll werden soll, so muß sie sich vor allem in irgendeiner Art fruchtbar erweisen. Versuchen wir etwa, unseren vorhin aufgestellten Satz von der Beziehung der Phantasie zu den drei Zeiten und zum durchlaufenden Wunsche auf die Werke der Dichter anzuwenden und die Beziehungen zwischen dem Leben des Dichters und seinen Schöpfungen mit dessen Hilfe zu studieren. Man hat in der Regel nicht gewußt, mit welchen Erwartungsvorstellungen man an dieses Problem herangehen soll; häufig hat man sich diese Beziehung viel zu einfach vorgestellt. Von der an den Phantasien gewonnenen Einsicht her müßten wir folgenden Sachverhalt erwarten: Ein starkes aktuelles Erlebnis weckt im Dichter die Erinnerung an ein früheres, meist der Kindheit angehöriges Erlebnis auf, von welchem nun der Wunsch ausgeht, der sich in der Dichtung seine Erfüllung schafft; die Dichtung selbst läßt sowohl Elemente des frischen Anlasses als auch der alten Erinnerung erkennen.

Erschrecken Sie nicht über die Kompliziertheit dieser Formel; ich vermute, daß sie sich in Wirklichkeit als ein zu dürftiges Schema erweisen wird, aber eine erste Annäherung an den realen Sachverhalt könnte doch in ihr enthalten sein, und nach einigen Versuchen, die ich unternommen habe, sollte ich meinen, daß eine solche Betrachtungsweise dichterischer Produktionen nicht unfruchtbar ausfallen kann. Sie vergessen nicht, daß die vielleicht befremdende Betonung der Kindheitserinnerung im Leben des Dichters sich in letzter Linie von der Voraussetzung ableitet, daß die Dichtung wie der Tagtraum Fortsetzung und Ersatz des einstigen kindlichen Spielens ist.

Versäumen wir nicht, auf jene Klasse von Dichtungen zurückzugreifen, in denen wir nicht freie Schöpfungen, sondern Bearbeitungen fertiger und bekannter Stoffe erblicken müssen. Auch dabei verbleibt dem Dichter ein Stück Selbständigkeit, das sich in der Auswahl des Stoffes und in der oft weitgehenden Abänderung desselben äußern darf. Soweit die Stoffe aber gegeben sind, entstammen sie dem Volksschatze an Mythen, Sagen und Märchen. Die Untersuchung dieser völkerpsychologischen Bildungen ist nun keineswegs abgeschlossen, aber es ist z. B. von den Mythen durchaus wahrscheinlich, daß sie den entstellten Überresten von Wunschphantasien ganzer Nationen, den *Säkularträumen* der jungen Menschheit, entsprechen.

Sie werden sagen, daß ich Ihnen von den Phantasien weit mehr erzählt habe als vom Dichter, den ich doch im Titel meines Vortrages vorangestellt. Ich weiß das und ich versuche es durch den Hinweis auf den heutigen Stand unserer Erkenntnis zu entschuldigen. Ich konnte Ihnen nur Anregungen und Aufforderungen bringen, die von dem Studium der Phantasien her auf das Problem der dichterischen Stoffwahl übergreifen. Das andere Problem, mit welchen Mitteln der Dichter bei uns die Affektwirkungen erziele, die er durch seine Schöpfungen hervorruft, haben wir überhaupt noch nicht berührt. Ich möchte Ihnen wenigstens noch zeigen, welcher Weg von unseren Erörterungen über die Phantasien zu den Problemen der poetischen Effekte führt.

Sie erinnern sich, wir sagten, daß der Tagträumer seine Phantasien vor anderen sorgfältig verbirgt, weil er Gründe verspürt, sich ihrer zu schämen. Ich füge nun hinzu, selbst wenn er sie uns mitteilen würde, könnte er uns durch solche Enthüllung keine Lust bereiten. Wir werden von solchen Phantasien, wenn wir sie erfahren, abgestoßen oder bleiben höchstens kühl gegen sie. Wenn aber der Dichter uns seine Spiele vorspielt oder uns das erzählt, was wir für seine persönlichen Tagträume zu erklären geneigt sind, so empfinden wir hohe, wahrscheinlich aus vielen Quellen zusammenfließende Lust. Wie der Dichter das zustande bringt, das ist sein eigenstes Geheimnis; in der Technik der Überwindung jener Abstoßung, die gewiß mit den Schranken zu tun hat, welche sich zwischen jedem einzelnen Ich und den anderen erheben, liegt die eigentliche *Ars poetica*[5]. Zweierlei Mittel dieser Technik können wir erraten: Der Dichter mildert den Charakter des egoistischen Tagtraumes durch Abänderungen und Verhüllungen und besticht uns durch rein formalen, d. h. ästhetischen Lustgewinn, den er uns in der Darstellung seiner Phantasien bietet. Man nennt einen solchen Lustgewinn, der uns geboten wird, um mit ihm die Entbindung größerer Lust aus tiefer reichenden psychischen Quellen zu ermöglichen, eine *Verlockungsprämie* oder eine *Vorlust.* Ich bin der Meinung, daß alle ästhetische Lust, die uns der Dichter verschafft, den Charakter solcher Vorlust trägt und daß der eigentliche Genuß des Dichtwerkes aus der Befreiung von Spannungen in unserer Seele hervorgeht. Vielleicht trägt es sogar zu diesem Erfolge nicht wenig bei, daß uns der Dichter in den Stand setzt, unsere eigenen Phantasien nunmehr ohne jeden Vorwurf und ohne Schämen zu genießen. Hier stünden wir nun am Eingange neuer, interessanter und verwickelter Untersuchungen, aber, wenigstens für diesmal, am Ende unserer Erörterungen.

---

[5] Lehre von der Dichtkunst.

Walter Benjamin

Das Kunstwerk im Zeitalter seiner technischen Reproduzierbarkeit (1936)[1]

III.

Innerhalb großer geschichtlicher Zeiträume verändert sich mit der gesamten Daseinsweise der menschlichen Kollektiva auch die Art und Weise ihrer Sinneswahrnehmung. Die Art und Weise, in der die menschliche Sinneswahrnehmung sich organisiert — das Medium, in dem sie erfolgt — ist nicht nur natürlich sondern auch geschichtlich bedingt. Die Zeit der Völkerwanderung, in der die spätrömische Kunstindustrie und die Wiener Genesis[2] entstanden, hatte nicht nur eine andere Kunst als die Antike sondern auch eine andere Wahrnehmung. Die Gelehrten der Wiener Schule, Riegl und Wickhoff, die sich gegen das Gewicht der klassischen Überlieferung stemmten, unter dem jene Kunst begraben gelegen hatte, sind als erste auf den Gedanken gekommen, aus ihr Schlüsse auf die Organisation der Wahrnehmung in der Zeit zu tun, in der sie in Geltung stand. So weittragend ihre Erkenntnisse waren, so hatten sie ihre Grenze darin, daß sich diese Forscher begnügten, die formale Signatur aufzuweisen, die der Wahrnehmung in der spätrömischen Zeit eigen war. Sie haben nicht versucht — und konnten vielleicht auch nicht hoffen —, die gesellschaftlichen Umwälzungen zu zeigen, die in diesen Veränderungen der Wahrnehmung ihren Ausdruck fanden. Für die Gegenwart liegen die Bedingungen einer entsprechenden Einsicht günstiger. Und wenn Veränderungen im Medium der Wahrnehmung, deren Zeitgenossen wir sind, sich als Verfall der Aura begreifen lassen, so kann man dessen gesellschaftliche Bedingungen aufzeigen.

Es empfiehlt sich, den oben für geschichtliche Gegenstände vorgeschlagenen Begriff der Aura an dem Begriff einer Aura von natürlichen Gegenständen zu illustrieren. Diese letztere definieren wir als einmalige Erscheinung einer Ferne, so nah sie sein mag. An einem Sommernachmittag ruhend einem Gebirgszug am Horizont oder einem Zweig folgen, der seinen Schatten auf den Ruhenden

---

[1] Das Kunstwerk im Zeitalter seiner technischen Reproduzierbarkeit (1936), Frankfurt [10]1977. (Der Text der 10. Auflage folgt der von Hermann Schweppenhäuser und Rolf Tiedemann hrsg. Ausgabe der Gesammelten Schriften.)

[2] Der Purpurcodex der ‚Wiener Genesis‘ entstand vermutlich in Kleinasien oder Konstantinopel zwischen dem 4. und 6. Jahrhundert nach Chr.; in den 48 erhaltenen Illustrationen aus der biblischen Geschichte vermischen sich klassisch-antike und orientalische Stilelemente.

wirft — das heißt die Aura dieser Berge, dieses Zweiges atmen. An der Hand dieser Beschreibung ist es ein Leichtes, die gesellschaftliche Bedingtheit des gegenwärtigen Verfalls der Aura einzusehen. Er beruht auf zwei Umständen, die beide mit der zunehmenden Bedeutung der Massen im heutigen Leben zusammenhängen. Nämlich: *Die Dinge sich räumlich und menschlich ‚näherzubringen' ist ein genau so leidenschaftliches Anliegen der gegenwärtigen Massen*[*1] *wie es ihre Tendenz einer Überwindung des Einmaligen jeder Gegebenheit durch die Aufnahme von deren Reproduktion ist.* Tagtäglich macht sich unabweisbar das Bedürfnis geltend, des Gegenstands aus nächster Nähe im Bild, vielmehr im Abbild, in der Reproduktion, habhaft zu werden. Und unverkennbar unterscheidet sich die Reproduktion, wie illustrierte Zeitung und Wochenschau sie in Bereitschaft halten, vom Bilde. Einmaligkeit und Dauer sind in diesem so eng verschränkt wie Flüchtigkeit und Wiederholbarkeit in jener. Die Entschälung des Gegenstandes aus seiner Hülle, die Zertrümmerung der Aura, ist die Signatur einer Wahrnehmung, deren ‚Sinn für das Gleichartige in der Welt' so gewachsen ist, daß sie es mittels der Reproduktion auch dem Einmaligen abgewinnt. So bekundet sich im anschaulichen Bereich was sich im Bereich der Theorie als die zunehmende Bedeutung der Statistik bemerkbar macht. Die Ausrichtung der Realität auf die Massen und der Massen auf sie ist ein Vorgang von unbegrenzter Tragweite sowohl für das Denken wie für die Anschauung.

IV.

Die Einzigkeit des Kunstwerks ist identisch mit seinem Eingebettetsein in den Zusammenhang der Tradition. Diese Tradition selber ist freilich etwas durchaus Lebendiges, etwas außerordentlich Wandelbares. Eine antike Venusstatue z. B. stand in einem anderen Traditionszusammenhange bei den Griechen, die sie zum

---

[*1] Menschlich sich den Massen näherbringen zu lassen, kann bedeuten: seine gesellschaftliche Funktion aus dem Blickfeld räumen zu lassen. Nichts gewährleistet, daß ein heutiger Portraitist, wenn er einen berühmten Chirurgen am Frühstückstisch und im Kreise der Seinen malt, dessen gesellschaftliche Funktion genauer trifft als ein Maler des sechzehnten Jahrhunderts, der seine Ärzte repräsentativ, wie zum Beispiel Rembrandt in der ‚Anatomie'[3], dem Publikum darstellt.

[3] Der niederländische Maler Rembrandt (1606—1699) stellte in seinem Bild ‚Anatomische Vorlesung des Dr. Nicolaes Tulp' eine Gruppe von sieben Ärzten dar, die aufmerksam einer physiologischen Demonstration zuschauen.

Gegenstand des Kultus machten, als bei den mittelalterlichen Klerikern, die einen unheilvollen Abgott in ihr erblickten. Was aber beiden in gleicher Weise entgegentrat, war ihre Einzigkeit, mit einem anderen Wort: ihre Aura. Die ursprüngliche Art der Einbettung des Kunstwerks in den Traditionszusammenhang fand ihren Ausdruck im Kult. Die ältesten Kunstwerke sind, wie wir wissen, im Dienst eines Rituals entstanden, zuerst eines magischen, dann eines religiösen. Es ist nun von entscheidender Bedeutung, daß diese auratische Daseinsweise des Kunstwerks niemals durchaus von seiner Ritualfunktion sich löst*2. Mit anderen Worten: *Der einzigartige Wert des ‚echten' Kunstwerks hat seine Fundierung im Ritual, in dem es seinen originären und ersten Gebrauchswert hatte.* Diese mag so vermittelt sein wie sie will, sie ist auch noch in den profansten Formen des Schönheitsdienstes als säkularisiertes Ritual erkennbar*3. Der profane Schönheitsdienst, der sich mit der Renaissance herausbildet, um für drei Jahrhunderte in Geltung zu bleiben, läßt nach Ablauf dieser Frist bei der ersten schweren Erschütterung, von der er betroffen wurde, jene Fundamente deutlich erkennen. Als nämlich mit dem Aufkommen des ersten wirklich revolutionären Reproduktionsmittels, der Photographie (gleichzeitig mit dem Anbruch des Sozialismus) die Kunst das Nahen der Krise spürt, die nach weiteren hundert Jahren unverkennbar geworden ist, reagierte sie mit der Lehre vom l'art pour

*2 Die Definition der Aura als ‚einmalige Erscheinung einer Ferne, so nah sie sein mag', stellt nichts anderes dar als die Formulierung des Kultwerts des Kunstwerks in Kategorien der raum-zeitlichen Wahrnehmung. Ferne ist das Gegenteil von Nähe. Das *wesentlich* Ferne ist das Unnahbare. In der Tat ist Unnahbarkeit eine Hauptqualität des Kultbildes. Es bleibt seiner Natur nach ‚Ferne so nah es sein mag'. Die Nähe, die man seiner Materie abzugewinnen vermag, tut der Ferne nicht Abbruch, die es nach seiner Erscheinung bewahrt.

*3 In dem Maße, in dem der Kultwert des Bildes sich säkularisiert, werden die Vorstellungen vom Substrat seiner Einmaligkeit unbestimmter. Immer mehr wird die Einmaligkeit der im Kultbilde waltenden Erscheinung von der empirischen Einmaligkeit des Bildners oder seiner bildenden Leistung in der Vorstellung des Aufnehmenden verdrängt. Freilich niemals ganz ohne Rest; der Begriff der Echtheit hört niemals auf, über den der authentischen Zuschreibung hinauszutendieren. (Das zeigt sich besonders deutlich am Sammler, der immer etwas vom Fetischdiener behält und durch seinen Besitz des Kunstwerks an dessen kultischer Kraft Anteil hat.) Unbeschadet dessen bleibt die Funktion des Begriffs des Authentischen in der Kunstbetrachtung eindeutig: mit der Säkularisierung der Kunst tritt die Authentizität an die Stelle des Kultwerts.

l'art, die eine Theologie der Kunst ist. Aus ihr ist dann weiterhin geradezu eine negative Theologie[4] in Gestalt der Idee einer ‚reinen' Kunst hervorgegangen, die nicht nur jede soziale Funktion sondern auch jede Bestimmung durch einen gegenständlichen Vorwurf ablehnt. (In der Dichtung hat Mallarmé[5] als erster diesen Standort erreicht.)

Diese Zusammenhänge zu ihrem Recht kommen zu lassen, ist unerläßlich für eine Betrachtung, die es mit dem Kunstwerk im Zeitalter seiner technischen Reproduzierbarkeit zu tun hat. Denn sie bereiten die Erkenntnis, die hier entscheidend ist, vor: die technische Reproduzierbarkeit des Kunstwerks emanzipiert dieses zum ersten Mal in der Weltgeschichte von seinem parasitären Dasein am Ritual. Das reproduzierte Kunstwerk wird in immer steigendem Maße die Reproduktion eines auf Reproduzierbarkeit angelegten Kunstwerks[*4]. Von der photographischen Platte z. B. ist

[4] Hier im übertragenen Sinn gemeint: eine ‚Theologie ohne Gott' wird von Benjamin mit einer Kunst ohne Wirklichkeitsbezug verglichen.

[5] Stéphane Mallarmé (1842—1898), Vertreter des französischen Symbolismus.

[*4] Bei den Filmwerken ist die technische Reproduzierbarkeit des Produkts nicht wie z. B. bei den Werken der Literatur oder der Malerei eine von außen her sich einfindende Bedingung ihrer massenweisen Verbreitung. *Die technische Reproduzierbarkeit der Filmwerke ist unmittelbar in der Technik ihrer Produktion begründet. Diese ermöglicht nicht nur auf die unmittelbarste Art die massenweise Verbreitung der Filmwerke, sie erzwingt sie vielmehr geradezu.* Sie erzwingt sie, weil die Produktion eines Films so teuer ist, daß ein Einzelner, der z. B. ein Gemälde sich leisten könnte, sich den Film nicht mehr leisten kann. 1927 hat man errechnet, daß ein größerer Film, um sich zu rentieren, ein Publikum von neun Millionen erreichen müsse. Mit dem Tonfilm ist hier allerdings zunächst eine rückläufige Bewegung eingetreten; sein Publikum schränkte sich auf Sprachgrenzen ein, und das geschah gleichzeitig mit der Betonung nationaler Interessen durch den Faschismus. Wichtiger aber als diesen Rückschlag zu registrieren, der im übrigen durch die Synchronisierung abgeschwächt wurde, ist es, seinen Zusammenhang mit dem Faschismus ins Auge zu fassen. Die Gleichzeitigkeit beider Erscheinungen beruht auf der Wirtschaftskrise. Die gleichen Störungen, die im Großen gesehen zu dem Versuch geführt haben, die bestehenden Eigentumsverhältnisse mit offener Gewalt festzuhalten, haben das von der Krise bedrohte Filmkapital dazu geführt, die Vorarbeiten zum Tonfilm zu forcieren. Die Einführung des Tonfilms brachte sodann eine zeitweilige Erleichterung. Und zwar nicht nur, weil der Tonfilm von neuem die Massen ins Kino führte, sondern auch weil der Tonfilm neue Kapitalien aus der Elektrizitätsindustrie mit dem Filmkapital solidarisch machte. So hat er von

eine Vielheit von Abzügen möglich; die Frage nach dem echten Abzug hat keinen Sinn. *In dem Augenblick aber, da der Maßstab der Echtheit an der Kunstproduktion versagt, hat sich auch die gesamte soziale Funktion der Kunst umgewälzt. An die Stelle ihrer Fundierung aufs Ritual tritt ihre Fundierung auf eine andere Praxis: nämlich ihre Fundierung auf Politik.*

V.

Die Rezeption von Kunstwerken erfolgt mit verschiedenen Akzenten, unter denen sich zwei polare herausheben. Der eine dieser Akzente liegt auf dem Kultwert, der andere auf dem Ausstellungswert des Kunstwerkes[*5]. Die künstlerische Produktion beginnt

---

außen betrachtet nationale Interessen gefördert, von innen betrachtet aber die Filmproduktion noch mehr internationalisiert als vordem.

[*5] Diese Polarität kann in der Ästhetik des Idealismus, dessen Begriff der Schönheit sie im Grunde als eine ungeschiedene umschließt (demgemäß als eine geschiedene ausschließt) nicht zu ihrem Rechte gelangen. Immerhin meldet sie sich bei Hegel so deutlich an, wie dies in den Schranken des Idealismus denkbar ist. „Bilder", so heißt es in den Vorlesungen zur Philosophie der Geschichte, „hatte man schon lange: die Frömmigkeit bedurfte ihrer schon früh für ihre Andacht, aber sie brauchte keine schönen Bilder, ja diese waren ihr sogar störend. Im schönen Bilde ist auch ein Äußerliches vorhanden, aber insofern es schön ist, spricht der Geist desselben den Menschen an; in jener Andacht aber ist das Verhältniß zu einem *Dinge* wesentlich, denn sie ist selbst nur ein geistloses Verdumpfen der Seele ... Die schöne Kunst ist ... in der Kirche selbst entstanden, ... obgleich ... die Kunst schon aus dem Principe der Kirche herausgetreten ist." (Georg Wilhelm Friedrich Hegel: Werke. Vollständige Ausgabe durch einen Verein von Freunden des Verewigten. Bd. 9: Vorlesungen über die Philosophie der Geschichte. Hrsg. von Eduard Gans, Berlin 1837, p. 414.) Auch eine Stelle in den Vorlesungen über die Ästhetik weist darauf hin, daß Hegel hier ein Problem gespürt hat. „... wir sind", so heißt es in diesen Vorlesungen, „darüber hinaus Werke der Kunst göttlich verehren und sie anbeten zu können, der Eindruck, den sie machen, ist besonnenerer Art, und was durch sie in uns erregt wird, bedarf noch eines höheren Prüfsteins". (Hegel, l. c. Bd. 10: Vorlesungen über die Aesthetik. Hrsg. von H. G. Hotho. Bd. 1. Berlin 1835, p. 14.) [Siehe oben 225]

Der Übergang von der ersten Art der künstlerischen Rezeption zur zweiten bestimmt den geschichtlichen Verlauf der künstlerischen Rezeption überhaupt. Demungeachtet läßt sich ein gewisses Oszillieren zwischen jenen beiden polaren Rezeptionsarten prinzipiell für jedes einzelne Kunstwerk aufweisen. So zum Beispiel für die Sixtinische Madonna. Seit Hubert Grimmes Untersuchung weiß man, daß die Sixtinische Madonna

mit Gebilden, die im Dienste des Kults stehen. Von diesen Gebilden ist, wie man annehmen darf, wichtiger, daß sie vorhanden sind als daß sie gesehen werden. Das Elentier, das der Mensch der Steinzeit an den Wänden seiner Höhle abbildet, ist ein Zauberinstrument. Er stellt es zwar vor seinen Mitmenschen aus; vor allem aber ist es Geistern zugedacht. Der Kultwert als solcher scheint heute geradezu daraufhinzudrängen, das Kunstwerk im Verborgenen zu halten: gewisse Götterstatuen sind nur dem Priester in der cella[6] zugänglich, gewisse Madonnenbilder bleiben fast das ganze Jahr über verhangen, gewisse Skulpturen an mittelalterlichen Domen sind für den Betrachter zu ebener Erde nicht sichtbar. *Mit der Emanzipation der einzelnen Kunstübungen aus dem Schoße des Rituals wachsen die Gelegenheiten zur Ausstellung ihrer Produkte.* Die Ausstellbarkeit einer Portraitbüste, die dahin und dorthin verschickt werden kann, ist größer als die einer Götterstatue, die ihren festen Ort im Innern des Tempels hat. Die Ausstellbarkeit des Tafelbildes ist größer als die des Mosaiks oder Freskos, die ihm vorangingen. Und wenn die Ausstellbarkeit einer Messe von Hause aus vielleicht nicht geringer war als die einer

---

ursprünglich für Ausstellungszwecke gemalt war. Grimme erhielt den Anstoß zu seinen Forschungen durch die Frage: Was soll die Holzleiste im Vordergrunde des Bildes, auf die sich die beiden Putten stützen? Wie konnte, so fragte Grimme weiter, ein Raffael dazu kommen, den Himmel mit einem Paar Portieren auszustatten? Die Untersuchung ergab, daß die Sixtinische Madonna anläßlich der öffentlichen Aufbahrung des Papstes Sixtus in Auftrag gegeben worden war. Die Aufbahrung der Päpste fand in einer bestimmten Seitenkapelle der Peterskirche statt. Auf dem Sarge ruhend war, im nischenartigen Hintergrunde dieser Kapelle, bei der feierlichen Aufbahrung Raffaels Bild angebracht worden. Was Raffael auf diesem Bilde darstellt ist, wie aus dem Hintergrunde der mit grünen Portieren abgegrenzten Nische die Madonna sich in Wolken dem päpstlichen Sarge nähert. Bei der Totenfeier für Sixtus fand ein hervorragender Ausstellungswert von Raffaels Bild seine Verwendung. Einige Zeit danach kam es auf den Hochaltar in der Klosterkirche der Schwarzen Mönche zu Piacenza. Der Grund dieses Exils liegt im römischen Ritual. Das römische Ritual untersagt, Bilder, die bei Bestattungsfeierlichkeiten ausgestellt worden sind, dem Kult auf dem Hochaltar zuzuführen. Raffaels Werk war durch diese Vorschrift in gewissen Grenzen entwertet. Um dennoch einen entsprechenden Preis dafür zu erzielen, entschloß sich die Kurie, ihre stillschweigende Duldung des Bilds auf dem Hochaltar in den Kauf zu geben. Um Aufsehen zu vermeiden, ließ man das Bild an die Bruderschaft der entlegenen Provinzstadt gehen.

[6] der Hauptraum im antiken Tempel, in dem das Götterbild stand.

Symphonie, so entstand doch die Symphonie in dem Zeitpunkt, als ihre Ausstellbarkeit größer zu werden versprach als die der Messe. Mit den verschiedenen Methoden technischer Reproduktion des Kunstwerks ist dessen Ausstellbarkeit in so gewaltigem Maß gewachsen, daß die quantitative Verschiebung zwischen seinen beiden Polen ähnlich wie in der Urzeit in eine qualitative Veränderung seiner Natur umschlägt. Wie nämlich in der Urzeit das Kunstwerk durch das absolute Gewicht, das auf seinem Kultwert lag, in erster Linie zu einem Instrument der Magie wurde, das man als Kunstwerk gewissermaßen erst später erkannte, so wird heute das Kunstwerk durch das absolute Gewicht, das auf seinem Ausstellungswert liegt, zu einem Gebilde mit ganz neuen Funktionen, von denen die uns bewußte, die künstlerische, als diejenige sich abhebt, die man später als eine beiläufige erkennen mag*6. So viel ist sicher, daß gegenwärtig die Photographie und weiter der Film die brauchbarsten Handhaben zu dieser Erkenntnis geben.

XI.

Eine Film- und besonders eine Tonfilmaufnahme bietet einen Anblick, wie er vorher nie und nirgends denkbar gewesen ist. Sie stellt einen Vorgang dar, dem kein einziger Standpunkt mehr zuzuordnen ist, von dem aus die zu dem Spielvorgang als solchen nicht zugehörige Aufnahmeapparatur, die Beleuchtungsmaschinerie, der Assistentenstab usw. nicht in das Blickfeld des Beschauers fiele. (Es sei denn, die Einstellung seiner Pupille stimme mit der des Aufnahmeapparates überein.) Dieser Umstand, er mehr als jeder andere, macht die etwa bestehenden Ähnlichkeiten zwischen einer Szene im Filmatelier und auf der Bühne zu oberflächlichen und belanglosen. Das Theater kennt prinzipiell die Stelle, von der

---

*6 Analoge Überlegungen stellt, auf anderer Ebene, Brecht an: „Ist der Begriff Kunstwerk nicht mehr zu halten für das Ding, das entsteht, wenn ein Kunstwerk zur Ware verwandelt ist, dann müssen wir vorsichtig und behutsam, aber unerschrocken diesen Begriff weglassen, wenn wir nicht die Funktion dieses Dinges selber mitliquidieren wollen, denn durch diese Phase muß es hindurch, und zwar ohne Hintersinn, es ist kein unverbindlicher Abstecher vom rechten Weg, sondern was hier mit ihm geschieht, das wird es von Grund auf ändern, seine Vergangenheit auslöschen, so sehr, daß, wenn der alte Begriff wieder aufgenommen werden würde — und er wird es werden, warum nicht? — keine Erinnerung mehr an das Ding durch ihn ausgelöst werden wird, das er einst bezeichnete." ([Bertolt] Brecht: Versuche 8—10. [Heft] 3. Berlin 1931, p. 301/302; ‚Der Dreigroschenprozeß'.)

aus das Geschehen nicht ohne weiteres als illusionär zu durchschauen ist. Der Aufnahmeszene im Film gegenüber gibt es diese Stelle nicht. Dessen illusionäre Natur ist eine Natur zweiten Grades; sie ist ein Ergebnis des Schnitts. Das heißt: *Im Filmtheater ist die Apparatur derart tief in die Wirklichkeit eingedrungen, daß deren reiner, vom Fremdkörper der Apparatur freier Aspekt das Ergebnis einer besonderen Prozedur, nämlich der Aufnahme durch den eigens eingestellten photographischen Apparat und ihrer Montierung mit anderen Aufnahmen von der gleichen Art ist.* Der apparatfreie Aspekt der Realität ist hier zu ihrem künstlichsten geworden und der Anblick der unmittelbaren Wirklichkeit zur blauen Blume[7] im Land der Technik.

Der gleiche Sachverhalt, der sich so gegen den des Theaters abhebt, läßt sich noch aufschlußreicher mit dem konfrontieren, der in der Malerei vorliegt. Hier haben wir die Frage zu stellen: wie verhält sich der Operateur zum Maler? Zu ihrer Beantwortung sei eine Hilfskonstruktion gestattet, die sich auf *den* Begriff des Operateurs stützt, welcher von der Chirurgie her geläufig ist. Der Chirurg stellt den einen Pol einer Ordnung dar, an deren anderm der Magier steht. Die Haltung des Magiers, der einen Kranken durch Auflegen der Hand heilt, ist verschieden von der des Chirurgen, der einen Eingriff in den Kranken vornimmt. Der Magier erhält die natürliche Distanz zwischen sich und dem Behandelten aufrecht; genauer gesagt: er vermindert sie — kraft seiner aufgelegten Hand — nur wenig und steigert sie — kraft seiner Autorität — sehr. Der Chirurg verfährt umgekehrt: er vermindert die Distanz zu dem Behandelten sehr — indem er in dessen Inneres dringt — und er vermehrt sie nur wenig — durch die Behutsamkeit, mit der seine Hand sich unter den Organen bewegt. Mit einem Wort: zum Unterschied vom Magier (der auch noch im praktischen Arzt steckt) verzichtet der Chirurg im entscheidenden Augenblick darauf, seinem Kranken von Mensch zu Mensch sich gegenüber zu stellen; er dringt vielmehr operativ in ihn ein. — Magier und Chirurg verhalten sich wie Maler und Kameramann. Der Maler beobachtet in seiner Arbeit eine natürliche Distanz zum Gegebenen, der Kameramann dagegen dringt tief ins Gewebe der Gegebenheiten ein[*7]. Die Bilder, die beide davontragen, sind ungeheuer verschieden. Das des Malers ist ein totales, das des Kamera-

---

[7] in der Romantik Symbol der Sehnsucht nach dem Unendlichen.

[*7] Die Kühnheiten des Kameramannes sind in der Tat denen des chirurgischen Operateurs vergleichbar [. . .]

manns ein vielfältig zerstückeltes, dessen Teile sich nach einem neuen Gesetze zusammen finden. *So ist die filmische Darstellung der Realität für den heutigen Menschen darum die unvergleichlich bedeutungsvollere, weil sie den apparatfreien Aspekt der Wirklichkeit, den er vom Kunstwerk zu fordern berechtigt ist, gerade auf Grund ihrer intensivsten Durchdringung mit der Apparatur gewährt.*

XV.

Die Masse ist eine matrix, aus der gegenwärtig alles gewohnte Verhalten Kunstwerken gegenüber neugeboren hervorgeht. Die Quantität ist in Qualität umgeschlagen: *Die sehr viel größeren Massen der Anteilnehmenden haben eine veränderte Art des Anteils hervorgebracht.* Es darf den Betrachter nicht irre machen, daß dieser Anteil zunächst in verrufener Gestalt in Erscheinung tritt. Doch hat es nicht an solchen gefehlt, die sich mit Leidenschaft gerade an diese oberflächliche Seite der Sache gehalten haben. Unter diesen hat Duhamel[8] sich am radikalsten geäußert. Was er dem Film vor allem verdenkt, ist die Art des Anteils, welchen er bei den Massen erweckt. Er nennt den Film „einen Zeitvertreib für Heloten, eine Zerstreuung für ungebildete, elende, abgearbeitete Kreaturen, die von ihren Sorgen verzehrt werden ... ein Schauspiel, das keinerlei Konzentration verlangt, kein Denkvermögen voraussetzt ..., kein Licht in den Herzen entzündet und keinerlei andere Hoffnung erweckt als die lächerliche, eines Tages in Los Angeles ‚Star' zu werden." Man sieht, es ist im Grunde die alte Klage, daß die Massen Zerstreuung suchen, die Kunst aber vom Betrachter Sammlung verlangt. Das ist ein Gemeinplatz. Bleibt nur die Frage, ob er einen Standort für die Untersuchung des Films abgibt. — Hier heißt es, näher zusehen. Zerstreuung und Sammlung stehen in einem Gegensatz, der folgende Formulierung erlaubt: Der vor dem Kunstwerk sich Sammelnde versenkt sich darein; er geht in dieses Werk ein, wie die Legende es von einem chinesischen Maler beim Anblick seines vollendeten Bildes erzählt. Dagegen versenkt die zerstreute Masse ihrerseits das Kunstwerk in sich. Am sinnfälligsten die Bauten. Die Architektur bot von jeher den Prototyp eines Kunstwerks, dessen Rezeption in der Zerstreuung und durch das Kollektivum erfolgt. Die Gesetze ihrer Rezeption sind die lehrreichsten.

---

[8] Georges Duhamel, konservativer französischer Schriftsteller des 20. Jahrhunderts — Benjamin zitiert im folgenden aus seiner Schrift ‚Scènes de la vie future' (Szenen aus dem Leben der Zukunft), Paris ²1930, S. 58.

Bauten begleiten die Menschheit seit ihrer Urgeschichte. Viele Kunstformen sind entstanden und sind vergangen. Die Tragödie entsteht mit den Griechen, um mit ihnen zu verlöschen und nach Jahrhunderten nur ihren ‚Regeln' nach wieder aufzuleben. Das Epos, dessen Ursprung in der Jugend der Völker liegt, erlischt in Europa mit dem Ausgang der Renaissance. Die Tafelmalerei ist eine Schöpfung des Mittelalters, und nichts gewährleistet ihr eine ununterbrochene Dauer. Das Bedürfnis des Menschen nach Unterkunft aber ist beständig. Die Baukunst hat niemals brach gelegen. Ihre Geschichte ist länger als die jeder anderen Kunst und ihre Wirkung sich zu vergegenwärtigen von Bedeutung für jeden Versuch, vom Verhältnis der Massen zum Kunstwerk sich Rechenschaft abzulegen. Bauten werden auf doppelte Art rezipiert: durch Gebrauch und deren Wahrnehmung. Oder besser gesagt: taktil und optisch. Es gibt von solcher Rezeption keinen Begriff, wenn man sie sich nach Art der gesammelten vorstellt, wie sie z. B. Reisenden vor berühmten Bauten geläufig ist. Es besteht nämlich auf der taktilen Seite keinerlei Gegenstück zu dem, was auf der optischen die Kontemplation ist. Die taktile Rezeption erfolgt nicht sowohl auf dem Wege der Aufmerksamkeit als auf dem der Gewohnheit. Der Architektur gegenüber bestimmt die letztere weitgehend sogar die optische Rezeption. Auch sie findet von Hause aus viel weniger in einem gespannten Aufmerken als in einem beiläufigen Bemerken statt. Diese an der Architektur gebildete Rezeption hat aber unter gewissen Umständen kanonischen Wert. Denn: *Die Aufgaben, welche in geschichtlichen Wendezeiten dem menschlichen Wahrnehmungsapparat gestellt werden, sind auf dem Wege der bloßen Optik, also der Kontemplation, gar nicht zu lösen. Sie werden allmählich nach Anleitung der taktilen Rezeption, durch Gewöhnung, bewältigt.*

Gewöhnen kann sich auch der Zerstreute. Mehr: gewisse Aufgaben in der Zerstreuung bewältigen zu können, erweist erst, daß sie zu lösen einem zur Gewohnheit geworden ist. Durch die Zerstreuung, wie die Kunst sie zu bieten hat, wird unter der Hand kontrolliert, wie weit neue Aufgaben der Apperzeption lösbar geworden sind. Da im übrigen für den Einzelnen die Versuchung besteht, sich solchen Aufgaben zu entziehen, so wird die Kunst deren schwerste und wichtigste da angreifen, wo sie Massen mobilisieren kann. Sie tut es gegenwärtig im Film. *Die Rezeption in der Zerstreuung, die sich mit wachsendem Nachdruck auf allen Gebieten der Kunst bemerkbar macht und das Symptom von tiefgreifenden Veränderungen der Apperzeption ist, hat am Film ihr eigentliches Übungsinstrument.* In seiner Schockwirkung kommt der Film dieser Rezeptionsform entgegen. Der Film drängt den Kultwert nicht nur dadurch zurück, daß er das Publikum in eine begutachtende Haltung bringt, sondern auch dadurch, daß die begutachtende Haltung im Kino Aufmerksamkeit nicht einschließt. Das Publikum ist ein Examinator, doch ein zerstreuter.

NACHWORT

Die zunehmende Proletarisierung der heutigen Menschen und die zunehmende Formierung von Massen sind zwei Seiten eines und desselben Geschehens. Der Faschismus versucht, die neu entstandenen proletarisierten Massen zu organisieren, ohne die Eigentumsverhältnisse, auf deren Beseitigung sie hindrängen, anzutasten. Er sieht sein Heil darin, die Massen zu ihrem Ausdruck (beileibe nicht zu ihrem Recht) kommen zu lassen*[8]. Die Massen haben ein Recht auf Veränderung der Eigentumsverhältnisse; der Faschismus sucht ihnen einen *Ausdruck* in deren Konservierung zu geben. *Der Faschismus läuft folgerecht auf eine Ästhetisierung des politischen Lebens hinaus.* Der Vergewaltigung der Massen, die er im Kult eines Führers zu Boden zwingt, entspricht die Vergewaltigung einer Apparatur, die er der Herstellung von Kultwerten dienstbar macht.

Alle Bemühungen um die Ästhetisierung der Politik gipfeln in einem Punkt. Dieser eine Punkt ist der Krieg. Der Krieg, und nur der Krieg, macht es möglich, Massenbewegungen größten Maßstabs unter Wahrung der überkommenen Eigentumsverhältnisse ein Ziel zu geben. So formuliert sich der Tatbestand von der Politik her.

---

*[8] Hier ist, besonders mit Rücksicht auf die Wochenschau, deren propagandistische Bedeutung kaum überschätzt werden kann, ein technischer Umstand von Wichtigkeit. *Der massenweisen Reproduktion kommt die Reproduktion von Massen besonders entgegen.* In den großen Festaufzügen, den Monstreversammlungen, in den Massenveranstaltungen sportlicher Art und im Krieg, die heute sämtlich der Aufnahmeapparatur zugeführt werden, sieht die Masse sich selbst ins Gesicht. Dieser Vorgang, dessen Tragweite keiner Betonung bedarf, hängt aufs engste mit der Entwicklung der Reproduktions- bzw. Aufnahmetechnik zusammen. Massenbewegungen stellen sich im allgemeinen der Apparatur deutlicher dar als dem Blick. Kaders von Hunderttausenden lassen sich von der Vogelperspektive aus am besten erfassen. Und wenn diese Perspektive dem menschlichen Auge ebensowohl zugänglich ist wie der Apparatur, so ist doch an dem Bilde, das das Auge davonträgt, die Vergrößerung nicht möglich, welcher die Aufnahme unterzogen wird. Das heißt, daß Massenbewegungen, und so auch der Krieg, eine der Apparatur besonders entgegenkommende Form des menschlichen Verhaltens darstellen.

Von der Technik her formuliert er sich folgendermaßen: Nur der Krieg macht es möglich, die sämtlichen technischen Mittel der Gegenwart unter Wahrung der Eigentumsverhältnisse zu mobilisieren. Es ist selbstverständlich, daß die Apotheose des Krieges durch den Faschismus sich nicht *dieser* Argumente bedient. Trotzdem ist ein Blick auf sie lehrreich. In Marinettis Manifest zum äthiopischen Kolonialkrieg[9] heißt es: „Seit siebenundzwanzig Jahren erheben wir Futuristen uns dagegen, daß der Krieg als antiästhetisch bezeichnet wird ... Demgemäß stellen wir fest: ... Der Krieg ist schön, weil er dank der Gasmasken, der schreckenerregenden Megaphone, der Flammenwerfer und der kleinen Tanks die Herrschaft des Menschen über die unterjochte Maschine begründet. Der Krieg ist schön, weil er die erträumte Metallisierung des menschlichen Körpers inauguriert. Der Krieg ist schön, weil er eine blühende Wiese um die feurigen Orchideen der Mitrailleusen[10] bereichert. Der Krieg ist schön, weil er das Gewehrfeuer, die Kanonaden, die Feuerpausen, die Parfums und Verwesungsgerüche zu einer Symphonie vereinigt. Der Krieg ist schön, weil er neue Architekturen, wie die der großen Tanks, der geometrischen Fliegergeschwader, der Rauchspiralen aus brennenden Dörfern und vieles andere schafft ... Dichter und Künstler des Futurismus ... erinnert Euch dieser Grundsätze einer Ästhetik des Krieges, damit Euer Ringen um eine neue Poesie und eine neue Plastik ... von ihnen erleuchtet werde!“[*9]

Dieses Manifest hat den Vorzug der Deutlichkeit. Seine Fragestellung verdient von dem Dialektiker übernommen zu werden. Ihm stellt sich die Ästhetik des heutigen Krieges folgendermaßen dar: wird die natürliche Verwertung der Produktivkräfte[11] durch die Eigentumsordnung hintangehalten, so drängt die Steigerung der technischen Behelfe, der Tempi, der Kraftquellen nach einer unnatürlichen. Sie findet sie im Kriege, der mit seinen Zerstörungen den

---

[*9] cit. La Stampa Torino.

[9] Filippo Tommaso Marinetti (1867—1944): italienischer Schriftsteller, Begründer des literarischen Futurismus. — Im Oktober 1935 ließ Mussolini zwei italienische Armeen in Äthiopien einmarschieren, das 1936 von Italien annektiert wurde.

[10] französisches Salvengeschütz im Krieg 1870/71, Vorläufer des Maschinengewehrs.

[11] Die Produktivkräfte umfassen nach Marx die im Arbeitsprozeß unmittelbar oder mittelbar tätigen Menschen, die Produktionsmittel, die Technologie und Organisation der Produktion. Für die Produktionsverhältnisse sind die vorherrschenden Eigentumsverhältnisse bestimmend.

Beweis dafür antritt, daß die Gesellschaft nicht reif genug war, sich die Technik zu ihrem Organ zu machen, daß die Technik nicht ausgebildet genug war, die gesellschaftlichen Elementarkräfte zu bewältigen. Der imperialistische Krieg ist in seinen grauenhaftesten Zügen bestimmt durch die Diskrepanz zwischen den gewaltigen Produktionsmitteln und ihrer unzulänglichen Verwertung im Produktionsprozeß (mit anderen Worten, durch die Arbeitslosigkeit und den Mangel an Absatzmärkten). *Der imperialistische Krieg ist ein Aufstand der Technik, die am ‚Menschenmaterial' die Ansprüche eintreibt, denen die Gesellschaft ihr natürliches Material entzogen hat.* Anstatt Flüsse zu kanalisieren, lenkt sie den Menschenstrom in das Bett ihrer Schützengräben, anstatt Saaten aus ihren Aeroplanen zu streuen, streut sie Brandbomben über die Städte hin, und im Gaskrieg hat sie ein Mittel gefunden, die Aura auf neue Art abzuschaffen.

‚Fiat ars — pereat mundus'[12] sagt der Faschismus und erwartet die künstlerische Befriedigung der von der Technik veränderten Sinneswahrnehmung, wie Marinetti bekennt, vom Kriege. Das ist offenbar die Vollendung des l'art pour l'art. Die Menschheit, die einst bei Homer ein Schauobjekt für die Olympischen Götter war, ist es nun für sich selbst geworden. Ihre Selbstentfremdung hat jenen Grad erreicht, der sie ihre eigene Vernichtung als ästhetischen Genuß ersten Ranges erleben läßt. *So steht es um die Ästhetisierung der Politik, welche der Faschismus betreibt. Der Kommunismus antwortet ihm mit der Politisierung der Kunst.*

---

[12] ‚Es werde Kunst, wenn auch die Welt dabei zugrunde geht.' Benjamin spielt hier auf den als Wahlspruch Kaiser Ferdinands I. (1556 bis 1564) überlieferten Satz an: ‚Fiat iustitia, pereat mundus' (‚Es soll Gerechtigkeit geschehen, wenn auch die Welt dabei zugrunde geht.')

Theodor W. Adorno

Aus: Minima Moralia (1951)[1]

Staatsaktion. — Fürs Absterben der Kunst spricht die zunehmende Unmöglichkeit der Darstellung des Geschichtlichen. Daß es kein zureichendes Drama über den Faschismus gibt, liegt nicht am Mangel an Talent, sondern das Talent verkümmert an der Unlösbarkeit der dringlichsten Aufgabe des Dichters. Er hat zwischen zwei Prinzipien zu wählen, die beide der Sache gleich unangemessen sind: der Psychologie und dem Infantilismus. Jene, mittlerweile ästhetisch veraltet, ist von den bedeutenden Künstlern als Trick und mit schlechtem Gewissen gehandhabt worden, seitdem das neue Drama seinen Gegenstand in der Politik zu erblicken lernte. In Schillers Vorrede zu Fiesco[2] heißt es: „Wenn es wahr ist, daß nur Empfindung Empfindung weckt, so müßte, däucht mich, der politische Held in eben dem Grade kein Subjekt für die Bühne seyn, in welchem er den Menschen hintansetzen muß, um der politische Held zu seyn. Es stand dabei nicht bei mir, meiner Fabel jene lebendige Glut einzuhauchen, welche durch das lautere Produkt der Begeisterung herrscht, aber die kalte, unfruchtbare Staatsaktion aus dem menschlichen Herzen herauszuspinnen, und eben dadurch an das menschliche Herz wieder anzuknüpfen — den Mann durch den staatsklugen Kopf zu verwickeln — und von der erfinderischen Intrigue Situationen für die Menschheit zu entlehnen — das stand bei mir. Mein Verhältnis mit der bürgerlichen Welt machte mich auch mit dem Herzen bekannter, als mit dem Kabinett, und vielleicht ist eben diese politische Schwäche zu einer poetischen Tugend geworden." Schwerlich. Die Anknüpfung der entfremdeten Geschichte ans menschliche Herz war schon bei Schiller ein Vorwand, die Unmenschlichkeit der Geschichte als menschlich-verständlich zu rechtfertigen, und wurde dramaturgisch Lügen gestraft, wann immer die Technik den „Mann" und den „staatsklugen Kopf" in eins setzte; so bei der buffonesk-zufälligen Ermordung Leonores durch den Verräter seiner eigenen Verschwörung[3]. Die Tendenz zur ästhetischen Reprivatisierung zieht der

---

[1] Gesammelte Schriften in zwanzig Bänden, hrsg. von Gretel Adorno und Rolf Tiedemann, Bd. 4, Frankfurt 1980 (^{1}1951), Bd. 7, Frankfurt 1970.

[2] Schillers Drama ‚Die Verschwörung des Fiesco zu Genua' mit dem Untertitel ‚Ein republikanisches Trauerspiel' entstand 1782 und wurde 1783 zuerst aufgeführt.

[3] buffonesk: in der Art eines Sängers komischer Rollen. In der Erstfassung des ‚Fiesco' ersticht Fiesco infolge eines Mißverständnisses seine in

Kunst den Boden unter den Füßen fort, während sie den Humanismus zu konservieren trachtet. Die Kabalen der allzu gut gebauten Stücke Schillers sind ohnmächtige Hilfskonstruktionen zwischen den Leidenschaften der Menschen und der ihnen bereits inkommensurablen und darum in menschlichen Motivationen nicht mehr greifbaren sozialen und politischen Realität. Jüngst ist daraus der Eifer der biographischen Schundliteratur geworden, berühmte Leute unberühmten menschlich näher zu bringen. Dem gleichen Drang zur falschen Vermenschlichung entspringt die berechnende Wiedereinführung des plots, der Handlung als eines einstimmigen, nachvollziehbaren Sinnzusammenhangs. Dieser wäre unter den Voraussetzungen des photographischen Realismus im Film nicht zu halten. Indem man ihn willkürlich restauriert, fällt man hinter die Erfahrungen der großen Romane zurück, von denen der Film parasitär lebt; sie besaßen ihren Sinn gerade in der Auflösung des Sinnzusammenhangs.

Macht man jedoch mit all dem reinen Tisch und sucht die politische Sphäre in ihrer Abstraktheit und Außermenschlichkeit darzustellen, unter Ausschluß der trugvollen Vermittlung des Inwendigen, so fährt man nicht besser. Denn es ist gerade die essentielle Abstraktheit dessen, was wirklich sich ereignet, die dem ästhetischen Bilde schlechterdings sich verweigert. Um sie überhaupt ausdrucksfähig zu machen, sieht der Dichter sich gezwungen, sie in eine Art Kindersprache, in Archetypen zu übersetzen und so ein zweites Mal ‚nahezubringen' — nicht länger der Einfühlung, aber jenen Instanzen der auffassenden Betrachtung, die noch vor der Konstitution der Sprache liegen, deren selbst das epische Theater[4] nicht entraten kann. Der Appell an diese Instanzen sanktioniert formal bereits die Auflösung des Subjekts in der kollektiven Gesellschaft. Das Objekt aber wird von solcher Übersetzungsarbeit kaum weniger verfälscht als ein Religionskrieg durch die Deduktion aus den erotischen Nöten einer Königin. Denn so infantil wie die simplistische[5] Dramatik sind heute gerade die Menschen, deren Darstellung sie abschwört. Die politische Ökonomie jedoch, deren Darstellung sie sich statt dessen zur Aufgabe setzt, ist unverändert im Prinzip, doch in jedem ihrer Momente so differenziert und fortgeschritten, daß sie der schematischen Parabel sich entzieht. Vor-

Männerkleidung umherirrende Frau Leonore. Vom radikalsten Mitverschwörer, dem Republikaner Verrina, wird Fiesco ertränkt, als er der Versuchung erliegt, sich selbst zum Herzog zu erheben, anstatt in Genua die Republik wiedereinzuführen.

[4] gemeint: das epische Theater Bertolt Brechts (1898—1956).

[5] in simpler Weise darstellend, stark vereinfachend.

gänge innerhalb der großen Industrie als solche zwischen gaunerhaften Gemüsehändlern zu präsentieren, reicht eben aus für den schnell verbrauchten Schock, nicht aber für die dialektische Dramatik[6]. Die Illustration des späten Kapitalismus durch Bilder aus dem agraren oder kriminalistischen Vorstellungsschatz läßt nicht das Unwesen der heutigen Gesellschaft aus seiner Vermummung durch komplizierte Phänomene rein hervortreten. Sondern die Unbesorgtheit um die Phänomene, die selbst aus dem Wesen zu entfalten wären, entstellt das Wesen. Sie interpretiert die Machtübernahme durch die Größten harmlos als Machination von Rackets[7] außerhalb der Gesellschaft, nicht als das Zusichselbstkommen der Gesellschaft an sich. Die Undarstellbarkeit des Faschismus aber rührt daher, daß es in ihm so wenig wie in seiner Betrachtung Freiheit des Subjekts mehr gibt. Vollendete Unfreiheit läßt sich erkennen, nicht darstellen. Wo in politischen Erzählungen heute Freiheit als Motiv vorkommt, wie beim Lob heroischen Widerstands, hat es das Beschämende der ohnmächtigen Versicherung. Der Ausgang wirkt allemal als durch die große Politik vorgezeichnet, und Freiheit selber tritt ideologisch, als Rede über Freiheit, mit stereotypen Deklamationen, nicht in menschlich kommensurablen Handlungen hervor. Kunst läßt nach der Auslöschung des Subjekts am wenigsten durch dessen Ausstopfung sich retten, und das Objekt, das heute ihrer allein würdig wäre, das reine Unmenschliche, entzieht sich ihr zugleich durch Unmaß und Unmenschlichkeit. (Aphorismus 94, Bd. 4, S. 160—163)

Aus: Ästhetische Theorie (1970)

Zur Selbstverständlichkeit wurde, daß nichts, was die Kunst betrifft, mehr selbstverständlich ist, weder in ihr noch in ihrem Verhältnis zum Ganzen, nicht einmal ihr Existenzrecht. Die Einbuße an reflexionslos oder unproblematisch zu Tuendem wird nicht kompensiert durch die offene Unendlichkeit des möglich Gewordenen, der die Reflexion sich gegenübersieht. Erweiterung zeigt in vielen Dimensionen sich als Schrumpfung. Das Meer des nie Geahnten, auf das die revolutionären Kunstbewegungen um 1910 sich hinauswagten, hat nicht das verheißene abenteuerliche Glück beschieden. Statt dessen hat der damals ausgelöste Prozeß die Kategorie angefressen, in deren Namen er begonnen wurde. Mehr

---

6 Anspielung auf Brechts Stück: ‚Der aufhaltsame Aufstieg des Arturo Ui' (entstanden 1941), ein Schlüsselstück über den Aufstieg und die ‚Machtergreifung' Hitlers, das im Milieu US-amerikanischer Mafia spielt.

7 Machenschaften von Banden.

stets wurde in den Strudel des neu Tabuierten hineingerissen; allerorts freuten die Künstler weniger sich des neu gewonnenen Reiches der Freiheit, als daß sie sogleich wieder nach vorgeblicher, kaum je tragfähiger Ordnung trachteten. Denn die absolute Freiheit in der Kunst, stets noch einem Partikularen, gerät in Widerspruch zum perennierenden Stande von Unfreiheit im Ganzen. In diesem ist der Ort der Kunst ungewiß geworden. Die Autonomie, die sie erlangte, nachdem sie ihre kultische Funktion und deren Nachbilder abschüttelte, zehrte von der Idee der Humanität. Sie wurde zerrüttet, je weniger Gesellschaft zur humanen wurde. In der Kunst verblaßten kraft ihres eigenen Bewegungsgesetzes die Konstituentien[8], die ihr aus dem Ideal der Humanität zugewachsen waren. Wohl bleibt ihre Autonomie irrevokabel[9]. Alle Versuche, durch gesellschaftliche Funktion der Kunst zurückzuerstatten, woran sie zweifelt und woran zu zweifeln sie ausdrückt, sind gescheitert. Aber ihre Autonomie beginnt, ein Moment von Blindheit hervorzukehren. Es eignete der Kunst von je; im Zeitalter ihrer Emanzipation überschattet es jedes andere, trotz, wenn nicht wegen der Unnaivität, der sie schon nach Hegels Einsicht nicht mehr sich entziehen darf. Jene verbindet sich mit Naivität zweiter Potenz, der Ungewißheit über das ästhetische Wozu. Ungewiß, ob Kunst überhaupt noch möglich sei; ob sie, nach ihrer vollkommenen Emanzipation, nicht ihre Voraussetzungen sich abgegraben und verloren habe. Die Frage entzündet sich an dem, was sie einmal war. Kunstwerke begeben sich hinaus aus der empirischen Welt und bringen eine dieser entgegengesetzte eigenen Wesens hervor, so als ob auch diese ein Seiendes wäre. Damit tendieren sie a priori, mögen sie noch so tragisch sich aufführen, zur Affirmation. Die Clichés von dem versöhnenden Abglanz, der von der Kunst über die Realität sich verbreite, sind widerlich nicht nur, weil sie den emphatischen Begriff von Kunst durch deren bourgeoise Zurüstung parodieren und sie unter die trostspendenden Sonntagsveranstaltungen einreihen. Sie rühren an die Wunde der Kunst selber. Durch ihre unvermeidliche Lossage von der Theologie, vom ungeschmälerten Anspruch auf die Wahrheit der Erlösung, eine Säkularisierung, ohne welche Kunst nie sich entfaltet hätte, verdammt sie sich dazu, dem Seienden und Bestehenden einen Zuspruch zu spenden, der, bar der Hoffnung auf ein Anderes, den Bann dessen verstärkt, wovon die Autonomie der Kunst sich befreien möchte. Solchen Zuspruchs ist das Autonomieprinzip selbst verdächtig: indem es sich vermißt, Totalität aus sich zu

[8] Momente, die etwas wesentlich ausmachen.

[9] unwiderruflich.

setzen, ein Rundes, in sich Geschlossenes, überträgt dies Bild sich auf die Welt, in der Kunst sich befindet und die dies zeitigt. Vermöge ihrer Absage an die Empirie[10] — und die ist in ihrem Begriff, kein bloßes escape, ist ein ihr immanentes Gesetz — sanktioniert sie deren Vormacht. Helmut Kuhn hat in einer Abhandlung, zum Ruhm der Kunst, dieser attestiert, ein jedes ihrer Werke sei Lobpreisung*. Seine These wäre wahr, wenn sie kritisch wäre. Angesichts dessen, wozu die Realität sich auswuchs, ist das affirmative Wesen der Kunst, ihr unausweichlich, zum Unerträglichen geworden. Sie muß gegen das sich wenden, was ihren eigenen Begriff ausmacht, und wird dadurch ungewiß bis in die innerste Fiber hinein. Nicht jedoch ist sie durch ihre abstrakte Negation abzufertigen. Indem sie angreift, was die gesamte Tradition hindurch als ihre Grundschicht garantiert dünkte, verändert sie sich qualitativ, wird ihrerseits zu einem Anderen. Sie vermag es, weil sie die Zeiten hindurch vermöge ihrer Form ebenso gegen das bloß Daseiende, Bestehende sich wendete, wie als Formung der Elemente des Bestehenden diesem zu Hilfe kam. So wenig ist sie auf die generelle Formel des Trostes zu bringen wie auf die von dessen Gegenteil.

Kunst hat ihren Begriff in der geschichtlich sich verändernden Konstellation von Momenten; er sperrt sich der Definition. Nicht ist ihr Wesen aus ihrem Ursprung deduzibel, so als wäre das Erste eine Grundschicht, auf der alles Folgende aufbaute und einstürzte, sobald sie erschüttert ist. Der Glaube, die ersten Kunstwerke seien die höchsten und reinsten, ist späteste Romantik; nicht mit minderem Recht ließe sich vertreten, die frühesten kunsthaften Gebilde, ungeschieden von magischen Praktiken, geschichtlicher Dokumentation, pragmatischen Zwecken wie dem, durch Rufe oder geblasene Töne über weite Strecken sich vernehmbar zu machen, seien trüb und unrein; die klassizistische Konzeption bediente sich gern solcher Argumente. (Bd. 7, S. 9—11)

* * *

Von Philosophie, überhaupt vom theoretischen Gedanken kann gesagt werden, sie leide insofern an einer idealistischen Vorentscheidung, als sie nur Begriffe zur Verfügung hat; einzig durch sie handelt sie von dem, worauf sie gehen, hat es nie selbst. Ihre Sisyphusarbeit ist es, die Unwahrheit und Schuld, die sie damit auf sich lädt, zu reflektieren und dadurch womöglich zu berichtigen.

---

* Vgl. Helmut Kuhn, Schriften zur Ästhetik, München 1966, S. 236 ff.

[10] hier: Welt der Alltagserfahrung.

Sie kann nicht ihr ontisches Substrat[11] in die Texte kleben; indem sie davon spricht, macht sie es bereits zu dem, wovon sie es abheben will. Die Unzufriedenheit damit registriert die moderne Kunst, seit Picasso[12] seine Bilder mit den ersten Zeitungsfetzen störte; alle Montage leitet davon sich her. Dem sozialen Moment wird dadurch ästhetisch sein Recht werden, daß es nicht nachgeahmt, gleichsam kunstfähig gemacht, vielmehr der Kunst durch Sabotage an ihr injiziert wird. Sie selbst läßt ebenso den Trug ihrer reinen Immanenz[13] explodieren, wie die empirischen Trümmer, ihrem eigenen Zusammenhang entäußert, den immanenten Konstruktionsprinzipien sich fügen. Kunst möchte, durch sichtbare, von ihr vollzogene Zession an krude[14] Stoffe, etwas von dem wiedergutmachen, was Geist: Gedanke wie Kunst, dem Anderen antut, worauf er sich bezieht und was er sprechen lassen möchte. Das ist der bestimmbare Sinn des sinnlosen, intentionsfeindlichen Moments der modernen Kunst, bis zur Verfransung der Künste und zu den happenings. Damit wird nicht sowohl über die traditionelle Kunst pharisäisch-arriviertes Gericht gehalten als versucht, noch die Negation der Kunst mit deren eigener Kraft zu absorbieren. Was an der traditionellen Kunst gesellschaftlich nicht mehr möglich ist, büßt darum nicht alle Wahrheit ein. Es sinkt in eine Gesteinsschicht, die anders als durch Negation dem lebendigen Bewußtsein nicht mehr erreichbar ist, ohne die aber keine Kunst wäre; die des stummen Hinweises auf das, was schön sei, ohne daß dabei zwischen Natur und Werk gar so strikt unterschieden wäre. Dies Moment ist dem zerrüttenden konträr, an das die Wahrheit von Kunst überging, lebt aber darin fort, daß es als formende Kraft die Gewalt dessen anerkennt, woran es sich mißt. In dieser Idee ist Kunst verwandt dem Frieden. Ohne Perspektive auf ihn wäre sie so unwahr wie durch antizipierte Versöhnung. Das Schöne in der Kunst ist der Schein des real Friedlichen. Dem neigt noch die unterdrückende Gewalt der Form sich zu in der Vereinigung des Feindlichen und Auseinanderstrebenden.

Der Schluß von philosophischem Materialismus auf ästhetischen Realismus ist falsch. Wohl impliziert Kunst, als eine Gestalt von Erkenntnis, Erkenntnis der Realität, und es ist keine Realität, die

---

[11] das, was der Philosophie an Seiendem in der Wirklichkeit zugrunde liegt.

[12] Pablo Picasso (1881—1973): spanischer Maler, Graphiker, Bildhauer und Keramiker.

[13] hier: Bei-sich-Bleiben der Kunst, ihre Abgeschlossenheit gegen die empirische Wirklichkeit.

[14] roh, grob.

nicht gesellschaftlich wäre. So sind Wahrheitsgehalt und gesellschaftlicher vermittelt, obwohl der Erkenntnischarakter der Kunst, ihr Wahrheitsgehalt, die Erkenntnis der Realität als des Seienden transzendiert. Soziale Erkenntnis wird sie, indem sie das Wesen ergreift; nicht es beredet, bebildert, irgend imitiert. Sie verhält es durch ihre eigene Komplexion[15] zum Erscheinen wider die Erscheinung. Die epistemologische[16] Kritik des Idealismus, die dem Objekt ein Moment von Vormacht verschafft, ist nicht simpel auf die Kunst zu übertragen. Objekt in ihr und in der empirischen Realität ist ein durchaus verschiedenes. Das der Kunst ist das von ihr hervorgebrachte Gebilde, das die Elemente der empirischen Realität ebenso in sich enthält wie versetzt, auflöst, nach seinem eigenen Gesetz rekonstruiert. Einzig durch solche Transformation, nicht durch ohnehin stets fälschende Photographie, gibt sie der empirischen Realität das Ihre, die Epiphanie ihres verborgenen Wesens und den verdienten Schauer vor ihm als dem Unwesen. Der Vorrang des Objekts behauptet ästhetisch allein sich am Charakter der Kunst als bewußtloser Geschichtsschreibung, Anamnesis[17] des Unterlegenen, Verdrängten, vielleicht Möglichen. Der Vorrang des Objekts, als potentielle Freiheit dessen was ist von der Herrschaft, manifestiert sich in der Kunst als ihre Freiheit von den Objekten. Ist es an ihr, an ihrem Anderen ihren Gehalt zu ergreifen, so wird ihr zugleich dies Andere nur an ihrem Immanenzzusammenhang zuteil; es ist ihr nicht zu imputieren[18]. Kunst negiert die Negativität am Vorrang des Objekts, sein Unversöhntes, Heteronomes, das sie noch durch den Schein der Versöhntheit ihrer Gebilde hervortreten läßt.

Ein Argument des Diamat ermangelt prima vista[19] nicht der Überzeugungskraft. Der Standpunkt der radikalen Moderne sei der des Solipsismus[20], einer Monade[21], die der Intersubjektivität borniert sich versperre. Verdinglichte Arbeitsteilung laufe Amok. Das spotte der Humanität, die zu verwirklichen wäre. Der Solipsismus selbst indessen sei, wie die materialistische Kritik und

---

15 hier: Zusammenfügung, Gestalt.

16 wissenschaftstheoretisch.

17 Wiedererinnerung.

18 hier: von außen auferlegen.

19 auf den ersten Blick.

20 Lehre, nach der die Welt nur in den Vorstellungen des Einzelnen besteht.

21 Nach Leibniz (1646—1716) sind Monaden die letzten, in sich geschlossenen, einheitlichen Wesen, aus denen die Weltsubstanz zusammengesetzt ist.

längst vor ihr die große Philosophie demonstriert habe, illusionär, die Verblendung der Unmittelbarkeit des Für-sich, das ideologisch die eigenen Vermittlungen nicht Wort haben wolle. Wahr ist, daß Theorie mit der Einsicht in die universale gesellschaftliche Vermittlung den Solipsismus begreifend unter sich läßt. Aber Kunst, die zum Bewußtsein ihrer selbst getriebene Mimesis, ist doch an die Regung, die Unmittelbarkeit von Erfahrung gebunden; sonst würde sie ununterscheidbar von der Wissenschaft, bestenfalls Abschlagszahlung auf diese, meist nur Sozialreportage. Kollektive Produktionsweisen kleinster Gruppen sind heute schon denkbar, in manchen Medien gefordert; Ort von Erfahrung in allen bestehenden Gesellschaften sind die Monaden. Weil Individuation, samt dem Leiden, das sie involviert, gesellschaftliches Gesetz ist, wird einzig individuell Gesellschaft erfahrbar. Die Substruktion[22] eines unmittelbaren Kollektivsubjekts wäre erschlichen und verurteilte das Kunstwerk zur Unwahrheit, weil sie ihm die einzige Möglichkeit von Erfahrung entzöge, die heute offen ist. Orientiert Kunst sich korrektiv, aus theoretischer Einsicht, an ihrem eigenen Vermitteltsein und sucht aus dem als gesellschaftlicher Schein durchschauten Monadencharakter herauszuspringen, so bleibt die theoretische Wahrheit ihr äußerlich und wird zur Unwahrheit: das Kunstwerk opfert heteronom seine immanente Bestimmtheit. Gerade nach kritischer Theorie führt das bloße Bewußtsein von der Gesellschaft nicht real über die gesellschaftlich vorgezeichnete, objektive Struktur hinaus und gewiß nicht das Kunstwerk, das seinen Bedingungen nach selbst auch ein Stück sozialer Realität ist. Die Fähigkeit, die der Diamat antimaterialistisch dem Kunstwerk bescheinigt und ihm abverlangt, gewinnt es allenfalls, wo es in der monadologisch verschlossenen Struktur die ihm objektiv vorgezeichnete, seine Situation, so weit treibt, daß es zu deren Kritik wird. Die wahre Schwelle zwischen Kunst und anderer Erkenntnis mag sein, daß diese über sich selbst hinauszudenken vermag, ohne abzudanken, Kunst aber nichts Stichhaltiges hervorbringt, was sie nicht von sich aus, auf dem geschichtlichen Standort, auf dem sie sich findet, füllte. Die Innervation des ihr geschichtlich Möglichen ist der künstlerischen Reaktionsform wesentlich. Der Ausdruck Substantialität hat in der Kunst daran seinen Sinn. Will Kunst, um theoretisch höherer sozialer Wahrheit willen, mehr als die ihr erreichbare und von ihr zu gestaltende Erfahrung, so wird sie weniger, und die objektive Wahrheit, die sie sich zum Maß setzt, verdirbt sich zur Fiktion. Sie verkleistert den Bruch von Subjekt und

---

[22] Unterbau, Grundbau, hier: Unterstellung.

Objekt. So sehr ist der angedrehte Realismus deren falsche Versöhnung, daß die utopischesten Phantasien von zukünftiger Kunst keine auszudenken vermöchten, die abermals realistisch wäre, ohne aufs neue in die Unfreiheit sich zu begeben. Kunst hat ihr Anderes darum in ihrer Immanenz, weil diese gleich dem Subjekt in sich gesellschaftlich vermittelt ist. Zum Sprechen bringen muß sie ihren latenten gesellschaftlichen Gehalt: in sich hineingehen, um über sich hinauszugehen. Kritik am Solipsismus übt sie durch die Kraft zur Entäußerung in ihrer eigenen Verfahrungsweise als der zur Objektivation. Vermöge ihrer Form transzendiert sie das bloße und befangene Subjekt; was willentlich seine Befangenheit übertäuben möchte, gerät infantil und macht sich aus der Heteronomie auch noch ein ethisch-soziales Verdienst. Würde all dem entgegnet, wohl seien auch die Volksdemokratien des verschiedensten Typus noch antagonistisch, und darum wäre auch in ihnen kein anderer Standpunkt als der entfremdete einzunehmen, vom verwirklichten Humanismus jedoch wäre das zu hoffen, der selig moderner Kunst nicht mehr bedürfte und es sich bei der traditionellen wieder wohl sein lassen könnte, so ist solche Konzession von der Doktrin des überwundenen Individualismus nicht so verschieden, wie sie klingt. Zugrunde liegt, grob gesagt, das spießbürgerliche Cliché, die moderne Kunst sei so häßlich wie die Welt, in der sie entstand; die Welt habe sie verdient, anders sei es nicht möglich, aber so könne es doch nicht immer bleiben. In Wahrheit gibt es da nichts zu überwinden; das Wort ist index falsi[23]. Daß der antagonistische Zustand, das, was beim jungen Marx[24] Entfremdung und Selbstentfremdung hieß, keines der schwächsten Agenzien in der Bildung der neuen Kunst war, ist unbestritten. Aber diese war eben kein Abbild, nicht die Reproduktion jenes Zustands. In seiner Denunziation, in seiner Versetzung in die imago ist sie zu seinem Anderen geworden und so frei, wie der Zustand den Lebendigen es verbietet. Möglich, daß einer befriedeten Gesellschaft die vergangene Kunst wieder zufällt, die heute zum ideologischen Komplement der unbefriedeten geworden ist; daß dann aber die neu entstehende zu Ruhe und Ordnung, zu affirmativer Abbildlichkeit und Harmonie zurückkehrte, wäre das Opfer ihrer Freiheit. Auch die Gestalt von Kunst in einer veränderten Gesellschaft auszumalen steht nicht an. Wahrscheinlich ist sie ein Drittes zur vergangenen und gegenwärtigen, aber mehr zu wünschen wäre, daß eines

---

[23] Anzeichen für etwas Falsches.

[24] Adorno spielt hier auf Karl Marx' (1818—1883) ‚Ökonomisch-philosophische Manuskripte' von 1844 an.

besseren Tages Kunst überhaupt verschwände, als daß sie das Leid vergäße, das ihr Ausdruck ist und an dem Form ihre Substanz hat. Es ist der humane Gehalt, den Unfreiheit zu Positivität verfälscht. Würde zukünftige Kunst wunschgemäß wieder positiv, so wäre der Verdacht realer Fortdauer der Negativität akut; er ist es stets, Rückfall droht unablässig, und Freiheit, die doch Freiheit vom Prinzip des Besitzes wäre, kann nicht besessen werden. Was aber wäre Kunst als Geschichtsschreibung, wenn sie das Gedächtnis des akkumulierten Leidens abschüttelte. (Bd. 7, S. 382—387)

Joachim Ritter

Landschaft (1962)[1]

I.

Was bedeutet es (...) daß mit der Bergbesteigung Petrarcas[2] — für ihn selbst am Ende unbegreiflich — die Geschichte beginnt, in welcher die Natur als Landschaft neben die in der Philosophie und Wissenschaft begriffene Natur tritt? Was zwingt den Geist dazu, auf dem Boden der Neuzeit ein Organ für die Theorie der „ganzen" Natur als des „Göttlichen" auszubilden, mit dem diese als Landschaft nicht im Begriff, sondern im ästhetischen Gefühl, nicht in der Wissenschaft, sondern in Dichtung und Kunst, nicht im transcensus[3] des Begriffs, sondern in ihm als dem genießenden Hinausgehen in die Natur vergegenwärtigt wird? Warum wird die betrachtende „Bewunderung der Gipfel der Berge, der ungeheuren Fluten des Meeres, der weit dahin fließenden Ströme, der Kreisbahnen der Gestirne", die Petrarca am Ende im Sinne der Philosophie Augustins als „Vergessen des Selbst" verwerfen muß, zum Element einer neuen, bis dahin unbekannten Form der ‚Theorie'[4]? Was heißt es, daß schließlich die ästhetische Auffassung der Natur als Landschaft nicht weniger universal wird, wie es ihr Begriff als Objekt der Wissenschaften ist?

II.

Landschaft ist Natur, die im Anblick für einen fühlenden und empfindenden Betrachter ästhetisch gegenwärtig ist: Nicht die Felder vor der Stadt, der Strom als „Grenze", „Handelsweg"

---

[1] Landschaft. Zur Funktion des Ästhetischen in der modernen Gesellschaft, in: Subjektivität. Sechs Aufsätze, Frankfurt 1974, S. 141—163; hier: S. 150—163 (Anmerkungen gekürzt).

[2] Am 26. 4. 1335 bestieg der italienische Dichter Petrarca (1304—1374) den Mont Ventoux; er berichtet darüber in einem Brief an Diogini da Borgo San Sepolcro, in: Petrarca, Dichtungen, Briefe, Schriften, ausgewählt und eingeleitet von H. W. Eppelsheimer, Frankfurt 1956, S. 80 ff. Im vorhergehenden Teil seines Aufsatzes legt Ritter dar, daß dies die erste Bergbesteigung gewesen sei allein deswegen, um Natur als Landschaft ästhetisch zu genießen.

[3] Überschreiten.

[4] Hier im aristotelischen Sinne als Betrachtung des Göttlichen, die als höchste Tätigkeit des Menschen um ihrer selbst willen geübt wird (Aristoteles, Nikomachische Ethik X, 7). S. hierzu: J. Ritter, Die Lehre vom Ursprung und Sinn der Theorie bei Aristoteles, in: Metaphysik und Politik. Studien zu Aristoteles und Hegel, stw 199, Frankfurt 1977.

und „Problem für Brückenbauer“, nicht die Gebirge und die Steppen der Hirten und Karawanen (oder der Ölsucher) sind als solche schon ‚Landschaft‘. Sie werden dies erst, wenn sich der Mensch ihnen ohne praktischen Zweck in ‚freier‘ genießender Anschauung zuwendet, um als er selbst in der Natur zu sein. Mit seinem Hinausgehen verändert die Natur ihr Gesicht. Was sonst das genutzte oder als Ödland das Nutzlose ist und was über Jahrhunderte hin ungesehen und unbeachtet blieb oder das feindlich abweisende Fremde war, wird zum Großen, Erhabenen und Schönen: es wird ästhetisch zur Landschaft*1. In einem Reisebericht über Grindelwald von 1765/67 wird allein von den Gefahren erzählt, welchen hier der Reisende durch „Abgründe“ und „überhängende Felsmauern“ ausgesetzt sei; man höre das „Geschrei der Geier und anderer Raubvögel“, das „den Schauer dieser wilden Einöden vermehrt“, über denen die „fürchterliche Majestät der Schneegebirge“ steht. Von der gleichen Alpenwelt kann es in der Sprache ästhetischer Zuwendung zur Natur heißen: „Man muß selbst da oben gestanden haben, wenn man sich einen Begriff von all der Großartigkeit und Pracht machen will, und dann wird man diese

---

*1 ... Die Landschaft Petrarcas ist der Mont Ventoux, die Rousseaus der Bieler See, die Cézannes der Saint Victoire usf.; die Geschichte der Landschaft ist die Bewegung, in der nacheinander bestimmte Bereiche der Erde ästhetisch entdeckt und sichtbar gemacht werden, so wie die Kunstgeschichte typologisch von klassischen, idealen, heroischen, romantischen Landschaften spricht. Man kann so alle zur gegenwärtigen Welt gehörigen Landschaften selbst noch in ihrer Umformung zur Reiselandschaft historisch durch diejenigen kennzeichnen, die sie ästhetisch entdeckten und ihr durch das Bild das ihr je eigentümliche Aussehen verliehen. Das der individuellen Vielfalt von Landschaften vorausliegende Problem bleibt, was es heißt, daß Landschaften mit der Neuzeit als eine bis dahin unbekannte Form der Vergegenwärtigung von Natur im Element des Ästhetischen hervorgebracht werden. H. Lützeler (Vom Wesen der Landschaftsmalerei, in: Stud. Gen. 5, 1950, S. 211) weist nachdrücklich darauf hin, daß „die künstlerische Begegnung des Menschen mit der Natur“ ... in Wahrheit alles andere als „natürlich“ sei und daß „unsere innere Nähe zur Landschaftsmalerei“ uns „deren eigentümliche Problematik“ gerade verdecke. Sie liegt geschichtlich wie sachlich darin, daß in das praktische und geistig durch die ‚Theorie‘ gesetzte Verhältnis des Menschen zur Natur ihre Vergegenwärtigung dann durch die individuelle Eigentümlichkeit eines ‚Ausschnittes aus der Natur‘ als Landschaft einbricht. Das kann nicht aus der jeweiligen Individualität der Landschaften, sondern allein aus dem Grunde begriffen werden, der dem Geist die Bildung der ästhetischen Kategorie abfordert und Bildkunst wie Dichtung die Funktion zumutete, die ‚ganze Natur‘ zu vergegenwärtigen.

Stunde zu den schönsten und unvergeßlichsten seines Lebens zählen ..., zu jenen Stunden, wo man dem Weltgeist sich näher fühlt"*2.

Mit diesem schwebenden, an die Zuwendung des empfindenden Betrachters gebundenen und ohne ästhetische Vermittlung verlöschenden Sein bleibt Landschaft einerseits Abkömmling der philosophischen Theorie in dem genauen Sinne, daß sie Gegenwart der ganzen Natur ist. Wir gehen so in die Landschaft hinaus, um in der ‚freien', aus der Nutzung herausgelösten Natur als der Natur selbst zu sein. Daran hat *Alexander von Humboldt*[5] angeknüpft*3. Er hat — wohl zuletzt — die ästhetische Entdeckung und Vergegenwärtigung der Natur als Landschaft im Zusammenhang der auf den ‚Kosmos' gerichteten ‚Theorie' begriffen. Sein ‚Entwurf einer physischen Weltbeschreibung' sei (wie es in der Vorrede von 1844 heißt) aus dem „Bestreben" als „Hauptantrieb" hervorgegangen, „die Erscheinungen der körperlichen Dinge in ihrem allgemeinen Zusammenhange, die Natur als ein durch innere Kräfte bewegtes und belebtes Ganzes aufzufassen", um so ein allgemeines „Naturgemälde" als Übersicht über die Erscheinungen im Kosmos „von den fernsten Nebelflecken und kreisenden Doppelsternen des Weltraumes zu den tellurischen[6] Erscheinungen" in einer „Geschichte der Weltanschauung, d. h. der allmählichen Auffassung des Begriffs von dem Zusammenwirken der Kräfte in einem Naturganzen", zu geben. Doch diese denkende Betrachtung der Natur als „Einheit in der Vielheit" und als „Inbegriff der

---

*2 Christian Cay Lorenz Hirschfeld (1765/1767); Ch. Aeby (1865), zitiert nach: Berner Oberland, Merian 15, 7, 1962, S. 74 f., S. 77 f.

*3 A. v. Humboldt, Kosmos. Entwurf einer physischen Erdbeschreibung, 2 Bde., Stuttgart o. J. Vgl. zum Folgenden I, VII f., I, X f., I, S. 5 ff., II, S. 4 ff., II, S. 67. ... Diese Abgrenzung (einer ‚geographischen' oder ‚natürlichen Landschaft' von ‚Ländern') wird notwendig, weil ‚Landschaft' in einer älteren Bedeutung des Wortes bis heute ohne Zusammenhang mit ihrem ästhetischen Begriff politische Landstände, s. z. B. in Westfalen und Friesland, bezeichnet, und in Preußen die seit der Mitte des 18. Jahrhunderts entstehenden örtlich begrenzten landwirtschaftlichen Kreditvereine v. a. der Gutsbesitzer ‚Landschaften' hießen. Die Unterscheidung von Landschaft und Land in der Geographie schließt ein, daß ihr Landschaftsbegriff durch die Vermittlung v. Humboldts aus der ästhetischen Sphäre herkommt und in der Auseinandersetzung mit ihr gebildet wird.

[5] Alexander von Humboldt (1769—1859), deutscher Naturforscher und Entdecker, Begründer der physikalischen Geographie.

[6] auf die Erde bezüglich, von der Erde herrührend.

Naturdinge und Naturkräfte" und „lebendiges Ganzes" ist nicht mehr selbstverständlich. Humboldt wendet sich ihr im Angesicht der Gefahr zu, daß der Geist mit der schnellen Ausbreitung der physischen Forschung der „Masse der Einzelheiten" unterliegen könne. Es soll daher noch einmal an die „erhabene Bestimmung des Menschen" erinnert werden, den „Geist der Natur zu ergreifen, welcher unter der Decke der Erscheinungen verhüllt liegt", um so die Natur als Ganzes zu begreifen und „den rohen Stoff empirischer Anschauung gleichsam durch Ideen zu beherrschen".

Aber dieses Begreifen setzt voraus, daß als ihr Organ neben die entdeckenden Wissenschaften und die „Thätigkeit der kombinierenden Vernunft" gleichrangig als „Anregungsmittel" zu solcher „Weltanschauung" der „Genuß" getreten ist, welchen der „Anblick der Natur ... unabhängig von der Einsicht in das Wirken der Kräfte" gewährt. Mit ihm durchdringe uns im „Gefühl der freien Natur" ein „Ahnen ihres Bestehens nach ewigen Gesetzen". Während in der Tradition der philosophischen Theorie bis in die Epoche der Wende zur Neuzeit hinein der vernünftige Begriff allein und als solcher die ganze Natur als Kosmos zu vergegenwärtigen vermag, ist für Alexander v. Humboldt das, was er in unmittelbarer Anknüpfung an die θεωρία τοῦ κόσμου[7] „Weltanschauung" nennt, nunmehr auf die ästhetische Vermittlung verwiesen. Die Anschauung des Ganzen setzt voraus, daß zu dem „Kreis der Objekte", wie sie „von der Phantasie entblößt, der reinen Objektivität wissenschaftlicher Naturbeschreibung" angehören, die „innere Welt" hinzutritt, die dem „Reflex des durch die äußeren Sinne empfangenen Bildes auf das Gefühl und die dichterisch gestimmte Einbildungskraft" entspringt. Die ästhetische Natur als Landschaft hat so im Gegenspiel gegen die dem metaphysischen Begriff entzogene Objektwelt der Naturwissenschaft die Funktion übernommen, in „anschaulichen", aus der Innerlichkeit entspringenden Bildern das Naturganze und den „harmonischen Einklang im Kosmos" zu vermitteln und ästhetisch für den Menschen gegenwärtig zu halten: „Um die Natur in ihrer ganzen Größe zu schildern", darf man daher „nicht bei den äußeren Erscheinungen allein verweilen"; ... die Natur muß auch dargestellt werden, „wie sie sich im Innern der Menschen abspiegelt, wie sie durch diesen Reflex bald das Nebelland physischer Mythen mit anmutigen Gestalten füllt, bald den edlen Keim darstellender Kunsttätigkeit entfaltet".

Hiermit spricht Alexander v. Humboldt großartig wie tiefsinnig das Allgemeine aus: In der geschichtlichen Zeit, in welcher die

---

[7] Schau des Kosmos, Weltanschauung.

Natur, ihre Kräfte und Stoffe zum ‚Objekt' der Naturwissenschaften und der auf diese gegründeten technischen Nutzung und Ausbeutung werden, übernehmen es Dichtung und Bildkunst, die gleiche Natur — nicht weniger universal — in ihrer Beziehung auf den empfindenden Menschen aufzufassen und ‚ästhetisch' zu vergegenwärtigen. *Descartes* und *Jan v. Goyen*[8] werden im gleichen Jahre 1596 geboren. Die kantische Philosophie der Natur *Newtons* hat die Dichtung neben sich, die da, „wo jetzt, wie unsere Weisen sagen, seelenlos ein Feuerball sich dreht", die vom Göttlichen belebte Natur als das in der jetzigen Wirklichkeit Untergegangene im Gesange aussagt[*4]. Sieht man auf die Reflexion, in der Dichter und Maler sich ihr Tun wie ihre Aufgabe zu deuten suchen, dann zeigt sich, daß diese Gleichzeitigkeit wissenschaftlicher Objektivierung und ästhetischer Vergegenwärtigung im Verhältnis zur Natur nicht zufällig ist. Der ästhetische Sinn wird von einer Macht ergriffen, die ihn zum Organ ihrer Darstellung macht, weil sie ohne ihn ungesagt und ungesehen bleiben muß. *Cézanne*[9] spricht gelegentlich (im Blick auf *Tintoretto*) von der „kosmischen Besessenheit, die uns verzehrt". Malend verliere er sich als „optisches Werkzeug" in einer Bewegung an die Natur, in welcher sie ihrerseits sein „eigenes Ich okkupiert", um sich als ein an sich Entschwindendes durch dieses zu manifestieren: „Ich will mich an die Natur verlieren, mit ihr wie sie keimen, die eigensinnigen Töne der Felsen haben, die vernünftige Hartnäckigkeit des Gebirges, die Flüssigkeit der Luft, die Wärme der Sonne. Vor uns ist ein großes Wesen von Licht und Liebe, das ungewisse Weltall, das Zögern der Dinge. Ich werde ihr Olymp sein, ich werde ihr Gott sein. Das himmlische Ideal wird in mir erstehen. Die Farben, sehen Sie, sind das sichtbare Fleisch der Ideen und Gottes, das Durchscheinen des Mysteriums . . . ihr Perlmutterlächeln belebt von neuem das tote Antlitz der entschwundenen Welt"[*5]. Malend zeichnet *van Gogh*

---

*4 Schiller, Die Götter Griechenlands.

*5 P. Cézanne, Über die Kunst. Gespräche mit J. Gasquet, übers. v. E. Glaser, hg. v. W. Hess, Hamburg 1957, S. 27 f.

8 Descartes (1596—1650): französischer Philosoph des Rationalismus; Jan van Goyen (1596—1656): Meister der niederländischen Landschaftsmalerei.

9 Paul Cézanne (1839—1906): französischer Maler, Bahnbrecher der modernen Malerei; Tintoretto (1518—1594): italienischer Maler, Vertreter des europäischen Spätmanierismus; Vincent van Gogh (1853—1890): niederländischer Maler, vom Impressionismus beeinflußt, legte mit seinem Stil Grundlagen für die Entwicklung des Expressionismus.

auf, was ihm die Natur sagte: „Ich sehe, daß die Natur zu mir gesprochen,daß sie mir etwas gesagt hat, was ich in Schnellschrift aufgeschrieben habe. In meiner Schnellschrift mögen Worte sein, die nicht zu entziffern sind — Fehler oder Lücken, doch etwas ist geblieben von dem, was der Wald oder der Strand oder die Figur gesagt haben"[*6]. „Die belebten, die erlebten, die uns mitwissenden Dinge", so schreibt *Rilke*[10] in einem Briefe vom 13. 11. 1925, „gehen zur Neige und können nicht mehr ersetzt werden. Wir sind vielleicht die letzten, die solche Dinge noch gekannt haben. Auf uns ruht die Verantwortung, ... ihr Andenken zu erhalten ..."[*7]. Im Element des Empfindens und der ästhetischen Produktion bezeugen Dichtung und Bild, was ohne ihre Vermittlung entgleitet und entschwindet. Was damit ästhetisch geschieht, hat daher nicht in der in sich verschlossenen Subjektivität, sondern in der Notwendigkeit den Grund, ein sonst nicht mehr Gesagtes und Gesehenes zum Scheinen zu bringen, es zu vergegenwärtigen.

In einer Kontinuität, die erstaunlich ist, wird diese Notwendigkeit ästhetischer Vermittlung in der Geschichte der ästhetischen Theorie mit dem Aufkommen der neuen Wissenschaft und ihrer Verdinglichung und Objektivierung der Natur in Verbindung gebracht und aus ihr begründet. *Baumgarten*[11], *mit dessen ‚Aesthetica'* 1750 überhaupt zuerst in der strengen Form eines Schulsystems eine auf Empfinden gegründete Philosophie der schönen Künste in die Geschichte tritt, hält zwar daran fest, daß diese durchaus dem vernünftigen Begriff der Wissenschaft untergeordnet seien. Aber zugleich werden sie von ihm als „gewichtiger Teil menschlichen Erkennens" anerkannt, dem sich der Philosoph — Mensch unter Menschen — nicht wohl entfremden dürfe. Die schöne Kunst habe ihre eigene Wahrheit, die Wahrheit im Element des sinnlichen Empfindens und Fühlens und so „ästhetische Wahrheit" (veritas aesthetica) sei. Ihr Recht wie ihre Notwendigkeit wird von Baumgarten begründet; die logische und metaphysische Wahrheit (veritas logica) sei zwar jenseits der ästhetischen Ebene allein der Vernunft zugänglich, doch schließe sie zugleich die „Abstraktion" von

---

[*6] Brief von 1882 Nr. 228 i. d. Zählung der Gesammelten Briefe, hg. v. Johanna van Gogh-Banger, Amsterdam-Antwerpen 1952—1954.

[*7] R. M. Rilke, Briefe, hg. v. Rilke-Archiv in Weimar, Bd. II (Wiesbaden 1950), S. 483.

[10] Rainer Maria Rilke (1875—1926): österreichischer Lyriker.

[11] Alexander Gottlieb Baumgarten (1714—1762) rationalistischer deutscher Philosoph in der Tradition der Leibniz-Wolff-Schule.

allem Sinnfälligen so ein, wie eine Marmorkugel die Fortnahme des ihre Form frei gebenden Steines fordere*8. Was in den vernünftigen Begriff logischer Wahrheit nicht eingeht, wird daher von den schönen Künsten empfindend erkannt und zu „ästhetischer Wahrheit" erhoben. Ästhetische Kunst und logische Wissenschaft stehen so für Baumgarten im Verhältnis der Ergänzung zueinander. Was dies meint, wird von ihm in einem wenig beachteten Paragraphen der ‚Aesthetik' durch den Hinweis auf die Natur erläutert, in welcher der Hirte mit seinen Gefährten lebt. Bereits *Descartes* hatte die „kleine Sonne" der sinnlichen Anschauung von der „großen Sonne" der Astronomie unterschieden*9. Das nimmt Baumgarten auf, um die Funktion ästhetischer Wahrheit zu erläutern: Der Lauf der Sonne durch die Sternbilder im fortgehenden Jahre, den der Hirte, zu seinen Gefährten und seiner Geliebten sprechend, vor Augen hat, komme nicht in den Begriffen vor, in denen ihn der Astronom als Physiker und Mathematiker denkt*10. Wo die ganze Natur, die als Himmel und Erde zu unserem Dasein gehört, nicht mehr als diese im Begriff der Wissenschaft ausgesagt werden kann, bringt der empfindende Sinn ästhetisch und poetisch das Bild und das Wort hervor, in denen sie sich in ihrer Zugehörigkeit zu unserem Dasein darstellen und ihre Wahrheit geltend machen kann. *Kant* hat dies zur großen Form des in seinem Grunde erhellten philosophischen Gedankens erhoben. Nachdem die Wissenschaft von der Natur dadurch zu sicherem Gange gekommen ist, daß sie sich darauf beschränkt, ihre Erscheinung allein im Felde möglicher Erfahrung zu „buchstabieren", übernimmt es die ästhetische Einbildungskraft, die Natur in ihrer „Totalität" und als „Darstellung der Idee des Übersinnlichen", die wir nicht mehr „im Begriff von Welten" erkennen können, ästhetisch im Anblick des gestirnten Himmels, „bloß wie man ihn sieht", oder des Ozeans „bloß nach dem, was der Augenschein zeigt", für das Gemüt gegenwärtig zu halten*11.

Im gleichen Sinne wird für *Carus*[12] die in allem gegenwärtige Natur und „ewig fortwirkende Weltschöpfung" da, wo die „zerlegende Wissenschaft" zur Herrschaft gekommen ist, auf das ästhe-

---

*8 Aesthetica § 6, § 423, § 560.

*9 Meditationes de prima Philosophia III, 39—40.

*10 Aesthetica § 429.

*11 Kritik der Urteilskraft I, 2 Allgemeine Anmerkung ..., Werke (Weischedel), a. a. O. Bd. 5, S. 357—360.

12 Carl Gustav Carus (1789—1869): Arzt, Naturphilosoph und Landschaftsmaler der Spätromantik.

tische Fühlen und auf die „freie Pro- und Reproduktion des Kunstgenius" verwiesen: Es sei, „als wäre der unendliche Reichtum der Natur in einer Sprache geschrieben, welche jetzt der Mensch nur dadurch erlernen könnte, daß er „durch den Vorgang eines verwandten Geistes einen Teil dieser Worte in seine Muttersprache übersetzt erhält".

So wird die Notwendigkeit ästhetischer vermittelter Wahrheit aus dem Verhältnis zur ‚kopernikanischen', aus dem Zusammenhang des Daseins und seiner Anschauung gelösten ‚objektiven' Natur der Naturwissenschaft begründet. Was in der Wissenschaft ungesagt bleiben muß, ist die Gegenwart der ‚ganzen Natur' als der Himmel und die Erde, die zum Erdenleben des Menschen als seine sinnlich anschauliche Naturwelt gehören. Daher hat Carus die Landschaftskunst „Erdlebenbildkunst" genannt[*12]. Landschaft ist die ganze Natur, sofern sie als ‚ptolemäische'[13] Welt zum Dasein des Menschen gehört. Sie bedarf da der ästhetischen Aussage und Darstellung, wo die ‚kopernikanische' Natur diese nicht in sich begreift und außer sich hat. Wo der Himmel und die Erde des menschlichen Daseins nicht mehr in der Wissenschaft wie auf dem Boden der alten Welt im Begriff der Philosophie gewußt und gesagt werden, übernehmen es Dichtung und Kunst, sie ästhetisch als Landschaft zu vermitteln.

III.

Wir sind — fast notwendigerweise bei der unübersehbaren Vielfalt und dem Reichtum der ästhetischen Welt in sich — daran gewöhnt, Dichtung und Kunst für sich und getrennt vom anderen zu begreifen. Wo aber gefragt wird, was es heißt, daß zur modernen Welt Natur als Landschaft gehört und warum Dichtung und Kunst die an sich in der Wissenschaft begriffene Natur ästhetisch wiederholen, wird man genötigt, die Isolierung des Ästhetischen hinter sich zu lassen und die Natur als Landschaft aus dem Verhältnis zu begreifen, in dem sie zur Gesellschaft und ihrer durch die Wissenschaft vermittelten ‚objektiven' Natur steht.

Es bleibt denkwürdig, daß *Schiller* dies in der Sturmzeit der Französischen Revolution 1795 in einer Dichtung getan hat. Sie trägt

---

*12 Neun Briefe über Landschaftsmalerei, geschrieben in den Jahren 1815 bis 1824, hg. u. m. e. Nachwort begl. v. K. Gerstenberg, Dresden o. J., S. 16, 53, 100.

13 Nach dem ptolemäischen Weltbild steht die Erde im Mittelpunkt des Weltalls, nach dem kopernikanischen dreht sie sich um die Sonne.

— *Rousseau,* dem ‚promeneur solitaire' zu Ehren — den Titel: ‚Der Spaziergang'. In ihr begegnen zunächst in großer Zusammenfassung alle die Elemente, die konstitutiv für die Natur als Landschaft sind: der Wanderer, der hinausgeht und „endlich entflohn des Zimmers Gefängnis und dem engen Gespräch“ sich „freudig“ zu der Natur rettet und — in der Beziehung auf ihn — die ganze Natur, die sich „dem frei Empfangenden“ im Anblick der „ruhigen Bläue des Himmels“, des „braunen Gebirges“, des „grünenden Waldes“ öffnet. Der Berg wird als die erste und immer wiederkehrende Verkörperung der Landschaft genannt, auf dessen Gipfel die „Welt“ „endlos“ als „Äther“ und „unabsehbar“ dem Blick des Wanderers gegenwärtig ist. Es wird schließlich gesagt, daß der Wanderer — Subjekt der Landschaft — dem „glücklichen Volke der Gefilde“ und seiner es „nachbarlich umruhenden“ Natur entfremdet ist. Sie wird erst für den Hinausgehenden zur Landschaft, die so zu der Stadt gehört, die sich „aus dem felsigten Kern türmend hebt“.

Es kann zunächst so aussehen, als habe Schiller nur die Trennung von Stadt und Land und im Verhältnis zu ihr die Landschaft als idyllische, ästhetische Verklärung ländlichen Wohnens vor Augen*[13]. Doch das Weitere zeigt, daß dem nicht so ist. Während

---

*13 ... Schiller hat nicht nur den Prozeß in die Dichtung aufgenommen, in dem der ästhetische Sinn — die Natur suchend — über die bewohnte Gefildenatur hinaus in die freie, von menschlicher Hand unberührte Natur fortgetrieben wird; er hat dazu begriffen, daß der Grund dieser fortgehenden Bewegung das Verlangen ist, die Natur als sie selbst da ästhetisch zu vergegenwärtigen, wo das gegenwärtige Dasein ihr entfremdet ist und die Entfremdung ästhetisch aufzuheben sucht.

Diese *inhaltliche* Funktion des Ästhetischen macht begreiflich, warum mit der gesellschaftlichen Aneignung der durch Bildkunst und Dichtung erschlossenen Landschaften zwar einerseits die Lebenswelt der Gesellschaft um die Dimension eines freien, genießenden Verhältnisses zur Natur erweitert wird, zugleich aber die dann vertraut gewordenen und eingebürgerten Landschaften aus der Sphäre ästhetischer Repräsentation heraustreten müssen. Ihre Sichtbarkeit, ihr Aussehen wie ihre sprachliche Darstellung bleiben auch nach ihrer gesellschaftlichen Aneignung fest auf die Form fixiert, in welcher sie einmal ästhetisch entdeckt wurden. Das schließt aber zugleich ein, daß ihre fortbestehende, ursprünglich ästhetisch vermittelte Gegebenheit nicht mehr das Ungesagte und Ungesehene der Natur selbst zum Scheinen zu bringen vermag. Noch in der Reise- und Touristenlandschaft lebt nachklingend ihre ursprüngliche ästhetische Funktion nach. Die Sprache, in der sie angepriesen wird, gewinnt die Kraft der Werbung aus der euphorischen Potenz des Hinausgehens, des freien genießenden Anschauens wie des Glücks und des Beisichselbstseins

nämlich das ländliche Dasein unter einem „eng" genannten „Gesetz" steht, wird die Stadt von Schiller als der Ort gepriesen, an dem „im Kampfe der eifernden Kräfte" die Freiheit zu dem „Bunde" erwächst, in dem, belebt von einem Geiste und einem Gefühl, „der Mensch an den Menschen näher gerückt ist". Schiller spricht zugleich aus, daß die notwendige und unaufhebbare Bedingung der mit der Stadt gesetzten Freiheit des Menschen die Verwandlung der „umruhenden" Natur des ländlichen Daseins in die genutzte Natur als Objekt menschlicher Herrschaft ist. Wo Stadt ist, da „entbrennt, des Eigentums froh, das freie Gewerbe"; „zischend fliegt in den Baum die Axt"; aus dem „Felsbruch wiegt sich der Stein, vom Hebel beflügelt", in der „Gebirge Schlucht taucht sich der Bergmann hinab". Zur Stadt als Ort menschlicher Freiheit gehören unter dem Hammer der „Stahl", die „Spindel", das „webende Schiff", „auf der Reede der Pilot", die „Flotten", die Ausfuhr „heimischen Fleißes", die „Gaben der Ferne", die „Märkte" in „seltsamer Sprachen Gewirr", der die Früchte der Erde handelnde Kaufmann. Es wird weiter gesagt, daß die Stadt in Gewerbe, Arbeit und in den „Künsten der Lust" den „Weisen" voraussetzt, der forschend „den schaffenden Geist" beschleicht, „der Stoffe Gewalt, der Magneten Hassen und Lieben" prüft und „durch die Lüfte dem Klange, durch den Äther dem Strahl" folgt, um in „des Zufalls grausendem Wunder" das „vertraute Gesetz" zu suchen und so in dessen Erkenntnis Natur zum Objekte des

---

in einer ‚romantischen' und ‚malerischen' Landschaft. Sie borgt so ihren Glanz von der Substanz der ursprünglich ästhetischen Repräsentation. In die Sphäre der ‚Erholung' (das Wechselspiel von Erholung und Glück des Beisichselbstseins im Felde der schönen Künste hat Aristoteles Polit. 8, 3 1337 b 22 seq. zum Element der Theorie der Musik gemacht) und ‚Freizeit' übersetzt, werden die ursprünglich ästhetischen Begriffe und Orte der Landschaft wie Berg und Gefilde zum Element, in dem Landschaft sich jetzt als Erholungslandschaft darstellen kann. ...

In solchem Fortbestehen verlieren notwendig die angeeigneten Landschaften jede ästhetische Funktion, gerade weil sie noch erkennbar die Zeichen ihrer ästhetischen Herkunft tragen. Sie werden daher zum Gegenspieler, gegen den sich die ästhetische Landschaft — die erworbene Vertrautheit mit der Natur negierend — durchsetzen muß. ... Die Möglichkeiten, Natur in ihrer Fremdheit zu vergegenwärtigen, sind zum Thema nachromantischer Kunst geworden. Was äußerlich als bloße Negation der klassischen und romantischen Landschaft erscheinen kann, hat in Wahrheit die Aufgabe übernommen, da, wo Landschaften zum Lebenselement der Gesellschaft geworden sind, im Verhältnis zur Natur die Funktion des Ästhetischen zu erfüllen, die zuerst mit der Entdeckung der Natur als Landschaft in die Geschichte getreten ist.

Menschen zu machen. Daher schließt Freiheit für Schiller in Wissenschaft und Gewerbefleiß, die ihre Bedingung sind, die Entzweiung des Menschen mit der ihn ursprünglich umruhenden Natur ein. Die „heilige" Natur wird zur „verlorenen" Natur. Freiheit fordert deren objektive Verdinglichung; sie hat so in ihrem Grunde die Natur des Erdenlebens außer sich: Wo in der Stadt die Freiheit Existenz erhält, da werden des „Waldes Faunen" verstoßen; der Anblick der Natur wird dem Menschen geraubt; „die beharrlichen Sterne erlöschen"*[14]. Gleichwohl preist die Dichtung die Stadt: Sie hat im Verlust der umruhenden Natur und im Erlöschen ihrer beharrlichen Sterne den Menschen als Menschen zum Freien gemacht; mit ihr „zerrinnen vor dem wundernden Blick die Nebel / Und die Gebilde der Nacht weichen dem tagenden Licht / Seine Fesseln zerbricht der Mensch / Der Beglückte".

Die Verdinglichung der Natur zum Objekt und so die Trennung des Menschen von der ihn ursprünglich umruhenden Natur wird daher von Schiller nicht als Verfall und als Verlust eines im Ursprung noch heilen Daseins genommen. Verlust der umruhenden Natur ist vielmehr Bedingung der Freiheit. In den etwa gleichzeitigen ‚Briefen zur ästhetischen Erziehung' (1793/4) heißt es: „So lange der Mensch in seinem ersten physischen Zustand die Sinnenwelt bloß leidend aufnimmt, ist er noch völlig eins mit derselben". Aber zur Freiheit gehört, daß er aus diesem Einssein heraustritt; sie schließt ein, daß er nicht mehr „Sklave der Natur" ist, sondern sie als ihr Gesetzgeber und Subjekt für sich zum Objekt gemacht

---

*[14] Baudelaire spricht in ‚Paysage' von den Himmeln, die von der Ewigkeit träumen lassen. Im Erlöschen der beharrlichen Sterne kommt einmal der Verlust der Möglichkeit wie in einem Zeichen zur Sprache, den ‚Himmel' im Begriff der Weltordnung zu wissen, und damit zugleich der Grund, der im Verhältnis zur Natur als der jetzt ‚verlorenen Natur' die ästhetische Kompensation fordert. Es kennzeichnet sodann in der Zugehörigkeit zur ästhetischen und poetischen Präsenz des Himmels, „wie man ihn sieht", die Instabilität des ästhetischen Verhältnisses, das nicht aus der Bewegung des subjektiven Fühlens herausgelöst werden kann und so im jähen Umschlag dem Erlöschen ausgesetzt bleibt. Zum ‚Glanz des Schönen' gehört die ‚Wehmut', zur romantischen Poesie der ihr einwohnende, die Zerrissenheit der romantischen Subjektivität hervortreibende Widerspruch der Prosa (F. Schlegel, E. Th. A. Hoffmann). Brentano nennt daher die unmittelbare Naturbewunderung „einen sehr verdächtigen Zustand" (...). Schopenhauer spricht aus, daß die ästhetische Versöhnung und ‚Erlösung' nur die Wirklichkeit eines vorübergehenden Augenblicks zu haben vermag.

hat: „Aus einem Sklaven der Natur wird der Mensch ... ihr Gesetzgeber. Was ihm Objekt ist, hat keine Gewalt mehr über ihn; denn um ein Objekt zu sein, muß es diese erfahren haben"*15.

So kommt Freiheit als Freiheit für den Menschen mit der Stadt und mit der Wissenschaft und Arbeit der modernen Gesellschaft zur Existenz, weil er sich mit ihr endgültig aus der Macht der Natur befreit und sie als Objekt seiner Herrschaft und Nutzung unterwirft. Daher kann es für Schiller keine Rückkehr in die ursprüngliche Einheit mit der Natur geben. Die Emanzipation aus ihr ist die Bedingung, an die Freiheit notwendig gebunden bleibt*16.

Erst aus diesem Zusammenhang, in dem für Schiller Freiheit und objektive Verdinglichung der Natur unlöslich miteinander verknüpft sind, läßt sich die Deutung der Landschaft begreifen, die Schiller in seiner Dichtung gibt. Wo die Entzweiung der Gesellschaft und ihrer ‚objektiven' Natur von der ‚umruhenden' Natur die Bedingung der Freiheit ist, da hat die ästhetische Einholung und Vergegenwärtigung der Natur als Landschaft die positive Funktion, den Zusammenhang des Menschen mit der umruhenden Natur offen zu halten und ihm Sprache und Sichtbarkeit zu verleihen; er muß ohne ästhetische Vermittlung in der Objektwelt der Gesellschaft notwendig ungesagt bleiben. Die Landschaft gehört so

---

*15 Über die ästhetische Erziehung des Menschen in einer Reihe von Briefen, 25. Brief.

*16 Die ‚objektive' Gegebenheit der Natur ist wie die Existenz der Freiheit ihrerseits geschichtlich. Sie setzt in sich den geschichtlichen Prozeß voraus, in welchem sich der Mensch aus der Macht der Natur über ihn befreit und sie — damit seine Freiheit zur Existenz bringend — zu seinem Objekt macht. Hegel wendet sich daher in unmittelbarer Anknüpfung an Schiller gegen „diejenige sogenannte Philosophie, welche den unmittelbar einzelnen Dingen, dem Unpersönlichen Realität im Sinne von Selbständigkeit und wahrhaftem Für- und Insichseyn zuschreibt". Sie werde „von dem Verhalten des freien Willens gegen diese Dinge unmittelbar widerlegt": „Wenn für das Anschauen und Vorstellen die sogenannten Außendinge den Schein der Selbständigkeit haben, so ist dagegen der freie Wille, der Idealismus, die Wahrheit solcher Wirklichkeit", Grundl. d. Philosophie d. Rechts § 44. Daher bleibt jede Vorstellung von einem glücklichen Naturstande des Menschen und einer Rückkehr zu ihm, wie Hegel sagt, eine „unwahre Meinung": „Die Vorstellung, als ob der Mensch in einem sogenannten Naturzustande, worin er nur sogenannte einfache Naturbedürfnisse hätte und für ihre Befriedigung nur Mittel gebrauchte, wie eine zufällige Natur sie ihm gewährte, in Rücksicht auf die Bedürfnisse in Freiheit lebte, ist noch ohne Rücksicht des Moments der Befreiung, die in der Arbeit liegt", vgl. a. a. O., § 194.

geschichtlich und sachlich als die sichtbare Natur des ptolemäischen Erdenlebens zur Entzweiungsstruktur der modernen Gesellschaft. Die große Bewegung des Geistes, in welcher der ästhetische Sinn die Aufgabe der ‚Theorie' übernimmt, um die ohne ihn notwendig entgleitende ‚ganze Natur' als Landschaft gegenwärtig zu halten, hat daher nichts mit bloßem Spiel und mit illusionärer Flucht oder dem (tödlichen) Traum zu tun, in den Ursprung als in eine noch heile Welt zurückzugehen. Sie ist das Gegenwärtige. Schiller begreift die ästhetische Kunst als das Organ, das der Geist auf dem Boden der Gesellschaft ausbildet, um das, was die Gesellschaft in der für sie notwendigen Verdinglichung der Welt zu ihrem Objekt außer sich setzen muß, dem Menschen zurückzugeben und für ihn einzuholen. Die zum Erdenleben des Menschen gehörige Natur als Himmel und Erde wird ästhetisch in der Form der Landschaft zum Inhalt der Freiheit, deren Existenz die Gesellschaft und ihre Herrschaft über die zum Objekt gemachte und unterworfene Natur zur Voraussetzung hat.

Der Naturgenuß und die ästhetische Zuwendung zur Natur setzen so die Freiheit und die gesellschaftliche Herrschaft über die Natur voraus. Wo Natur zu der Gewalt wird, die ihre Ketten zerbricht und den Menschen, den schutzlos Gewordenen, fortreißt, da waltet im Furchtbaren der Schrecken, der blind ist. Freiheit ist Dasein über der gebändigten Natur. Daher kann es Natur als Landschaft nur unter der Bedingung der Freiheit auf dem Boden der modernen Gesellschaft geben[*17]. *Hegel* hat in diesem Sinne allgemein gesagt, daß mit der Ausbildung der modernen Welt und ihrer Freiheit allererst die schöne Kunst zur „wahrhaften Kunst" werden kann. Sie läßt mit ihr die Sphäre hinter sich, in der sie als „flüchtiges Spiel" nur dazu dient, „unsere Umgebung zu verzieren, dem Äußeren der Lebensverhältnisse Gefälligkeit zu geben und durch Schmuck andere Gegenstände herauszuheben". Sie erhebt sich in freier Selbständigkeit zur Wahrheit. Sie erhält erst ihre „höchste Aufgabe", indem sie in den „gemeinschaftlichen Kreis mit der Religion und Philosophie" tritt, um so ästhetisch das „Göttliche

[*17] Während in der ästhetischen Vergegenwärtigung der Natur als Landschaft durch Bildkunst und Dichtung auch verborgen bleiben kann, daß ihr freies Spiel der Anschauung nicht zeitlos ist, sondern seine geschichtliche Möglichkeit und Bedingung in der durch Arbeit vermittelten Unterwerfung der Natur als Dasein von Freiheit hat, tritt dieser Zusammenhang in der Sphäre der Landschaft selbst da deutlich als sie bestimmendes Element hervor, wo an der Stelle der Malerei die ‚Gartenkunst' (art of gardening) es übernimmt, Natur in ästhetischer Vermittlung als Landschaft darzustellen.

und die tiefsten Interessen des Menschen und die umfassendsten Wahrheiten des Geistes auszusprechen"*18.

Wir sind gegenwärtig dem Druck einer Philosophie ausgesetzt, die die moderne Zivilisation als „totale Vernutzung der Erde" und „Entmenschlichung des Menschen" verwirft. Wir sind zugleich dem Druck einer Soziologie ausgesetzt, die die Zivilisation allein als die artifizielle Wirklichkeit rationeller Institutionen begreift, in denen der Mensch fortschreitend seinem eigenen Sein und der ihm aus seiner geschichtlichen Herkunft zugehörenden Welt entfremdet werden soll.

Demgegenüber hat die geschichtliche Zusammengehörigkeit der objektiven Natur der Gesellschaft mit der Natur als ästhetischer vermittelter Landschaft allgemeine Bedeutung. An ihr zeigt sich, daß die gleiche Gesellschaft und Zivilisation, die dem Menschen in der Verdinglichung der Natur die Freiheit bringt, zugleich den Geist dazu treibt, Organe auszubilden, die den Reichtum des Menschseins lebendig gegenwärtig halten, dem die Gesellschaft ohne sie weder Wirklichkeit noch Ausdruck zu geben vermag.

Man kann sich so nicht auf die eine oder auf die andere Seite schlagen. Wo der bedrängte Mensch dabei ist, das Vertrauen zu seiner gegenwärtigen Wirklichkeit zu verlieren und in Ideologien und Weltanschauungen Halt sucht, die nicht in dieser gründen, hat die Philosophie die Aufgabe, die Einheit der sich äußerlich entgegensetzenden Mächte und so die unserer Welt an sich einwohnende Vernunft zu begreifen. Sie macht so nüchtern das geltend, was stärker und reicher als alles schweifende Vorstellen und Meinen ist.

---

*18 Hegel, Vorlesungen über die Ästhetik, I, WW Glockner 12, S. 26 f. (oben 222).

Arnold Gehlen

Aus: Zeit-Bilder (1960)[1]

Und die Künste? Es ist unübersehbar, wie die moderne Malerei und Plastik, als ganze genommen, die ersten Beispiele dafür hergeben, wie sich ein sehr alter Kulturbereich von innen her umgestaltet, um sich den Lebensgesetzen der voll durchgeführten Industriegesellschaft einzufügen, und wie man gerade durch Aneignung von deren geistigen Voraussetzungen den Raum für eine Oase der subjektiven Freiheit oder auch der höheren Anarchie absteckt. Diese Kunst hat die Bewußtseinsformen, die im Zusammenspiel von Technik, Naturwissenschaft und Individualismus entstanden, völlig adoptiert, das heißt: Sie ist durch und durch experimentell, tastet sich am Geglückten weiter, ihre Funktion heißt Einstrahlung in die innere Oberflächenspannung, nicht mehr ‚vor Augen halten'; zum Umkippen ihrer Axiome ist sie jederzeit bereit, und sie hat sich sogar der moralischen Neutralität der großen emanzipierten Mächte angenähert.

Gerade damit aber gelingt ihr die Entlastung[2] des Bewußtseins,

---

[1] Zeit-Bilder. Zur Soziologie und Ästhetik der modernen Malerei, Frankfurt-Bonn ²1965, S. 222—233.

[2] Entlastung ist ein zentraler Begriff von Gehlens Anthropologie: „Der Mensch ist (...) organisch ‚Mängelwesen' *(Herder)*, er wäre in jeder natürlichen Umwelt lebensunfähig, und so muß er sich eine *zweite Natur*, eine künstlich bearbeitete und passend gemachte Ersatzwelt schaffen, und er tut dies überall, wo wir ihn sehen. Er lebt sozusagen in einer künstlich entgifteten, handlich gemachten und von ihm ins Lebensdienliche veränderten Natur, die eben die Kultursphäre ist. Man kann auch sagen, daß er biologisch zur Naturbeherrschung gezwungen ist." „Die Formen, in denen die Menschen miteinander leben oder arbeiten, in denen sich die Herrschaft ausgestaltet oder der Kontakt mit dem Übersinnlichen — sie alle gerinnen zu Gestalten eigenen Gewichts, den *Institutionen*, die schließlich den Individuen gegenüber etwas wie eine Selbstmacht gewinnen, so daß man das Verhalten des einzelnen in der Regel ziemlich sicher voraussagen kann, wenn man seine Stellung in dem System der Gesellschaft kennt, wenn man weiß, von welchen Institutionen er eingefaßt ist. Die Forderungen des Berufes und der Familie, des Staates oder irgendwelcher Verbände, denen man angehört, regeln uns nicht nur in unserem Verhalten ein, sie greifen bis in unsere Wertgefühle und Willensentschlüsse durch, und diese verlaufen dann ohne Bremsung und Zweifel wie von selbst, d. h. selbstverständlich, ohne daß eine andere Möglichkeit vorstellbar wäre, also schließlich mit der Überzeugungskraft des Natürlichen. Vom Inneren der Einzelpersonen her gesehen bedeutet das die

denn der Staat liegt, wie E. Jünger[3] sagt, wie ein Gebirge auf uns, der Sozialdruck ist wie der atmosphärische so gewaltig, daß er in den Eigenzustand eingeht. Für phantastische, hochgetriebene Appetite, für großherzige Dummheiten, künstliche Paradiese, für die Räusche genialer Vereinsamung und die Sorglosigkeit breiter Naturen ist in der Gesellschaft kein Platz mehr, in der die Demokratie sich mit Organisation und praktischem Dogmatismus verbündet — so entsteht gerade in den durchbürokratisierten Gesellschaften eine Sehnsucht nach Außenseitern und Nonkonformisten, das Publikum liebt es, wenn ihm das als erreichbar vorgeführt wird. Und nur in der Kunst (und der Literatur) kann man noch die Freiheitsgrade und Reflexionswachheiten und Libertinismen vorschweben lassen, die im öffentlichen Leben gar nicht unterzubringen wären; so wird sie Faszination und Sehnsuchtsraum, Freizügigkeit und Atemholen, gerade weil sie die ‚existenziellen' Appelle nicht mehr enthält. Sie wird der Halt für Bewußtseinsexkursionen, denen der Platz sonst überall zugestellt ist. In das Soziale, wie man so sagt, gestaltend einzugreifen, ist ihr wie jedermann unmöglich, und so erhält sie einen eigentümlich freischwebenden Postulatscharakter — das ist der allererste Eindruck, wenn man eine Ausstellung neuer Bilder betritt. Auch ist sie der dämonische, kleine, eifrige Zwerg, dem man in jedem Hause eine Tür offen halten muß.

Die inneren und äußeren Lebensbedingungen, die in dem Europa, das in allen Dimensionen einschrumpft, nach zwei Weltkriegen herrschen, lassen es offenbar nicht mehr zu, daß der Einzelne die Zugriffsbemühungen um seine Seele noch aushalten kann, wenn sie, wie in den zwanziger Jahren, von allen Seiten her erfolgen. Daher vermindert sich zunächst einmal die Zahl der Letztpositionen, wo man haftet, haftbar gemacht wird und echte Risiken laufen kann. Die Wissenschaften und Künste scheiden aus *diesem* Bereich schon ihrem Anspruch nach aus, der nirgends mehr aufs Ganze geht; es ist nicht die Zeit des Neuerschließens, sondern des Aufarbeitens — vor einem Bilde Leibls oder Cézannes oder Gau-

---

‚*bienfaisante certitude*', die wohltätige Fraglosigkeit oder Sicherheit, eine lebenswichtige Entlastung, weil auf diesem Unterbau innerer und äußerer Gewohnheiten die geistigen Energien sozusagen nach oben abgegeben werden können; sie werden für eigentlich *persönliche*, einmalige und neu zu erfindende Dispositionen frei." (A. Gehlen, Anthropologische Forschung. Zur Selbstbegegnung und Selbstentdeckung des Menschen, Reinbek bei Hamburg 1961, S. 48, 71—72.)

[3] Ernst Jünger, deutscher Schriftsteller (geb. 1895).

guins[4] konnte man noch sagen: Hier bin ich, das macht jetzt keiner mehr glaubhaft. Eben deswegen bleibt der Surrealismus, bleibt einer der ersten lebenden Künstler, Max Ernst[5], unpopulär: Weil die Bilder unter die Haut gehen, weil sie an die Geburtswehen des Todes denken lassen. Überall werden die Grenzsituationen aus den Künsten abgewiesen oder durch Gruselwerk ersetzt, unter der pompösen Geste wächst die Bescheidenheit und der Eifer und gute Wille, den Anderen wehe zu tun, man navigiert gewissenhaft über der Grundsee.

Aber wohlgemerkt, das alles bemerkt man bloß von innen her, wenn man in die Dinge hineinkriecht, von außen scheint alles unverändert, es sieht aus, als lebten wir in permanenten Kunstrevolutionen, die Kunstbrahmanen kündigen täglich das große dämonologische Praktikum an: „Imaginäre Perspektiven aus dem grenzenden Formkonstruktiv weiten den Verlauf zu dimensionaler Freiheit." „Die deutsche Malerei", sagte ein Museumsdirektor, wie Clara Menck dem Gedächtnis bewahrt (Frankfurter Allgemeine Zeitung, 7. Juli 1959), „war noch nie so intensiv, so unmittelbar erregend, so sehr uns betreffend zeitbezogen und zugleich zeitlos, so qualitätsvoll, so schön und von so hohem Niveau wie in diesen Jahren." In Wirklichkeit geschieht etwas ganz anderes: Unter völliger Schonung der Form, der Dogmatik, der Rhetorik und der Stellenwertsansprüche wird Ballast abgegeben, nimmt man nicht mehr ganz so wahr, und eben die so eintretende suspendierte Bewußtseinslage gibt das ergiebige Feld für Experimente des Bewußtseins mit sich selbst her.

So stellt sich die moderne Malerei in allen ihren Richtungen als Reflexionskunst dar, sie ist es ihren Daseinsbedingungen nach, und in Hinsicht ihres Bezugssystems, genau wie die Lyrik und die Musik. Es gibt nur noch die reflexionsdurchtränkte Inspiration, mit Unmittelbarkeiten ist niemand mehr zu überzeugen. Diese Kunst wirkt über das Auge in die oszillierende Mitte der Reflexion, in allen ihren Formen: Wenn sie Gestalterlebnisse verlagert oder aufspaltet, wenn sie in Kreisprozessen experimentiert oder die am Rande des Bewußtseins abgelagerten Qualitäten der unkontrollierten Natur hervorzieht, wenn sie im genau dosierten

---

[4] Wilhelm Leibl (1844—1900): deutscher realistischer Maler und Zeichner; Paul Gauguin (1848—1903): französischer Maler des Impressionismus und Wegbereiter des Fauvismus, floh 1895 aus der europäischen Zivilisation und lebte in Tahiti.

[5] Max Ernst (1891—1976): deutscher dadaistischer und surrealistischer Maler.

Effekt den Moment der Zustimmung abfängt oder an der Grenze der Wortfähigkeit ins Bewußtsein einschneidet — immer wird das Auge ins Bild gesetzt, immer der Differenzierungskonflikt angeschlagen. So erklärt sich die unglaubliche Erlebnisfrische glücklicher Lösungen: Weil sie noch nie betretene Stellen des Bewußtseins durch Torsion[6] freilegen. Die tiefenpsychologischen, klassisch-romantischen Vorstellungen vom Unbewußten, Vorbewußten usw. sind hier nicht am Platze, sie wurden an ganz anderen Stellen des psychischen Apparates[7] abgezogen, und noch abwegiger sind die alten Heils- und Verhängnisphrasen aus dem Wortschatz derjenigen, die immer noch ein Bild ‚apokalyptisch-dramatisch' nennen können. Nein, diese Kunst lebt davon, *daß sie die chronische Reflexion, die jedermanns Zustand geworden ist, ins Optische vorschiebt,* so wird sie zu dem, was der Historiker Lamprecht[8] schon vor sechzig Jahren voraussah, zur Kunst der „Reizsamkeit", aber sie fand den Weg, das Auge zugleich von außen und von innen zu reizen.

Damit wird sie auch auf der Affektseite autonom, und Autonomie bedeutet immer: Abtrennung vom Bedingungslosen. Die Affekte organisieren sich um das Bilderlebnis, sie bekommen selbst Zunge und Augen, werden rhetorisch und reflexiv und endlich ihrerseits zu Kunstmitteln. Nur ganz spezielle und eigens bevollmächtigte Affekte können das Bilderlebnis tragen und aufladen, es ist nichts an ihnen, was in Moral, Erziehung, Dienst am Volke oder Weltanschauung umgesetzt werden könnte; von diesen Bildern gilt, was

---

[6] Verdrehung, Verwindung.

[7] Definition Freuds: „Wir nehmen an, daß das Seelenleben die Funktion eines Apparates ist, dem wir räumliche Ausdehnung und Zusammensetzung aus mehreren Stücken zuschreiben ... Die älteste dieser psychischen Provinzen oder Instanzen nennen wir das Es; sein Inhalt ist alles, was ererbt, bei Geburt mitgebracht, konstitutionell festgelegt ist, vor allem also die aus der Körperorganisation stammenden Triebe ... Unter dem Einfluß der uns umgebenden realen Außenwelt hat ein Teil des Es eine besondere Entwicklung erfahren, ... hat sich eine besondere Organisation hergestellt, die von nun an zwischen Es und Außenwelt vermittelt. Diesem Bezirk unseres Seelenlebens lassen wir den Namen des *Ichs*. ... Als Niederschlag der langen Kindheitsperiode, während der der werdende Mensch in Abhängigkeit von seinen Eltern lebt, bildet sich in seinem Ich eine besondere Instanz heraus, in der sich dieser elterliche Einfluß fortsetzt. Sie hat den Namen des *Überichs* erhalten. Insoweit dieses Überich sich vom Ich sondert und sich ihm entgegenstellt, ist es eine dritte Macht, der das Ich Rechnung tragen muß." (Abriß der Psychoanalyse, in: Gesammelte Werke, a. a. O., Bd. 17, S. 67—69.)

[8] Karl Lamprecht (1856—1915): deutscher Kulturhistoriker.

Benn[9] schon im Jahre 1923 zu der kuriosen Frage „Können Dichter die Welt verändern?" sagte: „Kunstwerke sind phänomenal, historisch unwirksam, praktisch folgenlos. Das ist ihre Größe." Auch hält sich das alles nicht nur, „loin de la vie", sondern sogar „loin de la société"[10], ein Wunder an Unwahrscheinlichkeit. Und die Werke sagen das alles ganz schlicht und wahr aus, es sind nur immer wieder die Kommentare, die den Künstlern ansinnen, moralisch und geistig über ihre Verhältnisse und über das hinaus zu leben, was die Zeit zuläßt und was der Zeitgenosse verlangt, und der verlangt vor allem: Die Kunst soll ihn an genau umgrenzter, *erwarteter* Stelle beunruhigen. Und damit ist er hundertmal im Recht. Er will nicht mehr belagert, gepackt, herangezogen, veranlaßt, erschüttert und überwältigt werden: „Der Mensch von heute ist zentripetal, wohl eine Art Kernschutz, er hält die Hand vor die Kerze" (Benn: Der Ptolemäer).

Und noch eins: Die Prahlerei mit den leeren Taschen sollte aufhören, die Selbstquälerei des Herunterschlagens, das Reizen mit der Nullansage. Es stand schon in der Zeitung, daß der Nullpunkt im Abbau von Gegenstand und Form erreicht und die Zeit gekommen sei, nach dem ‚Wozu' der Freiheit zu fragen. Und was würde das anderes bedeutet, als unsere hier oft wiederholte Forderung nach einer peinture conceptuelle[11]? Denn wenn man anfängt, nach diesem Wozu zu fragen, muß man bei Überlegungen nach dem Daseinssinn des Bildes enden, dann muß man die Fundamente überprüfen und den Gedanken anstrengen. Und merkwürdig, gerade die lautesten Herolde der Kunsterneuerung argumentieren historisch, wenn es an die Stelle kommt: Die Theorie habe ‚immer nur' der Intuition und der genialen Neuerung nachgehinkt, habe ‚immer nur' die ‚Vision' hinterher auf Begriffe gezogen usw. Und wenn das früher wahr gewesen sein mag, so ist es heute nicht mehr wahr! Heute ist Kunst Reflexionskunst, Inspiration und Kalkül sind zusammengewachsene Zwillinge, ‚Vision' erinnert an nachsehen, durchsehen, überprüfen, Intuition heißt genau Einsicht, Emotion ist lateinisch und hat mit vertreiben und hinauswerfen zu tun. Si pinge col cervello, non colla mano[12].

Vor einem Bilde neuer Machart, es braucht kein informelles zu sein, kann man jetzt deutlich erleben, wie die gegenseitige Ein-

---

[9] Gottfried Benn (1886—1956): deutscher expressionistischer Lyriker.

[10] fern vom Leben, fern von der Gesellschaft.

[11] Reflexionskunst; von Gehlen werden in diesem Werk unter diesem Begriff vor allem Klee, Kandinsky und Mondrian behandelt.

[12] Man malt mit dem Kopf, nicht mit der Hand.

strahlung von Erregungswellen, das Schwirren der Farb- und Formsprengstücke, wie die Drehströme und Bremsgitter im Bilde die Sensibilisierung bis zur Eigennervosität hochtreiben, die sich am Bilde abstützt. Die eben verwendeten Worte sind natürlich alle uneigentlich und bloß analogisch, weil ja die Kunst am haarfeinen Rande der Sprachzentren arbeitet.

Dahinter nun erscheint doch eine bedeutsame Neuigkeit, indem sich zugunsten der Malerei etwas auswirkt, was ohne sie entstand, nämlich eine Art Umkehrung der Seelenvermögen, die sich im 20. Jahrhundert ereignet hat. Was den Anspruch an uns betrifft, so haben die Wahrnehmung und das Denken die Plätze vertauscht, die ihnen nach mehrtausendjähriger Tradition zukamen, und es ist nicht mehr so ganz sicher, daß das Denken als ‚höheres Vermögen' gelten soll. Es ist heutzutage nichts billiger, als sich im Begrifflichen zu bewegen, Bescheidwissen, Meinungen ‚vertreten', Denken, Lesen, Reden, Diskutieren — alles das erfordert nicht die geringste Mühe, es vollzieht sich wie von selbst. In den modernen Riesenkulturen fand die abstrakte Rationalität des Begrifflichen, einst wohl ein seltenes und schwer erreichbares Können, ihren eigenen Modus des Subalternen, und man bewegt sich heute dort leichter als in seinen eigenen Sinnen. Genau hinzusehen, das Empfindbare abzutasten wird zu einer selteneren Leistung, die sich der Klugheit nähert, welche ja das Unformulierte abzuhören vermag; und somit liegt das geistige Niveau der Kunst durchaus nicht unterhalb des Durchschnitts der öffentlichen Begrifflichkeit, deren Routine den Strom der Ereignisse bedienen muß, die im Tagesrhythmus einfluten; allerdings reicht ihr Anspruch ja ungleich höher.

An dieser Stelle wird deutlich, wie es der Malerei eigentlich gelingt, die Hypothek der Begriffslosigkeit zu tragen. Das geschieht, wie wir im Teil IX zeigten[13], einmal durch Weiter-

---

[13] Teil IX handelt von der ‚Kommentarbedürftigkeit' der modernen Kunst: „Die Kommentare, die sich in unübersehbar gewordenen Manifesten, Kritiken, Büchern, Broschüren, Ausstellungstexten, Vorträgen usw. darstellen, sind als wesentlicher *Bestandteil der modernen Kunst selbst* aufzufassen, die sich sozusagen in zwei Strömen weiterbewegt: einem optischen und einem rhetorischen, ein einzigartiges Phänomen. Natürlich gab es immer Kunstliteratur, als Philosophie über Kunst, als Ästhetik, Didaktik oder Kanon, als Kunstgeschichte usw., aber noch nie im heutigen Sinne, als verbale Erläuterung des Sinnes von Malerei überhaupt, als Legitimation des Daseins und Soseins des Bildes, das darüber von sich aus nichts aussagt. Dies liegt eben an der Änderung des Bezugssystems der Malerei in die Subjektivität hinein." (Zeit-Bilder, a. a. O., S. 54.)

schieben, indem der Kommentar die Gedankenserien nachliefert, die das Bild nicht hergibt. Zweitens aber macht sich überhaupt die eben genannte Umkehrung geltend: Im Durchschnitt besteht kein Bedürfnis nach mehr Begrifflichkeit in unserer Gesellschaft, aber wohl ein Bedürfnis nach Anschaulichem und nach optischen Steigerungen. Deswegen kann ein beliebiges abstraktes Bild seine Gedankenleere aushalten, weil es, heute und unter uns, ‚ausgiebiger' ist, als die normale Begriffsebene. Und endlich vermag auch die gegenstandslose Kunst sehr hohe Ränge immanent geistvoller Anschaulichkeit zu erreichen, allerdings nicht ohne die intensivste gedankliche Durchdringung. Das abstrakte Bild bezeugt jedenfalls die breathtaking beauty, die außer Vergleich tretende Qualität, sehr viel seltener, als dies früher innerhalb der Tradition der Gegenständlichkeit gelang.

Die Kunst hat nun noch einige besondere Verfahren entwickelt, um die Begriffslosigkeit auszuhalten, an der sie ihrerseits doch sehr leicht leidet. So liebt sie es, zu überrumpeln und zu überraschen, so daß der tödliche Gedanke ‚was soll das' gar nicht erst zu sich kommt: perplex sigillum veri[14]. Oder sie verhindert, was geistvoller ist, den Begriff durch sich selbst: Sie drängt ihn mit dementierten Anspielungen ins Unartikulierbare hinaus, und auf der anderen Seite bleibt, wie durch eine Luftschicht getrennt, die Masse der begriffslosen Anschauung zurück. Damit steht sie in einem hinterhältigen Einklang mit einer Welt, die uns die Entschlüsse abgenommen hat und in der das Unnachprüfbare mit größter Selbstverständlichkeit von uns Anerkennung fordert.

Das, was wir vorhin die Umkehrung der Seelenvermögen nannten, weist auf tiefere Veränderungen in den Bauplänen der Personschichten hin, die man noch kaum in Worte fassen kann. Wenn Anselm Feuerbach[15] (Über den Makartismus, Nachlaß) sagte, bei Tizian werde das eigene Innere zum mächtigsten Faktor seines Schaffens, und in diesem Sinne sei er der moderne Künstler kat 'exochen[16], so reicht *dieser* Begriff der Modernität eben gerade noch bis zu den Expressionisten, selbst da schon programmatisch gebrochen. Jener Feuerbachsche Begriff des Innern war an die ‚große Schlüsselattitüde' verhaftet, da klang doch etwas von souveräner Kompetenz, großartigem Risiko, von Ansichziehen und von der selbstverständlichen Sicherheit mit, die Stimme dieses In-

---

[14] das Dunkle als Siegel des Wahren.

[15] Anselm Feuerbach (1829—1880): Meister der deutschen spätromantischen Malerei.

[16] schlechthin.

neren sei der Durchsetzung sicher — alles feudale Kategorien, die ‚Persönlichkeit' ist der in Innerlichkeit übersetzte Grandseigneur. Damit ist es heutzutage gründlich vorbei, und eine Änderung dieser Selbstauffassung des Künstlers ergab sich bereits wunderbar deutlich aus dem Symbol der Maske, das um die Jahrhundertwende Picasso, Nolde und Ensor[17] verwendeten, dann noch Max Ernst. Die klassisch zentrierte Malerei hat dieses Symbol verpönt. Und noch einen Schritt weiter kommen wir zu Max Ernsts Liquidierung der schöpferischen Persönlichkeit, zum Automatismus, zu den dauernden Reinkarnationen eines ‚Picasso' genannten Wesens, und zu der völlig zutreffenden Bemerkung Grohmanns[18] (Bildende Kunst und Architektur, p. 22): „Die Kunst wird nicht am Erlebnis sterben", wie Heidegger[19] meint, „weil sie immer stär-

---

[17] Emil Nolde (1867—1956): deutscher expressionistischer Maler und Graphiker; James Ensor (1860—1949): belgischer Maler, der den Expressionismus und Surrealismus mitbeeinflußte.

[18] Im folgenden nennt Gehlen einige Autoren der für ihn zeitgenössischen Kunstdiskussion.

[19] Martin Heidegger (1889—1978): deutscher Philosoph. Gehlen setzt sich in seinem gesamten Ansatz mit der Kunsttheorie Heideggers auseinander. Einige bekannte Thesen Heideggers lauten:

„Man nennt, fast seit derselben Zeit, da eine eigene Betrachtung über die Kunst und die Künstler anfängt, dieses Betrachten das ästhetische. Die Ästhetik nimmt das Kunstwerk als einen Gegenstand und zwar als den Gegenstand der αἴσθησις, des sinnlichen Vernehmens im weiten Sinne. Heute nennt man dieses Vernehmen das Erleben. Die Art, wie der Mensch die Kunst erlebt, soll über ihr Wesen Aufschluß geben. Das Erlebnis ist nicht nur für den Kunstgenuß, sondern ebenso für das Kunstschaffen die maßgebende Quelle. Alles ist Erlebnis. Doch vielleicht ist das Erlebnis das Element, in dem die Kunst stirbt. Das Sterben geht so langsam vor sich, daß es einige Jahrhunderte braucht." (Der Ursprung des Kunstwerkes [1935/36], in: Gesamtausgabe, Bd. 5, Holzwege, Frankfurt 1977, s. 67.)

„Dichtung aber ist kein schweifendes Ersinnen des Beliebigen und kein Verschweben des bloßen Vorstellens und Einbildens in das Unwirkliche. Was die Dichtung als lichtender Entwurf an Unverborgenheit auseinanderfaltet und in den Riß der Gestalt vorauswirft, ist das Offene, das sie geschehen läßt und zwar dergestalt, daß jetzt das Offene erst inmitten des Seienden dieses zum Leuchten und Klingen bringt. Im Wesensblick auf das Wesen des Werkes und seinen Bezug zum Geschehnis der Wahrheit des Seienden wird fraglich, ob das Wesen der Dichtung, und das sagt zugleich des Entwurfes, von der Imagination und Einbildungskraft her hinreichend gedacht werden kann." (a. a. O., S. 60.)

„Das Ins-Werk-Setzen der Wahrheit stößt das Un-geheure auf und stößt zugleich das Geheure und das, was man dafür hält, um. Die im Werk sich

ker aus der Sphäre des Erlebnishaften herausgerückt ist". Schon bei Domnick hieß es, daß die Kunst sich von der Natur, vom Inhaltlich-Thematischen und von der subjektiven Erlebnisgebundenheit löse, er sprach von „Entinnerlichung" und verwendete Grohmanns Begriff der „Ich-Freiheit". Das alles sind erste und notwendig unsichere Versuche in einer Richtung, die auch James Guitet andeutet: „Ich bin der Meinung, daß der Begriff der Individualität des Künstlers immer mehr verschwinden wird." In diesem Zusammenhang fällt auf, daß auch das Gesicht des Autors hinter den abstrakten Werken ungreifbar bleibt, das biographische Interesse an den Neuen nimmt ab, man weiß nicht, wie Tobey oder Manessier aussehen, findet es auch nicht so wichtig. Schon zur Zeit des Impressionismus wurden die Menschen auf den Bildern gesichtslos, jetzt werden es die hinter den Bildern.

Gerade der gesichtslose Mensch verfügt über eine üppig entwickelte Affektivität, über eine frei flottierende Erlebniswilligkeit und Reizsamkeit, über alle unerschöpflichen Illusionen grenzenlosen Selbstinteresses; nur wenn die Künste in diese Bahn eingewinkt werden, kann man sie für eine Entwicklung und eine Zukunft transportabel machen, die es nicht mehr zulassen wird, Ernst und Anstrengung zu verteilen. So ändert sich die Schichtung der Person. Will man an dem alten Bilde einer horizontalen Schichtung festhalten, so wäre doch zu sagen, daß die höheren, lichtvolleren Ebenen zugleich die mit der geringeren Dichtigkeit werden, die entlasteten. Aber noch treffender ist vielleicht das Bild einer vertikalen Aufteilung, einer Mehrheit verschieblicher Fronten, so daß die Punkte, die man früher Mitte und Peripherie nannte, sich aneinander vorbeischieben. Die Tiefe rückt nach außen, und an den Reibungsflächen dieses Prozesses blitzen die Funken auf. Integration nur dann, wenn man zugibt, daß heute die Spannungen integrieren, nicht die Lösungen.

Anders gesagt: der fürchterliche Ernst der Wirklichkeit zieht sich in die Religion und die Politik zurück, und dort, wo es auf Haftung und Handlung herauskommt, wo die großen affektiven Synthesen und die geistigen Verfestigungen so etwas überhaupt erst möglich machen, ist der Glaube, daß man die Wirklichkeit mit den inneren Organen der Seele zu fassen bekommt, selbst eine der

---

eröffnende Wahrheit ist aus dem Bisherigen nie zu belegen und abzuleiten. Das Bisherige wird in seiner ausschließlichen Wirklichkeit durch das Werk widerlegt. Was die Kunst stiftet, kann deshalb durch das Vorhandene und Verfügbare nie aufgewogen und wettgemacht werden. Die Stiftung ist ein Überfluß, eine Schenkung." (a. a. O., S. 63)

Kausalkräfte dieser Wirklichkeit. Wenn dort die Dinge labil werden, läßt sich der Zustand, wie E. Jünger sagt, nicht mehr abdichten.

Genau umgekehrt aber steht es bei den Künsten, von „lapidarer Schicksalsschrift“ ist anderswo die Rede, die „Vereinigung des Visionären mit dem Instinkthaften in expressiver Zeichensprache“ war immer schon romantischer Unsinn und Pseudo-Elementarität. Bei einem guten Bilde ist heute nicht mehr dahinter, als darauf ist, sonst ist es mißglückt, und deswegen fordern wir den pictor doctus[20], damit man etwas zu sehen bekommt. Den poeta doctus gibt es als führende Figur der Literatur schon längst: Brecht, Benn, Musil, Proust, Joyce, Ezra Pound, Th. Mann[21], Sartre ... Soll denn die Kluft zwischen dem Niveau der Literatur und der Malerei sich immer mehr verbreitern, wollen die Maler noch länger nach der Blauen Blume suchen, anstatt nach dem Baum der Erkenntnis?

Keine Kunst ist heute ratloser, keine durch ihre eigene Propaganda schwerer geschädigt worden. Wenn es auch wahr ist, was Lawrence Durrell sagt: Der Künstler muß sich jeden Windhauch zunutze machen — man läuft dabei leicht auf. Die Kunst muß sich zu ihrem eigenen Aggregatzustand bekennen, dem der Suspension, ja der Levitation[22], sie muß sich selbst aus allen Zurechenbarkeiten heraushalten, sie hat ihre eigene Skala der Durchgangslebendigkeit, ihre künstlichen Paradiese für sich — sie muß *entlasten.* Nur in dieser Verfassung läßt sie sich in das Zweite Neolithikum mit herüberziehen, in das Uranzeitalter, in eine Welt, die von der Kunst dasjenige Ethos nicht mehr verlangen wird, aus dem sie doch vor Jahrtausenden entstand: die Freiheit im Gehorsam, im Hinhören und Nachfolgen. Die ‚Nachahmung‘ in dem großen, ursprünglichen Sinne.

George Steiner[23] hat uns den ‚Tod der Tragödie‘ mitgeteilt. Wir ertragen es nicht mehr, sagt er, mit dem „Gefühl grausamer und dennoch natürlicher Verheerung“ zurückzubleiben, wenn der Vor-

---

[20] gelehrter Maler; in Anlehnung an ‚poeta doctus‘ (gelehrter Dichter).

[21] Robert Musil (1880—1942), Marcel Proust (1871—1922), James Joyce (1882—1941) und Thomas Mann (1875—1955) gehören zu den einflußreichsten Romanciers des 20. Jahrhunderts; Ezra Pound (1885 bis 1972) ist einer der bedeutendsten amerikanischen Lyriker dieses Jahrhunderts.

[22] zeitweilige Aufhebung, schwebende Aufhängung; vermeintliche Aufhebung der Schwerkraft, freies Schweben.

[23] angelsächsischer Literaturkritiker der Gegenwart.

hang fällt. Als Romantiker, als Demokraten und Christen seien wir dreifach untragisch gesonnen, und Gott, der seine Herrschaft auch in den Verblendungen und Verstrickungen der Menschen ankündigte, „wohnt nun in einem anderen Winkel des Universums". Weil sein Schatten nicht mehr auf uns fällt, wie er auf Agamemnon, Macbeth und Athalie[24] fiel, ist die Tragödie tot.
So scheint es, daß ganze Kunstgattungen still und unbemerkt verschwinden können — wo ist das Versepos, wo die Ballade? Doch mag auch ein Surrogat zurückbleiben, ein Doppelgänger ohne Herzschlag, beispielsweise die „melodramatische Beinahe-Tragödie" (G. Steiner) der neueren Zeiten.
So etwas könnte man sich schließlich auch wegdenken, so wie Hausenstein in der Schrift ‚Was bedeutet die moderne Kunst?' (1949) die Frage aufwarf, ob es nicht besser gewesen wäre, einfach auszusetzen, bis sich ein geistiger Wandel vollzogen habe; etwas naiv, denn gerade weil wir fühlen, daß die bildende Kunst gefährdet ist, die Malerei am ehesten, deshalb wollen wir, sie soll leben.
Die Zeitschrift ‚Preuves' berichtete in ihrer Februarnummer 1964 über eine Umfrage, die informelle Kunst betreffend. Namhafte Kritiker sollten auf zwei Fragen antworten, André Chastel hatte sie formuliert, und eine hieß: „Was kann der Tod der Kunst (la mort de l'art) für den Künstler und für das Publikum bedeuten?" Während man zögert, einem so summarischen Nachruf zuzustimmen, mag einem die schon vor Jahren geäußerte Meinung Jacques Barzuns einfallen, daß dieses Zeitalter Zeuge des Endes der Kunst sei: „Wir haben jeden Grund, unseren Künstlern zu glauben, wenn sie sagen, die Kunst sei tot" (TIME 29. 9. 1961).
So wäre zu fragen, welche objektiven Merkmale eine solche Ansicht nahelegen könnten, und da sei zuerst auf die schon besprochene, nicht mehr übersehbare Neigung hingewiesen, den ‚Gebilde'-Charakter des Werkes aufzulösen, den die Kubisten mit soviel Geisteskraft behauptet hatten. Oft strebt man heute vom Tafelbild weg, und gerade hier zeigen sich die Neuigkeiten: sich in den Raum ergießende Farbmassen, oder das wieder in Dienst gestellte Gerümpel der ‚readymades'[25], die schwerfällig sich bewegenden Ungetüme oder die abzulaufenden Gebilde — sie alle wider-

---

[24] Hauptpersonen von Tragödien: ‚Agamemnon': Erster Teil der Trilogie ‚Orestie' des Aischylos; ‚Macbeth': Drama von Shakespeare; ‚Athalie': Tragödie von Jean de Racine (1639—1699), französischer Dichter.

[25] Zunächst für den speziellen Gebrauch benötigte Gegenstände, die dann zu Kunstobjekten erklärt und dadurch aufgewertet werden.

sprechen der Idee eines in sich ruhenden Werkes und damit der Endgültigkeit eines Sinnes. Sogar die Sinnvermutung, die die abstrakten Künstler früher noch verwertet hatten, wird jetzt unmöglich, und man kommt auf den Gedanken, daß die Gewaltsamkeit der Absage zu dem eigentlichen Vorgang wird. Carl Linfert (Perfektion und Überbleibsel, Jahresringe 1963/64) sagt, daß sich hinter allem Zerstören eine vertrackte Absicht bemerkbar mache, die Härte, ja Gewaltsamkeit werde zum entscheidenden Kennzeichen all dieser Kunstversuche. Auch so, meinte er, sei etwas wie Perfektion erreichbar, nämlich die des „Gegenteils aller Form".
Aber perfekt kann auch ein Selbstmord gelingen, und angesichts der mit Messern zerschlitzten Leinwände oder von ausgehängten Behältern, deren Inhalt man lieber nicht erraten möchte, kann man schon auf die Vermutung von suizidalen Veranstaltungen kommen. Die Deformation des Menschlichen weist in die gleiche Richtung. In einer meisterhaften Studie ‚Sexualität im Spiegel der modernen bildenden Kunst' (1963) spricht Peter Gorsen von dem „Deformationsfetischismus": Es gibt da Manifestationen, die den geschrumpften und zerräderten Leib noch pornographisch auswerten, in nekrophilen[26] Phantasien, in fataler Assoziationsnähe zu den gefährlich verschnürten und verpackten Massen, die man neuerdings überall sieht. Welches Gewicht soll man diesen Symptomen zusprechen?
Wenn wir an den Tod der Malerei, mögen ihn auch solche Drohungen schon ankündigen, nicht glauben können, so deswegen, weil ihr das ‚Umsteigen' gelungen zu sein scheint: Der ganze phantastische Organismus hat sich von seinen früheren Wurzeln gelöst und neue Kräfte haben sich ihm untergeschoben. Von der einen Seite her kann dieser Vorgang als ‚Wechsel des Bezugssystems', von einer anderen her als ‚Institutionalisierung' beschrieben werden, wir haben beide Seiten ausführlich dargestellt. Zu diesen Kräften tritt nun noch eine weitere, sehr wirksame: Ein Kulturbewußtsein, das bereits zum Kulturwillen umgeschlagen ist. Wenn wir alle die Kultur gefährdet fühlen, so ist gleich hinzuzufügen, daß wir ihren Untergang ausdrücklich und schlechterdings nicht wollen — bewußt oder unbewußt stemmen wir uns entgegen, wir halten sie hoch und zugleich uns an ihr fest, an dieser autonomen Kultur, die der Subjektivismus schon aufgeweicht hat.
So wird zwar nicht ein bestimmter Stil konserviert, so wie man den antiken Formenkanon oft klassizistisch wiederherstellte, sondern wir konservieren die Idee einer souveränen künstlerischen

[26] Nekrophilie: Perversion, die Leichen als Lustobjekte betrachtet.

Kultur selbst, und darüber hinaus sogar, weil wir ein historisches Bewußtsein haben, die Idee einer sich entwickelnden Kunst. Wir wollen nicht nur, daß Kunst sei, sondern daß progressive Kunst sei, denn weil sie sich immer entwickelt hat, soll sie darin fortfahren. So ergibt sich ein Klassizismus höherer Ordnung, wenn kein bestimmter Stil konserviert wird, sondern ein ganzer Kulturzweig, einschließlich des Entwicklungsauftrages. Denn die allgemeine Bildung hat in dem Publikum einen Durst nach Kunst erregt, der, wie das TIME-Magazin schrieb (10. 5. 1964), „international, weltumfassend und anscheinend unersättlich ist".

Das ist eine Lage, in der man der Versuchung schwer widerstehen kann, sich Gedanken über das zu machen, was man künftig sehen wird. Wenn die Künste in der heutigen Gesellschaft zu den Nebenerzeugnissen gehören, dann kann wohl keine der neuesten Richtungen in vollem Sinne als ‚Avantgarde' gelten, nämlich als *Kunstform aller von morgen;* denn für einen solchen Anspruch liegt keine dieser Richtungen innerhalb der Gesamtkultur zentral genug. Da also ohnehin künftig mit einem Pluralismus von Gestaltungsverfahren und Stilen zu rechnen ist, dann kann doch, nach allseitig quittiertem Verlust der Mitte[27], der totale Geltungswille eines besonderen Stiles nur entweder marktmonopolistische oder versetzt politische Motive haben, aber keine ästhetische Evidenz. Der Herrschaftsanspruch der Abstrakten ist denn auch nicht durchgedrungen. Man sollte folglich, wie es auch schon in den Wissenschaften geschieht, mit dem Gedanken an zwei Etagen ein wenig verkehren; so gäbe es in unserem Falle eine exklusive ‚Kunst für Künstler', l'art pour l'artiste, einschließlich der wenigen Kenner, neben der dann noch eine andere betrieben würde, eine naturalistische, literarisierende, ornamentale oder selbst sentimentale, die ja ohnehin nur ein Polizeistaat aus der Welt schaffen könnte.

Das unerwartete Erscheinen eines Genies wird niemand ausschließen können, und vielleicht sollte man Andrew Wyeth mit diesem hohen Titel ehren, dem es gelingt, die ausgelaugten Bestände der Außenwelt wieder zu einem Mysterium zu machen, ein sehr großer Künstler (Bildproben in: TIME 27. 12. 1963 und The Atlantic, Juni 1964). Doch handelt es sich bei ihm nicht um einen Neuansatz in dem strengen Sinne, den wir als peinture conceptuelle definierten, sondern um einen unendlich diskreten Symbolismus. Ist denn

---

[27] Anspielung auf das bekannte und umstrittene Buch von Hans Sedlmayr, der die Entwicklung der modernen Kunst unter dem Titel ‚Verlust der Mitte' interpretiert.

die heutige Malerei, in dem unbestimmten Vielerlei des Subjektiven schwimmend, nicht in sich zu flexibel, um in einem grundsätzlichen Sinne überhaupt gegnerschaftsfähig zu sein? Und weiter: nehmen die untergezogenen Investitionen, die vielerlei mittragenden Interessen, die wir schilderten, nehmen die politischen Nachhilfen und sozialpolitischen Zuschüsse nicht einer Neuorientierung aus rein künstlerischen Motiven die Chance?

Auch darf man nicht außer Betracht lassen, daß der institutionelle Markt-Mechanismus wie jeder kapitalistische funktioniert: Er braucht zwar dauernd Neuerungen, scheut aber das Risiko einer wirklich fundamentalen, die vielleicht den Käufer verfehlen könnte. Es ist deswegen durchaus fraglich, ob die Figur des heroisch-einsamen, verkannten Genies, dessen Werke niemand kennt und kauft, unter den gegenwärtigen Daten überhaupt noch möglich wäre. Er würde aufgespürt werden, schließlich haben wir seit sechzig Jahren die Lektion gelernt, übersehen wird nichts mehr, und damit wäre er schon marktkonform, sei es auch als mitgeführtes Gegenbeispiel, als Testfigur oder als noch nicht dagewesene Variante. Es sei denn, ein solches Genie wäre wirklich unpopularisierbar, und da wir hier hypothetische Erörterungen anstellen, wollen wir gleich die Bedingungen dazu erraten: Er müßte ein Daumier[28] des Sozialstaates sein, dann könnte man ihm die Fürsorge in sichere Aussicht stellen, er wäre zugleich Karikaturist und Kostgänger desselben.

Dennoch sind Gegenpositionen zu dem Vorhandenen schwer vorstellbar, wenn man es sich in laufender Abwechslung fortgesetzt denkt, weil dieses Vorhandene nach zahlreichen Richtungen hin ausdifferenziert ist, von denen jede selbst schon eine Endmöglichkeit darstellt; wodurch sich übrigens auch gleich die Frage beantwortet, was aus einer revolutionären Kunst wird, wenn sie gesiegt hat: Sie entwickelt der Reihe nach und vollständig alle im Ausgangsbestand angelegten Möglichkeiten, bis schließlich die Spannungslosigkeit erreicht ist und man sich mit den „Ergebnissen freier Formphantasie“ zu begnügen hätte, wie ein Kommentator das nannte.

Nur zögernd lassen wir in dieses Hin und Her der Diagnose den Gedanken einfließen, daß die bildende Kunst als Ausdrucksfeld für das, was sich vorbereitet und unterwegs ist, vielleicht überhaupt auszuscheiden beginnt. Sie hält den Problemdruck der

---

[28] Honoré Daumier (1808—1879): französischer Maler und Zeichner; zahlreiche satirische Lithographien, häufig mit politischer und sozialkritischer Intention.

Gegenwart nicht recht aus und gibt die Formeln nicht her für die magmatischen Prozesse im Inneren einer Menschheit, die ihre Ahnung von Steigerbarkeit und Beglückung nicht mehr an die unmittelbare Natur anknüpft.

Wir haben der abstrakten und innerhalb ihrer der informellen, tachistischen Malerei einen breiten Raum gewährt, weil diese Richtung am weitesten in die Extremlage geriet. Doch ließ sich zeigen, daß man sich dort in einer beachtlichen Spanne von Reflexionspointen bewegt, man zündet mit überraschend vielen Wechsel- und Serienschlachtungen. Doch wird selbst die erstaunliche Kraft der Amerikaner, mit der auf der zweiten Documenta[29] die Bilder von de Kooning, Rothko oder Brooks Hunderte von Leinwänden mittrugen, das Schicksal jedes Subjektivismus, an Anämie zu sterben, nur herausschieben. Auch dürfte, gerade wegen des inneren Widerstandes, den er bei dem größten Teil des Publikums erweckt, der Surrealismus seine Lebenskraft doch wieder beweisen. Der Vorherrschafts-Anspruch der Abstrakten gehört den Fünfziger Jahren an, er ist gebrochen, eine friedliche Koexistenz aller möglichen Stile scheint bevorzustehen, post-histoire[30] auch hier.

Immerhin: Die abstrakte Kunst bedeutete, wie Cassou sagte, die Entdeckung eines neuen Kontinents der Sensibilität, auf dessen

---

[29] größte Ausstellung moderner Kunst in der Bundesrepublik Deutschland, findet regelmäßig in Kassel statt.

[30] Gehlen verwendet 1952 den von Cournot (gest. 1877) übernommenen Begriff ‚post-histoire' zur Bezeichnung einer durch Planung und Streben nach Sicherheit „zukunftslos" werdenden Welt. 1960 kündigt sich für ihn in der nach Entwicklung der abstrakten Malerei zu beobachtenden „Neo-Aktualität aller vergangenen Werke als solcher" das „Posthistoire" an (Zeit-Bilder, a. a. O., S. 48). Für ihn sind in unserer Kultur „die darin angelegten Möglichkeiten in ihren grundsätzlichen Beständen alle entwickelt", was er als „Kristallisation" bezeichnet: „Wenn es im Wesen der Kristallisation liegt, daß Veränderungen in den Grundlagen eines Systems weniger wahrscheinlich werden und daß nach Abschluß der Entwicklung die Produktivität abnimmt, dann bestehen noch zwei Möglichkeiten: Entweder entstehen neue Freiheitsträume, und mit ihnen Möglichkeiten einer folgenlosen Bewegung, also Wunder der Unfruchtbarkeit; so steht es bei den Künsten und bei den ornamentalen Innendifferenzierungen in der Gesellschaft. ... Oder der Abschluß der Entwicklung ist gleichbedeutend mit einem Verlust an Mannigfaltigkeit und Reichtum, ohne daß das System doch abstirbt. Man spricht dann von Primitivisierung, und dies ist kein Modus des Abwelkens, sondern des Dauerns." (Über kulturelle Evolutionen, in: H. Kuhn — Franz Wiedmann [Hrsg.], Die Philosophie und die Frage nach dem Fortschritt, München 1964, S. 216.)

Landkarten sich übrigens noch weiße Flecken befinden, zu denen bisher niemand vordrang. Und schließlich, man soll uns zwar mit ‚Botschaften' endgültig verschonen, aber der pictor doctus wird hoch willkommen sein, der wie Klee oder Max Ernst uns den concetto[31] zugleich ins Ohr sagt und vor Augen hält. Der Glaube an die Kunst fällt allmählich mit dem Entschluß zusammen, das Wissen und die Bildung dort gelten zu lassen.

Aber es sind noch weitergreifende Aussagen möglich. Die neue Malerei zeigt uns ja, um ein biologisches Bild zu wählen, wie ein sehr alter Kulturzweig im industriegesellschaftlichen Klima seine Blüten modifiziert. Insofern bietet sie sich als ein weiteres Beispiel für das offenbar ganz überragende Interesse in unserer Gesellschaft an, das auf *Entlastung* geht. Überall wünscht man die traditionellen Formen wohl zu erhalten, aber man kann sie nicht in eine so durchaus veränderte, so maßlos beanspruchende Zukunft hineintragen, ohne das erdrückende Gewicht ihrer Inhalte zu erleichtern. In diesem Vorgang spielt die Malerei eine führende, beispielgebende Rolle, wenn sie ihre Kunstgestalt, die Bild heißt, von den seelisch nicht mehr auszufüllenden Gehalten ablöst, die frühere Epochen in ihr angelagert hatten. Man hat daher die seit langem im Bild mitgeführten Traditionen als nicht mehr einlösbare Ansprüche abgestreift, also die Wertungen eines einst verbindlich gewesenen Geschmacks, die mitschwingenden moralischen Ansinnen, auch das Risiko, sich mit den intoleranten Qualitäten der Wirklichkeit oder mit exemplarischen Daseinslagen konfrontieren zu lassen — alles das wurde ausgehängt, die Form ‚Bild' aber um so hartnäckiger festgehalten und weitergespielt auf einem reflektierten, schwebenden Niveau, reizoffener, beweglicher, effektbewußt und effektgenügsam, wie es die Synchronisation mit der allgemeinen Zeitnot fordert. Man will sich befreien von den allzu gewichtigen Ansprüchen, den Spuren vergangener, inniger Durcharbeitungen des Lebens. Deswegen fehlt es keineswegs an Affekten, doch haben sie andere Qualitäten als ehemals, da sie auf die Schönheit und die geistig-moralische Bedeutung des Dargestellten bezogen gewesen waren. Die unendlich reizbare Affektivität unserer Zeitgenossen speist sich aus besonderen Quellen, wir haben in unserer Kultur, wie schon Karl Lamprecht nachwies (Moderne Geschichtswissenschaft, 1905), „den ständigen Ansturm neuer Reize aufzunehmen" und können das nicht „ohne Anstrengung und ständige Indienststellung von Affekten bewältigen". Aus diesem Vorrat schöpfen wir auch, wenn es um Kunst geht; die um

[31] Plan, Konzept, Bedeutung.

diesen Komplex herum organisierten Affekte gehören sozusagen selbst zu den Materialien der Bildschöpfung, sie umspielen gleichsam den Reflexionsgehalt. Was nicht ausschließt, daß die im Bilde sich ausdrückende Affektivität komplizierte Mischungen enthält: Grieshaber sprach von der „Melancholie, die von jedem abstrakten Kunstwerk ausgeht", sie entspreche, meinte er, „der bedrohten Situation des heutigen Menschen, der isolierten Intelligenz als dem Spiegelbild der heutigen Gesellschaft" (in: Domnick, Die schöpferischen Kräfte in der abstrakten Malerei, 1947). Daran mag etwas sein, immer wieder fällt der unglückliche, unerlöste Ton auf, es gibt weder inneren Frieden, noch etwas Aufgerüstetes und Unverwundbares — eine wahre, zeitgemäße Stimmung.

Die Malerei bewegt sich heute in der Verselbständigung der Mittel, die früher der Darstellung untergeordnet gewesen waren. „Form und Farbe", heißt es bei Leopold Zahn, „sind die beiden Pole der Malerei unserer Zeit, aus Mitteln der Darstellung wurden sie zum gegenständlichen Motiv" (Kleine Geschichte der modernen Kunst, p. 56). Auch hat sich die Kunst moralisch neutralisiert, um so mehr aber die Reflexion, die Erregungsbereitschaft und das angesprochen, was Lamprecht die „Reizsamkeit" genannt hatte und „das Streben, sich in den bestehenden seelischen Funktionen voll auszuleben", womit sie sich zwar labyrinthisch verrätselte, aber dann doch oft glückhaft auf den geläufigen, mühelosen Zugängen öffnete. In allen diesen Weisen erlaubt sie uns, im Umkreis von Einstellungen zu bleiben, die von der Industriekultur und von dem Klima der Großstadtgesellschaften überall erzeugt und unterhalten werden, ein objektives Spiegelbild gesellschaftlicher Zustände. So kann sie vielleicht dienlich sein, wenn wir die großzügigen Transformationen der Kultur schlechthin verstehen wollen, deren Zeugen wir sind.

Musil (II, 665) hat schon vor langer Zeit vermutet, daß das Wachstum der Anzahl der an der Kultur beteiligten Menschen die Hauptursache des Überganges zur Zivilisation sei. Diesem Gedanken muß man nähertreten, ihn aber von der altmodisch gewordenen Unterscheidung von Kultur und Zivilisation ablösen; so daß er in die Frage überzugehen hätte, welche qualitativen Veränderungen sich eigentlich unter der Voraussetzung der steigenden Zahl der ‚Kulturteilnehmer' ergeben werden. Hierüber ließe sich einiges sagen, so etwa dieses, daß eine Homogenität der Kultur sich nur unter der Voraussetzung einer kleinen Schicht geltungssicherer Maßgeblicher erwarten läßt; umgekehrt hätte man also jetzt mit einer Vielzahl der Kulturprovinzen und mit der Rivalität der Standpunkte innerhalb derselben zu rechnen. Jeder partielle Entwurf, jede eigene Position ist nun aber in dem mutmaßlichen Verteilungsbild der anderen Standpunkte lokalisiert, d. h. von jedem Orte aus kennt man ungefähr seine Konkurrenten und Partner. Es ergibt sich also ein kulturelles Analogon des Wirtschaftsmarktes in dem genauen (und hier allein gemeinten) Sinn der Reaktion eines Gesamtsystems auf sich selbst, das aber heißt in unserem Falle: der Prozeß der Kultur besteht im Schwerpunkt in einer Auseinandersetzung mit ihren eigenen gegenwärtigen und früheren Formen, Gehalten und Werträngen. Er besteht nicht in der geistig-moralischen Durchstilisierung des Lebensnotwendigen.

Dabei ergeben sich nun charakteristische Erscheinungen, die allesamt auf den Begriff der ‚Entlastung' zu bringen sind. Man könnte sagen: Eine derartig komplizierte Gesellschaft wird zwar aus Sachgründen überall Querverbindungen stiften, denn jedes Sachgebiet steht mit jedem anderen in der Tat in Zusammenhang; aber gerade deswegen ist es unmöglich, sich auch jeweils voll in die Daseinsbedingungen und Realumstände des anderen Bereichs zu vertiefen, man ist darauf angewiesen, das zustande zu bringen, was sich auf der Ebene des ‚Kontaktes' fertigbringen läßt, oder was man ‚koordinieren' kann. Es läßt sich eine bewußte und ganz legitime Bemühung der Verantwortlichen erkennen, die vorhandenen Daten in eine Form zu überführen, in der sie aus der Lage des Augenblicks heraus unter Kontrolle gehalten werden können. Beispielsweise vermindern die Menschen zweifellos untereinander die Zahl der Zurechenbarkeiten: Man reduziert die moralisch voll anspruchsberechtigten Situationen. Die ‚Formlosigkeit' unseres Verhaltens gegeneinander, der Abbau des Zeremoniells gehört hierher oder die Übersetzung von moralischen Pflichten in Rechtsformen, wo z. B. im Verhältnis vom Arbeitgeber zum Arbeitnehmer die patriarchalischen Verantwortlichkeiten überall vor schematisierten, aber sicheren und berechenbaren, unpersönlichen Beziehungen zurückgewichen sind. Der dann entstehende Leer-Raum ist psychotechnisch ausgefüllt worden, man hat besondere Verfahren der Kontaktglättung, der Reibungsverminderung, der Einklammerung des Unvollziehbaren und wiederum der Entschärfung subjektiver Unlustquellen gefunden; denn es ist ebenso unmöglich, sich innerhalb der ständig wechselnden, zahllosen menschlichen Beziehungen auf jede Individualität einzulassen, wie es umgekehrt unmöglich ist, den Anderen in der Isolierung des Sich-nicht-beachtet-Glaubens zu lassen. Die menschlichen Beziehungen werden dadurch äußerst vielseitig, aber qualitativ insofern verändert, als nur noch diejenigen gegenseitig zumutbar sind, die sich durch eine Art Einspurung erleichtern lassen. Eigentlich nur im familiären

Umkreis besteht noch die alte Dichte personaler Bindungen, mag sein, daß sie auch hier schon abnimmt.
Im Grunde sind das alles Variationen auf das Thema Entlastung. Man kann, im Vollsinne, nur an wenige Dinge glauben, aber über zahllose Dinge Meinungen haben. Auf diese Weise bewältigen wir z. B. die täglich über uns hereinbrechenden ungeheueren Ereignismassen: Von einem Sicheinlassen auf sie kann keine Rede sein, das ginge über die innere Kapazität jedes einzelnen hinaus, folglich wird ihre spektakuläre Aktualisierung in der Presse, am Sender usw. geradezu die Vollzugsform, in der sie verdampft werden. Durch eine Art stillschweigenden gegenseitigen Einverständnisses verlangen wir von niemandem mehr Risiken, mit denen man allein bliebe und die sich nicht durch eine Berufung auf das Soziale erleichtern lassen: also keinen ‚Heroismus'. Eine Lebensentscheidung im Stile Rimbauds oder Gauguins ist in Gegenwart und Zukunft nicht mehr vollziehbar, weil solche Existenzen heute in Tahiti oder Abessinien von Reportern erreichbar wären[32]. Bei dieser Gelegenheit sei daran erinnert, daß gerade die Worte für das Unausweichliche klanglos geworden sind: Wirklichkeit, Geist, Materie, Existenz.
So kann man auch die Schönheiten und Leidenschaften, die großherzigen und sorglosen Bejahungen, die in den Künsten früherer Zeit sich niederschlugen, unmöglich wiederherstellen, aber es ist möglich, sie in Beglückungen der Sensibilität und Reflexionslust zu übersetzen, und dafür ist das technische Mittel der fast vollkommenen Reproduktion ja gefunden. Es bleibt dann den Künstlern nichts übrig, als das Unbetretene gleich neben dem Geläufigen zu suchen. So wird das, was man bisher Kultur nannte, denaturiert (oder dekulturiert), aber um den Gewinn konstruktiver Freiheiten. Will man die alten Formen weitertragen, dann muß man die Inhalte zur Verarbeitung handlicher und beweglicher zurichten. Und dahin gehört dann auch jenes Bewahren der künstlerischen Traditionsformen, deren spezifisches Gewicht aber erleichtert wird, und die man ins Suspendierte wendet: So bleibt eben das Bild an der Wand, aber es ändert seinen Anspruch, und die Malerei erscheint in unserer Zeit als eine geglückte Möglichkeit, die Kunst in die Reichweite der Begabung unserer Herzen zu rücken. Man kann sich vor diesen Bildern halten, und darum lieben wir sie.

---

[32] Arthur Rimbaud (1854—1891): französischer Lyriker; ging nach einem ruhelosen Wanderleben in Europa als Kaufmann nach Afrika.

Jan Mukařovský

Die Kunst als semiologisches Faktum (1936)[1]

Es wird zunehmend klar, daß die Grundlage des individuellen Bewußtseins bis in die innersten Schichten hinein von Inhalten geprägt wird, die dem Kollektivbewußtsein angehören. Daher werden die Probleme des Zeichens und der Bedeutung immer dringlicher, denn jeder geistige Inhalt, der die Grenzen des individuellen Bewußtseins überschreitet, gewinnt schon aus der bloßen Tatsache seiner Mitteilbarkeit den Charakter eines Zeichens. Die Wissenschaft vom Zeichen (Semiologie nach de Saussure, Sematologie nach Bühler[2]) muß in ihrer ganzen Breite ausgearbeitet werden; wie die zeitgenössische Linguistik (z. B. die Forschungen der Prager Schule, d. h. des Prager linguistischen Zirkels[3]) das Feld der Semantik ausweitet und aus dieser Sicht von allen Elementen des Sprachsystems, auch des Lautsystems, handelt, so müssen die Erkenntnisse der linguistischen Semantik auf alle anderen Ordnungen von Zeichen angewendet und nach deren speziellen Zügen unterschieden werden. Es gibt sogar eine ganze Gruppe von Wissenschaften, die besonders an den Fragen des Zeichens interessiert sind (ebenso wie an Problemen der Struktur und des Werts, die übrigens mit den Problemen des Zeichens nahe verwandt sind; das Kunstwerk z. B. ist gleichzeitig Zeichen, Struktur und Wert): die sogenannten Geisteswissenschaften (sciences morales), die mit einem Material arbeiten, das mehr oder weniger deutlich den Charakter von Zeichen hat, und dies dank ihrer Doppelexistenz in der Welt der Sinne und im Kollektivbewußtsein.

Das Kunstwerk läßt sich weder mit dem Seelenzustand seines Schöpfers noch mit irgendeinem der Seelenzustände identifizieren, die es bei den Subjekten hervorruft, die es wahrnehmen, wie die psychologische Ästhetik dies wollte: es ist klar, daß jeder subjektive Bewußtseinsstand etwas Individuelles und Augenblickliches

---

1 Kapitel aus der Ästhetik, aus dem Tschechischen übersetzt von Walter Schamschula, Frankfurt 1970, S. 138—147.

2 Ferdinand de Saussure (1857—1913): Genfer Linguist, Begründer des sprachwissenschaftlichen Strukturalismus; Karl Bühler (1879—1963): erforschte die ‚Psychologie der Denkvorgänge', Mitbegründer der Gestaltpsychologie.

3 Zur ‚Prager Schule' gehörten neben Jan Mukařovský vor allem Nikolaj Trubetzkoj, der die Lautsysteme vieler Sprachen auf ihre Oppositionen hin untersucht und dabei allgemeine Strukturtypen aufgedeckt hat, und (eine Zeitlang) Roman Jakobson, der die Theorie der phonologischen Merkmale systematisch weiterentwickelt hat.

hat, was ihn nicht faßbar und in seiner Ganzheit nicht mitteilbar macht, während das Kunstwerk dazu bestimmt ist, zwischen seinem Urheber und dem Kollektiv zu vermitteln. Es verbleibt noch die ‚Sache', die das Kunstwerk in der Sinnenwelt darstellt und die der Wahrnehmung aller ohne irgendwelche Vorbehalte zugänglich ist. Aber das Kunstwerk kann nicht nur auf seine Materialität reduziert werden, denn es kommt vor, daß ein materielles Werk sein Aussehen und seine innere Struktur völlig verändert, wenn es in der Zeit und im Raum verlagert wird. Solche Veränderungen treten zutage, wenn wir beispielsweise eine Reihe von aufeinander folgenden Übersetzungen desselben Werks der Dichtung miteinander vergleichen. Das materielle Werk hat hier nur den Rang eines äußeren Symbols (Bezeichnendes, ‚signifiant' nach der Terminologie de Saussures), dem im kollektiven Bewußtsein eine bestimmte Bedeutung entspricht (bisweilen ‚ästhetisches Objekt' genannt), die durch das bestimmt wird, was die subjektiven Zustände des Bewußtseins, die bei den Mitgliedern einer bestimmten Gruppe durch das materielle Werk hervorgerufen werden, miteinander gemeinsam haben. Gegenüber diesem zentralen Kern, der dem Kollektivbewußtsein angehört, gibt es selbstverständlich in jedem Akt der Wahrnehmung eines Kunstwerks noch zusätzliche subjektive psychische Elemente. die dem nahekommen, was Fechner[4] unter dem Begriff „assoziative Faktoren" der ästhetischen Wahrnehmung zusammenfaßte. Diese subjektiven Elemente können ebenfalls objektiviert werden, aber nur insoweit, als ihre allgemeine Qualität oder ihre Quantität von dem zentralen Kern bestimmt wird, der sich im Kollektivbewußtsein befindet. Der subjektive psychische Zustand, den bei einem beliebigen Individuum beispielsweise die Betrachtung eines impressionistischen Gemäldes hervorruft, ist ganz anderer Art als die Empfindungen, die ein kubistisches Werk weckt. Was die quantitativen Unterschiede betrifft, so ist es offenkundig, daß die Anzahl von subjektiven Vorstellungen und Gefühlen bei einem surrealistischen Gedicht größer ist als bei einem klassischen Kunstwerk; das surrealistische Gedicht überläßt es dem Leser, sich den Zusammenhang des Themas vorzustellen, während das klassische Gedicht fast ganz die Freiheit seiner subjektiven Assoziationen durch den genauen Ausdruck beseitigt. Auf diese Weise gewinnen die subjektiven psychischen Elemente des wahrnehmenden Subjekts objektiv semiologischen Charakter, vergleichbar dem, den die ‚sekundären' Bedeu-

[4] Gustav Theodor Fechner (1801—1887): Naturwissenschaftler und Philosoph, Begründer der Psychophysik und der experimentellen Ästhetik.

tungen des Wortes haben. Dies geschieht indirekt, über die Vermittlung des Kerns, der zum gesellschaftlichen Bewußtsein gehört.

Wir wollen diese allgemeinen Bemerkungen abschließen, fügen aber hinzu, daß wir, indem wir die Identifizierung des Kunstwerks mit dem subjektiven Seelenzustand ablehnen, gleichzeitig jede hedonistische ästhetische Theorie verwerfen. Das Wohlgefallen, das das Kunstwerk auslöst, kann nämlich höchstens mittelbare Objektivität als ‚sekundäre Bedeutung' erlangen, und zwar nur potentiell: es wäre unrichtig zu behaupten, daß es ein unentbehrlicher Bestandteil der Wahrnehmung eines jeden Kunstwerks sei. Wenn es in der Entwicklung der Kunst Perioden gibt, in denen die Tendenz besteht, dieses Wohlgefallen hervorzurufen, dann gibt es auch andere, die sich ihm gegenüber gleichgültig verhalten oder die gerade die entgegengesetzte Wirkung erstreben.

Nach der landläufigen Definition ist das Zeichen eine sinnliche Realität, die sich auf eine andere Realität bezieht, die es hervorbringen soll. Wir sind also gezwungen, uns die Frage zu stellen, welche diese andere, vom Kunstwerk ersetzte, Realität ist. Wir könnten uns zwar mit der Bemerkung begnügen, das Kunstwerk sei ein *autonomes* Zeichen, das einzig dadurch charakterisiert wird, daß es als Mittler zwischen den Mitgliedern des gleichen Kollektivs dient. Damit aber würde die Frage nach der Beziehung des materiellen Werks zur Realität, auf die es hinzielt, nur beiseite geschoben werden, ohne eine Lösung zu finden. Wenn es Zeichen gibt, die sich auf keine unterschiedliche Realität beziehen, so ist dennoch mit dem Zeichen immer etwas gemeint, das ganz natürlich sich aus dem Umstand ergibt, daß das Zeichen gleichermaßen von seinem Absender und von seinem Empfänger verstanden werden muß. Dieses ‚Etwas' ist allerdings bei den autonomen Zeichen ohne sichtbare Bestimmtheit. Welcher Art ist diese unbestimmte Realität, auf die das Kunstwerk hinweist? Sie ist der Gesamtkontext der sogenannten sozialen Erscheinungen: z. B. Philosophie, Politik, Religion, Wirtschaft usw. Deshalb ist die Kunst mehr als jedes andere gesellschaftliche Phänomen fähig, eine bestimmte ‚Epoche' zu charakterisieren und zu repräsentieren; deshalb auch wurde lange Zeit die Geschichte der Kunst mit der Geschichte der Bildung im weitesten Sinne geradezu vermengt, und umgekehrt entleiht die allgemeine Geschichte mit Vorliebe die Grenzmarkierungen ihrer Perioden von den Wendepunkten in der Geschichte der Kunst. Die Bindung bestimmter Kunstwerke an den Gesamtkontext der gesellschaftlichen Phänomene erscheint zwar sehr frei; dies ist beispielsweise der Fall bei den sogenannten ‚poètes maudits'[5], deren Werke den zeitgenössischen Wertordnungen fremd sind. Aber deshalb bleiben sie aus der Literatur ausgeschlossen, und das Kollektiv nimmt sie erst dann auf, wenn sie imstande sind, den gesellschaftlichen Kontext infolge seiner Entwicklung auszudrükken. Wir müssen noch einen erläuternden Zusatz machen, um jedes Mißverständnis auszuschließen. Wenn wir sagen, daß das Kunstwerk auf den Kontext der gesellschaftlichen Erscheinungen hinzielt, so bedeutet dies nicht, daß es notwendig mit diesem Kontext auf die Weise verschmolzen würde, daß man es als unmittelbares Zeugnis oder als passiven Reflex verstehen kann. Wie jedes *Zeichen* kann es zu der Sache, die es bezeichnet, einen indirekten, z. B. metaphorischen oder auf andere Weise ungeraden Bezug haben, ohne indessen aufzuhören, auf diese Sache hinzuweisen. Auf dem semiologischen Charakter der Kunst ergibt sich, daß das Kunstwerk nirgends als historisches oder soziologisches Dokument verwendet werden darf, ohne daß vorher sein dokumentarischer Wert, d. h. die Qualität seiner Beziehungen zum jeweiligen Kontext der sozialen Erscheinungen, analysiert worden ist. Fassen wir die Wesensmerkmale der bisherigen Erörterungen zusammen. Das objektive Studium der Erscheinungen, die die Kunst darstellen, richtet sich auf das Kunstwerk als Zeichen, das sich aus dem sinnlichen Symbol zusammensetzt; und dies wird vom Künstler aus einer ‚Bedeutung' (ästhetisches Objekt) geschaffen, die ihren Platz im Kollektivbewußtsein hat, und aus der Beziehung zur bezeichneten Sache, der Beziehung, die auf den Gesamtkontext der gesellschaftlichen Phänomene hinweist. Das zweite dieser Elemente umfaßt die eigentliche Struktur des Werks.

Doch die Probleme der Semiologie der Kunst sind damit noch nicht erschöpft. Neben seiner Funktion eines autonomen Zeichens hat das Kunstwerk noch eine andere Funktion: die eines *kommunikativen* oder mitteilenden Zeichens. So wirkt eine Dichtung nicht nur als Kunstwerk, sondern gleichzeitig auch als ‚Wort', das einen psychischen Zustand, einen Gedanken, ein Gefühl usw. ausdrückt. Es gibt Künste, bei denen diese kommunikative Funktion sehr evident ist (Poesie, Malerei, Plastik), und andere, wo sie verdeckt erscheint (Tanz) oder ganz unsichtbar wird (Musik, Architektur). Lassen wir das schwierige Problem der latenten Anwesenheit oder der vollkommenen Abwesenheit des mitteilenden Elements in der Musik und in der Architektur beiseite (obwohl wir auch hier dazu neigen, in diesen Künsten ein fein verteiltes kommunikatives Ele-

---

[5] (wörtlich:) verfluchte Dichter.

ment zu sehen; man vergleiche dazu die Verwandtschaft zwischen musikalischer Melodie und linguistischer Intonation, deren mitteilende Kraft offenkundig ist), und wenden wir uns denjenigen Künsten zu, deren Wirken als kommunikatives Zeichen außer Zweifel steht. Dies sind die Künste, in denen es ein ‚Sujet' (Thema, Inhalt) gibt und in denen der Stoff auf den ersten Blick als *mitteilende Bedeutung* des Werks tätig zu sein scheint. In Wirklichkeit enthält jede Komponente eines Kunstwerks — unter Einschluß der ‚formalsten' — einen eigenen mitteilenden Wert, der vom Stoff (Sujet) unabhängig ist. Die Farben und Linien eines Bildes beispielsweise bedeuten ‚etwas', mag auch jeglicher Stoff fehlen (vgl. die ‚absolute' Malerei Kandinskijs[6] oder die Werke bestimmter surrealistischer Maler). Gerade auf diesem potentiellen semiologischen Charakter der ‚formalen' Elemente beruht die mitteilende Kraft der ‚stofflosen' Kunst, die Kraft, von der wir sagen, daß sie fein verteilt, dispers sei. Streng genommen, wirkt als Bedeutung die gesamte künstlerische Struktur, und zwar auch als kommunikative Bedeutung. Der Stoff des Werks spielt lediglich die Rolle eines Kristallisationspunkts dieser Bedeutung, die ohne diesen unbestimmt bliebe. Das Kunstwerk hat daher eine zweifache semiologische Bedeutung, eine autonome und eine kommunikative, deren zweite vor allem den Künsten vorbehalten ist, die einen Stoff haben. Es zeigt sich in der Entwicklung dieser Künste eine dialektische Antinomie zwischen der Funktion des autonomen Zeichens und der Funktion des kommunikativen Zeichens. Die Geschichte der Prosa (Roman, Novelle) bietet hierzu besonders typische Beispiele.

Noch subtilere Schwierigkeiten entstehen, wenn wir aus der Sicht der Kommunikation die Frage nach der Beziehung der Kunst zur bezeichneten Sache stellen. Diese Beziehung unterscheidet sich von der, welche jede Kunst als autonomes Zeichen mit dem Gesamtkontext der sozialen Phänomene verbindet, denn die Kunst richtet sich als mitteilendes Zeichen auf eine bestimmte Realität, z. B. auf ein begrenztes Ereignis, auf eine bestimmte Person usw. In dieser Beziehung ähnelt die Kunst den bloß mitteilenden Zeichen; der Wesensunterschied besteht darin, daß die kommunikative Beziehung zwischen dem Kunstwerk und der bezeichneten Sache keine existentielle Bedeutung hat, auch nicht in den Fällen, wo sie etwas behauptet und bejaht. Nun kann man als Postulat die Frage der dokumentarischen Authentizität des Stoffs eines Kunstwerks for-

---

[6] Wassily Kandinsky (1866—1944): einer der Begründer der abstrakten Malerei.

mulieren, sofern wir das Werk als künstlerische Schöpfung bewerten. Dies heißt nicht, daß *Modifikationen* der Beziehung zur bezeichneten Sache ohne Bedeutung für das Kunstwerk seien: sie wirken als Faktoren seiner Struktur. Es ist für die Struktur eines Werks von großem Belang, ob es seinen Stoff als ‚real' auffaßt (mitunter auch als dokumentarisch) oder als ‚fiktiv', oder ob es zwischen diesen beiden Polen schwankt. Man könnte auch Werke finden, die auf einem Parallelismus und auf einem gegenseitigen Ausbalancieren der zweifachen Beziehung zur unterschiedlichen Realität begründet sind, von denen eine ohne existentiellen Wert und der andere rein kommunikativ ist. Dies ist z. B. der Fall bei einem Porträt in der Malerei oder Plastik, das gleichzeitig Mitteilung, Kommunikation der dargestellten Person und Kunstwerk ohne existentiellen Wert ist; in der Literatur werden der historische Roman und die Romanbiographie durch die gleiche Dualität charakterisiert. Die Abwandlungen der Beziehungen zur Wirklichkeit spielen also eine wichtige Rolle in allen Künsten, die mit einem Stoff arbeiten, doch darf die theoretische Erforschung dieser Künste niemals die wahre Grundlage des Stoffs aus den Augen verlieren, die darin besteht, daß sie die Einheit der Bedeutung ist und keineswegs eine passive Kopie der Realität, auch dann nicht, wenn es sich um ein ‚realistisches' oder ‚naturalistisches' Werk handelt. Zusammenfassend wäre zu sagen, daß das Studium der Struktur eines Kunstwerks notwendig unvollkommen bleibt, solange der semiologische Charakter der Kunst nicht hinreichend untersucht ist. Ohne semiologische Orientierung wird der Theoretiker der Kunst stets der Versuchung erliegen, das Kunstwerk als eine rein formale Konstruktion zu betrachten, oder sogar als unmittelbares Abbild sei es der psychischen, sei es der physiologischen Stimmungen des Autors, oder der vom Werk ausgedrückten unterschiedlichen Realität bzw. ideologischen, wirtschaftlichen, sozialen und kulturellen Situation des jeweiligen Milieus. Dies verführt den Theoretiker dazu, von der Entwicklung der Kunst als von einer Reihe formaler Veränderungen zu sprechen oder diese Entwicklung überhaupt zu leugnen (wie es in bestimmten Richtungen der psychologischen Ästhetik geschieht), oder aber sie als einen passiven Kommentar zu der Entwicklung aufzufassen, die gegenüber der Kunst nur äußerlich ist. Nur der semiologische Gesichtspunkt erlaubt es den Theoretikern, die autonome Existenz und die grundlegende Dynamik der künstlerischen Struktur zu erkennen und die Entwicklung der Kunst als immanente Bewegung zu begreifen, die sich wiederum in einer stetigen dialektischen Beziehung zur Entwicklung der übrigen Bereiche der Kultur befindet.

Der Entwurf eines semiologischen Studiums der Kunst, der hier in kurzen Zügen dargelegt wurde, beabsichtigt 1. eine teilweise Illustration eines bestimmten Aspekts der Dichotomie zwischen Naturwissenschaften und Geisteswissenschaften zu geben, mit der sich eine ganze Sektion dieses Kongresses[a] befaßt; 2. die Bedeutung der semiologischen Fragestellung für die Ästhetik und für die Kunstgeschichte zu unterstreichen.

Abschließend möchte ich die Hauptgedanken in Form von Thesen zusammenfassen:

A. Das Problem des Zeichens ist neben dem Problem der Struktur und des Werts eines der grundlegenden Probleme der Geisteswissenschaften, die alle mit Material arbeiten, das mehr oder weniger ausgeprägten Zeichencharakter hat. Deshalb sind die Erkenntnisse der linguistischen Semantik auf das Material dieser Wissenschaften anzuwenden — namentlich auf die, deren semiologischer Charakter besonders offenkundig ist; sodann ist es notwendig, nach dem spezifischen Charakter dieses Materials zu differenzieren.

B. Das Kunstwerk hat den Charakter eines Zeichens. Es kann weder mit dem individuellen Stand des Bewußtseins seines Urhebers noch mit dem eines das Werk wahrnehmenden Subjekts identifiziert werden, noch mit dem, was wir das materielle Werk nannten. Es besteht als ‚ästhetisches Objekt', dessen Standort sich im Bewußtsein des ganzen Kollektivs befindet. Das sinnlich wahrnehmbare materielle Werk ist gegenüber diesem immateriellen Objekt nur ein äußeres Symbol; die individuellen Bewußtseinszustände, die das materielle Werk hervorruft, repräsentieren das ästhetische Objekt nur in dem, was ihnen allen gemeinsam ist.

C. Jedes Kunstwerk ist ein *autonomes* Zeichen, das sich zusammensetzt aus 1. dem ‚materiellen Werk', das die Bedeutung eines sinnlichen Symbols hat; 2. aus dem ‚ästhetischen Objekt', das im Kollektivbewußtsein wurzelt und die Stelle der ‚Bedeutung' innehat; 3. aus dem Verhältnis zur bezeichneten Sache, das nicht auf eine besondere unterschiedliche Existenz hindeutet — soweit es sich um ein autonomes Zeichen handelt —, sondern auf den Gesamtkontext der sozialen Phänomene (Wissenschaft, Philosophie, Religion, Politik, Wirtschaft usw.) einer bestimmten Umwelt.

D. Die ‚Stoff'- (thematischen, inhaltlichen) Künste haben noch eine zweite semiologische Funktion: die *kommunikative,* mitteilende. Hier bleibt das sinnliche Symbol naturgemäß dasselbe wie in den übrigen Fällen; hier wird die Bedeutung ebenfalls vom

[a] Der Text wurde 1934 aus Anlaß des VIII. Internationalen Philosophenkongresses in Prag vorgetragen. (A. d. Ü.)

ganzen ästhetischen Objekt getragen. Aber sie hat unter den Komponenten dieses Objekts einen privilegierten Träger, der als Kristallisationspunkt der dispersen mitteilenden Kraft der übrigen Elemente in Funktion tritt; dies ist der Stoff des Werks. Die Beziehung zur bezeichneten Sache deutet wie in jedem mitteilenden Zeichen auf eine unterschiedliche Existenz hin (Ereignis, Gestalt, Sache usw.). Mit dieser Qualität ähnelt also das Kunstwerk den rein kommunikativen Zeichen. Die Beziehung zwischen dem Kunstwerk und der bezeichneten Sache hat jedoch keinen existentiellen Wert, und dies ist gegenüber den rein kommunikativen Zeichen ein erheblicher Unterschied. An den Stoff eines Kunstwerks kann man nicht die Forderung einer dokumentarischen Authentizität stellen, sofern wir es als künstlerisches Gebilde beurteilen. Dies heißt nicht, daß die Modifikationen der Beziehung zur bezeichneten Sache (also die verschiedenen Stufen der Skala ‚Realität — Fiktion') ohne Bedeutung für das Kunstwerk seien: sie wirken als Faktoren seiner Struktur.

E. Beide semiologischen Funktionen, die kommunikative und die autonome, die gemeinsam in den Stoff-Künsten bestehen, schaffen miteinander eine der grundlegenden dialektischen Antinomien der Entwicklung dieser Künste; ihre Dualität kommt in der Entwicklung in den fortdauernden Pendelschwingungen der Beziehung zur Realität zur Geltung.

Roland Barthes

Die strukturalistische Tätigkeit (1964)[1]

Was ist der Strukturalismus? Er ist keine Schule, nicht einmal eine Bewegung (zumindest noch nicht), denn die Mehrzahl der Autoren, die gemeinhin mit diesem Wort in Zusammenhang gebracht werden, fühlt sich keineswegs durch eine Solidarität der Doktrin oder des Kampfes verbunden. Er ist kaum eine Terminologie: *Struktur*, ein alter Begriff aus der Anatomie und der Linguistik, ist heute schon sehr abgegriffen; alle Sozialwissenschaften bedienen sich seiner, und niemand wird durch den Gebrauch dieses Wortes charakterisiert, so sehr auch über den Inhalt, den man ihm gibt, gestritten werden mag. Kaum relevanter sind *Funktion, Form, Zeichen* und *Bedeutung;* es sind heute allgemein gebräuchliche Wörter, von denen man alles verlangt und alles erhält, was man nur will, insbesondere die Kaschierung des alten deterministischen Schemas von Ursache und Wirkung. Wahrscheinlich muß man zurückkehren zu Begriffspaaren wie *Signifikat-Signifikant* und *Synchronie-Diachronie*[2], um sich dem zu nähern, was den Strukturalismus von anderen Denkweisen unterscheidet; zu dem ersten, weil es auf das linguistische, von Saussure stammende Modell verweist, und weil die Linguistik, neben der Ökonomie, gegenwärtig *die* Wissenschaft von der Struktur ist; und noch entschiedener zu dem zweiten, weil es offenbar eine gewisse Revision des Geschichtsbegriffs impliziert, insofern die Idee der *Synchronie* (obschon bei Saussure ein vor allem operativer Begriff) für ein gewisses Stillstehen der Zeit bürgt, und weil die Idee der *Diachronie* darauf abzielt, den historischen Prozeß als bloße Aufeinanderfolge von Formen darzustellen; diese beiden Begriffe sind deshalb besonders distinktiv, weil es heute wirklich den Anschein hat, als komme der Hauptwiderstand gegen den Strukturalismus aus mar-

---

[1] Die strukturalistische Tätigkeit, übersetzt von Eva Moldenhauer, in: Kursbuch 5 (1966), S. 190—196; Kritik und Wahrheit, übersetzt von Helmut Scheffel, Frankfurt 1967, S. 57—60.

[2] Sprache wird als System von Zeichen aufgefaßt, Zeichen ist die Verbindung eines Signifikanten und eines Signifikats, von Bezeichnendem und Bezeichnetem. „Die Ebene der Signifikanten bildet die Ausdrucksebene und die der Signifikate die Inhaltsebene." (R. Barthes, Elemente der Semiologie [1964], Frankfurt 1979, S. 34) Im Strukturalismus wird die diachronische (‚durch die Zeit gehende'), historisch längsschnittartige von der synchronischen (‚zeitgleichen'), querschnittartigen Betrachtung abgelöst.

xistischer Richtung und kreise um den Begriff der Geschichte, nicht um den der Struktur; wie dem auch sei, wahrscheinlich ist es die ernsthafte Hinwendung zur Wortbedeutung (und nicht zum Wort selbst, das paradoxerweise durchaus nicht distinktiv ist), in der man letztlich das Kennzeichen des Strukturalismus zu sehen hat: man achte darauf, wer *Signifikat* und *Signifikant*, *Synchronie* und *Diachronie* gebraucht, und man wird wissen, ob die strukturalistische Einstellung gegeben ist.

Dies gilt für die intellektuelle Metasprache, die sich methodologischer Begriffe bedient. Da jedoch der Strukturalismus weder eine Schule noch eine Bewegung ist, gibt es keinen Grund, ihn *a priori* auf das wissenschaftliche Denken zu beschränken. Man sollte lieber versuchen, ihn auf einem anderen Niveau als dem der reflektierenden Sprache so umfassend wie möglich zu beschreiben (wo nicht zu definieren). Es ist in der Tat anzunehmen, daß es Schriftsteller, Maler und Musiker gibt, in deren Augen das *Praktizieren* der Struktur (und nicht nur der Gedanke an sie) eine distinktive Erfahrung darstellt, und daß man Analytiker wie Schöpfer unter das gemeinsame Zeichen dessen stellen muß, was man den *strukturalen Menschen* nennen könnte, der nicht durch seine Ideen oder seine Sprache definiert wird, sondern durch seine Imagination oder noch besser durch sein *Imaginäres,* also durch die Art, wie er die Struktur geistig erlebt. Der Strukturalismus ist demnach für *alle* seine Nutznießer im wesentlichen eine *Tätigkeit,* das heißt die geregelte Aufeinanderfolge einer bestimmten Anzahl geistiger Operationen: man könnte von strukturalistischer Tätigkeit sprechen, wie man von surrealistischer Tätigkeit gesprochen hat (und vielleicht hat der Surrealismus die erste Erfahrung strukturaler Literatur hervorgebracht; man müßte einmal darauf zurückkommen). Doch bevor wir untersuchen, was dies für Operationen sind, muß ein Wort über ihr Ziel gesagt werden.

Das Ziel jeder strukturalistischen Tätigkeit, sei sie nun reflexiv oder poetisch, besteht darin, ein ‚Objekt' derart zu rekonstituieren, daß in dieser Rekonstitution[3] zutage tritt, nach welchen Regeln es funktioniert (welches seine ‚Funktionen' sind). Die Struktur ist in Wahrheit also nur ein *simulacrum*[4] des Objekts,

---

[3] Wiederherstellung.

[4] Bildnis, Bild; Schatten; Nachbildung; Trugbild. Simulacrum ist für die französischen Surrealisten, Semiotiker und Strukturalisten von George Bataille über Pierre Klossowski bis Roland Barthes ein Schlüsselwort: Wie jedes Spiegelbild wortwörtlich ein Rechts für ein Links vor-

aber ein gezieltes, ‚interessiertes' Simulacrum, da das imitierte Objekt etwas zum Vorschein bringt, das im natürlichen Objekt unsichtbar oder, wenn man lieber will, unverständlich blieb. Der strukturale Mensch nimmt das Gegebene, zerlegt es, setzt es wieder zusammen; das ist scheinbar wenig (und veranlaßt manche Leute zu der Behauptung, die strukturalistische Arbeit sei ‚unbedeutend, uninteressant, unnütz' usw.). Und doch ist dieses Wenige, von einem anderen Standpunkt aus gesehen, entscheidend; denn zwischen den beiden Objekten, oder zwischen den beiden Momenten strukturalistischer Tätigkeit, bildet sich *etwas Neues*, und dieses Neue ist nichts Geringeres als das allgemein Intelligible: das Simulacrum, das ist der dem Objekt hinzugefügte Intellekt, und dieser Zusatz hat insofern einen anthropologischen Wert, als er der Mensch selbst ist, seine Geschichte, seine Situation, seine Freiheit und der Widerstand, den die Natur seinem Geist entgegensetzt.

Man sieht also, warum von strukturalistischer Tätigkeit gesprochen werden muß: Schöpfung oder Reflexion sind hier nicht originalgetreuer ‚Abdruck' der Welt, sondern wirkliche Erzeugung einer Welt, die der ersten ähnelt, sie aber nicht kopieren, sondern verständlich machen will. Man kann also sagen, der Strukturalismus sei im wesentlichen eine Tätigkeit der Nachahmung, und insofern gibt es streng genommen keinerlei *technischen Unterschied* zwischen wissenschaftlichem Strukturalismus einerseits und der Kunst andererseits, im besonderen der Literatur: beide unterstehen einer *Mimesis*, die nicht auf der Analogie der Substanzen gründet (wie in der sogenannten realistischen Kunst), sondern auf der der Funktionen (was Lévi-Strauss *Homologie* nennt). Wenn Trubetzkoj das phonetische Objekt in Gestalt eines Variationssystems rekonstruiert; wenn Georges Dumézil eine funktionelle Mythologie erarbeitet; wenn Propp ein Volksmärchen konstruiert, das mittels Strukturation aus sämtlichen slawischen Märchen, die er zuvor zerlegt hat, hervorgeht; wenn Claude Lévi-Strauss den homologischen Prozeß des totemistischen Imaginären, C.-G. Granger die formalen Regeln des ökonomischen Denkens oder J.-G. Gardin die relevanten Eigenschaften prähistorischer Bronzen entdeckt; wenn J.-P. Richard das mallarmésche Gedicht in seine distinktiven Schwingungen zerlegt: so tun sie nichts anderes, als was Mondrian,

---

macht, also ein Trugbild ist, so ‚betrügt' auch das Spiegelmedium Sprache oder Struktur. Denn beide bilden Seiendes nicht ab, sondern schließen es in einen Zeichenzusammenhang ein, in dem es zum ‚stummen Objekt', also notwendig verfehlt wird. Jedes Zeichen, das Seiendes handhabbar machen soll, bezeichnet zugleich also einen Mangel an Sein.

Boulez oder Butor tun[5], wenn sie, durch die geregelte Darstellung bestimmter Einheiten und bestimmter Assoziationen dieser Einheiten, ein bestimmtes Objekt arrangieren, eben jenes, das man *Komposition* nennt. Ob nun das Objekt, das der strukturalistischen Arbeit unterworfen wird, bereits als ein komplexes vorliegt (wie im Fall der strukturalen Analyse einer Sprache, einer Gesellschaft oder eines konstituierten Werkes) oder noch diffus ist (wie im Fall der strukturalen ‚Komposition'); ob man dieses Objekt der sozialen Wirklichkeit oder der imaginären Wirklichkeit entnimmt, tut wenig zur Sache: nicht durch die Natur des kopierten Objekts wird eine Kunst definiert (ein hartnäckiges Vorurteil jedes Realismus), sondern durch das, was der Mensch, indem er es rekonstituiert, hinzufügt: die Technik ist das Wesen jeder Schöpfung. Sofern also die Ziele der strukturalistischen Tätigkeit untrennbar an eine bestimmte Technik gebunden sind, existiert der Strukturalismus auf eine im Verhältnis zu anderen Arten der Analyse oder der Schöpfung distinktive Weise: das Objekt wird neu zusammengesetzt, um Funktionen in Erscheinung treten zu lassen, und das ist, wenn man so sagen darf, der Weg, der das Werk hervorbringt; aus diesem Grund sollte man nicht von strukturalistischen Werken sprechen, sondern von strukturalistischer Tätigkeit.

Die strukturalistische Tätigkeit umfaßt zwei typische Operationen: Zerlegung und Arrangement. Indem man das erste Objekt zerlegt, findet man in ihm lose Fragmente, deren winzige Differenzen untereinander eine bestimmte Bedeutung hervorbringen; das Fragment an sich hat keine Bedeutung, ist aber so beschaffen, daß die geringste Veränderung, die man an seiner Lage und Gestalt vornimmt, eine Änderung des Ganzen bewirkt; ein *Viereck* von Mondrian, eine *Reihe* von Pousseur, eine *Zeile* in Butors *Mobile,* das „Mythem"[6] bei Lévi-Strauss, das Phonem der Phonologen, das ‚Thema' dieses oder jenes Literaturkritikers: all diese Einheiten (was immer ihre im einzelnen sehr verschiedene innere Struktur und Ausdehnung sein mag) haben eine signifikative Existenz einzig durch ihre Grenzen: sowohl durch diejenigen, durch

[5] Piet Mondrian (1872—1944): niederländischer Maler und Kunsthistoriker, Mitbegründer und Hauptvertreter der ‚Stijl'-Bewegung, abstraktkonstruktive Bilder; Pierre Boulez: französischer Avantgarde-Komponist; Michel Butor (geb. 1926): Vertreter des ‚Nouveau roman'.

[6] Strukturelement unterschiedlicher Mythen in den Analysen von Claude Lévi-Strauss (geb. 1908); dieser gilt als Vater des französischen Strukturalismus, s. z. B. ‚Strukturale Anthropologie' oder ‚Mythologica I—IV'.

die sie von den anderen *aktuellen* Einheiten getrennt werden (das jedoch ist ein Problem des Arrangements) als auch durch diejenigen, durch die sie sich von anderen *möglichen* Einheiten, mit denen sie eine bestimmte Klasse bilden, unterscheiden. Die Linguisten sprechen im letzten Fall vom *Paradigma;* dieser Begriff scheint wesentlich zu sein für das Verständnis der strukturalistischen Einstellung: das Paradigma ist ein Vorrat von Objekten (Einheiten), so begrenzt wie nur möglich, aus dem man, durch einen Akt des Nennens, dasjenige Objekt (oder die Einheit) herausholt, das man mit einer aktuellen Bedeutung versehen will; das paradigmatische Objekt wird dadurch charakterisiert, daß es zu den anderen Objekten seiner Klasse in einer bestimmten Beziehung der Affinität und Verschiedenartigkeit steht: zwei Einheiten eines Paradigmas müssen sich in einigem gleichen, damit die Verschiedenheit, die sie trennt, Evidenz gewinnen kann: *s* und *z* müssen zugleich eine gemeinsame Eigenschaft (ihre Dentalität) und eine distinktive Eigenschaft (das Vorhandensein oder Fehlen von Sonorität[7]) besitzen, damit wir im Französischen dem Wort *poisson* (Fisch) nicht dieselbe Bedeutung geben wie *poison* (Gift); die Vierecke von Mondrian müssen durch ihre viereckige Form affinitär und zugleich durch Proportion und Farbe unterschieden sein; die amerikanischen Automobile (in Butors *Mobile)* müssen unaufhörlich auf die gleiche Weise inspiziert werden, jedoch stets durch Marke und Farbe differieren; die Episoden der Ödipus-Sage (in der Analyse von Lévi-Strauss) müssen zugleich identisch und verschieden sein, damit sie, wie alle diese Werke, verständlich werden. Die Operation des Zerlegens erzeugt somit einen ersten zersplitterten Zustand des Simulacrums, doch die Einheiten der Struktur sind durchaus nicht anarchisch: bevor sie verteilt und in die Komposition eingeschlossen werden, bildet jede von ihnen zusammen mit dem ihr zugehörigen möglichen Vorrat einen intelligenten Organismus, der einem obersten bewegenden Prinzip unterworfen ist: dem des kleinsten Unterschieds.

Den gesetzten Einheiten muß der strukturale Mensch Assoziationsregeln ablauschen oder zuweisen: das ist die Tätigkeit des Arrangierens, die der Tätigkeit der Nennung folgt. Die Syntax der Künste und Analysen ist, wie man weiß, äußerst vielfältig; was sich jedoch in jedem Werk strukturalen Entwurfs finden läßt, ist die Unterwerfung unter einen Regelzwang, für den der (fälschlich inkriminierte) Formalismus viel weniger von Belang ist als die

[7] Dentalität: Artikulation an den oberen Schneidezähnen; Sonorität: Stimmhaftigkeit.

Stabilität; denn was sich in diesem zweiten Stadium der strukturalistischen Tätigkeit abspielt, ist eine Art Kampf gegen den Zufall; deshalb haben die Rekurrenszwänge der Einheiten einen fast demiurgischen Wert: durch die regelmäßige Wiederkehr der Einheiten und Assoziationen von Einheiten kommt das Werk als konstruiertes zum Vorschein, das heißt mit Bedeutung versehen; die Linguisten nennen diese Kombinationsregeln *Formen,* und es wäre ratsam, diesen strengen Gebrauch eines so abgenutzten Wortes beizubehalten: die Form, wurde gesagt, ist das, was der Kontiguität[8] der Einheiten gestattet, nicht als bloßes Zufallsergebnis in Erscheinung zu treten: das Kunstwerk ist, was der Mensch dem Zufall entreißt. Und das macht vielleicht verständlich, warum die sogenannten nichtgegenständlichen Werke dennoch im höchsten Grad Werke sind: weil das menschliche Denken sich nicht in der Analogie von Kopie und Modell ausdrückt, sondern in der Genauigkeit der Anordnungen; und andererseits, warum diese Werke denen, die keinerlei *Form* in ihnen entdecken, zufällig und eben darum unnütz erscheinen.

Das derart errichtete Simulacrum gibt die Welt nicht so wieder, wie es sie aufgegriffen hat, und darin gründet die Bedeutung des Strukturalismus. Zunächst offenbart er eine neue Kategorie des Objekts, die weder das Reale noch das Rationelle ist, sondern das *Funktionelle;* er trifft hierin mit einem ganzen Wissenschaftskomplex zusammen, der sich im Augenblick im Umkreis der Informationstheorie entwickelt. Außerdem und vor allem beleuchtet er den spezifisch menschlichen Prozeß, durch den die Menschen den Dingen Bedeutung geben. Ist das neu? Bis zu einem gewissen Grad. Freilich hat die Welt seit je unermüdlich nach der Bedeutung dessen gesucht, was ihr gegeben ist und was sie erzeugt; neu ist ein Gedanke (oder eine ‚Poetik'), der weniger versucht, den Objekten, die er entdeckt, Bedeutungen zuzuweisen, als vielmehr zu erkennen, wodurch die Bedeutung möglich ist, zu welchem Preis und auf welchem Weg. Man könnte sogar sagen, daß das Objekt des Strukturalismus nicht der mit bestimmten Bedeutungen bedachte, sondern der Bedeutungen erzeugende Mensch ist, so als würden die semantischen Ziele — die Ziele der Menschheit — nicht etwa durch den Inhalt der Bedeutungen ausgeschöpft, sondern einzig durch den Akt, der jene Bedeutungen — geschichtliche und kontingente Variablen — erzeugt. *Homo significans*[9]*:* das wäre der neue Mensch der strukturalen Forschung.

---

[8] Zusammensein von Verschiedenem.

[9] der zeichensetzende Mensch.

Wie Hegel sagte, staunte der alte Grieche über das *Natürliche* in der Natur; er lieh ihr unablässig sein Ohr, er fragte nach der Bedeutung der Quellen, der Berge, der Wälder, der Gewitter; ohne zu wissen, was alle diese Dinge ihm namentlich sagten, nahm er in der vegetabilischen oder kosmischen Ordnung einen ungeheuren Schauer der Bedeutung wahr, dem er den Namen eines Gottes gab: Pan. Seither hat die Natur sich gewandelt, sie ist gesellschaftlich geworden: alles was dem Menschen gegeben ist, ist auch schon menschlich, bis hin zum Wald und zum Fluß, den wir auf unseren Reisen durchqueren. Doch dieser gesellschaftlichen Natur, die ganz einfach die Kultur ist, steht der strukturale Mensch nicht anders gegenüber als der alte Grieche: auch er leiht sein Ohr dem Natürlichen in der Kultur und nimmt unablässig in ihr nicht so sehr feststehende, endgültige, ‚wahre' Bedeutungen als vielmehr den Schauer einer ungeheuren Maschine wahr, nämlich der Menschheit, die unermüdlich an der Schöpfung von Bedeutung arbeitet, ohne die sie nicht mehr menschlich wäre. Und weil dieses Herstellen von Bedeutung in seinen Augen wesentlicher ist als die Bedeutung selbst, weil die Funktion weiter reicht als die Werke, macht sich der Strukturalismus zur Tätigkeit und stellt die Erschaffung des Werks und das Werk selber in ein und dieselbe Identität: eine serielle Komposition oder eine Analyse von Lévi-Strauss sind nur insofern Objekte, als sie *gemacht* worden sind: ihr gegenwärtiges Sein *ist* ihr vergangener Akt: sie sind *Gemachtwordenes;* der Künstler, der Analytiker legt den Weg der Bedeutung noch einmal zurück, er braucht ihn nicht zu bezeichnen: seine Funktion, um Hegels Beispiel aufzugreifen, ist eine *Manteia;* gleich dem antiken Seher *sagt* er den Ort der Bedeutung, aber nennt ihn nicht. Und weil insbesondere die Literatur eine Mantik[10] ist, ist sie zugleich intelligibel und fragend, sprechend und stumm, engagiert an die Welt durch den Weg der Bedeutung, den sie mit ihr nochmals zurücklegt, aber degagiert von den kontingenten Bedeutungen, die die Welt hervorbringt: Antwort für den, der sie konsumiert, und dennoch stets Frage an die Natur; Antwort die fragt, und Frage die antwortet.

Wie also könnte der strukturale Mensch die Anklage des Irrationalismus hinnehmen, die zuweilen gegen ihn erhoben wird? Sind denn die Formen nicht in der Welt, sind denn die Formen nicht verantwortlich? War das Revolutionäre bei Brecht wirklich der Marxismus? War es nicht vielmehr der Entschluß, den Marxismus

---

[10] Manteia: das Wahrsagen, die Gabe der Weissagung; Mantik: Seher- und Wahrsagekunst.

an den Standort eines Bühnenscheinwerfers, die Zerschlissenheit eines Kostüms zu binden? Der Strukturalismus entzieht der Welt nicht die Geschichte: er versucht, die Geschichte nicht nur an Inhalte zu binden (das ist tausendfach getan worden), sondern auch an Formen; nicht nur an das Materielle, sondern auch an das Intelligible; nicht nur an das Ideologische, sondern auch an das Ästhetische. Und eben weil jeder Gedanke über das geschichtliche Intelligible auch ein Beitrag zu diesem Intelligiblen ist, liegt dem strukturalen Menschen wenig daran, ob er dauert: er weiß, daß auch der Strukturalismus eine bestimmte *Form* der Welt ist, die sich mit der Welt ändern wird; und so wie er seine Gültigkeit (nicht seine Wahrheit) in der Fähigkeit sieht, die alten Sprachen der Welt auf neue Weise zu sprechen, weiß er auch, daß, sobald aus der Geschichte eine neue Sprache auftauchen wird, die nun ihrerseits *ihn* spricht, seine Aufgabe beendet ist.

Aus: Kritik und Wahrheit (1966)

Nichts ist für eine Gesellschaft von größerer Wichtigkeit als die Klassifikation ihrer Sprachen. Die Klassifikation ändern, das Sprechen verschieben heißt, eine Revolution machen. Zwei Jahrhunderte lang hat sich der französische Klassizismus definiert durch die Einteilung, die Hierarchie und die Stabilität seiner Schreibweisen, und die Revolution der Romantik hat sich selbst ausdrücklich als eine Umwälzung der Klassifizierung verstanden. Nun vollzieht sich seit ungefähr hundert Jahren, ganz gewiß aber seit *Mallarmé* eine bedeutsame Veränderung der alten Positionen unserer Literatur: die doppelte Funktion der Schreibweise, die poetische und kritische, wird ausgetauscht und verschmilzt in eine. Nicht nur betreiben die Schriftsteller gleichzeitig auch Kritik, oft spricht ihr Werk selbst die Bedingungen seines Entstehens *(Proust)* oder gar seiner Verhinderung *(Blanchot)* aus. Eine einzige Sprechweise will die gesamte Literatur erfassen; es gibt keine Poeten und Romanciers mehr: es gibt nur noch die Schreibweise.
Nun wird durch eine ergänzende Bewegung auch der Kritiker zum Schriftsteller. Natürlich ist das Streben, Schriftsteller sein zu wollen, nicht das Erheben eines Anspruchs auf einen Stand, sondern eine Seinsintention. Was schert es uns, ob es ruhmreicher ist, Romancier, Poet, Essayist oder Publizist zu sein? Der Schriftsteller kann nicht durch Ausdrücke, die die Rolle oder den Wert bezeichnen, definiert werden, sondern nur durch ein bestimmtes Bewußtsein des Redens. Der ist Schriftsteller, für den die Sprache ein Problem bildet, der ihre Tiefe erleidet, nicht ihren Instrumental-

charakter oder ihre Schönheit. So sind neuerdings Bücher entstanden, die sich gleich wie das literarische Werk für die Lektüre anbieten, obwohl ihre Autoren dem Stande nach lediglich Kritiker und keine Schriftsteller sind. Wenn die neue Kritik etwas Realität besitzt, dann liegt sie darin, nämlich nicht in der Einheitlichkeit ihrer Methoden, und noch weniger in dem Snobismus, durch den sie, wie man bequemerweise sagt, aufrechterhalten wird, sondern in der Einsamkeit des kritischen Aktes, der nun — weit entfernt von Alibis durch Wissenschaft und Institutionen — sich als ein Akt des Schreibens und der Schreibweise bestätigt. Einst getrennt durch den verbrauchten Mythos vom ‚erhabenen Schöpfer und dem bescheidenen Diener, die beide, jeder an seinem Platz, notwendig sind usw.‘, vereinigen sich Schriftsteller und Kritiker heute angesichts ein und desselben Objekts, der Sprache, und in ein und derselben schwierigen Arbeitsbedingung.

Diese Grenzüberschreitung wird, wie man gesehen hat, nicht geduldet. Und doch ist sie vielleicht, wenn man einstweilen auch noch für sie zu Felde ziehen muß, bereits überholt durch eine neue Umwandlung, die sich am Horizont zeigt. Nicht mehr nur die Kritik hat zu tun mit dieser ‚Durchquerung der Schreibweise‘, die möglicherweise einmal unser Jahrhundert kennzeichnen wird, sondern der gesamte intellektuelle Diskurs. Schon vor vier Jahrhunderten hat *Ignatius von Loyola,* der Begründer des Ordens, der wahrscheinlich am meisten für die Rhetorik getan hat, in seinen ‚Geistlichen Übungen‘ das Modell eines dramatisierten Diskurses aufgestellt, der anderen Kräften ausgesetzt ist als dem Syllogismus oder der Abstraktion, wie dem scharfsinnigen *Georges Bataille* nicht entgangen ist[11]. Seither haben immer wieder Schriftsteller, zum Beispiel *Sade* und *Nietzsche,* die Regeln intellektueller Darlegung verbrannt und übersprungen. Und darin liegt, was heute offen in Frage gestellt wird. Der Intellekt dringt zu einer anderen Logik vor, er erreicht die Region der ‚inneren Erfahrung‘. Ein und dieselbe, allem Sprechen — sei es fiktiv, poetisch oder diskursiv — gemeinsame Wahrheit wird gesucht, weil sie die Wahrheit des Sprechens selbst ist. Wenn *Jacques Lacan*[12] spricht, ersetzt er die

---

[11] Ignatius von Loyola (1491—1556): Gründer des Jesuitenordens; seine ‚Geistlichen Übungen‘ entstanden 1522/23; sie geben bis heute die Grundlage für die ‚Exerzitien‘ der Jesuiten ab. Georges Bataille (1897 bis 1962), Bibliothekar, Literat und Theoretiker, schrieb unter anderem über Ignatius, Sade (1740—1814) und Nietzsche (Der heilige Eros, Frankfurt-Berlin-Wien 1974).

[12] (1901—1981), Begründer einer strukturalen Psycholinguistik.

traditionelle Abstraktion der Begriffe durch die Expansion des Bildes im Feld des Sprechens. Auf einem anderen Gebiet schlägt *Claude Lévi-Strauss* unter Verzicht auf den herkömmlichen Begriff der ‚Entwicklung' mit ‚*Le cru et le cuit*'"[13] eine neue Rhetorik der *Variation* vor und führt eine neue Verantwortlichkeit der Form ein, die in Werken der Geisteswissenschaften zu finden man kaum gewohnt ist. Ohne Zweifel: es vollzieht sich eine allgemeine Umwandlung der diskursiven Rede, eben die, durch die der Kritiker sich dem Schriftsteller nähert: wir erleben eine Krise des Kommentars, die vielleicht genauso bedeutsam ist wie jene, die in bezug auf das gleiche Problem den Übergang vom Mittelalter zur Renaissance markiert.

Diese Krise ist tatsächlich von dem Augenblick an, da man die symbolische Natur der Sprechweise oder die linguistische Natur des Symbols entdeckt — oder wiederentdeckt —, unvermeidlich. Sie verschärft sich heute unter dem Einfluß der Psychoanalyse und des Strukturalismus. Lange Zeit hat die klassisch-bürgerliche Gesellschaft im Wort ein Instrument oder einen Schmuck gesehen; wir betrachten es heute als ein Zeichen und eine Wahrheit. Alles, was die Sprache berührt, wird also aufs neue in Frage gestellt: die Philosophie, die Geisteswissenschaften, die Literatur.

Das ist die Auseinandersetzung, innerhalb derer man nun die Literaturkritik sehen muß, der Einsatz, dessen Gegenstand sie zum Teil ist. Welches sind die Beziehungen zwischen dem Werk und der Sprechweise? Wenn das Werk symbolisch ist, welche Regeln gelten dann für die Lektüre? Kann es eine Wissenschaft von den geschriebenen Symbolen geben? Kann die Sprache des Kritikers selber symbolisch sein?

---

[13] deutsch: ‚Das Rohe und das Gekochte' (1971); französisch 1964 als Bd. 1 der ‚Mythologiques'.

Jean-Paul Sartre

Aus: Kritik der dialektischen Vernunft (1960)[1]

Es besteht kein Zweifel darüber, daß *Valéry*[2] ein kleinbürgerlicher Intellektueller ist. Aber nicht jeder kleinbürgerliche Intellektuelle ist *Valéry*. Die heuristische Unzulänglichkeit des heutigen Marxismus ist in diesen beiden Sätzen enthalten. Dem Marxismus fehlt eine Gliederungssystematik der Vermittlungen, um den Prozeß zu erfassen, der die Person und ihr Produkt innerhalb einer Klasse und einer gegebenen Gesellschaft in einem gegebenen historischen Zeitpunkt hervorbringt. Wenn er *Valéry* als einen Kleinbürger und sein Werk als idealistisch ansieht, so findet er in diesem wie in jenem nur das wieder, was er hineingelegt hat. Auf Grund dieses Mangels macht er sich schließlich vom Besonderen frei und bezeichnet es als bloße Wirkung des Zufalls: „Daß ein solcher (großer Mann) und grade dieser", so schreibt *Engels*, „zu dieser bestimmten Zeit in diesem gegebenen Lande aufsteht, ist natürlich reiner Zufall ..., daß aber in Ermangelung eines *Napoleon* ein anderer die Stelle ausgefüllt hätte, das ist bewiesen dadurch, daß der Mann sich gefunden, sobald er nötig war ... So mit allem andern Zufälligen und scheinbar Zufälligen in der Geschichte. Je weiter das Gebiet, das wir gerade untersuchen, sich vom Ökonomischen entfernt und sich dem reinen abstrakt Ideologischen nähert, desto mehr werden wir finden, daß es in seiner Entwicklung Zufälligkeiten aufweist, desto mehr im Zickzack verläuft seine Kurve. Zeichnen Sie aber die Durchschnittsachse der Kurve, so werden Sie finden, daß je länger die betrachtete Periode und je größer das so behandelte Gebiet ist, daß diese Achse der Achse der ökonomischen Entwicklung um so mehr annähernd parallel verläuft"[a]. Anders ausgedrückt: für *Engels* ist die konkrete Be-

---

[a] *Engels* an Starkenburg, 25. 1. 1894. *Marx-Engels,* Briefe über ‚Das Kapital', Stuttgart 1953, S. 366 f. (Anm. d. Übers.)

[1] Erster Teil: ‚Questions de méthode', deutsch: Marxismus und Existentialismus. Versuch einer Methodik, übersetzt von Herbert Schmitt, Reinbek bei Hamburg 1964, S. 48—51, 52—55, 112—120.
Sartre hat sich sein Leben lang in verschiedenen Versuchen, zuletzt in seinem unvollendet gebliebenen Spätwerk ‚Der Idiot der Familie', mit der Gestalt Flauberts auseinandergesetzt. Die fünf Flaubert-Analysen aus der ‚Kritik der dialektischen Vernunft' werden hier nacheinander gedruckt.

[2] Paul Valéry (1871—1945): französischer Lyriker und Literatur- und Kunsttheoretiker, Vertreter einer intellektuellen Lyrik.

stimmtheit *dieses* Menschen, eine ‚abstrakt ideologische Bestimmtheit'. Es gibt nichts Reales und Intelligibles außer der Durchschnittsachse der Kurve (eines Lebens, einer Geschichte, einer Partei oder einer Gesellschaftsgruppe), und dieses Allgemeinheitsmoment entspricht einem anderen Allgemeinen (dem eigentlich Ökonomischen). Der Existentialismus aber betrachtet diese Erklärung als willkürliche Begrenzung der dialektischen Bewegung, als Abbruch der Denkbemühung und als Weigerung, überhaupt verstehen zu wollen. Er lehnt es ab, das wirkliche Leben den unausdenkbaren Zufällen der Geburt zu überlassen, um über eine Allgemeinheit nachzudenken, die darauf beschränkt ist, sich unendlichfach in sich selbst widerzuspiegeln[b)]. Er beabsichtigt, ohne den marxistischen Thesen untreu zu werden, diejenigen Vermittlungen zu finden, die es erlauben, das Konkrete in seiner jeweiligen Besonderheit, das Leben, den wirklichen und ausgestandenen Kampf und die Person aus den *allgemeinen* Widersprüchen zwischen Produktivkräften und Produktionsverhältnissen hervorgehen zu lassen.

Flaubert-Analyse I. Reziprozität der Perspektiven

Der zeitgenössische Marxismus weist beispielsweise nach, daß der Realismus *Flauberts* in symbolisierender Wechselbeziehung zur sozialen und politischen Entwicklung des Kleinbürgertums des *Second Empire* steht[3]. Niemals aber zeigt er die Entstehung dieser Wechselseitigkeit der Perspektiven auf. Wir wissen nicht, warum *Flaubert* der Literatur allem anderen gegenüber den Vorzug gab, warum er wie ein Eremit gelebt hat, oder auch nur, warum er lieber *diese* Bücher geschrieben hat als die von *Duranty*

---

b) Diese parallelen Durchschnittsachsen lassen sich letztlich auf eine einzige Linie reduzieren: Unter diesem Gesichtspunkt betrachtet, scheinen Produktionsverhältnisse, die gesellschaftspolitischen Strukturen und die Ideologien ganz einfach nur (wie in der Philosophie *Spinozas*) ‚verschiedene Übersetzungen ein und desselben Satzes' zu sein.

3 Gustave Flaubert (1821—1880) wurde berühmt mit seinem Roman ‚Madame Bovary' (1857), dessen Heldin, Emma Bovary, sich aus der Öde ihres trostlosen Daseins in der Provinz zu befreien sucht, dabei aber scheitert und im Selbstmord endet. Flaubert wurde wegen der angeblich zu großen Freizügigkeit dieses Romans gerichtlich belangt, aber freigesprochen. Ein weiteres Hauptwerk ist die ‚Versuchung des heiligen Antonius' (1874, Arbeit daran seit 1848).
Second Empire: das ‚Zweite Kaiserreich' Napoleons III. (1852—1870).

oder die der Brüder *Goncourt*[4]. Der Marxismus gliedert ein, aber er entdeckt sonst weiter nichts: er läßt andere, der Prinzipien ermangelnde Disziplinen die genauen Lebensumstände und persönlichen Momente festlegen und macht sich dann sogleich an den Nachweis, daß seine Schemata sich einmal mehr bewahrheitet haben: unter den vorliegenden Umständen und bei dieser oder jener Form des Klassenkampfes mußte *Flaubert*, der dem Bürgertum angehörte, leben, wie er gelebt hat, und schreiben, was er geschrieben hat. Was man jedoch gerade mit Schweigen übergeht, ist die Bedeutung dieser drei Worte: ‚dem Bürgertum angehören'. Denn es ist weder die Grundrente[5] noch die so entschieden intellektuelle Natur seiner Arbeit, die *Flaubert* ursprünglich zum Bürger machen. Er gehört dem Bürgertum *an*, weil er *ihm* entstammt, d. h. weil er in einer *schon bürgerlichen* Familie zur Welt gekommen ist[c)], deren Oberhaupt, Chirurg in Rouen, schon von der aufsteigenden Bewegung seiner Klasse mitgerissen war. Und wenn *Flaubert* als Bürger denkt und als Bürger fühlt, so deshalb, weil man ihn zu einem solchen Bürger gemacht hat zu einer Zeit, da er noch nicht den Sinn der Gesten und Rollen, die man ihm aufgenötigt hatte, verstehen konnte. Wie alle Familien, war auch die seine etwas *Einzigartiges:* Seine Mutter war mit dem Adel verwandt, sein Vater war der Sohn eines Dorfveterinärs, der ältere, scheinbar viel begabtere Bruder von *Gustave* war für ihn schon sehr bald ein Gegenstand des Ekels. *Flaubert* lernte nur halbbewußt unter den Besonderheiten einer Lebensgeschichte und durch die Widersprüche hindurch, die seiner Familie eigen waren, seine Klasse kennen. Es gibt keinen Zufall, wenigstens nicht so, wie man üblicherweise annimmt: das Kind wird so oder so, weil es das Allgemeine als Besonderes erlebt. Er hatte auf *einzigartige* Weise den Widerstreit zwischen dem religiösen Pomp eines monarchischen Regimes, das

---

[c)] Man kann auch in sie *eintreten:* und recht eigentlich ist man nicht ganz derselbe Kleinbürger, je nachdem, wie man es geworden ist: durch Klassenübertritt oder durch Geburt.

[4] Louis Emile Edmond Duranty (1833—1880): französischer Schriftsteller und Kunstkritiker des Realismus; Edmond Huot de Goncourt (1822—1896) und Jules Huot de Goncourt (1830—1870): französische Schriftsteller, die ihre Werke zusammen verfaßten und veröffentlichten.

[5] Grundrente ist nach Marx die „kontraktlich festgesetzte Geldsumme," die der „Pächter-Kapitalist ... dem Grundeigentümer, dem Eigentümer des von ihm exploitierten Bodens, in bestimmten Terminen (zahlt) für die Erlaubnis, sein Kapital in diesem besonderen Produktionsfeld anzuwenden" (MEW, Bd. 25, S. 631).

wiederkehren wollte, und dem Unglauben seines Vaters, eines intellektuellen Kleinbürgers und Sohnes der Französischen Revolution, erlebt. Ins Allgemeine erhoben, brachte der Konflikt den Kampf der alten Grundbesitzer gegen die Aufkäufer von Staatsgütern und gegen das industrielle Bürgertum zum Ausdruck. Diesen Widerspruch (der übrigens während der Restauration durch einen vorläufigen Ausgleich verdeckt war) hat *Flaubert* für sich und durch sich selbst erlebt; sein Trachten nach Adel und vor allem nach Glauben wird immer wieder durch den väterlichen Scharfsinn niedergehalten. Später hat er diesen alles erdrückenden Vater in sich aufgenommen, diesen Vater, der alle höheren Regungen seines Sohnes auf physiologische Dispositionen zurückführte und sogar, als er tot war, nicht aufhörte, Gott, seinen Hauptgegner, zu zermalmen. Allein, der kleine *Flaubert* hat dies alles nur dunkel erlebt, d. h. ohne eigentliches Bewußtsein davon, in Bestürzung, in Abkehr, in Verständnislosigkeit und in den materiellen Verhältnissen eines Bürgerkindes, wohlgenährt und umhegt, aber ohnmächtig und isoliert von der Welt. *Als Kind* hat er seine künftige gesellschaftliche Stellung, die ihm seine Berufsmöglichkeiten eröffneten, erlebt: sein Haß gegen den älteren Bruder, der ein hervorragender Student der medizinischen Fakultät war, versperrte ihm die naturwissenschaftliche Laufbahn, d. h. er wollte und wagte es nicht, ein Glied der ‚*kleinbürgerlichen*' Elite zu werden. Es blieb nur das Recht: diese Karrieren, die er für entwürdigend erachtete, ließen ihn seine eigene Klasse verabscheuen; und dieser Abscheu war gleichzeitig ein klares Bewußtsein und eine endgültige Entfremdung vom Kleinbürgertum. Er erlebte auch den bürgerlichen Tod, diese uns von der Geburt an begleitende Einsamkeit, allerdings durch die Familienstrukturen hindurch: der Garten, in dem er mit seiner Schwester spielte, war neben dem Labor gelegen, in dem sein Vater sezierte; das Sterben, die Leichen, der frühe Tod seiner Schwester, die Naturwissenschaft und der Unglaube seines Vaters, all das mußte sich in einer verwickelten und ganz eigentümlichen Haltung vereinigen.

Diese explosive Mischung aus naiver Wissenschaftsgläubigkeit und gottloser Religion, die *Flaubert* ausmacht und die er durch die Liebe zu streng formaler Kunst überwinden wollte, können wir uns erklären, wenn wir genau verstehen, daß sich all das *in der Kindheit* abgespielt hat, d. h. unter völlig anderen Bedingungen, als sie für einen Erwachsenen bestehen; denn die Kindheit formt unüberwindbare Vorurteile aus, sie läßt in der Härte der Zucht und Verwirrung des dressierten Tieres die Milieuzugehörigkeit *als einzigartiges Ereignis* zutiefst spürbar werden. [...]

Flaubert-Analyse II. Psychoanalytisch bedeutende Fakten

Die Marxisten von heute kümmern sich nur um die Erwachsenen: wenn man sie liest, könnte man glauben, wir kämen an dem Tag zur Welt, an dem wir unser erstes eigenes Geld verdienen; sie haben ihre eigene Kindheit vergessen, und alles geschieht bei ihnen, als verspürten die Menschen ihre Selbstentfremdung[6] und Versachlichung *erstmalig bei ihrer eigentlichen Berufsarbeit,* während sie doch jeder schon als Kind *in der Arbeit seiner Eltern* erlebt. Da sie sich allzu ausschließlich auf sexuelle Deutungen beschränken, verurteilen sie eine Interpretationsmethode, die eigentlich nur bei jedermann die Natur durch Geschichte ersetzen will; denn sie haben noch nicht begriffen, daß die Sexualität nur eine auf einem bestimmten Niveau und in der Sicht eines bestimmten individuellen Abenteuers bestehende Erlebnisform unserer Gesamtsituation ist. Der Existentialismus glaubt dagegen, diese Methode einbeziehen zu können, weil sie den Ansatzpunkt des Menschen in seiner Klasse, d. h. die jeweilige Einzelfamilie als Vermittlung zwischen der allgemeinen Klasse und dem Individuum entdeckt hat: die Familie wird wirklich im und durch den allgemeinen Geschichtsablauf konstituiert und doch auch als ein Absolutes in der Tiefe und Undurchschaubarkeit der Kindheit erlebt.

Die Familie *Flauberts* war ein halb-selbständiger Typ, sie war etwas rückständig im Vergleich mit den Familien der Industriellen, die *Flauberts* Vater behandelte und besuchte. Der Vater *Flaubert,* der sich von seinem ‚Chef' *Dupuytren* ins Unrecht gesetzt fühlte, terrorisierte jeden mit seinen Verdiensten, seiner allgemeinen Bekanntheit, seiner *Voltaire*schen[7] Ironie, seinen fürchterlichen Wutausbrüchen oder melancholischen Anwandlungen. Daher versteht man leicht, daß die Bindung des kleinen *Gustave* an seine Mutter niemals wirklich formend war; denn sie war ein bloßes Spiegelbild des schrecklichen Doktors. Es handelt sich also um einen recht fühlbaren Abstand, der *Flaubert* oft von seinen Zeitgenossen trennte: in einem Jahrhundert, in dem die *Gatten-Familie* für das reiche Bürgertum den allgemein üblichen Typus bildete, in dem *du Camp* und *Le Poittevin* von der *patria potestas*[8] befreite

[6] Nach Marx entfremdet sich bei der kapitalistischen Produktionsweise der Arbeiter von dem Produkt seiner Arbeit („Entfremdung der Sache") und von sich als Produzierendem und von den anderen Menschen („Selbstentfremdung").

[7] Voltaire (1694—1778): Philosoph der französischen Aufklärung.

[8] Maxime du Camp (1822—1894): französischer Schriftsteller, begleitete Flaubert auf dessen Orientreise; Le Poittevin: Freund Flauberts; patria potestas: väterliche Gewalt.

Kinder darstellten, ist *Flaubert* ganz und gar durch die starre ‚Fixierung' auf seinen Vater gekennzeichnet. *Baudelaire*[9] dagegen, der im gleichen Jahr geboren ist, war sein Leben lang fest an seine Mutter gebunden. Dieser Unterschied erklärt sich aus dem unterschiedlichen Milieu, dem sie entstammten: das Bürgertum *Flauberts* war ungeschliffen, neu (die Mutter, weitläufig mit dem Adel verwandt, war die Repräsentantin einer ihrer Auflösung entgegengehenden Klasse von Grundbesitzern: der Vater stammte direkt vom Land und trug noch in Rouen eine befremdend wirkende ländliche Tracht, im Winter z. B. ein Ziegenfell). Dieses Bürgertum kam vom Land und wandte sich wieder dorthin zurück, da es mit zunehmendem Reichtum mehr und mehr Land kaufte.

Die Familie *Baudelaires* gehörte schon viel länger dem Bürgertum an und war städtischer Herkunft. Sie betrachtete sich als ein wenig dem Amtsadel zugehörig: sie besaß Aktien und Titel. Zwischen den beiden Herren erschien die Mutter einige Zeit ganz allein im Glanz ihrer Selbständigkeit; und später konnte *Aupick*, solange er wollte, den ‚Starken' spielen; Madame *Aupick* aber hatte nie aufgehört, dumm und reichlich eitel, aber bezaubernd und von der Zeit begünstigt, ein *selbständiges Dasein* zu führen.

Aber geben wir acht; jeder verlebt seine ersten Jahre in Verwirrung und Blendung als eine unergründliche und völlig abgesonderte Realität: die Verinnerlichung der Außenwelt ist hier eine nicht weiter zurückführbare Tatsache. Sicherlich ist der ‚Knacks' des kleinen *Baudelaire* die Verwitwung und Wiederverheiratung seiner zu hübschen Mutter: aber er ist auch eine Eigenqualität seines Lebens, eine Unausbalanciertheit, ein Unglück, das ihn bis zu seinem Tode verfolgte; die ‚Fixierung' *Flauberts* auf seinen Vater ist Ausdruck einer Gruppenstruktur, ist sein Haß auf alles Bürgerliche, sind seine ‚hysterischen' Anfälle und ist seine mönchische Neigung. Im Vollzug einer dialektischen Totalisierung[10] verweist

---

[9] Charles Baudelaire (1821—1867): französischer Dichter, Kunstkritiker und Essayist; berühmt ist vor allem sein Gedichtband ‚Les fleurs du mal' (Die Blumen des Bösen, 1857). Einschneidend für seine Entwicklung war der frühe Tod seines Vaters und die zweite Ehe der Mutter mit General Aupick.

[10] Totalisierung versteht Sartre „als historischen Vorgang und als theoretische und praktische Bemühung, ein Ereignis, eine Gruppe oder einen Menschen ‚einzureihen' ". „Die Totalisierung muß also die mehrdimensionale *Einheit* des Aktes entdecken; unsere alten Denkgewohnheiten laufen Gefahr, diese Einheit, die die Bedingung der wechselseitigen Durchdringung sowie der relativen Autonomie der Bedeutung bildet,

die Psychoanalyse einerseits auf objektive Strukturen, auf materielle Bedingungen und andererseits auf den Einfluß, den unsere unaufhebbare Kindheit auf unser Erwachsenenleben ausübt. Damit aber wird es unmöglich, ‚Madame Bovary' direkt mit der politisch-sozialen Struktur und mit der Entwicklung des Kleinbürgertums in Verbindung zu bringen; man muß das Werk auf die *Flaubert* gegenwärtige Realität, wie sie von ihm auf Grund seiner Kindheit erlebt wurde, zurückführen. Daraus ergibt sich freilich eine bestimmte Schwerpunktverlagerung: es zeigt sich eine Art von Hysterese[d)] des Werkes in bezug auf die Epoche, in der es erschien. Es muß nämlich in sich eine ganze Anzahl aktueller Bedeutungen vereinigen, aber auch andere, die einen zwar neuen, aber doch schon überwundenen Gesellschaftszustand darstellen. Diese von den Marxisten stets außer acht gelassene *Hysterese* gibt ihrerseits Aufschluß über die wahre gesellschaftliche Realität, in der sich die *zeitgenössischen* Ereignisse, die Erzeugnisse und Akte durch die außerordentliche Verschiedenheit ihrer zeitlichen Tiefe auszeichnen. Es kommt ein Augenblick, in dem Flaubert seiner Zeit *voraus* zu sein scheint (zur Zeit der ‚Madame Bovary'), weil er *hinter ihr zurück* ist, weil sein Werk unter einer Maske einer von der Romantik angeekelten Generation die nachromantische Verzweiflung eines Schülers von 1830 ausdrückt. Der objektive Sinn des Buches — den die Marxisten, als gute Jünger *Taines*[11], ganz einfach für durch die Zeitumstände des Autors bedingt halten — ist das Ergebnis eines Kompromisses zwischen dem, was diese neue Jugend auf Grund ihrer eigenen Geschichte fordert, und dem, was der Autor auf Grund seiner Geschichte ihnen bieten kann, d. h. er führt die paradoxe Vereinigung zweier bereits überwundener Momente dieses intellektuellen Kleinbürgertums (1830—1845)

---

ungebührlich zu vereinfachen; die heutige Form der Sprache ist wenig dazu geeignet, sie wiederherzustellen. Wir müssen trotzdem mit diesen untauglichen Mitteln und ungeeigneten Gewohnheiten versuchen, aus diesen Facetten die komplexe und mehrwertige Einheit als das dialektische Gesetz ihrer Wechselbezüge (d. h. der Verbindungen jeder mit jeder und jeder mit allen) wiederherzustellen. Die dialektische Erkenntnis des Menschen fordert, nach *Hegel* und *Marx*, eine neue Rationalität." (Marxismus und Existentialismus, a. a. O., S. 88, 90—91) Durchgeführt wird diese Methode vor allem in ‚Der Idiot der Familie'.

[11] Hippolyte Adolphe Taine (1828—1893): französischer Historiker und Geschichtsphilosoph.

[d)] Physikalisch: Fortdauer einer Wirkung nach Aufhören der Ursache. (Anm. d. Red.)

durch. Wenn man von diesem Gesichtspunkt ausgeht, kann man das Buch in neuen Hinsichten als Waffe gegen eine Klasse oder ein Regime *benützen*[*1]. Aber der Marxismus hat nichts von diesen Methoden zu befürchten, denn sie geben ganz einfach konkrete Bereiche des Realen wieder, und die Nöte der Person gewinnen ihren wahren Sinn, wenn man bedenkt, daß sie auf konkrete Art und Weise die Selbstentfremdung des Menschen ausprägen; der von der Psychoanalyse unterstützte Existentialismus kann heute nur Situationen studieren, in denen der Mensch sich selbst schon von Jugend auf verloren hat, denn in einer auf Ausbeutung beruhenden Gesellschaft gibt es keine anderen Verhältnisse[*2]. [...]

[*1] Diese jungen Leser waren *Schwarzseher:* sie verlangten von ihren Schriftstellern, sie sollten beweisen, daß das Handeln unmöglich ist, um so ihre Scham über ihre mißglückte Revolution auszulöschen. Realismus war für sie Verurteilung der Wirklichkeit: das Leben absolutes Scheitern. *Flauberts Pessimismus* hat sein positives Gegengewicht, den ästhetischen Mystizismus, der sich allenthalben in der ‚Madame Bovary' findet, ja direkt in die Augen springt, aber die Leserschaft hat ihn nicht ‚geschluckt', weil sie ihn nicht darin suchte. Nur *Baudelaire* sah klar: *Die Versuchung* und *Madame Bovary* haben das gleiche Thema, schrieb er. Aber was konnte er gegen dieses *neue und kollektive Ereignis,* die Entstellung eines Buches bei dessen Lektüre, ausrichten? Dieser Sinn der ‚Madame Bovary' ist uns bis heute verhüllt geblieben: jedem jungen Mann, der 1957 die Bekanntschaft dieses Buches macht, erschließt es sich, ohne daß er es weiß, durch Dahingeschiedene, die seinen Sinn verändert haben.

[*2] Hier erhebt sich jedoch eine Frage. Die Marxisten sind der Überzeugung, daß das gesellschaftliche Verhalten eines Individuums durch die Allgemeininteressen seiner Klasse bedingt ist. Diese — zunächst abstrakten — Interessen werden durch die dialektische Bewegung zu konkreten und uns bannenden Kräften; sie engen unseren Horizont ein, sie bestimmen unsere eigene Ausdrucksweise und verhindern alle Versuche, unsere Handlungen bis ins letzte verstehen zu wollen oder uns von unserem Milieu loszureißen. Ist diese These mit dem Gedanken der Bedingtheit unseres gegenwärtigen Verhaltens durch die Kindheit unverträglich? Ich glaube nicht. Es ist im Gegenteil mühelos einzusehen, daß die analytische Vermittlung nichts ändert. Unsere Vorurteile, unsere Ideen und unsere Überzeugungen sind für die meisten von uns gewiß deshalb unüberwindbar, *weil sie ursprünglich in der Kindheit erfahren worden sind;* es ist unsere Kindheitsverblendung, unsere sich fortsetzende Verwirrung, die — zum Teil wenigstens — der Grund für unsere unvernünftigen Verhaltensweisen, für unsere Widerspenstigkeit gegen die Vernunft sind. Aber was ist denn diese unüberschreitbare Kindheit anderes als eine ganz besondere Erlebnisform der Allgemeininteressen des Milieus. Es hat sich also nichts

Flaubert-Analyse III. Die regressive Methode

Nehmen wir an, wir wollten *Flaubert* studieren — den man in den Literaturgeschichten als den ‚Vater des Realismus' hinstellt. Wir erfahren, daß er gesagt hat, „Madame Bovary, das bin ich". Wir entdecken, daß seine feinsinnigsten Zeitgenossen — allen voran *Baudelaire* mit seinem ‚femininen Temperament' — diese Identifikation stark empfunden haben. Wir lernen weiter, daß der ‚Vater des Realismus' während seiner Orientreise davon träumte, die Geschichte einer mystischen Jungfrau aus den Niederlanden zu schreiben, die vom Traum zerstört wurde und die Symbol seines eigenen Kunstkultes war. Beim Durcharbeiten seiner Biographie entdecken wir *Flauberts* Abhängigkeit, seinen Gehorsam und sein ‚Bezogensein', kurzum lauter Charakterzüge, die man in seiner Epoche als ‚feminin' zu bezeichnen gewohnt war. Zu guter Letzt gewahren wir, daß die Ärzte ihn an seinem Lebensabend ganz so wie eine alte nervöse Frau behandelten und daß er sich dadurch irgendwie geschmeichelt fühlte. Dennoch besteht kein Zweifel: er war nicht *im entferntesten* ein Homosexueller[*3]. Wir müssen uns daher — ohne das Werk, d. h. die literarischen Bedeutungen zu verlassen — fragen, warum sich der Autor (d. h. hier die reine synthetische Aktivität, die ‚Madame Bovary' erschafft) in eine Frau verwandeln konnte, welche Bedeutung der Metamorphose *an sich* zukommt (was eine phänomenologische Studie der *Emma Bovary* im Buch voraussetzt), wer diese Frau ist (von der *Baudelaire* sagt, sie besitze die Verrücktheit und den Willen eines Mannes), was Mitte des 19. Jahrhunderts die Umbildung des Männlichen ins Weibliche durch die Kunst bedeutet (man wird in diesem Zusammenhang ‚Fräulein de Maupin[e)]' usw. heranziehen müssen)

---

geändert. Im Gegenteil! Die Hartnäckigkeit, die törichte und verbrecherische Leidenschaft, ja sogar der Heroismus, das alles findet seine wahre Schwere, seinen Wurzelgrund, seine Vergangenheit wieder, denn die als Vermittlung verstandene Psychoanalyse bedient sich keines neuen Erklärungsprinzips: sie hütet sich sogar, die direkte und jeweils gerade bestehende Beziehung des Individuums zum Milieu oder zur Klasse zu leugnen; sie führt die Geschichtlichkeit und sogar die Negativität in den Modus ein, in dem sich die Person als ein Mitglied einer gesellschaftlich bestimmten Schicht realisiert.

*3 Seine Briefe an *Louise Colet* zeigen, daß er Narziß und Onanist war; aber er rühmt sich amouröser Eroberungen, die wahr sein müssen, weil er sich an die einzige Person wendet, die dafür als Zeuge und Richter in Frage kommt.

e) *‚Mlle de Maupin':* 1835 erschienener Roman *Théophil Gautiers* (1811—1872).

und schließlich, *was Gustave Flaubert sein muß,* daß er im Felde des ihm Möglichen die Möglichkeit fand, sich als Frau darzustellen. Die Antwort ist gänzlich unabhängig von aller Biographie, weil man dieses Problem auch in *Kant*ischen Termini stellen könnte: ‚Unter welchen Bedingungen ist die Feminisierung der Erfahrung möglich.‘ Bei der Beantwortung dieser Frage müssen wir uns stets vor Augen halten, daß der Stil eines Autors unmittelbar mit einer Weltanschauung verbunden ist; denn Satzbau, Einleitung, Gebrauch und Stellung des Substantivs, des Verbums usw., der Ansatz der Abschnitte und das Typische der Erzählung — um nur einige Besonderheiten zu zitieren — prägen verborgene Voraussetzungen aus, die man *differentiell* bestimmen kann, ohne noch die Biographie zu Rate zu ziehen. Wir gelangen jedoch nur noch zu *Problemen.* Es stimmt, daß uns die Ansichten der Zeitgenossen helfen können: *Baudelaire* hat die Identität zwischen der Grundabsicht der ‚Versuchung des heiligen Antonius‘, dieses so überaus ‚artistischen‘ Werkes, von dem *Bouilhet*[12] sagte, es sei ‚ein riesiger Haufen von lauter Perlen‘, und das in der *vollständigsten* Konfusion alle großen metaphysischen Themen der Epoche behandelt (das menschliche Schicksal, das Leben, den Tod, Gott, die Religion, das Nichts usw.), und der Grundintention der ‚Madame Bovary‘, diesem (anscheinend) trockenen und sachlichen Werk, bestätigt. Wer also konnte und mußte *Flaubert* sein, um seine eigene Wirklichkeit in Form eines fanatischen Idealismus und eines allerdings eher boshaften als unerfindlichen Realismus ausdrücken zu können? Wer also konnte und mußte *Flaubert* sein, um sich im Abstand von einigen Jahren in seinem Werk in Form eines mystischen Mönches und einer entschiedenen, ‚ein wenig maskulinen‘ Frau zu objektivieren?

Flaubert-Analyse IV. Werk und Leben

Das ‚Hin-und-Her‘

Von da aus muß man zur Biographie übergehen, d. h. zu den von den Zeitgenossen *gesammelten* und von den Historikern *verifizierten* Tatsachen. Das Werk stellt Fragen an das Leben. Man muß aber verstehen, in welchem Sinn; denn das Werk ist als Objektivation der Person tatsächlich *vollständiger* und *umfassender* als das Leben. Sicher wurzelt das Werk darin und erhellt es; seine voll-

---

[12] Louis Bouilhet (1823—1869): französischer Dichter des ‚Parnasse‘, Freund Flauberts.

kommene Erklärung aber findet es nur in sich selbst. Es ist jedoch noch zu früh, als daß diese Erklärung uns schon vor Augen treten könnte. Das Leben wird vom Werk erhellt wie ein Seiendes, das seine Vollbestimmtheit außerhalb seiner hat, zugleich in den Bedingungen, denen es seine Entstehung verdankt, und in dem künstlerischen Schaffensprozeß, der es vollendet und *dadurch vervollkommnet, daß er es zum Ausdruck bringt.* So wird das Werk — wenn man es durchforscht hat — zur Hypothese und Untersuchungsmethode für die Erhellung der Biographie; denn es stellt Fragen und greift konkrete Episoden als Antworten auf seine Fragen heraus*[4]. Aber diese Fragen *befriedigen nicht:* sie sind unzureichend und einseitig in dem Grade, in dem die künstlerische Objektivierung unzurückführbar ist auf die Objektivierung im täglichen Verhalten; es besteht eine Kluft zwischen Werk und Leben. Der Mensch mit seinen menschlichen Beziehungen jedoch — derart erhellt — erscheint uns seinerseits als ein synthetisches Ganzes von Fragen. Das Werk hat *Flauberts* Narzißmus aufgedeckt, seinen Onanismus, seinen Idealismus, seine Einsamkeit, seine Abhängigkeit, seine Weiblichkeit und seine Passivität. Diese Merkmale aber sind ihrerseits für uns Probleme: sie lassen uns *zugleich* soziale Strukturen (*Flaubert* ist Grundbesitzer, er bezieht Grundrenteneinkommen usw.) und ein *einzigartiges* Kindheitsdrama ahnen. Mit einem Wort: Diese regressiven Fragen liefern uns einen Schlüssel für die Untersuchungen seiner familiären Gruppe als einer von *Flaubert* als Kind erlebten und verleugneten Realität, und zwar auf Grund einer zweifachen Informationsquelle (objek-

---

*[4] Ich kann mich nicht entsinnen, daß man jemals darüber erstaunt war, daß der normannische Riese sich in seinem Werk als Frau dargestellt hat. Aber ich kann mich auch nicht entsinnen, daß man die Weiblichkeit *Flauberts* jemals untersucht hat (seine urwüchsige und ‚maulige' Seite hat irregeführt; nun ist das aber nur eine Sinnestäuschung, und *Flaubert* hat es hundertmal wiederholt). Gleichwohl ist die Ordnung ersichtlich: das *logische skandalon* bildet Madame Bovary, die maskuline Frau und der fraugewordene Mann, das lyrische und realistische Werk. Es ist dieses *skandalon* mit seinen eigenen Widersprüchen, das die Aufmerksamkeit auf das Leben *Flauberts* und seine gelebte Weiblichkeit lenken muß. Man muß ihn in seinen Verhaltensweisen betrachten: und zunächst in seinem sexuellen Verhalten; die Briefe an *Louise Colet* sind ursprünglich Verhaltensweisen, jeder ist ein Moment der Diplomatie *Flauberts* dieser aufdringlichen Dichterin gegenüber! Wir finden ‚Madame Bovary' nicht etwa keimhaft in der Korrespondenz, sondern wir erhellen die Korrespondenz völlig durch ‚Madame Bovary' (und natürlich auch die anderen Werke).

tive Zeugnisse über die Familie: Klassenmerkmale, Familientyp, Individualaspekt; wüste subjektive Äußerungen *Flauberts* über seine Eltern, seinen Bruder, seine Schwester usw.). Auf dieser Stufe muß man unablässig auf das Werk zurückkommen können und wissen, daß es eine autobiographische Wahrheit enthält, die die (von ihrem Autor verfälschte) Korrespondenz selbst nicht enthalten kann. Aber man muß auch wissen, daß das Werk *niemals* die Geheimnisse der Biographie enthüllt: es kann nur das Schema oder der Leitfaden sein, der es erlaubt, die Geheimnisse, die das Leben birgt, zu entdecken. Wenn wir auf die frühe Jugend als ein dunkles Gewahrwerden der allgemeinen Verhältnisse eingehen, bringen wir — auf dieser Untersuchungsebene — als Sinngehalt dieses Erlebens das intellektuelle Kleinbürgertum, das sich im Kaiserreich gebildet hat, und die besondere Weise, in der es die Evolution der französischen Gesellschaft erlebt hat, zum Vorschein. Damit gelangen wir wieder zum eigentlichen Anliegen zurück, d. h. zur historischen Totalisierung: Gerade die Geschichte, der unterdrückte Aufschwung des Familienkapitalismus, die Rückkehr der Grundbesitzer, die Widersprüche im Regime und das Elend eines noch ungenügend entwickelten Proletariats müssen wir mitheranziehen. Diese Fragen aber sind *konstitutiv* in dem Sinn, in dem die *Kantischen* Begriffe ‚konstitutiv' sind: denn sie ermöglichen, konkrete Thesen zu realisieren, wo wir zunächst nur abstrakte und allgemeine Verhältnisse haben: auf der Grundlage einer dunkel erlebten Kindheit können wir die spezifischen Merkmale der kleinbürgerlichen Familien rekonstruieren. Wir vergleichen die Familie *Flauberts* mit der (auf einer ‚gehobeneren' sozialen Stufe stehenden) *Baudelaires*, mit der der Brüder *Goncourt* (eine Familie von Kleinbürgern, die gegen Ende des 18. Jahrhunderts geadelt wurden durch den bloßen Erwerb ‚adeliger' Ländereien), mit der *Louis Bouilhets* usw.; wir untersuchen dabei die realen Beziehungen zwischen den Wissenschaftlern und den Praktikern (wie Vater *Flaubert*) und den Industriellen (wie der Vater seines Freundes *Poittevin*). So bereichert das Studium des Kindes *Flaubert* als Untersuchung des Erlebens des Allgemeinen im Besonderen die Erforschung des Kleinbürgertums von 1830 überhaupt. An Hand der die einzelne Familiengruppe leitenden Strukturen bereichern und konkretisieren wir die stets viel zu allgemeinen Merkmale der in Rede stehenden Klasse, erfassen wir unbekannte ‚Kollektive', beispielsweise das komplexe Verhältnis eines Kleinbürgertums von Beamten und Intellektuellen zur ‚Elite' der Industriellen und Grundbesitzer oder die *Wurzeln* des Kleinbürgertums, seinen bäuerlichen Ursprung usw., seine Beziehungen zu den heruntergekommenen Adligen*5. Auf dieser Stufe werden wir den Grundwiderspruch entdecken, den dieses Kind auf persönliche Art erlebt hat: den Gegensatz von bürgerlich-analytischer Geistigkeit und synthetischem Religionsmythos. Auch hier findet sich wieder ein wechselseitiges Hin-und-Her zwischen den Einzelbegebenheiten, die diese diffusen Widersprüche erhellen (weil sie sie zu einem einzigen vereinigen und zerplatzen lassen), und der allgemeinen Bestimmung der Lebensverhältnisse, die es uns erlaubt, die materielle Existenz der ins Auge gefaßten Gruppen jetzt *progressiv* (weil sie schon untersucht worden sind) zu rekonstruieren. Das Ganze dieser Schrittfolge, der Rückschritt und das wechselseitige Hin-und-Her haben uns das, was wir als Erlebnistiefe bezeichnen, enthüllt. Ein Essayist schrieb kürzlich, im Glauben, damit den Existentialismus zu widerlegen: „Tiefe besitzt nicht der Mensch, sondern die Welt.“ Er hat vollkommen recht, und wir sind ohne Einschränkung seiner Meinung. Man muß nur hinzufügen, daß die Welt menschlich ist, und daß die Tiefe des Menschen die Welt ist und alle Tiefe also nur durch den Menschen in die Welt kommt. Die Erforschung dieser Tiefe erfolgt in Form eines Hinabsteigens vom absolut Konkreten (‚Madame Bovary‘ in den Händen eines Lesers zur Zeit *Flauberts,* der *Baudelaire,* die Kaiserin oder der Staatsanwalt gewesen sein mag) zu ihren abstraktesten Bedingungen (d. h. zu den materiellen Verhältnissen, dem Konflikt zwischen den Produktionskräften und den Produktionsverhältnissen[13], insoweit diese Bedingungen in ihrer Allgemeinheit auftreten und sich als von allen Mitgliedern einer unbestimmten Gruppe*6, d. h. praktisch von *abstrakten* Subjekten, erlebt erweisen). An Hand von ‚Madame Bovary‘ müssen und können wir

---

*5 Der Vater *Flauberts,* Sohn eines (royalistischen) und durch die kaiserliche Verwaltung ‚ausgezeichneten‘ Dorfveterinärs, heiratet ein Mädchen, das mit dem Adel verwandt ist. Er verkehrt mit reichen Adligen und kauft Grundstücke.

*6 In Wirklichkeit ist das Kleinbürgertum von 1830 eine numerisch bestimmte Gruppe (obgleich augenscheinlich unklassifizierbare Übergänge zu den Bauern, Bürgern und Grundbesitzern bestehen). *Methodologisch* gesehen, bleibt dieses Konkretallgemeine jedoch immer unbestimmt, weil die Statistiken unzureichend sind.

[13] Produktivkräfte und Produktionsverhältnisse machen zusammen die Produktionsweise aus. Die Produktivkräfte umfassen den im Arbeitsprozeß unmittelbar oder mittelbar tätigen Menschen, die Produktionsmittel, die Technologie und Organisation der Produktion. Für die Produktionsverhältnisse sind die vorherrschenden Eigentumsverhältnisse bestimmend.

einen allerersten Einblick in die Schwankungen der Grundrente, die Entwicklung der aufsteigenden Klasse, den langsamen Reifeprozeß des Proletariats gewinnen; alles ist darin. Aber die konkretesten Bedingungen sind absolut unzurückführbar auf die abstraktesten Bedeutungen. Das ‚Differentielle' jeder Bedeutungsschicht spiegelt stark vereinfacht und gedrängt das Differentielle der jeweils höheren Schicht wider; es erhellt das Differentielle der tieferen Schicht und dient als Einteilungsschema für die synthetische Vereinigung unserer allgemeinsten Erkenntnisse. Das wechselseitige *Hin-und-Her* trägt dazu bei, das Objekt in seiner vollen historischen Tiefe zu erfassen, es bestimmt in der historischen Totalisierung den zunächst noch leeren Standort des Objekts.

Es ist uns auf dieser Untersuchungsebene jedoch nur gelungen, eine Hierarchie heterogener Bedeutungen zu enthüllen: ‚Madame Bovary', die ‚Weiblichkeit' *Flauberts,* die Kindheit in einem Krankenhausbau, die Widersprüche des damaligen Kleinbürgertums, die Entwicklung der Familie, des Eigentums usw.[*7]. Jede von ihnen erhellt die andere, aber ihre Unzurückführbarkeit schafft eine echte Diskontinuität zwischen ihnen; jede bildet für die vorhergehende den Rahmen; die eingeschlossene Bedeutung aber ist reicher als die einschließende Bedeutung. Mit einem Wort: wir haben allererst die Spuren der dialektischen Bewegung, nicht die Bewegung selbst vor uns.

Flaubert-Analyse V. Die progressive Methode

Jetzt — und nur jetzt — müssen wir die progressive Methode heranziehen, denn es gilt nun wieder zur vervollständigenden Bewegung zurückzufinden, die jeden Moment vom vorherigen Moment aus hervorbringt, zu dem Schwung, der von den erlebten Dunkelheiten aus zur endgültigen Objektivierung führt, mit einem Wort, zu dem *Entwurf,* durch den sich *Flaubert,* um dem Kleinbürgertum zu entgehen, durch verschiedene Möglichkeitsbereiche auf die entfremdete Objektivation seiner selbst stürzte und sich absolut und unabweisbar zum Autor der ‚Madame Bovary' und zu diesem Kleinbürger machte, der zu sein er sich weigerte. Dieser

---

[*7] Das Vermögen *Flauberts* besteht ausschließlich aus Liegenschaften; dieser Rentner von Geburt wurde durch die Industrie ruiniert: am Ende seines Lebens verkaufte er seine Ländereien, um seinen ‚Schwiegersohn' zu retten (Außenhandel, Beziehungen zur skandinavischen Industrie). In der Zwischenzeit sehen wir ihn sich oft darüber beklagen, daß die Grundrente geringer sei als die Einkünfte, die ihm dieselben Kapitalien einbringen würden, wenn sein Vater sie in der Industrie angelegt hätte.

Entwurf hat *einen Sinn,* er ist nicht einfach Negativität, Flucht; durch ihn zielt der Mensch auf die Produktion seiner selbst in der Welt als einer bestimmten objektiven Ganzheit. Es ist nicht einzig und allein die abstrakte Wahl zu schreiben, die das Einzigartige an *Flaubert* ist, sondern die Wahl, auf bestimmte Art und Weise zu schreiben, um sich derart in der Welt zu manifestieren; es ist, kurz gesagt, die einzigartige Bedeutung — im Rahmen der zeitgenössischen Ideologie, die er der Literatur als Negation seiner ursprünglichen Lage und als objektive Lösung seiner Widersprüche gibt. Um den Sinn dieses ‚Sichlosreißens auf ... hin' wieder aufzufinden, lassen wir uns von der Erkenntnis aller Bedeutungsschichten leiten, die er durchschnitten hat und die wir als die Spuren entschlüsselt haben, die uns bis zur endgültigen Objektivierung führten. Wir haben eine Reihe vor uns: die materiellen und sozialen Bedingungsverhältnisse bis zum Werk; es handelt sich darum, die *Spannung* zu finden, die zwischen Objektivität und Objektivität waltet, das Aufbaugesetz zu entdecken, demgemäß eine Bedeutung *durch* die folgende überschritten wird und das diese in jener fortleben läßt. Es handelt sich nämlich darum, eine Bewegung zu erfinden, sie wieder zu erschaffen: doch die Hypothese ist unmittelbar verifizierbar; denn nur diejenige kann gültig sein, die in einer schöpferischen Bewegung die transversale[14] Einheit *aller* heterogenen Strukturen verwirklicht.

Indessen besteht die Gefahr, daß der Entwurf durch die Kollektivinstrumente abgelenkt wird wie bei *de Sade;* so entspricht die endgültige Objektivierung vielleicht nicht genau der ursprünglichen Wahl. Man muß die regressive Analyse wieder aufnehmen, weiter straffen und das Feld der Mittel untersuchen, um so die möglichen Abweichungen zu studieren, unsere allgemeinen Kenntnisse der zeitgenössischen Denkmethoden anwenden und sich den ganzen Lebenslauf ansehen, um die Entfaltung der Wahlakte und der Handlungen, ihren Zusammenhang und ihre scheinbare Zusammenhanglosigkeit zu untersuchen. Der ‚Heilige Antonius' bringt den ganzen *Flaubert* in all seiner Reinheit und mit all den Widersprüchen seines Urentwurfs zum Ausdruck: aber der ‚Heilige Antonius' ist ein Mißerfolg; *Bouilhet* und *Maxime du Camp* verdammen dieses Werk endgültig in letzter Instanz; man verlangt von ihm, ‚eine Geschichte zu erzählen'. Damit ist der Abweg gegeben: *Flaubert* erzählt eine Geschichte, aber er hat darin *alles* zusammengeballt, Himmel und Hölle, sich selbst, den heiligen Antonius usw. Das monströse und glänzende Werk, das daraus

[14] quer verlaufend.

entsteht und in dem er sich objektiviert und entfremdet, ist ‚Madame Bovary'. So zeigt uns die Rückkehr zur Biographie die Kluften, Risse und Komplikationen, und zugleich erfährt dadurch die Hypothese (über den Urentwurf) mit der Enthüllung der Lebenskurve und ihrer Kontinuität ihre Bestätigung. Wir definieren die existentialistische Approximationsmethode als eine regressiv-progressive und analytisch-synthetische Methode; sie ist gleichzeitig ein bereicherndes Hin-und-Her zwischen dem Objekt (das die ganze Epoche als systematisch gegliederte Bedeutungsmannigfaltigkeit birgt) und der Epoche (die das Objekt in seiner Totalisierung enthält); wenn das Objekt nämlich wieder zu seiner Tiefe und Einzigartigkeit *zurückgefunden* hat, statt außerhalb der Totalisierung zu bleiben (wie es bis dahin der Fall war, und was die Marxisten für seine Integration in die Geschichte hielten), tritt es tatsächlich sofort in Widerspruch zu ihr, denn die bewegungslose Nebeneinanderstellung von Epoche und Objekt weicht sofort einem lebendigen Konflikt. Wenn man *Flaubert* phlegmatischerweise als Realisten definiert hat, und wenn man sich dafür entschieden hat, daß der Realismus dem Publikum des *Second Empire* entsprach (was eine glänzende, aber völlig falsche Theorie über die Entfaltung des Realismus zwischen 1857 und 1957 ermöglichen würde), wird man es nie im Leben zu einem echten Verständnis dieses fremdartigen Monstrewerkes ‚Madame Bovary' oder seines Autors oder der Leserschaft bringen. Kurz, man spielt wieder einmal mit Schatten. Aber wenn man sich die Mühe macht — in einem ganz notgedrungen langwierigen und schwierigen Studium —, in diesem Roman die Objektivität des Subjektiven und dessen Entfremdung aufzuzeigen, kurz, wenn man es in seinem konkreten Sinn erfaßt, den es auch noch dann an sich behält, wenn es seinem Autor entgleitet, und es *gleichzeitig* von außen, als ein Objekt, das man sich in Freiheit entwickeln läßt, auffaßt, dann tritt es ganz jäh in Gegensatz zu der objektiven Realität, die es für die öffentliche Meinung, für die Behörden und die zeitgenössischen Schriftsteller besitzt. Das ist der Augenblick, um auf die Epoche zu rekurrieren und sich beispielsweise folgende höchst einfache Frage zu stellen: Es gab damals eine realistische Schule; *Courbet*[15] in der Malerei und *Duranty* in der Literatur waren ihre Repräsentanten. *Duranty* hat mehrfach seine Lehre dargelegt und Manifeste ausgearbeitet; *Flaubert* verabscheute den Realismus, und er wie-

---

[15] Gustave Courbet (1811—1877): französischer Maler, Vertreter einer konsequent realistischen Kunstauffassung und Verfechter sozial-revolutionärer Ideen.

derholt es sein ganzes Leben lang; er liebte nur die absolute Reinheit in der Kunst; *warum* hat die Öffentlichkeit sofort entschieden, daß *Flaubert* Realist war, und warum liebte sie an ihm so sehr diesen *Realismus,* d. h. diesen bewundernswerten Bekenntnisschwindel, diese verschleierte Lyrik, diese unausdrückliche Metaphysik; warum hat sie das, was im Grunde nur ein armer verkleideter Mann war, als einen großartigen Frauencharakter (oder als eine erbarmungslose Beschreibung der Frau) beurteilt? Man muß sich danach fragen, *welche Art von Realismus* das Publikum verlangte oder, wenn man eine andere Ausdrucksweise vorzieht, welche Literaturgattung es unter diesem Namen forderte und warum es sie forderte. Das letzte Moment ist das grundlegende: es ist ganz einfach das der Entfremdung. Durch den Erfolg, den ihm seine Epoche verschaffte, sieht sich *Flaubert* seines Werkes beraubt, erkennt er es nicht wieder, ist es ihm fremd geworden; damit verliert er seine eigene objektive Existenz. Aber gleichzeitig erhellt sein Werk die Epoche mit neuem Licht; es ermöglicht, der Geschichte eine neue Frage zu stellen: Was war diese Epoche, daß sie *dieses* Buch forderte und daß sie darin trügerischerweise ihr eigenes Bild wiederfand? Hiermit sind wir zum Kernmoment der historischen Handlung, oder dem, was ich gern das Mißverständnis nennen möchte, gelangt. Aber hier ist nicht der Ort, diesen neuen Schritt zu entwickeln. Um abzuschließen, genügt die Feststellung, daß der Mensch und seine Zeit in die dialektische Totalisierung einbezogen sein werden, sobald wir gezeigt haben, wie die Geschichte diesen Widerspruch aufhebt.

Bibliographisch-biographischer Anhang

Im bibliographischen Anhang werden einige Werke kurz charakterisiert, die für eine intensivere Beschäftigung mit den Themen „Kunst" und „Schönes" hilfreich sein können. Die Auswahl beschränkt sich weitgehend auf deutschsprachige Literatur und hierbei auf solche, die möglichst verschiedene Interpretationen vorstellt und weiterführende Literatur nennt. Die biographischen Hinweise geben erste Kurzinformationen, die vor allem auf das Thema dieses Bandes bezogen sind.

Über Leben, Zeit und Werke einiger der in diesem Band vertretenen Autoren informieren Bände der Taschenbuchreihe „rowohlts monographien". Monographien zu Leben, Werk und Wirkungsgeschichte von Platon, Aristoteles, Plotin, Augustinus, Diderot, Kant, Hegel, Schelling, Schopenhauer, Kierkegaard, Nietzsche, Adorno, Sartre finden sich in: O. *Höffe*, (Hrsg.), Klassiker der Philosophie, 2 Bde., München 1981.

Lexika

1. *Historisches Wörterbuch der Philosophie,* hrsg. von J. Ritter, K. Gründer, Basel, Stuttgart 1971 ff.
   Das begriffsgeschichtliche Wörterbuch enthält zahlreiche umfangreiche Artikel zur Theorie der Kunst, der Künste und des Schönen, Besonders hingewiesen sei auf die Artikel „Ästhetik, ästhetisch" von J. Ritter, „Antiqui/moderni" von H. R. Jauß, „Genie" von R. Warning, B. Fabian, J. Ritter, „Geschmack" von K. Stierle, H. Klein, F. Schümmer, „Kunst, Kunstwerk" von A. Müller, A. Reckermann, U. Franke u. a.

2. *Dictionary of the History of Ideas.* Studies of Selected Pivotal Ideas, hrsg. von Ph. P. Wiener u. a., New York ²1973
   Eine Reihe der umfangreichen Artikel dieses ideen- und geistesgeschichtlichen Lexikons befaßt sich mit ästhetischen Fragestellungen. Besonders hervorzuheben sind die beiden informativen Darstellungen der „Theorien der Schönheit" von H. Dieckmann (bis 1850) und M. C. Beardsley (1850 bis zur Gegenwart).

3. *Encyclopedia of Poetry and Poetics,* hrsg. von A. Preminger u. a., Princeton 1965
   Enzyklopädische Stichworte, die einen Überblick über Dichtung, Poetik und Literaturtheorie in Europa und den USA vermitteln.

4. *Sowjetsystem und demokratische Gesellschaft.* Eine vergleichende Enzyklopädie, hrsg. von C. D. Kernig, 3 Bde., Freiburg, Basel, Wien 1966—1972; Sonderausgabe nach Sachgebieten aufgeteilt: Marxismus im Systemvergleich, Frankfurt, New York 1973
   Umfassendster Versuch eines Vergleichs der leitenden Begriffe in den westlichen und in den sozialistisch verwalteten Gesellschaften.

Die Geschichte der Begriffe in den nichtsozialistischen und in den nachrevolutionären sozialistischen Gesellschaften wird jeweils dargestellt und verglichen. Besonders verwiesen sei auf die Artikel „Ästhetik“ von W. Oelmüller, „Kunst, Kunstwissenschaft“ von G. Wolandt, L. Daetz, „Kunstsoziologie“ von K. von Beyme.

5. *Das Fischer Lexikon Literatur,* hrsg. von W.-H. Friedrich, W. Killy, Bd. 1 und 2/1 sowie 2/2, Frankfurt, Hamburg 1964/65
Bd. 1 enthält historisch orientierende Essays über die wichtigsten Nationalliteraturen, Bd. 2 (in zwei Teilbänden) Sachwortartikel zu literaturwissenschaftlichen Begriffen und Methoden, literaturgeschichtlichen Stilen und Epochen sowie literarischen Gattungen. Besonders hingewiesen sei auf den Artikel „Ästhetik“ von H. Kuhn in Bd. 2/1, S. 48—58. Mit Bibliographie und Register.

6. *Kindlers Literatur Lexikon,* deutsche Ausgabe begründet von W. von Einsiedel unter Mitarbeit zahlreicher Fachberater, jetzt als Taschenbuch-Ausgabe dtv Nr. 5999, 25 Bde., München 1974
Umfangreichstes deutschsprachiges Lexikon zu literarischen, aber auch zu philosophischen Werken. Die Werkartikel enthalten Inhaltsangabe, knappe Interpretation, Erläuterung der Struktur und Auswahlbibliographie. Die beiden ersten Bände orientieren mit einzelnen Essays über die verschiedenen Nationalliteraturen, der letzte Band schließt durch ein Register die Benutzung des nach Titeln geordneten Gesamtwerkes auf.

7. *Kindlers Malerei Lexikon,* hrsg. von G. Bazin u. a., 6 Bde., Zürich o. J. (1964)
Lexikon zur Geschichte der Malerei von den Anfängen bis heute. In den Bänden 1—5 Biographien der Maler mit zahlreichen Abbildungen, Werkauswahl und Literaturhinweisen, in Band 6 Sachwörterbuch der Malerei (mit Artikeln zur Kunstgeschichte, Ikonographie, zu künstlerischen Techniken und stilgeschichtlichen Entwicklungen) sowie ausführliches Register zu allen 6 Bänden.

8. *DuMont's Bild-Lexikon der Kunst.* Künstler, Stile, Techniken. Von der Steinzeit bis zur Gegenwart. Malerei und Plastik Europas und der außereuropäischen Kulturen, Köln 1976
Knappe, präzise Informationen über die Geschichte der bildenden Kunst. Dem lexikalischen Teil ist ein kurzer Abriß der Weltkunstgeschichte vorangestellt. Zur Einführung gut geeignet (624 Seiten, 1870 Abbildungen).

9. *Die Musik in Geschichte und Gegenwart.* Allgemeine Enzyklopädie der Musik, 14 Bde. und 2 Ergänzungsbände, hrsg. von F. Blume, Kassel, Basel 1949—1973
Zahlreiche Musikwissenschaftler informieren umfassend mit enzyklopädischem Anspruch in Einzelbeiträgen über Personen und Gebiete des musikalischen Wissens. Den Einzelartikeln sind jeweils weiterführende Literaturhinweise angefügt.

10. *Riemann Musik Lexikon*, 3 Bde. und 2 Ergänzungsbände, hrsg. von W. Gurlitt, H. H. Eggebrecht, C. Dahlhaus, 12. völlig neubearbeitete Auflage, Mainz 1959—1975
Standardwerk. Erste Auflage 1882 von Hugo Riemann. „Die Ausgabe des Lexikons ist nach wie vor die alte geblieben: zuverlässige Information über Komponisten und Musikforscher der Gegenwart und der lebendigen Vergangenheit sowie allgemein über Persönlichkeiten und Sachverhalte, die für die Musikwirklichkeit bedeutsam sind" (S. V). Den Einzelartikeln sind weiterführende Literaturhinweise beigegeben.

Allgemeine Darstellungen, Text- und Aufsatzsammlungen

11. *B. Allemann* (Hrsg.), Ars poetica. Texte von Dichtern des 20. Jahrhunderts zur Poetik, München ²1971
Sammlung einer Reihe von (zum Teil sonst schwer zugänglichen) poetologischen Texten von bedeutenden Schriftstellern des 20. Jahrhunderts. Die Auswahl beschränkt sich nicht auf Werkpoetiken, sondern bezieht auch für die Kunsttheorie insgesamt wichtige Texte (z. B. von Valéry, Benn, Brecht) mit ein.

12. *H. L. Arnold, V. Sinemus* (Hrsg.), Grundzüge der Literatur- und Sprachwissenschaft, Bd. 1, Literaturwissenschaft, dtv WR 4226, München ⁴1976
Sachartikel zu Grundfragen von Literatur- und Textwissenschaft, zu Ästhetik, Hermeneutik, Poetik, Rhetorik, Topik, zu Textelementen, -arten und -analysemethoden sowie zur literarischen Wertung. Zur Einführung in Begriffe und Probleme der Literaturwissenschaften gut geeignet. Ausführliche Bibliographien, Sachregister.

13. *R. Assunto*, Die Theorie des Schönen im Mittelalter, Geschichte der Ästhetik, Bd. 2, Köln 1963
Knappe Zusammenfassung der philosophischen Vorstellungen vom Schönen und der Theorien über Dichtung, bildende Kunst und Musik vom 4. bis zum 15. Jahrhundert, vervollständigt durch ausgewählte Texte von Augustinus bis zu Dante und Dionysius dem Karthäuser. Bibliographie, Personen- und Sachregister, zahlreiche Abbildungen. Zur Einführung gut geeignet.

14. *E. Auerbach*, Mimesis. Dargestellte Wirklichkeit in der abendländischen Literatur, Bern, München ⁴1967
A. zeigt an einer Reihe ausgewählter Texte von der Odyssee bis zu Virginia Woolf „Grundmotive der Geschichte der Wirklichkeitsdarstellung" (S. 510) in der europäischen Literatur. Die philologisch exakten, differenzierten Einzelinterpretationen haben das Buch zu einem Standardwerk der Realismusforschung werden lassen.

15. *H.-E. Bahr*, Poiesis. Theologische Untersuchung der Kunst, Stuttgart o. J.

B.s Untersuchung versteht sich als ein Beitrag zur theologischen Reflexion der Kunst aus protestantischer Sicht. Dabei sollen die Strukturen des Kunstwerks ebenso wie das Tun des Künstlers untersucht werden. B. versucht die These zu erhärten, daß moderne Kunst als Herausforderung an den Glauben der Christen, als „Pfahl im Fleisch" (S. 239) begriffen werden kann, indem sie z. B. das „Leiden an der Wahrheit (Benn), an der ausbleibenden Gerechtigkeit (Brecht), an der absentia Dei (Beckett) und an der Schuld (Camus)" vor Augen führt, die „wir jedenfalls nur selten noch intra muros ecclesiae" (S. 237) sehen. Mit Bibliographie, Personen- und Sachregister.

16. *H. U. v. Balthasar*, „Herrlichkeit". Eine theologische Ästhetik, Einsiedeln ²1961 ff.
B. unterscheidet zwei Momente des Schönen: species (forma) und lumen (splendor) — also Gestalt und Glanz. Diesen sollen im Subjekt Erblicken und Entrücktwerden entsprechen. Die Kunst müsse als Akt der Huldigung an die Herrlichkeit des Seins verstanden werden. Die Menschwerdung Gottes könne als Quelle aller Ästhetik gelten. — B. s. großangelegter „Versuch, der Theologie die dritte Dimension der Herrlichkeit — neben dem Wahren und Guten — zurückzugewinnen" (Bd. III. 2, Teil 1, S. 28), entstammt einer bestimmten katholischen Sicht, die in Kontinuität mit der platonisch-plotinischen Tradition steht.

17. *W. Beierwaltes*, Marsilio Ficinos Theorie des Schönen im Kontext des Platonismus, Heidelberg 1980
B. stellt die Deutungen des Schönen bei Platon und Plotin dar und zeigt paradigmatisch an Ficino, „welch intensiven Anteil platonische und neuplatonische Philosopheme an der Entwicklung der abendländischen Theorie des Schönen genommen haben". In systematischer Absicht fragt B., „im Bewußtsein der Differenz zu spezifisch oder prononciert neuzeitlicher Ästhetik" und zu moderner Kunst, „welche Momente in einer Theorie des Schönen (in Antike, Mittelalter oder Renaissance) einen Bezug zur Kunst als ästhetischem Phänomen haben und inwiefern eben dieser Bezug eine ontologische oder metaphysische Fundierung von Kunst bedingt" (S. 8).

18. *M. Bense*, Einführung in die informationstheoretische Ästhetik, Reinbek bei Hamburg 1969
B. versteht Ästhetik als „materiale Verwirklichung", d. h. als Objektivation von Kriterien, die sich am einzelnen Objekt aufweisen lassen müssen. Die Beziehung, die sich über diese Kriterien zwischen ästhetischem Subjekt und Objekt herstellen lassen muß, wird „Bearbeitung" kommunikativ und korrelativ wirksamer Signal- und Zeichensysteme genannt, über die sich eine Fixierung sogenannter ästhetischer Erwartungen leisten läßt. „Zeichen", „Metapher", „Text" werden im Sinne einer solchen Theorie uminterpretiert, um die „Dechiffrierung der ästhetischen Botschaft" zu gewährleisten (S. 105).

19. *R. Bittner, P. Pfaff* (Hrsg.), Das ästhetische Urteil. Beiträge zur sprachanalytischen Ästhetik, Neue Wissenschaftliche Bibliothek 89, Köln 1977
Sprachanalytische Ästhetik sucht „Kunst zu begreifen durch Aufklärung jener Begriffe und Verfahren, die unserem normalen, prinzipiell vernünftigen und erfolgreichen Reden über sie zugrunde liegen" (Vorwort, S. 11). In dieser Absicht befassen sich die fünfzehn Aufsätze dieses Sammelbandes mit den Bedingungen und Besonderheiten ästhetischer Argumentation. Mit Bibliographie, Namen- und Sachregister.

20. *E. Bloch,* Ästhetik des Vor-Scheins, hrsg. von G. Ueding, 2 Bde., es 726 und 732, Frankfurt 1974
B.s Ästhetik sieht Kunst als Manifestation utopischen Bewußtseins und als Symbol noch nicht gewordener Wirklichkeit. „Wunschlandschaft der Schönheit, der Erhabenheit insgesamt bleibt im ästhetischen Vor-Schein und als dieser der Versuch, Welt zu vollenden, ohne daß sie untergeht" (2, S. 292). Die in den Schriften B. s verstreuten Überlegungen zur Ästhetik sind hier zusammengestellt und in den jedem Band vorangehenden Einleitungen des Herausgebers erläutert.

21. *H. Blumenberg,* „Nachahmung der Natur". Zur Vorgeschichte der Idee des schöpferischen Menschen, in: Studium Generale 10 (1957), H. 5, S. 266—283
B. stellt dar, wie sich in der neuzeitlichen Kunsttheorie seit Scaliger, Shaftesbury, Bodmer und Breitinger anstelle des klassischen Konzepts von Kunst als Nachahmung der Natur die Vorstellung durchsetzte, die Kunst schaffe fiktive Welten eigenen Rechts.

22. *ders.,* Paradigmen zu einer Metaphorologie, in: Archiv für Begriffsgeschichte 6 (1960), S. 1—147
B. begründet die Metaphorologie als ein Verfahren, das es erlaubt, aus der Analyse der Verwendung von „absoluten Metaphern" Rückschlüsse auf die jeweiligen Theoriebildungen zu ziehen: „Wenn sich zeigen läßt, daß es solche Übertragungen gibt, die man *absolute Metaphern* nennen müßte, dann wäre die Feststellung und Analyse ihrer begrifflich nicht ablösbaren Aussagefunktion ein essentielles Stück der Begriffsgeschichte" (S. 9).

23. *ders.* Arbeit am Mythos, Frankfurt 1979
Im Gegensatz zu der Annahme eines einlinigen Weges Europas vom Mythos zum Logos, zur christlichen Theologie und zum europäischen Rationalisierungsprozeß geht B. von der Annahme aus, die Arbeit an dem Unerledigten, das uns in den Gestalten, Metaphern und Bildern griechischer Mythen und ihren Transformationen an Traditionsbestand vorgegeben sei, könne möglicherweise ein Versuch „der Erhaltung des Subjekts durch seine Imagination" (S. 16) sein. Eine Funktion des Mythos sei, „die numinose Unbestimmtheit in die nominale Bestimmtheit zu überführen und das Unheimliche vertraut

und ansprechbar zu machen" (S. 32). „Der *homo pictor* ist nicht nur der Erzeuger von Höhlenbildern für magische Jagdpraktiken, sondern das mit der Projektion von Bildern den Verläßlichkeitsmangel seiner Welt überspielende Wesen" (S. 14). Was Arbeit an diesem uns vorgegebenen Mythenbestand bedeutet, zeigt B. u. a. an den Bearbeitungen des Prometheusmythos von Goethe bis Kafka.

24. *K. H. Bohrer,* Plötzlichkeit. Zum Augenblick des ästhetischen Scheins, es 1058, Frankfurt 1981
„Inwiefern läßt sich die Grenze des ästhetischen Phänomens gegen das nichtästhetische an der zeitlichen Modalität der ‚*Plötzlichkeit*' darstellen?" (S. 7) Ausgehend von dieser Frage, analysiert B. die Zusammenhänge von Zeit und Schein in der Theorie Nietzsches und in der modernen Literatur (Analysen zu Kleist, Proust, Musil). Im Augenblick des ästhetischen Scheins sprengt das Unerwartete als Naturhaftes die Kontinuität des Geschichtsverlaufs.

25. *R. Bubner, K. Cramer, R. Wiehl* (Hrsg.), Ist eine philosophische Ästhetik möglich? neue hefte für philosophie, H. 5 (1973)
Das Heft wird eröffnet durch ein Kapitel aus der 1912/14 entstandenen „Philosophie der Kunst" von G. Lukács. Die Beiträge von R. Bubner („Über einige Bedingungen gegenwärtiger Ästhetik"), Th. Baumeister, J. Kulenkampff („Geschichtsphilosophie und philosophische Ästhetik. Zu Adornos „Ästhetischer Theorie"), R. Haller („Das Problem der Objektivität ästhetischer Wertungen") und G. Boehm („Die Dialektik der ästhetischen Grenze") behandeln unter anderem die Kategorien Werk und Schein und die Relation Kunst — Natur, in einer Neuaufnahme der Kantischen Frage nach den Bedingungen der Möglichkeit von Ästhetik.

26. *dies.* (Hrsg.), Anschauung als ästhetische Kategorie, neue hefte für philosophie, H. 18/19 (1980)
In den Beiträgen von H.-G. Gadamer, A. C. Danto, H. Schnelle, M. Frank, U. Japp, A. Nowak, G. Boehm, L. Dittmann, M. Imdahl geht es um die Fragen, ob und in welchem Sinne man von Anschauung als ästhetischer Kategorie sprechen kann, was ästhetische Erfahrung von gewöhnlicher alltäglicher Anschauung sowie vom Anschauungsbegriff innerhalb der Wissenschaften unterscheidet, ob ästhetische Anschauung ein Medium der Wahrheitsvermittlung bzw. eine Metapher ist, ob sie notwendig auf „Kunstwerke" bzw. Konnotationen angewiesen ist oder nicht.

(73.) *R. Bubner,* Zur Analyse ästhetischer Erfahrung, in: W. Oelmüller (Hrsg.), Ästhetische Erfahrung, Kolloquium Kunst und Philosophie 1, UTB 1105, S. 245—297
„Die herkömmliche Annäherung von Kunst und Philosophie im Interesse der systematischen Bestätigung philosophischer Theorieerwartung muß (...) korrigiert werden durch eine Analyse der ästhetischen Erfahrung, die mit begrifflichen Mitteln zeigt, wo die

Grenze begrifflicher Aneignung verläuft" (S. 296—297). Diese These verteidigt B. gegen Einwände, die mehr historische Konkretion bzw. mehr inhaltliche Kritik von einer Analyse der ästhetischen Erfahrung fordern.

27. *P. Bürger,* Theorie der Avantgarde. Mit einem Nachwort zur 2. Auflage, es 727, Frankfurt ²1980
Die Theorie der Avantgarde, die B. in Auseinandersetzung mit Ansätzen von Benjamin und Adorno entwickelt, bestimmt das Verhältnis von Kunst und bürgerlicher Gesellschaft am Paradigma des Ausbruchsversuchs der historischen Avantgardebewegungen (Futurismus, Dadaismus, Surrealismus u. a.) aus den Grenzen der „Institution Kunst". In einem Nachwort zur Neuauflage geht B. auf die Einwände seiner Kritiker ein.

(73.) *ders.,* Probleme gegenwärtiger Ästhetik, in: W. Oelmüller (Hrsg.), Ästhetische Erfahrung, Kolloquium Kunst und Philosophie 1, UTB 1105, S. 200—244
B. stellt „einige Probleme und Konsequenzen" zur Diskussion, „die sich aus der ‚Theorie der Avantgarde' für die Ästhetik der Gegenwart ergeben" (S. 201). Dabei präzisiert er — unter anderem in Auseinandersetzung mit Warning, Marquard, Lübbe und Bubner — die Begriffe „Avantgardebewegungen' und „Institution Kunst" und erörtert die „Frage nach dem Status des Diskurses" (S. 231).

28. *J. Burnham,* Kunst und Strukturalismus. Die neue Methode der Kunst-Interpretation, aus dem Amerikanischen von W. Höck, DuMont Aktuell, Köln 1973
B. stellt in Anlehnung an die strukturalistischen, anthropologischen und semiologischen Theorien von Lévi-Strauss, de Saussure, Barthes, Chomsky und Piaget ein semiotisches System auf, mit dem er den Stellenwert von Kunstwerken innerhalb des kulturellen Entwicklungsprozesses formelhaft bestimmen will. In über 40 Einzelanalysen wendet er dieses System (Natur/Kultur-Momente an Kunstwerken) auf die Kunstgeschichte der Moderne an.

29. *K. Chvatik,* Tschechoslowakischer Strukturalismus. Theorie und Geschichte, Theorie und Geschichte der Literatur und der schönen Künste 61, München 1981
Ch. skizziert die Entwicklung des strukturalen Denkens in der Tschechoslowakei, insbesondere die Entwicklung der Prager Schule (Jakobson, Mukařovský, Vodička). Er gibt einen Überblick über die grundlegenden philosophischen Ausgangspunkte des strukturalen Denkens und über das Verhältnis von Strukturalismus und Marxismus (in bezug auf Althusser, Lévi-Strauss und Foucault). In seinem Abriß der strukturalen Ästhetik analysiert er die Begriffe ästhetische Funktion, ästhetische Norm, ästhetischer Wert und geht auf strukturelle und gesellschaftliche Aspekte der Kunst und des Kunstwerks ein.

30. *E. R. Curtius,* Europäische Literatur und lateinisches Mittelalter, Bern [9]1978
Dieses 1948 erstmals erschienene Standardwerk hat sich zum Ziel gesetzt, die Einheit der westlichen Kultur „in Raum und Zeit mit neuen Methoden zu beleuchten" (S. 9). „Das kann aber nur von einem universellen Standpunkt aus geschehen. Diesen gewährleistet die Latinität" (S. 9). Die „europäische Literatur" umfaßt für C. den Zeitraum von Homer bis Goethe (vgl. S. 22). Unter lateinischem Mittelalter versteht er „den Anteil Roms, seiner Staatsidee, seiner Kirche, seiner Kultur an der Prägung des gesamten Mittelalters, also ein viel umfassenderes Phänomen als das Fortleben der lateinischen Sprache und Literatur" (S. 37). — Wichtige Exkurse zur Ästhetik, Rhetorik und Topik.

31. *C. Dahlhaus,* Schönberg und andere. Gesammelte Aufsätze zur Neuen Musik mit einer Einleitung von H. Oesch, Mainz, London, New York, Tokyo 1978
Die Einleitung macht die Schwierigkeiten der Musikwissenschaft mit der Neuen Musik deutlich. Die Arbeiten von D. zu Komponisten, Werken und Grundproblemen der Neuen Musik zeigen überzeugend die Wandlungen und Brüche mit der traditionellen Musik. „Die traditionellen Begriffe, in denen sich ein Zeitgefühl ausdrückte — Funktionalisierung des Details, Geschlossenheit und Geschichtsenthobenheit des Werkes und Vorrang der ästhetischen Betrachtung gegenüber der historischen — haben neuen Begriffen — Isolierung des gelebten Augenblicks, Destruktion des Werk- und Kunstcharakters und Akzentuierung des Dokumentarischen — Platz gemacht." (S. 392)

32. *J. Dewey,* Kunst als Erfahrung, aus dem Amerikanischen von Ch. Velten, G. vom Hofe und D. Sulzer, Frankfurt 1979
D.s aus einer 1931 gehaltenen Vorlesungsreihe hervorgegangenes Werk wurde zu einem Klassiker der amerikanischen Kunsttheorie. Gegen jedes „spiritualisierte" Verständnis von Kunst betont D. die Abhängigkeit der ästhetischen Produktion und Rezeption von der Erfahrung der Wirklichkeit.

33. *U. Eco,* Das offene Kunstwerk, stw 222, Frankfurt 1977
In Aufsätzen zu einer semiotischen Theorie verschiedener Künste und in einer Untersuchung zum Werk von James Joyce vertritt E. die These, daß die Offenheit des Kunstwerks als prinzipielle Mehrdeutigkeit der „künstlerischen Botschaft eine Konstante jedes Werkes zu jeder Zeit ist" (S. 11).

34. *C. Fiedler,* Schriften über Kunst, mit einer Einleitung von H. Eckstein, dumont taschenbücher 50, Köln 1977
Textauswahl, die F.s (1841—1895) erkenntnistheoretische Analysen der bildnerischen Tätigkeit des Künstlers, der Sichtbarkeit, des Verhältnisses von Anschauungs- und Ausdrucksbeziehung usw. zugäng-

lich macht. F.s Ausgang von der ästhetischen Kreativität des Künstlers und seine Betonung der Rolle der Kunst als Sichtbarmachen der Wirklichkeit sind auch für gegenwärtige Ansätze zur Ästhetik von Bedeutung.

35. *M. Fuhrmann,* Einführung in die antike Dichtungstheorie, Darmstadt 1973
F. bietet eine allgemeinverständliche Einführung in drei wichtige dichtungstheoretische Texte der Antike (Aristoteles: Poetik, Horaz: Ars poetica, Pseudolongin: Vom Erhabenen) und verfolgt die neuzeitliche Rezeption der aristotelischen Poetik (bei Scaliger, Corneille, Gottsched, Lessing u. a.). Register.

36. *H.-G. Gadamer,* Wahrheit und Methode. Grundzüge einer philosophischen Hermeneutik, Tübingen ^{4}1975
Auf die jüngere Methodendiskussion in den Geisteswissenschaften ist G.s Hermeneutik, die an rechtswissenschaftliche und theologische Traditionen sowie vor allem an Erfahrungen der Kunst anknüpft, von großem Einfluß. G. spricht der Erfahrung der Kunst einen paradigmatischen Charakter zu: „Kunst ist Erkenntnis", und die „Erfahrung des Kunstwerks macht dieser Erkenntnis teilhaftig" (S. 92). Mit der Erfahrung der Kunst als Vermittlung von Wahrheit verändert sich auch der Erfahrende. Die „Verwandlung ins Wahre" (S. 107) expliziert G. am Begriff des Spiels.

37. *ders.,* Die Aktualität des Schönen. Kunst als Spiel, Symbol und Fest, Reclams Universal-Bibliothek Nr. 9844, Stuttgart 1977
G. geht davon aus, daß wir „hinter die Selbstverständlichkeit des herrschenden Kunstbegriffs zurückfragen müssen und die anthropologischen Fundamente aufzudecken haben, auf denen das Phänomen der Kunst aufruht und von denen her wir seine neue Legitimation erarbeiten müssen" (S. 5). In der Erfahrung der „Eigenzeit" der Kunst gehe es darum, „daß wir am Kunstwerk eine spezifische Art des Verweilens lernen" (S. 59—60).

38. *E. Garin,* Die Theorie des Schönen im Humanismus und in der Renaissance, Geschichte der Ästhetik, Bd. 3, Humanismus und Renaissance, Köln 1969
Abriß der Konzeptionen des Schönen und der Künste im 15. und 16. Jahrhundert; Anhang mit Textauswahl, Bibliographie, Personen- und Sachregister; Abbildungen. Zur Einführung gut geeignet.

39. *A. H. Gilbert,* Literary Criticism. Plato to Dryden, Detroit ^{2}1962
Umfangreiche Sammlung mit Texten zur Theorie der Dichtung u. a. von Platon, Aristoteles, Horaz, Dante, Tasso, Lope de Vega, Opitz, Corneille, Milton und Dryden, mit kurzer Einführung, Bibliographie und ausführlichem Register.

40. *K. E. Gilbert, H. Kuhn,* A History of Esthetics, New York 1953 (^{1}1939)

Eine ausführliche, die philosophischen Zusammenhänge erhellende Geschichte der Ästhetik, vor allem der der klassischen deutschen Ästhetik von Kant bis Schopenhauer. Zur ersten Orientierung gut geeignet.

41. *L. Glozer,* Westkunst. Zeitgenössische Kunst seit 1939, Katalog der Ausstellung vom 30. 5. — 16. 8. 81 in Köln, Köln 1981
„Dieses Buch versteht sich als Anregung, von der lebendigen Kunst der Moderne produktiv Gebrauch zu machen" (S. 12). Die Veränderungen der Avantgarde-Kunst seit dem Zweiten Weltkrieg sollen im Zusammenhang begreifbar gemacht und dokumentiert werden. Illustrierte Abhandlungen im ersten Teil machen wesentliche Zusammenhänge deutlich. Der ausführliche Dokumentationsteil enthält neben den Abbildungen Werkhinweise und Kurzbiographien der Künstler.

42. *E. H. Gombrich,* Kunst und Fortschritt. Wirkung und Wandlung einer Idee, dumont kunst-taschenbücher 70, Köln 1978
Untersuchungen zum Fortschrittsbegriff in Kunsttheorien, besonders seit der Renaissance. G. kommt zu dem Ergebnis: „Kunstwerke (...) können niemals in ansteigender Linie aufgereiht werden, denn sie sind ihrem Wesen nach inkommensurabel (...). Selbst in der heutigen Kunstgeschichtsschreibung wird der Begriff des Fortschritts gerne vermieden. Wir sind über ihn hinaus wie auch über den des Verfalls" (S. 8).

43. *N. Goodman,* Sprachen der Kunst. Ein Ansatz zu einer Symboltheorie, mit einem Nachwort aus dem Englischen übersetzt von J. Schlaeger, Frankfurt 1973
G.s für die Entwicklung einer semiotischen Ästhetik wichtige Studie interpretiert Kunst als künstliche Sprache und das einzelne Kunstwerk als Zeichen in einem Symbolsystem.

44. *E. Grassi,* Die Theorie des Schönen in der Antike, Geschichte der Ästhetik, Bd. 1, Antike, Köln 1962 (Neuausgabe 1980)
G. betont die ontologische Bedeutung des Schönen bei Homer, den Vorsokratikern und Xenophon (Teil 1), geht auf die Verurteilung der Kunst durch Platon ein (Teil 2), sieht die Ästhetik bei Aristoteles begründet (Teil 3) und stellt hellenistische und spätantike Theorien des Schönen, der Phantasie und der Kunst dar (Teil 4). Mit Textdokumenten, Bibliographie, Abbildungen und Registern. Zur Einführung gut geeignet.

45. *ders.,* Die Macht der Phantasie. Zur Geschichte abendländischen Denkens, Königstein/Ts. 1979
G. plädiert für eine neue Lektüre der wichtigsten literarischen und wissenschaftlichen Zeugnisse humanistischer Überlieferung (vor allem des italienischen Humanismus) und betont die Grenzen der rationalistischen und idealistischen Tradition des Philosophierens: „Der Anspruch auf eine erneute Herstellung der Beziehung von

Denken und Erlebnisfähigkeit verlangt die Rückerinnerung an eine vergessene und verdeckte Tradition — die humanistische — und erfordert den Versuch, aus der erstarrten Begriffswelt zu einem bildhaften und mehrdimensionalen Denken zu gelangen" (S. XVII). Im Zuge dieses Versuchs behandelt G. unter anderem den „Terror der Entmythisierung" (Kap. 1), Bildlichkeit und Geschichtlichkeit der Sprache, Beziehungen von Phantasie, Metapher und Allegorese und die humanistische Tradition des Dialogs.

46. *J. Habermas,* Theorie des kommunikativen Handelns, Bd. 1, Handlungsrationalität und gesellschaftliche Rationalisierung, Bd. 2, Zur Kritik der funktionalistischen Vernunft, Frankfurt 1981
H. untersucht in Auseinandersetzung mit Weber, Mead, Durkheim und Parsons das Problem der Verwendung eines normativ gehaltvollen Rationalitätsbegriffs. Er unterscheidet dabei zwischen kognitiv-instrumenteller, moralisch-praktischer und ästhetisch-praktischer Rationalität. „Wie Gründe im praktischen Diskurs dazu dienen sollen, nachzuweisen, daß die zur Annahme empfohlene Norm ein verallgemeinerbares Interesse zum Ausdruck bringt, so dienen Gründe in der ästhetischen Kritik dazu, die Wahrnehmung anzuleiten und die Authentizität eines Werkes so evident zu machen, daß diese Erfahrung selbst zum rationalen Motiv für die Annahme entsprechender Wertstandards werden kann" (1, S. 42).

47. *K. Hamburger,* Wahrheit und ästhetische Wahrheit, Stuttgart 1979
H. diskutiert philosophische Wahrheitstheorien von Aristoteles bis Heidegger, versucht eine „Strukturanalyse des Wahrheitsbegriffs", ausgehend von Bestimmungen der Alltagssprache und von philosophischen Aphorismen zu „Erscheinungsweisen von Wahrheit" (S. 35, insgesamt: S. 27—45), und problematisiert den Begriff der ästhetischen Wahrheit. Sie kommt nach einem Exkurs über das Wahrheitsproblem in der Dichtung zu dem Schluß: "Wahrheit ist weder im subjektiven Sinn des Wahrheitswillens noch im objektiven der Kunstwahrheit eine ästhetische Kategorie. Sie ist eine Kategorie der Realität" (S. 44) und damit für H. nur außerästhetisch sinnvoll anwendbar.

48. *W. F. Haug* (Hrsg.), Warenästhetik. Beiträge zur Diskussion, Weiterentwicklung und Vermittlung ihrer Kritik, es 657, Frankfurt 1975
H.s „Kritik der Warenästhetik" (es 513, Frankfurt 1971) hat eine lebhafte Diskussion ausgelöst, die in diesem Sammelband dokumentiert und (unter anderem durch mehrere Beiträge des Herausgebers) weitergeführt wird. Historische Ausarbeitungen und Vorschläge zur didaktischen Umsetzung der Kritik der Warenästhetik schließen den Band ab.

49. *A. Hauser,* Der Ursprung der modernen Kunst und Literatur. Die Entwicklung des Manierismus seit der Krise der Renaissance, dtv 4324, München 1979 ([1]1964)

Seine Hauptaufmerksamkeit richtet H. auf die geschichtliche Entwicklung, „die Werke entstehen ließ, welche, trotz ihrer konventionellen Beschaffenheit, zu den größten gehören, die die Menschheit besitzt" (S. V). Die kunsthistorischen Betrachtungen sind für ihn nur „Mittel zum Zweck" einer universalen „geistesgeschichtlichen" Darstellung (S. VI), die auch soziale und politische Zusammenhänge einbegreift. Das Buch ist mit seinen 322 Abbildungen wohl die umfassendste Studie zum Manierismus.

50. *M. Heidegger*, Der Ursprung des Kunstwerkes, in: Holzwege, Bd. 5 der Gesamtausgabe, 1. Abteilung: Veröffentlichte Schriften 1914 bis 1970, Frankfurt 1977 (Auch als Taschenbuchausgabe [Reclams Univ.-Bibliothek Nr. 8446/47] mit einer Einführung von H.-G. Gadamer, Stuttgart 1970)
In diesem Aufsatz von 1935/36 versteht H. unter Kunst in Auseinandersetzung mit subjektivistischen Kunstauffassungen das „Ins-Werk-Setzen der Wahrheit" (S. 62, Univ.-Bibl. S. 85). Dabei ist alle Kunst „als Geschehenlassen der Ankunft der Wahrheit des Seienden als eines solchen im Wesen Dichtung" (S. 59, Univ.-Bibl. S. 82).

51. *W. Henckmann* (Hrsg.), Ästhetik, Wege der Forschung 31, Darmstadt 1979
Der von H. eingeleitete Sammelband „dokumentiert Forschungsansätze und Forschungsrichtungen der Ästhetik, die in den dreißig Jahren nach dem Zweiten Weltkrieg hervorgetreten sind" (S. 1). Metaphysische, analytische, formalistische und marxistische Ansätze der Ästhetik sind darin mit jeweils mehreren Aufsätzen — u. a. von Bense, Haug, Henrich, H. Kuhn, Lukács, Morris, Mukařovský, Perpeet — vertreten. Mit Auswahlbibliographie und Namenregister.

52. *W. Hofmann* (Hrsg.), Kunst — was ist das? Köln 1977
Aus Anlaß einer Ausstellung unter dem gleichen Titel in der Hamburger Kunsthalle (1977) zusammengestellte Sammlung von Abbildungen und Zitaten zum Thema „Kunst". „Dieses Buch will zeigen, wie groß unsere Empfänglichkeit für Formen und Zeichen der verschiedensten Art ist, und es will diese Empfänglichkeit in den verschiedensten Zusammenhängen erproben. Es ist ein Bilderbuch, das keine Summe zieht, kein Rezept verordnet, sondern nur rät, die Augen zu öffnen — nicht nur in den Museen" (S. 10).

53. *R. Ingarden*, Das literarische Kunstwerk, Tübingen ^{3}1965
Ausgehend von einem phänomenologischen, antipsychologischen Ansatz, unterscheidet I., orientiert vor allem an Dramen und Romanen des 19. und frühen 20. Jahrhunderts, folgende Schichten des literarischen Kunstwerks: das sprachliche Lautgebilde, die Bedeutungseinheiten, die dargestellten Gegenständlichkeiten, die metaphysischen Qualitäten. Zum letzten: „Insbesondere kann uns die Kunst eben dasjenige (...) geben, was wir im realen Leben nicht erreichen können: die ruhige Kontemplation der metaphysischen Qualitäten" (S. 313).

54. *D. Jähnig*, Welt-Geschichte: Kunst-Geschichte. Zum Verhältnis von Vergangenheitserkenntnis und Veränderung, Köln 1975
Künste sind für J. „Dokumente aus den Gründungsepochen der ersten Hochkulturen. Mit diesen Hochkulturen hat Geschichte im genauen Sinne des Wortes begonnen" (S. 10). Im Mittelpunkt der Arbeit stehen ausführliche Analysen zum Begriff der Geschichte und zur Deutung der attischen Tragödie im Frühwerk Nietzsches, die zu dem Resultat führen: „Kunst steht in einem gegenwendigen Verhältnis zum jeweils Überkommenen. Und das besagt: sie ist erstens nicht Ausdruck (von was auch immer), sondern Antwort, Erwiderung, Ergänzung; und zweitens kein bloßes Entwicklungsprodukt, sondern ein eigenständiger Faktor der Geschichte. Sie ist in solchen Fällen wie dem antiken Griechenland (...) weder „Erscheinung" noch „Entlastung", weder „Widerspiegelung" noch auch „Selbstzweck" (S. 136).

55. *R. Jakobson*, Poetik. Ausgewählte Aufsätze 1921—1971, hrsg. v. E. Holenstein und T. Schelbert, stw 262, Frankfurt 1969
Die von E. Holenstein mit einer Einleitung versehene Sammlung enthält im 1. Teil J.s Ansätze zu einer allgemeinen Poetik, darunter den Aufsatz „Linguistik und Poetik", im 2. Teil „Schwerpunkte" seiner literaturwissenschaftlichen und -theoretischen Arbeit (z. B.: „Poesie der Grammatik und Grammatik der Poesie"). Einleitung und Aufsätze belegen J.s Entwicklung vom russischen Formalismus zur „Prager Schule" und zum französischen Strukturalismus.

56. *H. R. Jauß*, Ästhetische Erfahrung und literarische Hermeneutik, Bd. 1, Versuche im Feld der ästhetischen Erfahrung, UTB 692, München 1977
In den Mittelpunkt seiner Untersuchungen stellt J. folgende Fragen: „Was heißt ästhetische Erfahrung, wie hat sie sich in der Geschichte der Kunst manifestiert, welches Interesse kann sie für die gegenwärtige Theorie der Kunst gewinnen?" (Vorwort, S. 7) Dem „Aufriß einer Theorie und Geschichte der ästhetischen Erfahrung" (Teil A) folgen Einzelanalysen vor allem zur französischen Literatur (Teile B bis E).

57. *D.-H. Kahnweiler*, Ästhetische Betrachtungen, Beiträge zur Kunst des 20. Jahrhunderts, Köln 1968
In dieser Aufsatzsammlung gibt der bekannte Kunstsammler und Freund des Kreises um Picasso Rechenschaft über seine Kunstanschauung, die insbesondere durch eine neukantische Interpretation des Kubismus geprägt ist. Für ihn ist der Gegenstand der Ästhetik nicht „die mit farbigen Formen bedeckte Fläche, noch der Steinblock, sondern erst das in der Einbildungskraft des Beschauers entstandene ‚Bild' " (S. 7). Die sich über einen Zeitraum von fünfzig Jahren erstreckenden Beiträge bieten einen guten Einstieg in die Grundlagen der bildenden Kunst des 20. Jahrhunderts.

58. *F. A. Kittler* (Hrsg.), Austreibung des Geistes aus den Geisteswissenschaften. Programme des Poststrukturalismus, UTB 1054, Paderborn 1980
Acht Beiträge von J. Derrida, H. Fink-Eitel, H. Lang, G. Kaiser, D. Kamper, F. A. Kittler, W. Kudszus und S. M. Weber zu Programmen der französischen Theoriebildungen des Poststrukturalismus des letzten Jahrzehnts.

59. *F. Koppe,* Grundbegriffe der Ästhetik, Frankfurt 1982
Der erste Teil der Arbeit fragt, was der Strukturalismus, der Materialismus, die Psychoanalyse, genauer ihre kontroversen Richtungen, zur Bestimmung der Kunst geleistet haben. Der zweite Teil versucht eine Neubestimmung der Ästhetik und ihrer Grundbegriffe von der sprachphilosophisch begründeten Annahme aus, Kunst sei eine spezifische Artikulation von Bedürfnissen.

60. *P. O. Kristeller,* Humanismus und Renaissance 1 und 2, hrsg. von E. Keßler, Humanistische Bibliothek — Reihe 1: Abhandlungen 21 und 22, München 1974 (Bd. 1, Die antiken und mittelalterlichen Quellen) und 1976 (Bd. 2, Philosophie, Bildung und Kunst)
Standardwerk zu den Einflüssen auf und den Wirkungen von Humanismus und Renaissance, vor allem in Italien. In seiner Darstellung des modernen Systems der Künste (Bd. 2, Kap. 9) zeigt K., „daß dieses System der fünf maßgebenden Künste [nämlich Malerei, Bildhauerei, Architektur, Musik und Poesie], das der gesamten modernen Ästhetik zugrundeliegt und uns allen so vertraut ist, erst in verhältnismäßig moderner Zeit entstanden ist und erst im 18. Jahrhundert seine endgültige Form annahm“ (S. 165) — vor allem unter dem Einfluß von Batteux und Diderot. — Mit Bibliographie der Arbeiten von Kristeller, Sach- und Namenregister.

61. *H. Kuhn,* Wesen und Wirken des Kunstwerks, München 1960
Für K. besteht das Grundproblem der modernen Ästhetik im Zwiespalt zwischen Metaphysik der Kunst und ästhetischem Historismus. Ihm geht es um die Rehabilitierung der Metaphysik der Kunst, wie sie sich etwa bei Augustinus und mittelalterlichen Denkern findet, gegenüber dem „triumphalen Anspruch dieses ästhetischen Historismus“ (S. 19). Unter „ästhetischem Historismus“ versteht K. dabei jedes „nicht-existenzbestimmende Reflexionsdenken“ (vgl. S. 128): Hegel ebenso wie Heidegger, Kierkegaard wie Marx.

62. *J. M. Lotman,* Die Struktur des künstlerischen Textes, hrsg. mit einem Nachwort und einem Register von R. Grübel, es 582, Frankfurt 1973
L. begreift Kunst als ein kommunikatives Medium, eine Art Sprache mit einer bestimmten Organisation und nähert damit Kunstwissenschaft und Kunsttheorie der Theorie des sprachlichen Zeichens an. Kunstwissenschaft und Linguistik bilden danach Teilgebiete einer allgemeinen Semiotik.

63. *H. Lützeler,* Kunsterfahrung und Kunstwissenschaft. Systematische und entwicklungsgeschichtliche Darstellung und Dokumentation des Umgangs mit der bildenden Kunst, 3 Bde., Freiburg, München 1975
L. stellt die verschiedenen Wege dar, auf denen Kunst erfahren wird: außerwissenschaftlich in unmittelbarer, in dichterischer Erfahrung und in der Kunstkritik; vorwissenschaftlich durch Reisebücher, durch Künstlerviten und in Aussagen von Künstlern über Kunst; in der Kunsterfahrung in der Wissenschaft. Die verschiedenen Methoden, mit denen die Kunstwissenschaft arbeitet, die historischen Ursprünge der (heute autonomen) Kunstwissenschaft und ihre Beziehung zu anderen Wissenschaften werden ausführlich dargestellt. Auch „für solche Leser geeignet, die eine erste Orientierung in der Kunstwissenschaft suchen" (S. 41). Ausführliche Bibliographie (140 S.) und Register.

64. *G. Lukács,* Probleme der Ästhetik, Werke, Bd. 10, Neuwied, Berlin 1969 (darin Wiederabdruck des Sammelbandes „Beiträge zur Geschichte der Ästhetik", Berlin 1954)
In Aufsätzen über die Ästhetik von Schiller, Hegel, Tschernyschewskij, Vischer, Nietzsche, Mehring, Marx und Engels entwickelt L. seine Konzeption einer marxistischen Ästhetik, die der idealistischen entgegengesetzt und auf sie bezogen ist.

65. *ders.,* Die Eigenart des Ästhetischen, Werke 11 und 12, Neuwied, Berlin 1963 (gekürzte, von Lukács autorisierte Taschenbuchausgabe: Ästhetik. In vier Teilen, Neuwied, Berlin 1972)
„Die Eigenart des Ästhetischen" ist der erste und allein fertiggestellte Teil der von L. geplanten „großen Ästhetik". Probleme der ästhetischen Widerspiegelung, des mimetischen Charakters der Künste, der Kategorie der Besonderheit stehen im Mittelpunkt der kunsttheoretischen Reflexion des späten L., der ontologische Aspekte der Kunst besonders hervorhebt.

66. *B. Lypp,* Ästhetischer Absolutismus und politische Vernunft. Zum Widerstreit von Reflexion und Sinnlichkeit im deutschen Idealismus, Frankfurt 1972
Dieser systematisch und historisch orientierte Beitrag deutet den Übergang der kritischen Transzendentalphilosophie Kants zur Geschichtsphilosophie Hegels. Dieser wird — so die Hauptthese L.s — durch verschiedene Versionen eines ästhetischen Absolutismus, der teils utopisch, teils verfallstheoretisch orientiert ist, vollzogen. Der Bezug des sich um 1800 entwickelnden „ästhetischen Absolutismus" zu Theoremen und Philosophemen der Gegenwart ist mit in die Reflexion einbezogen.

67. *A. Malraux,* Psychologie der Kunst. Das imaginäre Museum, Hamburg 1957
Durch die technische Reproduktion werden nach M. die Künste aller Zeiten und Völker radikaler als durch ihre Zusammenstellung in den

erst in der Neuzeit entstandenen Museen aus ihren in der Geschichte vorgegebenen religiösen, sozialen und politischen Lebenszusammenhängen herausgelöst und zu autonomen ästhetischen Kunstwerken in einem imaginären Museum. „Ein imaginäres Museum, wie es noch niemals da war, hat seine Pforten aufgetan: es wird die Intellektualisierung, wie sie durch die unvollständige Gegenüberstellung der Kunstwerke in den wirklichen Museen begann, zum Äußersten treiben“ (S. 12).

68. *H. Marcuse,* Über den affirmativen Charakter der Kultur (1937), in: H. Marcuse, Kultur und Gesellschaft 1, Frankfurt [10]1971, S. 56 bis 101.

69. *ders.,* Konterrevolution und Revolte, Frankfurt 1973 (darin: „Kunst und Revolution“, S. 95—148).

70. *ders.,* Die Permanenz der Kunst. Wider eine bestimmte marxistische Ästhetik. Ein Essay, München, Wien 1977
1937 kritisiert M. die affirmative Kultur als von der Sphäre der materiellen Reproduktion des Lebens, der Körperlichkeit und Arbeit abgehobenes, losgelöstes und damit unwahr werdendes Wertreich und klagt die Erfüllung der kulturellen Glücksversprechen ein. In den Essays aus den 70er Jahren dagegen betont er, daß erst die autonome Durchbildung der ästhetischen Form ein kritisches Potential der Kunst garantiere und daß eine Einebnung der Differenz von Kunst und Leben regressiv sei.

(79.3) O. *Marquard,* Zur Bedeutung der Theorie des Unbewußten für eine Theorie der nicht mehr schönen Kunst, in: H. R. Jauß (Hrsg.), Die nicht mehr schönen Künste. Grenzphänomene des Ästhetischen, Poetik und Hermeneutik 3, München 1968, S. 375 bis 392
Für M. gehören nach dem „Abschied vom Prinzipiellen“ die Kunst — auch die „nicht mehr schöne Kunst“ der Moderne — und die Ästhetik zu den Mitteln, die das Leben erträglich machen können, indem sie negative Folgen neuzeitlicher Fortschrittsprozesse kompensieren.

(73.) *ders.,* Kunst als Kompensation ihres Endes, in: W. Oelmüller (Hrsg.), Ästhetische Erfahrung, Kolloquium Kunst und Philosophie 1, UTB 1105, S. 159—199
M. stellt die These zur Diskussion, daß die moderne Kunst kompensatorisch zur Zuflucht der Theorie werde. „Wo die Wirklichkeit selber zum Ensemble von Fiktionen wird, bleibt die ästhetische Kunst das durch Wirklichkeit Unersetzliche nur dann, wenn sie sich fortan nicht mehr ‚durch‘, sondern ‚gegen‘ das Fiktive definiert: als Antifiktion“ (S. 168).

71. *K. Marx, F. Engels,* Über Kunst und Literatur, 2 Bde., ausgewählt von M. Kliem, Berlin (DDR) 1967
Ausführliche Dokumentation der kunst- und literaturtheoretischen

Äußerungen von Marx und Engels. Breiten Raum nimmt die Dokumentation der Sickingen-Debatte zwischen Marx, Engels und Lassalle ein.

72. *W. Marx*, Ästhetische Ideen. Untersuchungen über die Grundlagen einer Theorie der Kunst, Abhandlungen zur Philosophie, Psychologie und Pädagogik, Bd. 155, Bonn 1981
Die Studie thematisiert das Verhältnis von theoretischer und ästhetischer Erfahrung, Grundprobleme einer Theorie des Schönen und Grundlagen einer Theorie des Ästhetischen, um eine „Phänomenologie gattungsspezifischer ästhetischer Elementarstrukturen" (S. 113, Teil IV) begründen zu können.

73. *W. Oelmüller* (Hrsg.), Ästhetische Erfahrung, Kolloquium Kunst und Philosophie 1, UTB 1105, Paderborn 1981
In drei Kolloquien eines interdisziplinären Arbeitskreises von Philosophen, Literatur- und Kunstwissenschaftlern werden mit verschiedenen philosophischen und wissenschaftlichen Methoden (verschiedene Richtungen der Hermeneutik, der kritischen Gesellschaftstheorie, der Phänomenologie, des Strukturalismus, der Semiotik und der Sprachphilosophie) sowie von verschiedenen Voraussetzungen aus an drei Beispielen die Schwierigkeiten mit der erst in der Neuzeit entwickelten Ästhetik deutlich gemacht. Der erste Band enthält die Diskussionseinleitungen von Bubner, P. Bürger und Marquard, zehn Arbeitspapiere sowie die autorisierten Protokolle des ersten Kolloquiums über den heute vieldeutigen Begriff „ästhetische Erfahrung".

74. *ders.*, (Hrsg.), Ästhetischer Schein, Kolloquium Kunst und Philosophie 2, UTB 1178, Paderborn 1982
Der zweite Band enthält die Diskussionseinleitungen von Zimmerli und Warning, 12 Arbeitspapiere von Philosophen, Literatur- und Kunstwissenschaftlern sowie die autorisierten Protokolle des zweiten Kolloquiums über mögliche Bedeutungen und Schwierigkeiten mit dem Begriff „ästhetischer Schein".
Die Ergebnisse eines dritten Kolloquiums über den umstrittenen Kunstwerkbegriff werden 1983 veröffentlicht.

75. *H. Paetzold*, Neomarxistische Ästhetik, 2 Bde., Teil 1: Bloch, Benjamin; Teil 2: Adorno, Marcuse, Düsseldorf 1974
P. faßt die wesentlichen Züge der Kunsttheorien von Bloch, Benjamin, Adorno und Marcuse zusammen und vergleicht sie in ihrer Nähe und ihrer spezifischen Differenz. Einleitung und Schluß untersuchen die Leistungen der neomarxistischen Ästhetik angesichts des Problematischwerdens der Kunst. — Mit einem Vorwort von K.-O. Apel (Bd. 1) und Literaturverzeichnissen. Zur Einführung gut geeignet.

76. *E. Panofsky*, Idea. Ein Beitrag zur Begriffsgeschichte der älteren Kunsttheorien, Studien der Bibliothek Warburg 5, Berlin [2]1961 ([1]1924)

Eingehende begriffsgeschichtliche Untersuchung scholastischer Kunsttheorien (Frühscholastik, Bonaventura, Thomas, Ulrich von Straßburg) im Kontext der mittelalterlichen Plotinrezeption. Diskussion der Begriffe pulchrum, verum, unum und der Transzendentalienlehre.

77. *ders.*, Sinn und Deutung in der bildenden Kunst (Meaning in the Visual Arts), dumont kunsttaschenbücher Nr. 33, Köln 1975
Aufsatzsammlung zu allgemeinen und speziellen Fragen der Kunstgeschichte. Kunstgeschichte sei eine Geisteswissenschaft, deren „,primäres Material' aus Zeugnissen besteht, die in Gestalt von Kunstwerken auf uns gekommen sind" (S. 16). In das „nachschaffende Erlebnis eines Kunstwerks" (S. 21) gingen die historischen Bedingungen der Rezeptionssituation ein, und erst so bilde sich die ,Bedeutung' eines Kunstwerks.

78. *W. Perpeet*, Ästhetik im Mittelalter, Alber Broschur Philosophie, Freiburg, München 1977
Untersuchungen zu Problemen, zur Geschichte und zur Aktualität mittelalterlicher Theorien des Schönen anhand der Schönheitslehren von Augustinus, Dionysius Pseudoareopagita und anderen.

79. *Poetik und Hermeneutik.* Arbeitsergebnisse einer Forschungsgruppe, Bd. 1—10, München 1964—1982
1. H. R. Jauß (Hrsg.), Nachahmung und Illusion, 1964
2. W. Iser (Hrsg.), Immanente Ästhetik — ästhetische Reflexion. Lyrik als Paradigma der Moderne, 1966
3. H. R. Jauß (Hrsg.), Die nicht mehr schönen Künste. Grenzphänomene des Ästhetischen, 1968
4. M. Fuhrmann (Hrsg.), Terror und Spiel. Probleme der Mythenrezeption, 1971
5. R. Koselleck, W.-D. Stempel (Hrsg.), Geschichte — Ereignis und Erzählung, 1973
6. H. Weinrich (Hrsg.), Positionen der Negativität, 1975
7. W. Preisendanz, R. Warning (Hrsg.), Das Komische, 1977
8. O. Marquard, K. Stierle (Hrsg.), Identität, 1979
9. H. R. Jauß u. a. (Hrsg.), Text und Applikation, 1981
10. D. Henrich, W. Iser (Hrsg.), Funktionen des Fiktiven, 1982
Diskussionsvorlagen und -beiträge eines Arbeitskreises von Literatur-, Kunst-, Geschichts- und Sozialwissenschaftlern, Theologen und Philosophen. Die Beiträge beleuchten jeweils den Stand der Diskussion zu zentralen Themen der gegenwärtigen Geisteswissenschaften — vor allem im Bereich von Ästhetik, Literatur- und Geschichtstheorie — und führen ihn weiter.

80. *E. Pracht* u. a., Ästhetik heute, Berlin (DDR) 1978
Von marxistischen Prämissen aus werden die Themen „Ästhetik in den Auseinandersetzungen unserer Zeit" (Teil 1), „Grundbestimmungen ästhetischer Wertung" (Teil 2) und „Vergesellschaftung

und ästhetische Kultur" (Teil 3) behandelt. Es geht den Autoren u. a. um eine Rehabilitierung der modernen Kunst: „Die heutigen Künste, ihre ideologisch-ästhetische Aussagefähigkeit, müssen nach Maßstäben ihrer eigenen Entstehungs- und Entwicklungsbedingungen *beurteilt* und nicht nach dem Muster der Kunst früherer Jahrhunderte, etwa dem Kanon der klassisch-bürgerlichen Ästhetik, *abgeurteilt* werden" (S. 7).

81. *F. J. Raddatz* (Hrsg.), Marxismus und Literatur. Eine Dokumentation in drei Bänden, Rowohlt Paperback, Reinbek bei Hamburg 1969
Umfangreiche Dokumentation zur Entwicklung marxistischer Literatur- und Kunsttheorie. Mit Texten von Marx, Engels, Mehring, Lenin, Gorki (Bd. 1), Lukács, Bloch, Brecht, Benjamin, Gramsci, Sartre (Bd. 2), Stalin, Fischer, Aragon, Garaudy, Hans Mayer (Bd. 3) und vielen anderen. Aufgenommen sind auch wichtige Konferenzbeschlüsse und Parteidokumente. Die Kontroversen innerhalb der Marxistischen Diskussion werden deutlich. — Zur Einführung gut geeignet.

82. *J. Rüsen*, Ästhetik und Geschichte. Geschichtstheoretische Untersuchungen zum Begründungszusammenhang von Kunst, Gesellschaft und Wissenschaft, Stuttgart 1976
R. sieht Kunst und Literatur als geschichtliche Phänomene und betont auch die Geschichtlichkeit der Erkenntnis von Kunst. Er untersucht den Zusammenhang beider Geschichten, um Aufschluß darüber zu gewinnen, „wie die an und in den Erkenntnisgegenständen ausgemachte Geschichte in und durch die Erkenntnisleistung selber lebendig gegenwärtig ist" (S. VII).

83. *H. Schavernoch*, Die Harmonie der Sphären. Die Geschichte der Idee des Welteneinklangs und der Seeleneinstimmung, Orbis Academicus, Sonderbd. 6, Freiburg, München 1981
Sch. verfolgt die pythagoreische Idee einer Harmonie der Sphären durch die europäische Geistesgeschichte (z. B. bei Platon, Cicero, Augustinus, Kepler bis hin zu modernen Naturwissenschaftlern wie Heisenberg). Die Idee der Spärenharmonie, eine erste, religiös motivierte „‚Weltformel' der Menschheit" (S. 17), habe bedeutende Wirkung auf Dichtung und Musik gehabt.

84. *G. Schiwy*, Der französische Strukturalismus. Mode, Methode, Ideologie. Mit einem Textanhang, Reinbek bei Hamburg 1969

85. *ders.*, Neue Aspekte des Strukturalismus, München 1971
Der erste Band stellt Methoden und Denkweisen des französischen Strukturalismus von Saussure über Lévi-Strauss bis hin zu Lacan, Althusser, Barthes und anderen dar. Der zweite Band diskutiert verschiedene Positionen des Strukturalismus und Poststrukturalismus. Beide Bände zur Einführung gut geeignet. Mit ausgewählten Texten, Bibliographie, Personen- und Sachregistern.

86. *S. J. Schmidt* (Hrsg.), „schön". Zur Diskussion eines umstrittenen Begriffs, München 1976
Beiträge von Schmidt, Imdahl, Luhmann und anderen befassen sich mit Fragen nach Gebrauch, Funktion, Dimensionen und Verwendungsmöglichkeiten des Begriffs „schön". In der Diskussion zum Thema des 4. Karlsruher Kolloquiums: „Gibt es heute noch eine sinnvolle Verwendung des Begriffs ‚schön'?" werden Aspekte wie das Verhältnis von Wahrheit und Schönheit, von Naturschönem und Kunstschönem, von schön und häßlich behandelt.

87. *G. Schuhmacher*, Einführung in die Musikästhetik, Taschenbücher zur Musikästhetik, Bd. 15, Wilhelmshaven 1975
Sch. bietet einen knappen Überblick über die aktuellen Diskussionen in der Musikästhetik. Er behandelt Hauptaspekte der Ästhetik (Zeit, Form, Ausdruck usw.) und neue Themen und Fragen (funktionale Musik, gesellschaftliche Implikationen usw.). Mit Literaturhinweisen.

88. *A. Silbermann* (Hrsg.), Klassiker der Kunstsoziologie, Beck'sche Schwarze Reihe 197, München 1979
Der Sammelband enthält 11 Beiträge zu Leben und Werk von Kunsttheoretikern und -soziologen des 19. und 20. Jahrhunderts, so von Kofler zu Taine, von S. zu Max Weber, von Benseler zu Lukács, von Hänseroth zu Panofsky und von Jensen zu Adorno.

89. *J. Striedter* (Hrsg.), Texte der russischen Formalisten, Bd. 1: Texte zur allgemeinen Literaturtheorie und zur Theorie der Prosa, UTB 40, München [2]1971

90. *W.-D. Stempel* (Hrsg.), Texte der russischen Formalisten, Bd. 2: Texte zur Theorie des Verses und der poetischen Sprache, München 1972
Beide Anthologien versammeln die wichtigsten Texte des russischen Formalismus und geben in einführenden Einleitungen einen Überblick über dessen systematische Ansätze.

91. *W. Strube*, Sprachanalytische Ästhetik, München 1981
„Ziel der vorgelegten Untersuchungen ist es, die Probleme der Struktur ästhetischer Wertäußerungen, der Bedeutung des Wortes ‚Schönheit' und der Begründbarkeit ästhetischer Wertäußerungen zu lösen, und zwar mit Hilfe der sprechakttheoretischen Analyse der ästhetischen Sprache, d. h. der Sprache, die im Kunstkritiker-, Kunstliebhaber-Sprachspiel usf. gesprochen wird" (S. 28). Das Ergebnis der Untersuchungen ist, daß es *die* ästhetische Sprache und *die* ästhetischen Wertäußerungen nicht gibt, sondern nur verschiedene Sprachspiele.

92. *H. Sturm, A. Eschbach* (Hrsg.), Ästhetik und Semiotik. Zur Konstitution ästhetischer Zeichen, Tübingen 1981
Vorträge eines Kolloquiums, die von verschiedenen semiotischen Ansätzen her die Konstitution des ästhetischen Zeichens untersuchen.

93. *P. Szondi*, Poetik und Geschichtsphilosophie 1, Studienausgabe der Vorlesungen Bd. 2. Antike und Moderne in der Ästhetik der Goethezeit. Hegels Lehre von der Dichtung, hrsg. von S. Metz und H.-H. Hildebrandt, stw 40, Frankfurt ²1976

94. *ders.*, Poetik und Geschichtsphilosophie 2, Studienausgabe der Vorlesungen Bd. 3. Von der normativen zur spekulativen Gattungspoetik. Schellings Gattungspoetik, hrsg. von W. Fietkau, stw 72, Frankfurt 1974

95. *ders.*, Schriften 1 und 2, hrsg. von J. Bollack u. a., stw 219 und 220, Frankfurt 1978
Die in den beiden Bänden zur Poetik und Geschichtsphilosophie vereinigten Vorlesungen sind grundlegend für ein Verständnis der ästhetischen Überlegungen der Zeit um 1800 in der Logik ihrer Entwicklungen von Winckelmann bis zu Hegel. Die „Schriften" enthalten die von S. selbst veröffentlichten Studien, darunter die einflußreiche „Theorie des modernen Dramas" (Bd. 1).

96. *W. Tatarkiewicz*, Geschichte der Ästhetik, Bd. 1, Die Ästhetik der Antike, Stuttgart 1979; Bd. 2, Die Ästhetik des Mittelalters, 1980; Bd. 3, Die Ästhetik der frühen Neuzeit, 1981
Bd. 1 behandelt die archaische, klassische und hellenistische Theorie des Schönen und der Kunst bzw. der Künste von Homer bis zu Plotin, Bd. 2 verfolgt die Entwicklung bis zu Dante, Bd. 3 bis zum Jahr 1700. Neben philosophischen Theorien werden auch theoretische Überlegungen von Dichtern und anderen Künstlern berücksichtigt. Quellensammlungen zu den einzelnen Kapiteln und kommentierte Zusammenstellungen der Sekundärliteratur.

97. *H. Turk* (Hrsg.), Klassiker der Literaturtheorie. Von Boileau bis Barthes, Beck'sche Schwarze Reihe 192, München 1979
„In 20 Kurzmonographien aus dem Bereich der Anglistik, Germanistik, Romanistik und Slavistik werden *Klassiker der Literaturtheorie* vorgestellt, die als Gesetzgeber und als Kritiker, als Autoren und als Interpreten die Literatur und die Literaturerkenntnis maßgeblich beeinflußt haben" (S. 9). Beiträge unter anderem zu Kant, Schiller, Schlegel, Schelling, Hegel, Nietzsche, Benjamin, Mukařovský und Barthes. Mit Bibliographie und Register.

98. *G. Viatte* (Hrsg.), Paris — Paris: 1937—1957 — Malerei, Graphik, Skulptur, Film, Theater, Literatur, Architektur, Design, Photographie. Katalog der Ausstellung vom 28. 5.—2. 11. 1981 im Centre Georges Pompidou, Paris, mit einem Vorwort zur deutschen Ausgabe von W. Spies, München 1981
„Es ist das Ziel von ‚Paris — Paris', den künstlerischen Reichtum eines Kunstzentrums zu zeigen, dessen Ausstrahlung die ganze Welt erfaßte und das eine Zeitlang eine führende Rolle spielte" (J.-C. Groshens, S. 10). Die bildenden Künste, Photographie und Film, Literatur, Theater und geistiges Leben der Jahre von 1937 bis

1957 in Paris werden mit zahlreichen Abbildungen und Dokumenten dargestellt und (unter anderem von J. Kristeva, F. Châtelet und Ph. Arbaizar) kommentiert. Mit ausführlichem Anhang, der Chronologie und Kurzbiographien enthält.

99. *F. Wahl* (Hrsg.), Einführung in den Strukturalismus. Mit Beiträgen von O. Ducrot, T. Todorov, D. Sperber, M. Safouan und F. Wahl, stw 10, Frankfurt 1973
Dem Sammelband liegt folgendes Verständnis von „Strukturalismus“ zugrunde: „Wir sagen (...), daß sich unter dem Namen Strukturalismus alle Wissenschaften vom Zeichen, der Zeichensysteme gruppieren“ (S. 11). Besonders hervorzuheben sind die Beiträge von O. Ducrot: „Der Strukturalimus in der Linguistik“, der eine gute Einführung in dieses Thema bietet, und von T. Todorov: „Poetik“, der linguistische Begriffe auf poetologische Zusammenhänge anwendet.

100. *R. Warning* (Hrsg.), Rezeptionsästhetik. Theorie und Praxis, UTB 303, München 1975
Die Einleitung und die Textauswahl bieten einen Überblick über den Stand der literaturwissenschaftlichen Rezeptionsforschung. Im ersten Teil werden Grundbegriffe der Rezeptionsästhetik in Aufsätzen von Ingarden, Iser, Jauß, Gadamer und anderen entwickelt; im zweiten Teil erproben Iser, Jauß und W. die Leistungsfähigkeit dieser Begriffe für die konkrete Aufarbeitung von Texten. Mit Personen- und Sachregister.

101. *P. Weiss,* Die Ästhetik des Widerstands, Roman, 3 Bde., Frankfurt 1975, 1978, 1981
Ästhetik des Widerstands formiert sich, für die Perspektive des Ich-Erzählers der Romantrilogie, im Widerstand der Arbeiterbewegung gegen den Faschismus (die Zeit der Handlung reicht von Ende 1937 bis Ende 1946). Ästhetischer und politischer Widerstand werden als sich wechselseitig bedingend dargestellt; revolutionäre Praxis komme ohne die visionäre Dimension des Ästhetischen nicht aus. — W.s „Roman“ sprengt die Grenzen zwischen Literatur und ästhetischer Theorie; zahlreiche Einzelanalysen (z. B. zum Pergamon-Altar, zu Hölderlin, Büchner, Rimbaud) führen vor, wie der Widerstand gegen etablierte Deutungskonventionen aussehen könnte.

102. *R. Wellek,* Geschichte der Literaturkritik 1750—1830, Darmstadt, Berlin, Neuwied 1959
Ausgehend vom Kritik-Begriff des New Criticism, nach dem Kritik Literaturtheorie und Poetik umfaßt, stellt W. die Epoche der Ästhetik und Literaturtheorie zwischen Baumgarten und Hegel, Diderot und Coleridge ausführlich ihrem geistesgeschichtlichen Zusammenhang nach dar.

103. *H. Wiegmann,* Utopie als Kategorie der Ästhetik. Zur Begriffsgeschichte der Ästhetik und Poetik, Stuttgart 1980

W. will belegen, „daß der Kunstbegriff nie ohne die Kategorialität des Utopischen ausgekommen ist und ohne den Utopiebegriff Theorieentwürfe der Kunst ihren spezifischen Gegenstand verfehlen" (S. 1). Unter diesem Aspekt analysiert er den Kunst- und Dichtungsbegriff von Platon, Aristoteles, Plotin, Augustinus, Shaftesbury, Diderot, Baumgarten, Kant, Schiller, Hegel, Nietzsche und anderen.

104. *E. Wind*, Kunst und Anarchie. Die Reith Lectures 1960, durchgesehene Ausgabe mit den Zusätzen von 1968 und späteren Ergänzungen, Frankfurt 1979
W. geht es um den Nachweis, daß sich die „glänzendste Entfaltung künstlerischer Kräfte mit politischem Zerfall" (S. 14) verbindet. Die große Erweiterung der Kunst, die nach Hegels These vom Vergangenheitscharakter der Kunst stattgefunden habe, wird von W. als Ermöglichung einer größeren Oberflächlichkeit im Umgang mit der Kunst interpretiert (vgl. S. 23) — je mehr künstlerische Produkte, desto weniger Kunstverständnis.

105. *G. Wolandt,* Philosophie der Dichtung. Weltstellung und Gegenständlichkeit des philosophischen Gedankens, Berlin 1965
Im Anschluß an die neukantianische Kulturphilosophie (Cohen, Rickert, Cassirer u. a.) und an die Ontologie Hönigswalds unternimmt es W., eine in sich abgeschlossene „fundamentale Grundlegungstheorie der Dichtung als die Theorie einer Hinsicht möglicher Gegenstandszuwendung" (S. 20) zu geben.

106. *P. V. Zima* (Hrsg.), Textsemiotik als Ideologiekritik, es 796, Frankfurt 1977
Die in diesem Band zusammengestellten französischen, italienischen, sowjetischen und tschechischen Studien sollen dazu beitragen, den Arbeitsbereich einer kritischen Semiotik abzustecken. Zu diesem Zweck werden szientistische und kritische Ansätze von U. Eco, A. J. Greimas, J. Kristeva, J. Lotman, M. Bachtin, J. Mukařovský nebeneinandergestellt. Das Interesse des Herausgebers ist es, Konzepte der Semiotik aufeinander zu beziehen und Parallelen zwischen der Kritischen Theorie und ideologiekritischer Textsemiotik aufzuweisen (vgl. S. 19—28).

107. *J. Zimmermann,* Sprachanalytische Ästhetik. Ein Überblick, „problemata" 60, Stuttgart, Bad Cannstatt 1980
Z. gibt einen historischen Überblick über „Anschlußmöglichkeiten ästhetischer Reflexion an grundlegende Positionen sprachanalytischer Philosophie" (Frege, Wittgenstein, Richards, Morris) und einen systematischen Abriß, der sich „auf die meta-ästhetische Problemstellung als ‚Kern' des sprachanalytischen Ansatzes konzentriert, literatursemantische und semiotische Aspekte dagegen nur am Rande behandelt" (Vorwort, S. 9). Mit ausführlicher Bibliographie und Namenregister.

Biographie — Bibliographie

XENOPHANES

geb. um 570, gest. um 475/70 v. Chr., Vorsokratiker aus Kolophon in Kleinasien, wandert als Rhapsode und philosophischer Lehrer durch die griechische Welt. Von seinen Werken sind nur Fragmente erhalten.
Gegen den Glauben an menschen- und tiergestaltige Götter, je typische Projektionen der jeweiligen Verehrer, stellt er den an Gestalt und Körperlichkeit nicht gebundenen einen Gott, der von Menschen nicht erdacht ist. Daher kritisiert er die Darstellung der Götter bei Homer und Hesiod aus sittlichen und religiösen Gründen.

108. *W. Jaeger,* Die Theologie der frühen griechischen Denker, Stuttgart 1953 (Nachdruck 1964)
Vorlesungen über die Philosophie der Vorsokratiker mit dem Schwerpunkt auf der Bedeutung der Theologie für die frühen griechischen Philosophen, die J. weder als reine Naturwissenschaftler noch als Mystiker sehen will. Zu Xenophanes S. 50—68

109. *W. Nestle,* Vom Mythos zum Logos. Die Selbstentfaltung des griechischen Denkens von Homer bis auf die Sophistik und Sokrates, Stuttgart ²1975
N.s Absicht ist es zu zeigen, wie „im 6. und 5. Jahrhundert v. Chr. das mythologische Denken der Griechen Schritt für Schritt durch das rationale Denken ersetzt, ein Gebiet um das andere für eine natürliche Erklärung und Erforschung erobert und daraus die Folgerungen für das praktische Leben gezogen wurden. Es handelt sich also um die allmähliche Zersetzung der griechischen Religion" (S. V). N. hebt vor allem die Bedeutung der Sophistik in diesem Prozeß hervor. Zu Xenophanes: S. 87—95.

110. *W. Schadewaldt,* Die Anfänge der Philosophie bei den Griechen, stw 128, Frankfurt 1978
Vorlesungen über die griechische Philosophie vor Sokrates, deren Anfänge in den Bereichen Religion, Mythos, Dichtung, vor allem bei Homer und Hesiod, festgemacht und entfaltet werden Im Anschluß daran stellt Sch. die Philosophie der vorsokratischen Denker dar.

111. *G. Thomson,* Die ersten Philosophen. Forschungen zur Altgriechischen Gesellschaft II, deutsche Ausgabe Berlin 1968
Eine Untersuchung der ökonomischen und gesellschaftlichen Bedingungen des Entstehens der griechischen Philosophie. Schwerpunktthemen sind die Sklaverei, die Bedingungen von Warenproduktion und Warentausch und die ihnen entsprechenden Formen des beginnenden wissenschaftlichen Denkens.

DIALEXEIS

Die ‚Dialexeis' (Gespräch) oder ‚Dissoi logoi' (Doppelreden) sind um 400 v. Chr. als popularwissenschaftliche Vorträge eines unbekannten

Sophisten entstanden. Sie versuchen, die These des Protagoras: „Von jeder Sache gibt es zwei einander widersprechende Auffassungen" an den Kategorien von Gut und Übel, Schicklich und Unschicklich bzw. Schön und Häßlich, Recht und Unrecht, Wahrheit und Lüge zu belegen. Unter dem Einfluß von Hippias wird der Gedanke einer nur begrenzten Gültigkeit der Sitte entwickelt. Das Material hierzu, die Vergleiche der Sitten verschiedener Völker, ist unter anderem aus dem Geschichtswerk des Herodot entnommen.

112. *W. Nestle*, Einleitung, in: Die Vorsokratiker. Deutsch in Auswahl mit Einleitungen von W. Nestle, Wiesbaden 1978, S. 8—93
N. gibt ausführliche Charakterisierungen der einzelnen Vorsokratiker (zu Xenophanes: S. 29—32) und der Sophisten (S. 61—93). Er stellt die geistige Bewegung des 6. und 5. Jahrhunderts v. Chr. in der griechischen Welt in ihrem Zusammenhang dar. Der Auswahlband enthält außer dem Text über „Schicklich und Unschicklich" noch eine Reihe anderer Abschnitte aus den „Dialexeis", zum Beispiel über „Gut und Übel", „Recht und Unrecht", „Wahrheit und Lüge" (S. 224—236).

PLATON

geb. 427 v. Chr. in Athen, Angehöriger des Adels, gründet in Athen eine Philosophenschule, die Akademie, gest. 347 v. Chr. in Athen. Angesichts des Zerfalls der Polis (Verurteilung des Sokrates, Einfluß der sophistischen Aufklärung, Herrschaft der 30 Tyrannen) versucht er die Rettung einer Polis, die auf Vernunft und Einsicht gegründet ist. In dieser Ordnung können die Dichter ihre ursprüngliche Aufgabe als Erzieher der Griechen nicht mehr wahrnehmen. Er vertreibt sie daher aus der idealen Polis. Platon, der vor seiner Begegnung mit Sokrates in seiner Jugend selbst Tragödien verfaßt hat, entscheidet den alten Streit zwischen Dichtern und Philosophen dadurch, daß er erklärt, Philosophen und Gesetzgeber der Polis seien selbst die wahren Dichter. Gegen die sophistische Auffassung von der Wandelbarkeit und Relativität des Schönen versucht er, die verschiedenen, vor allem die sittlichen Phänomene des Schönen in der unwandelbaren Idee des Schönen zu begründen.

113. *K. Flasch*, Ars imitatur naturam. Platonischer Naturbegriff und mittelalterliche Philosophie der Kunst, in: K. Flasch (Hrsg.), Parusia. Studien zur Philosophie Platons und zur Problemgeschichte des Platonismus. Festgabe für Johannes Hirschberger, Frankfurt 1965, S. 265—306
Der Aufsatz skizziert „das Problem ‚Natur und Kunst' bei einigen Denkern der platonischen Tradition" (Platon, Plotin, Johannes Eriugena u. a.), „dann bei Thomas von Aquin und Aristoteles" sowie bei Cusanus und versucht, aus den Textanalysen „Charakteristika der mittelalterlichen Kunstphilosophie zu ermitteln, die für das gegenwärtige Philosophieren von Bedeutung sind" (S. 269).

114. *H. Flashar,* Der Dialog Ion als Zeugnis platonischer Philosophie, Deutsche Akademie der Wissenschaften zu Berlin, Schriften der Sektion für Altertumswissenschaften 14, Berlin 1958

F. sieht den Dialog Ion im Zentrum platonischen Philosophierens, vor allem wegen des darin von Platon entwickelten Enthusiasmos-Begriffs (vgl. S. 54—77). Ausführlich wird das Verhältnis Platons zu den Dichtern erläutert (vgl. S. 106—112).

115. *O. Gigon, L. Zimmermann,* Begriffslexikon zu: Platon, Jubiläumsausgabe sämtlicher Werke, Bd. 8, Zürich, München 1974

Darstellung der Philosophie Platons in einer Anzahl ausgewählter Stichworte. Die Entwicklung in Platons Denken und seine Stellung in der griechischen Philosophiegeschichte werden deutlich. Besonders verwiesen sei auf die Artikel „Abbild", „Dichtung, Dichter", „Idee", „Kunst", „Musik", „Mythos", „Schönheit, Schönes".

116. *G. Krüger,* Einsicht und Leidenschaft. Das Wesen des platonischen Denkens, Frankfurt ^{4}1973

In einer genauen „Symposion"-Interpretation wird von den Reden über den Eros und das Schöne aus der Grundansatz der platonischen Philosophie verdeutlicht. Auch Stellen aus dem „Phaidros" sind berücksichtigt.

117. *J. G. Warry,* Greek Aesthetic Theory. A Study of Callistic and Aesthetic Concepts in the Works of Plato and Aristotle, London 1962

W. gibt eine Übersicht über Platons Konzept von Schönheit und Harmonie, seine Bewertung von Kunst und Poesie und seine Sicht des poetischen Prozesses, vergleicht damit die Anschauungen des Aristoteles über Kunst und Schönheit und erläutert in diesem Zusammenhang besonders die Begriffe Mimesis und Katharsis.

ARISTOTELES

geb. 384 v. Chr. in Stagira (Thrakien), Sohn des makedonischen Hofarztes, Schüler Platons und Mitglied der „Akademie". Von Philipp von Makedonien wird er zum Lehrer seines Sohnes Alexander (später Alexander der Große, 356—323) berufen. 335 gründet er in Athen eine eigene Philosophenschule, Lykeion oder Peripatos genannt. Gest. 322 v. Chr. in Chalkis auf Euböa.

Vor allem in seiner „Politik" und in seiner nur unvollständig erhaltenen „Poetik" untersucht er u. a., welche Bedeutung die Musik und die Kunst überhaupt für die Erziehung der Bürger haben, was die Dichtung von der Philosophie und Geschichtsschreibung unterscheidet, welche Regeln der Verfasser einer Tragödie beachten muß. Im Gegensatz zu Platon sieht Aristoteles in dem Umgang mit der Musik und der Kunst für die Polis und den einzelnen keine Bedrohung, sondern eine sinnvolle Tätigkeit in der Muße.

(35.) *M. Fuhrmann,* Einführung in die antike Dichtungstheorie, Darmstadt 1973
Enthält eine Einführung in die „Poetik“ des Aristoteles.

118. *O. Gigon,* Einleitung, in: Aristoteles, Poetik, Übersetzung, Einleitung und Anmerkungen von O. Gigon, Reclams Univ.-Bibliothek Nr. 2337, Stuttgart 1971, S. 3—22
G. gibt einen Überblick über die Dichtungstheorie des Aristoteles in der „Poetik“ und einen Abriß ihrer Wirkungsgeschichte.

119. *A. B. Neschke,* Aristoteles und Aristotelismus oder Der Fall der Poetik, in: neue hefte für philosophie, H. 15/16: Aktualität der Antike (1978) S. 70—101
Die Arbeit macht mit Blick auf die Wirkungsgeschichte der aristotelischen „Poetik“ anhand einiger systematischer Probleme (z. B. Mimesis, Katharsis, Aisthesis) deutlich, worin die Aktualität dieser Schrift besteht.

120. *dies.,* Die „Poetik“ des Aristoteles. Textstruktur und Textbedeutung, 2 Bde., Frankfurt 1980
Analysen mit der Methode der strukturalen Textlinguistik. Neben das Thema „Dichtkunst als Mimesis“ tritt gleichgewichtig das Thema „Prozeß des Herstellens“. Dichtkunst wird so dem Bereich menschlicher Werkproduktion (Poiesis) zugeordnet, die von Praxis wie Theorie als strenger Prinzipienwissenschaft getrennt ist. Die Untersuchung stellt an den Leser hohe Ansprüche.

MARCUS TULLIUS CICERO

geb. 106 v. Chr. in Arpinum bei Rom, gest. 43 v. Chr. in Formiae. Studium des Rechts, der Rhetorik und Philosophie in Rom und Griechenland. Im Mindestalter von 43 wird er Konsul und schlägt die Verschwörung des Catilina nieder. Während seiner politischen Isolierung schreibt er seine philosophischen und rhetorischen Schriften. Er wird während der Machtkämpfe nach der Ermordung Caesars geächtet und auf der Flucht getötet.
Angesichts des Untergangs der alten res publica Romana und der damit verbundenen Entwertung politischer Tätigkeit erhält die Kunst nach Cicero eine doppelte Funktion: Nachahmung der im Kosmos vorgegebenen Harmonie, der sogenannten Sphärenharmonie, und Darstellung dessen, was für den Menschen schicklich (honestum) ist.

121. *K. Büchner* (Hrsg.), Das neue Cicerobild, Wege der Forschung 27, Darmstadt 1971
Die Aufsätze von Büchner, Curtius, Gigon, Harder, Rüegg u. a. konzentrieren sich vor allem auf philosophische, literarisch-rhetorische und wirkungsgeschichtliche Aspekte von Ciceros Schriften.

122. *ders.,* Cicero. Bestand und Wandel seiner geistigen Welt, Heidelberg 1964

B. betont die Wechselwirkung zwischen dem Politiker und dem Philosophen Cicero und begreift Leben und Werk Ciceros als Einheit. Einzelinterpretationen aller Werke Ciceros. In den Anmerkungen ausführliche Literaturhinweise. Namen-, Sach- und Stellenregister.

123. *ders.*, Einleitung zu „De re publica", „Vom Gemeinwesen", lateinisch und deutsch, Zürich ²1960, S. 7—77
Interpretation mit Analyse des Aufbaus, des zeitgeschichtlichen Hintergrundes, der Gesprächssituation und der Teilnehmer. Kurze Vergleiche u. a. mit Platon, Aristoteles und der Stoa.

124. *R. Harder*, Über Ciceros Somnium Scipionis, in: Kleine Schriften, hrsg. v. W. Marg, München 1960, S. 354—381
Nach H.s Auffassung ist „diese Traumerzählung Ciceros persönlichste und lebendigste philosophische Leistung" (S. 354). Er hebt den „platonische(n) Untergrund des Gedankens" (S. 363) im „Somnium Scipionis" hervor, betont aber auch, man dürfe Cicero nicht bloß als eklektizistischen Abschreiber betrachten: „Es leuchtet wohl ein, daß man für all diese Kunstmittel höchstens Stilvorbilder, nicht Quellen suchen darf" (S. 381).

125. *B. Kytzler* (Hrsg.), Ciceros literarische Leistung, Wege der Forschung 240, Darmstadt 1973
Neben einigen Aufsätzen zur Cicerorezeption im Wandel der Jahrhunderte enthält der Sammelband vor allem Studien zu Cicero als Redner und zu seinem Verhältnis zur Rhetorik. Mit Bibliographie, Stellenindex und Namenregister.

(83.) *H. Schavernoch*, Die Harmonie der Sphären. Die Geschichte der Idee des Welteneinklangs und der Seeleneinstimmung, Freiburg, München 1981
„Die schönste Darstellung der Vision und des Erlebnisses der Harmonie der Sphären verdanken wir (...) Cicero" (S. 76; insgesamt zum „Somnium Scipionis" und seiner Wirkungsgeschichte: S. 76—79).

LUCIUS ANNAEUS SENECA

geb. 4 v. Chr. in Corduba, römischer Ritter, gest. 65 n. Chr. bei Rom. Ausbildung in Rhetorik und Philosophie. Seine kurze politische Laufbahn endet mit der Verbannung nach Korsika. Später wird er Erzieher Neros. In den ersten Jahren der Herrschaft Neros ist Seneca politisch sehr einflußreich. Später fällt er in Ungnade, wird schließlich von Nero der Teilnahme an einer Verschwörung beschuldigt und aufgefordert, sich selbst zu töten. Er hat philosophische und naturwissenschaftliche Schriften und Tragödien verfaßt. Seneca gehört zu den Stoikern, die sich bei aller Verantwortung für eine moralisch vernünftige Politik vor allem als Kosmopoliten, als Bürger des vernünftig geordneten Kosmos verstehen. Philosophie ist für Seneca vor allem Weg zu einer „stoischen" Lebensführung. Auch die Kunst wird im Horizont des Kosmos gesehen. Wie Gott das Weltall geschaffen hat, so schafft der Künstler das Kunstwerk.

126. *M. Pohlenz,* Die Stoa. Geschichte einer geistigen Bewegung, Göttingen ²1959
„Klassische" Darstellung der Geschichte der Stoa im Zusammenhang der ihr vorhergehenden Philosophie von Platon bis Aristoteles, der zeitgenössischen Philosophie (vor allem in Abgrenzung von den Epikureern) und der nachfolgenden Strömungen: Hellenistisches Judentum, Gnosis, Neuplatonismus, Christentum.

127. *M. Rozelaar,* Seneca. Eine Gesamtdarstellung, Amsterdam 1976
Umfassende, auch biographische Teile enthaltende Darstellung Senecas als Staatsmann, Philosoph und Dichter. Bibliographie, ausführliches Register.

PLOTIN

geb. um 205 n. Chr. in Lykopolis (Ägypten), gest. 270 in Rom. Er lebt bis 242 in Alexandria, geht dann nach Rom, wo er einen mystischen Neuplatonismus ausbildet. Seine Schriften sind in der Zusammenstellung durch seinen Schüler Porphyrios unter dem Titel „Enneaden" überliefert.
Besonders im Anschluß an Platons Lehre von der Idee des Guten und Schönen bemüht sich Plotin um die Klärung des Verhältnisses von Gott und Welt, Idee und Wirklichkeit. Philosophie ist der Weg, der vom Vergänglichen und Sinnlichen zum Einswerden mit dem Einen führt. Alle Schönheit, die den Sinnen wahrnehmbar ist, nimmt teil an der ewigen und unsichtbaren Idee des Schönen. Der Umgang mit dem Schönen befreit die Seele von allem Sinnlichen und Bösen und führt sie zur beglückenden Schau der ewigen Schönheit.

128. *W. Beierwaltes,* Die Metaphysik des Lichtes in der Philosophie Plotins, in: Zeitschrift für philosophische Forschung 15 (1961), S. 334 bis 362
Versuch einer Darstellung der plotinischen Lehre vom Schönen im Kontext der Hypostasenlehre. Wie alles wirkliche Sein nur *ist,* sofern es teilhat am Einen, das sich durch viele Stufungen hindurch mitteilt, so ist auch das Schöne, das sich dem Betrachter ebenfalls in vielerlei Abstufungen darbietet, nur deswegen schön, weil es teilhat am Einen. Plotin gehe von zwei Weisen des Schönseins aus: dem an sich Schönen (Einen) und dem durch Teilhabe (am Einen) Schönen.

129. *R. Harder,* Plotins Leben, Wirkung und Lehre, in: Kleine Schriften, hrsg. v. W. Marg, München 1960, S. 257—274
Der Plotin-Herausgeber H. gibt in diesem Aufsatz einen zur Einführung sehr gut geeigneten Abriß der Biographie, Wirkungsgeschichte und Lehre Plotins. Er sieht in Plotin einen „echten Platoniker" (S. 268).

130. *V. Schubert,* Plotin. Einführung in sein Philosophieren, Kolleg Philosophie, München 1973
Sch. stellt Plotins Philosophieren sowohl in wirkungsgeschichtlicher Perspektive als auch immanent dar und geht dabei auch auf Plotins

Konzeption des gestuften Schönen als Wegweiser zur beseligenden Schau der höheren Schönheit ein: „Plotin will keine Ästhetik liefern. Ihn interessiert allein die Rolle der Schönheit beim Aufstieg" (S. 67). Mit Bibliographie, Zeittafel und Register.

QUINTUS SEPTIMIUS FLORENS TERTULLIAN

geb. um 160, wahrscheinlich in Karthago, gest. nach 220. Erster großer Schriftsteller der christlichen Kirche. Seine Schriften sind unvollständig erhalten und schlecht überliefert. Mit rigoroser Strenge verteidigt er das Christentum und christliche Lebensformen. In seiner Schrift „De idololatria" (Über den Götzendienst) fordert er im Anschluß an die Aussagen des Alten Testaments ein strenges Bilderverbot, weil von Menschen geschaffene Bilder den Zugang zum wahren Gott nicht eröffnen, sondern verstellen.

JOHANNES VON DAMASKUS

geb. um 675, gest. um 749 in der Nähe von Jerusalem. Er gehört zu den herausragenden Kirchenvätern des Ostens und zu den bedeutenden Gestalten der byzantinischen Geschichte. Der Verteidigung der Bilder widmet Johannes drei Traktate und ein Kapitel seines Werkes „De fide orthodoxa" (Vom rechten Glauben). In Gegensatz zu dem alttestamentlich begründeten Bilderverbot geht er davon aus, daß durch die Menschwerdung Gottes eine bildhafte Darstellung Gottes möglich und legitim ist. Auf dem Konzil von 754 werden seine Lehren zunächst mit dem Bann belegt, können sich jedoch später durchsetzen.

131. *K.-H. Bernhardt,* Gott und Bild. Ein Beitrag zur Begründung und Deutung des Bilderverbotes im Alten Testament, Berlin 1956
Religionsgeschichtlicher Überblick über Gestalt und Funktion des Götterbildes im Alten Orient. Kritische Würdigung der älteren Theorien über die Entstehung der bildlosen Jahweverehrung. B. vertritt eine Herleitung des Bilderverbots aus der nomadischen Frühzeit Israels und interpretiert seine Funktion als Wahrung der Freiheit des handelnden Gottes gegenüber der Verfügbarkeit des Bildes.

132. *H. Bredekamp,* Kunst als Medium sozialer Konflikte. Bilderkämpfe von der Spätantike bis zur Hussitenrevolution, es 763, Frankfurt 1975
B. faßt die These seines Buchs in der Einleitung knapp zusammen: „Bild und Bildersturm waren seit jeher gleichwertig konkurrierende Größen; das Thema der vorliegenden Arbeit: die sozialen Zusammenhänge von Bildproduktion und Bildnegation zwischen Spätantike und Vorreformation, macht deutlich, daß die Stellung des Bildes keineswegs kontinuierlich, sondern höchst widersprüchlich gewachsen ist. Allerdings lagen in der behandelten Epoche spezifische Bedingungen vor; während das Bild heute frei verfügbar ist, war es im Mittelalter weitgehend religiös monopolisiert" (S. 11).

133. *Th. Nikolaou,* Die Ikonenverehrung als Beispiel ostkirchlicher Theologie und Frömmigkeit nach Johannes von Damaskos, in: Ostkirchliche Studien 25 (1976), S. 138—165
Der Aufsatz gibt einen „Abriß der authentischen Ikonenlehre der orthodoxen Kirche" auf der Basis des Werks „des ökumenischen Lehrers und Heiligen Johannes von Damaskos" (S. 138). N. stellt dabei heraus, daß Johannes von Damaskos die Abschaffung des Bilderverbots mit der Menschwerdung Christi begründet (S. 142 bis 147).

134. *G. von Rad,* Theologie des Alten Testaments, Bd. 1, Die Theologie der geschichtlichen Überlieferungen Israels, München ^{5}1966
Standardwerk zur Theologie des Alten Testaments, mit einer geistesgeschichtliche Hintergründe einbeziehenden Interpretation des Bilderverbots (S. 225—232).

135. *M. Warnke* (Hrsg.), Bildersturm. Die Zerstörung des Kunstwerks, München 1973
Die Aufsätze dieses Sammelbandes befassen sich mit Bilderstürmen in der Antike, dem byzantinischen Bilderstreit des 8. Jahrhunderts, Bilderzerstörungen in Florenz (Savonarola) und Münster (unter den Wiedertäufern) und im Nationalsozialismus. Im Vordergrund steht dabei der Aspekt der Zerstörung von Bildern als Ausdruck sozialen Protests.

136. *W. Zimmerli,* Das Zweite Gebot, in: ders., Gottes Offenbarung. Gesammelte Aufsätze zum Alten Testament, München 1963, S. 234 bis 248

136 a. *ders.,* Das Bilderverbot in der Geschichte des alten Israel, in: ders., Studien zur alttestamentlichen Theologie und Prophetie, München 1974, S. 247—260
Der erste Aufsatz gibt eine traditionsgeschichtliche Untersuchung von Ex 20, 4 und eine hypothetische Rekonstruktion des ursprünglichen Wortlauts der Stelle; der zweite Aufsatz behandelt die Geschichte der Kultbilder und -symbole Israels und ihrer Verdrängung und Umdeutung im Geist des Bilderverbots.

AURELIUS AUGUSTINUS

geb. 353 in Thagaste (Numidien/Nordafrika), gest. 430 in Hippo Regius (Nordafrika). Studium der Rhetorik und Philosophie. Bekehrung zum Christentum, seit 396 Bischof von Hippo Regius. Er versucht, in Anknüpfung an und kritischer Auseinandersetzung mit antiken Philosophen, deren Gedanken und die in der Bibel bezeugten Wahrheiten zu einer christlichen Philosophie zu vereinen. Augustinus geht, ähnlich wie der christliche Platonismus, davon aus, daß die Schönheit der Geschöpfe letztlich ihren Ursprung im Schöpfergott hat. Für die mittelalterliche Musiktheorie bedeutsam ist seine Schrift „De musica". Die zahlhaft strukturierte Ordnung der Musik verweist auf die Ordnung der unveränderlichen Zahlen, deren Urheber Gott ist.

137. *W. Beierwaltes,* Aequalitas numerosa. Zu Augustins Begriff des Schönen, in: Wissenschaft und Weisheit 38 (1975), S. 140—157
Für B. kommt Augustins Theorie des Schönen „insofern eine besondere Bedeutung zu, als er den „ästhetischen“ Aspekt der platonischen Tradition (in ihr auch wesentliche Elemente der plotinischen Philosophie) produktiv und konsequenzenreich in einen theologischen Kontext übersetzte und so an der Konstitution und Entfaltung einer mittelalterlichen Ästhetik (...) entscheidend mitwirkte“ (S. 142).

138. *K. Flasch,* Augustin. Einführung in sein Denken, Stuttgart 1980
Einführende „Gesamtdarstellung des Denkens Augustins“ (S. 3) im historischen Kontext, wobei auch auf kunsttheoretische Äußerungen Augustins eingegangen wird (dazu wichtige Begriffe im Register: Dichtung, Illuminationslehre; Licht, intelligibles; das Schöne; Zeichen). Mit Literaturhinweisen, Werk-, Personen- und Sachregister.

139. *K. Svoboda,* L'esthétique de Saint Augustin et ses sources, Paris 1933
Umfassendste, noch nicht überholte Darstellung der augustinischen Ästhetik. S. betont die Übernahme der plotinischen Lichtlehre durch Augustinus, der die Vorstellungen Plotins erweitert habe, durch die Annahme „angeborener Ideen“, welche die Erkenntnis Gottes durch die Individualseele ermöglichten. Über diese Erkenntnis wird — bei der Identifikation Gottes mit dem Schönen — das immanente Schöne als Abbild und Spur Gottes begriffen und vermittels des ordo-Gedankens systematisiert. Zahlreiche Textbelege und detaillierte Interpretationen.

LEONARDO DA VINCI

geb. 1452 in Anchiano bei Vinci, gest. 1519 auf Schloß Clonx bei Amboise. Er arbeitet in Mailand, Florenz und Rom als Maler, Bildhauer, Architekt, Kunsttheoretiker, Naturforscher und Mechaniker. Der „Traktat über die Malerei“, der als sein kunsttheoretisches Hauptwerk gilt, ist posthum aus seinen zahlreichen Aufzeichnungen zur Kunsttheorie zusammengestellt. Leonardo fordert darin das unmittelbare Studium der Natur, wie er auch selbst als Maler die Beherrschung aller künstlerischen Techniken mit genauen naturwissenschaftlichen Studien verband. Die Malerei ist für ihn eine Wissenschaft und beruht auf Experiment und Beobachtung. Sie ist für ihn die vornehmste Kunst, weil sie die Werke der Natur unmittelbar vorstellt.

140. *S. Freud,* Eine Kindheitserinnerung des Leonardo da Vinci, in: Gesammelte Werke, Bd. 8, Frankfurt [4]1964, S. 127—211
Von der Biographie Leonardos ausgehende psychoanalytische Deutung seiner Persönlichkeit und seines künstlerischen Schaffens. F. betont allerdings auch die Grenzen der Psychoanalyse bezüglich der Erklärung der künstlerischen Produktivität: Man könne wohl Leo-

nardos „ganz besondere Neigung zu Triebverdrängungen und seine außerordentliche Fähigkeit zur Sublimierung der primitiven Triebe" feststellen, müsse aber zugeben, daß „das Wesen der künstlerischen Leistung uns psychoanalytisch unzugänglich" bleibe (S. 209).

(60.) *P. O. Kristeller,* Humanismus und Renaissance, Bd. 2, Philosophie, Bildung und Kunst, München 1976

141. *H. Ost,* Leonardo-Studien, Beiträge zur Kunstgeschichte, Bd. 11, Berlin, New York 1975
Anhand von Analysen zu Bildern Leonardos thematisiert O. die „Abhängigkeit und Freiheit Leonardos vom geschichtlichen Bildungsgut, insbesondere von Antike und Mittelalter" (S. VII).

142. *L. Reti* (Hrsg.), Leonardo. Künstler, Forscher, Magier, Frankfurt 1974
Aufsatzsammlung. Die reich illustrierten Einzelkapitel von zehn Leonardo-Forschern des In- und Auslandes vermitteln einen guten Überblick über Leonardos theoretische und praktische Arbeiten sowie über sein Leben und seine Zeit. Leonardos Bedeutung als Kunsttheoretiker steht im Mittelpunkt des Aufsatzes von A. Chastel. Register.

ANTHONY ASHLEY COOPER, EARL OF SHAFTESBURY

geb. 1671, gest. 1713, Angehöriger des englischen Hochadels, wird von John Locke (1632—1704) erzogen. Sein Werk „Characteristics of men, manners, opinions, times" besteht aus einer Reihe von Abhandlungen, Dialogen, Briefen. Seine Deutung des Schönen und des Zusammenhangs von Schönem und Gutem ist eine Transformation der platonisch-plotinischen Metaphysik des Schönen. Seine Deutung des Künstlers als „second maker" ist für die neuzeitliche Genietheorie von großer Bedeutung.

143. *L. Stettner,* Das philosophische System Shaftesburys und Wielands Agathon, Bausteine zur Geschichte der deutschen Literatur 28, Halle 1929
Im ersten Teil eingehende Darstellung des philosophischen Systems von Shaftesbury, seiner kosmologischen, theologischen, ethischen, staatstheoretischen und auch (S. 51—84) ästhetischen Konzeptionen. Shaftesburys Schönheits-, Vernunft-, Gefühls-, Geschmacks-, Genie- und Kunstbegriff werden erörtert.

144. *O. Walzel,* Das Prometheussymbol von Shaftesbury zu Goethe, München ²1932 (Nachdruck Darmstadt 1968)
These: „Von Shaftesburys ‚Soliloquy or advice to an author' (erster Druck 1710) bis zu Goethes Frankfurter Prometheusfragment läßt sich in aufsteigender Linie der Vergleich des schöpferischen Künstlers mit Prometheus verfolgen. Diese Linie berührt wichtige Stellen der Geschichte deutscher Ästhetik im 18. Jahrhundert" (S. 9). Zu Shaftesburys Kunsttheorie vgl. vor allem S. 10—17, 23—24.

DENIS DIDEROT

geb. 1713 in Langres, gest. 1784 in Paris. Mit d'Alembert ist Diderot der wichtigste Mitarbeiter an der französischen „Enzyklopädie". Nach langen Jahren seiner Tätigkeit als freier Schriftsteller ermöglicht ihm ein Stipendium Katharinas II. ein finanziell gesichertes Leben. Aufgrund seiner literarischen und philosophischen Werke gilt er schon zu seinen Lebzeiten in Europa als einer der bedeutendsten Aufklärer. Die Ästhetik des Moralisten Diderot weist der Kunst die Aufgabe zu, Antriebe zum Besseren zu geben; ihr Thema soll der Mensch, ihr Mittel die Nachahmung der Wirklichkeit sein.

145. *F. Bassenge,* Einführung in die Ästhetik Diderots, in: D. Diderot, Ästhetische Schriften, hrsg. und eingeleitet von F. Bassenge, Frankfurt 1968, Bd. 1 u. 2, S. V—LXXXIX

B. gibt einen Überblick über die Entwicklung der Diderotschen Ästhetik, über Diderots Stellung zu den einzelnen Künsten und über seine ästhetischen Grundanschauungen. B. hebt besonders Diderots Nachahmungstheorie hervor: Danach muß der Künstler „von der Natur ausgehen, sich aber erst aus ihren Zügen ein ideelles Modell bilden, ehe von einer eigentlichen Nachahmung die Rede sein darf" (S. LXXXIX).

(79.1) *H. Dieckmann,* Die Wandlung des Nachahmungsbegriffs in der französischen Ästhetik des 18. Jahrhunderts, in: H. R. Jauß (Hrsg.), Nachahmung und Illusion, Poetik und Hermeneutik 1, München 1964, S. 28—59, Diskussion S. 179—186

D. weist nach, daß Diderot die Auseinandersetzung um das Nachahmungsprinzip in der französischen Ästhetik durch eine rezeptionsästhetische Perspektive — die Betrachtung der Gefühlsreaktion des Zuschauers auf das Nachgeahmte — und das Postulat realistischer Darstellung — nur vollkommene Mimesis könne das Gefallen des Rezipienten finden — erweitert hat. Diderots Kritik ziele vor allem auf die antik stilisierte „Natur" der französischen Klassik.

(79.1) *H. R. Jauß,* Nachahmungsprinzip und Wirklichkeitsbegriff in der Theorie des Romans von Diderot bis Stendhal, in: H. R. Jauß (Hrsg.), Nachahmung und Illusion, Poetik und Hermeneutik 1, München 1964, S. 157—178, Diskussion S. 237—246

Diderots Romantheorie fordere die Darstellung der uns umgebenden geschichtlich-alltäglichen Welt, die Nachahmung des gewöhnlichen Lebens und nicht die einer idealisierten Natur. „Der vollkommene Schein, den die Nachahmung erreichen soll, erhält sozusagen von außen, durch Wahrheit verbürgende Details, die mit Erfahrungen und Gesetzlichkeiten des Lebens übereinstimmen ... seine Beglaubigung oder, ästhetisch formuliert, seine Wahrscheinlichkeit" (S. 160—161).

146. *M.-L. Roy,* Die Poetik Denis Diderots, Freiburger Schriften zur Romanischen Philologie, Bd. 8, München 1966

R. behandelt Diderots Bestimmung der Dichtung und ihre Nachahmungs-, Darstellungs- und Wirkungsmöglichkeiten: „Von seiner erkenntnistheoretisch begründeten anfänglichen Unterordnung der Dichtung unter die Malerei als einer unmittelbarer wirkenden und eindrucksstärkeren Kunst gelangt Diderot allmählich dazu, die Dichtung als der Malerei ebenbürtig anzuerkennen“ (S. 14).

147. *G. Sauerwald*, Die Aporie der Diderot'schen Ästhetik (1745 bis 1781). Ein Beitrag zur Untersuchung des Natur- und Kunstschönen als ein Beitrag zur Analyse des neuzeitlichen Wirklichkeitsbegriffs, Frankfurt 1975
S. zeigt, wie Diderot „zu einer eigenen, ihm zugleich problematisch werdenden Definition des Schönen als beau réel, einem Ineins von Natur und Kunst, vorstößt“ und „wie er, indem er das Schöne an einem der Kunst Vorgegebenen zu messen beginnt, sich in Widersprüche verwickelt, aus denen er sich nicht definitiv zu lösen vermag“ (S. 21).

148. *P. Szondi*, Die Theorie des bürgerlichen Trauerspiels im 18. Jahrhundert. Der Kaufmann, der Hausvater und der Hofmeister, Frankfurt 1973
S. untersucht im 2. Kapitel seiner Studie unter dem Titel „Denis Diderot: Theorie und dramatische Praxis“ die den Wandel von der klassizistischen „tragédie“ zum bürgerlichen Drama vorbereiten bzw. dokumentieren. S. sieht Diderot als Vertreter einer neuen „präromantischen Kunstkonzeption“ (S. 131).

IMMANUEL KANT

geb. 1724, gest. 1804 in Königsberg, wo er sein gesamtes Leben verbringt. Studium der Philosophie, Theologie und Mathematik; Hauslehrer; seit 1770 Professor. Neben einer Reihe kleinerer Schriften zur Ethik, Politik, Staats-, Geschichts- und Religionsphilosophie stehen als Hauptwerke die drei „Kritiken“ („Kritik der reinen Vernunft“, 1781; „Kritik der praktischen Vernunft“, 1788; „Kritik der Urteilskraft“, 1790). In seiner dritten „Kritik“ versucht er, ästhetische Urteile unabhängig von der Erfahrung allein aus der Vernunft zu erklären. Ästhetische Urteile sowie das ästhetische Interesse, vor allem am Schönen der Natur, aber auch an dem der Kunst, unterscheiden sich nach Kant dadurch von streng allgemeingültigen Aussagen der theoretischen Vernunft und kategorischen Forderungen der praktischen Vernunft, daß ihre subjektive Allgemeingültigkeit jedermann gleichsam als Pflicht zugemutet werden kann. Die Auseinandersetzung mit Kants Deutung der ästhetischen Urteilskraft ist bis heute in der Philosophie der Kunst und des Schönen von großer Bedeutung.

149. *W. Bartuschat*, Zum systematischen Ort von Kants Kritik der Urteilskraft, Frankfurt 1972
B. versucht, die Relation der dritten „Kritik“ zu den beiden vorhergegangenen aufzudecken und die „innere Einheit“ (S. 7) der „Kritik

der Urteilskraft" darzulegen. Von dieser systematischen Fragestellung her werden der innere Aufbau der „Kritik der Urteilskraft" und das Problem der Zusammengehörigkeit ihrer Teile interpretiert. „Das andere Ziel ist dies, ein neues Verständnis der kritischen Philosophie Kants dadurch zu gewinnen, daß seine theoretische und praktische Philosophie als Momente eines Systems gedeutet werden, das seine Möglichkeit in einem Prinzip hat, das selber der kritischen Betrachtungsweise unterliegt" (S. 8).

(25.) *R. Bubner, K. Cramer, R. Wiehl* (Hrsg.), Ist eine philosophische Ästhetik möglich? neue hefte für philosophie, H. 5 (1973)

(26.) *dies.*, (Hrsg.), Anschauung als ästhetische Kategorie, neue hefte für philosophie, H. 19 (1980)

(73.) *W. Oelmüller* (Hrsg.), Kunst und Philosophie 1, Ästhetische Erfahrung, Paderborn 1981
In neueren Diskussionen spielt die Anknüpfung an Kants „Kritik der Urteilskraft" in Auseinandersetzung und Kritik eine bedeutende Rolle.

150. *G. Kohler*, Geschmacksurteil und ästhetische Erfahrung. Beiträge zur Auslegung von Kants Kritik der ästhetischen Urteilskraft, Berlin, New York 1980
Analyse der Grundprobleme der Kritik der ästhetischen Urteilskraft. Einerseits werde Kants Analyse des Ästhetischen dominiert vom Vernunftbegriff seiner „Kritik der reinen Vernunft", während das Ästhetische sich diesem gerade entziehe. Andererseits zeige Kants Untersuchung seine Nähe zum Phänomen der Erfahrung des Schönen. Die Komplexität der „Kritik der Urteilskraft" und vieler ihrer Formulierungen ergebe sich aus diesen gegenläufigen Tendenzen.

151. *J. Kulenkampff* (Hrsg.), Materialien zur Kants „Kritik der Urteilskraft", stw 60, Frankfurt 1974
Der Band versammelt „Quellen zur Vor- und Entwicklungsgeschichte der Kantschen Ästhetik" (S. 7) von Meier, Baumgarten, Hume, Burke und Kant, Texte aus ihrer Wirkungsgeschichte von Schiller, Schlegel, Hegel, Goethe, Schopenhauer und Interpretationen von Fiedler, Basch, Cassirer, Marc-Wogau, Sibley und K. Mit Auswahlbibliographie.

152. O. *Marquard*, Kant und die Wende zur Ästhetik, in: P. Heintel, L. Nagl (Hrsg.), Zur Kantforschung der Gegenwart, Wege der Forschung 281, Darmstadt 1981, S. 237—270
These: „Kant, enttäuscht von der Ohnmacht der wissenschaftlichen Vernunft und auf der Suche nach einer rettenden und mächtigen Vernunft, trifft auf die moralische Vernunft und damit erneut auf eine ohnmächtige Vernunft. Diese Ohnmacht der moralischen Vernunft ist es, die Kant auf den Weg der Wende zur Ästhetik zwingt" (S. 249).

FRIEDRICH SCHILLER

geb. 1759 in Marbach, gest. 1805 in Weimar. Außer seinen dichterischen Werken hat Schiller historische und ästhetische philosophische Schriften verfaßt. In seinen ästhetischen Schriften versucht er zunächst auf dem Boden der Transzendentalphilosophie, aber anders als Kant, den Begriff des Schönen objektiv zu begründen. Vor allem nach den Erfahrungen der Französischen Revolution versucht er in verschiedenen geschichtsphilosophischen Modellen die Aufgabe der Dichtung und die Funktion des Schönen im Blick auf Gegenwart und Zukunft neu zu bestimmen. Der Begriff des schönen Scheins, verschieden von der logischen Wahrheit und der moralischen Welt, gewinnt hierbei eine zentrale Bedeutung.

153. *W. Henckmann* (Hrsg.), Friedrich Schiller: Über die ästhetische Erziehung des Menschen. Briefe an den Augustenburger, Ankündigung der „Horen" und letzte, verbesserte Fassung, Studientexte 1, München 1967
„In diesem Band werden erstmalig Schillers Briefe ‚Über die ästhetische Erziehung des Menschen' mit ihrer wichtigsten Vorstufe, den Briefen an den Prinzen von Augustenburg aus dem Jahre 1793, zusammen vorgelegt. Am Ende des Bandes weist eine Konkordanz Absatz für Absatz auf übereinstimmende und abweichende Teile der beiden Fassungen hin. Außer diesen beiden Texten wurde auch die ‚Ankündigung der Horen' vom 10. 12. 1784 aufgenommen" (S. 5). — Mit ausführlicher Bibliographie.

154. *D. Henrich,* Der Begriff der Schönheit in Schillers Ästhetik, in: Zeitschrift für philosophische Forschung 11 (1957), S. 527—547
H. sieht in Schillers Ästhetik eine Weiterführung Kantischer Gedankengänge. Mit seinem „Anspruch an Schönheit und Kunst, Vergegenständlichung des menschlichen Wesens zu sein" (S. 545), sprenge Schiller aber die Grenzen der Kantischen Systematik und bereite den Weg zur Ästhetik Schellings und Hegels.

(64.) *G. Lukács,* Zur Ästhetik Schillers (^{1}1935), in: ders., Probleme der Ästhetik, Werke, Bd. 10, Neuwied, Berlin 1969, S. 17—106
L. sieht seine Studie zur Ästhetik Schillers als einen Versuch, „den dialektischen Zusammenhang der fortschrittlichen und reaktionären Tendenzen der deutschen idealistischen Ästhetik aufzuzeigen" (Vorwort von 1952, S. 11). Er bestimmt die Schillersche Ästhetik als mehrdeutig und widerspruchsvoll. Schiller sei zwar nicht über „die Schranke des philosophischen Idealismus" (S. 101) hinausgelangt, erweise sich aber „als wichtiger Mitkämpfer jener Richtung in Philosophie und Literatur, die nach der Französischen Revolution (...) den Fortschritt des Menschengeschlechts mit der Methode des Historismus verteidigte" (S. 106).

(184.) *H. Marcuse,* Triebstruktur und Gesellschaft. Ein philosophischer Beitrag zu Sigmund Freud, Bibliothek Suhrkamp 158, Frankfurt 1971 (^{1}1957)

M. interpretiert Schillers Briefe „Über die ästhetische Erziehung des Menschen“ als Versuch einer Lösung des von Freud formulierten Problems, daß für das Fortbestehen der Kultur die Unterdrückung der Triebe notwendig sei. Schiller ziele darauf ab, „die Sittlichkeit auf der Grundlage der Sinnlichkeit zu errichten; die Gesetze der Vernunft müssen mit den Interessen der Sinne versöhnt werden“ (S. 189). Dies leiste die Kunst als Reich des Spiels und Scheins.

155. *B. von Wiese,* Friedrich Schiller, Stuttgart [3]1963

Gesamtdarstellung von Schillers Leben und Werk. Im Abschnitt „Poetik und Ästhetik in Schillers Denken“ (S. 446—506) setzt sich v. W. mit den Briefen „Über die ästhetische Erziehung des Menschen“ auseinander (S. 478—503). Für den Schiller der ästhetischen Briefe sei „nicht die Politik, sondern die Kunst (...) der Bereich, innerhalb dessen die in der Geschichte verlorene Totalität des Menschseins neu gewonnen wird. Der Künstler zeichnet der Menschheit gleichsam ein Bild vor“ (S. 499).

DAS ÄLTESTE SYSTEMPROGRAMM

Der Titel „Das älteste Systemprogramm des deutschen Idealismus“ stammt von Franz Rosenzweig, der zu Beginn dieses Jahrhunderts einen Notizzettel in der Handschrift Hegels aus dem Jahre 1796 aufgefunden hat. Bis heute ist die Verfasserschaft des „Systemprogramms“ umstritten. Rosenzweig hielt Schelling für den Autor, von Böhm wurde der Text Hölderlin zugeschrieben, neuerdings vertritt Pöggeler die Autorschaft Hegels. Für die Frühgeschichte des deutschen Idealismus ist der Text sehr wichtig; die Diskussion um die Autorschaft hat wichtige Verbindungen in der intellektuellen Welt des letzten Jahrzehnts des 18. Jahrhunderts deutlich gemacht. Im ältesten Systemprogramm wie in den frühesten Systementwürfen Schellings, Hölderlins und Hegels sind Kunst und Schönes von zentraler Bedeutung.

156. *R. Bubner* (Hrsg.), Das älteste Systemprogramm. Studien zur Frühgeschichte des deutschen Idealismus, Hegel-Studien, Beiheft 9, Bonn 1973

Die Beiträge dieses Sammelbandes — ursprünglich Referate einer Tagung in Villigst im Juli 1969 — analysieren Stil und literarisches Genus des „Systemprogramms“ und umreißen die philosophiehistorischen Zusammenhänge, vor allem der Kant-Rezeption und der Fichte-Kritik, im Kreis um Sinclair, Hölderlin, Schelling und Hegel. Besonders hervorzuheben sind die Beiträge von D. Henrich „Systemprogramm? Vorfragen zum Zurechnungsproblem“ und von O. Pöggeler „Hölderlin, Hegel und das älteste Systemprogramm“. Im Anhang wird das „Systemprogramm“ in seinem Textbestand manuskriptgetreu wiedergegeben.

FRIEDRICH SCHLEGEL

geb. 1772 in Hannover, gest. 1829 in Dresden. In Berlin und Jena ist er als Schriftsteller und Theoretiker im Kreise der Frühromantiker sehr einflußreich. Nach Lehrtätigkeit tritt er später in österreichischen Staatsdienst.

Im Sinne der Frühromantik geht es dem frühen Schlegel wie seinen Freunden nicht nur um die Begründung einer romantischen Kunstform, sondern auch um eine Poetisierung des Lebens und der Gesellschaft. In der zusammen mit seinem Bruder August Wilhelm herausgegebenen Zeitschrift „Athenäum" (1798—1800) formuliert er mit seinen Freunden programmatisch die romantische Kunst- und Lebensphilosophie.

157. *E. Behler,* Friedrich Schlegels Theorie der Universalpoesie, in: F. Martini (Hrsg.) u. a., Jahrbuch der deutschen Schillergesellschaft 1, Stuttgart 1957, S. 211—253
Friedrich Schlegels Theorie der Universalpoesie — „ihrer Idee nach ein philosophisches Gesamtsystem in der Sprache der Poesie und mit dem Anspruch der Religion" (S. 213) — wird von B. „zu den wohl kühnsten Projekten in dieser Epoche der entfesselten Vernunftsysteme" (S. 217) gezählt und in ihrer Absicht als „Versuch der Kulturbegründung und Kulturreform" (S. 211) vorgestellt.

158. *ders.,* Einleitung, in: Friedrich Schlegel, Über das Studium der griechischen Poesie, hrsg. von E. Behler, UTB 1055, Paderborn 1982
B.s Einleitung behandelt Friedrich Schlegels Revolutionsverständnis, seine Stellung zur Antikerezeption und seinen Anteil an der Begründung des romantischen „ästhetischen Absolutismus". Darüber hinaus verfolgt B. die Rezeptionsgeschichte des Schlegelschen „Studium"-Aufsatzes, der als früheste Programmschrift der deutschen Romantik gilt.

(95.) *P. Szondi,* Friedrich Schlegel und die romantische Ironie, in: P. Szondi, Schriften 2, stw 220 Frankfurt 1978, S. 11—31

(95.) *ders.,* Friedrich Schlegels Theorie der Dichtarten. Versuch einer Rekonstruktion auf Grund der Fragmente aus dem Nachlaß, in: P. Szondi, Schriften 2, stw 220, Frankfurt 1978, S. 32—58
S. bestimmt Schlegels Ironie-Begriff von einer Analyse der frühromantischen Subjektivität aus: „Das Subjekt der Frühromantik ist das isolierte, auf sich zurückgeworfene, sich selber Gegenstand gewordene Ich. Sein Schicksal heißt Bewußtsein" (S. 16). Für Schlegels Gattungspoetik sei zentral der Gedanke einer „Relativierung der Gattungsunterschiede" (S. 56): „Schlegels Romantheorie setzt den Roman sei es als Mischung aller Dichtarten, sei es als die übrigen Dichtarten umfassend" (S. 57).

FRIEDRICH WILHELM JOSEPH SCHELLING

geb. 1775 in Leonberg, gest. 1854 in Ragaz. Seit 1790 Studium im Tübinger Stift, dort Freundschaft mit Hegel und Hölderlin; 1798 Berufung

nach Jena. In Jena Anschluß an die romantische Bewegung. Nach Lehrtätigkeit in Würzburg, München und Erlangen 1841 Ruf nach Berlin.
In dem „System des transzendentalen Idealismus" wird in den Ausführungen über Künstler, Kunstwerk, Genie und Einbildungskraft ähnlich wie bei den Romantikern die Hochschätzung der Kunst, des Schönen und des Ästhetischen besonders deutlich. Innerhalb des Systems der Philosophie wird die Ästhetik zur Fundamentalphilosophie. Kunst ist für Schelling „Vorbild der Wissenschaft"; sie ist „das einzige wahre und ewige Organon zugleich und Dokument der Philosophie".

159. *D. Jähnig,* Schelling — Die Kunst in der Philosophie, 2 Bde., Pfullingen 1969
J. behandelt in Bd. 1 „die Problematik, die sich aus der Wendung vom ‚subjektiven' zum ‚objektiven Idealismus' " für Schelling ergibt, „das Problem, das Schelling aus dem Prinzip seiner Philosophie heraus zu seinem Interesse an der Kunst führt" (S. 8). In Bd. 2 prüft J., „ob die Kunst die Forderung, die die Philosophie im Hinblick auf das Problem von Natur und Geschichte an sie gestellt hat, erfüllt" (S. 8).

160. *ders.,* Die Schlüsselstellung der Kunst bei Schelling, in: M. Frank, G. Kurz (Hrsg.), Materialien zu Schellings philosophischen Anfängen, stw 139, Frankfurt 1975, S. 329—341
Entspricht dem Einleitungsteil der zweibändigen Schelling-Interpretation J. s. J. diskutiert und problematisiert die Schellingsche Konzeption der Kunst als Organon der Philosophie und sucht den Ort dieses Konzepts im Ganzen von Schellings System zu bestimmen.

161. O. *Marquard,* Über einige Beziehungen zwischen Ästhetik und Therapeutik in der Philosophie des neunzehnten Jahrhunderts, in: M. Frank, G. Kurz (Hrsg.), Materialien zu Schellings philosophischen Anfängen, stw 139, Frankfurt 1975, S. 341—379
M. thematisiert die Frage nach dem Verhältnis der Funktion von Ästhetik einerseits und Therapeutik andererseits, indem er dem 6. Hauptabschnitt von Schellings „System des transzendentalen Idealismus" Freuds Traumdeutung gegenüberstellt. Beide Ansätze, Welt zu sehen und verstehend zu erfassen, seien als Versuche zu deuten, „unterm Eindruck der Ohnmacht und Resignation geschichtlich-weltbürgerlicher Vernunft, d. h. unterm Druck einer Übermacht der Natur der Menschlichkeit Präsenz zu bewahren" (S. 358).

(94.) *P. Szondi,* Schellings Gattungspoetik, in: P. Szondi, Poetik und Geschichtsphilosophie 2, Studienausgabe der Vorlesungen, Bd. 3, stw 72, Frankfurt 1974, S. 185—307
Im sechsten Hauptabschnitt des „Systems des transzendentalen Idealismus" gehe es Schelling um „die These, daß das Kunstwerk die Identität von Freiheit und Notwendigkeit, von Subjekt und Objekt reflektiert, weil diese, als die bewußte und die bewußtlose Tätigkeit in der Produktion des Kunstwerks eins geworden sind" (S. 215). S. betrachtet insgesamt „Schellings Gattungspoetik immer schon im

Hinblick auf die Hegelsche Ästhetik, wie denn die Identitätsphilosophie als Vorstufe der Hegelschen Dialektik aufgefaßt werden kann" (S. 307).

GEORG WILHELM FRIEDRICH HEGEL

geb. 1770 in Stuttgart, gest. 1831 in Berlin. Studium der Philosophie und Theologie in Tübingen. Freundschaft mit Hölderlin und Schelling. Hauslehrer in Bern und Frankfurt; Privatdozent in Jena. Rektor des Nürnberger Gymnasiums, Professor in Heidelberg, seit 1818 in Berlin.
Hegel geht auch bei seiner Deutung des Schönen und der Kunst aus von seiner Gegenwart, die er in ihrer Kontinuität und Diskontinuität zu der europäischen Tradition sieht. Dies führt hin zur Auseinandersetzung mit der Kunst in Geschichte und Gegenwart sowie mit den Theorien über Kunst und Schönes, besonders zu seiner Deutung des Natur- und Kunstschönen, zu seiner These vom Ende der höchsten Bestimmung der Kunst sowie zur Neubestimmung dessen, was die Kunst in seiner Zeit zu leisten vermag.

162. *Ch. Helferich,* Kunst und Subjektivität in Hegels Ästhetik, Monographien Literaturwissenschaft 27, Kronberg/Ts. 1976
H. will die „Bedeutung von Hegels geschichtsphilosophischen Subjektskategorien, den methodischen Weg seiner Vermittlung von jeweiliger Subjektskonstitution (als Chiffre, Brennpunkt einer ganzen Gesellschaftsformation) und den konkreten Kunstwerken" (S. 8) herausarbeiten. Hegels Ästhetik wird dabei im Zusammenhang der zeitgenössischen Ästhetik gesehen.

(79.2) *D. Henrich,* Kunst und Kunstphilosophie der Gegenwart. Überlegungen mit Rücksicht auf Hegel, in: W. Iser (Hrsg.), Immanente Ästhetik — ästhetische Reflexion. Lyrik als Paradigma der Moderne, Poetik und Hermeneutik 2, München 1966, S. 11—32
Als das für eine Kunstphilosophie der Gegenwart wichtigste Element der Hegelschen Ästhetik erklärt H. Hegels Lehre vom partialen Charakter der neuen Kunst. Diesen Charakter auch heutiger Kunst gelte es in neuer Weise zu begründen, nämlich durch Reflexion auf die von Hegel nur scheinbar gelöste Aporie, die im neuzeitlichen Begriff der Subjektivität liege.

163. *H. Kuhn,* Die Vollendung der klassischen deutschen Ästhetik durch Hegel, ([1]1931), in: Schriften zur Ästhetik, hrsg. von W. Henckmann, München 1966, S. 15—144
K. zeigt, daß Hegel die klassische deutsche Ästhetik dadurch vollendet, daß er bestimmte Tendenzen seiner Vorgänger (die Entwicklung der Anschauung zur intellektuellen Anschauung, die Erhebung der Kunst zum Organon der Philosophie, die Deutung der griechischen Kunst als Norm von Kunst überhaupt) abschließt und aufhebt. Die Deutung der Hegelschen Ästhetik als Ausarbeitung des Schellingschen Systems und als Kunstreligion lehnt K. als Fehlinterpretation ab.

(64) *G Lukács,* Hegels Ästhetik (^{1}1951), in: ders., Probleme der Ästhetik, Werke, Bd. 10, Neuwied, Berlin 1969, S. 107—146
Hegels Ästhetik stellt als kritische Zusammenfassung der Strömungen, die von Kant über Schiller bis zu Schelling und Solger reichen, für L. den Gipfelpunkt des bürgerlichen Denkens, die erste und gleichzeitig letzte systematische und geschichtliche Synthese der Kunstphilosophie dar. Zu den besonderen Leistungen Hegels rechnet L. den „Versuch, die grundlegenden Kategorien der Ästhetik zu historisieren" (S. 127).

164. *F. Nicolin, O. Pöggeler* (Hrsg.), Hegel-Studien, Bonn 1961 ff.
Forschungsberichte zur Hegelschen Ästhetik erscheinen fortlaufend in den Hegelstudien, z. B.: G. Wolandt, Zur Aktualität der Hegelschen Ästhetik, in: Hegel-Studien 4 (1967), S. 219—234; W. Henckmann, Bibliographie zur Ästhetik Hegels. Ein Versuch, in: Hegel-Studien 5 (1969), S. 379—427; A. Gethmann-Siefert, Zur Begründung einer Ästhetik nach Hegel, in: Hegel-Studien 13 (1978), S. 237—289.

165. *W. Oelmüller,* Hegel — Der Satz vom Ende der Kunst, in: ders., Die unbefriedigte Aufklärung. Beiträge zu einer Theorie der Moderne von Lessing, Kant und Hegel, stw 263, Frankfurt 1979, S. 240—264
These: „Hegel spricht (...) wohl vom Ende der höchsten Bestimmung der Kunst, von einem Überschreiten ihrer höchsten Möglichkeit, von einem Aufhören des höchsten Kunstbedürfnisses; er spricht jedoch nicht vom absoluten Ende der Kunst im Sinne ihrer Auflösung oder ihres Zerfalls" (S. 255). Vielmehr enthielten Hegels Vorlesungen über Ästhetik „den Ansatzpunkt zu einer Theorie der nachästhetischen freien Kunst (...) in der durch das Christentum, die Aufklärung und die Französische Revolution gebildeten neuen Welt" (S. 257). Dieser Ansatz sei in der Gegenwart zu diskutieren und weiterzuentwickeln.

166. O. *Pöggeler* (Hrsg.), Hegel in Berlin. Preußische Kulturpolitik und idealistische Ästhetik, Staatsbibliothek Preußischer Kulturbesitz — Ausstellungskataloge 16, Berlin 1981
Die Ausstellung „Hegel in Berlin" dokumentierte mit Büchern, Handschriften, Stichen und Porträts ästhetische Urteile und kulturpolitische Aktivitäten Hegels und der Hegelianer. Der im Hegel-Archiv der Ruhr-Universität Bochum erstellte Katalog zeigt in 28 Artikeln im Zusammenhang, wie preußische Kulturpolitik sich im Spiegel von Hegels Ästhetik darstellt, wie Hegel geistige und künstlerische Anregungen seiner Gegenwart aufnahm und verarbeitete und wie die Zeitgenossen auf seine Philosophie und den sich ausbreitenden Hegelianismus reagierten.

(93.) *P. Szondi,* Hegels Lehre von der Dichtung, in: P. Szondi, Poetik und Geschichtsphilosophie 1, Studienausgabe der Vorlesungen, Bd 2, stw 40, Frankfurt ^{2}1976, S. 267—511

Hegels Ästhetik versuche, „sowohl die konkrete Struktur des dichterischen Kunstwerks als auch seine Geschichte theoretisch zu erfassen: Hegels Philosophie der Kunst ist zugleich eine Philosophie des Kunstwerks und der Geschichte von Kunst und Dichtung" (S. 274). Von methodologischer Bedeutung auch für die Literaturwissenschaft der Gegenwart sei vor allem Hegels Historisierung der ästhetischen Begriffe (vgl. S. 309).

167. *H. Zander,* Hegels Kunstphilosophie. Eine Analyse ihrer Grundlagen und ihrer Aktualität, Wuppertal, Ratingen, Kastellaun 1970
Z. behandelt die systematischen Voraussetzungen der Kunstphilosophie Hegels, referiert die Einteilung der „Vorlesungen über die Ästhetik" und reflektiert die Aktualität der Hegelschen Ästhetik mit dem Ergebnis: „Die ästhetischen Lehren der systematischen Philosophie Hegels sind alles andere als ein Bildungsgut. Sie sind dies am allerwenigsten gegenüber der vermeintlichen Unmittelbarkeit ästhetischer Erfahrung" (S. 223). — Zur Einführung geeignet. — Mit Bibliographie.

ARTHUR SCHOPENHAUER

geb. 1788 in Danzig, gest. 1860 in Frankfurt a. M. Studium der Naturwissenschaften, besonders der Physiologie, und der Philosophie, 1820 Privatdozent in Berlin, lebt seit 1832 als Privatier in Frankfurt a. M.
In seiner Philosophie wendet er sich vor allem gegen alle traditionellen metaphysischen und geschichtsphilosophischen Theoreme, die Leiden und Unglück des Menschen aufzuheben und zu rechtfertigen versuchen. Seiner Deutung der Welt liegt eine Metaphysik des Willens zugrunde. Danach werden Natur und Menschen vom blinden Willen beherrscht. Nur durch Verneinung des Willens zum Leben ist dem Leiden zu entrinnen. Mitleid wird zum Fundament der Moral. Die Kunst, vor allem die Musik, gewinnt ihre besondere Stellung in Schopenhauers System dadurch, daß in ihr — wenn auch nur für Augenblicke — der Wille stillgestellt, das Dasein erträglich wird. Nicht nur im 19. Jahrhundert ist der Einfluß dieser Philosophie der Kunst auf die Literatur und auf die Philosophie sehr groß.

168. *H.-D. Bahr,* Das gefesselte Engagement. Zur Ideologie der kontemplativen Ästhetik Schopenhauers, Bonn 1970
B. interpretiert Schopenhauers Ästhetik als Ausdruck des „gequälten Subjekts", das in der Kontemplation versucht, sich vom sozialen Druck zu entlasten, „indem es sich den Zwängen selbst anpaßt und sich ihnen willenlos übergibt" (S. VII). Der Rückzug aus der sozialen Sphäre in die ästhetische wird selbst ideologiekritisch als soziales Bedürfnis bestimmt, das kontemplative Desengagement stelle sich als Engagement für die bestehenden Verhältnisse heraus.

169. *G. Haffmans* (Hrsg.), Über Arthur Schopenhauer, Diogenes Taschenbuch 153, Zürich 1977

Der Band stellt Essays zu Schopenhauer (von Nietzsche, Thomas Mann, Ludwig Marcuse, Horkheimer und Hübscher), Zeugnisse der Wirkungsgeschichte (von Jean Paul bis Beckett) und eine Chronik zur Lebens- und Werkgeschichte zusammen. Besonders der Einfluß der Ästhetik Schopenhauers auf Schriftsteller und Intellektuelle des 19. und 20. Jahrhunderts wird deutlich. Mit Bibliographie.

170. *Th. Mann,* Schopenhauer, in: Th. Mann, Schriften und Reden zur Literatur, Kunst und Philosophie 2, hrsg. v. H. Bürgin, Frankfurt, Hamburg 1968, S. 251—290
Der Schopenhauer-Essay M.s von 1938 bestimmt Schopenhauers System als „Künstlerphilosophie par excellence" (S. 252). Es handle sich um eine „Philosophie, die mehr von Kunst verstand, mehr von Kunst *erlebt* hatte als alle frühere und zeitgenössische. Sie wußte und lehrte, daß der Blick der Kunst derjenige der *genialen Objektivität* war" (S. 264).

171. *O. J. Most,* Zeitliches und Ewiges in der Philosophie Nietzsches und Schopenhauers, Frankfurt 1977
In den Abschnitten „Die Schönheit und die Ideen", „Die Ästhetik als ‚praktische' Philosophie", „Die ästhetische Kontemplation" behandelt M. die Grundlagen der Schopenhauerschen Ästhetik und gibt einen allgemeinen Einblick in die Philosophie Schopenhauers.

172. *R. Weyers,* Arthur Schopenhauers Philosophie der Musik, Regensburg 1976
Darstellung der Musikästhetik Schopenhauers. Vor allem im Abschnitt „Die Stellung der Kunst- und Musikphilosophie im Ganzen des Systems" gibt W. eine Einführung in die ästhetische Theorie Schopenhauers und deren Voraussetzungen.

SÖREN KIERKEGAARD

geb. 1813, gest. 1855 in Kopenhagen. Studium der Theologie und Philosophie, 1841 Hörer Schellings in Berlin; versteht sich als religiöser Schriftsteller. Er wendet sich gegen die Philosophie Hegels, gegen ein verbürgerlichtes Christentum und verteidigt das Recht des einzelnen in den anonymen Prozessen der bürgerlichen Gesellschaft. Die ästhetische Sphäre ist für ihn der ethischen und diese wieder der religiösen Sphäre untergeordnet. Die Auseinandersetzung mit der ästhetischen Existenzform ist in seinen Schriften von zentraler Bedeutung (vor allem in „Entweder-Oder", 1843). Kierkegaard hat im 20. Jahrhundert vor allem große Bedeutung für den Existentialismus und die dialektische Theologie.

173. *Th. W. Adorno,* Kierkegaard. Konstruktion des Ästhetischen, Frankfurt ^{3}1966 (^{1}1933)
Gegen den Strich der in den 20er und 30er Jahren vorherrschenden existentialistischen Kierkegaard-Rezeption und gegen das Selbstverständnis Kierkegaards als eines religiösen Schriftstellers wird sein

Gesamtwerk von A. als „Konstruktion des Ästhetischen“ verstanden. An die Stelle der Kierkegaard-Auslegung tritt zuweilen die Darstellung eigener philosophischer Intentionen.

174. *H. Diem,* Sören Kierkegaard. Eine Einführung, Kleine Vandenhoeck-Reihe 185/186, Göttingen 1964
Der Kierkegaard-Herausgeber D. interpretiert Kierkegaard von seiner Zielsetzung als religiöser Schriftsteller „auf der Grenze zwischen Dichter und Wahrheitszeuge“ (S. 76—85). Kierkegaard habe „seine Lebensaufgabe darin gesehen, das Christentum wieder in die Christenheit einzuführen“ (S. 22). Die Konfrontation von ästhetischer und ethischer Lebensform in „Entweder-Oder“ sei als eine Spielart des Kierkegaardschen Verfahrens der indirekten sokratischen Mitteilung, Kierkegaard selbst als „Dichter des Christlichen“ (S. 22—31) zu begreifen.

175. *H.-H. Schrey* (Hrsg.), Sören Kierkegaard, Wege der Forschung 179, Darmstadt 1971
Auswahl von Aufsätzen, die für das Kierkegaard-Bild von den zwanziger bis zu den sechziger Jahren dieses Jahrhunderts in Deutschland als repräsentativ gelten können. „Die gewählten Beiträge betreffen die zentrale Problematik Kierkegaards, seine Christentumsauffassung, seinen Begriff der Existenz, der Existenzdialektik und der Methode der Mitteilung und schließlich seine Bedeutung für Theologie und Philosophie“ (S. XI). Neben den Beiträgen von Th. Haecker, R. Guardini, W. Rest, H. Diem und W. Schulz ist vor allem der Forschungsbericht zur Kierkegaard-Literatur von M. Theunissen hervorzuheben.

176. *M. Theunissen, W. Grewe* (Hrsg.), Materialien zur Philosophie Sören Kierkegaards, stw 241, Frankfurt 1979
Einleitung zu Biographie, Werk und Wirkung, Sammlung von Kritiken und Interpretationen von Kierkegaards Zeitgenossen und „Querschnitt durch die philosophisch orientierte Kierkegaard-Forschung der letzten 25 Jahre“ (S. 13). Die Textsammlung versucht, den ganzen Umfang der philosophisch wichtigen Problemkreise im Werk Kierkegaards mit Beiträgen abzudecken. Unter den zahlreichen Beiträgen zur Periode der „ästhetischen Schriftstellerei“ bietet insbesondere der hier erstmals veröffentlichte Aufsatz von W. Grewe einen sachlich differenzierten Einstieg in Kierkegaards Reflexionen zum Problem des Ästhetischen.

FRIEDRICH THEODOR VISCHER

geb. 1807 in Ludwigsburg (Schwaben), gest. 1887 in Gmunden am Traunsee. Nach der philologisch-philosophischen Ausbildung im Kloster Blaubeuren und im Tübinger Stift (dort Freundschaft mit David Friedrich Strauß und Mörike) Vikar in Maulbronn. Seit 1836 Privatdozent für Ästhetik und Literatur in Tübingen, 1844 Ordinarius. Lehrtätigkeit in

Tübingen, Zürich und Stuttgart. Von einem Zwischenspiel als liberaler Abgeordneter der Paulskirche 1848/49 kehrt Vischer enttäuscht zurück. Vischers Hauptwerk ist die mehrbändige „Ästhetik" (1846—1857), die bedeutendste idealistische Ästhetik des 19. Jahrhunderts nach Hegel.
Schon bei der Veröffentlichung der ersten Bände dieser „Ästhetik" beginnt Vischers eigene Kritik an den Prämissen der idealistischen Ästhetik. Seine späten ästhetischen Arbeiten gehen davon aus, daß die Kunst und das Schöne in einer wissenschaftlich-technisch entwickelten Gesellschaft die Funktion haben, die in den Mythen und Symbolen der Religionen dargestellten Bedeutsamkeiten unter Gegenwartsbedingungen ästhetisch präsent zu halten.

(64.) *G. Lukács*, Karl Marx und Friedrich Theodor Vischer ([1]1934), in: ders., Probleme der Ästhetik, Werke Bd. 10, Neuwied, Berlin 1969, S. 233—306
L. stellt die Auffassungen von Marx und Vischer zu Problemen des Realismus einander gegenüber. Er interpretiert die Entwicklung der Vischerschen Ästhetik, die die Probleme des Häßlichen und des Komischen als integrale Bestandteile in die Ästhetik miteinbeziehe, und kommt zu dem Resümee: „Es ist keine Frage: diese Problemstellung ist ein Fortschritt über Hegel hinaus. Jedoch ein sehr ungleichmäßiger, ein Fortschritt, der zugleich (. . .) auch Elemente des Zurückfallens hinter diesen Standpunkt in sich birgt" (S. 239).

177. *W. Oelmüller,* Friedrich Theodor Vischer und das Problem der nachhegelschen Ästhetik, Stuttgart 1959

178. *ders.*, Einleitung zu: Friedrich Theodor Vischer, Über das Erhabene und Komische und andere Texte zur Ästhetik, Frankfurt 1967
Das Buch sowie die Einleitung und die Textauswahl machen die drei Ästhetikansätze Vischers von geschichtsphilosophischen, metaphysischen und psychologischen Annahmen aus deutlich. Durch den Wandel der sozialgeschichtlichen Lebenswelt und der theoretischen und praktischen Wissenschaften werden für Vischer die Prämissen und Kategorien der von Baumgarten bis Hegel entwickelten Philosophie der Kunst und des Schönen ambivalent und Kunst und Schönes werden zu lebensnotwendigen Illusionen.

FRIEDRICH NIETZSCHE

geb. 1844 in Röcken bei Lützen, gest. 1900 in Weimar. Studium der klassischen Philologie. Einfluß von Schopenhauer und Wagner, mit dem er einige Jahre eng befreundet ist. 1868 bis 1879 Professur in Basel, 1889 Ausbruch einer Geisteskrankheit. Nietzsches Hoffnungen auf eine Erneuerung der Kultur, die für ihn mit dem Namen Wagner verknüpft sind, scheitern (Bruch mit Wagner 1878). Nietzsche kritisiert die zweitausendjährigen europäischen Moralvorstellungen, die durch Platon und das Christentum geschaffen wurden. Möglichkeiten, neue Werte zu finden, sieht Nietzsche auch in der Kunst. Sein Ästhetizismus ist von großem

Einfluß auf die Entwicklung der Kunst und Kunsttheorie bis heute. Sowohl faschistische wie strukturalistische Theoretiker berufen sich auf ihn.

(24.) *K. H. Bohrer,* Plötzlichkeit. Zum Augenblick des ästhetischen Scheins, es 1058, Frankfurt 1981
Im Aufsatz „Ästhetik und Historismus: Nietzsches Begriff des Scheins" kommt B. zu dem Schluß, der „Schein" sei „ursprünglich Nietzsches hermeneutischer Einfall, den Begriff des autonom Ästhetischen theoretisch darzustellen" (S. 138). Der Essay über „Nietzsches ‚Wahnsinn' im kulturellen System" konstruiert die Methode, die die Sprache des „Wahnsinns" bei Nietzsche hat (S. 147—160).

179. *N. Born, J. Manthey, D. Schmidt* (Hrsg.), Literaturmagazin 12: Nietzsche, Reinbek bei Hamburg 1980
Sechzehn stilistisch und inhaltlich unterschiedliche Beiträge zeigen die Spannweite der gegenwärtigen Nietzsche-Rezeption zwischen philosophischer Hermeneutik (H. Pfotenhauer), Wissenschafts- und Sprachkritik (B. Lypp, N. W. Bolz, J. Knopf), zwischen einer an der Kritischen Theorie orientierten Lektüre (H. Schweppenhäuser) und einer an Lacan und Foucault geschulten (F. Kittler, J. Schreiber). M. Montinari stellt seine neue Nietzsche-Ausgabe vor, B. Brock und K. H. Bohrer versuchen, die Bedeutung Nietzsches für die gegenwärtige Ästhetik-Diskussion zu zeigen.

180. *L. Gustaffson,* Friedrich Nietzsche — Die klugen Tiere, in: ders., Sprache und Lüge — Drei sprachphilosophische Extremisten. Friedrich Nietzsche, Alexander Bryan Johnson, Fritz Mauthner, München, Wien 1980, S. 39—69
Diese sprachphilosophische Studie eines „belletristischen Autors" (S. 7) analysiert Nietzsches „extreme erkenntnistheoretische Skepsis" (S. 39) und begreift diese als „Negation einer extremen Korrespondenztheorie der Wahrheit" (S. 66). Nietzsches Lehre von der Sprache deutet G. als „systematisch irreführendes Zeichensystem" (S. 65).

181. *M. Heidegger,* Nietzsche, 2 Bde., Pfullingen 1961
H.s Vorlesungen aus den Jahren 1936—1940 interpretieren Nietzsche als letzten Metaphysiker. Die Kunst biete, Nietzsche zufolge, eine Umkehrung des Platonismus, insofern sie im Sinnlichen als der eigentlichen Realität begründet sei. Damit diene Kunst dem Leben, sie verkläre es in das Aufscheinen der zu schaffenden Wahrheit.

(54.) *D. Jähnig,* Welt-Geschichte: Kunst-Geschichte. Zum Verhältnis von Vergangenheitserkenntnis und Veränderung, Köln 1975
Zu Nietzsches Ästhetik vor allem die Abschnitte VI („Die Befreiung der Kunsterkenntnis von der Metaphysik in Nietzsches ‚Geburt der Tragödie'") und VII („Die Kunst in der Zeit der Arbeit").

(64.) *G. Lukács,* Nietzsche als Vorläufer der faschistischen Ästhetik ([1]1934), in: ders., Probleme der Ästhetik, Werke, Bd. 10, Neuwied, Berlin 1969, S. 307—339

182. *ders.*, Nietzsche als Begründer des Irrationalismus der imperialistischen Periode, in: ders., Die Zerstörung der Vernunft, Werke, Bd. 9, Neuwied, Berlin 1962, S. 270—350
Mit Blick auf die Wirkungsgeschichte der Philosophie Nietzsches gelangt L. zu ihrer scharfen Ablehnung als Ideologie: „Es gibt kein einziges Motiv der faschistischen Philosophie und Ästhetik, dessen Quelle nicht in erster Linie bei Nietzsche zu finden wäre.“ („Nietzsche als Vorläufer der faschistischen Ästhetik“, S. 337)

183. *H. Schluepmann*, Friedrich Nietzsches ästhetische Opposition. Der Zusammenhang von Sprache, Natur und Kultur in seinen Schriften 1869—1876, Stuttgart 1977
Sch. gibt in der Einleitung einen knappen Überblick über die kontroversen Nietzsche-Interpretationen von Lukács bis Foucault. Sie versteht Nietzsches „ästhetische Opposition“ im Zusammenhang von Sprache und Erkenntnis: „Die veränderte Wiederaneignung der Freiheit im Sprachgebrauch (...) ist der Gedanke, welcher Nietzsches Arbeiten über die Kunst leitet“ (S. 17). Diese Kernthese diskutiert Sch. unter anderem anhand der Schrift „Über Wahrheit und Lüge im außermoralischen Sinn“ (S. 41—77).

(74.) *W. Ch. Zimmerli*, „Alles ist Schein“. Bemerkungen zur Rehabilitierung einer „Ästhetik“ post Nietzsche und Derrida, in: W. Oelmüller (Hrsg.), Ästhetischer Schein, Kolloquium Kunst und Philosophie 2, UTB, Paderborn 1982
Z. stellt im Anschluß an Nietzsches Universalisierung des Scheinbegriffs eine These zur Ästhetik nach Nietzsche und Derrida zur Diskussion. Im Unterschied zur traditionellen Ästhetik, die das durch Kunst und Schönes sinnlich Vermittelte auf der Ebene der Wissenschaft zu sagen versucht, könne man heute nur noch von einer periphilosophischen Erfassung der Philosophie der Kunst durch Philosophie etwas erhoffen.

SIGMUND FREUD

geb. 1856 in Freiberg (Nordmähren), gest. 1939 in London. 1885 Dozent für Neuropathologie in Wien, eröffnet später eine psychiatrische Praxis, emigriert 1938 nach London. Begründer der Psychoanalyse. Eine von Freuds Definitionen lautet: „Psychoanalyse ist der Name 1. eines Verfahrens zur Untersuchung seelischer Vorgänge, welche sonst kaum zugänglich sind; 2. einer Behandlungsmethode neurotischer Störungen, die sich auf diese Untersuchung gründet; 3. einer Reihe von psychologischen, auf solchem Wege gewonnenen Einsichten, die alle allmählich zu einer neuen wissenschaftlichen Disziplin zusammenwachsen.“ („Psychoanalyse“ und „Libidotheorie“, 1923) Seine Arbeiten zu ästhetischen Problemen (vor allem: Der Dichter und das Phantasieren; Eine Kindheitserinnerung des Leonardo da Vinci; Der Moses des Michelangelo; Dostojewski und die Vatertötung; jetzt gesammelt in: S. Freud, Bildende Kunst und Literatur, Studienausgabe, Bd. 10, Conditio humana, Frankfurt 1969) beschäftigen sich mit Themen der ästhetischen Sublimation, der Produktivität des Unbewußten und der Kunst als Entlastung vom Druck kulturell notwendiger Versagungen.

184. *H. Marcuse,* Triebstruktur und Gesellschaft. Ein philosophischer Beitrag zu Sigmund Freud, Bibliothek Suhrkamp 158, Frankfurt 1971 ([3]1957)
„Zweck dieses Essays ist es, zur *Philosophie* der Psychoanalyse beizusteuern — nicht zur Psychoanalyse selbst" (S. 13). Im ersten Teil rekonstruiert M. Freuds Theorie der kulturell notwendigen Versagungen („Unter der Herrschaft des Realitätsprinzips"). Im zweiten Teil („Jenseits des Realitätsprinzips") diskutiert er Momente, die das Realitätsprinzip in Richtung einer nicht-repressiven Kultur überschreiten: Phantasie und Utopie, Sexualität und Eros, Kunst und Spiel.

(79.3) O. *Marquard,* Zur Bedeutung der Theorie des Unbewußten für eine Theorie der nicht mehr schönen Kunst, in: H. R. Jauß (Hrsg.), Die nicht mehr schönen Künste. Grenzphänomene des Ästhetischen, Poetik und Hermeneutik 3, München 1968, S. 375—392, Diskussion S. 651—668
These M.s: „Freuds Definition der Kunst als Wiederkehr des Verdrängten: gerade weil sie die Kunst konvertibel macht mit außerästhetischen Phänomenen, macht sie sie auch extrem unempfindlich gegenüber der Verpflichtung, schöne Kunst zu sein" (S. 391—392). — Dazu M. Fuhrmann: „O. Marquards Betrachtung will desillusionieren: die schöne Kunst sei durch die nicht mehr schöne Kunst abgelöst worden; folglich gebühre der Theorie des Unbewußten die Nachfolge der Ästhetik" (S. 656).

(161.) *ders.,* Über einige Beziehungen zwischen Ästhetik und Therapeutik in der Philosophie des neunzehnten Jahrhunderts, in: M. Frank, G. Kurz (Hrsg.), Materialien zu Schellings philosophischen Anfängen, stw 139, Frankfurt 1975, S. 341—379

185. *P. Ricœur,* Die Interpretation. Ein Versuch über Freud, Frankfurt 1974
Gegenstand von R.s umfassender, einflußreicher Freud-Interpretation ist die Beziehung von Psychoanalyse und Sprache. Im Kapitel „Die Analyse des Kunstwerkes" geht R. auf die wichtigsten Probleme der Freudschen Ästhetik ein und charakterisiert deren Ansatz als einen hermeneutischen.

WALTER BENJAMIN

geb. 1892 in Berlin, nimmt sich 1940 im spanischen Grenzort Port Bou auf der Flucht vor der Gestapo das Leben. 1919 Promotion in Germanistik, der Versuch einer Habilitation mit der Arbeit „Ursprung des deutschen Trauerspiels" scheitert 1925. Freundschaft mit Scholem, Adorno, Brecht. Arbeitet als Kritiker; in den 30er Jahren Mitarbeit an der „Zeitschrift für Sozialforschung". Seit 1933 im Exil in Paris. Benjamins literarische und theoretische Arbeiten zielen auf die Begründung einer materialistischen Ästhetik und zugleich auf die Ausarbeitung einer — ursprünglich theologisch inspirierten — Theorie der Erfahrung. Beide Intentionen gehen in den Aufsatz „Das Kunstwerk im Zeitalter seiner technischen Reproduzierbarkeit" von 1936 ein.

186. *H. L. Arnold* (Hrsg.), Walter Benjamin. Text + Kritik 31/32, München 1971
Aufsätze zu Benjamins Denkverfahren (D. Thierkopf), zu seinem Konzept von Kunst (L. Wiesenthal), zur Konstruktion dialektischer Bilder (P. Krumme) und zum Zusammenhang von Geschichts- und Naturdeutung bei Benjamin. Mit biobibliographischem Anhang, der in die Lebens- und Wirkungsgeschichte einführt.

187. *J. Berger* u. a., Sehen. Das Bild der Welt in der Bilderwelt, deutsch von A. Schenck, rororo 6868, Reinbek bei Hamburg ²1976
In Anlehnung an Benjamins Aufsatz „Das Kunstwerk im Zeitalter seiner technischen Reproduzierbarkeit" geht es B. darum, die ästhetische und gesellschaftliche Funktion des Bildes durchschaubar zu machen, um dadurch die in Bilder eingegangenen Erfahrungen sichtbar zu machen. Vor allem Teil 1 (S. 7—33) ermöglicht einen leicht verständlichen, mit zahlreichen Abbildungen veranschaulichten Zugang zu Benjamins Thesen. Zur ersten Einführung geeignet.

188. *P. Gebhardt u. a.*, Walter Benjamin — Zeitgenosse der Moderne, Monographien Literaturwissenschaft 30, Kronberg/Ts. 1976
Die sechs Beiträge des Aufsatzbandes „verfolgen philologische und kritische Absichten, kommentieren die Beziehungen Benjamins zu Zeitgenossen und seine Stellung innerhalb der literarischen Moderne" (S. 7). Zwei der Beiträge befassen sich mit dem Kritikbegriff Benjamins (G., Witte).

189. *B. Lindner* (Hrsg.), „Links hatte noch alles sich zu enträtseln ..." — Walter Benjamin im Kontext, Frankfurt 1978
10 Beiträge, u. a. von Derrida, Hillach, L., Pfotenhauer und Wohlfarth zu zwei Schwerpunkten: „Zum einen wird die Ortsbestimmung des Intellektuellen thematisiert, der in der Krise der Weimarer Republik und im antifaschistischen Exil an seinen spezifischen Produktionsmitteln festzuhalten sucht. Zum andern wird die Krise der Kunst thematisiert, die gerade in dieser ihrer Krise noch paradigmatische Bedeutung für einen Funktionswechsel der Intelligenz behält" (S. 11).

190. *H. Pfotenhauer*, Ästhetische Erfahrung und gesellschaftliches System. Untersuchungen zu Methodenproblemen einer materialistischen Literaturanalyse am Spätwerk Walter Benjamins, Stuttgart 1975
Benjamins Baudelaire-, Brecht- und Kafka-Interpretationen belegen für P., daß im Zentrum von Benjamins Kunsttheorie Annahmen über einen Strukturwandel der Erfahrung und den Verlust der Aura stehen.

191. *S. Unseld* (Hrsg.), Zur Aktualität Walter Benjamins, stw 150, Frankfurt 1972
Der Sammelband, herausgegeben zum 80. Geburtstag Benjamins, enthält u. a. seinen Briefwechsel mit Brecht, Benjamin-Erinnerungen von W. Kraft, A. Monnier, H. Sahl und eine Bibliographie der Erstdrucke seiner Schriften. Die Interpretationen geben einen Einblick in die Spannweite der Benjamin-Deutung; sie zeichnen Benjamin jeweils verschieden als Theologen (Scholem), Physiognomiker (Schweppenhäuser) oder „rettenden" Kritiker (Habermas).

THEODOR W. ADORNO

geb. 1903 in Frankfurt a. M., gest. 1969 in Brig (Schweiz). Studium der Philosophie, Musikwissenschaft, Psychologie und Soziologie in Frankfurt a. M. Kompositionsschüler A. Bergs in Wien, Mitarbeiter am „Institut für Sozialforschung". 1933 Entzug der Lehrbefugnis. Emigration nach England und in die USA. 1949 Rückkehr nach Deutschland, Professor für Philosophie und Soziologie an der Universität Frankfurt und Direktor des Instituts für Sozialforschung. Neben erkenntnistheoretischen und soziologischen Schriften hat Adorno zahlreiche Studien zur Musikphilosophie und -soziologie und zur Literaturtheorie und -kritik vorgelegt. Die posthum herausgegebene „Ästhetische Theorie" deutet die Kunst als „bewußtlose Geschichtsschreibung" und Modell „anderer Erkenntnis" als der diskursiver Rationalität.

192. *H. L. Arnold* (Hrsg.), Text + Kritik — Sonderband: Theodor W. Adorno, München 1977
Aufsätze von Grenz, Lindner, Lüdke, Scheible, Trabant u. a. arbeiten die Bedeutung der Ästhetik für Adornos Philosophie heraus und behandeln Einzelprobleme, zum Beispiel das Verhältnis zur Ästhetik Hegels. Mit einer kommentierten Bibliographie.

193. *C.-F. Geyer*, Aporien des Metaphysik- und Geschichtsbegriffs der kritischen Theorie, Darmstadt 1980
G. macht den Zusammenhang der ästhetischen Theorie Adornos mit den Aporien des Metaphysik- und Geschichtsbegriffs der kritischen Theorie deutlich. Für die kritische Theorie sei ihre Diagnose der Gegenwart im europäischen Rationalisierungsprozeß sowie das alttestamentarische Bilderverbot entscheidend. Beides mache die ästhetische Theorie und den ästhetischen Schein zweideutig: Kunstwerke werden nach dem Scheitern der Metaphysik gedacht als Platzhalter des Metaphysischen, obwohl „Bilder des Möglichen" nach dem Bilderverbot unmöglich seien.

194. *B. Lindner, W. M. Lüdke*, (Hrsg.), Materialien zur ästhetischen Theorie Theodor W. Adornos. Konstruktion der Moderne, stw 122, Frankfurt 1980
Aufsätze zur „Ästhetischen Theorie" von Bubner, Bürger, Jauß, Lindner, Lüdke, Lypp, Michel u. a. dokumentieren das Spektrum

der Adorno-Rezeption und -Diskussion in den 70er Jahren. Mit kommentierter Auswahlbibliographie.

(75.) *H. Paetzold,* Neomarxistische Ästhetik, Teil 2: Adorno, Marcuse, Düsseldorf 1974
P. hebt die gesellschaftskritische Funktion der ästhetischen Erfahrung in der Ästhetik Adornos hervor und setzt sie von der Theorie der Aufhebung des Ästhetischen in der Kulturtheorie Marcuses ab.

195. *N. Rath,* Adornos Kritische Theorie — Vermittlungen und Vermittlungsschwierigkeiten, Paderborn 1982
Anhand metaphorologischer, begriffsgeschichtlicher und systematischer Fragestellungen wird als methodische Zielrichtung Adornos die Vermittlung von kritischer Gesellschaftstheorie und Ästhetik herausgestellt und in Einzelanalysen (z. B. zur Kafka-Rezeption Adornos) belegt.

196. *K. Sauerland,* Einführung in die Ästhetik Adornos, de Gruyter Studienbuch, Berlin, New York 1979
Diese allgemeinverständliche Einführung interpretiert die „Ästhetische Theorie" Adornos als Versuch einer Rettung der klassischen Ästhetik bei gleichzeitiger Reflexion des Spannungsverhältnisses zwischen künstlerischen Produktivkräften und allgemeinen Produktionsverhältnissen.

197. *M. Zenck,* Kunst als begrifflose Erkenntnis. Zum Kunstbegriff der ästhetischen Theorie Theodor W. Adornos, München 1977
Z. ordnet die „Ästhetische Theorie" Adornos ein in den Zusammenhang jener Entwürfe, die Kants Forderung nach einer möglichen Erkenntnis jenseits der diskursiven Logik realisieren wollen. Entsprechend steht die „Ästhetische Theorie" zwischen Mimesis und Rationalität und kann interpretiert werden anhand mimetischer Modelle, die geschichtsphilosophisch, sozialästhetisch und erkenntnistheoretisch zu übersetzen sind.

JOACHIM RITTER

geb. 1903 in Geesthacht, gest. 1974 in Münster. 1943 Professor in Kiel, 1946 in Münster. Arbeiten unter anderem zu Augustinus und Cusanus und vor allem zu Aristoteles und Hegel. Sein philosophisches Interesse gilt Fragen der praktischen Philosophie, der Metaphysik, der Ästhetik und der Begriffsgeschichte (Herausgeber des „Historischen Wörterbuchs der Philosophie"). Zentral für seine Interpretation der neuzeitlichen Ästhetik ist der Gedanke einer Kompensationsfunktion von Ästhetik in der durch moderne Wissenschaft und Technik bedingten Situation der Entzweiung. Im Aufsatz über „Landschaft" zeigt er, daß die ästhetische Zuwendung zur Natur als Landschaft bei Petrarca in Zusammenhang mit dem Wandel der Metaphysik steht und sich mit der Ausbildung der modernen Welt im 18. und 19. Jahrhundert entsprechend verändert.

198. *Gedenkschrift Joachim Ritter* zur Gedenkfeier zu Ehren des am 3. August 1974 verstorbenen em. ordentlichen Professors der Philosophie Dr. phil. Joachim Ritter am 6. Februar 1976, Münster 1978
Eine Laudatio von H. Lübbe gibt Auskunft über Werk und Wirkung Joachim Ritters. K. Gründer konstruiert — in Anknüpfung an Überlegungen von Ritter — den Begriff einer „Erfahrung der Geschichte". Besonders auch für den Umgang mit Kunst sei historische Erfahrung gefordert (vgl. S. 24). Mit einer Bibliographie der Schriften Ritters.

(73.) O. *Marquard*, Kunst als Kompensation ihres Endes, in: W. Oelmüller (Hrsg.), Ästhetische Erfahrung, UTB 1105, Paderborn 1981, S. 159—168
M. legt die Grundthese der Ästhetik J. Ritters dar und führt sie weiter: Der im Prozeß der Modernisierung und Entzauberung der neuzeitlichen Welt entstehende Verlust wird kompensiert durch die „Ausbildung des Organs einer neuen Verzauberung (...): das ist das ebendarum spezifisch moderne Kompensationsorgan der ästhetischen Kunst" (S. 161).

(75.) *H. Paetzold*, Neomarxistische Ästhetik, Teil 2: Adorno, Marcuse, Düsseldorf 1974
P. vergleicht Ritters Analyse der ästhetischen Funktion der Landschaft in der modernen Gesellschaft mit Adornos Theorie des Naturschönen (S. 26—34) unter der Frage, „ob Naturästhetik eine andere Funktion bekommen könnte als die ihr von Ritter zugeschriebene einer Komplementarität zur wissenschaftlichen Vernunft" (S. 30—31).

199. *R. Piepmeier*, Das Ende der ästhetischen Kategorie „Landschaft". Zu einem Aspekt neuzeitlichen Naturverhältnisses, in: Westfälische Forschungen 30 (1980), S. 8—46
Im Zusammenhang systematischer und begriffsgeschichtlicher Untersuchungen zum ästhetischen Landschaftsbegriff und zum Naturschönen wird Ritters Begriff der ästhetischen Landschaft behandelt. „Ritters Konzeption hat zumindest die eine Bedingung, die allerdings grundlegend ist, daß eine Statik des Verhältnisses zwischen gesellschaftlich angeeigneter Natur und ‚freier' Natur besteht, die den unabdingbaren Bezugspunkt zur Konstitution ästhetisch angeschauter Natur als Landschaft abgeben muß" (S. 33—34).

ARNOLD GEHLEN

geb. 1904 in Leipzig, gest. 1976 in Hamburg. Seit 1934 Professor in Leipzig, Königsberg und Wien, 1947—1962 in Speyer, danach in Aachen.
Ursprünglich vom deutschen Idealismus (besonders Fichtes) beeinflußt, löst sich Gehlen von der traditionellen Philosophie und entwickelt eine Anthropologie von den empirisch verfahrenden Wissenschaften aus. Der

Mensch ist für ihn biologisch gesehen ein Mängelwesen, das auf stabile Institutionen verwiesen bleibt („Der Mensch", [1]1940). Gehlens Kunstphilosophie und -soziologie („Zeit-Bilder", [1]1960, [2]1965) analysiert die stilgeschichtlichen und gesellschaftlichen Bedingungen der Produktion und Rezeption von moderner Malerie. Leitend ist hierbei der Aspekt einer Entlastung der Subjektivität vom Druck der Institutionen und Superstrukturen der modernen Industriegesellschaft, die aber für die Selbsterhaltung des Menschen als notwendig angesehen werden.

200. *Th. W. Adorno, A. Gehlen,* Ist die Soziologie eine Wissenschaft vom Menschen? Ein Streitgespräch, in: F. Grenz, Adornos Philosophie in Grundbegriffen. Auflösung einiger Deutungsprobleme, Frankfurt 1974, S. 225—251

Unterschiede, aber auch Gemeinsamkeiten der soziologischen Theorien von Adorno und Gehlen werden in dieser Rundfunk-Diskussion von 1965 deutlich. Auch zu ästhetischen Fragen nehmen beide Stellung: unter anderem zur avantgardistischen Literatur (S. 233). Adorno geht auf den Gehlenschen Begriff der „Entlastung" ein (S. 250—251).

201. *H.-G. Gadamer,* Wissenschaftliche Malerei? In: Philosophische Rundschau 10 (1962) S. 21—30

G.s Rezension der „Zeit-Bilder" gibt eine kritische Übersicht über den Argumentationsgang Gehlens. Im Mittelpunkt von Gehlens Analysen stehe der Gedanke der steigenden Bildrationalität. Gegen Gehlens Betonung der zunehmenden „Wissenschaftsförmigkeit" der modernen Malerei setzt G. den „alten, unveralteten Maßstab der Kommentarunbedürftigkeit" der Malerei (S. 30).

202. *A. Heuß,* Philosophische Anthropologie und der Wandel des Menschlichen: Überlegungen im Hinblick auf die Theorie Arnold Gehlens, in: Saeculum 30 (1979) S. 124—186

Darstellung der Gehlenschen Anthropologie mit Blick auf ihre Bedeutung für die Erforschung der Geschichte, vor allem der Urgeschichte. Besondere Aufmerksamkeit widmet H. dem Gehlenschen Versuch, die Höhlenmalerei der Altsteinzeit als wichtige Stufe auf dem Weg zur Menschwerdung zu interpretieren und den Ursprung der Religion dort anzusetzen.

203. *J. Weiß,* Weltverlust und Subjektivität. Zur Kritik der Institutionenlehre Arnold Gehlens, Freiburg 1971

W. bestimmt als Absicht der Institutionenlehre Gehlens, „eine anthropologische Theorie der menschlichen Welt zu geben" (S. 13). Er kritisiert „die Subjektlosigkeit in der Gehlenschen Auffassung von Institution" (S. 14). Hier trete Gehlens Kunsttheorie ein: „Trotz aller Kritik an der Subjektivität weist Gehlen (...) auch noch modernen Kunstwerken die Aufgabe zu, ‚Stützpunkte des Einverständnisses' " (S. 118) mit der Gesellschaft zu sein.

JAN MUKAŘOVSKÝ

geb. 1891 in Pisek, gest. 1975 in Prag. Nach einer Tätigkeit als Gymnasiallehrer wird er 1934 Professor in Bratislava, 1938 in Prag, wo er das Seminar für Ästhetik leitet.

In Überwindung einer formalistischen Position entwickelt er, seit 1926 Mitglied des Prager Linguistenkreises, einen eigenständigen funktionalen Strukturalismus. In seinem theoretisch wichtigsten Werk („Ästhetische Funktion, Norm und ästhetischer Wert als soziale Fakten", 1936) unternimmt er eine dialektische Analyse der Soziologie des Ästhetischen. Er faßt das Kunstwerk dynamisch, als struktural und funktional ausbalancierte Hierarchie. Die ästhetische Funktion ist für ihn ein gesellschaftliches Faktum, sie ändert sich mit dem Wandel der historischen Praxis des Menschen.

(29.) *K. Chvatik,* Tschechoslowakischer Strukturalismus. Theorie und Geschichte, Theorie und Geschichte der Literatur und der schönen Künste 61, München 1981
Darstellung der Position Mukařovskýs innerhalb des tschechoslowakischen Strukturalismus.

204. *R. Kalivoda,* Die Dialektik des Strukturalismus und die Dialektik der Ästhetik, in: ders., Der Marxismus und die moderne geistige Wirklichkeit, es 373, Frankfurt 1970, S. 9—38
Im tschechoslowakischen Strukturalismus höre die Ästhetik auf, an Metaphysik orientiert zu sein und werde „zu einer wissenschaftlichen Theorie der ästhetischen Verfremdung der Wirklichkeit" (S. 26). „Die ästhetischen Entwürfe Jan Mukařovskýs bilden kein spekulatives System, sondern eine empirisch fundierte Theorie, die das Allgemeine und das Besondere, die Makrostruktur und die Mikrostruktur gleichermaßen und in ihren Wechselbeziehungen zueinander berücksichtigt" (S. 26).

205. *W. Koepsel,* Die Rezeption der Hegelschen Ästhetik im 20. Jahrhundert, Bonn 1975
Kritische Aufarbeitung der Hegelrezeption in der Ästhetik und Versuch einer Rehabilitierung moderner Kunst gegen Hegel. Dabei u. a. Diskussion der Positionen von Croce, N. Hartmann, Lukács, Bloch, Adorno und Mukařovský. In Kap. 6 „Die Dialektik des Ästhetischen im tschechischen Strukturalismus" (S. 337—376) geht K. ausführlich auf Mukařovský und die Hegel-Rezeption der Prager Schule ein.

206. *W. Schamschula,* Mukařovský (1891—1975), in: H. Turk (Hrsg.), Klassiker der Literaturtheorie, München 1979, S. 238—250
Überblick über Leben und Werk Jan Mukařovskýs. Mukařovský habe, als einer der Begründer des Strukturalismus in der Literaturwissenschaft, entscheidend dazu beigetragen, „daß das Kunstwerk nicht nur als immanente Struktur, sondern als Schnittpunkt mannigfacher Beziehungen zu außerästhetischen Faktoren gewürdigt werden kann" (S. 250).

207. *H. Schmid*, Zum Begriff der ästhetischen Konkretisation im tschechischen Strukturalismus, in: Sprache im technischen Zeitalter 9 (1970), S. 290—318
Sch. untersucht vor allem Stellung und Funktion des Begriffs der ästhetischen Konkretisation im Werk von Jan Mukařovský.

208. *U. Schwarz*, Rettende Kritik und antizipierte Utopie. Zum geschichtlichen Gehalt ästhetischer Erfahrung in den Theorien von Jan Mukařovský, W. Benjamin und Th. W. Adorno, München 1980
Mukařovskýs Strukturalismus, Adornos Ideologiekritik und Benjamins „rettende Kritik" werden unter dem Aspekt miteinander verglichen, was sich aus ihnen für eine gegenwärtige Theorie der Historizität ästhetischer Erfahrung ergibt.

ROLAND BARTHES

geb. 1915 in Cherbourg, gest. 1980. Professor in Paris an der Ecole pratique des Hautes Études und zuletzt am Collège de France (Lehrstuhl für Literatursemiologie).
Barthes, Mitbegründer eines kritischen Strukturalismus, untersucht die Funktionsweise gesellschaftlicher Zeichensysteme und der Mythen des Alltags. Ideologiekritisch werden die kulturellen Symbolsysteme auf ihre Naturwüchsigkeit und Machtbezogenheit hin analysiert. Die Literatur ist der bevorzugte Ort der Barthes'schen Semiologie, da in der Literatur innerhalb der Sprache gegen die Macht der Sprache Stellung bezogen wird. Strukturalistische Kritik wird verstanden als „eine Art Tiefenlektüre" der Werke.

(97.) *G. Neumann*, Barthes, in: H. Turk (Hrsg.), Klassiker der Literaturtheorie, München 1979, S. 298—310
Barthes wolle die Literaturtheorie „durch eine erweiterte, die Intentionen der klassischen Rhetorik und der zeitgenössischen allgemeinen Semiotik verbindende Texttheorie" ersetzen (S. 300). Zwischen Literatur (als Regelkanon) und Geschichte (als Ereigniskontext) spiele für Barthes „der oszillierende Prozeß der Erzeugung von Bedeutungen als das Funktionieren von Sprache im poetischen ‚Werk'" S. 299).

209. *R. Schober*, „Im Banne der Sprache". Strukturalismus in der Nouvelle Critique, speziell bei Roland Barthes, Halle (Saale) 1968
Es geht in dieser Arbeit „um eine erste Information über eine aktuelle Diskussion auf dem Gebiet der Literaturkritik in Frankreich und eine Auseinandersetzung mit einigen zentralen Thesen dieser Strömung von einem marxistischen Standpunkt" aus (S. 5). Dabei werden insbesondere methodologische Überlegungen von R. Barthes dargestellt und kritisiert. Mit reichhaltigem Literaturverzeichnis.

210. *R. Weimann*, Literaturgeschichte und Mythologie. Methodologische und historische Studien, Berlin (Ost), Weimar 1974

Im Mittelpunkt des Buches von W. steht „die Frage nach dem Wesen und dem Verhältnis von Literaturgeschichte und Mythologie" (S. 5). Im Abschnitt „Zwischen Soziologie und Formalismus (Roland Barthes)" (S. 286—297) setzt sich W. vom marxistischen Standpunkt aus mit Barthes Kritik an der traditionellen Literaturgeschichte und seiner Konzeption einer auf die Ebene der literarischen Funktionen bezogenen Literaturgeschichte auseinander.

JEAN-PAUL SARTRE

geb. 1905 in Paris, gest. 1980 in Paris. Bis 1939 Tätigkeit als Lehrer in Le Havre, Lyon und Paris. Teilnahme am Zweiten Weltkrieg als Krankenträger, Mitglied der französischen Widerstandsbewegung. Als Journalist, Schriftsteller und Philosoph gehört Sartre zu den prägenden Figuren des französischen Geisteslebens in diesem Jahrhundert. „Das Sein und das Nichts" (1943) — mehr phänomenologisch orientiert — und „Kritik der dialektischen Vernunft" (1960) — stärker in Anlehnung an den Marxismus konzipiert — bemühen sich um eine existentialistische Begründung der Freiheit. In seinem späten, unvollendet gebliebenen Werk „Der Idiot der Familie" vereinigt Sartre phänomenologische, psychoanalytische und marxistische Methoden zu einer „totalisierenden" Deutung Flauberts in seiner gesellschaftlich-geschichtlichen Welt.

211. *Th. W. Adorno,* Engagement, in: Gesammelte Schriften 11, Noten zur Literatur, hrsg. von R. Tiedemann, Frankfurt 1974, S. 409—430 (auch in: Noten zur Literatur 3, Frankfurt 1969)

In Auseinandersetzungen mit Sartres Essay „Qu'est-ce que la littérature?" und seiner sowie Brechts engagierten Dramatik entwickelt A. seine Option für ein Engagement, das durch autonome Gestaltung von Kunstwerken hindurch vermittelt sein müsse. A. kritisiert den „extremen Subjektivismus von Sartres Philosophie (...), in der trotz aller materialistischen Untertöne die deutsche Spekulation nachhallt" (S. 413).

212. *W. F. Haug,* Jean-Paul Sartre und die Konstruktion des Absurden, Frankfurt 1966

H. geht auf Phänomenologie und Kritik des Absurden bei Sartre ein (Teil I) und zeichnet Sartres „Konstruktion des Absurden" nach (Teil II); dabei wird auch seine Kunsttheorie thematisiert (vor allem im Kapitel „Roquentin oder Die Rettung vor dem Absurden durch die Kunst").

213. *E. F. Kaelin,* An Existentialist Aesthetic. The Theories of Sartre and Merleau-Ponty, Madison (Wisconsin) 1962

K. behandelt im Sartre-Teil seines Buches vor allem die in der Phänomenologie des frühen Sartre implizierte Ästhetik, Sartres Urteile als Literaturkritiker und seine Theorie der „littérature engagée".

214. *T. König* (Hrsg.), Sartres Flaubert lesen. Essays zu „Der Idiot der Familie", das neue buch 116, Reinbek bei Hamburg 1980
Die Beiträge von T. König, M. Frank, R. R. Grimm, D. Oehler und anderen beziehen sich auf Sartres fünfbändiges Werk über den jungen Flaubert. Sie diskutieren literarische, psychiatrische, ästhetische und methodologische Aspekte von Sartres großangelegter Flaubert-Studie.

215. *ders.*, (Hrsg.), Sartre über Sartre. Aufsätze und Interviews 1940 bis 1976, Autobiographische Schriften 2, mit einem Nachwort von T. König, Reinbek bei Hamburg 1977
Texte und Interviews, in denen Sartre über sich selbst, seine literarischen und politischen Wertungen und seine persönliche Entwicklung im Kontext der gesellschaftlich-politischen Entwicklung Frankreichs spricht. In einem Interview von 1969 geht er ausführlich auf seine Flaubert-Studie ein (S. 150—159).

216. *R. Neudeck*, „Jean-Paul Sartre, Der Idiot der Familie. Gustave Flaubert 1821—1857", Band 1—5, in: Traugott König (Hrsg.), Sartres Flaubert lesen. Essays zu „Der Idiot der Familie", in: Philos. Jahrbuch 88 (1981) 1. Halbbd., S. 225 ff.
Rezension der großen Flaubert-Studie Sartres mit einem Überblick über die von T. König zusammengestellten Essays dazu.

Register

Personen- und Sachregister geben Hilfen für die Behandlung und Diskussion von Problemzusammenhängen.
Im Personenregister werden auch die Namen aus dem biographisch-bibliographischen Anhang aufgeführt, weil dort Hinweise für die Interpretation der Texte gegeben werden.

Personenregister

Sachregister

(Unter dem jeweiligen Substantiv sind in der Regel auch die zugehörigen Adjektive aufgeführt, auch wenn nur das Substantiv genannt ist, zum Beispiel unter ‚Autonomie' auch ‚autonom' usw.)

Quellenverzeichnis

XENOPHANES

(c) Fragemente der Vorsokratiker, hrsg. von Hermann Diels, Weidmann, Caragh Lake Co. Kerry, Rep. Ireland (Fragmente 10—16, 18)

DIALEXEIS

Die Vorsokratiker. Deutsch in Auswahl mit Einleitungen von Wilhelm Nestle, Wiesbaden 1978. (c) 1956 by Eugen Diederichs Verlag, Düsseldorf-Köln

PLATON

Artemis-Paperbackausgabe in acht Bänden, Artemis-Verlag, Zürich und München 1974

ARISTOTELES

(c) Vom Himmel, von der Seele, von der Dichtkunst. Übersetzung, Einleitung und Anmerkungen von Olof Gigon, Artemis-Verlag, Zürich und München 1950

MARCUS TULLIUS CICERO

Vom Gemeinwesen. Eingeleitet und neu übersetzt von K. Büchner, Artemis-Verlag, Zürich und München ^{2}1960
Vom rechten Handeln. Eingeleitet und neu übersetzt von K. Büchner, Artemis-Verlag, Zürich und Stuttgart ^{2}1964

LUCIUS ANNAEUS SENECA

Philosophische Schriften. Drittes Bändchen: Briefe an Lucilius, I. Teil: Brief 1—81. Übersetzt, mit Einleitungen und Anmerkungen versehen von Otto Apelt, Felix Meiner Verlag, Leipzig 1924

PLOTIN

Enneade I 6, in: Plotins Schriften, Übersetzt von Richard Harder, Neubearbeitung mit griechischem Lesetext und Anmerkungen, fortgeführt von Rudolf Beutler und Willy Theiler, Bd. I, Die Schriften 1—21 der chronologischen Reihenfolge, Text und Übersetzung, Felix Meiner Verlag, Hamburg 1956

TERTULLIAN

Tertullians private und katechetische Schriften, neu übersetzt, mit Lebensabriß und Einleitungen versehen von K. A. Heinrich Kellner, Verlag der Josef-Köselschen Buchhandlung, Kempten und München 1912

JOHANNES VON DAMASKUS

Des heiligen Johannes von Damaskus genaue Darlegung des orthodoxen Glaubens. Aus dem Griechischen übersetzt und mit Einleitung und Erläuterung versehen von Dionys Stiefenhofer, Verlag Josef Kösel und Friedrich Pustet, Kempten und München 1923

AURELIUS AUGUSTINUS

Die wahre Religion. Übertragung von Carl Johann Perl, Schöningh-Verlag, Paderborn 1957

LEONARDO DA VINCI

Das Buch von der Malerei. Nach dem Codex Vaticanus (Urbinas) 1270, hrsg., übersetzt und erläutert von H. Ludwig, in drei Bänden, I. Bd., Wilhelm Braumüller, Wien 1882

ANTHONY ASHLEY EARL OF SHAFTESBURY

Die Moralisten. Ins Deutsche übertragen und eingeleitet von Max Frischeisen-Köhler, Verlag Felix Meiner, Leipzig 1909
Advice to an Author. Übersetzt von Johannes Georg Sulzer. In: Allgemeine Theorie der Schönen Künste, I. Teil, Artikel ‚Dichter', Leipzig 1792

DENIS DIDEROT

Aus dem ‚Salon von 1767'. An meinen Freund Grimm. In: Diderot: Ästhetische Schriften, hrsg. von Friedrich Bassenge, aus dem Französischen übersetzt von Friedrich Bassenge und Theodor Lücke, Lizenzausgabe für die Europäische Verlagsanstalt, Frankfurt 1968, (c) Aufbau Verlag, Berlin und Weimar

IMMANUEL KANT

Werke in sechs Bänden, Bd. 5 (?) hrsg. von Wilhelm Weischedel, Wissenschaftliche Buchgesellschaft, Darmstadt ^{4}1975

FRIEDRICH SCHILLER

Über die ästhetische Erziehung des Menschen in einer Reihe von Briefen, hrsg. von W. Henckmann, Fink-Verlag, München 1967

FRIEDRICH SCHLEGEL

Kritische Friedrich-Schlegel-Ausgabe, hrsg. von Ernst Behler unter Mitwirkung von Jean-Jacques Anstett und Hans Eichner, II. Band, 1. Abt.: Charakteristiken und Kritiken I (1796—1801), hrsg. und eingeleitet von Hans Eichner, Schöningh-Verlag, München-Paderborn-Zürich-Wien 1967

ENTWURF

Das älteste Systemprogramm des deutschen Idealismus. Zit. nach: Friedrich Hölderlin: Werke und Briefe, hrsg. von Friedrich Beißner und Jochen Schmidt, Bd. 2, Insel-Verlag, Frankfurt 1969

FRIEDRICH WILHELM JOSEPH SCHELLING

Schellings Werke, hrsg. von Manfred Schröter, 2. Hauptband, Schriften zur Naturphilosophie 1799—1801, München ²1965

GEORG FRIEDRICH WILHELM HEGEL

Theorie-Werkausgabe, Bd. 13—15, hrsg. von Eva Moldenhauer und Karl Markus Michel, Suhrkamp-Verlag, Frankfurt 1970

ARTHUR SCHOPENHAUER

Die Welt als Wille und Vorstellung. In: Werke in zehn Bänden, Zürcher Ausgabe, Bd. 1 nach der historisch-kritischen Ausgabe von Arthur Hübscher besorgt von Angelika Hübscher, Diogenes Verlag, Zürich 1977

SÖREN KIERKEGAARD

Abschließende unwissenschaftliche Nachschrift zu den philosophischen Brocken, 2. Teil, Gesammelte Werke, 16. Abteilung, Eugen Diederichs Verlag, Düsseldorf-Köln 1958

Die Schriften über sich selbst. Übersetzt von Emanuel Hirsch, Gesammelte Werke, 33. Abteilung, Eugen Diederichs Verlag, Düsseldorf-Köln 1951

FRIEDRICH THEODOR VISCHER

Über das Erhabene und Komische und andere Texte zur Ästhetik. Eingeleitet und herausgegeben von Willi Oelmüller, Suhrkamp-Verlag, Frankfurt 1967

FRIEDRICH NIETZSCHE

Werke in drei Bänden, hrsg. von Karl Schlechta, Carl-Hanser-Verlag, München 1966

SIGMUND FREUD

Studienausgabe, Bd. X: Bildende Kunst und Literatur, Fischer-Verlag, Frankfurt 1969, (c) Imago Publishing Co., Ltd., London

WALTER BENJAMIN

Das Kunstwerk im Zeitalter seiner technischen Reproduzierbarkeit, Suhrkamp-Verlag, Frankfurt ¹⁰1977

THEODOR W. ADORNO

Gesammelte Schriften, Bd. 4, hrsg. von Rolf Tiedemann, 1980, Bd. 7, hrsg. von Gretel Adorno und Rolf Tiedemann, 1970, Suhrkamp-Verlag, Frankfurt 1970 ff.

JOACHIM RITTER

Landschaft. Zur Funktion des Ästhetischen in der modernen Gesellschaft. In: Ritter: Subjektivität, Suhrkamp-Verlag, Frankfurt 1974

ARNOLD GEHLEN

Zeit-Bilder. Zur Soziologie und Ästhetik der modernen Malerei, Athenäum-Verlag (Königstein), Frankfurt-Bonn ²1965

JAN MUKAŘOVSKÝ

Kapitel aus der Ästhetik. Aus dem Tschechischen übersetzt von Walter Schamschula, Suhrkamp-Verlag, Frankfurt 1970

ROLAND BARTHES

Die strukturalistische Tätigkeit. In: Kursbuch 5 (1966) (c) Edition du Seuil, für die Übersetzung (c) Eva Moldenhauer
Die Krise des Kommentars. In: Barthes: Kritik und Wahrheit, übersetzt von Helmut Scheffel, Suhrkamp Verlag, Frankfurt 1967, (c) Rowohlt Taschenbuch Verlag GmbH, Reinbek bei Hamburg 1964

JEAN PAUL SARTRE

Marxismus und Existentialismus, Versuch einer Methodik. Übersetzt von Herbert Schmitt, Rowohlt Taschenbuch Verlag GmbH, Reinbek bei Hamburg 1964